태평광기 15

이 책은 2001년도 한국학술진흥재단의 지원에 의하여 연구되었음.
(KRF-2001-045-A11005)

태평광기 15

(宋) 李昉 등 모음
김장환·이민숙 外 옮김

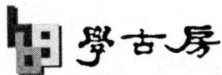

【일러두기】

1. 본서는 총 21책으로 구성되어 있는데, 제 1책부터 제 20책까지는 각 책마다 원서의 25권 분량을 수록했으며, 마지막 제 21책에는 「총목」·「편목색인」·「인명색인」·「인용서목색인」과 기타 참고자료를 수록했다.
2. 본서는 汪紹楹 點校本(北京中華書局, 1961) 10책을 저본으로 했다. 이 판본은 台灣 文史哲出版社(1981)에서 5책으로 覆印한 바 있다.
3. 清代 黃晟의 「重刻太平廣記序」는 본래 저본에는 없지만 보충하여 수록했다.
4. 본서의 번역은 가능한 한 직역을 위주로 하되 직역으로 문맥이 통하지 않을 경우에는 본래 뜻을 벗어나지 않는 범위 내에서 의역을 했다. 그리고 원문에는 없지만 내용 전개상 부연 설명이 필요하다고 판단되는 부분은 [   ] 안에 넣어 보충했다.
5. 본서의 역주는 의미의 전달이 어렵다고 판단되는 경우에 한해 간략하게 달았다.
6. 본서에서 언급되는 인명과 지명·서명 등 고유명사는 모두 우리말 발음으로 표기하고, 각 고사마다 처음에만 (   ) 안에 원문을 넣었다.
7. 본서의 각 고사 처음에 표기되어 있는 숫자는 차례대로 각 권의 순서, 각 권에서의 고사 순서, 전체 고사의 순서를 나타낸다. 예) 5·2(0023) : 제 5권의 2번째 고사로서 『태평광기』 전체로는 제 23조에 해당하는 고사.

차례

권제 351 귀(鬼) 36
  형군(邢群)·15
  이중(李重)·16
  왕곤(王坤)·19
  소태현(蘇太玄)·23
  방천리(房千里)·26
  위씨자(韋氏子)·27
  이심(李洊)·31
  단성식(段成式)·32
  귀장(鬼葬)·34
  동한훈(董漢勛)·35

권제 352 귀37
  모영(牟穎)·41
  유씨자(游氏子)·45
  이운(李雲)·47
  정총(鄭總)·48
  왕소(王紹)·49
  왕유(王鮪)·50
  이대인(李戴仁)·54
  유조(劉璪)·55

  이구(李矩)·56
  도복(陶福)·58
  파천최령(巴川崔令)·59
  풍생(馮生)·62

권제 353 귀38
  황보매(皇甫枚)·67
  진번(陳璠)·68
  예장중관(豫章中官)·72
  소원휴(邵元休)·72
  하사랑(何四郎)·74
  청주객(靑州客)·77
  주원추(周元樞)·79
  주연수(朱延壽)·81
  진진충(秦進忠)·82
  망강이령(望江李令)·84
  장비묘축(張飛廟祝)·85
  승언소(僧彥翛)·86
  건강악인(建康樂人)·87
  황연양(黃延讓)·88
  장원(張瑗)·89

무원군인처(婺源軍人妻) · 89
진덕우(陳德遇) · 91
광릉리인(廣陵吏人) · 92

권제 354 귀39
양감(楊堿) · 97
원계겸(袁繼謙) · 98
빈주사인(邠州士人) · 99
왕상(王商) · 101
사언장(謝彦璋) · 102
숭성사(崇聖寺) · 103
임언사(任彦思) · 105
장인보(張仁寶) · 106
양온중(楊蘊中) · 107
왕연호(王延鎬) · 108
승혜진(僧惠進) · 110
전달성(田達誠) · 111
서언성(徐彦成) · 115
정교(鄭郊) · 117
이인(李茵) · 118
유붕거(柳鵬擧) · 121
주결(周潔) · 121

권제 355 귀40
양부사(楊副使) · 127
승민초(僧珉楚) · 128
진수규(陳守規) · 130
광릉고인(廣陵賈人) · 132
포성인(浦城人) · 134
유도사(劉道士) · 135

청원도장(清源都將) · 136
왕리처(王詡妻) · 138
임창업(林昌業) · 140
반습(潘襲) · 141
호징(胡澄) · 142
왕반(王攀) · 143
정수징(鄭守澄) · 145
유즐(劉騭) · 146

권제 356 야차(夜叉)1
가서한(哥舒翰) · 153
장구겸경(章仇兼瓊) · 155
양신긍(楊愼矜) · 156
강남오생(江南吳生) · 157
주현녀(朱峴女) · 160
두만(杜萬) · 162
위자동(韋自東) · 164
마수(馬燧) · 171

권제 357 야차2
동락장생(東洛張生) · 179
설종(薛淙) · 182
구유(丘濡) · 186
진월석(陳越石) · 189
장융(張融) · 192
온도사(蘊都師) · 194

권제 358 신혼(神魂)
방아(龐阿) · 201
마세부(馬勢婦) · 203

무명부부(無名夫婦)·204
왕주(王宙)·205
정제영(鄭齊嬰)·209
유소유(柳少遊)·211
소래(蘇萊)·212
정생(鄭生)·214
위은(韋隱)·216
제추녀(齊推女)·217
정씨녀(鄭氏女)·226
배공(裴珙)·227
서주군리(舒州軍吏)·230

권제 359 요괴(妖怪)1

무도녀(武都女)·235
동방삭(東方朔)·236
쌍두계(雙頭雞)·237
장유(張遺)·238
적선(翟宣)·240
장중영(臧仲英)·240
돈구인(頓丘人)·242
왕기(王基)·243
응거(應璩)·246
공손연(公孫淵)·246
제갈각(諸葛恪)·247
영릉태수녀(零陵太守女)·248
형양요씨(滎陽廖氏)·249
도황(陶璜)·250
조왕륜(趙王倫)·251
장빙(張騁)·252
회요(懷瑤)·254

배해(裴楷)·255
위관(衛瓘)·256
가밀(賈謐)·256
유교(劉嶠)·257
왕돈(王敦)·258
왕헌(王獻)·258
유총(劉寵)·259
환온부참군(桓溫府參軍)·260
곽씨(郭氏)·260

권제 360 요괴2

유익(庾翼)·265
유근(庾謹)·265
상중감(商仲堪)·266
수반(壽頒)·267
이세(李勢)·268
치회(郗恢)·269
유식(庾寔)·269
걸불치반(乞佛熾盤)·270
요소(姚紹)·271
환진(桓振)·272
가필지(賈弼之)·272
강릉조모(江陵趙姥)·274
제갈장민(諸葛長民)·274
염관장씨(鹽官張氏)·276
왕유(王愉)·277
주종지(朱宗之)·277
우정국(虞定國)·278
정화(丁譁)·279
부양왕씨(富陽王氏)·281

악하(樂遐)·284
유빈(劉斌)·284
왕징(王徵)·285
장중서(張仲舒)·286
소사화(蕭思話)·286
부씨녀(傅氏女)·287
곽중산(郭仲産)·288
유순(劉順)·288
왕담(王譚)·289
주등지(周登之)·290
황심(黃尋)·291
형주인(荊州人)·291
전소(田騷)·292
등차(鄧差)·293
사마신(司馬申)·295
단휘(段暉)·296

권제 361 요괴3

최계서(崔季舒)·299
안양황씨(安陽黃氏)·300
제후주(齊後主)·301
왕혜조(王惠照)·302
독고타(獨孤陀)·303
양소(楊素)·305
등경정(滕景貞)·306
원수(元邃)·307
유지언(劉志言)·308
소아(素娥)·309
장역지(張易之)·312
이승가(李承嘉)·313

태주인(泰州人)·314
양재언(梁載言)·315
범계보(范季輔)·316
낙양부인(洛陽婦人)·317
배휴정(裴休貞)·318
우성(牛成)·319
장한(張翰)·321
남정현위(南鄭縣尉)·322
이반(李泮)·322
원자허(元自虛)·324

권제 362 요괴4

장손역(長孫繹)·329
위허심(韋虛心)·330
배경미(裴鏡微)·331
이우(李虞)·332
무덕현부인(武德縣婦人)·333
회주민(懷州民)·335
무덕현민(武德縣民)·337
장사마(張司馬)·337
이적지(李適之)·338
이림보(李林甫)·340
양신긍(楊愼矜)·342
강교(姜皎)·343
조량정(晁良貞)·344
이씨(李氏)·345
장주봉(張周封)·347
왕풍(王豐)·348
방집(房集)·348
장인(張寅)·349

연봉상(燕鳳祥) · 351
왕생(王生) · 353
양중붕(梁仲朋) · 354

권제 363 요괴5
위방(韋滂) · 359
유씨(柳氏) · 362
왕소(王愬) · 364
이철(李哲) · 370
노원(盧瑗) · 377
여강민(廬江民) · 378
양주탑(揚州塔) · 381
고우사(高郵寺) · 382
유적중(劉積中) · 383

권제 364 요괴6
강회사인(江淮士人) · 391
이곡(李鵠) · 392
승지원(僧智圓) · 393
남효렴(南孝廉) · 397
사고(謝翱) · 398
승법장(僧法長) · 404
하북촌정(河北村正) · 406
승홍제(僧弘濟) · 408
김우장(金友章) · 409
우응(于凝) · 411

권제 365 요괴7
왕신자(王申子) · 417
한차(韓伙) · 420

허경(許敬) · 장한(張閑) · 421
태원소아(太原小兒) · 423
이사고(李師古) · 424
맹불의(孟不疑) · 424
대찰(戴詧) · 427
두종(杜悰) · 429
정인(鄭絪) · 430
하북군장(河北軍將) · 432
궁산승(宮山僧) · 433

권제 366 요괴8
두원영(杜元穎) · 441
주도사(朱道士) · 442
정생(鄭生) · 443
조사종(趙士宗) · 444
조랑(曹朗) · 445
자아(秄兒) · 450
이약(李約) · 451
장진(張縝) · 453
마거(馬擧) · 454
위침(韋琛) · 456
장모손(張謀孫) · 457
이황(李黃) · 459
송순(宋洵) · 460
장씨자(張氏子) · 461
승십붕(僧十朋) · 462
의춘인(宜春人) · 463
주종본(朱從本) · 464
주본(周本) · 465
왕종신(王宗信) · 466

설로봉(薛老峯)·468
구양찬(歐陽璨)·468

권제 367 요괴9(人妖附)
　요괴
　　동가원(東柯院)·473
　　왕수정(王守貞)·475
　　팽옹(彭顒)·476
　　여사조(呂師造)·477
　　최언장(崔彦章)·478
　　윤주기(潤州氣)·479
　　황극(黃極)·479
　　웅훈(熊勛)·480
　　왕건봉(王建封)·481
　　광릉사인(廣陵士人)·482
　　장용(張鏞)·483
　　종몽징(宗夢徵)·485
　　황인준(黃仁濬)·486
　　손덕준(孫德遵)·486
　인요(人妖)
　　동군민(東郡民)·487
　　호욱(胡頊)·488
　　오정현인(烏程縣人)·490
　　이선처(李宣妻)·490
　　조선모(趙宣母)·491
　　마씨부(馬氏婦)·491
　　양환처(楊歡妻)·492
　　수안남자(壽安男子)·492
　　최광종(崔廣宗)·493
　　허주승(許州僧)·494

전심(田瞫)·494
원호(元鎬)·495
무족부인(無足婦人)·496
누정(婁逞)·497
맹구(孟媼)·498
황숭하(黃崇嘏)·500
백항아(白項鴉)·503

권제 368 정괴(精怪)1
　잡기용(雜器用)(偶像附)
　　양성현리(陽城縣吏)·507
　　환현(桓玄)·508
　　서씨비(徐氏婢)·509
　　강회부인(江淮婦人)·510
　　유현(劉玄)·510
　　유선조(游先朝)·511
　　거연부락주(居延部落主)·512
　　승태경(僧太瓊)·516
　　청강군수(清江郡叟)·517
　　위훈(韋訓)·519
　　노찬선(盧贊善)·520
　　유숭(柳崇)·521
　　남중행자(南中行者)·522
　　국수재(麴秀才)·523
　　괵국부인(虢國夫人)·525

권제 369 정괴2
　잡기용
　　소비녀(蘇丕女)·531
　　장유악(蔣惟岳)·533

화음촌정(華陰村正)·534
　　위량(韋諒)·535
　　동래객(東萊客)·536
　　교성리인(交城里人)·537
　　잠순(岑順)·538
　　원무유(元無有)·545
　　이초빈(李楚賓)·547

권제 370 정괴3
　　잡기용
　　국자감생(國子監生)·553
　　요사마(姚司馬)·554
　　최각(崔殼)·557
　　장수재(張秀才)·560
　　하동가리(河東街吏)·562
　　위협률형(韋協律兄)·563
　　석종무(石從武)·565
　　강수(姜修)·566
　　왕옥신자(王屋薪者)·569

권제 371 정괴4
　　잡기용
　　독고언(獨孤彦)·577
　　요강성(姚康成)·582
　　마거(馬擧)·586
　　길주어자(吉州漁者)·590
　　흉기상(凶器上)
　　양씨(梁氏)·591
　　조혜(曹惠)·592
　　두불의(竇不疑)·597

권제 372 정괴5
　　흉기하(凶器下)
　　환언범(桓彦範)·605
　　채사(蔡四)·606
　　이화(李華)·610
　　상향인(商鄕人)·611
　　노함(盧涵)·613
　　장불의(張不疑)·617

권제 373 정괴6
　　화(火)
　　가탐(賈耽)·629
　　유희앙(劉希昻)·631
　　범장(范璋)·633
　　호영(胡榮)·634
　　양정(楊禎)·634
　　노욱(盧郁)·641
　　유위(劉威)·646
　　토(土)
　　마희범(馬希範)·647

권제 374 영이(靈異)
　　별령(鱉靈)·651
　　옥량관(玉梁觀)·652
　　상혈(湘穴)·654
　　뇌양수(耒陽水)·654
　　손견득장지(孫堅得葬地)·655
　　섭우(聶友)·656
　　팔진도(八陣圖)·656
　　해반석귀(海畔石龜)·658

조대석(釣臺石)·659
분주여자(汾州女子)·660
파사왕녀(波斯王女)·661
정안(程顔)·662
문수현추석(文水縣墜石)·664
현종성용(玄宗聖容)·665
투주연화(渝州蓮花)·666
옥마(玉馬)·668
화산도려(華山道侶)·669
정인본제(鄭仁本弟)·669
초주승(楚州僧)·671
호씨자(胡氏子)·672
왕촉선주(王蜀先主)·674
여산어자(廬山漁者)·675
계종의(桂從義)·676
금정산목학(金精山木鶴)·677
매병왕로(賣餅王老)·679
도림화(桃林禾)·680
왕연정(王延政)·681
홍주초인(洪州樵人)·682

권제 375 재생(再生)1
사후(史姁)·687
범명우노(范明友奴)·688
진초(陳焦)·689
최함(崔涵)·690
유장(柳莨)·693
유개(劉凱)·694
석함중인(石函中人)·696
두석가비(杜錫家婢)·697
한궁인(漢宮人)·697
이아(李俄)·698
하간여자(河間女子)·700
서현방녀(徐玄方女)·701
채지처(蔡支妻)·704
진랑비(陳朗婢)·707
우보가노(于寶家奴)·707
위풍여노(韋諷女奴)·708
업중부인(鄴中婦人)·712
이중통비(李仲通婢)·713
최생처(崔生妻)·714
동래인녀(東萊人女)·716

태평광기

권제 351

귀 36

1. 형　군(邢　群)
2. 이　중(李　重)
3. 왕　곤(王　坤)
4. 소 태 현(蘇 太 玄)
5. 방 천 리(房 千 里)
6. 위 씨 자(韋 氏 子)
7. 이　심(李　溧)
8. 단 성 식(段 成 式)
9. 귀　장(鬼　葬)
10. 동 한 훈(董 漢 勛)

351 · 1(4450)
형군(邢群)

형부원외랑(刑部員外郞) 형군은 [당나라] 대중(大[太]中) 2년(848)에 이전에 흡주자사(歙州刺史)를 지냈던 연고로 낙중(洛中)에 머물고 있었는데, 병을 심하게 앓고 있었다. 형군은 본디 어사(御史) 주관(朱琯)과 친분이 있었다. 그때 주관은 막 회해종사(淮海從事)의 임기를 마치고 이락(伊洛)에 머물다 병으로 죽었으나 형군은 그 사실을 아직 모르고 있었다. 형군이 하루는 낮잠을 자고 있는데, 갑자기 누군가가 문을 두드리는 소리가 들려왔다. 그는 사람을 시켜 나가보게 했다가 주관이 말을 타고 오는 것을 보고는 안으로 맞이해 앉게 했다. 형군은 진작부터 주관이 아프다는 말을 들어 알고 있었기에 그가 온 것을 보고는 매우 기뻐하며 이렇게 말했다.

"일전에 그대가 아프다고 들었는데, 별 걱정할 필요 없겠구려."

주관이 말했다.

"일전에 몸이 좀 아팠는데, 지금은 다 나았소. 그대의 병 역시 그다지 근심하지 않아도 되오. 하루 이틀도 안 걸려 다 나을 것이오."

주관은 한참을 웃고 이야기한 뒤에 떠나갔는데, 주관이 형군을 찾아왔던 때는 바로 주관이 죽은 때였다. (『선실지』)

刑部員外邢群, 大中二年, 以前歙州刺史居洛中, 疾甚. 群素與御史朱琯善. 時琯自淮海從事罷居伊洛, 病卒, 而群未知. 嘗晝臥, 忽聞扣門者. 令視之, 見琯騎而來, 群卽延入坐. 先是群聞琯病, 及見來, 甚喜, 曰: "向聞君疾, 亦無足憂." 琯曰: "某嘗病, 今則愈矣. 然君之疾, 亦無足憂. 不一二日, 當間耳." 言笑久之, 方去, 琯訪群之時, 乃琯卒也. (出『宣室志』)

351 · 2(4451)
이중(李 重)

[唐나라] 대중(大[太]中) 5년(851)에 검교랑중(檢校郞中) 이중은 하음(河陰)의 염철원(鹽鐵院)을 맡고 있다가 관직에서 물러나 하동군(河東郡)에 살고 있었다. 그는 병이 들었는데, 열흘이 지나자 병세는 더욱 악화되어 무겁게 늘어진 채 자리에 몸져 누워있었다. 어느 날 저녁에 그는 하인에게 이렇게 말했다.

"내가 병들어 일어날 수 없을 것 같다."

그러더니 하인에게 시켜 집 문을 다 걸어 잠그게 했다. 그때 갑자기 마당에서 쩡그렁 하는 소리가 들리기에 이중이 나가보았더니 붉은 옷을 입은 한 사람이 거기 있었는데, 그는 다름 아닌 하서현령(河西縣令) 채행기(蔡行己)였다. 또 한 사람이 있었는데, 그 사람은 흰색 겹옷을 입고 채행기 뒤에 서 있었다. 이중은 채행기와 잘 아는 사이였던지라 깜짝 놀라하며 이렇게 물었다.

"채시어(蔡侍御: 蔡行己)께서 오셨는가!"

그리고는 하인들에게 시켜 위로 모시게 한 다음 흰옷 입은 사람도 함께 올라와 앉게 했다.

그런데 잠시 후에 이중이 보았더니 채행기의 몸이 점점 길어지고 손과 발, 입과 코도 따라서 커지는 것이었다. 이에 더 자세히 보았더니 그 사람은 채행기가 아니었다. 이중은 속으로 이상하다고 생각했으나 여전히 그를 채시어로 불렀다. 이중은 자신의 몸을 조금은 일으킬 수 있을 것 같아 벽에 등을 기대고 앉은 다음 그 사람에게 이렇게 물었다.

"나는 한달이나 병들어 있었는데, 지금은 더욱더 심해지고 있으니, 이로 인해 죽게 되는 것이 아니오?"

그 사람이 말했다.

"그대의 병은 차도를 보일 것이오."

그러더니 흰 옷 입은 사람을 가리키며 말했다.

"내 넷째 동생인데, 점을 아주 잘 친다오."

그리고는 동생에게 이중의 점을 쳐보게 했다. 흰옷 입은 사람이 소매에서 나무 원숭이 하나를 꺼내 침상 위에 올려놓자 그 원숭이는 서너 번 이리저리 뛰다가 멈추었다. 흰옷 입은 사람이 말했다.

"괘가 나왔습니다. 낭중(郞中: 李重) 어른의 병은 걱정할 만한 것이 못됩니다. 예순 두 살까지는 사시겠으나, 그 사이 화도 좀 입으시겠습니다."

이중이 말했다.

"시어께서는 술을 드시겠소?"

붉은 옷 입은 사람이 말했다.

"어찌 감히 안 마실 수 있겠습니까?"

이중이 술상을 봐오게 한 후 술잔을 앞에 놓았더니 붉은 옷 입은 사람이 말했다.

"내겐 따로 마실 그릇이 있소."

그러더니 옷 속에서 잔 하나를 꺼냈는데, 첫눈에 보기에는 은으로 만든 것 같았으나 술을 따르자 술잔의 모습이 일정치 않게 바뀌었다. 이중이 자세히 들여다보니 그것은 종이로 만든 것이었다. 두 사람은 각각 두 잔씩을 마시더니 종이로 만든 잔을 다시 옷 속에 집어넣었다. 그들은 떠나면서 이중에게 이렇게 주의를 주었다.

"그대는 병이 다 나은 뒤에 절대 술을 마시면 안 되오. 화가 미칠 것이오."

이중은 거듭 감사하며 그러겠다고 약속했다.

그들은 한참 후에야 떠나갔는데, 마당에 나가보니 아무 것도 보이지 않았고, 바깥문을 살펴보았더니 원래대로 잠겨져있었으며, 침상 앞쪽을 보았더니 술이 땅에 뿌려져있었다. 그것은 아마도 두 귀신이 마신 술이었을 것이다. 이중은 그때부터 병이 다 나았는데, 예전처럼 술을 마셔대자 그 해에 항주사마(杭州司馬)로 폄적되었다. (『선실지』)

太中五年, 檢校郞中知鹽鐵河陰院事李重罷職, 居河東郡. 被疾, 旬日益甚, 沈然在榻. 一夕, 告其僕曰: "我病不能起矣." 卽令扃鍵其門. 忽聞庭中窣然有聲, 重視之, 見一人衣緋, 乃河西令蔡行己也. 又有一人, 衣白疊衣, 在其後. 重與行己善, 卽驚曰: "蔡侍御來!" 因命延上, 與白衣者俱坐.

頃之, 見行己身漸長, 手足口鼻, 亦隨而大焉. 細視之, 乃非行己也. 重心異也, 然因以侍御呼焉. 重遂覺身稍可擧, 卽負壁而坐, 問曰: "某病旬月矣, 今愈甚, 得不中於此乎?" 其人曰: "君之疾當間矣." 卽指白衣者: "吾之季弟, 善卜." 乃命卜 重. 白衣者於袖中出一小木猿, 置榻上, 旣而其猿左右跳躑, 數四而定. 白衣者曰: "卦成矣. 郎中之病, 固無足憂. 當至六十二, 然亦有災." 重曰: "侍御飮酒乎?" 曰: "安敢不飮?" 重遂命酒, 以杯置於前, 朱衣者曰: "吾自有飮器." 乃於衣中出 一杯, 初似銀, 及旣酌, 而其杯翻翻不定. 細視, 乃紙爲者. 二人各盡二盃, 已而收 其杯於衣中. 將去, 又誡重曰: "君愈之後, 愼無飮酒. 禍且及矣." 重謝而諾之. 良久遂去, 至庭中, 乃無所見, 視其外門, 扃鍵如舊, 又見其榻前, 酒在地. 蓋二 鬼所飮也. 重自是病愈, 旣而飮酒如初, 其年, 謫爲杭州司馬. (出『宣室志』)

351・3(4452)
왕 곤(王 坤)

태원(太原)의 왕곤은 [唐나라] 대중(大[太]中) 4년(850) 봄에 국자감 박사(國子監博士)가 되었다. 그에게는 경운(輕雲)이라는 여종이 있었는 데, 그때 죽은 지 이미 몇 년이나 되었다. 어느 날 저녁 왕곤은 갑자기 경운이 꿈에서 자기 침상 앞으로 나아오는 것을 보았는데, 왕곤이 몹시 두려워 자리에서 일어나 무슨 일이냐고 물어보니 경운이 말했다.

"저는 인간 세상을 떠난 지 이미 몇 년이나 되었습니다만 살아생전의 일을 생각하면 아직도 실로 매여 있는 것만 같아 도무지 떨쳐버릴 수가 없습니다. 오늘 저녁에 제가 이렇게 어르신을 옆에서 모시게 되었으니, 그저 황송할 따름입니다."

왕곤은 마치 술에 취한 양 정신이 몽롱해져 경운이 귀신이라는 사실조차 깨닫지 못했다. 경운은 왕곤을 이끌고 밖으로 나갔는데, 문은 굳게 잠겨있었으나 문틈사이로 아무런 방해도 받지 않고 왕곤을 데리고 서 빠져나갔다. 큰 길 가운데 이르러서 그들은 오래도록 달빛 아래를 거닐었다.

그때 왕곤이 갑자기 허기를 느껴 경운에게 말을 했더니 경운이 말했다.

"마을에 어르신과 잘 아는 분이 혹 계십니까? 찾아가 먹을 것을 좀 구해보도록 하시지요."

왕곤은 본디 태학박사(太學博士) 석관(石貫)과 친한 사이었고 게다가 같은 마을에 살고 있었으므로 경운과 함께 그를 찾아갔다. 석관의 집 문에 이르러보니 문이 굳게 잠겨져 있었다. 경운이 문을 두드리자 잠시 후 문지기가 나와 문을 열어주며 말했다.

"아까 문 두드리는 소리를 분명 들었는데, [나와 보니] 지금은 또 조용하기만하고 아무 것도 보이질 않으니 이게 어찌된 일이란 말인가?"

[문지기가] 이렇게 말하면서 문을 닫아버리자 경운이 문을 또 두드렸다. 이런 일이 세 번이나 되풀이되자 문지기가 화를 내며 말했다.

"못된 귀신이 어디 감히 우리 집 문을 두드리느냐!"

그러면서 침을 뱉으며 욕을 해대자 경운이 왕곤에게 이렇게 말했다.

"석생(石生: 石貫)은 이미 주무시고 계신듯하니 찾아뵐 수가 없겠습니다. 다른 곳을 한번 찾아가 보시지요."

그때 국자감(國子監)의 하급관리 역시 같은 마을에 살고 있었는데, 왕곤은 외출할 때면 반드시 그 집 앞을 지나가야 했다. 그 관리는 왕곤에게 월급을 관리해주고 또 관직을 제수하는 일을 문서로 작성해 주었기에 왕곤은 그를 매우 신임하고 있었다. 왕곤은 경운과 함께 그의 집을 찾아갔는데, 마침 그 집 문이 열리더니 한 사람이 물동이를 들고서 길거리에다 물을 뿌리고 있는 것이 보였다. 경운이 말했다.

"같이 들어가도 되겠습니다."

그들이 안으로 들어가서 보았더니 하급관리는 여러 사람들과 모여 식사를 하고 있었다. 왕곤은 막 안으로 들어가 마당에 서 있으면서 하급관리가 계단을 내려와 자신을 영접하며 절을 올리리라 생각했는데, 그 관리는 예를 갖춰 절을 올리지 않는 것이었다. 잠시 후 한 여종이 국을 받쳐 들고 계단 위로 오를 때 경운이 그 여종의 등을 내리쳐 계단에 넘어뜨리자 국이 모두 땅에 쏟아지고 말았다. 하급관리와 그의 아내는 자리에서 일어나 깜짝 놀라며 이렇게 말했다.

"귀신에 씌었다!"

그리고는 급히 무당을 불렀더니 무당이 말했다.

"붉은 인끈에 은 인장을 찬 한 사람이 정원 앞에 서 있습니다."

이렇게 해서 [하급 관리의 집에서] 제사를 지내주자, 왕곤과 경운은 제사상 앞에 앉아 다 먹은 뒤에 함께 떠나갔다. 여자 무당은 그들을 문까지 전송한 후 문 옆에서 지전(紙錢)을 태워주었다.

경운이 왕곤에게 말했다.

"어르신께서는 저와 함께 가시지요."

왕곤은 그녀를 따라 마을을 빠져나와 계하(啓夏) 쪽을 향해 떠나갔다. 교외 수십 리 되는 곳에 이르렀을 때 한 무덤이 보이자 경운이 말했다.

"여기가 바로 소첩이 사는 곳이니, 어르신께서는 저를 따라 들어오시지요."

왕곤이 머리를 수그리고 몸을 굽혀 안으로 들어가 보니 무덤 입구는 어둑어둑하여 [사물을] 분간할 수 없었다. 이때 왕곤은 갑자기 소스라치게 놀라 잠에서 깨어났는데, 등에는 땀이 흥건했고 다리는 후들후들 떨리고 있었다. 그때 밖은 이미 밝아있었다. 왕곤은 그 꿈이 너무도 꺼림칙해 감히 아무에게도 말하지 못했다.

왕곤은 그날 석관을 불러들였는데, 석관은 자리에 앉은 다음 이렇게 말했다.

"어제 저녁에 어떤 귀신이 제 집 문을 세 번이나 두드렸는데, 하인을 시켜 나가보게 하면 조용하기만 하고 아무것도 보이지 않았습니다."

왕곤이 또 날이 샌 다음에 하급 관리의 집 앞을 지나가보니 과연 지전을 태운 흔적이 남아있었다. 이에 즉시 하급관리를 불러 그 일에 대해 물어보았더니 관리가 말했다.

"제가 어제 저녁에 사람들과 모여 식사를 하고 있었는데, 갑자기 하녀 한 명이 귀신에 씌었습니다. 무당이 말하기를 귀신이 한 짓이라고 하기에 마당에 제사상을 차려주었고 거기서 지전도 태워주었습니다."

그들이 하는 말 모두가 어젯밤 왕곤이 꾼 꿈과 똑같았다. 왕곤은 더욱 두려워져 처자식에게 그 사실을 이야기했는데, 그해 겨울에 왕곤은 과연 죽고 말았다. (『선실지』)

太原王坤, 大中四年春爲國子博士. 有婢輕雲, 卒數年矣. 一夕, 忽夢輕雲至榻前, 坤甚懼, 起而訊之, 輕雲曰: "某自不爲人數年矣, 嘗念平生時, 若縶而不忘解也. 今夕得奉左右, 亦幸會耳." 坤憪然若醉, 不寤爲鬼也. 輕雲卽引坤出門, 門已扃鐍, 隙中導坤而過, 曾無礙. 行至衢中, 步月徘徊, 久之.

坤忽飢, 語於輕雲, 輕雲曰:"里中人有與郎善者乎? 可以詣而求食也."坤素與太學博士石貫善, 又同里居, 坤因與偕行. 至貫門, 而門已鍵閉. 輕雲叩之, 有頃, 閽者啓扉曰:"向聞扣門, 今寂無覩, 何也?"因闔扉, 輕雲又扣之. 如是者三, 閽者怒曰:"厲鬼安得輒扣吾門!"且唾且罵之, 輕白坤云:"石生已寢, 固不可詣矣. 願郎更詣他所."時有國子監小吏, 亦同里, 每出, 常經其門. 吏與主月俸及條報除授, 坤甚委信之. 因與俱至其家, 方見啓扉, 有一人持水缶, 注於衢中. 輕雲曰:"可借入."旣入, 見小吏與數人會食. 初, 坤立於庭, 以爲小吏必降階迎拜, 旣而小吏不禮. 俄見一婢捧湯餠登階, 輕雲卽毆婢背, 遽仆於階, 湯餠盡覆. 小吏與妻奴俱起, 驚曰:"中惡!"卽急召巫者, 巫曰:"有一人, 朱紱銀印, 立於庭前."因祭之, 坤與輕雲俱就坐, 食已而偕去. 女巫送到門, 焚紙錢於門側.

輕雲謂坤曰:"郎可偕某而行."坤卽隨出里中, 望啓夏而去. 至郊野數十里, 見一墓, 輕雲曰:"此妾所居, 郎可隨而入焉."坤卽俛首曲躬而入, 墓口曛黑不可辨. 忽悸然驚寤, 背汗股慄. 時天已曉. 心惡其夢, 不敢語於人.

是日, 因召(明鈔本'召'作'訪')石貫, 旣坐, 貫曰:"昨夕有鬼扣吾門者三, 遣視之, 寂無所覩."至曉, 過小吏, 則有焚紙錢跡. 卽立召小吏, 訊其事, 小吏曰:"某昨夕方會食, 忽有婢中惡. 巫云, 鬼爲祟, 由是設祭於庭, 焚紙於此."盡與坤夢同. 坤盆懼, 因告妻孥, 是歲冬, 果卒. (出『宣室志』)

351·4(4453)
소태현(蘇太玄)

양삭(陽朔) 사람 소태현은 농부였다. 그의 아내 서씨(徐氏)는 아들 셋을 낳고 죽었는데, 장례가 이미 끝난 어느 날 갑자기 집에 돌아왔다. 그러나 그녀의 모습은 보이지 않았고 다만 목소리만 들릴 뿐이었는데, 그녀는 이렇게 말했다.

"내 수명이 아직 다하지 않아 저승에서 잡아가지 않은 것입니다."

서씨는 매번 올 때마다 아들들을 어루만져주고 그들을 위해 옷을 기워주곤 했는데, 한 달 가량 지나자 이웃에서도 그 사실을 알게 되었다. 혹 누군가가 서씨를 찾아와 길흉을 점쳐보면 좋고 나쁜 것에 대해 말을 해주었는데, 그것들은 하나같이 다 들어맞았다.

관부에서 일을 맡게 된 마을 사람 하나가 병을 얻었는데, 그의 집안 사람이 서씨를 찾아와 점을 쳐 주길 청하자 잠시 후 그녀가 이렇게 말했다.

"[내가 지금] 양풍관(涼風館) 남쪽에 자목림(柘木林)이라는 지명을 가진 곳에 갔다가 길에서 호랑이를 만나는 바람에 감히 지나가질 못하고 그냥 돌아오고 말았습니다."

점치러 온 사람이 거듭 부탁하며 다시 한번 가주기를 청하자 잠시 후에 그녀는 다시 이렇게 말을 했다.

"관부에 가보았더니 [환자의] 병이 이미 다 나아있었습니다."

그러나 [점치러 온 사람은] 사실이 아닐지도 모른다는 의구심이 생겨 자신들이 사는 마을이 어디며 병자의 모습은 어떠하냐고 물었다. 서씨는 이전에 관부에 가 본 일도 없고 그 병자를 알지도 못했는데, 하나하나 대답하는 말이 조금도 틀리지 않았다.

또 한 사람이 점을 치러 와서는, 드릴 물건이 아무 것도 없어 부족하기 짝이 없다며 사과하자 서씨가 말했다.

"당신 집 서쪽 방에 곡식이 서 말이나 있는데, 어찌 없다는 말씀을 하십니까?"

점치러 온 사람이 가서 가져오게 해 달라고 청한 순간, 어느새 [서씨가 곡식을] 지고 그 앞에 와있어서 모든 사람들이 깜짝 놀랐다. 이런 일이 한두 번이 아니었다.

어느 날 서씨는 순(舜) 임금이 병사를 일으켜 만족(蠻族)을 토벌하러 가려하는데 누군가가 [자기를 찾아]와서는 역참(驛站)으로 와서 밥을 지어달라고 부탁하면서 하루 이틀이면 돌아올 수 있을 것이라 말했다고 했다. 서씨는 오겠다던 날에 돌아와 맛있는 요리 약간을 남편 앞에 내밀며 이렇게 말했다.

"이 밥과 인간세상의 군대에서 먹는 밥을 비교해보면 어떻습니까?"

남편이 맛을 보니 다른 밥보다 몇 배는 맛있었다. 서씨는 어느 날 아침 울며 식구들에게 고했다.

"함부로 저승의 일을 누설했다하여 그 벌로 잡혀가게 되었습니다. 이제 가면 다시 돌아오기는 어려울 테니, 아이들을 잘 돌보도록 하십시오."

서씨는 울며 이별을 고한 다음 다시는 나타나지 않았다. (『계림풍토기』)

陽朔人蘇太玄, 農夫也. 其妻徐氏, 生三子而卒, 旣葬, 忽一日還家. 但聞語而不見形, 云: "命未合終, 冥司未錄." 每至, 必憐撫其子, 爲之紉補, 經旬月, 鄰件乃知. 或占卜吉凶, 述善惡, 一一符驗.

有鄕人在府充職, 被疾, 其家請卜之, 俄頃云: "至涼風館南, 地名柘木林, 遇虎當道, 不敢過, 遂却回." 卜者請逼, 因請再往, 俄頃曰: "至府, 見所疾已愈." 疑其不實, 遂問其所居坊曲, 病人形貌. 徐氏先不曾至府, 又未識病者, 一一言之, 無差異.

又有人來卜, 謝無物奉酬, 深爲不足, 徐氏曰: "公家三斗粟在西房, 何得稱無?" 卜者請取之, 逡巡, 負致其前, 衆皆愕然. 如此不一.

忽一旦, 言帝舜發兵討蠻, 有人求至驛, 助擎熟食, 更一兩日當遠. 如期而歸, 將一分細食, 致夫前曰: "此飯曷若人間過軍者?" 夫嘗之, 倍珍於他食. 又一旦泣告曰: "無端泄陰事, 獲罪被追. 此去難再還, 好看兒女." 泣別遂絶. (出『桂林風土記』)

351·5(4454)
방천리(房千里)

춘주(春州) 남문(南門) 밖에 선서관(仙署館)이 있었고 선서관 안에는 노공정(盧公亭)이 있었다. 방천리가 폄관된 뒤 이 주로 의원을 찾아오자 태수(太守)는 그를 그곳에 머물게 했다. 동쪽 채에 있는 내실에서 노복들이 잠깐 눈을 붙이고 있는데, 갑자기 붉은 옷을 입은 기골이 장대한 한 사람이 그들 앞으로 곧장 다가오는 것이었다. 노복들은 깜짝 놀라 달려와 방천리에게 이 사실을 고했다. 하루 이틀 지난 다음에 그런 일이 또 일어났다. 방천리는 그 일을 믿지 않았으나 그래도 내실 안에 더 머물지는 않았다. 몇 달이 지난 후에 방천리가 시냇가 정자로 옮겨가자 [태수는] 한 아전에게 선서관의 동쪽 채를 또 빌려주었다. 대낮에 그 아전이 보니 비단 옷을 입은 한 남자가 나막신을 신고 와서는 이렇게 말을 하는 것이었다.

"그대는 이곳에 오래 살지 마시오."

아전은 놀라 집밖으로 뛰쳐나간 다음 이 사실을 상전 관리에게 고했다. 육건종(陸建宗)이라는 한 늙은 아문장(牙門將: 衙將)이 이렇게 말했다.

"원화연간(元和年間: 806~820)에 이사도(李師道)가 주살되었을 때 그 밑에서 종사(從事)로 있던 육행검(陸行儉)이 이 주로 유배되어 왔다가 이곳에서 사약을 받고 죽었지요. 생각건대 아전께서 지금 묘사한 그 모습은 육행검의 모습과 조금도 다르지 않습니다."

(『투황잡록』)

春州南門外有仙署館, 館中有盧公亭. 房千里貶官, 尋醫于斯州('斯'原作'新', 據明鈔本改), 太守館之於是. 東廂有內室, 僕夫假寐, 忽有朱衣人, 甚魁偉, 直來其前. 僕輩驚走, 告千里. 旣一二夕, 又然. 千里不信, 然不復置于室內. 後累月, 徙居溪亭, 復有假椽吏寄與東室. 晝日, 見一男子披紗裘, 屣履而來, 曰: "若無久駐此." 椽驚出戶, 俱以狀白於僚吏. 有老牙門將陸建宗曰: "元和中, 誅李師道, 其從事陸行儉流于是州, 賜死於是. 椽所白之狀('狀'原作'將', 據明鈔本改)果省不謬." (出『投荒雜錄』)

351・6(4455)
위씨자(韋氏子)

도성에 사는 위씨 집안의 한 아들이 진사(進士) 시험을 보게 되었는데, 그의 집안은 대단한 세도가였다. 그는 낙양(洛陽)에서 기녀 한 명을 들였는데, 그녀는 용모가 빼어나고 음률에 매우 밝았다. 위 아무개가 한번은 그녀에게 두공부(杜工部: 杜甫)의 시를 필사하게 한 일이 있었다. 그가 얻은 원본은 잘못된 부분이 매우 많았으나 그녀는 붓을 들어 문리(文理)도 매끄럽게 그 잘못된 부분을 고쳐나가기 시작했다. 이에 위 아무개는 그녀에게 미혹되었다. 그러나 그 기녀는 스물한 살에 죽고 말아 위 아무개는 너무도 애통해한 나머지 몸마저 야위어갔으며 일마저 팽개치고 혹 꿈에서라도 그녀를 만나볼까 하는 마음에 늘 잠을 청하곤 했다.

그러던 어느 날 집안의 가동이 말하길 숭산(嵩山)의 임처사(任處士)라는 사람이 혼령을 불러들일 수 있는 도술을 얻었다 하기에 위 아무개는 임처사를 불러와 그 도술을 한번 부려달라고 했다. 임처사는 날을 잡아 목욕재계를 하고 방 하나를 깨끗이 청소해놓은 다음, 방에 휘장을 쳐놓고 향을 사르라고 했다. 또 기녀가 입었던 옷이 있어야만 그녀의 혼을 인도해 올 수 있다고 했는데, 위 아무개가 옷상자를 뒤져보았으나 모두 스님에게 시주해버리고 남은 것이라곤 금실이 수놓인 치마 하나뿐이었다. 임처사가 말했다.

"이걸로 되겠습니다."

[임처사는 위 아무개에게] 그날 저녁 사람들을 모두 물리고 공무도 모두 젖혀두라고 하면서 절대로 그녀와 너무 가까이 한다거나 너무 슬퍼 우는 일이 없도록 하라고 주의를 시켰다. 임처사는 향 앞에 커다란 촛불을 켜두고는 이렇게 말했다.

"초가 1촌(寸)쯤 타들어 가면 [여자는] 다시 떠나갈 것입니다."

위 아무개는 깨끗한 옷을 갈아입고 숨을 고르며 [임처사의] 지시를 마음에 새겼다. 그날 밤, 만물은 고요하게 잠들어 있었고 은하수는 맑게 빛나고 있었다. 그때 임처사가 갑자기 길게 한숨을 쉬더니 치마를 들어 휘장 쪽을 향하며 기녀의 혼을 불렀는데, 이렇게 세 번을 반복하자 갑자기 한숨쉬는 소리가 들려오더니 잠시 후 휘장 사이로 [기녀의 몸이] 조금 비치기 시작했다. 그녀는 안을 비스듬히 바라보며 서 있었는데, 깊은 원한을 품은 듯한 모습에 스스로를 가누지 못해하는 것만 같았다. 위 아무개가 놀라 일어나며 울기 시작하자 임처사가 말했다.

"그렇게 겁을 주며 다그치면 금방 돌아가 버립니다."

위 아무개는 눈물을 참으며 인사를 했는데, 그녀는 살아생전과 아무런 다른 점이 없었다. 위 아무개는 간혹 그녀에게 말을 걸었으나 그녀는 고개를 끄덕일 뿐이었다. 한 시각이 지나자 초는 다 타들어갔고, 둘은 헤어질 때가 되었다. 위 아무개가 갑자기 그녀에게 다가가려 했으나 그녀는 이미 사라지고 없었다. 위 아무개는 휘장을 부여잡고 오래도록 통곡한 끝에 기절했다가 깨어났다. 그러자 임생(任生: 任處士)이 말했다.

"저는 돈을 벌고자하는 사람이 아니라 그저 그대의 마음이 그토록 간절한 것을 슬피 여겨 도와주러 왔던 것뿐입니다. [남녀 간의 사랑은 금세 사라지고 마는] 물거품이나 [아침에 피었다가 저녁에 오무라드는] 무궁화와 같은 것이니 너무 마음에 담아두실 필요가 없습니다."

위 아무개가 임처사에게 사례를 하려 했으나 그는 뒤도 돌아보지 않고 떠나가 버렸다. 위 아무개는 이런 시를 지었다.

금가루로 수놓은 옥호접(玉胡蝶) 꽃 치마 서글프더니,
　봄이 오자 다시 나타나 흘러가는 구름 벗하여 노니네.
　잠시도 그녀를 붙잡아두지 못하게 하니,
　흡사 처음 이소군(李少君: 西漢 武帝 때의 方術士)을 만나본 듯하네.

애도의 글이 매우 많아 다 기록할 수 없다. 위 아무개는 그때부터 울적해하더니 일년이 지난 후에 죽고 말았다. (『당궐사』)

　京兆韋氏子, 擧進士, 門閥甚盛. 嘗納妓于洛, 顔色明秀, 尤善音律. 韋曾令寫杜工部詩. 得本甚舛, 妓隨筆改正, 文理曉然. 是以韋頗惑之. 年二十一而卒, 韋悼痛之, 甚爲羸瘠, 棄事而寐, 意其夢見.
　一日, 家僮有言嵩山任處士者, 得返魂之術, 韋召而求其術. 任命擇日齋戒, 除一室, 舒幃於室, 焚香. 仍須一經身衣以導其魂, 韋搜衣笥, 盡施僧矣, 惟餘一金縷裙. 任曰: "事濟矣." 是夕, 絶人屛事, 且以唔近悲泣爲誡. 燃蠟炬於香前, 曰: "覘燭燃寸, 卽復去矣." 韋潔服斂息, 一禀其誨. 是夜, 萬籟俱止, 河漢澄明. 任忽長歎, 持裙面幃而招, 如是者三, 忽聞吁歎之聲, 俄頃, 暎幃微出. 斜睇而立, 幽芳怨態, 若不自勝. 韋驚起泣, 任曰: "無庸恐迫, 以致候廻." 生忍淚揖之, 無異平生. 或與之言, 頷首而已. 逾刻, 燭盡及期, 欸欲逼之, 紛然而滅. 生乃捧幃長慟, 旣絶而蘇. 任生曰: "某非獵食者, 哀君情切, 故來奉救. 漚沫槿艶, 不必寘懷." 韋欲酬之, 不顧而別. 韋嘗賦詩曰: "惆悵金泥簇蝶裙, 春來猶見伴行雲. 不敎布施剛留得, 渾似初逢李少君." 悼亡甚多, 不備錄. 韋自此鬱鬱不懌, 逾年而歿. (出 『唐闕史』)

351·7(4456)
이 심(李 潯)

[唐나라] 함통연간(咸通年間: 860~874)에 중모현위(中牟縣尉) 이심은 포전(圃田)에 있는 별장에서 지내고 있었다. 그는 성격이 강직해서 귀신 따위는 신경도 쓰지 않았고, 다른 사람이 술을 뿌리며 고수레하는 것을 볼 때마다 화를 내며 사람들을 말리곤 했다. 어느 날 아침, 그는 갑작스레 어지럼병에 걸려 방에 누워있었는데, 홀연 한 농부가 찾아와 그의 침상 앞에 서더니 이렇게 말했다.

"이웃들이 찾아뵙고 병문안을 드리려 합니다."

잠시 후 몇 사람이 보였는데, 그 사람들은 모습도 볼품없고 의복도 하나같이 자주색 아니면 푸른색을 입고 있었다. 또 키 작은 하인이 술 두 병을 들고 계단을 올라왔는데, 좌우에 있던 처와 자식들은 모두 그들을 보지 못했다. 키 작은 하인이 이심에게 말했다.

"그대는 평상시에 잘난 체를 하며 우리들을 무시했고, 또 [남들이] 우리에게 제사를 올려도 꼭 남들 대신 그것들을 아까워하곤 했소. 지금 좋은 술 몇 말이 있으니 우리가 그대를 한번 취하게 해 드리겠소."

그러더니 잠시 후 커다란 잔에 술을 가득 부어 이심에게 먹였는데, 두 병이 모두 동이 났으며 나머지는 자리에 잔뜩 흘렀다. 그는 이심에게 이렇게 말했다.

"어찌하여 평상시에는 술을 그토록 아꼈소?"

이때부터 이심은 온 몸이 혼미해지고 초췌해졌으며 마치 숙취에서 깨어나지 못한 듯 몽롱해 있다가 몇 달 만에 간신히 깨어났다. (『극담록』)

咸通中, 中牟尉李湊, 寓居圃田別墅. 性剛戾, 不以鬼神爲意, 每見人酗酒, 必怒而止之. 一旦, 暴得風眩, 方臥於廡下, 忽有田父立於榻前, 云: "隣伍間欲來省疾." 見數人, 形貌尫劣, 服飾或紫或靑. 有矮僕, 提酒兩壺, 歷階而上, 左右妻子, 悉無所覩. 謂湊曰: "爾常日負氣, 忽於我曹, 醪醴之間, 必爲他人愛惜. 今有醇酎數斗, 衆欲爲君一醉." 俄以巨盃, 滿酌飮湊, 兩壺俱盡, 餘瀝滿席. 謂湊曰: "何以常時惜酒也耶?" 自爾百骸昏悴, 如宿醒憽然, 數月方愈. (出『劇談錄』)

351・8(4457)
단성식(段成式)

태상경(太常卿) 단성식은 상국(相國) 단문창(段文昌)의 아들로 거자(擧子: 과거에 응시하는 수험생) 온정균(溫庭筠)과 가까운 사이였다. 단성식은 함통(咸通) 4년(863) 6월에 죽었다. 온정균은 한가로이 도성에 머물고 있었는데, 그해 11월 13일 동지 날에 큰 눈이 내렸다. 이른 새벽에 어떤 사람이 문을 두드리기에 문지기가 나가보니 문 사이로 대나무 통 하나를 주며 이렇게 말했다.

"단소상(段少常: 段成式)의 편지를 가져왔습니다."

온정균이 처음에 뭔가 잘못되겠지 하며 대나무 통을 열어보니 그 위에는 아무런 글씨도 쓰여 있지 않았는데, 펼쳐보니 바로 단성식이 보낸 서신이었다. 온정균이 깜짝 놀라 문밖으로 급히 나가보니 그 사람은 이미 사라지고 보이지 않았다. 이에 온정균은 향을 사르고 재배를 올린 후 서신을 읽었는데, 그 글의 내용은 도무지 이해할 수가 없었다. 편지에는 다음과 같이 적혀있었다.

"슬피 울며 저승 문을 떠났다가, 단명한 내 팔자 슬퍼하며 다시 돌아갔네. 이 한 평생 끝났으면 그만이지 후세(後世)일랑 말해 무엇 하겠는가? 하물며 자주색 옷 입은 남자도 황색[늙음을 비유하는 것으로 보임]을 슬퍼하고, 푸른 옷 입은 여자도 초록색[젊음을 비유하는 것으로 보임]을 두려워함에랴! 두릉(杜陵: 漢나라 宣帝의 능으로, 長安에 있음)에서 헤어진 뒤로 무자(武子: 未詳)는 무리를 이루었네. 우리는 본디 우물 가림벽 위에서 노닐던 앵무새 같고 정원의 종 앞에서 춤추던 고니와 같았는데, 오래된 친구의 우정이 영원히 끊겼네. [이 일을 생각하니] 서글픈 마음만 더욱 깊어져 애써 적어보려 하나 이루 다 적을 길이 없어 더 이상 적지 않겠네. 형주목(荊州牧) 단성식 인사 올림."

그 후로는 아무런 소식도 없었다. 편지에 적은 '毱'이라는 글자는 자전에도 나와 있지 않은 글인데, 뜻으로 해독해보건대 '군(羣)'자로 봐야 할 것 같다. 온정균과 단성식 두 집안에 그 서신의 원본이 전해지고 있다. 전에 기왕(沂王)의 태부(太傅)를 지냈던 단성식의 아들 단안절(段安節)은 온정균의 사위이기도 한데, 그가 이 일을 직접 이야기해 주었다. (『남초신문』)

太常卿段成式, 相國文昌子也, 與學子溫庭筠親善. 咸通四年六月卒. 庭筠居閑輦下, 是歲十一月十三日冬至, 大雪. 凌晨有扣門者, 僕夫視之, 乃隔扉授一竹筒, 云: "段少常送書來" 庭筠初謂誤, 發筒獲書, 其上無字, 開之, 乃成式手札也. 庭筠大驚, 馳出戶, 其人已滅矣. 乃焚香再拜而讀, 但不諭其理. 辭曰: "慟發幽門, 哀歸短數. 平生已矣, 後世何云? 況復男紫悲黃, 女青懼綠! 杜陵分絶, 武子成毱.

自是井障流鸎, 庭鐘舞鵠, 交昆之故, 永斷私情. 慷慨所深, 力占難盡, 不具. 荊州牧段成式頓首." 自後寂無所聞. 書云'韜'字, 字書所無, 以意讀之, 當作'羣'字耳. 溫段二家, 皆傳其本. 子安節, 前沂王傅, 乃庭筠壻也, 自說之. (出『南楚新聞』)

351・9(4458)
귀 장(鬼 葬)

신주(辰州) 서포현(溆浦縣) 서쪽 40리 되는 곳에 귀장산이 있었다. 황민(黃閔)은 『완천기(沅川記)』에서 다음과 같이 적고 있다.

"산 속의 바위벽에 관목(棺木)이 있는데, 멀리서 보면 그 길이가 10여 장(丈)은 되어 보이고 일설에는 귀신을 묻은 무덤이라 한다. 노인들이 말하기를, 이 관은 귀신들이 만들었는데, 7일 동안은 대낮이 저녁처럼 어둑어둑했고 오직 도끼 찍는 소리만 들렸다고 한다. 인가에서는 칼이나 도끼 등의 기물이 감쪽같이 사라졌는데, 7일 만에 날이 개더니 잃어버렸던 물건들이 모두 원래의 주인에게로 돌아왔으며 솥과 도끼에는 모두 기름이 칠해져 있었고 비린내가 났다. 사람들이 보았더니 그 관이 산기슭 바위벽에 우뚝 가로로 놓여져 있었다."

(『흡문기』)

辰州溆浦縣西四十里, 有鬼葬山. 黃閔『沅川記』云: "其中巖有棺木, 遙望可長十餘丈, 謂鬼葬之墟. 故老云, 鬼造此棺, 七日晝昏, 唯聞斧鑿聲. 人家不覺失器物刀斧, 七日霽, 所失之物, 悉還其主, 鐺斧皆有肥膩腥臊. 見此棺儼然, 橫據岸畔.”(出『洽聞記』)

351 · 10(4459)
동한훈(董漢勛)

여분부장(汝墳部將) 동한훈은 말 타기와 활쏘기를 잘했으며 몇 사람을 합해놓은 만큼 힘이 셌고 몸 또한 날렵해 싸움을 잘했다. 그가 오래도록 서북쪽 변방을 진수하는 동안 강족(羌人)들은 그를 매우 두려워했다. 건부(乾符) 병신년(丙申年: 876)에 그는 여주(汝州) 용흥진장(龍興鎭將)이 되었는데, 어느 날 갑자기 아내에게 이렇게 말했다.

"내일 친구 십여 명이 우리 집에 올 것이니 술과 음식을 풍성하게 준비해 두도록 하시오."

동한훈의 집 사람들은 그저 늘 오는 그런 손님이겠거니 생각하고는 이튿날이 되자 청사에 성대하게 상을 보아두었다. 진사시(辰巳時: 오전 7시에서 11시)가 되자 동한훈은 의대를 매고 진문(鎭門) 밖으로 나가더니 공중을 바라보며 연신 절을 해댔는데, 혹은 항렬을 부르기도 하고 혹은 자(字)를 부르기도 했다. 그가 웃어가면서 예를 갖춰 청사에 오르자 그 집안 식구들은 크게 놀랐다. 차려놓은 술과 음식도 마치 제사상을 보아놓은 듯했다. 손님들이 다 간 후 아내가 어찌된 영문인지 캐묻자 동한훈이 말했다.

"그들은 모두 이전에 변방에서 전쟁을 치르다 죽은 동료들이오. 오래 헤어져 있다가 어쩌다 한번 찾아온 것뿐인데, 이상할 게 뭐 있소?"

그 후 동한훈에게는 아무런 변고도 생기지 않았다.

이듬해 가을 8월 마지막 날, 청토적(青土賊) 왕선지(王仙芝)가 수만의 군사를 이끌고 갑자기 들이닥쳤다. 때는 태평시절이었던지라 군국(郡國)에서는 모두 아무런 대비도 하고 있지 않았다. 그날 군에서는 500명의 정예병을 뽑아 용장(勇將) 찬홍(爨洪)으로 하여금 그들을 통솔하게 했는데, 군의 동쪽으로 20리 되는 곳에 있는 고모점(苦慕店)에 이르러 모두 적들에게 사로잡혀가고 오직 기마병 한 명만이 군으로 도망 왔다. 온 군의 사람들은 모두 크게 놀라 성문을 걸어 잠그고 성가퀴에 올라 각자 구역을 나누어 성을 굳게 지켰으며 동한훈은 500명을 거느리고 북문(北門: 본문에는 '此門'이라 되어있으나 '北門'의 誤記로 보임)을 맡았다. 9월 초하루 아침에 적군은 그곳으로 몰려와 [성을] 포위하고는 북을 울리며 남문(南門)을 함몰시키고 태수(太守) 왕료(王鐐)를 인질로 잡았다. 동한훈은 북문에 있으면서 성에 올라 그들과 악전고투를 했는데, 동한훈의 화살에 맞은 사람들은 모두 땅에 고꾸라져 수십 명이나 죽었다. 그러나 화살이 떨어지고 적군이 다시 밀려들어오자 동한훈은 검을 휘둘러 또 수십 명의 적을 죽였다. 그는 검이 부러지자 지붕 서까래를 뽑아 적군을 내리쳐 다시 수십 명의 사람을 죽였다. 그러나 날이 거듭되자 그는 허기지고 지쳐 결국 적군에 의해 죽임을 당하고 말았다. 적장도 경이해 마지않으며 그의 죽음을 안타까워했다. (『삼수소독』)

汝墳部將董漢勛, 善騎射, 力兼數人, 趫捷能鬪. 累戍於西北邊, 羌人憚之. 乾符丙申歲, 爲汝之龍興鎭將, 忽一日, 謂其妻曰: "來日有十餘故人相訪, 可豊備酒食." 其家以爲常客也, 翌日, 盛設廳事. 至辰巳間, 漢勛束帶, 出鎭門, 向空連拜, 或呼行第, 或呼字. 言笑揖讓而登廳, 其家大愕. 具酒食, 若陳祭焉. 旣罷, 其妻詰之, 漢勛曰: "皆曩日邊上陣沒同儕也. 久別一來耳, 何異之有?" 後漢勛終亦無恙.

至明年秋八月晦, 靑土賊王仙芝數萬人奄至. 時承平之代, 郡國悉無武備. 是日, 郡選銳卒五百人, 令勇將爨洪主之, 出郡東二十里苦慕店, 盡爲賊所擒, 唯一騎走至郡. 郡人大驚, 遂閉門登陴, 部分固守, 漢勛以五百人據此門. 九月朔旦, 賊至合圍, 一鼓而陷南門, 執太守王鐐. 漢勛於北門, 乘城苦戰, 中矢者皆應弦飮羽, 所殺數十人. 矢盡, 賊已入, 漢勛運劒, 復殺數十人. 劒旣折, 乃抽屋椽擊之, 又殺數十人. 日上飢疲, 爲兵所殪. 賊帥亦嗟異焉. (出『三水小牘』)

태평광기 권제 352 귀 37

1. 모 영(牟 穎)
2. 유씨자(游氏子)
3. 이 운(李 雲)
4. 정 총(鄭 總)
5. 왕 소(王 紹)
6. 왕 유(王 鮪)
7. 이대인(李戴仁)
8. 유 조(劉 璪)
9. 이 구(李 矩)
10. 도 복(陶 福)
11. 파천최령(巴川崔令)
12. 풍 생(馮 生)

352 · 1 (4460)
모영(牟穎)

낙양(洛陽) 사람 모영은 젊었을 때 술에 취해 교외로 잘못 나갔다가 한밤중에야 술에서 깨어나 길가에서 쉬다가 우연히 땅에 드러나 있는 해골 한 구를 보았다. 모영은 매우 가슴 아파하다가 날이 새자 직접 해골을 묻어주었다. 그 날 저녁 꿈에 한 소년이 나타났는데, 그 소년은 20살가량 되어보였으며 하얀색 비단 옷을 입고 검 하나를 차고서는 모영에게 절을 하며 말했다.

"저는 흉악한 도적으로 살아생전에 마음대로 사람들을 죽이고 옳지 않은 짓들을 했습니다. 근래에 동료들과 다투다가 마침내 그들에게 죽임을 당했는데, 길가에 묻혀 오랫동안 비바람을 맞아서 이렇게 땅에 드러나게 되었습니다. 당신이 다시 묻어주셨기에 당신에게 감사드리러 왔습니다. 저는 살아생전에 흉악하고 거친 사람이었으며, 죽어서도 흉악하고 거친 귀신이 되었습니다. 만약 당신이 저의 부탁을 들어주시어 매일 밤 저를 위해 간단한 제사만 지내주신다면, 저는 항상 당신의 지시에 따르겠습니다. 제가 당신에게 부탁을 드려서 더 이상 굶주리거나 목마르지 않게 된다면, 당신이 마음속으로 바라는 것을 충분히 얻게 해드리겠습니다."

모영은 꿈속에서 그의 부탁을 들어주었다.

모영은 깨어나서 제사 음식을 준비해놓고 몰래 제사를 드리며 빌었다. 밤이 되자 또 꿈속에 귀신이 나타나 말했다.

"저는 이미 당신의 은혜를 입었으니 당신이 매번 저에게 시킬 일이 있으시면 '적정자(赤丁子)'라고 한 번 부르시고 그 일을 작게 말하십시오. 그러면 제가 그 즉시 올 것입니다."

모영이 매번 은밀하게 귀신에게 말하여 도적질을 시키자 귀신은 다른 사람들의 재물을 훔쳐왔다. 모영은 바라는 대로 이루어지지 않는 것이 없어서 후에 부자가 되었고 금은보화가 집에 가득했다. 어느 날 모영은 이웃집 부인이 아름다운 것을 보고 그녀를 좋아하게 되어 적정자를 불러 훔쳐오게 했다. 이웃집 부인이 한밤중에 갑자기 밖에서 담장을 넘어 들어왔다. 모영이 놀라 일어나서 정답게 맞이하며 그녀에게 오게 된 이유를 물었더니 그녀가 대답했다.

"저는 원래 올 뜻이 없었는데 갑자기 밤에 어떤 사람이 저를 잡아서 당신의 방에 데려다 놨습니다. 갑자기 꿈에서 깨어난 듯하여 저 또한 그 사람이 어떤 요괴인지 알지 못하겠고, 어떤 방법으로 집으로 돌아가야 하는지도 모르겠습니다."

그녀가 슬피 울면서 그치지 않자 모영은 그녀를 매우 가엽게 여겨 몰래 며칠간 집에 두었다. 그녀의 집안사람들은 매우 간절히 그녀를 찾았으며 관가에 그 일을 알렸다. 모영은 그 사실을 알고 나서 그녀와 거짓으로 짜고 그녀를 별장에서 나오게 하여 스스로 집으로 돌아가게 했다. 그녀는 집안사람들에게 어떤 요괴에게 잡혀갔다가 이제야 돌아왔다고 말했다. 그녀는 집으로 돌아온 후에도 다시 3일이나 5일에 한 번씩 이전처럼 어떤 사람에 의해서 모영의 집으로 갔다가 날이 밝기 전에 곧장 집으로 돌아왔다. 1년이 지나도록 집안사람들은 모두 그러한 사실을 알아차리지 못했다. 그녀는 모영이 그런 요상한 술법을 가지고 있는 것을 매우 이상하게 생각했다. 후에 그녀는 이유를 알고 싶은 마음이 간절하여 모영에게 물었다.

"만약 저에게 알려주지 않는다면 제가 반드시 이 일을 스스로 폭로하겠어요."

모영이 마침내 진실을 모두 말해주자, 이웃집 부인은 집안사람들에게 그 일을 알리고 함께 이 걱정거리를 해결할 방법을 모색했다. 집안사람들이 이에 한 도사를 몰래 부르자, 그 도사는 몸을 청결히 하고 금법(禁法)을 행한 뒤 요괴를 기다렸다. 적정자는 밤에 막 그 집안 문에 이르렀다가 부적이 매우 많은 것을 보고는 되돌아갔다. 적정자는 모영에게 이 일을 알리면서 말했다.

"저 사람들은 정법(正法)으로 저를 물리치려고 합니다만 그 힘이 미약합니다. 그대를 위해 힘을 겨루어 반드시 억지로라도 그녀를 데리고 올 것입니다. 이번에 오면 절대로 그녀를 돌려보내서는 안 됩니다."

적정자는 말을 마친 뒤 다시 떠났다. 잠시 후 이웃집에서는 갑자기 바람이 몰아치더니 집안이 온통 깜깜해졌으며, 부적과 금법을 행하던 물건들만이 일시에 쓸려 없어졌고 다시 부인도 사라져 버렸다. 새벽이 되어 그녀의 남편은 관가에 고발하고 관리들과 함께 모영의 집으로 가서 모영을 체포하려고 했지만, 모영은 이미 그녀를 데리고 도망쳐 버려서 어디로 갔는지 알 수가 없었다. (『소상록』)

洛陽人牟穎, 少年時, 因醉, 誤出郊野, 夜半方醒, 息於路傍, 見一發露骸骨.

穎甚傷念之, 達曙, 躬身掩埋. 其夕, 夢一少年, 可二十已來, 衣白練衣, 仗一劒, 拜穎曰: "我彊寇耳, 平生恣意殺害, 作不平事. 近與同輩爭, 遂爲所害, 埋於路傍, 久經風雨, 所以發露. 蒙君復藏, 我故來謝君. 我生爲兇勇人, 死亦爲兇勇鬼. 若能容我棲託, 但君每夜微奠祭我, 我常應君指使. 我旣得託於君, 不至飢渇, 足得令君所求狥意也." 穎夢中許之.

及覺, 乃試設祭饗, 暗以祀禱祈. 夜又夢鬼曰: "我已託君矣, 君每欲使我, 卽呼'赤丁子'一聲, 輕言其事. 我必應聲而至也." 穎遂每潛告, 令竊盜, 盜人之財物. 無不應聲遂意, 後致富有金寶. 一日, 穎見鄰家婦有美色, 愛之, 乃呼赤丁子令竊焉. 鄰婦至夜半, 忽自外踰垣而至. 穎驚起欵曲, 問其所由來, 婦曰: "我本無心, 忽夜被一人擒我至君室. 忽如夢覺, 我亦不知何怪也, 不知何計, 却得還家." 悲泣不已, 穎甚閔之, 潛留數日. 而其婦家人求訪極切, 至於告官. 穎知之, 乃與婦人詐謀, 令婦人出別墅, 却自歸. 言不知被何妖精取去, 今却得廻. 婦人至家後, 再每三夜或五夜, 依前被一人取至穎家, 不至曉, 卽却送歸. 經一年, 家人皆不覺. 婦人深怪穎有此妖術. 後因至切, 問於穎曰: "若不白我, 我必自發此事." 穎遂具述其實, 鄰婦遂告於家人, 共圖此患. 家人乃密請一道流, 潔淨作禁法以伺之. 赤丁子方夜至其門, 見符籙甚多, 却反. 白於穎曰: "彼以正法拒我, 但力微耳. 與君力爭, 當惡取此婦人. 此來必須不放回也." 言訖復去. 須臾, 鄰家飄風驟起, 一宅俱黑色, 但是符籙禁法之物, 一時如掃, 復失婦人. 至曙, 其夫遂告官. 同來穎宅擒捉, 穎乃携此婦人逃, 不知所之. (出『瀟湘錄』)

352 · 2(4461)
유씨자(游氏子)

허도성(許都城) 서북쪽 마을에 조장군(趙將軍)의 저택이 있었는데, 주인은 이미 죽었고 자손들도 뿔뿔이 흩어졌다. 그 곳은 이미 흉가가 되어 아무도 살려고 하는 사람이 없었다. 이에 친구들과 친척들이 마을 문에 다음과 같은 방을 써서 붙였다.

"여기에 살려고 하는 사람이 있으면 바로 드리겠습니다."

[唐나라] 건부연간(乾符年間: 874~879) 초에 허도성에 유씨(游氏)의 아들이 있었는데, 그는 성품이 강직하고 두려움이 없었으며 다른 사람들보다 주먹이 빨랐다. 그가 방을 보고는 말했다.

"나는 용맹한 협사이니 설사 기이한 요괴나 이상한 귀신이라 해도 반드시 제압할 수 있소."

당시는 한여름이었다. 유씨 아들은 저녁이 되자 검을 가지고 그 집으로 들어갔는데, 집은 매우 으슥했고 앞뜰은 휑하니 넓었다. 유씨 아들은 뜰에 자리를 깔아놓고 성긴 베옷을 입고 앉았다. 일경(一更)이 지나도 적막하기만 하고 놀랄 만한 일은 일어나지 않았다. 유씨의 아들은 피곤하여 검을 베고 당(堂)을 향해 누웠다. 이경(二更)이 절반쯤 지났을 때, 갑자기 뒷문이 열리는 소리가 철커덕 하고 들리더니 촛불이 가지런히 늘어서고 수십 명의 하인들이 나와 당을 청소했다. 그들은 앞 창문을 열어 붉은 주렴과 비단 장막을 치고 자리를 깔고서 진귀한 그릇들을 진열했는데, 기이한 향기가 처마와 기둥에 가득했다. 유씨 아들은 마음속으로 그것을 작은 요괴일 뿐이라고 생각하고는 그들을 쫓아내지 않고 끝까지 관찰하려고 했다. 조금 지나자 붉은색과 자주색 옷을 입은 수십 명의 사람들이 악기를 들고 동쪽 행랑에서 계단으로 올라왔고, 가기(歌妓)와 무녀(舞女) 수십 명도 후당(後堂)에서 나와 전당(前堂)으로 들어갔다. 자주색 옷을 입은 사람들이 맨 앞에 서고 붉은색·녹색·흰색 옷을 입은 사람들이 그 뒤에 섰는데, 20여 명은 되는 것 같았다. 서로 즐겁게 담소하며 인사하고 겸양하면서 자리에 앉았다. 이어서 음악이 연주되자 그들은 잔을 들어 술을 마시면서 이야기를 나누었고 그 사이사이에 노래와 춤을 곁들였다.

유씨 아들은 앞으로 튀어 나가 그 요괴의 우두머리를 잡으려고 했는데, 막 일어나려고 했을 때 차갑고 육중한 어떤 물체가 허벅지 사이를 누르는 것 같이 느껴져서 일어날 수가 없었다. 크게 소리를 지르려고 했지만 입을 벌려도 소리를 낼 수가 없었다. 그는 새벽을 알리는 급박한 북소리가 들릴 때까지 단지 당위에서 흥겹게 노는 광경을 바라볼 수밖에 없었다. 연회가 끝나자 등불이 모두 꺼지고 이전처럼 적막해졌다. 유씨 아들은 식은땀이 나고 가슴이 두근거려 기어서 집을 나왔다. 그는 마을 문에 도착해서도 한참이 지나서야 말을 할 수 있었다. 후에 결국 그 저택에는 살려고 하는 사람이 아무도 없었다. (『삼수소독』)

許都城西之北隅, 有趙將軍宅, 主父旣沒, 子孫流移. 其處遂凶, 莫敢居者. 親近乃牓於里門曰: "有居得者, 便相奉." 乾符初, 許有游氏子者, 性剛悍, 拳捷過人. 見牓曰: "僕猛士也, 縱奇妖異鬼, 必有以制之." 時盛夏. 旣夕, 携劒而入, 室宇深邃, 前庭廣袤. 游氏子設簟庭中, 絺綌而坐. 一鼓盡, 闃寂無驚. 游氏子倦, 乃枕劒面堂而臥. 再鼓將半, 忽聞軋然開後門聲, 蠟炬齊列, 有役夫數十, 於堂中洒掃. 闢前軒, 張朱簾繡幕, 陳筵席寶器, 異香馥於簷楹. 游子心謂此小魅耳, 未欲迫之, 將觀其終. 少頃, 執樂器, 紆朱紫者數十輩, 自東廂升階, 歌舞妓數十輩自後堂出, 入於前堂. 紫衣者居前, 朱綠衣白衣者次之, 亦二十許人. 言笑自若, 揖讓而坐. 於是絲竹合奏, 飛觴擧白, 歌舞間作. 游氏子欲前突, 擒其渠魁, 將起, 乃覺髀間爲物所壓, 冷且重, 不能輿. 欲大叫, 口哆而不能聲. 但觀堂上歡洽, 直至嚴鼓. 席方散, 燈火旣滅, 寂爾如初. 游氏子駭汗心悸, 匍伏而出. 至里門, 良久方能語. 其宅後卒無敢居者. (出『三水小牘』)

352・3(4462)
이 운(李 雲)

옛 남정현위(南鄭縣尉) 이운은 장안(長安)에서 첩 하나를 얻었는데 그의 어머니가 허락하지 않았다. 그러자 이운이 말했다.

"저는 절대로 결혼하지 않겠습니다."

이에 어머니가 허락해 주었다. 첩은 초빈(楚賓)이라고 불렸는데 몇 년 후에 죽고 말았다. 그녀가 죽은 후 1년이 지나자, 이운은 마침내 옛 남정현령(南鄭縣令) 심씨(沈氏)의 딸과 결혼하기로 했다. 결혼하는 날 이운이 정실(淨室)에서 목욕하고 있을 때, 초빈이 나타나 약 하나를 들고 이운의 앞으로 곧장 다가오더니 이운에게 말했다.

"당신은 나에게 다시는 결혼하지 않겠다고 맹세해 놓고 지금 또 심씨 집에 사위가 되려고 합니다. 당신에게 달리 드릴 물건은 없고 향가루 한 첩을 드리겠으니 이것으로 목욕하십시오."

초빈은 향약가루를 욕조 안에 털어 넣고 비녀로 물을 젓은 뒤 가버렸다. 이운은 몸이 몹시 불편하게 느껴졌고 피곤하여 욕조에서 나올 수가 없었다. 이운은 결국 죽었는데 사지는 솜처럼 풀어져 있었고 근육과 뼈는 모두 흩어져 있었다. (『문기록』)

前南鄭縣尉李雲, 於長安求納一姬, 其母未許. 雲曰: "予誓不婚." 乃許之. 號姬曰楚賓, 數年後, 姬卒. 卒後經歲, 遂婚前南鄭令沈氏女. 及婚日, 雲及浴於淨室, 見楚賓執一藥來, 徑前, 謂雲曰: "誓余不婚, 今又與沈家作女壻. 無物奉, 贈君香一帖, 以資浴湯." 瀉藥末入浴斛中, 釵子攪水訖而去. 雲甚覺不安, 因羸不能出浴. 遂卒, 肢體如綿, 筋骨並散. (出『聞奇錄』)

352・4(4463)
정 총(鄭 總)

진사(進士) 응시생 정총은 첩이 병이 나자 과거를 보러 가지 않으려고 했다. 첩이 정총에게 말했다.

"아녀자 하나 때문에 과거를 포기해서는 안 됩니다."

첩이 그에게 간청하자 정총은 마침내 도성으로 갔다. 그 해 봄에 정총은 낙방하여 동쪽으로 집에 돌아와보니 첩이 이미 죽어 있었다. 장례를 지낸 지 한 달 후 깊은 밤에 정총이 우연히 잠 못 들고 있을 때 방 밖에서 사람의 발걸음 소리가 들렸다. 문을 열고 보니 바로 죽은 첩이었다. 그녀를 불러 방으로 들어와 앉게 하고는 무엇을 원하는지 물었더니 다만 좋은 차를 마시고 싶다고 했다. 정총이 친히 차를 끓여 그녀에게 주었더니 그녀는 차를 다 마셨다. 정총이 이미 잠든 아들딸까지도 깨워 그녀를 만나보게 하려고 했더니 첩이 말했다.

"안 됩니다. 아이들은 나이가 어려서 아마도 저 때문에 놀랄 것입니다."

그녀는 말을 마친 뒤 인사하고 떠나갔는데 문을 나서자마자 보이지 않았다. (『문기록』)

進士鄭總, 以妾病, 欲不赴擧. 妾曰:"不可爲一婦人而廢擧." 固請之, 總遂入京. 其春下第東歸, 及家妾卒. 旣葬旬月後, 夜深, 偶未('末'原作'來', 據明鈔本改)寢, 聞室外有人行聲. 開戶觀之, 乃亡妾也. 召入室而坐, 問其所要, 但求好茶. 總自烹與之, 啜訖. 總以小兒女也睡, 欲呼與相見, 妾曰:"不可. 渠年小, 恐驚之." 言訖辭去, 纔出戶, 不見. (出『聞奇錄』)

352・5(4464)
왕 소(王 紹)

명경과(明經科) 출신 왕소가 밤이 깊도록 책을 읽고 있을 때, 어떤 사람이 창문 너머로 붓을 빌려 달라고 하자 왕소가 그에게 빌려주었다. 그 사람이 창문에 다음과 같은 시 한 수를 지었다.

어떤 사람이 창문 아래에서 책 읽는 소리 들리는데,

남두성(南斗星: 北斗星 남쪽의 국자 모양의 별자리) 끝자락에 북두성이 가로놓여있네.
천 리 먼 곳에서 고향을 그리워하나 돌아가지 못하니,
봄바람에 애끊는 마음 석두성(石頭城: 江蘇省에 있는 성으로 吳나라의 孫權이 처음 쌓았음)에 가 있네.

시를 다 짓고 나자 고요하여 아무 소리도 들리지 않았다. 그래서 왕소는 그가 사람이 아님을 알았다. (『문기록』)

明經王紹, 夜深讀書, 有人隔窓借筆, 紹借之. 於窓上題詩曰: "何人窓下讀書聲, 南斗闌干北斗橫. 千里思家歸不得, 春風腸斷石頭城." 詩訖, 寂然無聲. 乃知非人也. (出『聞奇錄』)

352 · 6(4465)
왕 유(王 鮪)

봉상부(鳳翔府) 소윤(少尹) 왕유는 예부시랑(禮部侍郎) 왕응(王凝)의 숙부이다. 그는 14~15살 되었을 적에 아이들과 함께 과수원의 대나무 밑에서 놀고 있다가 해골 두 구가 분묘더미 속에 묻혀 있는 것을 보았다. 그래서 어린 하인들로 하여금 깨끗한 땅을 골라 묻어주게 하고 술과 음식을 준비해 제사지내주었다. 며칠 뒤 어느 흐린 날 밤에 갑자기 밖에서 스르륵하는 소리가 들렸다. 왕유가 한참 있다가 누구인지 물어보았더니 이렇게 대답했다.

"저희들은 당신의 깊은 은혜를 입어 더러운 분묘더미에서 벗어나게 되었지만 어떻게 보답해 드려야 할지 모르겠습니다. 다만 당신을 위해 일하고 싶으니 이후에 당신에게 길흉이 있을 때마다 은연중에 반드시 와서 알려드리겠습니다."

이와 같이 몇 년이 지나자 마침내 왕유는 영물(靈物)과 통하게 되었다.

탁지사(度支使) 최공(崔珙)은 왕유와 평소에 잘 알고 지내는 사이였다. 어느 날 밤에 [왕유는 최공의 집에 가서] 함께 집에서 담근 술을 마시면서 놀고 있었는데, 최공이 술이 달아오르자 기분이 즐거워져서 말했다.

"저에게 노래를 잘하는 기녀가 있습니다."

그리고는 가기(歌妓)를 불러오라고 했지만 그녀는 한참이 지나도록 오지 않았다. 그러자 최공이 직접 들어가 살펴보았더니 기녀가 말했다.

"화장을 막 끝내려는데 갑자기 심장병이 발작했으니 탕약을 마시고 나갔으면 합니다."

최공은 돌아와서 앉았다. 왕유가 가기의 용모에 대해 자세히 말했더니 최공이 이상하게 여겨 그에게 물었다. 그러자 왕유가 대답했다.

"방금 전에 보았더니 어떤 사람이 짧은 진홍색 비단옷을 입고 말을 몰고 가더군요."

왕유의 말이 채 끝나기도 전에 가동(家僮)이 가기가 악귀에 씌어 생명을 구할 수 없다고 알려왔다. 최공이 매우 슬퍼하자 왕유가 은밀히 최공에게 말했다.

"어쩌면 제가 그녀를 살려낼 수 있을지도 모르겠는데 반드시 흰 소의 머리와 술 한 곡(斛: 1곡은 10말)이 필요합니다."

그러자 최공은 좌우의 하인들을 불러 [왕유가 요구한 것을] 구해오도록 했다. 탁지사가 거느리는 하인 중에 일을 잘하는 사람이 있었는데, 좋은 가격에 그것을 구해 시간에 늦지 않게 가지고 왔다. 왕유는 가기를 부축하게 하여 정실(淨室)의 침상 위에 눕혔다. 그 앞에 큰 그릇에 술을 담아놓고 가로로 판자를 놓은 다음 그 위에 소머리를 올려놓았다. 자리를 깔고 향을 피운 후 방문을 굳게 봉하고는 주의를 주며 말했다.

"잘 지켜보시오. 새벽에 북이 한 번 울리면 소의 울음소리가 들릴 것이니, 그때 재빨리 문을 열어야만 살릴 수가 있소."

그리고는 왕유는 가버렸다. 금고(禁鼓: 통금을 알리는 북소리)가 갑자기 울리자 과연 소의 울음소리가 들렸다. 문을 열어 보니 가기는 미미하게 숨을 내쉬고 있었고 그릇 속의 술은 모두 말라 있었으며 소의 성난 눈이 밖으로 튀어 나와 있었다. 며칠 후에야 가기는 비로소 말을 할 수가 있었는데, 다음과 같이 말했다.

"그 날 밤에 화장을 막 마쳤을 때, 어떤 사람이 급히 부르기에 문을 나가서 말을 타고 갔습니다. 몇 리쯤 가니 화려한 집이 보였는데 연회를 열어 즐겁게 놀고 있었습니다. 주위에 앉은 사람들은 모두 붉은색과 자주색 옷을 입은 젊은 사람들이었는데, 제가 오는 것을 보자 매우 기뻐하며 저를 가기들이 앉는 자리에 앉혔습니다. 웃고 떠들며 연회가 무르익을 무렵에 갑자기 어떤 사람이 호령하는 소리가 들렸는데, 그 소리가 정원을 울렸습니다. 앉아있던 사람들도 모두 놀라 실색하여 서로 바라만 보았고 노래와 연주도 모두 끊겼습니다. 잠시 후에 키가 1장 남짓 되는 소머리를 한 사람이 나타나 창을 들고 곧장 앞으로 달려 나오자 사람들은 모두 허겁지겁 도망갔으며 오직 저만 그 자리에 그대로 있었습니다. 소머리를 한 사람이 계단 앞에서 저를 잡아끌어 등에 업고 나왔는데, 십여 걸음을 갔더니 갑자기 방안에 누워있는 채로 깨어났습니다."

최공이 나중에 왕유에게 그 일에 대해 은밀히 물었으나 왕유는 끝까지 말해주지 않았다. (『극담록』)

鳳翔少尹王鮪, 禮部侍郎凝之叔父也. 年十四五, 與童兒輩戱於果園竹林下, 見二枯首爲糞壤所沒. 乃令小僕擇淨地瘞之, 祭以酒饌. 其後數夕陰晦, 忽聞窓外窸窣有聲. 良久問之, 云: "某等受君深恩, 免在蕪穢, 未知所酬. 聊願驅策, 爾後凡有吉凶, 盼饗間必來報." 如此數年, 遂與靈物通徹.

崔珙爲度支使, 雅知於鮪. 一夕, 留飲家釀, 酒酣稍歡, 云: "有妓善歌者." 令召之, 良久不至. 珙自入視之, 云: "理粧纔罷, 忽病心痛, 請飲湯而出." 珙復坐. 鮪具言歌者儀貌, 珙怪問之. 云: "適見一人, 著短綾緋衣, 控馬而去." 語未畢, 家僕報中惡, 救不返矣. 珙甚悲之, 鮪密言: "有一事或可活之, 須得白牛頭及酒一斛." 因召左右, 試令求覓. 有度支所由('由'原作'用', 據明鈔本改)甚幹事, 以善價取之, 不踰時而至. 鮪令扶歌者, 置於淨室榻上. 前以大盆盛酒, 橫取板, 安牛頭於其上. 設席焚香, 密封其戶, 且誡曰: "專伺之. 曉鼓一動, 聞牛吼, 當急開戶, 可以活矣." 鮪遂去. 禁鼓忽鳴, 果聞牛吼. 開戶視之, 歌者微喘, 盆酒悉乾, 牛怒目出於外. 數日方能言, 云: "其夕治粧旣畢, 有人促召, 出門, 乘馬而行. 約數里, 見室宇華麗, 開筵張樂. 四座皆朱紫少年, 見歌者至, 大喜, 致於妓席. 歡笑方洽, 忽聞有人大呼, 聲振庭廡. 座者皆失色相視, 妓樂俱罷. 俄見牛頭人, 長丈餘, 執戟徑趨前, 無不狼狽而走, 唯歌者在焉. 牛頭引於階前, 背負而出, 行十數步, 忽覺臥於室內." 珙後密詢其事, 鮪終不言. (出『劇談錄』)

352 · 7(4466)
이대인(李戴仁)

강가에는 창귀(倀鬼: 범의 앞잡이 노릇을 하며 먹을 것을 찾아준다는 못된 귀신)들이 많은데, 종종 사람의 이름을 불러 대답하는 사람이 있으면 [그 사람은] 반드시 빠져 죽는다. 이것은 바로 죽은 혼이 그 사람을 유인하는 것이다. 이대인이 한번은 지강현(枝江縣)의 곡포(曲浦)에 배를 정박한 적이 있었는데, 밝은 달빛 아래에서 언뜻 보았더니 한 노파와 한 남자가 갑자기 나타났다. 그들은 물위로 나와 사방을 둘러보더니 엉겁결에 소리를 질렀다.

"여기에 산 사람이 있다!"

그들은 평지를 달리듯이 황급히 물위를 달려 강 언덕으로 올라가더니 사라져 버렸다.

당양현령(當陽縣令) 소예(蘇汭)가 강릉(江陵)에 머물고 있을 적에 일이다. 어느 날 밤 그가 집으로 돌아가고 있을 때, 밝은 달빛 아래에 한 미인이 머리를 풀어헤치고 고운 옷을 입고 나타났는데 마치 물에 젖은 것 같았다. 소예가 농담으로 말했다.

"강의 창귀가 아닌가?"

그러자 여인이 화를 내며 말했다.

"나를 귀신이라고 부르다니!"

그리고는 뛰면서 소예를 쫓아왔다. 소예가 도망치다가 야간 순라꾼을 만나자 그제야 여인은 쫓아오지 않았다. 소예가 여인을 보았더니 온 길을 되돌아가고 있었다. (『북몽쇄언』)

江河邊多倀鬼, 往往呼人姓名, 應之者必溺. 乃死魂者誘之也. 李戴仁嘗維舟於枝江縣曲浦中, 月色皎然, 忽見一嫗一男子. 出水面四顧, 失聲云: "此有生人!" 遽馳水面, 若履平地, 登岸而去.

當陽令蘇汭居江陵. 嘗夜歸, 月明中, 見一美人被髮, 所著裙裾, 殆似水濕. 汭戲云: "非江倀耶?" 婦人怒曰: "喚我作鬼!" 奔而逐之. 汭走, 遇更巡方止. 見婦却返所來之路. (出『北夢瑣言』)

352・8(4467)
유 조(劉 璪)

한강(漢江) 북쪽 등주(鄧州)의 경계에 혈구(穴口)라는 지방이 있었는데, 그 곳에는 원래 마을을 지키는 병사들이 없었다. 그 곳에 작은 강이 남쪽으로 흘러 한강으로 유입됐는데, 오랫동안 모래가 쌓여 물길이 너무 좁았다. 병자년(丙子年: 916)에 옛 강릉현령(江陵縣令) 유조는 등주로 친지들을 방문하러 가다가 혈구에 이르렀다. 그는 옛 친구인 한씨(韓氏) 집에 머물렀는데 그 집 하인이 말했다.

"이웃마을의 장씨(張氏) 집에서 새 며느리가 죽은 지 3일 만에 다시 살아났기에 주인어른께서는 잠시 그곳에 살펴보러 가셨습니다."

밤이 되자 한씨가 집으로 돌아와 말했다.

"장씨 집 며느리는 부근에 있는 사당신의 부름을 받고 갔는데, 이미 죽은 내외친척들이 모두 그 곳에 있는 것을 보았다고 하네. 그들은 사당신을 위해 병사들의 밥을 짓는다고 했는데, 떡을 만들 사람이 없어서 그녀를 불러왔다고 하네. 대청에서 문 밖까지 병사들이 줄지어 앉아 있는 것이 보였는데 그들이 말하길 혈구의 물길을 트고 있다고 했다네. 병사들은 모래를 파느라 손에서 모두 피가 흐르고 있었는데, 밥을 다 지어주고나자 그녀를 돌아가게 해주었다고 하네."

마을 사람들은 그녀의 말을 믿지 않았는데, 얼마 지나지 않아 모래더미가 차례로 무너지더니 물길이 통하게 되었다. (『북몽쇄언』)

漢江北鄧州界, 地名穴口, 本無鎭戍. 有小河, 南流入于漢, 久爲沙擁, 水道甚隘. 前江陵令劉璪, 丙子歲, 往彼州訪親知, 至穴口. 宿舊知韓氏家, 家人曰: "隣村張家新婦, 卒來三日, 適來却活, 主人暫往省之." 至夜, 韓家歸云: "張婦爲側近廟神召去, 見其中外親眷亡者咸在焉. 爲廟神造軍頓, 無人作餠, 故令召來. 見廳上門外, 將士列坐, 言開穴口江水. 土卒踏沙, 手皆血流, 供頓畢, 乃放回." 鄉里未之信, 不久, 沙壠相次摧墊, 江路乃通. (出『北夢瑣言』)

352·9(4468)
이 구(李 矩)

성예(成汭)가 형주(荊州)를 다스리고 있을 적에 점강현령(墊江縣令) 최(崔) 아무개가 있었는데, 주부(主簿) 이구와 사이가 좋지 못해 물과 불 같은 사이였다. 어느 날 도적 떼가 현을 약탈하러 와서 최현령을 죽였다. 도적 떼가 가버린 후에 이구가 최현령의 집에 가서 조사하고 있었는데, 관청의 한 사병이 도적을 피해 숨어 있다가 이구를 보았다. 그는 이구가 도적 떼와 내통했다고 생각하여 다음날 진장(鎭將)에게 알렸다. 모든 사람들이 이구와 최현령이 서로 사이가 좋지 않다는 것을 알고 있었기 때문에 그를 매우 의심했다. 이에 그를 중주(中州)로 압송하여 심판하도록 했으나 그가 심문에 불복하자 마침내 강릉(江陵)으로 보내 우상옥(右廂獄)에 감금시켰다. 상리(廂吏: 京府의 하급관서인 廂의 관리로 그 지역 주민을 관리하고 형사 사건을 처리했음)는 감옥의 일을 재빨리 처리하고자 했다. 그래서 심문관 상(常) 아무개가 판관 범(范) 아무개에게 말했다.

"이구는 죄가 분명하니 반드시 엄하게 문초해야 합니다."

범 아무개가 허락하지 않자, 상 아무개는 결국 없는 죄를 교묘하게 꾸며내 이구의 형을 집행하게 했다. 이구는 형이 집행되려할 때 집안사람들에게 종이와 붓을 많이 태워 저승에 가서 소송할 수 있게 해달라고 당부했다. 한 달쯤 지나 상 아무개가 갑자기 죽었다. 후에 주부 이구가 모습을 드러내 범 아무개에게 가서 말했다.

"제가 판관님에게 받은 깊은 은혜는 이만저만 고마운 일이 아니지만 저승에서 저를 위해 증인이 되어주셔야만 하겠습니다."

그러자 범 아무개의 아내와 자식들은 이구에게 정성스럽게 기도하며 한 달만 더 살게 해주어 집안일을 잘 처리하고 가게 해달라고 빌었다. 범 아무개는 비록 아픈 데도 없었고 먹고 마시는 것도 평상시와 같았지만 그저 피곤해하다가 한 달 만에 죽고 말았다. (『북몽쇄언』)

成汭鎭荊州, 有墊江縣令崔令, 與主簿李矩不協, 隣於水火. 一旦群盜劫縣, 殺崔令. 賊過後, 矩入宅檢校, 有一廳子方避賊, 見矩. 以爲與賊通, 明日, 言鎭將.

衆咸知矩與崔失歡, 頗疑之. 執送中州, 推問不伏, 遂解送江陵, 禁右廂獄. 廂吏速於具獄, 推吏常某, 言於判官范某曰: "李矩詆謾, 須栲究之." 范固不許, 常竟鍛鍊以成之. 矩臨刑, 戒家人多燒紙筆, 訟於地下. 纔一月, 常某暴亡. 後李矩主簿見身, 范見矩至, 曰: "某受判官深恩, 非感造次, 但冥府只要爲證耳." 及妻子以誠祈之, 乞容旬日, 區分家事. 雖無痛苦, 飮食如常, 但困憊, 踰月而卒. (出『北夢瑣言』)

352・10(4469)
도 복(陶 福)

촉장군(蜀將軍) 도복은 젊었을 적에 무뢰배여서 개를 훔치고 소를 죽이는 등의 일을 서슴없이 했다. 그는 후에 공을 세워 군수(郡守)의 자리에 올라 흥원부(興元府)의 서현(西縣)에 주둔하게 되었다. 그는 갑자기 병에 걸리자 급히 수행원 주군장(朱軍將)에게 흥원부에 가서 의원 이령애(李令藹)를 모셔오게 했다. 이령애와 주군장은 함께 말을 달려 가다가 밤이 되어 서현 근처 성곽에 있는 제갈량(諸葛亮)의 사당 앞에 도착했다. 그들은 세 쌍의 횃불을 든 사람들이 앞을 인도하고 한 사람이 그 사이로 걸어가고 있는 것을 보았는데, 그 사람은 족쇄를 차고 묶여 있었다. 많은 사람들이 그를 따라가고 있었는데, 그 뒤로 도복의 늙은 아버지도 갖옷을 끌어안고서 그 뒤를 따라가고 있었다. 이령애는 원래 도복을 알지 못했는데, 주군장이 그 사람을 가리키면서 말했다.

"이 사람은 우리집 태위(太尉)인데 어떻게 이렇게 됐을까?"

그리고는 주군장이 뒷걸음질치면서 두려워 떨었는데, 아마도 귀신이라고 의심하는 것 같았다. 날이 밝아 두 사람이 군영이 도착했더니 이미 집안사람들의 곡소리가 들렸다. 아까 길에서 체포되어 가던 사람이 바로 도복의 영혼이었다. (『북몽쇄언』)

蜀將陶福, 少年無賴, 偸狗屠牛. 後立功, 至郡守, 屯戍興元府之西縣. 暴得疾, 急命從人朱軍將, 詣府迎醫李令藹. 令藹與朱軍將連騎馳往, 至夜, 抵西縣近郭諸葛亮廟前. 見秉炬三對前導, 擁一人步行, 荷校繫縛. 衆人相從, 後有陶親叟, 抱衣裘而隨之. 令藹先未識陶福, 朱軍將指謂令藹曰:"此是我家太尉, 胡爲如此?"逡巡恐悚, 亦疑是鬼. 曉至其營, 已聞家人哭聲. 向來執錄, 乃福之魂也. (出『北夢瑣言』)

352 · 11(4470)
파천최령(巴川崔令)

합주(合州) 파천현(巴川縣)은 난리 후에 관청이 훼손되었는데, 성의 보루로 옮긴 후에야 조금 안전해졌다. 최 아무개가 현령으로 있을 때 한 번은 어떤 병사가 목재를 훔친 일이 있었는데, 최현령은 그를 잡아 진장(鎭將)에게 보내 참수시켰다. 그 병사의 집에서는 원래 벽산신(壁山神)을 섬겼는데, 병사가 죽자 벽산신이 최현령의 집에 재앙을 일으켰다. 어떤 때는 모습을 드러내 왕래하기도 하고, 어떤 때는 공중에서 욕을 하면서 불을 던지거나 그릇을 깨뜨리기도 했다. 또 돈과 비단, 옷가지들이 이유 없이 사라지는가 하면 상자의 자물쇠는 이전처럼 잠겨 있는데 그 속의 옷들이 모두 잘라지고 찢겨졌다. 그래서 방술(方術)하는 사람들을 구하여 물리쳐 보려고 했지만 전혀 막지 못했다. 최현령은 관직을 그만두고 천 리 밖 고향으로 돌아갔지만 귀신 역시 그를 따라왔다. 귀신은 또 아침저녁으로 먹고 마시는 것이 사람과 다를 것이 없었다. 최현령의 온 집안사람들이 귀신을 받들어 섬기면서 감히 게으를 수가 없었고 비용도 매우 많이 들어 부담하기 어려운 지경에 놓였다.

어느 날 갑자기 온 집안에 큰 새가 날갯짓하는 소리가 들리더니 지붕 위에서 멈추었다. 한참 후에 공중에서 크게 외치는 소리가 들렸는데 자칭 대왕이라고 하면서 말했다.

"너희들이 근자에 재난이 있었던 것은 내 옹계(雍溪) 형제가 무례하여 너희 집의 생계를 파괴하고 재물에 손실을 입혔기 때문이다. 그가 여러 가지 괴이한 짓을 한 것은 아마도 너희들이 반드시 그를 매우 두려워할 것이라고 여겼기 때문이다. 지금 이미 그를 쫓아버렸으니 너희들에게는 재난이 끝나고 복이 생겨날 것이다. 내가 여기에 온 것은 잠시 머무르기 위한 것이니 오래 있지 않을 것이다. 잠시 천봉(天蓬)의 감실을 빌려 그 속에서 머물고자 한다. 이 천봉 감실은 그 모양이 매우 훌륭해 잠시 빌려 하늘에 가져갔다가 초본 하나를 뜨고 나서 3~5일 후에 보내주겠다."

며칠 후에 최현령은 천봉 감실을 지붕 위에다 가져다 놓았다. 그때부터 신이 아침저녁으로 항상 머물면서 늘 주인과 말을 했다. 최현령[원문은 '수'이라 되어있으나 문맥상 '슈'으로 고쳐 번역함]의 집안사람들이 종종 시부를 암송하거나 음악을 지어 부르면 하나하나 그 소리를 따라 불렀다. 아이들이 암기한 문장 중에 혹시 잘못된 것이 있으면 신이 반드시 고쳐주었다. 그 신은 사람들에게 착한 일을 하라고 권고했고 또한 기를 연마하고 도를 닦게 했다. 또 말하기를 항상 학을 타고 하늘을 왕래한다고 했다. 처음 마을에 학 떼가 나타나자 신이 말했다.

"몇 마리 중에서 단지 두 마리만이 진짜 학으로 내가 타는 것이고 그 나머지는 모두 평범한 새이다."

또 스스로 성이 장씨(張氏)라고 말했다. 신은 매일 먹고 마시는 것이 사람과 다를 것이 없었다. 그의 딸의 이름은 금수낭(錦繡娘)이고 아내와 첩도 있어서 소비하는 음식이 또한 적지 않았다. 무릇 착한 사람이나 군자를 만나면 그들과 말하려고 했지만 조금이라도 포악한 사람이면 말하려고 하지 않았다. 또한 말하기를 하늘에 올라갔다가 술에 취한 승려와 건장한 병사 세 명이 와서 그를 알현했는데 말이 이치에 맞지 않고 행동이 무례해서 말을 하지 않았다고 했다. 승려가 떠난 후에 신이 천천히 사람들에게 말했다.

"이 승려는 개고기를 먹고 흉악하며 질이 좋지 않아서 함께 말하고 싶지 않았다."

그 신은 사람들의 행동과 길흉화복에 대해 알아맞히지 못하는 것이 없었다. 심지어는 그 사람의 어릴 적 이름과 항렬까지도 맞추어 하나하나 모두 알고 있었다. 그러나 자세히 물으면 다른 말로 대답했다. 최현령은 결국 그가 무슨 신인지 알지 못했다. (『녹이기』)

合州巴川縣, 亂後官舍殘毀, 移居塞中, 稍可自固. 崔某爲令, 嘗有健卒盜寨木, 令擒送鎭將斬之. 卒家先事壁山神('神'原作'人', 據明鈔本改), 卒死, 神乃與令家爲祟. 或見形往來, 或空中詬罵, 擲火毀器. 錢帛衣服, 無故遺失, 箱篋鑰閉如初, 其中衣服, 率皆剪碎. 求方術禳解, 都不能制. 令罷官還千里, 鬼亦隨之. 又日夕飮食, 與人無異. 一家承事, 不敢有怠, 費用甚多, 吏力將困.

忽一旦, 擧家聞大鳥鼓翼之聲, 止于屋. 久之, 空中大呼, 自稱大王, 曰:"汝比有災, 値我雍溪兄弟非理, 破除汝家活計, 損失財物. 作諸怪異, 計汝必甚畏之. 今已遣去矣, 汝災盡福生. 吾自來暫駐, 亦將不久. 且借天蓬龕子中居. 此天蓬樣極好, 借上天上, 傳寫一本, 三五日卽送來." 數日後, 置天蓬於舍簷上. 自此日夕常在, 恒與主人語. 今小大誦詩賦, 作音樂, 一一隨聲唱之. 所誦文字, 或有謬誤, 必爲改正. 其言多勸人爲善, 亦令學氣術修道. 或云尋常乘鶴, 往來天上. 初邑中有群鶴現, 神云:"數內只有兩隻眞鶴, 我所騎來, 其餘皆常鳥矣." 又自云姓張. 每日飮食, 與人無異. 有女名錦繡娘, 及妻妾, 食物所費亦不少. 凡見善人君子, 卽肯與言, 稍强暴之人, 卽不與語. 亦云上天去, 忽有醉僧健卒三人來謁之, 言詞無度, 有所凌毀, 因不語. 僧去後, 徐謂人曰:"此僧食狗肉, 兇暴無良, 不欲共語." 人之所行, 善惡災福, 言無不中. 至于小名第行, 一一皆知. 細問之, 卽以他語爲對. 未知是何神也. (出『錄異記』)

352・12(4471)
풍 생(馮 生)

수녕(遂寧) 사람 풍생은 귀신을 보고 사람들의 길흉을 알았다. 영천(潁川) 사람 진현(陳絢)은 무신군(武信軍)의 유후(留後: 唐代 중기 이후로 藩鎭이 강대해져서 황제가 통제할 수 없게 되자, 일부 節度使들이 자신의 자제나 심복을 留後로 세우거나 叛將이 스스로 留後가 되었음)였으나 유지준(劉知俊)이 그를 대신하게 되었다. 풍생이 그의 옛일을 들먹이며 진현에게 말했다.

"유공(劉公: 劉知俊)은 비록 총사령관으로 불리지만 본디 당절(幢節: 깃발과 符節)이 없어서 아마도 오래가지 못할 것이니 걱정하지 마십시오."

1년이 못되어 유지준이 피살되었다.

임영(林泳)이라는 사람은 민(閩) 땅 출신이었는데, 그는 항상 동료들에게 말했다.

"어찌 산 사람이 죽지 않고서 귀신을 볼 수 있겠는가? 그의 요망스러운 말을 듣지 마시게."

풍생이 그 말을 듣고 많은 사람들 앞에서 그에게 말했다.

"당신에게 앞으로 좋지 못한 일들이 많이 일어날 것이오. 아마도 일찍이 당신이 죽였던 한 여인이 해코지를 하려는 것 같은데, 당신의 명이 아직 다하지 않았기 때문에 그녀가 기회를 잡지 못하고 있소. 내가 그 여자의 이름을 말한다면 당신은 믿겠소?"

그러자 임영은 부끄러워하고 두려워하며 풍생에게 사실대로 말했다. 풍생은 그녀의 원한을 풀어주겠다고 약속했다. (『북몽쇄언』)

遂寧有馮生見鬼, 知人吉凶. 潁川陳絢, 爲武信軍留後, 而劉知俊代之. 捃其舊事, 馮謂絢曰: "劉公雖號元戎, 前無('無'原作'武', 據明鈔本改)幢節, 殆不久乎, 幸勿憂也." 未踰歲而知俊被殺.

有林泳者, 閩人, 常謂其僚友曰: "安有生人而終日見鬼乎? 無聽其祅." 馮聞之, 對象謂之曰: "君爲宜多不克終. 蓋曾殺一女人爲祟, 以公祿壽未盡, 莫致其便. 我能言其姓名, 公信之乎?" 於是慚懼, 言誠於馮. 許爲解其冤也. (出『北夢瑣言』)

태평광기 권제353 귀 38

1. 황보매(皇甫枚)
2. 진 번(陳 璠)
3. 예장중관(豫章中官)
4. 소원휴(邵元休)
5. 하사랑(何四郎)
6. 청주객(靑州客)
7. 주원추(周元樞)
8. 주연수(朱延壽)
9. 진진충(秦進忠)
10. 망강이령(望江李令)
11. 장비묘축(張飛廟祝)
12. 승언소(僧彦儦)
13. 건강악인(建康樂人)
14. 황연양(黃延讓)
15. 장 원(張 瑗)
16. 무원군인처(婺源軍人妻)
17. 진덕우(陳德遇)
18. 광릉리인(廣陵吏人)

353·1(4472)
황보매(皇甫枚)

　[唐나라] 광계연간(光啓年間: 885~888)에 희종(僖宗)은 양주(梁州)에 있었다. 가을 9월에 황보매는 행재궁(行在宮: 황제가 出行하여 임시로 거처하는 곳)에 부임하러 갈 때 배의성(裴宜城)이라는 친구와 함께 갔다. 10월에 그들은 상주(相州)에서 서쪽으로 가서 고평현(高平縣)에 도착한 뒤, 다시 고평현의 서남쪽으로 40리를 가서 산을 넘고 옥계(玉溪)를 건넜다. 그날은 행인들이 매우 드물었고 짙은 안개와 구름으로 낮인데도 어두웠으며 해가 기울고 바람까지 거세어, 그들은 여러 갈림길에서 길을 헤매게 되었다. 그래서 한 높다란 산비탈에 올라가서 아래를 내려다보았더니 듬성듬성한 무궁화나무 울타리가 쳐진 띳집 몇 칸이 있었는데, 그 안에서 시끄러운 소리가 들리기에 목을 빼고 자세히 바라보았다. 잠시 후 어떤 시골 부인이 그 집의 서쪽 행랑의 북쪽에서 나왔는데, 그녀는 오래된 누런 옷을 입고 머리를 풀어헤친 채 떨어진 신발을 신고 있었다. 그들이 연거푸 그녀를 불렀으나 그녀는 돌아보지도 않고 그저 머리를 숙인 채 다시 집으로 들어가 버렸다. 그래서 그들은 산비탈을 따라 동남쪽으로 내려가서 그 집에 이르러 보았더니, 사립문 위에 칡덩굴이 얽혀 있고 가시나무가 정원에 무성히 자라나 있으며 인적이라고는 전혀 없는 것이 마치 1~2년은 더 된 것 같았다. 황보매와 배생(裴生: 裴宜城)

은 한참 동안 놀라 서 있다가 다시 산비탈로 올라와 멀리 바라보았더니, 관도(官道: 관청에서 축조한 大路)에 어떤 사람이 가고 있기에 절름발이 당나귀를 채찍질하여 그에게 갔다. 다가가서 보았더니 그는 단지현(端氏縣)으로 가고 있는 역참 관리였다. 그래서 황보매 일행은 그와 함께 가서 그날 밤 단지현에서 묵었다. (『삼수소독』)

光啓中, 僖宗在梁州. 秋九月, 皇甫枚將赴調行在, 與所親裴宜城者偕行. 十月, 自相州西抵高平縣, 縣西南四十里, 登山越玉溪. 其日行旅稍稀, 煙雲晝晦, 日昃風勁, 惑於多歧. 上一長坂, 下視有茅屋數間, 槿籬疎散, 其中有喧語聲, 乃延望之. 少頃, 有村婦出自西廂之北, 著黃故衣, 蓬頭敗屨. 連呼之, 不顧, 但俛首而復入. 乃循坂東南下, 得及其居, 至則荊扉橫葛, 縈帶其上, 茨棘羅生於其庭, 略無人蹤, 如涉一二年者矣. 枚與裴生, 愕立久之, 復登坂長望, 見官道有人行, 乃策蹇驢赴之. 至則郵吏將往端氏縣者也. 乃與俱焉, 是夜宿端氏. (出『三水小牘』)

353·2(4473)
진 번(陳 璠)

진번은 패중(沛中: 沛縣)의 군졸이었다. 그는 옛 서수(徐帥: 徐州節度使) 시포(時浦)와 젊었을 때 군대에서 의형제를 맺은 가까운 사이였다. 그러다가 시포가 지벽(支辟)에게 중용되었을 때 진번도 여러 번 발탁되어 중요한 직무를 맡게 되었다. 그 후 황소(黃巢)의 난이 일어나자 지벽은 정예병 5천 명을 선발하여 시포에게 그들을 통솔하여 서쪽으로 가라고 명했고 진번을 그의 부장(副將)으로 삼았다. 시포는 허창(許昌)에서 낙하(洛下: 洛陽)로 급히 갔으나 진번은 병사 천 명을 거느리고 평음(平陰)에서 반기를 들었다. 이에 시포는 지벽의 명령이라 사칭하고 병사를 돌려 추격하여 마침내 군대를 거느리고 가서 진번과 회합한 뒤, 평음을 도륙하고 포전(圃田)을 약탈하면서 내려갔다. 그들이 패현(沛縣)에 이르자 지벽은 그들이 변란을 일으킬까 염려하여 교외에서 그들의 군대를 위로하고 무장을 풀게 했으며 성대한 연회를 열어주고 많은 뇌물을 주었다. 이에 시포는 자신의 심복으로 하여금 지벽에게 넌지시 말하게 했다.

"군대가 불안하여 백성들이 공을 쫓아내길 바라니 일단 공께서 관인(官印)을 풀어 군중의 마음을 달래주시길 청합니다."

지벽은 자신의 힘으로 그들을 제어할 수 없자 처자식을 데리고 군영을 나가 대팽관(大彭舘)에 기거했으며, 시포는 스스로 유후(留後: 唐代 중기 이후로 藩鎭이 강대해져서 황제가 통제할 수 없게 되자, 일부 節度使들이 자신의 자제나 심복을 留後로 세우거나 叛將이 스스로 留後가 되었음)를 칭했다. 진번이 시포에게 말했다.

"지상서(支尙書: 支詳)가 패현 백성들에게 은혜를 베풀었으니 만약 그를 죽이지 않는다면 장차 후회를 남기게 될 것입니다."

시포가 안 된다고 했으나 진번은 한사코 청하며 시포와 10여 차례 옥신각신했다. 결국 시포가 성내며 말했다.

"알아서 처리하라고! 알아서 처리해!"

그러자 진번은 시포의 명령을 사칭하여 지벽에게 말했다.

"지상서께서는 행장을 꾸려 대궐로 돌아가시오."

지벽은 정말인줄 알고 다음날 마침내 출발했다. 그러나 진번은 칠리정(七里亭)에 병사를 매복시켜놓았다가 지벽 일행이 도착하자 노소를 막론하고 모두 죽여 버렸다. 패현 백성들 중에 이 일로 눈물을 흘리지 않은 사람이 없었다.

그 후 시포는 [정식으로] 조정의 명을 받게 되자 표문을 올려 진번을 숙주태수(宿州太守)로 임명했다. 진번은 성격이 몹시 잔인하여 살인을 좋아하고 게다가 재물을 긁어모으고 형벌을 남용하여 백성들의 원성이 높았다. 5년 동안 그가 축적한 뇌물이 산처럼 쌓였다. 그래서 시포는 진번을 싫어하여 도장(都將) 장우(張友)를 진번 대신 [숙주태수로] 임명했는데, 진번이 노하여 시포의 명을 따르지 않았다. 장우는 숙주에 도착한 뒤 다른 숙소에 머물면서 진번이 떠나기를 기다렸다. 진번은 밤에 휘하 병사 500명을 거느리고 가서 장우를 포위했는데, 새벽에 장우가 용맹한 군사 100여 명을 직접 이끌고 포위망을 뚫었다. 진번은 패배하여 기병 10여 명과 함께 수십 리를 달아났는데 따르던 기병들이 모두 죽었다. 그래서 진번은 말을 버리고 평복 차림으로 시골마을에서 먹을 것을 구걸했는데, 그를 알아본 어떤 시골마을 사람이 그를 붙잡아 장우에게 압송했다. 장우가 진번을 결박하여 급히 시포에게 보고하자 시포는 군(郡)에서 그를 참수하라고 명했다. 진번은 본디 난폭하고 아둔하여 글을 몰랐는데, 처형당할 때 갑자기 붓을 찾아 다음과 같은 시를 지었다.

쌓인 옥과 모인 금에 관직 또한 높은데,

화가 닥쳐 순식간에 모든 게 헛것 되었네.
5년 동안의 영화와 부귀 지금 어디에 있는가?
바로 남가일몽(南柯一夢)과 다름없구나.

당시 사람들은 이 시를 귀신이 대신 지어준 것이라고 생각했다. (『삼수소독』)

陳璠者, 沛中之走卒也. 與故徐帥時浦, 少結軍中兄弟之好. 及浦爲支辟所任, 璠亦累遷右職. 黃巢之亂, 支辟簡勁卒五千人, 命浦總之而西, 璠爲次將. 浦自許昌趨洛下, 璠以千人反平陰. 浦乃矯稱支命, 追兵廻, 於是引師與璠合, 屠平陰, 掠圍田而下. 及沛, 支慮其變, 郊勞及解甲, 盛設厚賂之. 乃令所親諷支曰: "軍前不安, 民望見追, 且請公解印, 以厭衆心." 支力不能制('制'原作'致', 據明鈔本改), 乃率其孥, 出居大彭舘, 浦自稱留後. 璠謂浦曰: "支尙書惠及沛人, 若不殺之, 將貽後悔." 浦不可, 璠固請, 與浦往復十餘翻. 浦怒曰: "自看! 自看!" 璠乃詐爲浦命, 謂之曰: "請支行李歸闕下." 支以爲誠也, 翌日遂發. 璠伏甲於七里亭, 至則無少長皆殺之. 沛人莫不流涕.

其後浦受朝命, 乃表璠爲宿州太守. 璠性慘酷喜殺, 復厚斂淫刑, 百姓嗟怨. 五年中, 貲賄山積. 浦惡之, 乃命都將張友代璠, 璠怒, 不受命. 友至, 處別第, 以俟璠出. 璠夜率麾下五百人圍友, 遲明, 友自領驍果百餘人突之. 璠潰, 與十餘人騎走出數十里, 從騎皆亡. 璠棄馬微服乞食於野, 野人有識之者, 執以送. 友縶之, 馳白浦, 浦命斬之於郡. 璠本麤悍木朴, 不知書, 臨刑, 忽索筆賦詩曰: "積玉堆金官又崇, 禍來倏忽變成空. 五年榮貴今何在? 不異南柯一夢中." 時以爲鬼代作也. (出『三水小牘』)

353·3(4474)
예장중관(豫章中官)

[唐나라 昭宗] 천복(天復) 갑자년(甲子年: 904)에 예장에서 저자 가까이 살던 사람들은 밤마다 거리에서 마치 수십 명이 말하면서 저자 쪽으로 가는 듯한 소리를 늘 듣곤 했는데, 다가가서 보면 아무도 없었다. 이렇게 며칠 밤 계속되자 사람들은 두렵고 불안하여 밤마다 잠을 잘 수 없었다. 얼마 후 [조정에서] 환관을 모두 주살하라는 조서가 내려와 예장에서 살해된 환관이 50여 명이나 되었다. 그들을 몰고 저자로 향할 때 시끄럽게 떠드는 소리가 이전에 [마을 사람들이 밤마다] 들었던 것과 같았다. (『계신록』)

天復甲子歲, 豫章居人近市者, 夜恒聞街中若數十人語聲, 向市而去, 就視則無人. 如是累夜, 人家惶恐, 夜不能寐. 頃之, 詔盡誅閹官, 豫章所殺, 凡五十餘. 驅之向市, 驟語喧噪, 如先所聞. (出『稽神錄』)

353·4(4475)
소원휴(邵元休)

한(漢: 五代十國의 南漢)나라의 좌사원외랑(左司員外郞) 소원휴는 [唐나라] 천복연간(天復年間: 901~904)에 아직 약관(弱冠: 20살)이 안 된 나이로 연주(兗州)의 관사에서 살고 있었다. 관사 안에는 유모와 비복(婢僕)만 있었고, 본채의 서쪽 곁채 중에서 가장 남쪽에 있는 방이 바로 서재였다. 어느 날 한밤중에 온 집안사람들은 등불을 끄고 깊이 잠들었고 서재 안의 등불도 역시 꺼진 뒤였다. 소원휴는 [서재에서] 책을 베고 언뜻 잠이 들었는데, 본채 서쪽에서 마치 부인의 신발 소리 같은 사각거리는 소리가 본채 계단을 지나가는 것을 들었다. 그 사람은 먼저 동쪽 곁채에 이르렀는데 그곳은 모두 여종들의 침실이었다. 그 사람은 각 방문에 이를 때마다 잠시 동안 멈추곤 했다. 계속 들어보았더니, 마침내 그 사람은 남쪽 복도에 이르러 빗장이 걸려 있지 않은 규방 문을 밀고 들어갔는데, 그 순간 와장창! 하며 도자기를 깨뜨리는 듯한 소리가 났다. 그 사람은 다시 서쪽으로 가서 서재로 들어왔는데, 소원휴가 창밖의 희미한 달빛을 통해 보았더니 아주 키가 크고 멋진 모습을 한 어떤 물체가 보였다. 그 이목구비는 분간할 수 없었지만 키는 6~7척쯤 되었고 마치 검푸른 비단으로 머리를 덮은 것처럼 하고 들어오더니 문짝 아래에 서 있었다. 소원휴는 두려워하지 않고 큰소리로 꾸짖으며 [누구냐고] 몇 번이나 물었지만, 그 사람은 전혀 대답하지 않고 그냥 도로 나가버렸는데 그 빠르기가 바람과 같았다. 소원휴는 베개를 들어 그 사람을 치려고 했지만 그 사람은 이미 떠난 뒤였다. 그 사람이 본채 서쪽으로 가는 소리가 또 들렸는데 그 후로는 소리가 마침내 끊어졌다.

날이 밝은 뒤에 남쪽 방안을 살펴보았더니 차 탁자 위에 있던 백자 그릇 하나가 바닥에 떨어져 조각나 있었다. 나중에 다른 사람에게 물었더니 그가 대답했다.

"예전에 병마유후(兵馬留後)가 이 집에 산 적이 있었는데, 딸이 죽자 임시로 본채 서쪽에 무덤을 만들었답니다."

그래서 주변 사람들에게 물어보았더니, 그 여자를 알고 있는 어떤 가까운 이웃이 그녀의 체형이 꽤 컸다고 말했다. [소원휴가 밤에 보았던 그 사람은] 아마도 그녀의 혼령인 것 같았다. (『옥당한화』)

漢左司員外郞邵元休, 當天復年中, 尙未冠, 居兗州廨宅. 宅內惟乳母婢僕, 堂之西序, 最南是書齋. 時夜向分, 擧家滅燭熟寐, 書齋內燈亦滅. 邵枕書假寐, 聞堂之西, 窓窣若婦人履聲, 經于堂階. 先至東序, 皆女僕之寢室也. 每至一房門, 卽住少時. 遂聞至南廊, 有閤子門, 不扃鍵, 乃推門而入, 卽聞轟然, 若撲破磁器聲. 遂西入書齋, 窓外微月, 見一物, 形狀極偉. 不辨其面目, 長六七尺, 如以靑黑帛幪首而入, 立于門扉之下. 邵不懼, 厲聲叱之, 仍問數聲, 都不酬答, 遂却出, 其勢如風. 邵欲捫枕擊之, 則已去矣. 又聞行往堂西, 其聲遂絶.

遲明, 驗其南房內, 則茶牀之上, 一白磁器, 已墜地破矣. 後問人, 云: "常有兵馬留後居是宅, 女卒, 權於堂西作殯宮." 仍訪左右, 有近隣識其女者, 云體貌頗長. 蓋其魄也. (出『玉堂閒話』)

353 · 5(4476)
하사랑(何四郞)

양(梁: 五代의 後梁)나라 때 서경(西京: 洛陽) 중주(中州) 저자의 하사랑이란 사람은 화장분을 팔아 먹고살았다. 한번은 어느 날 오경(五更) 초에 가고(街鼓: 唐代에 도성에서 아침저녁으로 치던 북으로, 이것을 쳐서 야간 통금의 시작과 해제를 알렸음)가 아직 울리지 않았을 때, 100보

밖에서 어떤 사람이 하사랑을 급히 불렀는데 이렇게 몇 번 부르고는 멈추었다. 그 후로는 이런 일이 늘 일어났다.

약 반달쯤 후에 하사랑이 새벽에 일어나 가게를 열고났더니, 관료의 노복처럼 보이는 어떤 사람이 곧장 다가와 하사랑에게 읍(揖)하며 말했다.

"관가에서 그대를 불러오라고 했소."

하사랑은 부윤(府尹)의 집에서 필요한 화장분이 있는 것이라고 생각하면서 아직 길에 오르지 않고 있었는데, 노복이 다시 그에게 떠나자고 재촉했다. 하사랑이 막 허리띠를 매려고 했는데 노복은 그것도 허락하지 않았다. 잠시 후 노복은 하사랑의 옷을 잡아끌고 북쪽으로 가서 동서로 난 큰길에 이르렀다. 하사랑은 돌아가고 싶었으나 노복이 그를 더욱 꽉 붙잡았다. 하사랑은 점점 더 의심하며 이렇게 생각했다.

"혹시 사람이 아닌가? 예전에 들은 말에 따르면, 신고 있는 신발로 땅에 원을 그려 자신을 빙 둘러치면 못된 귀신을 막을 수 있다고 했으니, 내 지금 빨리 그렇게 해봐야겠다."

그런데 바로 그때 그의 신발이 지붕 위로 던져졌다. 그래서 하사랑은 그렇게 할 수 없다는 사실을 알았다. 하사랑은 의아해하면서 걸어갔는데 정신이 몹시 혼미해졌다. 그들은 마침내 정북쪽으로 가서 휘안문(徽安門)에 도착했으며, 그곳에서 다시 서북쪽으로 5~6리쯤 갔더니 날이 어두워졌다. 그때 갑자기 왕후(王侯)의 관부(官府)처럼 보이는 붉은 대문의 높은 저택이 나왔다. 밤이 깊어졌을 때 하사랑은 안으로 인도되어 들어갔는데, 타오르는 횃불이 환하게 비추고 있었으며 쳐놓은 장막이 화려했다. 부인들만이 하사랑을 정성껏 환대하면서 말했다.

"이곳은 옛 장상(將相)의 저택입니다. 막내 아가씨가 지금 막 훌륭한 배필을 골랐는데, 준수하고 현명하신 당신을 진실로 흠모하고 있으니 결혼 축하 잔치에 오르시지요."

하사랑은 아가씨의 아리따운 모습을 보고 마음이 굉장히 끌렸는데, 그녀의 어여쁘고 정숙한 자태는 실로 절세미인이었다.

동틀 무렵에 보았더니 하사랑은 무덤들 사이에 누워 있었으며 주위는 적막하니 인적이라곤 없었다. 하사랑은 멀리 휘안문을 바라보면서 돌아가다가 우거진 잡초 속에서 버려진 우물 속으로 떨어졌다. 그는 우물 속에서 하룻밤을 보냈는데 갈증을 참을 수 없자 옷섶으로 이슬을 받아 마셨다. 어떤 나무꾼이 그를 발견하여 [어찌된 일인지] 물어보고는 마침내 그의 집에 알렸으며, 밧줄을 내려보내 그를 끌어올렸다. 하사랑은 며칠 뒤에야 비로소 제정신을 차렸다. (『옥당한화』)

梁時, 西京中州市有何四郎者, 以鬻粧粉自業. 嘗於一日五更初, 街鼓未鳴時, 聞百步之外, 有人極叫何四郎者, 凡數聲而罷. 自是率以爲常.

約半月後, 忽晨興開肆畢, 有一人若官僚之僕者, 直前揖之云: "官令召汝." 何意府尹之宅有取, 未就路, 僕又促之. 何方束帶, 僕又不容. 俄以衣牽之北行, 達於東西之衢. 何乃欲廻歸, 僕執之尤急. 何乃愈疑: "將非人耶? 嘗聞所著鞋履, 以之規地自圍, 亦可禦其邪魅, 某雖亟爲之." 卽被擲之于屋. 知其無能爲也. 且訝且行, 情甚恍惚. 遂正北抵徽安門, 又西北約五七里, 則昏冥矣. 忽有朱門峻宇, 若王者之府署. 至更深, 延入, 烈炬熒煌, 供帳華麗. 唯婦人輩款接殷勤, 云: "是故將相之第. 幼女方擇良匹, 實慕英賢, 可就吉席." 何旣覩妖冶, 情亦惑之, 婉淑之姿, 亦絶代矣('絶'字原空闕, '矣'原作'是', 據明鈔本補改).

比曉, 則臥于丘塚之間, 寂無人迹. 遂望徽安門而返, 草莽翳密, 墮於荒井之中. 又經一夕, 飢渴難狀, 以衣襟承露而飮之. 有樵者見而問之, 遂報其家, 縋而出之. 數日方愈. (出『玉堂閒話』)

353 · 6(4477)
청주객(靑州客)

주량(朱梁: 朱溫이 세운 後梁) 때 청주의 어떤 상인이 바다를 항해하다가 폭풍을 만나 어느 한 곳으로 떠밀려갔는데, 저 멀리 산천과 성곽이 바라보였다. 선장이 말했다.

"이전에도 폭풍을 만났지만 이곳에 와본 적은 없었소. 내가 듣기로 귀신 나라가 여기에 있다고 하던데 혹시 이곳이 아닐까요?"

잠시 후 배가 해안에 닿자 상인은 해안을 올라가 성을 향해 갔다. 그곳의 오두막집과 전답은 중국과 다르지 않았다. 상인은 만나는 사람마다 읍(揖)을 했으나 사람들은 모두 그를 보지 못했다. 성에 도착하여 성문지기가 있기에 그에게 읍했으나 역시 대답하지 않았다. 성안으로 들어가서 보았더니 집과 사람이 매우 많았다. 상인이 마침내 왕궁에 도착했더니 한창 성대한 연회가 열리고 있었는데, 연회에 참석한 신하들이 수십 명 있었고 그들의 의관·기물·관현악기, 그리고 기타 장식품들이 대부분 중국과 비슷했다. 상인은 대전(大殿)에 올라가 왕좌(王座) 가까이 몸을 숙이고 왕을 쳐다보았다. 그런데 잠시 후 왕이 병이 났다며 좌우 시종들이 왕을 부축하여 돌아가면서 급히 무당을 불러 왕을 살펴보게 했다. 무당이 도착하여 말했다.

"양지(陽地: 이승)의 사람이 이곳에 와서 양기로 귀신을 핍박하기 때문에 왕께서 병이 나신 것입니다. 그 사람은 우연히 이곳에 왔으며 해코지를 할 마음이 없으니, 음식과 거마(車馬)를 준비하여 사례하고 돌려보내 주면 될 것입니다."

그래서 즉시 술과 음식을 차리고 별실에 자리를 마련한 뒤, 무당과 여러 신하들이 모두 가서 제사지내며 빌자, 상인은 탁자를 차지하고서 음식을 먹었다. 얼마 후 노복이 말을 몰고 도착하자 상인은 그 말을 타고 돌아갔다. 상인이 해안에 이르러 배에 오를 때까지 그 나라 사람들은 결국 상인을 보지 못했다. 상인은 다시 순풍을 만나 [청주로] 돌아갈 수 있었다.

당시 청주절도사로 있던 하덕검(賀德儉)은 위박절도사(魏博節度使) 양사후(楊師厚)와 친한 사이였기에, 그 상인을 위박으로 심부름 보내 양사후에게 그가 겪은 일을 말해주도록 했다. 또 위박 사람 범선고(范宣古)가 그 일을 직접 듣고서 나에게 말해주었다. (『계신록』)

朱梁時, 青州有賈客泛海遇風, 飄至一處, 遠望有山川城郭. 海師曰: "自頃遭風者, 未嘗至此. 吾聞鬼國在是, 得非此耶?"

頃之, 舟至岸, 因登岸, 向城而去. 其廬舍田畝, 不殊中國. 見人皆揖之, 而人皆不見己. 至城, 有守門者, 揖之, 亦不應. 入城, 屋室人物甚殷. 遂至王宮, 正值大宴, 羣臣侍宴者數十, 其衣冠・器用・絲竹・陳設之類, 多類中國. 客因升殿, 俯逼王坐以窺之. 俄而王有疾, 左右扶還, 亟召巫者視之. 巫至: "有陽地人至此, 陽氣逼人, 故王病. 其人偶來爾, 無心爲祟, 以飲食車馬謝遣之, 可矣." 卽具酒食, 設座於別室, 巫及其羣臣, 皆來祀祝, 客據按而食. 俄有僕夫馭馬而至, 客亦乘馬而歸. 至岸登舟, 國人竟不見己. 復遇便風得歸.

時賀德儉爲靑州節度, 與魏博節度楊師厚有親, 因遣此客使魏, 其爲師厚言之. 魏人范宣古, 親聞其事, 爲余言. (出『稽神錄』)

353・7(4478)
주원추(周元樞)

주원추는 휴양(睢陽) 사람으로 평로절도사(平盧節度使)의 장서기(掌書記)가 되어 임치현(臨淄縣)의 관사에서 기거했다. 어느 날 저녁에 주원추가 막 잠들려는데, 갑자기 아주 많은 거마(車馬)와 짐수레가 오더니 [누군가가] 문을 두드리며 이렇게 알리라고 했다.

"이사공(李司空)께서 뵙기를 기다리십니다."

주원추는 곰곰히 생각해보았으나 친지들 중에는 이사공이란 사람이 없었으므로 한편으로 이렇게 생각했다.

"필시 고향의 옛 친지 중에 내가 모르는 사람이 있을 게야."

그래서 즉시 나가 찾아온 손님을 접견하고 자리로 맞이한 뒤, 어디에서 왔는지 물었더니 그가 말했다.

"나도 새로 이곳에서 살게 되었는데, 아직 머물 곳을 마련하지 못했으니 이 집에서 기거했으면 하오."

주원추가 놀라며 말했다.

"어찌하여 그런 말을 하시오?"

손님이 대답했다.

"여기는 나의 옛 집이오."

주원추가 말했다.

"나는 관직에 종사하기 위해 이곳에 왔는데, 전해오는 말에 따르면 여기는 서기(書記: 원문은 '書寄'라 되어 있지만 문맥상 '書記'의 오기로 보임)의 관아였다고 하오. 당신은 언제 여기에서 살았소?"

손님이 말했다.

"수(隋)나라 개황연간(開皇年間: 581~600)에 여기서 살았었소."

주원추가 말했다.

"그렇다면 당신은 필시 귀신이겠구려!"

손님이 말했다.

"그렇소. 저승에서 여기에 사당을 세우라고 나에게 허락했으니 청컨대 당신이 이사 갔으면 하오."

주원추는 그럴 수 없다고 하면서 말했다.

"사람은 귀신과 서로 접촉해서는 안 되는 법이오. 설마 내가 곧 죽게 될 것이기 때문에 당신이 나를 능멸하는 것이오? 그렇다 하더라도 이치상 이 집을 당신에게 넘겨줄 수는 없소. 내 비록 죽는다 하더라도 기필코 [저승에서] 당신과 소송하겠소."

그리고는 부인과 자식들을 불러 말했다.

"내가 죽거든 반드시 관속에 종이와 붓을 많이 넣어주시오. 장차 이군(李君: 李司空)과 소송할 때 쓸 것이오."

그리고는 즉시 술을 차려 손님과 함께 마셨는데, 수백 잔을 서로 주고받는 동안 말소리와 안색이 더욱 거칠어졌다. 손님이 떠나려 하자 주원추는 다시 그를 붙들었다. 한참 뒤에 한 노복이 와서 말했다.

"부인께서 사공께 말씀 전하시랍니다. 주서기(周書記: 周元樞)는 목석과 같은 사람인데 어찌하여 그와 함께 논란을 벌여 곤란함을 자초하시냐구요."

손님은 이에 주원추에게 사과하고 떠났다. 주원추는 그를 배웅하여 문밖까지 나갔는데 순식간에 그가 사라졌다. 주원추는 결국 아무런 탈도 없었다. (『계신록』)

周元樞者, 睢陽人, 爲平盧掌書記, 寄居臨淄官舍. 一夕將寢, 忽有車馬輜重甚衆, 扣門使報曰: "李司空候謁." 元樞念親知輩皆無此人, 因自思: "必鄕曲之舊, 吾不及知矣." 卽出見之, 延坐, 請問其所從來, 曰: "吾亦新家至此, 未有所止, 求居此宅矣." 元樞驚曰: "何至是?" 對曰: "此吾之舊宅也." 元樞曰: "吾從官至此, 相傳云, 書寄之公署也. 君何時居此?" 曰: "隋開皇中嘗居之." 元樞曰: "若爾, 君定是鬼耶!" 曰: "然. 地府許我立廟於此, 故請君移去爾." 元樞不可, 曰: "人不當與鬼相接. 豈吾將死, 故君得凌我耶? 雖然, 理不當以此宅授君. 吾雖死, 必與君訟." 因召妻子曰: "我死, 必多置紙筆於棺中. 將與李君對訟." 卽具酒與之飮, 相酬數百盃, 詞色愈厲. 客將去, 復留之. 良久, 一蒼頭來云: "夫人傳語司空. 周書記木石人也, 安可與之論難, 自取困哉." 客於是辭謝而去. 送之出門, 欻忽不見. 元樞竟無恙. (出『稽神錄』)

353 · 8(4479)
주연수(朱延壽)

수주자사(壽州刺史) 주연수는 말년에 방안에서 목욕을 하다가 언뜻 보았더니 창밖에 두 사람이 있었는데, 그들은 모두 푸른 얼굴에 붉은 머리카락을 하고 푸른 옷을 입었으며 손에 문서를 들고 있었다. 그 중 한 사람이 말했다.

"나는 명을 받고 잡으러 왔다."

다른 사람이 말했다.

"나도 명을 받고 잡으러 왔다."

앞의 사람이 또 말했다.

"내가 먼저 명을 받았다."

주연수가 시종을 불렀더니 두 사람은 즉시 사라졌다. 시종이 도착하자 주연수가 문밖에 누가 있는지 물었으나 시종은 아무도 없다고 대답했다. 얼마 후 주연수는 피살되었다. (『계신록』)

壽州刺史朱延壽, 末年, 浴於室中, 窺見窓外有二人, 皆靑面朱髮靑衣, 手執文書. 一人曰: "我受命來取." 一人曰: "我亦受命來取." 一人又曰: "我受命在前." 延壽因呼侍者, 二人卽滅. 侍者至, 問外有何人, 皆云無人. 俄而被殺. (出『稽神錄』)

353 · 9(4480)
진진충(秦進忠)

[唐나라] 천우(天祐) 병자년(丙子年: 天祐年間[904~907]에는 甲子 · 乙丑 · 丙寅 · 丁卯年만 있으므로 '丙子'는 誤記로 보임. 실제로 丙子年

은 後粱 貞明 2년[916]임)에 절서(浙西)의 군관 주교(周交)가 난을 일으켜 대장 진진충과 장윤(張胤) 등 모두 10여 명을 살해했다.

진진충은 젊었을 때 한 어린 종에게 화가 나서 칼로 그의 심장을 찔러 죽여 매장한 적이 있었다. 진진충은 말년에 그 어린 종이 가슴을 움켜쥐고 서 있는 것을 늘 보았는데, 처음에는 100보 밖에 있더니 [날이 갈수록] 점점 가까이 다가왔다. 진진충이 죽던 날 출타하려 했을 때 [그 어린 종이 또] 그의 말 앞에 있었는데, 좌우 사람들도 모두 그 종을 보았다. 진진충은 관부(官府)로 들어갔다가 반란군을 만나 위장이 터져 죽었다.

장윤은 죽기 한 달여 전에 [누군가가] 자신의 성명을 부르는 소리를 늘 듣곤 했는데, 그 소리가 매우 분명했으며 또 [날이 갈수록] 점점 가까이 들렸다. 장윤이 죽던 날에는 그 소리가 면전에서 들리는 듯했는데, 그는 관부에 들어간 뒤 [반란군에게] 살해되었다. (『계신록』)

天祐丙子歲, 浙西軍士周交作亂, 殺大將秦進忠・張胤, 凡十餘人.

進忠少時, 嘗怒一小奴, 刃貫心, 殺而幷埋之. 末年, 恒見此奴捧心而立, 始於百步之外, 稍稍而近. 其日將出, 乃在馬前, 左右皆見之. 而入府, 又遇亂兵, 傷胃而卒.

張胤前月餘, 每聞呼其姓名, 聲甚淸越, 亦稍稍而近. 其日若在對面, 入府皆斃矣. (出『稽神錄』)

353 · 10(4481)
망강이령(望江李令)

　망강현령(望江縣令) 이(李) 아무개는 임기를 마친 뒤 서주(舒州)에서 살았다. 그에게는 아들 둘이 있었는데 모두 매우 총명했다. 이현령이 한번은 술을 마시고 저녁에 돌아오고 있었는데, 집에서 수백 보 떨어졌을 때 보았더니 두 아들이 마중하러 와서 다짜고짜 그를 붙잡아 마구 때렸다. 이현령은 놀라면서 크게 화를 내며 고함을 쳤지만, 외진 곳이라 인적이 끊어져 결국 그 일을 아는 사람이 없었다. 두 아들은 이현령을 때리면서 계속 가더니 거의 집에 도착하자 모두 도망쳐 가버렸다. 이현령이 집 문으로 들어가자 두 아들이 또 당(堂) 아래에서 그를 맞이했는데, 그들에게 물었더니 모두 문밖으로 나간 적이 없다고 대답했다.

　한 달 남짓 뒤에 이현령은 또 친한 사람의 집에서 술을 마시게 되자, 지난번의 일을 자세히 말하면서 감히 집으로 돌아가지 못하고 남아서 자고 가겠다고 청했다. 그런데 그의 진짜 아들들은 아버지가 저녁에 돌아오시다가 또 얻어맞을까봐 걱정하여 즉시 함께 마중하러 나갔다. 두 아들은 도중에서 아버지를 만났는데 아버지가 화를 내며 말했다.

　"어찌하여 저녁 늦게 나다니느냐?"

　그리고는 즉시 시종에게 그들을 때리게 했다. 두 아들은 곤욕을 치르고 나서야 겨우 위기를 모면할 수 있었다.

　다음날 이현령은 집으로 돌아온 뒤 그 일을 듣고 더욱 놀랐다. 몇 달 되지 않아서 이현령 부자가 모두 죽었다. 군(郡) 사람들이 말하길, 서주(舒州)에 있는 산 귀신이 그런 해괴한 짓을 잘 한다고 했다. 아마도 [그 귀신은] 여구(黎丘)의 무리[『呂氏春秋』「疑似」에 '黎丘丈人' 고사가 실려 있는데 내용이 거의 비슷함]인 것 같다. (『계신록』)

望江李令者, 罷秩居舒州. 有二子, 甚聰慧. 令嘗飮酒暮歸, 去家數百步, 見二子來迎, 卽共禽而毆之. 令驚大怒, 大呼, 而遠方人絶, 竟無知者. 且行且毆, 將至家, 二子皆却走而去. 及入門, 二子復迎于堂下, 問之, 皆云未嘗出門.

後月餘, 令復飮酒於所親家, 因具白其事, 請留宿, 不敢歸. 而其子恐其及暮歸, 復爲所毆, 卽俱往迎之. 及中途, 見其父, 怒曰: "何故暮出?" 卽使從者擊之. 因而獲免.

明日令歸, 益駭其事. 不數月, 父子皆卒. 郡人云, 舒有山鬼, 善爲此厲. 蓋黎丘之徒也. (出『稽神錄』)

353 · 11(4482)
장비묘축(張飛廟祝)

재주성(梓州城)에서 10여 리 떨어진 곳에 장비의 사당이 있다. 사당 안에는 호위병 토우(土偶)가 있었는데, 그 토우가 [사람으로 변하여] 어느 날 밤에 사당지기의 아내와 정을 통했다. 1년이 지나서 사당지기의 아내가 딸 하나를 낳았는데, 그 딸은 머리카락이 붉었으며 눈썹과 눈, 그리고 손과 발이 모두 토우의 모습을 닮아 있었다. 그녀가 장성하자 사람들은 모두 그녀를 두려워했다. 재주에서 관직을 맡은 사람은 모두 그 사당을 참배하고 그녀를 불러내 사실인지 확인했으며,

간혹 그녀에게 돈과 비단을 주기도 했다. 지금까지도 그녀는 살아 있다. (『야인한화』)

梓州去城十餘里, 有張飛廟. 廟中有土偶, 爲衛士, 一夕感廟祝之妻. 經年, 遂生一女, 其髮如朱, 眉目手足, 皆如土偶之狀. 至於長大, 人皆畏之. 凡蒞職梓州者, 謁廟, 則呼出驗之, 或遺之錢帛. 至今猶存. (出『野人閒話』)

353 · 12(4483)
승언소(僧彦脩)

초서(草書)에 뛰어난 스님 문영대사(文英大師) 언소는 처음에 낙도(洛都: 洛陽)에 있었다. [後唐] 명종(明宗)의 세자인 진왕(秦王) 이종영(李從榮)이 언소를 후대했는데, 나중에 일이 생겨 언소는 남쪽으로 가서 강릉(江陵) 서호(西湖)의 증구사(曾口寺)에 기거했다. 어느 날 언소는 정신이 혼미한 상태에서 문득 보았더니, 진왕이 기병 20명의 호위를 받으면서 증구사를 찾아와 언소를 방문했다. 언소가 물었다.

"대왕께서 무슨 일로 여기에 오셨습니까?"

진왕은 미처 대답하기 전에 순식간에 사라졌다. 언소는 사람들에게 [진왕의 소식을] 수소문하고 있었는데, 열흘도 안 되어 진왕이 살해당했다는 소식이 전해졌다. (『북몽쇄언』)

草書僧文英大師彦脩, 始在洛都. 明宗世子秦王從榮, 復厚遇之, 後有故, 南居江陵西湖曾口寺. 一日恍惚, 忽見秦王擁二十騎詣寺, 訪彦儔. 彦儔問:"大王何以此來?" 恰未對, 倏而不見. 彦儔方訪於人, 不旬日, 秦王遇害. (出『北夢瑣言』)

353 · 13(4484)
건강악인(建康樂人)

건강의 어떤 악사가 하루는 해질 무렵에 시장에 갔다가 노복 두 명을 만났는데 그들이 말했다.

"육판관(陸判官)께서 부르십니다."

악사는 그들을 따라가서 어떤 대저택에 도착했는데, 집안의 물건들이 매우 가지런히 정돈되어 있었다. 그곳에 있던 빈객 10여 명은 모두 술을 잘 마셨는데, 술만 마실 뿐 다른 음식은 차려져 있지 않았으며 악사에게는 술 한 잔도 주지 않았다. 새벽녘에 술자리가 파하자 악사는 매우 피곤하여 문밖의 침상에 누워 잠들었다. 악사가 깨어난 뒤에 보았더니 자신은 풀밭에 있었고 옆에는 커다란 무덤이 있었다. 악사가 마을 사람에게 물어보았더니 이렇게 대답했다.

"육판관의 무덤이라고 전해오는데 어느 때 사람인지는 모릅니다."

(『계신록』)

建康有樂人, 日晚如市, 見二僕夫, 云: "陸判官召." 隨之而去, 至大宅, 陳設甚嚴. 賓客十餘人, 皆善酒, 惟飮酒而不設食, 酒亦不及樂人. 向曙而散, 樂人困甚,因臥門外牀上. 旣寤, 乃在草間, 旁有大塚. 問其里人, 云:"相傳陸判官之塚, 不知何時人也."(出『稽神錄』)

353 · 14(4485)
황연양(黃延讓)

건강(建康)의 관리 황연양이 한번은 친구 집에서 술을 마시고 밤이 되어서 헤어졌다. 그는 그다지 취하지는 않았지만 정신이 아득해지면서 몸이 뜨는 것 같더니 가볍게 나는 듯이 갔는데 스스로를 제어할 수 없었다. 그는 10여 리쯤 가서 한 대저택에 도착했는데 그곳은 적막하니 아무도 없었다. 당(堂) 앞에 작은 방이 하나 있고 그 방안에 침상이 있었는데, 황연양은 너무 피곤하여 그 침상 위에서 잠을 잤다. 그가 깨어나서 보았더니 자신이 장산(蔣山) 앞의 풀 속에 있었다. 그는 여러 성과 참호를 넘어 집으로 돌아갔다. 그 후로 황연양은 정신이 혼미해져서 병이 났는데, 1년도 넘어서야 비로소 병이 나았다. (『계신록』)

建康史黃延讓嘗飮酒於親家, 迨夜而散. 不甚醉, 恍然而身浮, 飄飄而行, 不能自制. 行可十數里, 至一大宅, 寂然無人. 堂前有一小房, 房中有牀, 延讓困甚, 因寢牀上. 及寤, 乃在蔣山前草間. 踰重城複塹矣. 因恍惚得疾, 歲餘乃愈. (出『稽神錄』)

353·15(4486)
장 원(張 瑗)

강남의 내신(內臣: 宦官) 장원이 하루는 저물녘에 건강(建康)의 신교(新橋)를 지나다가 갑자기 한 미인을 보았는데, 그녀는 웃옷을 벗은 채 미친 듯이 달려갔다. 장원은 몹시 이상해하면서 자세히 살펴보았는데, 미인이 갑자기 고개를 돌리는 순간 회오리바람으로 변하여 장원을 덮쳤다. 그로 인해 말이 거꾸러지는 바람에 장원은 얼굴을 다쳤는데, 한 달 남짓 지나서야 비로소 상처가 나았다. 당초에 말은 [쓰러졌다가] 일어난 뒤에 한쪽 발을 들고 절름거리면서 돌아갔다. 그 이후로 그 다리를 지나갈 때마다 말은 한쪽 발을 들고 갔으며, 결국 다른 괴이한 일은 일어나지 않았다. (『계신록』)

江南內臣張瑗日暮過建康新橋, 忽見一美人, 袒衣猖獗而走. 瑗甚訝, 諦視之, 婦人忽爾廻頭, 化爲旋風撲瑗. 瑗馬倒傷面, 月餘乃復. 初馬旣起, 乃提一足, 跛行而歸. 自是每過此橋, 馬輒提一足而行, 竟無他怪. (出『稽神錄』)

353·16(4487)
무원군인처(婺源軍人妻)

[後晉 高祖 天福 2년] 정유년(丁酉年: 937)에 무원 건위군(建威軍)의 어떤 군인은 부인이 죽은 뒤에 새장가를 들었다. 그의 후처는 전처의 자

식을 너무 심하게 학대했으나 남편은 제지할 수 없었다. 하루는 그의 죽은 부인이 갑자기 나타나 문으로 들어오더니 후처에게 대노하며 말했다.

"사람이라면 누군들 죽지 않으며, 누군들 모자간의 정이 없겠느냐? 그런데도 너는 내 아들딸을 이처럼 학대하느냐? 나는 근자에 저승 관리에게 너를 고소했는데, 저승에서 오늘 나에게 열흘간의 말미를 주어 나에게 너를 가르쳐 인도하도록 했다. 네가 끝내 개과천선하지 않는다면 내가 반드시 너를 죽일 것이다."

군인 부부는 두려움에 떨며 거듭 절한 뒤, 즉시 술과 음식을 차려놓고 친척과 이웃사람들을 두루 초대했는데, 전처는 그들과 안부를 묻고 이야기하는 것이 살아있을 때와 같았다. 다른 사람들은 그녀의 목소리만 들었고, 오직 남편만 그녀를 볼 수 있었다. 저녁이 되자 남편은 전처를 위해 별실에 침상을 마련해주고 그녀와 함께 자려고 했으나 그녀가 안 된다고 했다. 열흘이 다 되자 전처는 떠날 때 후처를 다시 엄하게 꾸짖고 타일렀는데 그 말이 매우 간절했다. 군인 집안의 모든 친족이 함께 그녀를 묘까지 배웅했는데, 묘에서 100여 보쯤 떨어졌을 때 그녀가 말했다.

"여러분들은 여기서 멈추시오."

그리고는 다시 진심으로 작별을 고하고 떠났다. 그녀가 잣나무 숲에 이르렀을 때 사람들은 모두 그녀의 모습을 보았는데, 의복과 안색이 살아생전과 같았다. 그녀는 묘에 이르더니 곧 사라졌다. 건위군의 군사(軍使) 왕연창(汪延昌)이 이와 같은 일을 말해주었다. (『계신록』)

丁酉歲, 婺源建威軍人妻死更娶. 其後妻虐遇前妻之子過甚, 夫不能制. 一日, 忽見亡妻自門而入, 大怒後妻曰:"人誰無死, 孰無母子之情? 乃虐我兒女如是耶? 吾比訴與地下所司, 今與我假十日, 使我誨汝. 汝遂不改, 必能殺君."夫妻皆恐懼再拜, 卽爲具酒食, 徧召親黨隣里, 問訊叙話如常. 他人但聞其聲, 唯夫見之. 及夜, 爲設榻別室, 夫欲從之宿, 不可. 滿十日, 將去, 復責勵其後妻, 言甚切至. 擧家親族共送至墓, 去墓百餘步, 曰:"諸人可止矣."復殷勤辭訣而去. 將及栢林中, 諸人皆見之, 衣服容色如平生. 及墓乃沒. 建威軍使汪延昌言如是. (出『稽神錄』)

353·17(4488)
진덕우(陳德遇)

[後周 高祖 廣順 원년] 신해년(辛亥年: 951)에 강남의 반군(叛軍) 조정에서 우장고관(右藏庫官)으로 있던 진거양(陳居讓)은 자(字)가 덕우(德遇)였다. 하루는 그가 창고에서 숙직하고 있을 때 그의 부인은 집에 있었는데, 오경(五更) 초에 갑자기 두 관리가 꿈에 나타나 손에 문서를 들고 문으로 들어오면서 물었다.

"여기가 진덕우의 집이오?"

부인이 말했다.

"그렇습니다."

[관리가 또 물었다.]

"덕우는 지금 어디에 있소?"

부인이 말했다.

"창고에 있습니다."

두 관리가 떠나려 하자 부인이 그들을 쫓아가 부르며 말했다.

"내 남편은 자가 덕우일 뿐입니다. 옷 창고를 담당하는 관리의 성명이 진덕우인데, 그의 집은 동쪽 골목 가까이에 있습니다."

두 관리는 서로 쳐다보더니 씩 웃으며 말했다.

"하마터면 실수할 뻔했군!"

두 관리는 마침내 떠났다. 며칠 뒤에 진덕우는 새벽에 일어나 측간에 가면서 병이 났다고 스스로 말했는데, 돌아와 다시 누워 있다가 한참 후에 마침내 죽었다. 두 사람[진거양과 진덕우]은 모두 야성(冶城: 원문은 '治城'이라 되어 있지만 '冶城'의 오기임)의 서쪽에서 살았다. (『계신록』)

辛亥歲, 江南僞右藏庫官陳居讓字德遇. 直宿庫中, 其妻在家, 五更初, 忽夢二吏, 手把文書, 自門而入, 問: "此陳德遇家耶?" 曰: "然" "德遇何在?" 曰: "在庫中." 吏將去, 妻追呼之曰: "家夫('夫'原作'父', 據明鈔本·許本改)字德遇耳. 有主衣庫官陳德遇者, 家近在東曲." 二吏相視而嘻曰: "幾誤矣!" 遂去. 逾日, 德遇晨起如厠, 自云有疾, 還臥, 良久遂卒. 二人並居治城之西. (出『稽神錄』)

353 · 18(4489)
광릉리인(廣陵吏人)

성이 조씨(趙氏)인 광릉의 관리가 여름에 혼자 방에서 자고 있었는데, 한밤중에 난데없이 누런 옷 입은 커다란 사람이 누런 옷 입은 작은 사람 7명을 데리고 문으로 들어오더니 조씨에게 말했다.

"곳곳을 찾아보았으나 찾지 못했는데 이곳에 있었구먼!"

그리고는 그에게 일어나라고 소리치면서 말했다.

"떠날 때가 되었다."

그때 누런 옷 입은 작은 사람 한 명이 앞으로 나오며 말했다.

"이 사람은 타고난 수명이 아직 다하지 않았으므로 지금 당장 데려가서는 안 되니 일단 표식을 해두는 것이 좋겠습니다."

그러자 커다란 사람은 곧 품속을 더듬어 인장 하나를 꺼내더니 조씨의 왼쪽 팔에 인장을 찍고 떠나갔다. 날이 밝은 뒤에 살펴보았더니 인장 글씨가 조씨의 살에 박혀 있었다. 인장의 글씨는 옛 전서(篆書) 같았는데, 그 아래 부분을 자세히 보니 오른쪽은 '선(仙)'자 같았고 왼쪽은 '기(記)'자 같았으며 그 위 부분은 알아볼 수 없었다. 조씨는 그 후 어디서 죽었는지 알 수 없었다. (『계신록』)

廣陵吏姓趙, 當暑, 獨寢一室, 中夜, 忽見大黃衣人自門而入, 從小黃衣七人, 謂己曰: "處處尋不得, 乃在此耶!" 叱起之, 曰: "可以行矣." 一黃衣前曰: "天年未盡, 未可遽行, 宜有以記之可也." 大人卽探懷, 出一印, 印其左臂而去. 及明視之, 印文著肉. 字若古篆, 識其下, 右若'仙'字, 左若'記'字, 其上不可識. 趙後不知所終. (出『稽神錄』)

태평광기 권제354 귀 39

1. 양 감(楊 瑊)
2. 원 계 겸(袁繼謙)
3. 빈주사인(邠州士人)
4. 왕 상(王 商)
5. 사 언 장(謝彦璋)
6. 숭 성 사(崇聖寺)
7. 임 언 사(任彦思)
8. 장 인 보(張仁寶)
9. 양 온 중(楊蘊中)
10. 왕 연 호(王延鎬)
11. 승 혜 진(僧惠進)
12. 전 달 성(田達誠)
13. 서 언 성(徐彦成)
14. 정 교(鄭 郊)
15. 이 인(李 茵)
16. 유 붕 거(柳鵬擧)
17. 주 결(周 潔)

354·1(4490)
양 감(楊 瑊)

연주(兗州) 흥룡사(龍興寺) 서남쪽 행랑의 첫 번째 뜰에 장경각(藏經閣)이 있었다. 법보대사(法寶大師)가 한번은 영신불당(靈神佛堂) 앞에서 흰옷 입은 노인을 보았는데, 이와 같은 일이 며칠 동안 계속되었다. 법보대사가 이상한 생각이 들어 노인에게 누구냐고 물어보았더니, 노인이 대답했다.

"나는 살아 있는 사람이 아니라 바로 양서기(楊書記)의 저택에 사는 토지신이오."

법보대사가 말했다.

"그런데 무슨 일로 여기까지 오셨습니까?"

노인이 말했다.

"그 공(公: 여기서는 楊書記를 가리킴)이 괴팍해서 쉬지 않고 계속 집을 지어대는 바람에 내가 몸둘 곳이 없어졌소."

법보대사가 말했다.

"그런데 어찌하여 그에게 화(禍)를 내리지 않습니까?"

그러자 노인이 이렇게 대답했다.

"그 사람의 복과 수명이 아직 쇠하지 않아 그를 어떻게 할 수 없소이다."

노인은 말을 다하고는 사라졌다.

그로부터 몇 년 뒤에 주근(朱瑾)이 성을 버리고 달아나자 군란이 일어났는데, 양서기의 일가족은 이때 모두 죽임을 당했다. 양서기는 이름이 양감으로, 여러 차례 과거를 보았지만 급제하지 못하고 주근의 서기 노릇을 했다. (『옥당한화』)

兗州龍興寺西南廊第一院, 有經藏. 有法寶大師者, 常於靈神佛堂之前見一白衣叟, 如此者數日. 怪而詰之, 叟曰: "余非人, 乃楊書記宅之土地." 僧曰: "何爲至此?" 叟曰: "彼公愎戾, 興造不輟, 致其無容身之地也." 僧曰: "何不禍之?" 答曰: "彼福壽未衰, 無奈之何." 言畢不見.

後數年, 朱瑾棄城而遁, 軍亂, 一家皆遇害. 楊名瑊, 累擧不第, 爲朱瑾書記. (出『玉堂閒話』)

354 · 2(4491)
원계겸(袁繼謙)

전중소감(殿中少監: 殿中省 및 遼殿中司의 副長官) 원계겸은 일찍이 연주(兗州)에 살면서 부모님의 병시중을 들고 있었는데, 그의 집은 자성(子城: 본성에 부속되어 있는 작은 성)의 동남쪽 모퉁이에 위치해 있었다. 하루는 하인이 밖에서 들어와 누가 찾아왔다면서 명함을 내미는데, 보았더니 '아무 주(州) 전임 장사(長史) 허연년(許延年)'이라 쓰여 있었고 뒤에는 '삼가 위로를 표합니다[陳慰]'라고 적혀 있었다. 원계겸은 내키지 않았지만 그래도 손님을 안으로 모시라고 명한 뒤에 의관을 갖추어 입고 밖으로 나가서 보았더니, 그 손님은 이미 가고 없었다. 하인이 다음과 같이 말해주었다.

"그 손님은 맨발로 걸어왔는데, 구식의 검은 옷을 입고 있었고 모자를 쓰고 있었습니다. 그 손님은 방금 명함을 거문(車門: 大門 옆에 위치한 車馬가 다니는 문) 안에 던져 놓고는 그대로 떠나갔습니다."

그 해 부모님이 돌아가시자 원계겸은 그 명함을 지전(紙錢)과 함께 불태워버렸다. (『옥당한화』)

殿中少監袁繼謙嘗居兗州, 侍親疾, 家在子城東南隅. 有僕人自外通刺者, 署云'前某州長史許延年', 後云'陳慰'. 繼謙不樂, 命延入, 及束帶出, 則已去矣. 僕云: "徒步, 衣故皂衣, 張帽而至. 纔投刺入車門, 則去矣." 其年親卒, 遂以其刺兼冥錢焚之. (出『玉堂閒話』)

354・3(4492)
빈주사인(邠州士人)

주량(朱梁: 五代의 後梁으로, 朱溫이 세웠음) 때 한 선비가 옹주(雍州)에서 빈주(邠州)로 가고 있었는데, 몇 십리[舍: 30里] 갔어도 하늘이 맑고 달이 휘영청 밝기에 한밤중에도 계속 길을 갔다. 선비가 들판에 이르렀을 때 갑자기 뒤에서 거마(車馬)소리가 들리더니, 어느새 점점 가까이로 다가왔다. 선비는 길옆의 풀숲 사이로 얼른 몸을 피했다. 그리고 보았더니 왕처럼 관과 의대를 착용한 세 사람은 말을 타고 가고 걸어가는 사람도 있었는데, 그들은 천천히 걸으면서 이야기를 나누었다. 선비가 수십 걸음 정도 떨어져서 그들을 좇아가자니, 다음과 같은 이야기가 들렸다.

"지금 명을 받잡고 빈주로 가서 사람 수 천명을 잡아와야 하는데 어떤 방법으로 그들을 데려와야 할지 모르겠습니다. 두 분께서는 한번 잘 생각해보십시오."

그러자 그 가운데 한 사람이 말했다.

"마땅히 전쟁을 일으켜서 그들을 잡아들여야지요."

그러자 또 다른 사람이 말했다.

"전쟁을 일으켜 그들을 잡아들이는 것도 좋은 방법이기는 하지만, 군자와 소인이 함께 그 화를 당하면 어찌합니까? 돌림병을 퍼뜨려 잡아들이는 것이 좋겠습니다."

함께 길을 가던 사람들은 모두 그 방법이 매우 좋다고 여겼다. 잠시 뒤에 거마 소리가 점점 멀어지더니 더 이상 그들의 말소리가 들리지 않았다. 선비가 빈주에 도착해서 보았더니, 그곳 사람들이 크게 역병을 앓고 있었으며 이 때문에 죽은 사람들도 매우 많았다. (『옥당한화』)

朱梁時, 有士人自雍之邠, 數舍, 遇天晴月皎, 中夜而進. 行至曠野, 忽聞自後有車騎聲, 少頃漸近. 士人避於路旁草莽間. 見三騎, 冠帶如王者, 亦有徒步, 徐行談話. 士人躡之數十步, 聞言曰: "今奉命往邠州, 取三數千人, 未知何道而取. 二君試爲籌之." 其一曰: "當以兵取." 又一曰: "兵取雖優, 其如君子小人俱罹其禍何? 宜以疫取." 同行者深以爲然. 旣而車騎漸遠, 不復聞其言. 士人至邠州, 則部民大疫, 死者甚衆. (出『玉堂閒話』)

354・4(4493)
왕 상(王 商)

 양(梁: 後梁)나라 정명(貞明) 갑술년(甲戌年: 914)에 서주수(徐州帥: 徐州節度使) 왕은(王殷: 王商의 다른 이름)이 장차 나라를 배반할 때였다. 8월 20일 밤은 달빛이 대낮처럼 밝았다. 그날 밤 서주의 백성들이 모두 큰길에서 병사들이 지나가는 소리를 듣고 문틈을 통해 살펴보았더니, 그들은 푸른 옷을 입은 병사였는데 갑옷과 투구를 쓰고 있지 않았다. 서주 백성들은 처음에는 주의 병사들이 몰래 도적을 체포하러 나왔다고 생각했다. 그러나 잠시 뒤에 아주 크게 휘파람을 불면서 서로를 부르는 소리가 들려왔는데, 노래를 부르는 사람도 있었고 탄식하는 사람도 있었다. 또 칼과 창, 방패를 들고 좁은 골목에서 시끄럽게 떠들고 있어서 보았더니, 그들은 아주 기이한 형상을 하고 있었다. 서주 사람들은 몹시 두려워하면서 비로소 그들이 사람이 아닌 것을 알았다. 귀병들은 모두 부해(府廨: 官衙)에서 나와서 서주 남쪽의 동쪽 문을 통해 나갔는데, 당시 문이 잠겨져 있었지만 그들은 아무런 방해를 받지 않고 그곳을 빠져나갔다. 음력 11월에 왕은이 조서를 거절하자 조정에서는 유심(劉鄩)에게 명해 병사 5만으로 왕은을 토벌하게 했다. 8개월 뒤에 왕은은 무너지고 그 때문에 서주의 모든 사람들은 그 화를 입었다. (『옥당한화』)

梁貞明甲戌歲, 徐州帥王殷將叛. 八月二十日夜, 月明如晝. 居人咸聞通衢隊伍之聲, 自門隙覘之, 則皆靑衣兵士而無甲冑. 初謂州兵潛以捕盜耳. 俄聞淸嘯相呼, 或歌或歎. 刀盾矛槊, 闐隘閭巷, 怪狀奇形. 甚可畏懼, 乃知非人也. 比自府廨, 出於州南之東門, 扃鍵無阻. 比至仲冬, 殷乃拒詔, 朝命劉鄩以兵五萬致討. 凡八月而敗, 合境悉罹其禍. (出『玉堂閒話』)

354 · 5(4494)
사언장(謝彦璋)

양(梁: 後梁)나라 허주절도사(許州節度使) 사언장이 살해되자 조정에서는 선화고부사(宣和庫副使: 宣和庫는 황제의 비상용 물품을 갖추어 놓고 관리하는 곳) 학창우(郝昌遇)를 허창현(許昌縣)으로 보내 그 가산을 관에 몰수하게 했다. 방 하나를 열고 보았더니 사언장 초상화의 왼쪽 눈 아래에 선혈이 있었는데, 그 피가 어떻게 생겨난 것인지 도무지 알 길이 없어 사람들은 모두 이를 이상하게 생각했다.

사언장은 천성적으로 자라를 즐겨 먹었다. 하양(河陽)을 진수할 때 그는 어부에게 명하여 하루도 거르지 않고 자라를 잡아서 반찬에 올리게 했는데, 만약 자라를 잡지 못한 날에는 틀림없이 중벌을 내렸다. 한 어부가 성의 동쪽에 살고 있었는데, 그 날도 채 날이 밝기 전에 자라를 잡으러 갔다. 길을 채 1~2리도 가지 않았을 때 어부는 한 사람을 만났는데, 그 사람이 어디로 가는 길이냐고 묻자 사실대로 대답했다. 그러자 그 사람이 말했다.

"당신은 오늘 자라 잡는 일을 그만 둘 수 있겠소?"

어부가 대답했다.

"자라를 잡지 못하면 벌을 받습니다."

그러자 그 사람이 말했다.

"만약 당신이 오늘 그물을 갖다 대어 자라를 잡지 않는다면 내 당신에게 5천냥을 주겠소. 어떻소?"

어부는 그렇게 하겠다고 하면서 결국 돈 5천 냥을 받아 어깨에 메고 집으로 돌아왔다. 날이 밝을 무렵 돈의 무게가 너무 가벼운 것이 이상해 뒤돌아보았더니, 그 돈은 다름 아닌 지전(紙錢)이었다. (『옥당한화』)

梁許州節度使謝彦璋遇害, 朝廷命宣和庫副使郝昌遇往許昌籍其家財. 別開一室, 見彦璋眞像之左目下, 鮮血在焉, 竟不知自何而有, 衆共異之.

彦璋性嗜鱉. 鎭河陽, 命漁者採以供膳, 無虛日焉, 不獲則必加重罰. 有漁人居於城東, 其日未曙, 將往取之. 未至一二里, 遇一人, 問其所適, 以實對. 此人曰: "子今日能且輟否?" 漁人曰: "否則獲罪矣." 又曰: "子若不臨網罟, 則贈子以五千錢. 可乎?" 漁人許之, 遂獲五千, 肩荷而回. 比及曉, 唯呀其輕, 顧之, 其錢皆紙矣. (出『玉堂閒話』)

354・6(4495)
숭성사(崇聖寺)

어느 한식일에 한주(漢州) 숭성사(崇聖寺)에 갑자기 붉은 색 옷 입은 한 사람과 자주색 옷 입은 한 사람이 나타났는데, 얼굴에 위엄이 넘쳤으며 따르는 시종과 거마도 매우 많았다. 절의 스님들이 주(州)의 관리가 왔다고 생각해서 얼른 나가 그들을 맞이하고 보았더니 그들은 관리가 아니었다. 두 사람이 아주 공손하게 스님들에게 인사했는데 단지 말수가 아주 적을 뿐이었다. 두 사람은 붓을 달라고 하더니 각자 절구 한 수씩을 벽에다 적었다. 붉은 색 옷 입은 사람은 다음과 같이 적었다.

> 한식일[禁煙: 옛날 晉 文公때 공신 介子推가 산에서 불에 타 죽었는데, 민간에서는 그를 애도하기 위해 이날만은 불을 피우지 않고 찬밥을 먹었다고 함] 같이 좋은 날에 함께 이곳에 놀러와 보니,
> 　마침 막걸리 익는 향기가 양쪽 산기슭에서 진동하네.
> 　10년 전의 일 아득히 떠올라,
> 　억지로 풍경을 읊어 보나 이내 마음 어지럽기만 하네.

자주 색 옷 입은 사람은 다음과 같이 적었다.

> 　말 타고 잠시 이전의 큰길 찾아갔더니,
> 　떨어지는 꽃과 향기로운 풀은 이전과 다름없네.
> 　집 없어지고 나라 망한 일은 하루 밤의 꿈만 같은데,
> 　탄식하다 보니 어느새 다시 한식날이 되었네.

두 사람은 시를 다 적고는 말을 타고 급히 떠나갔다. 그들은 소나무 오솔길을 나가자 모두 사라졌는데, 그 기이한 향기만은 한 달이 지나도록 흩어지지 않았다. 그 시는 지금도 남아 있다. (『옥당한화』)

漢州崇聖寺, 寒食日, 忽有朱衣一人, 紫衣一人, 氣貌甚偉, 騶殿僕馬極盛. 寺僧謂其州官至, 奔出迎接, 皆非也. 與僧展揖甚恭, 唯少言語. 命筆, 各題一絶句于壁. 朱衣詩曰: "禁煙佳節同遊此, 正値酴醿夾岸香. 緬想十年前往事, 强吟風景亂愁腸." 紫衣詩曰: "策馬暫尋原上路, 落花芳草尙依然. 家亡國破一場夢, 惆悵又逢寒食天." 題罷, 上馬疾去. 出松徑, 失其所在, 但覺異香經月不散. 其詩于今見存. (出『玉堂閒話』)

354 · 7(4496)
임언사(任彦思)

촉(蜀)의 창주목(昌州牧) 임언사가 집에 있을 때 갑자기 하늘에서 매우 아름다우면서도 애절한 음악 소리가 온종일 계속해서 들렸다. 그러더니 누군가가 공중에서 이렇게 말했다.

"나를 위해 음식을 마련해주시오."

임언사가 누구냐고 물어보았지만, 끝까지 사정은 말하려 하지 않았기 때문에 임언사는 그저 그를 위해 정실(靜室)에 음식을 마련해주었다. 그는 마치 사람처럼 음식을 남기지 않고 모두 다 먹었는데, 어쩌다가 음식을 차려 놓지 않으면 집안의 기물과 그릇들을 다 깨부수었고 벌레를 사람의 귀속에 넣었으며 사방에 불을 놓았다. 임언사는 이를 싫어해서 집을 옮겨 그를 피했지만 매번 그가 먼저 와 있었기 때문에, [어쩔 수 없이] 그렇게 7~8년을 보냈다. 그러던 어느 날 음악소리가 들리지 않더니, 차려놓은 음식도 먹지 않았다. 또한 청사(廳舍)의 들보 위에는 다음과 같은 시가 혈서로 적혀 있었다.

만물은 변하기 쉬워,
내가 가는데도 남들은 보지 못하네.
임언사는 삼가 자중하시오.
우리가 헤어진 지 이미 오래되었소.

임언사는 적혀 있는 시를 보고는 더욱 꺼림칙하게 여겨 칼로 깎아내었지만, 글자가 이미 나무 안에 깊숙이 박혀 있었다. 임언사는 끝내 그가 어떤 귀신이었는지 알 수 없었다.

蜀昌州牧任彦思家, 忽聞空中有樂聲, 極雅麗悲切, 竟日不休. 空中言曰: "與吾設食." 任問是何人, 竟不肯言本末, 乃與靜室設之. 如人食無遺, 或不與食, 卽致破什器, 蟲入人耳, 烈火四起. 彦思惡之, 移去廻避, 亦常先至, 凡七八年. 忽一日不聞樂聲, 置食無所饗. 廳舍栿上血書詩曰: "物類易遷變, 我行人不見. 珍重任彦思, 相別日已遠." 彦思尤惡其所題, 以刀剗之, 而字已入木. 終不知何鬼也.

354·8(4497)
장인보(張仁寶)

교서랑(校書郞) 장인보는 평소 재주와 학문을 가지고 있었지만 젊은 나이에 그만 죽고 말았다. 가족들은 그의 시신을 성도(成都)에서 고향 낭중(閬中)으로 운반해 간 다음 장례를 치를 생각에 잠시 동진사(東津寺)에 묻어 두었다. 그 집사람들은 한식 일에 누군가가 급히 문 두드리는 소리를 듣고 밖으로 나가 보았는데, 사람은 없고 그저 문 위에 파초 잎이 있었으며 [그 위에] 다음과 같은 시가 적혀 있었다.

한식날 되니 집집마다 불 피우지 않고,
팥배나무에 바람 부니 작은 꽃 비녀 떨어지네.
지금 부질없는 외로운 혼[孤魂]의 꿈만이,
반은 가릉(嘉陵)에 있고 반은 금천(錦川: 成都)에 있네.

시를 본 가족들은 모두 깜짝 놀랐다.

단오절에 다시 문 두드리는 소리가 나기에 그 부친이 문틈으로 살펴보았더니 바로 자신의 아들 장인보였다. 장인보는 키가 3장(丈) 조금 넘었는데, 땅을 밟지 않은 채로 문 위에 '5월 오일(午日: 初五日) 천중절(天中節: 端午節의 다른 명칭)'이라고 썼다. 그 글을 채 다 쓰기도 전에 그 부친이 문을 열고 나가자 장인보는 온데간데없이 사라졌다. 그리하여 가족들이 곧바로 그의 장례를 치러주자 장인보는 더 이상 찾아오지 않았다.

校書郎張仁寶素有才學, 年少而逝. 自成都歸葬閬中, 權殯東津寺中. 其家寒食日, 聞扣門甚急, 出視無人, 唯見門上有芭蕉葉, 上有題曰: "寒食家家盡禁煙, 野棠風墜小花鈿. 如今空有孤魂夢, 半在嘉陵半錦川." 擧族驚異.

端午日, 又聞扣門聲, 其父於門罅伺之, 乃見其子. 身長三丈許, 足不踐地, 門上題'五月午日天中節'. 題未畢, 其父開門, 卽失所在. 頃之克葬, 不復至矣.

354·9(4498)
양온중(楊蘊中)

진사(進士) 양온중은 죄를 지어 성도부(成都府)에 하옥되었다. 어느 날 밤 꿈에 한 부인이 나타났는데, 그 부인은 예쁘지는 않았지만 말솜씨는 아주 빼어났다. 부인이 말했다.

"저는 설도(薛濤)인데, 근자에 이 방에 갇혀 있다가 죽었습니다."

그리고는 양온중에게 다음과 같은 시를 주었다.

　　물시계[玉漏: 물시계의 다른 이름] 떨어지는 깊고 긴 밤에 등불은 환하게 빛나고,
　　동쪽 벽과 서쪽 벽에 그림자 생겨나네.
　　달 밝은 밤 창밖에서 울어대는 자규(子規: 소쩍새) 소리,
　　이내 외로운 혼으로 하여금 긴 밤 근심하게 하네.

　　進士楊蘊中得罪, 下成都府獄. 夜夢一婦人, 雖形不揚, 而言詞甚秀. 曰: "吾卽薛濤也, 頃幽死此室." 乃贈蘊中詩曰: "玉漏深長燈耿耿, 東墻西墻時見影. 月明窓外子規啼, 忍使孤魂愁夜永."

354 · 10(4499)
왕연호(王延鎬)

　　재주(梓州)에 양관신(陽關神)이 있었는데, 그는 다름 아닌 촉(蜀)나라의 거기장군(車騎將軍)이자 서향후(西鄕侯)인 장비(張飛)였다. 그런데 그의 영험함이 너무나 무서워 재주의 사람들은 그를 존경하면서도 두려워했다. 용주(龍州)의 군판관(軍判官) 왕연호는 성도(成都)의 아름다운 기녀 하경(霞卿)을 거두어 들여 그녀를 매우 총애했다. 왕연호는 하경을 데리고 부임지로 가는 길에 양관신의 사당 앞을 지나게 되었는데, 그 때 하경이 갑자기 죽었다. 하경은 딸 하나를 두었는데, 그 딸이 왕연호

의 자식은 아니었으나 왕연호는 갑절로 그 딸을 가엾게 여겼다. 어느 날 딸이 하경의 혼령의 말을 전하며 다음과 같이 말했다.

"저는 양관신에게 잡혀갔는데 제가 하소연하면서 사양하자 이렇게 저를 풀어주었습니다."

이때부터 하경이 왕연호와 동침하게 되자, 왕연호는 하경의 모습을 그려 하경에게 깃들도록 해주었다. 하경은 씻고 먹는 것이 살아있을 때와 마찬가지였다. 하경이 말했다.

"제 딸이 시집갈 때까지 있다가 그때 당신과 헤어질 것입니다."

왕연호가 다시 아내를 맞아들이려고 할 때 하경에게 이야기했더니 귀신[霞卿을 가리킴]도 그렇게 하라고 했다. 그리하여 왕연호는 심언순(沈彦循)의 딸을 아내로 맞아들였다. 그때부터 간혹 여자 손님이 와서 자리를 잡고 앉으면 검은 나비 한 마리가 날아와 잔치상 주위를 날아다니며 지나다녔는데, 나중에 사람들은 이에 습관이 되었다. 그 후에 왕연호는 신진현령(新津縣令)이 되어 하경의 딸을 시집보낼 때 많은 혼수를 준비해서 보내주었다. 그 뒤로는 하경이 더 이상 나타나지 않았다.

梓州有陽關神, 卽蜀車騎將軍西鄕侯張飛也. 靈應嚴暴, 州人敬憚之. 龍州軍判官王延鎬納成都美妓人霞卿, 甚寵之. 携之赴官, 經陽關神祠前過, 霞卿暴卒. 唯所生一女, 非延鎬之息, 倍哀憫之. 一日傳靈語, 具云: "爲陽關神所錄, 辭而得解." 從此又同寢處, 寫其貌而憑之. 至於盥漱飮食皆如生. 乃曰: "俟我嫁女, 方與君別." 延鎬將更娶, 告之, 鬼亦許焉. 乃娶沈彦循女. 自是或女客列坐, 卽有一黑蝴蝶, 翩翻掠筵席而過, 卒以爲常. 其後延鎬爲新津令, 方嫁其女, 資送甚備. 自是無聞.

354 · 11(4500)
승혜진(僧惠進)

서촉(西蜀)에 혜진이라는 스님이 있었는데, 속세의 성은 왕씨(王氏)로 복감사(福感寺)에서 살고 있었다. 어느 날 아침 일찍 문을 나서 자복원(資福院)의 문에 이르렀을 때 키가 크고 몸이 남색인 한 사람을 보았는데, 그 사람이 급히 자신을 쫓아오자 혜진 스님은 얼른 달아나 그를 피했다. 혜진 스님은 죽책교(竹簀橋)에 이르러 급히 한 민가에 뛰어 들어가려 했다. 그러자 그 사람도 따라오더니 혜진 스님을 붙잡아서 쓰러뜨렸는데, 도저히 벗어날 길이 없었다. 혜진 스님이 슬피 울면서 살려달라고 하자 그 사람이 물었다.

"당신 성이 뭐요?"

혜진 스님이 대답했다.

"왕씨입니다."

그 사람이 말했다.

"이름만 같고 성이 다르군."

그리고는 혜진 스님을 내버려둔 채 떠나갔다. 혜진 스님은 두려움에 떨다가 민가에 들어가 잠시 안정을 찾은 뒤에야 겨우 절로 돌아올 수 있었다. 그 날 저녁에 혜진 스님과 성이 다르고 이름이 같은 한 사람이 죽었다. (『녹이기』)

西蜀有僧惠進者, 姓王氏, 居福感寺. 早出, 至資福院門, 見一人長身如靛色, 迫之漸急, 奔走避之. 至竹簀橋, 馳入民家. 此人亦隨至, 撮拽牽頓, 勢不可解. 僧哀鳴祈之, 此人問:"汝姓何?" 答曰:"姓王." 此人曰:"名同姓異." 乃捨之而去. 僧戰攝, 投民家, 移時稍定, 方歸寺中. 是夕, 有與之同名異姓者死焉. (出『錄異記』)

354·12(4501)
전달성(田達誠)

여릉(廬陵)에 전달성이라는 상인이 있었는데, 재물이 아주 많았으며 자못 다른 사람 돕는 일에 힘썼다. 그는 신성(新城)에 저택을 짓고 살았는데, 누군가가 자신의 집 문을 두드리기에 나가 보았더니 아무도 없었다. 이와 같은 일이 몇 차례나 계속되자 전달성은 소리쳐 이렇게 물었다.

"사람이오? 귀신이오?"

한참 뒤에 누군가가 이렇게 대답했다.

"사실 저는 사람이 아닙니다. 저는 근처 용천(龍泉)에서 살고 있는데, 홍수로 집이 무너져 내렸습니다. 당신 집에서 잠시 신세를 지게 해 주십시오. 집이 완성되면 바로 떠나겠습니다."

전달성은 안 된다고 하면서 이렇게 말했다.

"사람이 어찌 귀신과 같이 살수 있겠소?"

그러자 귀신이 대답했다.

"잠시 얹혀 살뿐이니, 당신에게는 아무런 해가 없을 것입니다. 또한 당신이 의롭다는 소문이 마을에 나 있어서 이렇게 당신을 찾아와 말하는 것입니다."

전달성이 그렇게 하라고 하자, 귀신이 말했다.

"저는 어디 머물러야 합니까?"

전달성이 말했다.

"청사(廳事)밖에 없소."

그러자 귀신은 곧장 절을 올리며 감사 인사를 하고 떠나갔다. 며칠 뒤에 귀신은 다시 와서 이렇게 말했다.

"식구들이 이미 대청에 왔지만, 당신이 손님을 맞이하는 데는 아무 이상 없을 것입니다. 그러나 집안사람들에게 불조심하라고 따끔하게 일러주십시오. 만일 뜻하지 않는 불이 일어나면 틀림없이 우리들의 소행이라 하실테니 말입니다."

전달성도 대청을 비워주며 그를 모셨다.

한번은 전달성이 시를 짓고 있는데, 귀신이 갑자기 공중에서 이렇게 말했다.

"당신은 시를 지을 줄 아시오? 나도 예전에는 시 짓기를 좋아했는데 서로 한번 시를 주고받아도 되겠습니까?"

전달성은 곧바로 술을 가져다 놓고 종이와 붓을 그 앞에다 놓은 뒤 온갖 이야기를 다 나누었다. 사람들이 모두 지켜보고 있을 때는 술과 종이와 붓은 전혀 움직임 없이 고스란히 그대로 있다가 잠시 다른 데로 고개를 돌리면 술은 이미 다 없어졌고, 글자도 종이 위에 적혀 있었다. 앞뒤로 여러 수의 시를 지었는데, 모두 의미가 담겨 있었다. 필체에 힘이 넘쳐흐르는 것이 유체자(柳體字: 唐나라 柳公權이 쓴 字體) 같았다. 누군가 그의 성과 자를 묻자, 귀신은 이렇게 말했다.

"내가 만약 이름을 말한다면 장차 주인에게 보탬이 되지 않을 것이니 시로 표현했으면 합니다."

그리고는 다음과 같이 시를 지어 말했다.

    자연과 나는 줄곧 영적으로 통했는데,
    도리어 인간세상에서의 일과는 서로 맞지 않았네.
    나의 진짜 성과 자를 알고 싶소?
    천지의 남쪽이 온통 붉은 색이라네.

사람들은 역시 시를 보고도 그 이름을 알 수 없었다.

하루는 귀신이 다시 이렇게 말했다.

"내게 자식이 한 명 있는데 장수신(樟樹神)의 딸과 혼인하기로 했습니다. 장차 아무 일에 혼례를 올릴 예정이니, 다시 한번 당신 집 후당(後堂)을 3일만 빌렸으면 합니다. 이것이 당신이 베풀 마지막 은혜가 될 것인데, 가능하겠습니까?"

전달성은 다시 그 방을 비워주고 장막으로 그 주위를 가렸다. 3일 뒤에 귀신은 감사의 인사를 하며 이렇게 말했다.

"일이 모두 끝났으니 이 당을 당신께 돌려드리겠습니다. 주인께서 베풀어주신 은혜는 정말 지극하다고 할 수 있습니다. 그러나 당신 집의 늙은 하녀 아무개에게 곤장 100대를 때리십시오."

전달성이 사죄하면서 하녀를 불러 곤장 몇 대를 때리자 귀신이 말했다.

"자신의 잘못을 알게 했으니 이제 그만 두십시오."

전달성이 천천히 하녀에게 어찌된 영문인지 물어보았더니 이렇게 말했다.

"제가 몰래 장막에 구멍을 내고 안을 엿보았더니 찾아온 남녀 손님들과 차려놓은 음식이며 화촉이 인간세상과 다를 바 없었습니다."

1년 남짓 뒤에 귀신은 감사의 인사를 하고 떠나갔다.

전달성이 일이 있어 광릉(廣陵)에 갔다가 오랫동안 집에 돌아오지 않자 집 사람들은 이를 몹시 걱정했다. 그러자 귀신이 다시 와서 이렇게 말했다.

"주인이 걱정되십니까? 제가 가서 한번 알아보겠습니다."

그러더니 귀신은 이튿날 돌아와서 이렇게 말했다.

"주인은 지금 양자(楊子)에서 아무 탈 없이 잘 지내고 있으며 곧 집으로 돌아오실 것입니다. 얼마 전에 새로 첩 하나를 맞아들이셔서 함께 동침했는데, 그때 내가 휘장의 뒤 가장자리를 태워 그에게 장난을 쳤습니다."

그리고는 크게 웃으면서 떠나갔다. 전달성이 돌아온 뒤에 그 일에 대해서 물어보았더니 귀신의 말과 똑같았다. 후에 전달성이 용천(龍泉)으로 가서 귀신이 사는 곳을 찾아가 보았지만 결국 그를 만나지 못했다. (『계신록』)

廬陵有賈人田達誠, 富於財, 頗以周給爲務. 治第新城, 有夜扣門者, 就視無人. 如是再三, 因呼問之: "爲人耶? 鬼耶?" 良久答曰: "實非人也. 比居龍泉, 舍爲暴水所毁. 求寄君家. 治舍畢乃去耳." 達誠不許, 曰: "人豈可與鬼同居耶?" 對曰: "暫寄居耳, 無害於君. 且以君義氣聞於鄕里, 故告耳." 達誠許之, 因曰: "當止我何所?" 達誠曰: "唯有廳事耳." 卽拜辭謝而去. 數日復來, 曰('曰'原作'君', 據明鈔本改): "家已至廳中, 亦無妨君賓客. 然可嚴整家人愼火. 萬一不意, 或當云吾等所爲也.”達誠亦虛其廳以奉之.

　達誠嘗爲詩, 鬼忽空中言曰: “君乃能詩耶? 吾亦嘗好之, 可唱和乎?”達誠卽具酒, 置紙筆於前, 談論無所不至. 衆目視之, 酒與紙筆, 儼然不動, 試暫回顧, 則酒已盡, 字已著紙矣. 前後數篇, 皆有意義. 筆跡勁健, 作柳體. 或問其姓字, 曰: “吾儻言之, 將不益於主人, 可詩以寄言之.”乃賦詩云: “天然與我一靈通, 還與人間事不同. 要識我家眞姓字? 天地南頭一段紅.”衆亦不諭也.

　一日復告曰: “吾有少子, 婚樟樹神女. 將以某日成禮, 復欲借君後堂三日. 以終君大惠, 可乎?”達誠亦虛其堂, 以幕圍之. 三日復謝曰: “吾事訖矣, 還君此堂. 主人之恩, 可謂至矣. 然君家老婢某, 可搭一百也.”達誠辭謝, 召婢, 答數下, 鬼曰: “使之知過, 可止矣.”達誠徐問其婢, 言: “曾穴幕竊視, 見賓客男女, 廚膳花燭, 與人間不殊.”後歲餘, 乃辭謝而去.

　達誠以事至廣陵, 久之不歸, 其家憂之. 鬼復至曰: “君家憂主人耶? 吾將省之.”明日還曰: “主人在楊子, 甚無恙, 行當歸矣. 新納一妾, 與之同寢, 吾燒其帳後幅, 以戲之爾.”大笑而去. 達誠歸, 問其事皆同. 後至龍泉, 訪其居, 亦竟不獲.
(出『稽神錄』)

354・13(4502)
서언성(徐彦成)

　군리(軍吏) 서언성은 나무 매매 하는 일을 업으로 삼으며 살았다. 서언성은 정해년(丁亥年: 867)에 신주(信州) 예구장(汭口場)으로 갔는데, 사들일 나무가 없었기에 배를 정박시켜 놓고 오랫동안 그곳에서 머물렀다. 그러던 어느 날 저녁 한 젊은이가 하인 두 명을 데리고 강 언덕을 왔다 갔다 하는데, 그 모습이 마치 사람을 찾아왔다가 만나지 못한 것 같았다. 이에 서언성은 그를 배 안으로 초대하여 술과 음식을 마련하고 손님 모시듯 공손하게 대했다. 손님은 몹시 부끄러워하더니 장차 떠날 때 이렇게 인사했다.

"저희 집이 이곳에서 가까운 몇 리 떨어진 별장에 있으니, 당신은 내일 아침 저희 집에 한번 와 주실 수 있습니까?"

서언성은 알겠다고 하고 이튿날 아침 그 젊은이의 집으로 갔다. 서언성이 1리 남짓 걸어갔을 때 한 하인이 말을 가지고 서언성을 마중 나왔다. 그들은 순식간에 큰 저택에 이르렀는데, 집이 아주 화려했다. 젊은이가 나와 손님을 맞이한 다음 술과 음식을 아주 풍성하게 차려냈다. 한참 동안 이야기를 나누다가 서언성이 사들일 나무가 없어 이곳에 오래 머물게 되었다고 말하자 젊은이가 말했다.

"제가 산에 나무를 좀 가지고 있는데, 내일 틀림없이 사람을 시켜 가져오게 하겠습니다."

하루 이틀 머문 뒤에 정말 목재가 많이 운반되어 왔는데, 품질이 좋으면서도 가격은 저렴했다. 매매가 끝나고 난 뒤에 서언성은 젊은이에게 가서 작별인사를 했다. 그러자 젊은이는 다시 커다란 삼나무 판자 네 개를 꺼내 주면서 말했다.

"이것은 제가 이전에 팔았던 나무인데, 지금 이것을 당신에게 드리겠습니다. 오(吳) 땅에 가면 틀림없이 좋은 값을 받을 수 있을 것입니다."

서언성이 돌아와서 막 진회(秦淮)에 이르렀을 때 마침 오 땅의 절도사가 죽어 관으로 만들 삼나무 판자를 수매하고 있었는데, 그들이 서언성의 삼나무 판자의 재질이 아주 좋다고 생각해준 덕에 서언성은 수십만 냥의 돈을 벌었다. 서언성이 진귀한 골동품을 많이 사서 다시 예구로 가 젊은이에게 보답하자, 젊은이는 다시 서언성과 교역했다. 서언성은 세 차례나 왕복하는 동안 자못 많은 이익을 보았다. 1년 뒤에 서언성이 다시 그곳으로 가 보았더니, 마을은 그대로인데 젊은이는 보이지 않았다. 마을 사람들에게 물어보아도 그를 아는 사람이 없었다. (『계신록』)

軍吏徐彦成恒業市木. 丁亥歲, 往信州汭口場, 無木可市, 泊舟久之. 一日晚, 有少年從二僕往來岸側, 狀若訪人而不遇者. 彦成因延入舟中, 爲設酒食, 賓敬之. 少年甚媿焉, 將去, 謝曰:"吾家近此數里別業中, 君旦日能辱顧乎?" 徐彦成許諾, 明日乃往. 行里餘, 有僕馬來迎. 奄至一大宅, 門館甚盛. 少年出延客, 酒膳豐備. 從容久之, 彦成因言住此久, 無木可市, 少年曰:"吾有木在山中, 明當令出也." 居一二日, 果有材木大至, 良而價廉. 市易旣畢, 往辭少年. 少年復出大杉板四枚, 曰:"向之木, 吾所賣, 今以此贈君. 至吳, 當獲善價('善價'原作'菩提', 據明鈔本改)". 彦成廻, 始至秦淮, 會吳師殂, 納杉板爲棺, 以爲材之尤異者, 獲錢數十萬. 彦成大市珍玩, 復往汭口, 以酬少年, 少年復與交市. 如是三往, 頗獲其利. 間一歲, 復詣之, 村落如故, 了無所見. 訪其里中, 竟無能知者. (出『稽神錄』)

354·14(4503)
정교(鄭郊)

정교는 하북(河北) 사람으로 진사 시험에 낙방하여 진주(陳州)와 채주(蔡州) 사이를 돌아다녔다. 어느 날 정교는 한 무덤을 지나다가 무덤 위에 자라난 아주 예쁜 비취색의 대나무 두 그루를 보고는 말을 세우고 다음과 같이 시를 읊었다.

> 무덤 위에 난 두 그루 대나무,
> 바람 불 때마다 한들거리네.

정교가 한참 동안 그 다음 구를 잇지 못하고 있을 때 갑자기 무덤 속에서 다음과 같은 말소리가 들려왔다.

"어찌하여 '지하에 100년 동안 묻혀 있는 사람, 긴 잠에 날 밝는 것도 모르네'라고 하지 않습니까?"

정교가 깜짝 놀라 누구냐고 물어보았지만 더 이상 아무 말소리도 들려오지 않았다.

鄭郊, 河北人, 擧進士下第, 游陳蔡間. 過一塚, 上有竹二竿, 靑翠可愛, 因駐馬吟曰: "塚上兩竿竹, 風吹常裊裊." 久不能續, 聞塚中言曰: "何不云'下有百年人, 長眠不知曉'?" 郊驚問之, 不復言矣.

354・15(4504)
이 인(李 茵)

진사(進士) 이인은 양양(襄陽) 사람이다. 이인이 한번은 동산 안을 거닐다가 홍엽(紅葉) 하나가 어구(御溝)로부터 떠내려 오는 것을 보았는데, 그 위에 다음과 같은 시가 적혀 있었다.

> 흐르는 물은 어찌 이리도 급한가?
> 나는 깊은 궁궐 안에서 온종일 한가롭기만 한데.
> 이내 마음 떨어지는 홍엽에 부치니,
> 인간 세상에 잘 도착했으면 좋겠네.

이인은 그것을 주어 책 보따리 속에 넣어두었다.

후에 희종(僖宗)이 촉(蜀) 땅에 몽진 갔을 때 이인은 남산(南山)으로 달아나 한 민가에 숨어 있었다. 이인은 그때 한 궁녀를 보았는데, 그녀는 자칭 궁중의 시서(侍書: 官名. 帝王을 모시면서 문서를 담당하던 관리)로 이름은 운방자(雲芳子)이고 재사(才思)를 갖추고 있다고 했다. 그리하여 이인은 그녀와 교분을 맺게 되었는데, 하루는 그녀가 홍엽을 보고 이렇게 탄식했다.

"이것은 소첩이 지은 것입니다."

두 사람이 함께 촉 땅으로 갔을 때 운방자는 궁중의 일을 자세하게 말해주었다. 면주(綿州)에 도착하자 내관(內官) 전대인(田大人)이 운방자를 알아보고 이렇게 말했다.

"서가(書家: 侍書家의 줄임말로, 帝王을 모시면서 문서를 담당하는 관리)는 어찌 이곳에 있을 수 있단 말인가?"

내관이 운방자에게 얼른 말을 타라고 재촉하면서 그녀와 함께 길을 떠나가자 이인은 몹시 슬퍼했다. 그날 밤 이인이 여관에 묵고 있을 때 운방자가 다시 와서 말했다.

"소첩이 이미 중관(中官: 內官)에게 많은 뇌물을 주고 당신을 따르겠다고 했습니다."

그리하여 두 사람은 함께 양양으로 돌아왔다.

몇 년 뒤에 이인은 병이 들어 여위기 시작했는데, 한 도사가 그의 얼굴에 사기(邪氣)가 있다고 말하자 운방자가 스스로 이렇게 말했다.

"지난 해 면죽(綿竹: 원문은 '竹'이라 되어 있으나 문맥상 '州'의 誤記로 보임)에서 당신을 만났을 때 저는 이미 자살한 상태였습니다. 당신의 마음에 감동하여 따라왔을 따름입니다. 사람과 귀신은 그 길이 다르니, 어찌 감히 당신에게 해를 끼치겠습니까?"

운방자는 술상을 차리고 시를 지은 뒤 작별 인사를 하고 떠나갔다. (『북몽쇄언』)

進士李茵, 襄陽人. 嘗遊苑中, 見紅葉自御溝流出, 上題詩云: "流水何太急? 深宮盡日閑. 殷勤謝紅葉, 好去到人間." 茵收貯書囊.

後僖宗幸蜀, 茵奔竄南山民家. 見一宮娥, 自云宮中侍書, 名雲芳子, 有才思. 茵與之款接, 因見紅葉, 嘆曰: "此妾所題也." 同行詣蜀, 具述宮中之事. 及綿州, 逢內官田大人識之, 曰: "書家何得在此?" 逼令上馬, 與之前去, 李甚快悵. 其夕, 宿逆旅, 雲芳復至, 曰: "妾已重賂中官, 求得從君矣." 乃與俱歸襄陽.

數年, 李茵疾瘠, 有道士言其面有邪氣, 雲芳子自陳: "往年綿竹相遇, 實已自經而死. 感君之意, 故相從耳. 人鬼殊途, 何敢貽患於君?" 置酒賦詩, 告辭而去矣. (出『北夢瑣言』)

354 · 16(4505)
유붕거(柳鵬擧)

당(唐)나라 용기년(龍紀年: 889)에 선비 유붕거는 항주(杭州)를 노닐다가 오상묘(伍相廟)에서 비를 피했다. 유붕거는 그곳에서 오현(五絃)을 품에 안은 한 여자를 보았는데 스스로 전대부(錢大夫) 집안의 하녀라고 했다. 유붕거는 매우 기뻐하면서 여자를 유혹하여 달아나 배 안에 숨어 있었다. 여자는 상리(廂吏: 도성 四廂의 민간 소송이나 도적 잡는 일을 맡아보던 관리)에게 체포되자 스스로 목을 매고 죽었다. 그런데 하루 뒤에 여자가 다시 유붕거의 처소로 찾아왔다. 유붕거도 그녀가 이미 죽었다는 사실을 알고 있었지만 그녀가 마음을 모두 털어놓자 그녀를 붙잡았다. 여자는 한참 뒤에 떠나갔다. (『북몽쇄언』)

唐龍紀中, 有士人柳鵬擧, 遊杭州, 避雨於伍相廟. 見一女子, 抱五絃, 云是錢大夫家女僕. 鵬擧悅之, 遂誘而奔, 藏於舟中. 爲廂吏所捕, 女僕自經而死. 一日, 却到柳處. 柳亦知其物故, 其僕具道其情, 故留之. 經時而去. (出『北夢瑣言』)

354 · 17(4506)
주 결(周 潔)

곽구현령(霍丘縣令) 주결은 갑신년(甲辰年: 884)에 사직하고 회수(淮水) 일대를 정처 없이 돌아다녔다. 때마침 민간에 크게 기근이 들어 여관이라고는 거의 없어져서 투숙할 만한 곳이 없었다. 주결은 높은 곳에 올라가 바라보다가 저 멀리 한 마을에서 연기가 피어오르는 것을 보고 얼른 그곳으로 가 보았다. 거기에 집 한 채가 있었는데, 주결이 문을 두드린 지 한참 만에 한 여자가 나와서 문을 열었다. 주결이 하룻밤 묵어 갈 것을 청하자, 여자가 말했다.

"집안에 먹을 것이 없어 노인 어린 아이 할 것 없이 모두 병들어 있는지라 손님을 대접할 수가 없습니다. 중당(中堂)의 평상 하나 정도는 빌려 드릴 수 있습니다."

그리하여 주결은 안으로 들어갔다. 여자가 그 앞에서 서 있었더니 잠시 뒤에 그 여동생이 나와 언니 뒤에 섰는데, 얼굴은 보이지 않았다. 주결은 직접 음식을 가지고 다녔기에 떡 두 개를 꺼내 두 여자에게 주었다. 그러자 여자는 그것을 가지고 안으로 들어가서는 문을 잠그고 잠을 잤다. 조용하니 아무 소리도 들리지 않자 주결은 긴장하면서 두려움에 떨었다. 날이 밝을 무렵 떠날 생각에 두 여자를 불러 인사하려 했으나 아무런 대답이 없어 주결은 문을 부수고 안으로 들어가 보았다. 그랬더니 집안 가득 시신이 쌓여 있었는데 모두 썩어 문드러질 지경이었다. 오직 한 여자만이 죽은 지 열흘 정도 되어 보였고 그 여동생의 얼굴과 눈은 이미 앙상하게 말라있었으며, 떡 두 개가 그들의 가슴 위에 그대로 놓여 있었다. 주결은 후에 그들을 잘 묻어주었다. (『계신록』)

霍丘令周潔, 甲辰歲罷任, 客遊淮上. 時民大飢, 逆旅殆絶, 投宿無所. 升高而望, 遠見村落煙火, 趣而詣之. 得一村舍, 扣門久之, 一女子出應門. 告以求宿, 女子曰: "家中飢餓, 老幼皆病, 無以延客. 至中堂一榻可矣." 遂入之. 女子侍立於前, 少頃, 其妹復出, 映姊而立, 不見其面. 潔自具食, 取餠二枚, 以與二女. 持之入室, 閉關而寢. 悄無人聲. 潔亦聳然而懼. 向曉將去, 便呼二女告之, 了無聲應者, 因壞戶而入. 乃見積尸滿屋, 皆將枯朽. 唯女子死可旬日, 其妹面目已枯矣, 二餠猶置胸上. 潔後皆爲瘞之云. (出『稽神錄』)

태평광기 권제 355

귀 40

1. 양 부 사(楊 副 使)
2. 승 민 초(僧 珉 楚)
3. 진 수 규(陳 守 規)
4. 광릉고인(廣陵賈人)
5. 포 성 인(浦 城 人)
6. 유 도 사(劉 道 士)
7. 청원도장(淸源都將)
8. 왕 리 처(王 訓 妻)
9. 임 창 업(林 昌 業)
10. 반 습(潘 襲)
11. 호 징(胡 澄)
12. 왕 반(王 攀)
13. 정 수 징(鄭 守 澄)
14. 유 즐(劉 騭)

355·1(4507)
양부사(楊副使)

임오년(壬午年: 922)에 광릉(廣陵) 과주(瓜州)의 시장에 한 사람이 나타나 매우 다급하게 과일을 샀다. 어떤 사람이 어디에 쓰려느냐고 묻자 그 사람이 대답했다.

"저희 상관께서 내일 취임하러 가시거든요."

어떤 사람이 물었다.

"당신 상관이 누구요?"

그 사람이 대답했다.

"양부사입니다."

어떤 사람이 또 물었다.

"관청이 어디 있소?"

그 사람이 대답했다.

"금산(金山) 동쪽에 있습니다."

그러고는 그 사람이 떠나버리는 바람에 더 이상 물어볼 수가 없었다. 당시 절서(浙西) 지방에 양주(揚州)로 소환당한 부사가 있었는데, 그 다음 날 배를 타고 금산에 당도했다가 아무 이유 없이 죽어버렸다. (『계신록』)

壬午歲, 廣陵瓜州市中, 有人市果實甚急. 或問所用, 云: "吾長官明日上事."

有問:"長官爲誰?" 云:"楊副使也." 又問:"官署何在?" 云:"金山之東." 遂去, 不可復問. 時浙西有副使被召之揚都, 明日, 船至金山, 無故而沒. (出『稽神錄』)

355 · 2(4508)
승민초(僧珉楚)

광릉(廣陵) 법운사(法雲寺)에 사는 민초라는 스님은 평상시에 중산(中山) 상인 장(章) 아무개와 친하게 지냈다. 장 아무개가 죽자 민초스님은 그를 위해 재를 올리고 불경을 염송해주었다. 그런데 몇 달 뒤에 민초스님은 갑자기 시장에서 장 아무개와 마주치게 되었다. 그때 스님은 아직 식사 전이었는데, 장 아무개가 스님을 객점 안으로 모시더니 밀전병을 시켜주었다. 다 먹고 난 뒤에 스님이 물었다.

"그대는 이미 죽었는데, 어떻게 이곳에 있는가?"

장 아무개가 말했다.

"그렇습니다. 저는 지은 죄가 작은데도 풀려나지 못하고 양주(揚州)에서 약잉귀(掠剩鬼)가 되었습니다."

스님이 '약잉'이 무슨 말이냐고 묻자 장 아무개가 대답했다.

"관리나 상인들이 남기는 이문에는 일정한 금액이 있으니 그 금액을 초과하여 취한 것은 모두 '잉여'인 셈이지요. 저는 그 잉여를 빼앗아 제 것으로 삼는데, 지금 인간 세상에는 저와 같은 귀신들이 매우 많습니다."

그러더니 길에 가는 남자와 여자들을 손가락으로 가리키며 누구누구도 다 그런 귀신이라고 말했다. 잠시 후 한 스님이 그들 앞을 지나가자 장 아무개가 말했다.

"저 스님도 마찬가지 입니다."

그러더니 그 스님을 불러 와 한참동안 이야기를 나누었는데, 그 스님은 민초스님을 보지 못했다.

잠시 후 민초스님과 장 아무개는 같이 남쪽으로 걸어갔는데, 꽃 파는 아낙 한 명과 마주치자 장 아무개가 말했다.

"저 부인 역시 귀신인데, 팔고 있는 꽃은 귀신들이 사용하는 꽃으로 사람들은 보지 못합니다."

장 아무개는 약간의 돈을 꺼내 꽃을 산 다음 민초스님에게 주며 말했다.

"이 꽃을 보고 웃는 자는 모두 귀신입니다."

그리고는 작별하고 떠나갔다. 그 꽃은 붉고 향기로웠으며 어여뻤으나 매우 무거웠다. 민초스님은 몽롱한 가운데 절로 돌아왔는데, 길에서 그 꽃을 보고 웃는 자가 제법 많았다.

절 북쪽 문에 이르렀을 때 민초스님은 이런 생각이 들었다.

'내가 귀신과 어울려 놀고 또 귀신들이나 사용하는 이런 꽃 따위를 들고 있다니, 안될 일이야.'

그러면서 즉시 그 꽃을 도랑에 던져버리자 물에서 첨벙하는 소리가 났다. 절에 돌아온 후 같은 채에 기거하던 사람은 민초스님의 안색이 아주 이상한 것을 보고는 귀신에 씌었을 것이라 여기고 급히 탕약을 가져와 치료했다. 한참 만에 정상을 회복한 민초스님이 자초지종을 이야기하자 사람들은 너도나도 [도랑으로 달려가] 그 꽃을 내려다보았는데, 그것은 다름 아닌 죽은 사람의 손이었다. 민초스님은 그 뒤로도 별 탈이 없었다. (『계신록』)

廣陵法雲寺僧珉楚, 常與中山賈人章某者親熟. 章死, 珉楚爲設齋誦經. 數月, 忽遇章於市中. 楚未食, 章卽延入食店, 爲置胡餠. 旣食, 楚問: "君已死, 那得在此?" 章曰: "然. 吾以小罪而未得解免, 今配爲揚州掠剩鬼." 復問何謂'掠剩', 曰: "凡吏人賈販, 利息皆有數常, 過數得之, 卽爲餘剩. 吾得掠而有之, 今人間如吾輩甚多." 因指路人男女曰, 某人某人, 皆是也. 頃之, 有一僧過于前, 又曰: "此僧亦是也." 因召至, 與語良久, 僧亦不見楚也.

頃之, 相與南行, 遇一婦人賣花, 章曰: "此婦人亦鬼, 所賣花, 亦鬼用之, 人間無所見也." 章則出數錢買之, 以贈楚曰: "凡見此花而笑者, 皆鬼也." 卽告辭而去. 其花紅芳可愛而甚重. 楚亦昏然而歸, 路人見花, 頗有笑者.

至寺北門, 自念: '吾與鬼同遊, 復持鬼花, 亦不可.' 卽擲花溝中, 濺水有聲. 旣歸, 同院人覺其色甚異, 以爲中惡, 競持湯藥以救之. 良久乃復, 具言其故, 因相與覆視其花, 乃一死人手也. 楚亦無恙. (出『稽神錄』)

355 · 3(4509)
진수규(陳守規)

군장(軍將) 진수규는 죄를 짓고 신주(信州)로 유배되어 와서 공관(公舘)에 머물고 있었다. 그 관사는 본디 흉흉한 곳이어서 진수규가 처음 도착했을 때도 대낮에 귀신이 나타났는데, 그 귀신은 기괴한 모습을 하고 있었으며 순식간에 둔갑했다. 본디 강직하고 용맹했던 진수규는 친히 활과 화살, 칼과 몽둥이를 들고 귀신과 싸웠다. 싸우기 시작한지 한참이 지나자 공중에서 이런 말소리가 들려왔다.

"나는 귀신이어서 사람과 한데 섞여 살기를 원치 않았소. 그러나 그대는 강직한 사람인 것 같아 내가 형님으로 모시고 싶은데, 괜찮겠소?"

진수규가 이를 허락하자 그때부터 귀신은 늘 진수규와 더불어 이야기를 나누며 길흉(吉凶)이 있을 때마다 먼저 알려 주곤 했다. 귀신이 간혹 먹고 마실 것을 달라고 해서 진수규가 음식을 주면 돈이나 재물 따위를 가져다주기도 했다.

그런데 오랜 시간이 흐르자 진수규는 귀신이 지겨워져 방사(方士)를 불러와 상소문을 쓰게 한 다음 상제(上帝)께 올렸다. 그러자 이튿날 귀신이 큰 소리로 욕하며 말했다.

"나는 그대와 더불어 형제가 되었는데, 어찌하여 상소를 올려 나를 고소했단 말이오! 대장부로서 의를 맺음이 이래서야 되겠소!"

진수규가 말했다.

"내가 그랬을 리 있겠소?"

그러자 귀신은 공중에서 상소문을 땅으로 집어 던졌는데, 종이며 글씨며 영락없는 [진수규가 올린] 상소였다. 귀신이 또 말했다.

"그대는 내 거처를 빼앗으려하면서 그렇게 하면 내 살 곳이 없어지리라 생각하나 본데, 내가 지금 가려고 하는 촉천(蜀川)은 여기보다 못하지 않소."

그 뒤로 귀신은 발을 끊었다. (『계신록』)

軍將陳守規者, 常坐法流信州, 寓止公舘. 舘素凶, 守規始至, 即鬼物晝見, 奇形怪狀, 變化倏忽. 守規素剛猛, 親持弓矢刀杖, 與之鬪. 久之, 乃空中語曰: "吾鬼神, 不欲與人雜居. 君旣堅正, 願以兄事, 可乎?" 守規許之, 自是常與交言, 有吉凶, 輒先報. 或求飮食, 與之, 輒得錢物.

旣久, 頗爲厭倦, 因求方士, 手書章疏, 奏之上帝. 翌日, 鬼乃大罵曰: "吾與君爲兄弟, 奈何上章訴我! 大丈夫結交, 當如是耶!" 守規曰: "安得有此事?" 卽於空中擲下章疏, 紙筆宛然. 又曰: "君圖我居處, 謂我無所止也, 吾今往蜀川, 亦不下於此矣." 由是遂絶. (出『稽神錄』)

355 · 4(4510)
광릉고인(廣陵賈人)

광릉(廣陵)에 사는 한 상인은 측백나무로 평상 만드는 일을 업으로 삼았는데, 그 밖에도 그가 만드는 백여 가지의 기물(器物)들은 그 솜씨가 하나같이 정교하기 그지없었다. 그는 20만 냥의 돈을 들여 기물들을 만든 뒤 배에 싣고 건강(健康)으로 가 장사를 해서 이문을 남길 생각이었다. 밤에 과보(瓜步)에 이르렀을 때 바람이 조금씩 일기 시작하자 그는 산 밑에 정박했다. 잠시 후 커다란 배 한 척이 나타났는데, 그 안은 텅 비어있었고 뱃사람 세 명만이 타고 있을 뿐이었다. 그 배가 바로 상인의 배 옆으로 와 정박하자 상인들은 의심이 나 서로 상의하며 말했다.

"이건 도적 떼가 분명하오. 밤을 틈타 우리를 약탈하려는 것이오."

그러나 다음 나루터까지는 너무 멀고 바람은 점점 거세져서 도저히 피할래야 피할 곳도 없었다. 그래서 그들은 밤이 되자 강 언덕으로 올라가 깊은 숲 속에 몸을 숨겼다.

잠시 후 천둥번개와 함께 비바람이 몰아쳐와 배가 정박한 곳을 뒤덮었으나 [상인들이 숨어 있는] 강 언덕 위에는 달과 별이 밝게 빛나고 있었다. 잠시 후 비가 그치고 구름이 개이자 그 큰 배는 조금씩 앞으로 나아갔고 상인들은 그제야 용기를 내어 배로 돌아왔다. [돌아와 보니], 배 안에 있던 측백나무로 만든 기물들만이 모두 사라지고 없었고 그 밖의 다른 물건들은 그대로 남아있었다. 큰 배는 아직 동쪽 강기슭에 있었는데, [배 안에서] 어떤 사람이 이렇게 소리쳤다.

"너무 원망하지 마시오. 값은 치러줄 테니."

상인은 물건들도 이미 없어져버린 터라 하는 수 없이 다시 광릉으로 돌아왔다. 집에 도착해보니 어떤 사람이 벌써 30만 냥을 집으로 가져와서는 놓고 떠났는데, 그 사람이 [언제 왔었느냐고] 물으니 바로 과보에서 정박했던 다음 날이라고 했다. (『계신록』)

廣陵有賈人, 以栢木造牀, 凡什器百餘事, 製作甚精. 其費已二十萬, 載之建康, 賣以求利. 晚至瓜步, 微有風起, 因泊山下. 頃之, 有巨舟, 其中空, 惟篙工三人乘之. 亦泊於其側, 賈人疑之, 相與議: "此必群盜也. 將伺夜而劫我." 前浦旣遠, 風又益急, 逃避無所. 夜卽相與登岸, 深林中以避之.

俄而風雨雷電, 蒙覆舟所, 岸上則星月了然. 食頃, 雨止雲散, 見巨舟稍稍前去, 乃敢歸. 舟中所載栢木什器, 都不復見, 餘物皆在. 巨舟猶在東岸, 有人呼曰: "爾無恨. 當還爾價." 賈人所載旣失, 復歸廣陵. 至家, 已有人送錢三十萬, 置之而去, 問其人, 卽泊瓜步之明日也. (出『稽神錄』)

355 · 5(4511)
포성인(浦城人)

어떤 포성사람이 젊은 나이에 길에서 죽었는데, 그 집에 금 1근(斤)이 있는 것을 그 아내가 감춰두고는 시어머니에게 알리지 않았다. 1년 뒤, 어느 날 밤에 [그 사람이] 갑자기 집 문을 두드리더니 통곡을 하며 들어왔다. 그의 어머니도 깜짝 놀라 슬피 통곡하다가 이렇게 말했다.

"네가 진짜 죽었느냐?"

아들이 대답했다.

"저는 정말로 죽었으나 억울한 일이 있어 이렇게 잠시 돌아오게 되었습니다."

그리고는 어머니 무릎에 앉았는데, 말하는 것은 생시와 다름없었으나 다만 손과 발이 얼음처럼 차가왔다. 그 사람은 일어나 칼을 손에 쥐고는 아내를 나무라며 말했다.

"나에게 금이 있었는데, 그대는 어찌하여 그것으로 노모를 공양하지 않고 몰래 감춰두었단 말이오?"

이렇게 말하며 아내를 죽이려하자 그의 어머니가 말했다.

"너는 이미 죽었으니 만일 저 아이를 죽이면 사람들은 분명 내가 죽였다고 할 것이다."

그래서 그는 울며 어머니께 작별을 고하고는 떠나갔다. 그러더니 그는 다시 손에 칼을 들고 아내를 장인 집으로 데려갔는데, 새벽이 되자 집 문에서 수십 보 떨어진 곳에 이르러 갑자기 사라지고 보이지 않았다. (『계신록』)

浦城人少死于路, 家有金一斤, 其妻匿之, 不聞於其姑. 逾年, 忽夜扣門, 號哭而歸. 其母驚駭, 相與哀慟, 曰:"汝眞死耶?" 曰:"兒實已死, 有不平事, 是以暫歸." 因坐母膝, 言語如平生, 但手足冷如冰耳. 因起握刀, 責其妻曰:"我此有金, 爾何不供老母而自藏耶?" 卽欲殺之, 其母曰:"汝已死矣, 儻殺是人, 必謂吾所殺也." 於是哭, 辭母而去. 復自提刀, 送其妻還父家, 迨曉, 及門數十步, 忽然不見. (出『稽神錄』)

355·6(4512)
유도사(劉道士)

여산(廬山)의 도사 유 아무개는 남악(南嶽)을 유람하려고 의춘(宜春)을 나섰다가 한 시골집에 묵게 되었다. 그 집은 매우 가난해서 아들이 죽었는데도 염할 돈이 없었다. 저녁이 되었을 때 갑자기 한 남자가 곡을 하며 걸어 들어오더니 그저 가슴을 치면서 이렇게 소리쳤다.

"안타깝도다!"

유 아무개가 나가 보니 얼굴은 눈처럼 희고 양쪽으로 상투를 틀어 올린 사람이 곧장 그 집으로 들어와서는 시체를 들쳐 메고 나갔는데, 어디로 갔는지는 알 수 없었다. (『계신록』)

廬山道士劉某, 將遊南嶽, 路出宜春, 宿一村家. 其家至貧, 復喪其子, 未有以斂. 旣夕, 忽有一男子, 行哭而來, 但撫膺而呼曰:"可惜! 可惜!" 劉出視之, 見面白如雪, 作兩髻結, 徑入其家, 負其尸去, 莫知所之. (出『稽神錄』)

355 · 7(4513)
청원도장(淸源都將)

　청원군의 도장 양(楊) 아무개는 청원군 방과영(防過營)의 부장(副將)이었는데, 성곽 서쪽에 저택을 하나 가지고 있었다. 양 아무개가 아침에 관서에 갔다가 아직 돌아오지 않았을 때 [식구 중에] 누군가가 밥을 먹고 있었는데, 갑자기 거위 한 마리가 지전(紙錢)을 등에 얹고 문으로 걸어들어 오더니 곧장 서쪽 채에 있는 방으로 갔다. 식구들이 말했다.
　"이 거위가 사당에서 왔나?"
　그리고는 노비를 시켜 쫓아버리게 했는데, 노비가 방으로 들어가 보았더니 양쪽으로 상투를 틀어 올린 흰 수염을 기른 노인만이 거기 있어서 집안 식구들은 모두 깜짝 놀라 도망을 치고 말았다.
　양 아무개는 돌아와 그 말을 듣고 화를 내며 몽둥이로 [그 노인을] 내리쳤는데, 귀신이 방안의 네 귀퉁이에서 나타났다 사라졌다 하면서 눈 깜짝할 사이에 둔갑을 하는 통에 도무지 몽둥이로 맞힐 수가 없었다. 그러자 양 아무개는 더욱 화를 내며 이렇게 말했다.
　"밥을 먹고 다시 와서 너를 내리 치겠다."
　그러자 귀신은 허리를 굽히며 앞으로 나와 말했다.
　"알았다."
　양 아무개에게는 딸이 둘 있었다. 큰 딸은 부엌에 들어가 고기를 썰어 먹고 있었는데, 고기가 도마에 떨어지면 그 즉시 사라졌다. [깜짝 놀란] 큰 딸이 칼을 쥐고 공중을 향해 마구 베었더니 시커먼 털이 숭숭난 커다란 손이 튀어나오면서 이런 소리가 들렸다.

"자 베시오."

큰 딸은 거의 혼이 빠져나가 숨이 끊길 지경이 되었고 이로 인해 병마저 얻게 되었다. 둘째 딸은 커다란 항아리 속에서 소금을 꺼내고 있었는데, 원숭이 한 마리가 항아리에서 갑자기 튀어나와 둘째 딸 등위로 올라갔다. 둘째 딸이 당 앞으로 도망가자 원숭이는 사라졌으나 둘째 딸 역시 [이로 인해] 병을 얻었다.

양 아무개가 무당을 불러오자 무당은 신단을 차려놓고 귀신을 불렀다. 그러나 귀신 역시 단을 차려놓고 도술을 부렸는데, [그 도술이] 무당을 훨씬 능가하여 무당은 귀신을 제압하지 못하고서 결국 두려워하며 떠나버리고 말았다. 그리고 나서 얼마 있다가 두 딸과 아내가 모두 죽었다. 후에 마법(魔法)을 잘 부리는 명교(明敎)라는 사람이 있다기에 양 아무개가 그 사람을 청해 와 밤새 경을 외도록 했더니 귀신은 양 아무개에게 침을 뱉으며 욕을 한 후 떠나갔고, 그 후로 다시는 나타나지 않았다. 양 아무개 역시 그 해에 죽었다. (『계신록』)

淸源都將楊某, 爲本郡防過營副將, 有大第在西郭. 某晨趨府未歸, 有人方食, 忽有一鶩, 負紙錢, 自門而入, 徑詣西廊房中. 家人云: "此鶩自神祠中來耶?" 乃令奴逐之, 奴入房, 但見一雙鬢白髥老翁, 家人莫不驚走.

某歸, 聞之怒, 持杖擊之, 鬼出沒四隅, 變化('變化'二字原空闕, 據明鈔本補)倏忽, 杖莫能中. 某益怒曰: "食訖, 當復來擊杖之." 鬼乃折腰而前曰: "諾."

楊有二女. 長女入廚切肉且食, 肉落砧輒失去. 女執刀向空斫('四'原作'曰', 據明鈔本改)斫, 乃露一大黑毛手, 曰: "請斫." 女走氣殆絶, 因而成病. 次女於大甕中取鹽, 有一猴, 自甕突出, 上女子背. 女走至堂前, 復失之, 亦成疾.

乃召巫女, 壇召之. 鬼亦立壇作法, 愈甚於巫, 巫不能制, 亦懼而去. 頃之, 二女及妻皆卒. 後有善作魔法者, 名曰明敎, 請爲持經一宿, 鬼乃唾罵某而去, 爾因遂絶. 某其年亦卒. (出『稽神錄』)

355 · 8(4514)
왕리처(王誧妻)

왕리라는 사람은 남안현(南安縣) 대영촌(大盈村) 사람이었다. 그의 처 임씨(林氏)는 갑자기 병이 나더니 귀신에 씌어 이런 말을 했다.

"나는 진구낭(陳九娘)입니다. 향화(香花)로써 나에게 제사를 올리면 주인에게 이익이 생길 것입니다."

왕리는 그러겠다고 약속을 하고 [진구낭의 혼이 씌인 아내] 임씨를 누님이라고 불렀다. 진구낭이 사람들에게 길흉을 점쳐주면 그 말은 대부분 적중했다. 반년 남짓 지나자 귀신은 모습을 드러냈는데, 허리 아래 부분만 보일 뿐이었고 그나마 자주 오지 않은 사람이면 그것 역시 볼 수 없어 그저 말만 주고받을 수 있을 뿐이었다. 마을 사람 중에 [귀신] 부를 일이 있는 사람이 있으면 먼 곳이건 가까운 곳이건 간에 모두 [진구낭의 혼이 씌인] 임씨와 함께 갔다. 또 제사가 있는 사람들이 술과 음식만을 마련해 놓으면 진구낭이 귀신의 이름을 알아서 불러왔다. 그녀의 축사(祝詞)는 너무도 훌륭해서 듣는 사람들로 하여금 지루함을 잊게 했다. 그때 임씨는 팔짱을 낀 채 앉아만 있을 뿐이었다.

이렇게 해서 2년 동안 왕리는 많은 이득을 얻었는데, 어느 날 아침 귀신은 울면서 임씨에게 말했다.

"저는 전생에 여염집 규수로 태어나 열다섯도 되기 전에 요절하고 말았습니다. 저승에 가서 들어보니 제가 그 전생에 언니의 돈 20만 냥을 삼켜버린 일이 있어 저승 관리가 저로 하여금 귀신이 되게 하여 그 빚을 갚도록 한 것인데, 빚을 다 갚고 나면 다시 남자로 태어나 장수를 할 수 있다 합니다. 이제 빚을 다 갚았으니, 술상을 차려놓고 이별을 할까 합니다."

그러더니 귀신은 모습을 모두 드러냈는데, 용모가 매우 단정했고 말소리 또한 부드러웠다. 그녀는 정성스럽게 감사의 말을 고하더니 울면서 말했다.

"몸조심 하십시오!"

그리고는 이내 사라졌다. (『계신록』)

王詡者, 南安縣大盈村人也. 妻林氏忽病, 有鬼憑之言: "我陳九娘也. 以香花祠我, 當有益於主人." 詡許之, 乃呼林爲阿姐. 爲人言禍福多中. 半餘歲乃見形, 自腰已下可見, 人未常來者, 亦未見也, 但以言語相接. 鄕人有召者, 不擇遠近, 與林偕往. 人有祭祀, 但具酒食, 陳氏自召神名. 祝詞明惠, 聽者忘倦. 林拱坐而已.

二年間, 獲利甚博, 一旦, 忽悲泣謂林曰: "我累生爲人女, 年未笄及而夭. 聞於地府, 乃前生隱沒阿姐錢二十萬, 故主者令我爲神, 以償此錢訖, 卽生爲男子而獲壽. 今酬已足, 請置酒爲別." 乃盡見其形, 容質端媚, 言辭婉轉. 殷勤致謝, 嗚咽云: "珍重! 珍重!" 遂不見. (出『稽神錄』)

355 · 9(4515)
임창업(林昌業)

　임창업은 장포(漳浦) 사람이었다. 그는 책을 두루 읽어 술수(術數)에 조예가 깊었으며 성품 또한 고아해서 사람들은 그를 함부로 대하지 못했다. 그는 일찍이 천주(泉州) 군사아문(軍事衙門)의 추관(推官)를 지냈으나 일흔이 넘자 관직에서 물러나 본 군의 용계현(龍溪縣) 양액산(羊額山) 남쪽에 기거하면서 온 마을 사람들의 존경을 받았다. 그에게는 기름진 전답 몇 이랑이 있었는데, 벼를 찧어 쌀로 만든 다음 주(州)로 싣고 가 팔 생각이었으나 일손을 미처 모으지 못했다. 그때 갑자기 양쪽으로 상투를 틀고 수염을 아주 길게 기른 서른쯤 되어 보이는 한 남자가 임창업을 찾아왔다. 임창업이 누구냐고 물었으나 그 사람은 미소를 지으며 그저 예, 예 할 뿐 아무 대답도 하지 않았다. 임창업이 그가 귀신임을 알고는 식구들을 시켜 밥을 주게 했더니 귀신은 배불리 먹은 뒤에 떠나갔다. 이튿날 창고 아래에서 곡식 빻는 소리가 들리기에 나가 보았더니 어제 그 남자가 곡식을 가져다가 빻고 있었다. 임창업이 물었다.

　"아무 이유도 없이 이렇게 수고를 하십니까?"

　그러나 귀신은 이번에도 웃기만 할 뿐 아무 말도 하지 않았다. 임창업이 또 풍성하게 상을 차렸으나 밥과 야채뿐이었다. 한달이 지나도록 귀신은 곡식 빻기를 멈추지 않았다. 귀신은 직접 양을 재어보고는 쌀 50여 섬이 나오자 작별을 고하고 떠나갔는데, 끝내 아무 말도 하지 않았다. 그 뒤로 귀신은 다시 오지 않았다. (『계신록』)

林昌業, 漳浦人也. 博覽典籍, 精究術數, 性高雅, 人不可干. 嘗爲泉州軍事衙推, 年七十餘, 退居本郡龍溪縣羊額山之陽, 鄕里宗敬之. 有良田數頃, 嘗欲舂穀爲米, 載詣州貨之, 功力未集. 忽有雙髻男子, 年可三十, 鬚髥甚長, 來詣林. 林問何人, 但微笑, 唯唯不對. 林知其鬼物, 令家人食之, 致飽而去. 翌日, 忽聞倉下礱穀聲, 視之, 乃昨日男子, 取穀礱之. 而林問: "無故辛苦耶?" 鬼亦笑不言. 復置豐饌, 飯蔬而已. 凡月餘, 礱穀不輟('輟'原'輒', 據明鈔本改). 鬼復自斗量, 得米五十餘石, 拜辭而去, 卒無一言. 不復來矣. (出『稽神錄』)

355·10(4516)
반 습(潘 襲)

반습이 건안현령(建安縣令)으로 있을 때 한 하인을 보내 아랫마을에 첩지를 전달하고 누군가를 잡아오라고 했다. 그 하인은 새로 일을 맡은 지라 그 길을 다녀본 적이 없었다. 저녁이 되자 그 하인은 길 왼편에 있는 초가집을 찾아가 문을 두드리며 하룻밤 묵어갈 것을 청했다. 그 집에서는 오직 부인 혼자만이 나와 응답을 하며 이렇게 말했다.

"주인어른이 안 계신 데다가 또 곧 이사를 갈 것이기 때문에 손님을 맞아들일 겨를이 없습니다."

하인이 갈 길은 먼데 호랑이가 많아 그런다며 애걸하자 부인은 그를 문 옆으로 맞아들이며 거기다 자리를 깔아주고 자게 했다. 부인은 상자에다가 여러 가지 기물들을 꾸렸는데, 새벽이 오도록 잠을 자지 않았다. 새벽녘에 하인은 작별을 하고 몇 리를 걸어가다가 가지고 오던 첩지를 깜빡 잊고 그 집에 놓고 온 것을 기억해 내고는 첩지를 찾으러 다시 되돌아갔다. [그런데 가 보았더니 엊저녁에] 묵었던 곳은 무덤이었고 그 집 사람들이 이장을 하고 있는 것이 보였다. 관이 열렸기에 보았더니 자리 밑에 문서 하나가 있었는데, 그것은 바로 자신이 잃어버렸던 첩지였다. (『계신록』)

潘襲爲建安令, 遣一手力齎牒下鄕, 有所追攝. 手力新受事, 未嘗行此路. 至夕, 道左有草舍, 扣門求宿. 其家唯一婦人膺門, 云: "主人不在, 又將移居, 無暇延客也." 手力以道遠多虎, 苦苦求之, 婦人卽召入門側, 席地而寢. 婦人結束箱篋什器之類, 達旦不寐. 手力向曉辭去, 行數里, 乃覺失所齎牒, 復返求之. 宿處乃是一墳, 方見其家人改葬. 及開棺, 席下得一書, 卽所失之牒也. (出『稽神錄』)

355 · 11(4517)
호 징(胡 澄)

지양(池陽) 사람 호징은 품팔이 하며 살아갔다. 아내가 죽었을 때 관가에서 관을 마련해주어 장례를 치렀는데, 호징은 아내가 생전에 입던 옷가지와 장신구들을 모두 관 속에 넣어주었다. 몇 년 후에 호징은 우연히 시장에 갔다가 머리 장식을 파는 사람을 보게 되었는데, 자세히 쳐다보니 그건 다름 아닌 아내 무덤에 넣어주었던 물건들이었다. 호징이 상인에게 물어보니 상인이 이렇게 대답했다.

"어떤 부인이 여기다 이걸 맡기면서 아무 날에 돈을 받으러 오겠다고 했소이다."

 호징이 그 장사꾼이 얘기한 날이 되어 다시 가보니 과연 자신의 아내가 나타나 값을 받아가지고는 가버리는 것이었다. 호징이 아내 뒤를 밟아 교외까지 간 다음 아내를 따라잡았더니 아내가 말했다.

 "예전에 나를 묻어줄 때, 관가에서 관을 대 주어 비록 뼈가 밖으로 드러나는 꼴을 면하게 되었으나 아직까지도 관리들이 나에게 그 돈을 내놓으라고 독촉을 하는 통에 별 도리가 없어 이것들을 팔아 갚으려고 했던 것입니다."

 아내는 말을 마치더니 사라졌다. 호징은 결국 중이 되었다. (『계신록』)

池陽人胡澄, 傭耕以自給. 妻卒, 官給棺以葬, 其平生服飾, 悉附棺中. 後數年, 澄偶至市, 見到肆賣首飾者, 熟視之, 乃妻送葬物也. 問其人, 云: "一婦人寄於此, 約某日來取." 澄如期復往, 果見其妻取直而去. 澄因躡其後, 至郊外, 及之, 妻曰: "我昔葬時, 官給秘器, 雖免暴骨, 然至今爲所司督責其直, 計無所出, 賣此以償之爾." 言訖不見. 澄遂爲僧. (出『稽神錄』)

355 · 12(4518)
왕 반(王 攀)

 고우현(高郵縣)의 의원 왕반을 마을 사람들은 모두 웃어른으로 모셨다. 그는 늘 광릉(廣陵)의 성 동쪽을 왕래하면서 몇 달에 한번 씩 그 현에 가곤 했다. 그는 속으로 내일 현으로 가야하니 오늘 저녁에 동수문

(東水門)을 나서 밤에 작은 배를 타면 내일이면 도착할 수 있을 것이라 생각했다. 그리고는 친구들과 함께 술집에서 술을 마셨는데, 자신도 모르는 사이에 너무 취해버려 그만 참좌문(參佐門)으로 잘못 나가고 말았다. 그는 한 시골집에서 하룻밤 묵게 되었는데, 새벽녘이 되어 술에서 조금 깨어나 보니 동쪽 벽 아래에 그다지 밝지 않은 등불이 비추고 있었다. 고개를 들어 집 사방을 둘러보니 그가 늘 묵어가던 집이 아니기에 혼자 탄식하며 이렇게 말했다.

"나는 내일 반드시 현에 도착해야 하는데 지금 있는 곳이 대체 어디란 말인가?"

한참 있으려니 안에서 발소리가 들려왔고 이내 벽을 사이에 두고 저편에서 한 부인이 묻는 소리가 들려왔다.

"손님께서는 어디로 가십니까?"

그는 일어나 절을 하며 말했다.

"저는 고우현으로 가려고 하는데, 술에 취하는 바람에 그만 잘못해서 이곳으로 오게 되었습니다."

부인이 말했다.

"여기는 고우현으로 가는 길이 아닙니다. 하지만 제가 사람을 시켜 손님을 성 동쪽까지 모셔다 드리게 할 테니 걱정 마십시오."

왕반이 보았더니 한 시골 아이가 서 있기에 그 아이를 따라 길을 나섰다. 험헌 길을 지날 때마다 아이는 손으로 왕반의 발을 번쩍 들고는 건너갔다. 그 아이를 따라 성 동쪽의 그가 늘 묵던 객점에 도착하자 그 아이는 인사하고 떠나갔다. 왕반이 자신의 저고리를 벗어 그 아이에게 주자 아이는 받으려 하지 않았으나 한사코 내밀자 하는 수 없이 받아가지고 떠났다. 왕반이 객점으로 들어가 옷을 갈아입으려다 보았더니 자신의 저고리가 그대로 허리 아래에 남아있었다. 이에 다시 되돌아가 [간밤에 묵었던 곳을] 찾아보니 오래된 무덤만 있을 뿐 인가라고는 보이지 않았다. (『계신록』)

高郵縣醫工王攀, 鄕里推其長者. 恒往來廣陵城東, 每數月, 輒一直縣. 自念明日當赴縣, 今夕卽欲出東水門, 夜泛小舟, 及明可至. 旣而與親友飮於酒家, 不覺大醉, 誤出參佐門. 投一村舍宿, 向曉稍醒, 東壁有燈而不甚明. 仰視屋室, 知非常宿處, 因獨嘆曰: "吾明日須至縣, 今在何所也?" 久之, 乃聞其內躡履聲, 有婦人隔壁問曰: "客將何之?" 因起辭謝曰: "欲之高郵, 醉中誤至於是." 婦曰: "此非高郵道也. 將使人奉送至城東, 無憂也." 乃有一村豎至, 隨之而行. 每歷艱險, 豎輒以手捧其足而過. 旣隨至城東嘗所宿店, 告辭而去. 攀解其襦以贈之, 堅不受, 固與之, 乃持去. 旣而入店易衣, 乃見其襦故在腰下. 卽復詣宿處尋之, 但古塚耳, 並無人家. (出『稽神錄』)

355 · 13(4519)
정수징(鄭守澄)

광릉(廣陵)의 비장(裨將) 정수징은 새로 여종 한 명을 사들였다. 그러고 나서 열흘 있다가 밤에 갑자기 어떤 사람이 찾아와 문을 두드리며 이렇게 말했다.

"그대 집에서 사들인 여종은 명적(名籍)이 내게 있으니 여기 두어서는 안 되오."

정수징은 문을 열고 보았으나 아무것도 보이지 않자 이상한 생각이 들었다. 며칠 뒤에 광릉에 돌림병이 크게 돌았는데, 그 여종도 병에 걸려 죽고 말았다. 그 후 정수징 역시 병에 걸려 죽었으며, 조문객 몇 명도 서로 전염되어 모두 죽고 말았다. 때는 갑인년(甲寅年: 954) 봄이었다. (『계신록』)

廣陵裨將鄭守澄, 新買婢. 旬日, 有夜扣門者曰: "君家買婢, 其名籍在此, 不可留也." 開門視之, 無所見, 方怪之. 數日, 廣陵大疫, 此婢亦病, 遂卒. 旣而守澄亦病卒, 而弔客數人, 轉相染着, 皆卒. 甲寅歲春也. (出『稽神錄』)

355・14(4520)
유 즐(劉 騭)

홍주(洪州) 고안(高安) 사람 유즐은 젊었을 때 난리를 만났다. 그의 누나 유분소(劉糞掃)는 군장(軍將) 손금(孫金)에게 사로잡혔고, 여동생 유오두(劉烏頭)는 열일곱 나이에 죽었다. 여동생이 죽은 지 3년 뒤에 손금은 상주(常州) 단련부사(團練副使)가 되었다. 유분소는 여주인을 따라 대장(大將) 진(陳) 아무개 집 연회에 참석했다가 여동생 유오두가 거기 있는 것을 보고는 어디서 왔느냐고 물었다. 그러자 유오두가 대답했다.

"일전에 적에게 사로잡혀 악주(岳州)로 갔다가 유(劉)씨 노인 부부의 딸이 되었습니다. 그리고 북쪽에서 온 군사(軍士) 임(任) 아무개에게 시집을 갔는데, 임 아무개는 바로 진 아무개 밑의 장졸(將卒)입니다. 그래서 저는 진 아무개를 따라 이곳에 왔습니다."

유분소는 이 사실을 유즐에게 알렸다.

유즐은 현(縣)의 하급관리로 있었는데, 몇 년 뒤에 업무로 도성에 갔다가 비릉(毘陵)으로 가족들을 찾아보러 갔다. 그는 저녁이 되자 객점에 투숙했다. 이튿날 그는 우선 손금을 찾아 본 다음 임 아무개의 군영을 찾아갔다. 그는 먼저 하인을 보내 안을 보고 오게 했는데, 하인이 보니 유오두가 마당을 쓸다가 이렇게 말했다.

"오라버니께서 오시는구나."

하인이 한참 동안이나 문을 두드리자 안에서 누구냐고 물었다. 하인이 대답했다.

"고안 사람 유 아무개 집 심부름꾼입니다."

그러자 유오두가 말했다.

"혹 즐이란 이름을 가진 수염이 많이 난 둘째 오라버님이 아니시냐? 어젯저녁에 당도했을 터인데 어찌 이리 늦었느냐?"

그러더니 직접 군영 문을 나가 유즐을 맞이했는데, 예전과 다름없는 모습을 보고는 서로 슬피 울었지만 [유즐은 여동생에게서] 조금의 이상함도 느끼지 못했다. 잠시 후 손금은 자기 조카들 편에 술과 음식을 임아무개의 처소로 보냈다. 오랫동안 먹고 마시며 이야기를 나눈 뒤에 유오두가 말했다.

"오늘 둘째 오라버니께서 오셨으니 제가 사람이라는 사실을 좀 증명해 주세요. 예전부터 저 사람들이 저를 보고 늘 귀신이라고 부른답니다."

 임 아무개 역시 말하기를, 그녀는 행동거지가 가볍고 민첩하며 바느질 솜씨 또한 빠르기 그지없는데, 늘 밤부터 새벽까지 일을 하는 것이 마치 누군가가 같이 도와주는 것 같고, 음식은 반드시 식은 뒤에야 먹는다고 했다. 유즐이 [동생에게] 몰래 물어봤다.

 "너는 옛날에 이미 죽었는데 어떻게 여기 있을 수 있느냐?"

 유오두가 대답했다.

 "오라버니, 그런 것 묻지 마세요. 그러면 우린 앞으로 못 만나게 됩니다."

 그래서 유즐은 감히 말을 꺼내지 못했다.

 한참 후에 임 아무개가 죽자 유오두는 또 군사 나(羅) 아무개에게 시집을 갔는데, 나 아무개는 강주(江州)에서 근무하고 있었다. 진승소(陳承昭)는 고안의 제치사(制置使)가 되자 유즐을 불러 그 일에 관해 물어본 다음 명령을 내려 무덤을 파보게 했다. 유오두의 묘는 미령(米嶺)에 있었는데, 아무도 돌보지 않은 지 이미 수십 년이나 되었다. 사람들이 나무를 베어 길을 뚫어가며 이르러보니 무덤 위에 접시만한 구멍이 하나 나 있었는데, 그 깊이를 헤아릴 수 없었다. 사람들은 모두 겁이나 감히 무덤을 파헤치지 못하고 물러나 큰 나무 아래 앉은 다음 그 일에 대해 상소문을 적어 진승소에게 사실을 아뢰었다. 그 해 유오두가 병이 났다기에 유즐이 찾아가보니 유오두가 말했다.

 "일전에 마을 사람 십여 명이 칼과 몽둥이를 가지고 와 저를 겁탈하려고 할 때에, 거의 얼굴을 맞을 뻔 했습니다. 제가 큰 소리로 욕을 하며 힘껏 저항하자 그제야 물러나 큰 나무아래 앉은 다음 문서를 작성하고

서 떠나갔습니다. 아직까지도 온 몸이 아픕니다."

유즐은 그제야 자신의 여동생이 늘 무덤 속을 출입한다는 사실을 알고는 겁이나 그녀를 멀리하기 시작했다. 나 아무개는 후에 진왕성(晉王城)으로 옮겨가 수자리[원문은 '成'으로 되어있으나 『稽神錄』 卷3에 의거해 '戍'로 고쳐 번역함]를 서다가 현덕(顯德) 5년(958)에 주(周)가 회남(淮南) 일대를 점령했을 때 전사했는데, 그 후 [유오두가] 어디로 갔는지 아무도 모른다. 그때 [유오두의] 나이 62세였다. (『계신록』)

洪州高安人劉鷟, 少遇亂. 有姉曰糞掃, 爲軍將孫金所擄, 有妹曰烏頭, 生十七年而卒. 卒後三歲, 孫金爲常州團練副使. 糞掃從其女君會宴於大將陳氏, 乃見烏頭在焉, 問其所從來. 云: "頃爲人所擄, 至岳州, 與劉翁媼爲女. 嫁得北來軍士任某, 卽陳所將卒也. 從陳至此爾." 通信至其家.

鷟時爲縣手力, 後數年, 因事至都, 遂往毘陵省之. 晚止逆旅. 翌日, 先謁孫金, 卽詣任營中. 先遣小僕覘之, 方見洒掃庭內, 曰: "我兄弟將至矣." 僕良久扣門, 問爲誰. 曰: "高安劉之家使." 乃曰: "非二兄名鷟多髥者乎? 昨日晚當至, 何爲遲也?" 卽自出營門迎之, 容貌如故, 相見悲泣, 了無少異. 頃之, 孫金遣其諸甥持酒食, 至任之居. 讌叙良久, 烏頭曰: "今日乃得二兄來, 證我爲人. 向者恒爲諸甥輩呼我爲鬼也." 任亦言其擧止輕捷, 女工敏速, 恒夜作至旦, 若有人爲同作者, 飮食必待冷而後食. 鷟因密問: "汝昔已死, 那得至是?" 對曰: "兄無爲如此問我. 將不得相見矣." 鷟乃不敢言之.

久任卒, 再適軍士羅氏, 隸江州. 陳承昭爲高安制置使, 召鷟問其事, 令發墓視之. 墓在米嶺, 無人省視, 數十年矣. 伐木開路而至, 見墓上有穴, 大如碗, 其深不測. 衆懼不敢發, 相與退坐大樹下, 筆跣其事, 以白承昭. 是歲, 烏頭病, 鷟往省之, 乃曰: "頃爲鄕人十餘輩, 持刀杖劫我, 幾中我面. 我大責罵, 力拒之, 乃退坐大樹下, 作文書而去. 至今擧身猶痛." 驚乃知恒出入墓中也, 因是亦懼而疏之羅後移隷晉王城戍, 顯德五年, 周有淮南之地, 羅陷沒, 不知所在. 時年六十二歲矣. (出『稽神錄』)

태평광기 권제356 야차(夜叉) 1

1. 가 서 한(哥舒翰)
2. 장구겸경(章仇兼瓊)
3. 양 신 긍(楊愼矜)
4. 강남오생(江南吳生)
5. 주 현 녀(朱 峴 女)
6. 두   만(杜   萬)
7. 위 자 동(韋 自 東)
8. 마   수(馬   燧)

356 · 1(4521)
가서한(哥舒翰)

　가서한은 젊었을 적에 기개가 있어서 장안(長安)에서 협객들과 교류하며 신서방(新書坊)에 살았다. 가서한에게는 배육낭(裴六娘)이라고 불리는 애첩이 있었는데, 용모와 행동거지가 세상에서 보기 드물었다. 그녀는 숭인방(崇仁坊)에서 살았다. 가서한은 그녀를 매우 아꼈지만 함께 지낸지 얼마 되지 않아 그에게 일이 생겨서 경기 지역으로 나가게 됐다. 가서한이 몇 개월 만에 돌아와 보니 첩이 이미 병으로 죽었기에 가서한은 그녀의 죽음을 매우 슬퍼했다. 곧 날이 저물자 가서한은 그녀의 집에서 머물기로 했다. 그녀를 아직 매장을 하지 않았을 때라 영구를 당(堂) 안에 놓아두었다. 가서한은 다른 방이 없었기에 이렇게 말했다.

　"내 평생 사랑했는데 살았든 죽었든 무슨 상관이겠는가!"

　그리고는 혼자 영구가 놓인 장막 안에서 잠을 잤다.

　한밤중에 정원의 달이 밝게 빛났다. 가서한은 슬피 탄식하며 잠들지 못하고 있었는데, 갑자기 대문 가림벽 사이로 한 물체가 보였다. 그 물체는 머리를 옆으로 기울이고 보며 앞으로 나아갈 듯 물러설 듯 망설이다가 정원 안으로 들어왔다. [가서한이 자세히 보니] 바로 키가 1장쯤 되는 야차(夜叉)였다. 야차는 표범가죽으로 만든 잠방이를 입고 톱니이빨에 머리를 풀어헤치고 있었다. 또한 야차 뒤로 귀신 셋이 뒤따라 들어오더니 붉은 밧줄을 끌면서 달 아래에서 춤을 추었다. 귀신들은 춤을 추면서 서로 말했다.

"침상 위에 있는 귀인은 어찌됐소?"

또 대답했다.

"이미 잠들었소."

[말을 마치자] 귀신들은 곧 계단을 올라와 영구가 놓여있는 방으로 들어가더니 겉관을 뜯어내고 속관을 들어 달 아래로 옮겨다 놓았다. 그리고는 관을 부숴 시체를 꺼낸 뒤 사지를 잘라서 둘러앉아 함께 먹었다. 피가 정원에 낭자했으며 옷가지들도 어지러이 흩어져 있었다. 가서한은 너무나 두렵고 마음이 아파 스스로 생각하며 말했다.

"아까 귀신들이 나를 귀인이라고 불렀으니 내가 지금 그들을 때려 쫓아내도 반드시 아무런 해가 없을 것이다."

그리고는 몰래 장막 밖에 있던 장대를 들고 갑자기 어둠 속에서 장대를 내던지며 뛰쳐나와 고함을 치면서 귀신들을 때렸다. 귀신들은 깜짝 놀라 도망쳤다. 가서한이 여세를 몰아 정원의 서북쪽 모퉁이까지 쫓아갔더니 귀신들은 담을 넘어 도망쳤다. 맨 뒤에 있던 귀신 하나가 담을 오르지 못하고 가서한의 장대에 맞아 피를 흘리면서 도망갔다. 집안사람들이 시끄러운 소동 소리를 듣고 일어나서 가서한을 구하려고 왔다. 가서한은 집안사람들에게 그 일을 자세히 말해주었다. 그리고는 첩의 남은 뼈들을 잘 수습하여 당에 가보았더니 영구가 놓여있던 곳은 예전과 다를 것이 없었고 귀신들이 시체를 먹었던 장소 또한 아무런 흔적이 남아있지 않았다. 가서한은 정신이 아득해지면서 꿈속에서 있었던 일이라고 생각했다. 그래서 살펴보았더니 귀신이 도망쳤던 담장에는 핏자국이 남아있었고, 담장 위에도 흔적이 남아있어서 아무도 어떻게 된 일인지 알 수가 없었다. 몇 년 뒤 가서한은 높은 지위에 올랐다. (『통유록』)

哥舒翰少時, 有志氣, 長安交游豪俠, 宅新書(陳校本'書'作'昌')坊. 有愛妾, 曰裵六娘者, 容範曠代. 宅于崇仁. 舒翰常悅之, 居無何, 舒翰有故, 遊近畿. 數月方廻, 及至, 妾已病死. 舒翰甚悼之. 旣而日暮, 因宿其舍. 尙未葬, 殯于堂奧. 旣無他室, 舒翰曰: "平生之愛, 存沒何間?" 獨宿總帳中.
夜半後, 庭月皓然. 舒翰悲歎不寐, 忽見門屛間有一物. 傾首而窺, 進退逡巡, 入庭中. 乃夜叉也, 長丈許. 著豹皮裩, 鋸牙披髮. 更有三鬼相繼進, 及拽朱索, 舞于月下. 相與言曰: "牀上貴人奈何?" 又曰: "寢矣." 便昇階, 入殯所, 拆發, 昇櫬於月中. 破而取其尸, 糜割肢體, 環坐共食之. 血流于庭, 衣物狼藉. 舒翰恐怖, 且痛之, 自分曰: "向叫我作貴人, 我今擊之, 必無苦." 逐潛取帳外竿, 忽於暗中擲出, 大叫擊鬼. 鬼大駭走. 舒翰乘勢逐之西北隅, 逾垣而去. 有一鬼最後, 不得上, 舒翰擊中流血, 乃得去. 家人聞變亂, 起來救之. 舒翰具道其事. 將收餘骸, 及至堂, 殯所儼然如故, 而噉處亦無所見. 舒翰恍忽, 以爲夢中. 驗其墻有血, 其上有迹, 竟不知其然. 後數年, 舒翰顯達. (出『通幽錄』)

356 · 2(4522)
장구겸경(章仇兼瓊)

장구겸경이 촉(蜀) 지방을 다스릴 때의 일이다. 절에 큰 법회가 열려서 온갖 놀이가 절의 마당에서 펼쳐졌다. 10살쯤 된 소년이 장대 꼭대기에서 춤을 추고 있었는데, 갑자기 독수리 같은 큰 새가 날아와서 그 소년을 잡아 가버렸다. 사람들은 모두 크게 놀라 놀이를 서둘러 마쳤다. 며칠 후 그 소년의 부모가 소년이 높은 탑 위에 있는 것을 보고 사다리를 놓고 올라가 소년을 데려왔다. 그 소년은 마치 바보처럼 얼빠져 있다가 한참 지난 후에야 말을 했다.

"벽화에 그려진 비천야차(飛天夜叉)처럼 생긴 물체가 나타나 저를 탑 안으로 데리고 가서는 매일 과일과 음식을 먹여주었는데, 또한 어디에서 가지고 왔는지 알 수 없었어요."

열흘이 지나서야 소년은 이전처럼 정신을 차렸다. (『상서고실』)

章仇兼瓊鎭蜀日. 佛寺設大會, 百戱在庭. 有十歲童兒舞于竿杪, 忽有一物, 狀如鵰鶚, 掠之而去. 群衆大駭, 因罷樂. 後數日, 其父母見在高塔之上, 梯而取之而神形如癡, 久之方語云: "見如壁畫飛天夜叉者, 將入塔中, 日飼果實飮食之味, 亦不知其所自." 旬日, 方精神如初. (出『尙書故實』)

356・3(4523)
양신긍(楊愼矜)

[唐나라] 개원연간(開元年間: 713~741)에 양신긍은 어사중승(御史中丞)으로 있었다. 어느 날 양신긍이 입궐할 때 가동(家童)이 대문을 열려고 자물쇠를 풀었는데도 문이 단단히 닫혀 열리지 않았다. 양신긍은 놀랍기도 하고 이상하게도 생각되었다. 날이 밝으려 할 때 양신긍의 시

종관들이 [그를 부르러 왔다가] 문밖에서 그의 집 대문에 야차가 있는 것을 보았다. 야차는 키가 1장 남짓 되었고 매우 이상하게 생겼는데, 지붕 아래에 서서 두 손으로 대문을 꼭 쥐고 있었다. 야차는 입에 불을 머금고 눈동자에서 섬광을 내뿜으며 좌우의 사람들을 둘러보았다. 시종관들은 야차를 보고 모두 놀라 벌벌 떨면서 사방으로 도망쳤다. 한참 후 큰길에 사람들과 수레가 점점 많아지자 야차는 그제서야 남쪽으로 떠나갔다. 행인들은 야차를 보고 모두 두려워하며 피하거나 땅에 엎드렸다. 양신긍은 그 일을 듣고 매우 두려워했다. 한 달쯤 후에 이림보(李林甫)의 모함을 받아 양신긍과 그 형제들이 모두 주살당했다. (『선실지』)

開元中, 楊愼矜爲御史中丞. 一日, 將入朝, 家童開其外門, 旣啓鑰, 其門噤不可解. 愼矜且驚且異. 洎天將曉, 其導從吏自外, 見愼矜門有夜叉. 長丈餘, 狀極異, 立於宇下, 以左右手噤其門. 火吻電眸, 盼('盼'原作'不', 據明鈔本改)顧左右. 從吏見之, 俱驚慄四去. 久而衢中輿馬人物稍多, 其夜叉方南向而去. 行者見之, 咸辟易仆地. 愼矜聞其事, 懼甚. 後月餘, 遂爲李林甫所誣, 弟兄皆誅死. (出『宣室志』)

356・4(4524)
강남오생(江南吳生)

오씨(吳氏) 성을 가진 한 서생이 있었는데 강남(江南) 사람이었다. 한 번은 그가 회계(會稽)에 놀러갔다가 유씨(劉氏)의 딸을 얻어 첩으로 삼앉다. 몇 년 후에 오생은 안문군(鴈門郡)의 현령(縣令)이 되어 유씨의 딸과 함께 안문군으로 갔다. 유씨의 딸은 처음에 성격이 유순하기로 소문났었는데, 몇 년이 지나자 갑자기 포악해져서 아무도 말릴 수 없었다. 그녀는 종종 자신의 뜻에 어긋나는 일이 있으면 즉시 화를 냈고 하녀를 마구 때리거나 심지어는 하녀를 물어뜯고서도 화를 풀 수 없었다. 오생은 그제서야 그녀가 사납다는 것을 알고 마음이 점점 그녀에게서 멀어졌다.

어느 날 오생과 안문군의 부장(部將) 여러 명이 들로 사냥을 나갔다가 여우와 토끼를 많이 잡아와서 주방에다 그것을 두었다. 다음 날 오생이 외출하자 유씨의 딸이 몰래 주방으로 들어가 여우와 토끼를 가져다 날로 먹었다. 유씨의 딸이 다 먹고 났을 때 오생이 돌아와 유씨의 딸에게 여우와 토끼가 어디에 있냐고 다그쳐 물었지만 그녀는 고개를 숙인 채 대답하지 않았다. 오생이 회기 나서 그녀의 하녀에게 묻자 하녀가 대답했다.

"마님께서 다 드셨습니다."

오생은 비로소 유씨의 딸이 요괴라고 의심했다. 10여 일 후 현의 관리가 사슴 한 마리를 오생에게 바쳤는데, 오생은 그것을 정원에다 놓아두게 했다. 그리고 나서 오생은 유씨의 딸에게 멀리 다녀오겠다고 말하고 문을 나선 뒤 몸을 숨겨 몰래 살펴보았다. 유씨의 딸은 머리를 풀어헤치고 소매를 걷어 올린 채 찢어질 듯이 눈을 치켜뜨면서 모습을 갑자기 바꾸더니 정원에 서서 왼쪽 손으로는 사슴을 잡고 오른쪽 손으로는 그 내장을 꺼내 먹었다. 오생은 [그 광경을 보고] 너무 두려운 나머지 땅에 엎드려 일어날 수 없었다. 한 참 후에 오생은 관리와 군졸 10여 명을 불러 무기를 들고 집으로 들어갔다. 유씨의 딸은 오생이 온 것을 보고는 웃옷을 다 벗고 정원에 꼿꼿이 섰는데 바로 야차(夜叉)였다. 야차의 눈은 번갯불처럼 번쩍이고 이빨은 창날처럼 뾰족했으며 근육과 뼈는 꼬불꼬불 오그라들어 있었고 몸 전체가 푸른색이었다. 관리와 군졸들은 모두 두려워 떨면서 감히 나아가지 못했다. 야차는 마치 두려운 것이 있는 것처럼 사방을 둘러보더니 한 식경쯤 지나서 갑자기 동쪽으로 도망쳤는데, 그 속도가 매우 빨랐다. 결국 야차가 어디로 갔는지 알 수 없었다. (『선실지』)

有吳生者, 江南人. 嘗遊會稽, 娶一劉氏女爲妾. 後數年, 吳生宰縣於鴈門郡, 與劉氏偕之官. 劉氏初以柔婉聞, 凡數年, 其後忽曠烈自恃不可禁. 往往有逆意者, 卽發怒, 毆其婢僕, 或齧其肌血且甚, 而怒不可解. 吳生始知劉氏悍戾, 心稍外之.

嘗一日, 吳與鴈門部將數輩, 獵於野, 獲狐兔甚多, 致庖舍下. 明日, 吳生出, 劉氏卽潛入庖舍, 取狐兔生啗之. 且盡, 吳生歸, 因詰狐兔所在, 而劉氏俛然不語. 吳生怒, 訊其婢, 婢曰: "劉氏食之盡矣." 生始疑劉氏爲他怪. 旬餘, 有縣吏, 以一鹿獻, 吳生命致於庭. 已而吳生始言將遠適, 旣出門, 卽匿身潛伺之. 見劉氏散髮袒肱, 目眥盡裂, 狀貌頓異, 立庭中, 左手執鹿, 右手拔其脾而食之. 吳生大懼, 仆地不能起. 久之, 乃召吏卒十數輩, 持兵仗而入. 劉氏見吳生來, 盡去襦袖, 挺然立庭, 乃一夜叉耳. 目若電光, 齒如戟刃, 筋骨盤䯐, 身盡青色. 吏卒俱戰慄不敢近. 而夜叉四顧, 若有所懼, 僅食頃, 忽東向而走, 其勢甚疾. 竟不如所在. (出『宣室志』)

356 · 5(4525)
주현녀(朱峴女)

무릉군(武陵郡)에는 불탑이 있는데, 그 높이는 몇 백 심(尋: 1尋은 8尺)으로 탑 위에서 아래를 내려다보면 큰 강이 보였다. 매번 강물이 불어나 출렁거릴 때면 탑도 마치 흔들거리는 것 같아 마을 사람들 중에서 감히 탑 위로 올라가는 사람이 없었다. 상인 주현의 집은 매우 부유했다. 그에게는 딸 하나가 있었는데, 어느 날 갑자기 실종되었다. 그 집안 사람들이 찾아 나섰는데 10여 일을 찾았지만 어디로 갔는지 알 수 없었다. 비가 갠 어느 맑은 날 마을 사람들이 탑 꼭대기에 어떤 사람이 서 있는 것 같은 모습을 보았는데, 그 사람은 무늬 비단 옷을 입고 위엄 있게 서 있었다. 마을 사람들은 그 사람을 요괴라고 생각했다. 주현이 그 이야기를 듣고는 즉시 가서 그 옷차림새를 멀리서 바라보았더니 그의 딸과 매우 비슷했다. 그래서 주현은 즉시 사람들에게 탑 위로 올라가 그녀를 데려 오라고 했는데 과연 그의 딸이었다. 주현이 놀라며 딸에게 어찌된 일인지 묻자 딸이 대답했다.

"제가 예전에 혼자 있을 때 1장 남짓 되고 매우 이상하게 생긴 야차(夜叉)가 지붕에서 뛰어 내려 제 방으로 들어오더니 저에게 이렇게 말했습니다.
'나를 두려워하지 말라.'

그리고는 저의 옷자락을 잡고서 급히 떠나 불탑 위로 갔습니다. 저는 정신이 아득하여 마치 취한 것 같았습니다. 며칠 후에 조금씩 깨어나면서 더욱 두려워졌습니다. 야차는 대략 날이 밝을 때쯤 불탑을 내려가 마을을 다니면서 음식을 가져다가 저에게 주었습니다. 어느 날 야차가 마을로 내려가자 제가 내려다보았더니 야차는 마을을 다니다가 흰옷 입은 사람을 만났습니다. 야차는 그 사람을 보더니 두려워하며 뒤로 100걸음이나 물러서면서 감히 그 사람을 쳐다보지 못했습니다. 저녁이 되어 야차가 돌아오자 제가 그에게 다그쳐 물었습니다.

'어찌하여 흰 옷 입은 사람을 두려워합니까?'

야차가 대답했습니다.

'아까 본 흰 옷 입은 사람은 어려서부터 소고기를 먹지 않아서 내가 가까이 갈 수가 없었다.'

제가 그 이유를 묻자 야차가 대답했습니다.

'소는 밭가는 동물로 사람이 살아가는 데 근본적으로 필요한 것이다. 사람이 소고기를 먹지 않으면 상제(上帝)께서 그를 보호해주신다. 그래서 나는 가까이 갈 수 없었던 것이다.'

저는 마음속으로 묵묵히 생각했습니다.

'나는 사람이지만 부모를 떠나 야차와 함께 있으니 슬프지 아니한가!'

그래서 다음 날 야차가 나가자 기도하며 말했습니다.

'저는 앞으로 소고기로 된 음식을 먹지 않겠습니다.'

이렇게 세 번 기도를 드렸습니다. 그 날 밤 야차가 갑자기 마을에서 돌아오더니 불탑 아래에서 저를 바라보며 말했습니다.

'어찌하여 너는 다른 마음을 먹고 나를 버렸느냐? 나는 결국 너에게 가까이 가지 못하게 되었다. 이제부터 이별이구나!'

말을 마치고는 동쪽으로 떠나갔는데 결국 어디로 갔는지 모르겠습니다. 저는 매우 기뻤고 결국 불탑에서 집으로 돌아올 수 있었습니다."

(『선실지』)

武陵郡有浮屠祠, 其高數百尋, 下瞰大江. 每江水汎揚, 則浮屠勢若搖動, 故里人無敢登其上者. 有賈人朱峴, 家極贍. 有一女, 無何失所在. 其家尋之, 僅旬餘, 莫窮其適. 一日, 天雨霽, 郡民望見浮屠之顛, 若有人立者, 隱然紋纈衣. 郡民且以爲他怪. 峴聞之, 卽往觀焉, 望其衣裝, 甚類其女. 卽命人登其上取之, 果見女也. 峴驚訊其事, 女曰: "某向者獨處, 有夜叉長丈餘, 甚詭異, 自屋上躍而下, 入某之室, 謂某曰: '無懼我也.' 卽攬衣馳去, 至浮屠上. 旣而兀兀然, 若甚醉者. 凡數日, 方稍寤, 因懼且甚. 其夜叉, 率以將曉則下浮屠, 行里中, 取食飮某. 一日, 夜叉方去, 某下視之, 見其行里中, 會遇一白衣. 夜叉見, 辟易退遠百步, 不敢竊視. 及暮歸, 某因詰之: '何爲懼白衣者乎?' 夜叉曰: '向者白衣, 自小不食太牢, 故我不得近也.' 某問何故, 夜叉曰: '牛者所以耕田疇, 爲生人之本. 人不食其肉, 則上帝祐之. 故我不得而近也.' 某默念曰: '吾人也, 去父母, 與異類爲伍, 可不悲乎!' 明日, 夜叉去而祝曰: '某願不以太牢爲食.' 凡三祝. 其夜叉忽自郡中來, 至浮屠下, 望某而語曰: '何爲有異志而棄我乎? 使我終不得近子矣. 從此別去.' 詞畢, 卽東向走, 而竟不知其所往. 某喜甚, 由浮屠中得以歸." (出『宣室志』)

356 · 6(4526)
두 만(杜 萬)

원외랑(員外郞) 두만의 형은 영남현위(嶺南縣尉)가 되어 거의 임지에 도착할 즈음에 아내가 열병에 걸려 며칠 만에 죽었다. 그때는 한여름이었고 정식으로 염을 할 수 없었기 때문에 임시로 시체를 갈대자리에 말아 절벽 옆에 묻었다. 두만의 형은 부임한 후 공무가 바빠서 다시 아내의 시체를 거두지 못했다. 후에 그는 북쪽으로 돌아오다가 다시 그 절벽을 지나게 되었기에 아내의 해골을 거두려고 했다. 그가 [시체를 묻어두었던] 구덩이를 살펴보았더니 단지 갈대자리만 남아 있을 뿐이었다. 그는 아내의 시체를 매우 깊이 두었는데도 누군가가 가져간 것을 안타까워하며 한참동안 가슴 아파했다.

그는 때마침 절벽 위에 작은 길이 나있는 것을 보고 아내의 시체를 찾아보기로 했다. 그는 [그 길을 따라] 100보쯤 걸어 석굴 안에 도착했는데, 그곳에서 그의 아내가 발가벗은 채로 매우 사나운 모습을 하고 있어서 알아 볼 수 없을 정도였다. 아내는 품에 한 아이를 안고 있었고 아이 옆에는 또 한 아이가 있었는데, 그 모습이 나찰(羅刹)과 비슷했다. 그가 큰 소리로 아내를 부르자 아내는 비로소 깨어났지만 말을 할 수가 없었다. 그래서 그녀는 손으로 땅바닥에 다음과 같이 썼다.

"저는 [죽은 후에] 얼마 되지 않아 다시 살아났지만 야차(夜叉)에게 붙잡혀 왔습니다. 지금 이 두 아이는 바로 제가 난 아이들입니다."

아내는 글씨를 쓰면서 슬피 울었다. 잠시 후에 아내는 말을 할 수 있게 되자 그에게 말했다.

"당신은 급히 가셔야 합니다. 만약 야차가 오면 반드시 당신을 죽일 것입니다."

그가 물었다.

"당신도 함께 갈 수 있겠소?"

아내가 대답했다.

"갈 수 있습니다."

이에 아내는 일어나 작은 아이를 품에 안고 그를 따라서 배가 있는 곳으로 갔다. 배가 막 출발했을 때 야차가 큰 아이를 안고 언덕으로 와서는 배를 보고 소리를 지르며 아이를 보여 주었다. 배가 멀리 떠나 버리자 야차는 그 아이를 수십 조각으로 찢은 후 떠나 버렸다. 아내의 품에 있던 아이는 그 모습이 나찰처럼 생겼으며 사람의 말을 알아들을 수 있었다. [唐나라] 대력연간(大曆年間: 766~779)에 모자는 모두 살아 있었다. (『광이기』)

　　杜萬員外, 其兄爲嶺南縣尉, 將至任, 妻遇毒瘴, 數日卒. 時盛夏, 無殯歛, 權以葦蓆褁束, 瘞於絶巖之側. 某到官, 拘於吏事, 不復重歛. 及北歸, 方至巖所, 欲收妻骸骨. 及觀坎穴, 但葦尙存. 某歎其至深而爲所取, 悲感久之

　　會上巖有一徑, 某試尋. 行百餘步, 至石窟中, 其妻裸露, 容貌狰獰, 不可復識. 懷中抱一子, 子旁亦有一子, 狀類羅刹. 極嘷方窟, 婦人口不能言. 以手畫地, 書云: "我頃重生, 爲夜叉所得. 今此二子, 卽我所生."書之悲涕. 頃之, 亦能言, 謂云: "君急去. 夜叉倘至, 必當殺君." 某問: "汝能去否?" 曰: "能去." 便起抱小兒, 隨某至船所. 便發, 夜叉尋抱大兒至岸, 望船嘷叫, 以兒相示. 船行旣遠, 乃擘其兒作數十片, 方去. 婦人手中之子, 狀如羅刹, 解人語. 大曆中, 母子並存. (出『廣異記』)

356 · 7(4527)
위자동(韋自東)

　　[唐나라] 정원연간(貞元年間:785~804)에 위자동이라는 사람이 있었는데 의로운 협사였다. 위자동이 한번은 태백산(太白山)에 놀러갔다가

단장군(段將軍)의 장원에 머물게 되었는데, 단장군 또한 평소에 위자동의 용맹함을 잘 알고 있었다. 어느 날 단장군이 위자동과 함께 멀리 산골짜기를 바라보고 있었는데, 매우 희미한 작은 길 하나가 보였고 그 길은 마치 예전에 누군가가 다닌 흔적이 있는 것 같았다. 위자동이 주인[단장군]에게 물었다.

"저 길은 어디로 가는 길입니까?"

단장군이 대답했다.

"이전에 두 승려가 저 산 꼭대기에 살고 있었는데, 그들이 사는 절은 매우 크고 장대했으며 주위의 숲과 샘물도 매우 아름다웠습니다. 아마도 당(唐)나라 개원연간(開元年間: 713~741)에 만회(萬廻) 법사의 제자들이 세운 것인 듯 합니다. 마치 귀신 장인을 부려 만든 것처럼 공교로워 사람의 힘으로는 할 수 있는 것이 아니라고 합니다. 어떤 사람이 나무꾼에게 물었더니 그 승려들은 괴물에게 잡아 먹혀 지금 종적이 끊긴 지 2~3년이나 되었다고 합니다. 또 어떤 사람이 말하는 것을 들었는데, 저 산에 두 야차(夜叉)가 살고 있어서 아무도 감히 가서 살펴보지 못한다고 합니다."

위자동이 화를 내며 말했다.

"제가 힘을 써서 저 산을 침범한 사나운 놈들을 평정하겠습니다. 야차가 어떤 놈들이기에 감히 사람을 잡아먹었단 말입니까? 오늘 저녁 반드시 야차의 머리를 베어 장군의 집 문 앞에 가져다 놓겠습니다."

단장군은 위자동을 말리면서 말했다.

"'맨 손으로 호랑이를 잡거나 걸어서 강을 건너다 죽더라도 후회하지 않겠다' [『論語』「述而」에 나오는 구절]는 말씀이시군요."

그러나 위자동은 단장군의 말을 고려하지 않고 검을 차고 옷자락을 떨치며 갔는데, 그 기세를 막을 수 없었다. 단장군은 걱정스럽게 말했다.
"위생(韋生: 韋自東)은 반드시 해를 입게 될 거야."

위자동이 등나무 덩굴을 잡고 돌을 밟으며 절에 도착해 보았더니 절은 적막하여 아무도 없었다. 위자동이 두 승려가 있던 방을 살펴보았더니 문이 활짝 열려 있었고 신발과 선장(禪杖)이 모두 갖추어져 있었으며 이불과 베개도 그대로 있었는데 먼지가 그 위에 가득 쌓여 있었다. 또 불당 안을 보았더니 부드러운 풀이 폭신하게 깔려 있었는데, 마치 어떤 큰 물체가 드러누워 잠을 자던 곳 같았다. 주위 벽에는 멧돼지와 흑곰 등의 동물이 잔뜩 걸려 있었고 구워먹다 남은 찌꺼기들도 있었으며 또한 솥과 장작도 있었다. 위자동은 이에 나무꾼의 말이 틀리지 않았음을 알았다. 위자동은 야차가 아직 돌아오지 않았음을 알고 지름이 주발만한 측백나무를 베어서 나뭇가지와 잎을 떼어내고는 큰 막대를 만들어 문에 빗장을 걸고 석불로 문을 막았다. 그 날 밤 달이 밝아 낮처럼 환했는데, 밤이 깊지 않았을 때 야차가 사슴을 끌면서 돌아왔다. 야차는 문에 빗장이 걸려있는 것을 알고는 화를 내고 고함치며 머리를 문에 부딪쳤는데 불상이 깨지면서 야차도 땅에 쓰러졌다. 위자동은 측백나무로 야차의 정수리를 거듭 내리쳐서 죽였다. 그리고는 야차를 끌고 방으로 들어간 뒤 또 문에 빗장을 걸고 기다렸다. 잠시 후에 다른 야차가 또 돌아왔는데, 마치 먼저 돌아온 야차가 자기를 맞이하러 오지 않아 화가 난 것 같았다. 그 야차도 고함치며 문에 머리를 부딪치다가 또 땅에 쓰러졌다. 위자동은 또 측백나무로 야차를 쳐서 죽였다. 위자동은 암수 야차가 이미 죽어 분명히 다른 무리가 없을 것이라고 생각하고는 문을 닫고 사슴을 삶아 먹었다.

날이 밝자 위자동은 두 야차의 머리를 베고 먹다 남은 사슴고기를 가지고 와서 단장군에게 보여주었다. 단장군은 매우 놀라며 말했다.

"당신은 진실로 주처(周處: 晉나라 사람으로 젊었을 적에 난폭하여 南山의 白額虎, 長橋 아래의 교룡과 함께 三害로 불렸음. 나중에 그는 호랑이와 교룡을 죽이게 되었는데 마을 사람들은 그도 같이 죽은 줄 알고 기뻐했음. 그 사실을 안 주처는 자신이 三害의 하나였음을 알고 마음을 고쳐먹고 학문에 정진했음)같은 영웅이군요."

그리고는 [위자동과 함께] 사슴을 삶고 술을 마시며 즐거운 시간을 보냈다. 근처에서 구경 온 사람들이 담장을 두른 듯이 많았는데, 한 도사가 빽빽하게 들어선 사람들 속에서 나오더니 위자동에게 절을 하며 말했다.

"저에게 간청드릴 게 하나 있습니다. 당신께 말씀드리려고 하는데 괜찮겠습니까?"

위자동이 말했다.

"저는 평생 남의 어려움을 구해주었는데 어찌 안 되겠습니까?"

도사가 말했다.

"저는 도교에 기탁하여 영약(靈藥)을 만드는 데 뜻을 둔 지가 비단 하루 아침 하루 저녁의 일이 아닙니다. 2~3년 전에 신선(神仙)이 저를 위해 용호단(龍虎丹) 한 화로를 배합해주셔서 제가 그 동굴에 살면서 수행을 한지가 여러 날 되었습니다. 지금 영약이 막 완성되려 하는데 요괴들이 여러 번 동굴로 들어와 화로를 깨부수려고 하여 영약이 거의 못 쓰게 될 뻔 했습니다. 저는 강직하고 용맹한 협사를 구해 검을 들고 영약을 지켜주기를 바라고 있었습니다. 만약 영약이 완성되면 당연히 나누어 드릴 것입니다. 당신이 한번 가 주시겠습니까?"

위자동은 뛸 듯이 기뻐하며 말했다.

"그 일은 제가 평생에 바라던 바입니다."

그리고는 검을 차고 도사를 따라 갔다.

그들은 험준한 곳을 지나 태백산의 가장 높은 봉우리를 향해 갔다. 봉우리를 반쯤 오르자 바위 동굴 하나가 있었는데, 100보쯤 들어가자 바로 도사가 단약을 제련하던 방이 나왔다. 그 방에는 도사의 제자 한 명만이 있었다. 도사가 위자동에게 당부하며 말했다.

"내일 새벽 오경(五更) 초에 당신은 검을 차고 동굴 문에 서 계시다가 괴물이 오는 것이 보이면 검으로 괴물을 치십시오."

위자동이 말했다.

"삼가 말씀대로 하겠습니다."

위자동은 동굴 문 밖에 촛불을 밝혀 놓고 한참동안 서서 요괴가 오기를 기다렸다. 잠시 후에 과연 몇 장(丈) 길이의 큰 살무사가 나타났는데, 금빛 눈에 하얀 이빨을 하고는 독기를 자욱하게 뿜으며 동굴로 들어오려고 했다. 위자동은 검으로 그것을 내리쳤는데, 머리에 맞은 것 같더니 잠시 후에 가벼운 안개로 변하여 사라져 버렸다. 조금 있다가 한 여자가 나타났는데, 얼굴이 매우 아름다웠고 연꽃을 들고 천천히 걸어서 다가왔다. 위자동이 검으로 여인을 스치자 마치 구름처럼 사라졌다. 한 식경쯤 지나 날이 밝으려는 찰라 어떤 도사가 구름을 타고 학을 몰며 나타났는데, 따르는 무리들이 매우 위엄 있었다. 그 도사는 위자동을 위로하며 말했다.

"요괴들은 이미 다 사라져 버렸네. 내 제자의 단약이 곧 완성될 것이니 내가 당연히 와서 증명해 줘야지."

그 도사는 동굴 앞을 배회하다가 날이 밝자 동굴 안으로 들어가서 위자동에게 말했다.

"자네가 도사를 도와 단약을 완성한 것이 기뻐 지금 시 한 수를 지을 테니 자네도 이어서 화답하게나."

시는 다음과 같다.

   3년 동안 신선에게 물어보더니,
   용호(龍虎: 道家에서 말하는 물과 불)가 교합할 적에 금액(金液)이 완성되었네.
   강설(絳雪: 丹藥 이름)이 이미 응결되어 몸이 득도할 수 있으니,
   봉호(蓬壺: 蓬萊山으로 그 모양이 마치 호리병을 닮았다고 하여 이런 이름이 붙여짐) 정상에 채색 구름이 피어오르네.

위자동은 시의 뜻을 자세히 살펴보더니 말했다.

"당신이 도사의 스승이시군요."

그리고는 검을 풀고 그에게 예를 올렸다. 잠시 후에 위자동이 갑자기 뛰어 들어갔더니 약을 만들던 솥이 폭발하여 깨져버렸고 단약은 조금도 남아 있지 않았다. 도사는 대성통곡했고 위자동은 자신의 잘못이라고 후회할 뿐이었다. 두 사람은 샘물로 그 솥을 씻고 그 물을 마셨다. 위자동은 후에 모습이 더욱 젊어졌고, 남악(南岳: 衡山)으로 갔는데 어디에 머무는지는 알지 못한다. 지금 단장군의 장원에는 아직도 야차의 해골이 있다고 한다. 도사 또한 어디로 갔는지 알지 못한다. (『전기』)

貞元中, 有韋自東者, 義烈之士也. 嘗遊太白山, 棲止段將軍莊, 段亦素知其壯勇者. 一日, 與自東眺望山谷, 見一徑甚微, 若舊有行跡. 自東問主人曰: "此何詣也?" 段將軍曰: "昔有二僧, 居此山頂, 殿宇宏壯, 林泉甚佳. 蓋唐開元中, 萬廻師弟子之所建也. 似驅役鬼工, 非人力所能及. 或問樵者說, 其僧爲怪物所食, 今絶踪二三年矣. 又聞人說, 有二夜叉於此山, 亦無人敢窺焉." 自東怒曰: "余操心在平侵暴. 夜叉何類, 而敢噬人? 今夕, 必挈夜叉首, 至於門下." 將軍止曰: "暴虎憑河, 死而無悔." 自東不顧, 仗劍奮衣而往, 勢不可遏. 將軍悄然曰: "韋生當其咎耳." 自東捫蘿躡石, 至精舍, 悄寂無人. 覘二僧房, 大敞其戶, 履錫俱全, 衾枕儼然, 而塵埃凝積其上. 又見佛堂內, 細草茸茸, 似有巨物偃寢之處. 四壁多掛野麑玄熊之類, 或庖炙之餘, 亦有鍋鑊薪. 自東乃知樵者之言不謬耳. 度其夜叉未至, 遂拔栢樹, 徑大如碗, 去枝葉, 爲大杖, 扃其戶, 以石佛拒之. 是夜, 月白如晝, 夜未分, 夜叉挈鹿而至. 怒其扃鐍, 大叫, 以首觸戶, 折其石佛, 而踣於地. 自東以栢樹搪其腦, 再擧而死之. 拽之入室, 又闔其扉. 頃之, 復有夜叉繼至, 似怒前歸者不接已. 亦哮吼, 觸其扉, 復踣于戶閾. 又搪之, 亦死. 自東知雌雄已殞, 應無儕類, 遂掩關烹鹿而食.

及明, 斷二夜叉首, 挈餘鹿而示段. 段大駭曰: "眞周處之儔矣." 乃烹鹿飮酒盡歡. 遠近觀者如堵, 有道士出於稠人中, 揖自東曰: "某有衷懇. 欲披告於長者, 可乎?" 自東曰: "某一生濟人之急, 何爲不可?" 道士曰: "某棲心道門, 懇志靈藥, 非一朝一夕耳. 三二年前, 神仙爲吾配合龍虎丹一爐, 據其洞而修之, 有日矣. 今靈藥將成, 而數有妖魔入洞, 就爐擊觸, 藥幾廢散. 思得剛烈之士, 仗劍衛之. 靈藥倘成, 當有分惠. 未知能一行否?" 自東踴躍曰: "乃平生所願也." 遂仗劍從道士而去.

濟險躡峻, 當太白之高峰. 將半, 有一石洞, 可百餘步, 卽道士燒丹之室, 唯弟子・人. 道士約曰:"明晨五更初, 請君仗劍, 當洞門而立, 見有怪物, 但以劍擊之." 自東曰:"謹奉敎." 久立燭於洞門外, 以伺之. 俄頃, 果有巨虺長數丈, 金目雪牙, 毒氣氤鬱, 將欲入洞. 自東以劍擊之, 似中其首, 俄頃若輕霧而化去. 食頃, 有一女子, 顔色絶麗, 執芰荷之花, 緩步而至. 自東又以劍拂之, 若雲氣而滅. 食頃, 將欲曙, 有道士, 乘雲駕鶴, 導從甚嚴. 勞自東曰:"妖魔已盡. 吾弟子丹將成矣, 吾當來爲證也." 盤旋候明而入, 語自東曰:"喜汝道士丹成, 今爲詩一首, 汝可繼和." 詩曰:"三秋稽穎叩眞靈, 龍虎交時金液成. 絳雪旣凝身可度, 蓬壺頂上彩雲生." 自東詳詩意曰:"此道士之師." 遂釋劍而禮之. 俄而突入, 藥鼎爆烈, 更無遺在. 道士慟哭, 自東悔恨自咎而已. 二人因以泉滌其鼎器而飮之. 自東後更有少容, 而適南岳, 莫知所止. 今段將軍莊尙有夜叉骷髏見在. 道士亦莫知所之. (出『傳奇』)

356・8(4528)
마 수(馬 燧)

마수는 빈천했을 때 북경(北京: 太原府)에 가서 머물면서 부주(府主)를 알현하려고 했지만 부주는 그를 만나 보지도 않고 돌려보냈다. 마수는 원리(園吏: 동산을 관장하는 관리) 집에 머물게 되었는데, 원리가 마수에게 말했다.

"당신은 호융(護戎: 軍務를 감찰하는 관원)을 알현하지 않으시겠습니까? 만약 알현하시겠다면 반드시 먼저 저에게 말을 하십시오. 그러면 제가 길을 가르쳐드리겠습니다. 호융은 싫어하는 몇 글자가 있는데 매우 신경을 쓰니 당신은 반드시 유의해야 할 것입니다. 만약 그 글자를 쓰게 되면 죽음을 면할 수 없습니다. 그러나 만약 당신이 다행히 그의 마음에 들게 된다면 그 이득이 뭇 사람들과는 다를 것입니다. 절대로 몰래 혼자 찾아가지 마십시오. 저는 호융의 이전 유모의 아들로 사정을 잘 알고 있으니 종종 그에게 당신을 칭찬하겠습니다."

마수는 반신반의했다.

날이 밝자 마수는 호융을 알현하러 들어갔는데, 과연 그가 싫어하는 글자를 범하여 정원에서 욕을 먹고 쫓겨나왔다. 두려워하는 빛이 마수의 얼굴에 드러나자 원리가 말했다.

"당신은 틀림없이 호융의 심기를 거슬렀군요."

마수가 재난을 벗어날 방법을 물었더니 원리가 대답했다.

"당신은 저의 말을 어겨 이렇게 당황하게 되었으니, 실패하여 죽더라도 저를 원망하지 마십시오."

원리는 마수를 분묘수레 속에 숨겨 성밖으로 실어내서 도망치게 했다. 그때 호융은 과연 마수를 찾고 있었는데 잡지 못했다는 첫 번째 보고가 들어오자 정예 기병을 성문마다 10명씩 나누어 보냈다. 마수는 이리저리 60여 리를 숨어 다니다가 날이 저물자 태원부(太原府)의 경계를 벗어나지 못할 거라고 생각하여 도망간 백성의 낡은 집에 숨어 있으려고 했다. 마수가 미처 안정하지 못하고 있을 때 거마 소리가 들리더니 사람들이 서로 상의하며 말했다.

"20~30리는 더 갈 수 있겠지요?"

과연 호융이 보낸 사람들이었다. 잠시 후에 거마 소리가 점점 멀어지자 마수는 약간 안정되었다. 그렇지만 마수가 아직 숨을 고르지 않았을 때 또 사각사각 사람의 발걸음 소리가 들렸다. 마수는 두려움에 벌벌 떨었다. 갑자기 베옷을 입고 몸이 매우 긴 한 여인이 창문에 나타나 손에 두건 하나를 들고 말했다.

"마수가 여기에 있나요?"

마수는 잠자코 가만히 있으면서 감히 대답하지 못했다. 여인이 또 말했다.

"너무 놀라고 두려워서 그런가요? 저 호이자(胡二姊)가 당신이 여기에 있는 걸 알고 위로해주러 왔으니 의심하지 마세요."

그제야 마수가 대답하고 나왔더니 호이자가 말했다.

"큰 재난은 이미 지나갔으나 아직 두려움이 남아 있을 거예요. 당신이 배가 고플 것 같아 제가 당신께 먹을 것을 주러왔어요."

그리고는 가지고 온 보따리를 풀었더니 삶은 고기 한 사발과 호떡 한 개가 나왔다. 마수가 아주 배불리 먹자 호이자는 마수에게 옛 거처로 돌아가서 움직이지 말라고 당부했다. 호이자는 재 몇 말을 마수 앞의 땅에 놓고 가로로 한 줄 뿌리고는 다시 그에게 당부하며 말했다.

"오늘 한밤중에 요괴가 와서 당신을 위협해도 절대로 움직여서는 안 됩니다. 이 재난만 지나가면 당신은 남과 비할 수 없는 부귀공명을 얻게 될 것입니다."

호이자는 말을 마치고 가 버렸다.

한밤중에 어떤 물체가 번쩍번쩍 사람을 비추며 점점 창문으로 다가왔는데, 그것을 보니 키가 1장 남짓 되는 야차(夜叉)였다. 야차는 붉은 머리카락을 고슴도치처럼 세우고 금빛 몸을 번쩍이며 나무 옹두리처럼 굽은 팔과 짐승 발톱 같은 손에 표범가죽으로 만든 바지를 입고 짧은 칼을 든 채 곧장 방으로 들어왔다. 야차가 사납게 눈을 부라리자 눈에서 섬광이 번쩍였고 입에서는 불을 토하고 피를 내뿜으며 이리저리 뛰고 울부짖으니 쇠와 돌도 녹일 것만 같았다. 마수는 너무 두려워 거의 혼비백산했다. 그러나 그 요괴는 결코 호이자가 뿌려 놓은 재 안으로는 넘어 들어오지 않았다. 한참 후에 요괴는 문짝 하나를 뜯어 깔고는 깊이 잠이 들었다. 잠시 후에 또 거마가 오는 소리가 들리더니 어떤 사람이 말했다.

"이곳은 도망간 사람의 집이니 혹시 여기에 마생(馬生: 馬燧)이 숨어 있을지도 모르겠다."

그때 여러 명의 사람이 무기를 들고 말에서 내려 집으로 들어오다가 부딪쳐 야차를 깨우자, 야차가 벌떡 일어나 몇 번 크게 울부짖더니 사람과 말을 찢어 씹어서 피와 고기를 거의 다 먹어치웠다. 야차는 배부르게 먹고 나서 천천히 걸어 나갔다. 그때는 사경(四更)으로 동쪽에서 달이 뜨고 있었다. 마수가 조용하다고 여겨 밖으로 나가 보니 사람과 말의 뼈와 고기가 이리저리 흩어져 있었다. 그리하여 마수는 재난을 피하게 되었다. 후에 마수는 큰 공을 세워 높은 관직에 오르게 되었다. 또 호이자가 있는 곳을 찾아보았지만 결국 찾을 수가 없었다. 마수는 호이자에게 은혜를 갚을 방법이 없다고 생각하여 봄가을마다 사당에 제사를 지내면서 따로 호이자의 신좌를 만들어 사당의 왼쪽에 두었다. (『전이기』)

馬燧貧賤時, 寓遊北京, 謁府主, 不見而返. 寄居於園吏, 吏曰: "莫欲謁護戎否? 若謁, 卽須先言. 當爲其歧路耳. 護戎諱數字而甚切, 君當在意. 若犯之, 無逃其死也. 然若幸愜之, 則所益與諸人不同. 愼勿暗投也. 某乃護戎先乳母子, 得以詳悉, 而輒贊君子焉." 燧信與疑半.

明晨, 入謁護戎, 果犯其諱, 庭叱而去. 畏懼之色見於面('面'字原'闕, 據明鈔本補), 園吏曰: "是必忤護戎耳." 燧問計求脫, 園吏曰: "君子戾我, 而恓惶如是, 然敗則死, 不得瀆我也." 遂匿燧於糞車中, 載出郭而逃. 於時護戎果索燧, 一報不獲, 散鐵騎者, 每門十人. 燧狼狽竄六十餘里, 日暮, 度不出境, 求蔽於逃民敗室之中. 尙未安, 聞車馬噦欷聲, 人相議言: "能更三二十里否?" 果護戎之使也. 俄聞車馬勢漸遠, 稍安焉. 未復常息, 又聞有窸窣人行聲. 燧危慄次. 忽於戶牖, 見一女人, 衣布衣, 身形絶長, 手携一襆曰: "馬燧在此否?" 燧默然, 不敢對. 又曰: "大驚怕否? 胡二姊知君在此, 故來安慰, 無生憂疑也." 燧乃應諾而出, 胡二姊曰: "大厄, 然已過, 尙有餘恐矣. 君固餒, 我食汝." 乃解所携襆, 有熟肉一甌, 胡餠一箇. 燧食甚飽, 却令於舊處, 更不可動. 胡二姊以灰數斗, 放於燧前地上, 橫布一道, 仍授之言曰: "今夜半, 有異物相恐劫, 輒不可動. 過此厄後, 勳貴無雙." 言畢而去.

夜半, 有物閃閃照人, 漸進戶牖間, 見一物, 長丈餘, 乃夜叉也. 赤髮蝟奮, 金身鋒鑠, 臂曲瘦木, 甲駕獸爪, 衣豹皮褲, 携短兵, 直入室來. 獰目電燮, 吐火噴血, 跳躑哮吼, 鐵石消鑠. 燧之惴慄, 殆喪魂亡精矣. 然此物終不敢越胡二姊所布之灰. 久之, 物乃撤一門扉, 藉而熟寢. 俄又聞車馬來聲, 有人相謂曰: "此乃逃人室, 不妨馬生匿於此乎." 時數人持兵器, 下馬入來, 衝啼夜叉, 夜叉奮起, 大吼數聲, 裂人馬噉食, 血肉殆盡. 夜叉食旣飽, 徐步而出. 四更, 東方月上. 燧覺寂靜, 乃出而去, 見人馬骨肉狼藉. 乃獲免. 後立大勳, 官爵穹崇. 詢訪胡二姊之由, 竟不能得. 思報不獲, 乃每春秋祠饗, 別置胡二姊一座, 列於廟左. (出『傳異記』)

태평광기 권제357 야차 2

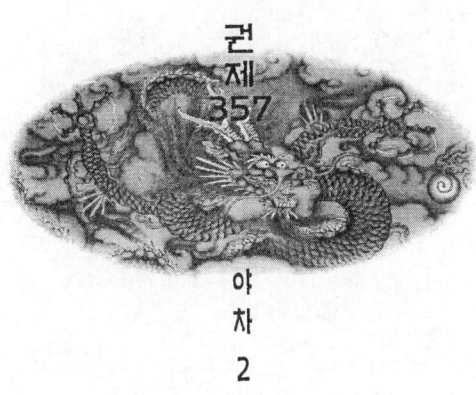

1. 동락장생(東洛張生)
2. 설　종(薛　淙)
3. 구　유(丘　濡)
4. 진월석(陳越石)
5. 장　융(張　融)
6. 온도사(蘊都師)

357 · 1(4529)
동락장생(東洛張生)

우승유(牛僧孺)가 이궐현위(伊闕縣尉)로 있을 때, 동락(東洛: 洛陽)에서 온 장생이라는 선비가 진사 시험에 응시하기 위하여 [자신이 지은] 문장을 가지고 우승유를 뵈러 갔다. 장생이 중간쯤 갔을 때 폭우와 함께 천둥이 치면서 우박이 쏟아졌는데, 날은 이미 어두워졌고 객점까지 가려면 아직도 멀었으므로 그냥 나무 밑에서 쉬었다. 얼마 후 비가 그치고 희미한 달빛이 비치자 장생은 말안장을 풀어 말을 놓아두었다.

장생은 동복(僮僕)과 함께 길옆에서 노숙했는데, 너무 피곤하여 한참 동안 정신없이 자고 난 뒤에 비로소 깨어났다. 그때 보았더니 키가 몇 장(丈)이나 되는 야차처럼 생긴 어떤 괴물이 장생의 말을 잡아서 먹고 있었다. 장생은 너무 두려워서 풀 속에 엎드린 채 감히 꼼짝도 하지 못했다. 괴물은 말을 다 먹고 나자마자[원문은 '讒'이라 되어 있지만 문맥상 '纔'의 오기로 보임] 또 나귀를 잡았으며, 나귀를 거의 다 먹을 즈음에 급히 손으로 동복을 끌어오더니 그 두 다리를 들어 쫙 찢었다. 장생은 너무나도 놀랍고 두려워서 허둥지둥 도망쳤다. 그러자 야차(野叉: 夜叉와 같음)가 장생의 뒤를 쫓아오면서 소리치며 욕을 했는데, 장생이 1리쯤 도망쳤더니 야차의 소리가 점점 들리지 않았다. 장생이 큰 무덤에 이르렀을 때 그 무덤가에 한 여인이 서 있기에 장생은 목숨 좀 살려달라고 연달아 소리쳤다. 여인이 장생에게 [어찌된 일이냐고] 묻자 장생이 그 일을 자세히 말해주었더니 여인이 말했다.

"이곳은 옛 무덤으로 안이 텅 비어 아무 것도 없으며 뒤쪽에 구멍이 하나 있으니 낭군은 잠시 그곳으로 몸을 피하십시오. 그렇지 않으면 화를 면치 못할 것입니다."

장생은 마침내 무덤의 구멍을 찾아 몸을 던져 들어갔는데, 무덤 속은 매우 깊었으며 한참이 지나도록 아무런 소리도 들리지 않았다.

얼마 후 장생은 달이 점점 밝아지는 것을 느꼈는데, 갑자기 무덤 위에서 사람의 말소리가 들리더니 한 물건이 던져지면서 피비린내가 확 풍겼다. 장생이 살펴보았더니 다름 아닌 죽은 사람으로 몸과 목이 따로 떨어진 상태였다. 잠시 후 또 한 사람이 던져졌으며 그렇게 서너 번 계속되었는데 모두 죽은 사람들이었다. 시체가 다 던져지고 났을 때, 장생은 무덤 위에서 돈과 재물과 의복을 나누는 소리를 듣고서야 비로소 그들이 살인강도임을 알았다. 강도의 우두머리는 이름을 부르면서 아무 물건은 아무개에게 주고 아무 옷과 아무 돈은 아무개에게 주라고 하면서 모두 10여 명의 성명을 불렀다. 그러자 또 사람들은 공평하지 못하다고 말하면서 서로 불평하고 화를 내다가 각자 흩어져 떠났다. 장생은 두려움에 벌벌 떨다가 밖으로 나가려 했으나 그럴 수 없자, 그저 그 강도들의 성명을 계속 되뇐 끝에 대여섯 명의 성명을 기억해두었다.

날이 밝자 마을에서 강도를 찾아 나선 사람들이 그 무덤 옆에 이르렀다가 피를 보고는 무덤을 에워싸고 파보았더니, 강도에게 살해당한 사람들이 모두 그 안에 있었다. 그들은 또 장생을 보고 놀라며 말했다.

"또 강도 한 놈이 무덤 속에 떨어져 있다!"

그들은 장생을 붙잡아 꺼내서 포박했다. 장생이 그 사실을 자세히 말했지만 그들은 모두 믿지 않으면서 말했다.

"이놈은 살인강도로 살해한 사람을 이곳에 버리다가 우연히 밑으로 떨어졌을 뿐이다."

그들은 장생에게 곤장 수십 대를 치고는 현으로 압송해갔다. 1~2리쯤 갔을 때, 장생은 자신의 동복이 나귀와 말을 몰고 오는 것을 보고 깜짝 놀라며 물었다.

"어찌 된 일이냐?"

동복이 말했다.

"어젯밤에 너무 피곤하여 길옆에서 잤는데, 날이 밝았을 때 보았더니 주인님이 보이지 않았기에 이렇게 찾아 나선 것입니다."

장생은 자신이 보았던 일을 말해주었으나 동복은 이렇게 말했다.

"아무 것도 알아채지 못했습니다."

장생은 마침내 현으로 압송되었다. 그러나 이전부터 장생을 알고 있던 우공(牛公: 牛僧孺)은 그가 분명히 그런 짓을 하지 않았다는 사실을 알고 있었으므로 그를 위해 보증을 서주었다. 장생이 또 자신이 기억해두었던 살인강도 몇 명의 성명을 현령에게 말해주자, 현령은 사람을 파견하여 체포하게 함으로써 범인을 일망타진했다. 그리하여 마침내 장생은 화를 면할 수 있었다. 그 [일이 일어나게 된] 연유를 고찰해보면, 바로 귀신의 원혼이 장생의 손을 빌려 강도를 사로잡았던 것이다. (『일사』)

牛僧孺任伊闕縣尉, 有東洛客張生, 應進士擧, 携文往謁. 至中路, 遇暴雨雷雹, 日已昏黑, 去店尙遠, 歇於樹下. 逡巡, 雨定微月, 遂解鞍放馬.

張生與僮僕宿於路側, 困倦甚, 昏睡良久方覺. 見一物如夜叉, 長數丈, 拏食張生之馬. 張生懼甚, 伏於草中, 不敢動. 讒訖, 又取其驢, 驢將盡, 遽以手拽其從奴, 提兩足裂之. 張生惶駭, 遂狼狽走. 野叉隨後, 叫呼詬罵, 里餘, 漸不聞. 路抵大塚, 塚畔有一女立, 張生連呼救命. 女人問之, 具言事, 女人曰:"此是古塚, 內空無物, 後有一孔, 郞君且避之. 不然, 不免矣." 張生遂尋塚孔, 投身而入, 內至深, 良久亦不聞聲.

須臾, 覺月轉明, 忽聞塚上有人語, 推一物, 便聞血腥氣. 視之, 乃死人也, 身首皆異矣. 少頃, 又推一人, 至於數四, 皆死者也. 旣訖, 聞其上分錢物衣服聲, 乃知是劫賊. 其帥且唱曰, 某色物與某乙, 某衣某錢與某乙, 都唱十餘人姓名. 又有言不平, 相怨怒者, 乃各罷去. 張生恐懼甚, 將出, 復不得, 乃熟念其賊姓名, 記得五六人.

至明, 鄕村有尋賊者, 至墓旁, 覩其血, 乃圍墓掘之, 覩賊所殺人, 皆在其內. 見生驚曰:"兼有一賊墮於墓中!" 乃持出縛之. 張生具言其事, 皆不信, 曰:"此是劫賊, 殺人送於此, 偶墮下耳." 答擊數十, 乃送於縣. 行一二里, 見其從奴驢馬鞍馱悉至, 張生驚問曰:"何也?" 從者曰:"昨夜困甚, 於路傍睡着, 至明, 不見郞君, 故此尋求." 張生乃說所見, 從者曰:"皆不覺也."

遂送至縣. 牛公先識之, 知必無此, 乃爲保明. 張生又記劫賊數人姓名, 言之於令, 令遣捕捉, 盡獲之. 遂得免. 究其意, 乃神物冤魄, 假手於張生, 以擒賊耳. (出『逸史』)

357・2(4530)
설 종(薛 淙)

전진사(前進士: 진사과에 이미 급제한 사람) 설종은 [唐나라] 원화연간(元和年間: 806~820)에 하북(河北) 위주(衛州)의 마을에 있는 오래된 정사(精舍: 佛舍)를 유람했다. 설종은 날이 저물자 그곳에서 묵으려고 일행 몇 사람과 함께 주지스님을 찾아갔는데, 주지스님은 때마침 [어디 가고] 없었고 창고 서쪽의 컴컴한 방안에서 신음소리만 들렸다. 다가가서 보았더니 늙고 병든 스님 한 명이 있었는데, 그 스님은 눈처럼 새하얀 수염과 머리카락을 깎지 않아서 무서운 모습을 하고 있었다. 그래서 설종이 일행을 부르며 말했다.

"기이한 일이야! 여기 병든 스님이 있다!"

그러자 그 스님이 화를 내며 말했다.

"무엇이 기이하단 말이오? 젊은이는 정말 기이한 이야기를 들어보겠소? 이 병든 중이 대강 이야기해주겠소."

설종 등이 대답했다.

"예, 좋습니다."

그러자 그 스님이 말했다.

"나는 20살 때 먼 이국을 여행하길 좋아했으며, 단약(丹藥)을 먹으면서 음식을 끊었소. 한번은 북쪽으로 가서 거연(居延)이란 곳에 도착했는데, 그곳은 바다에서 30~50리쯤 떨어져 있었소. 그날 새벽에 나는 이미 10여 리를 갔는데, 해가 막 떠오를 때 문득 보았더니 길이가 300여 장(丈)이나 되고 굵기가 수십 아름이나 되며 가운데가 텅 비어 있는 고목 하나가 서 있는 것을 보았소. 내가 뿌리를 타고 내려가 살펴보았더니 [그 나무속은] 곧장 위로 뻗어 하늘이 훤히 보였으며 한 사람이 들어갈 만했소. 내가 또 북쪽으로 몇 리를 갔더니 한 여인이 멀리 보였는데, 그녀는 붉은 명주 치마를 입고 맨발에 소매를 걷어붙이고서 머리를 풀어헤친 채 바람처럼 빨리 달려 다녔소. 여인은 점점 가까이 오더니 나에게 말했소.

'내 목숨을 구해주실 수 있겠습니까?'

내가 대답했소.

'대체 무슨 일이오?'

여인이 말했소.

'뒤에서 어떤 사람이 날 찾고 있는데, 그저 날 보지 못했다고만 말해주시면 그 은혜가 지극할 것입니다.'

금세 그녀는 고목 속으로 들어갔소. 내가 다시 3~5리쯤 갔을 때 갑자기 한 사람이 나타났는데, 그는 갑옷 두른 말을 타고 황금빛 옷을 입었으며 활과 검 같은 무기를 차고 있었소. 또 그는 번개처럼 내달리면서 한 걸음에 30여 장을 갔는데, 금방 공중에 있다가 금방 땅에 있다 하면서 그 보행이 한결같았소. 그 사람이 내 앞에 이르러 말했소.

'이러이러하게 생긴 사람을 보지 못했소?'

내가 '보지 못했습니다'라고 말하자 그가 또 말했소.

'숨기지 마시오! 그녀는 사람이 아니라 바로 비천야차(飛天夜叉)이오. 그녀의 무리 수천 명은 잇달아 여러 천계(天界: 불교의 33天을 말함. 33天은 欲界 10天, 色界 18天, 無色界 4天, 忉利天을 말함)에서 사람을 이미 80만 명이나 해쳤소. 지금 [나머지 무리들은] 이미 모두 잡아서 죽였으나 가장 죄악이 심한 그녀만 아직 잡지 못했소. 어젯밤에 3차례나 천제의 명을 받들어 사타천(沙吒天)에서부터 그녀를 뒤쫓아 여기까지 8만 4천 리를 왔소. 만약 내가 부하 8천 명을 풀어서 그녀를 붙잡는다면 이는 하늘에 죄를 짓는 것이니 선사께서는 그녀를 비호하지 마시오.'

나는 결국 사실대로 말해주었소. 잠시 후 그 사람은 곧장 고목 있는 곳으로 갔소. 나도 발걸음을 돌려 지켜보았는데, 그 천사(天使)는 말에서 내려 고목으로 들어가서 살펴본 뒤 다시 말에 오르더니 공중으로 솟구쳐 고목을 감돌면서 올라갔소. 천사와 말이 고목의 절반 이상쯤 올라갔을 때 고목 위로 붉은 점 하나가 튀어나오는 것이 보였는데, 천사는 그것을 뒤쫓아 7~8장쯤 떨어진 채로 점점 하늘로 들어가더니 푸른 허공 속으로 사라졌소. 한참 후에 30~40개의 핏방울이 [하늘에서] 떨어졌는데, 아마도 그 비천야차가 화살에 맞은 것 같았소. 이 정도는 되어야 기이하다 할 만한데, 젊은이는 이 병든 중더러 기이하다 하니 너무 견문이 좁은 게 아니오?"

(『박이전』[『박이지』])

前進士薛淙, 元和中, 遊河北衛州界村中古精舍. 日暮欲宿, 與數人同訪主人僧, 主人僧會不在, 唯聞庫西黑室中呻吟聲. 迫而視, 見一老僧病, 鬚髮不剪, 如雪, 狀貌可恐. 淙乃呼其侶曰: "異哉! 病僧!" 僧怒曰: "何異耶? 少年子要聞異乎? 病僧略爲言之." 淙等曰: "唯唯."

乃曰: "病僧年二十時, 好遊絶國, 服藥休糧. 北至居延, 去海三五十里. 是日平明, 病僧已行十數里, 日欲出, 忽見一枯立木, 長三百餘丈, 數十圍, 而其中空心. 僧因根下窺之, 直上, 其明通天, 可容人. 病僧又北行數里, 遙見一女人, 衣緋裙, 跣足袒膊, 被髮而走, 其疾如風. 漸近, 女人謂僧曰: '救命可乎?' 對曰: '何也?' 云: '後有人覓, 但言不見, 恩至極矣.' 須臾, 遂入枯木中. 僧更行三五里, 忽見一人, 乘甲馬, 衣黃金衣, 備弓劍之器. 奔跳如電, 每步可三十餘丈, 或在空, 或在地, 步驟如一. 至僧前曰: '見某色人否?' 僧曰: '不見.' 又曰: '勿藏! 此非人,乃飛天夜叉也. 其黨數千, 相繼諸天傷人, 已八十萬矣. 今已並擒戮, 唯此乃尤者也, 未獲. 昨夜三奉天帝命, 自沙吒天逐來, 至此已八萬四千里矣. 如某之使八千人散捉, 此乃獲罪於天, 師無庇之爾.' 僧乃具言. 須臾, 便至枯木所. 僧返步以觀之, 天使下馬, 入木窺之, 却上馬, 騰空繞木而上. 人馬可半木已來, 見木上一緋點走出, 人馬逐之, 去七八丈許, 漸入霄漢, 沒於空碧中. 久之, 雨三數十點血, 意已爲中矢矣. 此可以爲異, 少年以病僧爲異, 無乃陋乎?"(出『博異傳』, 陳校本作'出『博異志』')

357 · 3(4531)
구 유(丘 濡)

박사(博士) 구유가 다음과 같은 이야기를 했다.

여주(汝州) 방현(傍縣)에서 50년 전에 어떤 마을사람이 딸을 잃어버렸는데, 몇 년 뒤에 그 딸이 홀연히 스스로 돌아와 이렇게 말했다.

처음에 그녀는 어떤 물체에 의해 자던 중에 끌려가서 순식간에 어느 한 곳에 도착했다. 다음날 그녀는 오래된 탑 안에 있었는데 잘생긴 장부 하나가 나타나 그녀에게 말했다.

"나는 천상의 사람인데 그대를 부인으로 맞이해야만 할 운명이오. 그렇지만 [그대와 함께 하는 것에는] 본디 정해진 기한이 있으니 의심하거나 두려워하지 마시오."

그리고는 또 그녀에게 탑 밖을 엿보지 말라고 주의를 주었다. 그는 하루에 두 번씩 탑을 내려가 음식을 가져왔는데, 어떤 때는 가져온 구운

고기와 떡이 여전히 뜨겁기도 했다. 그렇게 1년이 지난 후 어느 날 그녀는 그가 나가기를 기다렸다가 몰래 엿보았더니, 그는 나는 듯이 공중으로 솟아올라 새빨간 머리카락에 짙푸른 피부, 그리고 나귀처럼 기다란 귀의 괴물로 변했다가, 땅에 내려와서는 다시 사람의 모습이 되었다. 그녀는 놀라고 두려워서 온 몸에 식은땀이 흘렀다. 그 괴물은 돌아와서 [그녀가 엿본 사실을] 알아차리고는 말했다.

"그대는 나를 엿보았소. 나는 사실 야차이지만 그대와는 인연이 있으니 끝까지 그대를 해치지 않겠소."

그녀는 평소 지혜로웠기에 괴물에게 감사하며 말했다.

"나는 이미 당신의 부인이 되었는데 어찌 당신을 싫어하겠어요? 당신은 이미 신령함을 지니셨는데 어찌하여 인간 세상에 살면서 저에게 때때로 부모님을 뵙게 해주지 않으세요?"

그 괴물이 말했다.

"나는 죄업이 있어서 혹시라도 사람들과 섞여 지내게 되면 역질(疫疾)이 돌게 되오. 지금 내 정체가 이미 드러났으니 그대가 마음대로 보도록 내버려두겠소. 머지않아 그대를 돌려보내 줄 것이오."

그 탑은 인가에서 매우 가까운 곳에 있었는데, 그녀가 늘 아래를 내려다보았더니 그 괴물은 공중에 있을 때는 형체를 변화시킬 수 없었으며 땅에 닿아야만 비로소 [사람으로 변하여] 다른 사람들과 섞일 수 있었다. 그 괴물은 간혹 속세에서 흰옷 입은 사람을 만나면 손을 공손히 모으고 피했으며, 어떤 때는 괴물이 다른 사람의 머리를 베고 눕거나 얼굴에 침을 뱉어도 행인들은 모두 보지 못하는 것 같았다. 괴물이 돌아오자 그녀가 물었다.

"아까 당신은 거리에서 어떤 사람에게는 공손히 대하고 어떤 사람에게는 장난을 치시던데 왜 그런지요?"

괴물이 웃으며 말했다.

"세상에서 쇠고기를 먹는 자에게는 내가 모욕을 줄 수 있소. 하지만 충직하고 효성스런 사람이거나 불교의 계율과 도교의 도법을 지키는 스님과 도사의 경우는 내가 그들을 잘못 범하게 되면 반드시 하늘에 의해 죽임을 당하게 되오."

또 1년이 지나자 괴물이 갑자기 슬피 울며 그녀에게 말했다.

"인연이 이미 다 되었으니 비바람을 기다렸다가 그대를 돌려보내 주겠소."

그리고는 계란만한 크기의 푸른 돌 하나를 그녀에게 주면서, 집에 도착한 뒤 이 돌을 잘 갈아서 먹으면 독기를 빼낼 수 있을 것이라고 말했다. 그 후 어느 날 저녁에 바람이 불고 천둥이 치자, 그 괴물은 황급히 그녀를 일으켜 세우며 말했다.

"이젠 떠나시오."

불교에서 하는 말처럼 팔을 한 번 굽혔다 펴는 순간에 그녀는 이미 집에 도착하여 마당에 떨어졌다. 그녀의 어머니가 그 푸른 돌을 갈아서 그녀에게 먹였더니, 그녀는 한 말 남짓한 푸른 즙 같은 것을 배설했다.
(『유양잡조』)

博士丘濡說: 汝州傍縣五十年前, 村人失其女, 數歲, 忽自歸, 言: 初被物寐中牽去, 悆止一處. 及明, 乃在古塔中, 見美丈夫, 謂曰: "我天人, 分合得汝爲妻. 自有年限, 勿生疑懼." 且誡其不窺外也. 日兩返下取食, 有時炙餌猶熱. 經年, 女伺其去, 竊窺之, 見其騰空如飛, 火髮藍膚, 磔耳如驢, 至地, 乃復人焉. 女驚怖汗洽. 其物返, 覺曰: "爾固窺我. 我實夜叉, 與爾有緣, 終不害爾." 女素慧, 謝曰: "我旣爲君妻, 豈有惡乎? 君旣靈異, 何不居人間, 使我時見父母乎?" 其物言: "我罪業, 或與人雜處, 則疫作. 今形跡已露, 任爾縱觀. 不久當歸爾也." 其塔去人居止甚近, 女常下視, 其物在空中, 不能化形, 至地, 方與人雜. 或有白衣塵中者, 其物斂手則避, 或見枕其頭唾其面者, 行人悉若不見. 及歸, 女問之: "向者君街中, 有敬之者, 有戲狎之者, 何也?" 物笑曰: "世有吃牛肉者, 予得而欺矣. 遇忠直孝養, 釋道守戒律法籙者, 吾懼犯之, 當爲天戮." 又經年, 忽悲泣語女: "緣已盡, 候風雨送爾歸." 因授一靑石, 大如鷄卵, 言至家, 可磨此服之, 能下毒氣. 後一夕風雷, 其物遽持女曰: "可去矣." 如釋氏言, 屈伸臂頃, 已至其家, 墜在庭中. 其母因磨石飮之, 下物如靑泥斗餘. (出『酉陽雜俎』)

357・4(4532)
진월석(陳越石)

영주(穎州) 사람 진월석은 본래 이름이 황석(黃石)이었다. 그는 왕옥산(王屋山) 아래의 교외에서 살았으며 장씨(張氏)라는 첩이 있었다. [唐나라] 원화연간(元和年間: 806~820)에 진월석은 장씨와 함께 밤에 식사를 하고 있었는데, 갑자기 촛불 그림자 뒤에서 아주 이상한 숨소리가 들렸다. 이윽고 손 하나가 쑥 나오더니 진월석 앞에 이르렀다. 그 손은 검푸른 색이었고 짧은 손가락에 손톱이 가늘고 길었으며 누런 털이 팔까지 덮여 있었는데, 마치 음식을 구걸하는 듯한 모습이었다. 진월석은 그것이 괴물임을 확신하여 꺼려하고 또 두려워했다. 한참 뒤에 촛불 그림자 아래에서 이런 말소리가 들렸다.

"나는 병들고 배고프기 때문에 이렇게 삼가 찾아온 것입니다. 고기 한 점만 손바닥에 놓아주셨으면 하니 부디 거절하지 마십시오."

진월석이 즉시 고기 한 점을 바닥에 던졌더니 그 손이 곧바로 집어갔다. 그리고는 또 말했다.

"이 고기는 정말 맛있습니다."

괴물이 고기를 다 먹고 나서 또 손을 진월석 앞으로 내밀자, 진월석이 화가 나서 욕하며 말했다.

"요귀(妖鬼)가 어찌하여 뻔질나게 오느냐? 속히 떠나거라. 그렇지 않으면 두들겨도 후회하지 않겠지?"

그러자 괴물은 손을 즉시 뒤로 빼면서 마치 두려워하는 듯했다. 얼마 후 또 괴물이 손을 내밀어 장씨 앞에 이르더니 장씨에게 말했다.

"부인께서는 고기 한 점으로 은혜를 베풀어주실 수 있겠습니까?"

진월석이 장씨에게 말했다.

"절대로 주지 마시오."

장씨는 결국 고기를 주지 않았다. 한참 있다가 갑자기 촛불 그림자 옆에서 얼굴 하나가 나왔는데 다름 아닌 야차였다. 야차는 붉은 머리카락이 흐트러졌고 두 눈이 번개처럼 번쩍였으며 이빨 4개가 칼날처럼 날카로웠는데 정말로 무시무시했다. 야차가 손으로 장씨를 쳤더니 그 즉시 장씨는 바닥에 쓰러져 멍한 채로 꼼짝할 수 없었다. 진월석은 담력과 용기가 대단했기에 즉시 일어나 야차를 쫓았는데, 야차는 감히 뒤도 돌아보지 못하고 도망쳤다.

다음날 야차의 자취를 찾아보았더니 담 위로 지나간 흔적이 남아 있었다. 진월석이 말했다.

"이 괴물은 오늘밤에 다시 올 것이다."

그리하여 밤이 되자 진월석은 몽둥이를 들고 동북쪽 담 아래에 서서 야차를 기다렸다. 겨우 한 식경(食頃)이 지나서 야차가 과연 왔는데, 담을 넘은 뒤 아직 발이 땅에 닿지 않았을 때, 진월석이 즉시 몽둥이로 연달아 수십 대를 쳤다. 야차가 떠난 뒤에 촛불을 켜서 담 아래를 살펴보았더니, 피가 흥건했고 한 척 남짓한 가죽이 땅에 떨어져 있었는데, 아마도 얻어맞아 벗겨진 것 같았다. 그 후로 장씨는 병이 나았다. 저녁 무렵에 몇 리 밖에서 이렇게 외치는 소리가 들렸다.

"진황석(陳黃石: 陳越石)은 어찌하여 내 가죽을 돌려주지 않느냐?"

야차는 이렇게 계속해서 그치지 않고 외쳐댔다. 근 한 달 넘도록 저녁마다 늘 외치는 소리가 들렸다. 진황석은 [야차가 소리치는 것을] 막을 수 없다고 생각했으며 또한 야차가 자신을 부르는 게 싫었기 때문에 집을 옮겨 피하고 이름을 월석으로 고쳤다. 원화 15년(820)에 진월석은 진사(進士)에 급제했으며, 회창(會昌) 2년(842)에 남전현령(藍田縣令)으로 있다가 죽었다. (『선실지』)

潁州陳越石, 初名黃石. 郊居于王屋山下, 有妾張氏者. 元和中, 越石與張氏俱夜食, 忽聞燭影後, 有呼吸之聲甚異. 已而出一手, 至越石前. 其手靑黑色, 指短, 爪甲纖長, 有黃毛連臂, 似乞食之狀. 越石深知其怪, 惡而且懼. 久之, 聞燭影下有語: "我病飢, 故來奉謁. 願以少肉致掌中, 幸無見阻." 越石卽以少肉投于地, 其手卽取之而去. 又曰: "此肉味甚美." 食訖, 又出手越石前, 越石怒罵曰: "妖鬼何爲輒來? 宜疾去. 不然, 且擊之, 得無悔耶?"其手卽引去, 若有所懼. 俄頃, 又出其手, 至張氏前, 謂張曰:"女郞能以少肉見惠乎?"越石謂張氏曰:"愼無與." 張氏竟不與. 久之, 忽於燭影旁出一面, 乃一夜叉也. 赤髮蓬然, 兩目如電, 四牙若鋒刃之狀, 甚可懼. 以手擊張氏, 遽仆於地, 冥然不能動. 越石有膽勇, 卽起而逐之, 夜叉遂走, 不敢回視.

明日, 窮其跡, 於垣上有過踪. 越石曰:"此物今夕將再來矣."於是至夜, 持杖立東北垣下, 以伺之. 僅食頃, 夜叉果來, 旣踰墻, 足未及地, 越石卽以杖連擊數十. 及夜叉去, 以燭視其垣下, 血甚多, 有皮尺餘, 亦在地, 蓋擊而墮者. 自是張氏病愈. 至夕, 聞數里外有呼者曰:"陳黃石何爲不歸我皮也?"連呼不止. 僅月餘, 每夕, 嘗聞呼聲. 越石度不可禁, 且惡其見呼, 於是遷居以避之, 因改名爲越石. 元和十五年, 登第進士, 至會昌二年, 卒於藍田令. (出『宣室志』)

357·5(4533)
장 융(張 融)

발해(渤海) 사람 장융은 자(字)가 미우(眉嵎)이다. 진(晉)나라 함녕연간(咸寧年間: 275~280)에 그의 며느리가 아들을 낳았는데, 그 아이는 처음에는 특이하다고 느껴지지 않았으나 7살이 되자 총명함이 남달랐다. 장융이 한번은 손자를 데리고 가서 활 쏘는 것을 구경하게 하면서 [활을 쏘고 나서] 사람을 시켜 화살을 주워 돌아오게 했는데, 그 시간이 너무 느린 것을 늘 못마땅해 했다. 그때 장융의 손자가 말했다.

"제자 할아버지를 위해 화살을 주워오겠습니다."

장융이 뒤에서 화살을 쏘자마자 손자는 즉시 뛰어가더니 화살과 동시에 과녁에 도착하여 순식간에 화살을 잡아서 돌아왔다. [이것을 보고] 온 좌중이 그 기이함에 경악했다. 그런데 집으로 돌아온 후 이틀 뒤에 손자가 갑자기 급병(急病)이 들어 죽었다. 시신을 염할 때 장융은 여러 스님을 불러 향을 피우고 염불하게 했는데, 그때 서역에서 온 어떤 도인이 말했다.

"당신은 이 손자를 속히 염하시오. 이 손자는 나찰귀(羅刹鬼: 저승에서 죄인을 못살게 군다는 食人鬼)이니 틀림없이 사람들을 잡아먹을 것이오."

장융은 손자가 화살을 가져온 일을 이미 보았기 때문에 즉시 허겁지겁 관을 닫았다. 잠시 후 관속에서 우당탕하는 소리가 들리자, 사람들은 모두 슬픔을 거두고 깜짝 놀라 급히 관을 내가서 매장했다. 그 후로 [죽은 손자가] 자주 모습을 드러냈는데, 장융이 팔관재(八關齋)를 지냈더니 곧 떠나가서 더 이상 나타나지 않았다. (『선험기』)

渤海張融, 字眉嵋. 晉咸寧中, 子婦産男, 初不覺有異, 至七歲, 聰慧過人. 融曾將看射, 令人拾箭還, 恒苦遲. 融孫云: "自爲公取也." 後射纔發, 便赴, 遂與箭俱至棚, 倏已捉矢而歸. 擧坐怪愕. 還經再宿, 孫忽暴病而卒. 將殯, 呼諸沙門燒香, 有一胡道人謂云: "君速歛此孫. 是羅刹鬼也, 當噉害人家." 旣見取箭之事, 卽狼狽闔棺. 須臾, 聞棺中有撲擺聲, 咸輟悲駭愕, 遽送葬埋. 後數形見, 融作八關齋, 於是便去. (出『宣驗記』)

357 · 6(4534)
온도사(蘊都師)

경행사(經行寺)의 스님 행온(行蘊)은 그 절의 도승(都僧: 都師. 주지스님)이었다. 한번은 초가을에 행온 스님이 우란회(盂蘭會: 盂蘭盆會. 盂蘭盆은 범어 ullambana의 음역. 夏安居의 끝날인 음력 칠월 보름날에 행하는 佛事. 이 날은 여러 가지 음식을 만들어 조상의 영전에 바쳐 餓鬼에 시주하고 조상의 명복을 빌며 그 받는 고통을 구제한다고 함)를 준비하면서 불당과 불전(佛殿)을 깨끗이 청소하고 불사(佛事: 여기서는 우란회의 의식에 사용하는 佛像이나 佛器 등을 말함)를 정돈하고 있었다. 그때 불상 앞에 화생(化生: 불교용어로 의탁하는 바 없이 홀연히 생겨난다는 뜻. 여기서는 佛座 앞에 있는 진흙 化生 女子像을 말하는 듯함) 하나가 보였는데, 그것은 용모가 아주 아리땁고 손에 연꽃을 들고 있었으며 사람에게 사랑의 마음을 갖고 있는 듯했다. 행온 스님은 일하는 사람들에게 농담 삼아 말했다.

"세상의 여자 중에 이와 같은 사람만 있다면 내가 부인으로 삼겠소."

그날 저녁에 행온 스님이 승원(僧院)으로 돌아온 후, 밤이 아직 깊지 않았을 때 누군가가 문을 두드리며 말했다.

"연화낭자(蓮花娘子)께서 오셨습니다."

온도사(蘊都師: 行蘊)는 무슨 영문인지 깨닫지 못한 채 곧장 대답했다.

"관가의 규율이 극히 엄하여 지금 사찰 문이 이미 닫혔는데 부인은 어떻게 여기로 왔소?"

온도사가 문을 열었더니 연화낭자와 여종 하나가 있었는데, 연화낭자의 용모와 자태는 세상에 둘도 없을 정도로 아름답고 고왔다. 연화낭자가 온도사에게 말했다.

"저는 무량승인(無量勝因: 헤아릴 수 없이 많은 善因)을 많이 뿌려 일찍이 대원정지(大圓正智: 원만무애한 지혜의 정각)를 친히 깨달았는데, 오늘 스님의 한 말씀을 듣고 갑자기 속념(俗念)이 생기게 될 줄은 생각지도 못했습니다. 지금 저는 이미 폄적되어 인간이 되었으니 삼가 곁에서 스님의 의식(衣食) 시중을 들고자 합니다. 아침에 마음먹은 뜻을 설마 벌써 잊지는 않으셨겠지요?"

온도사가 말했다.

"나는 진실로 우매하지만 일찍이 승계(僧戒: 스님으로서 지켜야 할 다섯 가지 계율, 즉 不殺生·不偸盜·不淫邪·不妄語·不飮酒食肉을 말함)를 받았소. 평소에 부인과는 면식이 없었는데 언제 부인을 만난 적이 있다고 이렇게 날 속이려 하시오?"

연화낭자가 곧바로 말했다[원문은 '卽日'이라 되어 있지만 『河東記』에 의거하여 '卽曰'로 고쳐 번역함]:

"스님께서 아침에 부처님 앞에서 저를 보고는 사람들에게 '만약 저처럼 생긴 사람이 있다면 부인으로 삼겠다'고 하신 말씀이 아직도 귀에 남아 있습니다. 저는 스님의 그 말씀에 감동하여 진실로 이 몸을 맡기고 싶습니다."

그리고는 소매 속에서 화생을 꺼내며 말했다.

"이래도 설마 제가 속이는 것입니까?"

온도사가 그녀가 사람이 아니라는 사실을 깨닫고 당황하고 있을 때,

연화낭자가 곧장 여종을 돌아보며 말했다.

"노선(露仙)은 휘장을 준비하여라."

그러자 노선이 잠잘 곳을 꾸몄는데 물건들이 모두 지극히 화려했다. 온도사는 비록 그 기이함에 놀라긴 했지만 마음속으로는 기뻐하면서 연화낭자에게 말했다.

"나는 [당신을 받아들이기로] 맹세하겠소. 하지만 사문의 계율상 당신을 오랫동안 사원에 머물게 할 수 없으니 어쩌면 좋겠소?"

연화낭자가 크게 웃으며 말했다.

"저는 천상의 사람이니 어찌 범인(凡人)의 식견이 미칠 수 있겠습니까? 또한 끝까지 [이 일로 인해] 스님께 누를 끼치지 않을 것입니다."

마침내 [연화낭자는 온도사와] 깊은 사랑의 말을 나누었는데, 그 말소리가 맑고 부드러웠다. 잠시 후 촛불이 꺼졌지만 동자승들은 그들의 소곤거리는 소리를 계속 엿들었다.

한 식경(食頃)도 채 안되었을 때, 갑자기 온도사가 비명을 지르면서 몹시 고통스러워하는 소리가 들렸다. 동자승들이 급히 횃불을 가져와 비추면서 온도사의 방으로 갔지만, 방문이 단단히 잠겨 있어서 아무리 해도 열리지 않았다. 그저 개가 으르렁거리면서 물어뜯고 뼈를 씹는 듯한 소리만 들렸는데, 연화낭자가 호인(胡人)처럼 말하면서 크게 꾸짖었다.

"이런 죽일 맨대가리 중놈! 너를 보내 출가시켜 삭발하고 스님이 되게 했건만, 어찌하여 그런 망령된 마음을 품었단 말이냐? 만일 내가 진짜 여자라면 설마하니 너에게 시집가서 부인이 되겠느냐?"

그래서 동자승들이 급히 달려가서 사원의 스님들에게 알리고는 방

벽을 허물고 안을 엿보았더니, 다름 아닌 야차 두 명이 있었다. 야차는 톱니 같은 이빨에 치솟은 머리카락을 하고 거인처럼 키가 컸으며, 포효하면서 온도사를 낚아채더니 몸을 솟구쳐 뛰어올라 떠나갔다. 나중에 스님들이 보았더니 불좌(佛座) 옆의 벽 위에 두 명의 야차가 그려져 있었는데, 그들이 이전에 보았던 것과 아주 비슷했다. 야차의 입술 사이에는 핏자국이 여전히 남아 있었다. ([『하동기』])

經行寺僧行蘊, 爲其寺都僧. 嘗及初秋, 將備盂蘭會, 洒掃堂殿, 齊整佛事. 見一佛前化生, 姿容妖冶, 手持蓮花, 向人似有意. 師因戲謂所使家人曰: "世間女人, 有似此者, 我以爲婦."
其夕歸院, 夜未分, 有款扉者曰: "蓮花娘子來." 蘊都師不知悟也, 卽應曰: "官家法禁極嚴, 今寺門已閉, 夫人何從至此?" 旣開門, 蓮花及一從婢, 妖姿麗質, 妙絶無倫. 謂蘊都師曰: "多種中無量勝因, 常得親奉大圓正智, 不謂今日, 聞師一言, 忽生俗想. 今已謫爲人, 當奉執巾鉢. 朝來之意, 豈遽忘耶?" 蘊都師曰: "某信愚昧, 常獲僧戒. 素非省相識, 何嘗見夫人, 遂相給也?" 卽曰: "師朝來佛前見我, 謂家人曰: '黛貌類我, 將以爲婦.' 言猶在耳. 我感師此言, 誠願委質." 因自袖中出化生曰: "豈相給乎?" 蘊師悟非人, 廻惶之際, 蓮花卽顧侍婢曰: "露仙可備帷幄." 露仙乃陳設寢處, 皆極華美. 蘊雖駭異, 然心亦喜之, 謂蓮花曰: "某便誓心矣. 但以僧法不容久居寺舍, 如何?" 蓮花大笑曰: "某天人, 豈凡識所及? 且終不以累師." 遂綢繆叙語, 詞氣淸婉. 俄而滅燭, 童子等猶潛聽伺之.
未食頃, 忽聞蘊失聲, 冤楚頗極. 遽引燎照之, 至則拒戶閭, 禁不可發. 但聞狺牙齧齕嚼骨之聲, 如胡人語音而大罵曰: "賊禿奴! 遣爾辭家剃髮, 因何起妄想之心? 假如我眞女人, 豈嫁與爾作婦耶?" 於是馳告寺衆, 壞垣以窺之, 乃二夜叉也.

鋸牙植髮, 長比巨人, 哮叫挐攫, 騰踔而出. 後僧見佛座壁上, 有二畫夜叉, 正類所覩. 脣吻間猶有血痕焉. (原闕出處, 黃本・許本・明鈔本俱作'出『河東記』')

태평광기 권제 358

신혼(神魂)

1. 방 아(龐 阿)
2. 마세부(馬勢婦)
3. 무명부부(無名夫婦)
4. 왕 주(王 宙)
5. 정제영(鄭齊嬰)
6. 유소유(柳少遊)
7. 소 래(蘇 萊)
8. 정 생(鄭 生)
9. 위 은(韋 隱)
10. 제추녀(齊推女)
11. 정씨녀(鄭氏女)
12. 배 공(裴 珙)
13. 서주군리(舒州軍吏)

358·1(4535)
방 아(龐 阿)

거록군(鉅鹿郡)의 방아는 용모가 빼어나고 품행이 단정했다. 같은 고을에 사는 석씨(石氏)의 딸은 일찍이 집안에서 방아를 한번 훔쳐보고는 속으로 그를 좋아하게 되었다. 그로부터 얼마 지나지 않아 방아는 석씨의 딸이 직접 자신을 찾아온 것을 보았다. 그런데 방아의 처는 매우 질투심이 강한 여자여서 그 소식을 듣고는 곧장 하녀를 시켜 석씨 딸을 포박해서 그 집으로 돌려보내게 했는데, 도중에 석씨의 딸이 연기로 변해 사라졌다. 하녀가 곧장 석씨 집으로 가서 그 일을 이야기했더니, 석씨의 부친은 깜짝 놀라면서 말했다.

"내 딸은 애초에 문 밖을 나선 적이 없거늘, 어찌하여 이와 같이 사람을 비방하는가?"

이때부터 방아의 부인은 늘 주의를 기울이며 [남편 주위를] 감시했다. 그러던 어느 날 방아의 부인은 석씨의 딸이 서재에 있는 것을 보고는 직접 그녀를 잡아서 석씨의 집으로 갔다. 석씨의 부친은 딸을 보더니 깜짝 놀라서 말했다.

"내가 방금 안채에서 나올 때만 해도 딸아이는 제 어미와 함께 일하고 있었는데, 어떻게 여기 있을 수 있단 말인가?"

석씨의 부친이 곧장 하녀를 시켜 안채에서 딸아이를 불러 내오게 하자, 방금 방아의 부인에게 포박되어 왔던 딸이 갑자기 사라졌다. 석씨의 부친이 무언가 이상한 생각이 들어 제 어미를 시켜 어찌된 일인지 딸에게 물어보게 했더니 딸이 말했다.

"일전에 방아가 저희 집에 왔을 때 제가 몰래 그를 훔쳐보았는데, 그때부터 [정신이] 몽롱해지더니 꿈속에서 그를 찾아갔나 봐요. 그런데 그 집 문을 들어서다가 그만 그의 부인에게 사로잡히고 말았어요."

석씨가 말했다.

"세상에 이런 기이한 일도 다 있단 말인가! 정성에 감동되어 네 영혼이 은연중에 그렇게 하게 한 모양이다. 아마도 조금 전에 사라진 것은 네 영혼인 것 같다."

그 이후로 석씨의 딸은 어느 누구에게도 시집가지 않겠다고 마음속으로 맹세했다. 그로부터 1년 뒤에 방아의 부인이 갑자기 몹쓸 병에 걸렸는데, 의원을 부르고 약을 썼지만 아무런 효험도 보지 못한 채 죽었다. 그리하여 방아는 납폐(納幣: 청혼할 때 신부 집에 보내는 예물)를 보내고 석씨의 딸을 부인으로 맞아들였다. (『유명록』)

鉅鹿有龐阿者, 美容儀. 同郡石氏有女, 曾內覿阿, 心悅之. 未幾, 阿見此女來詣阿. 阿('阿'原作'妻', 據明鈔本改)妻極妬, 聞之, 使婢縛之, 遂還石家, 中路, 遂化爲煙氣而滅. 婢乃直詣石家, 說此事, 石氏之父大驚曰: "我女都不出門, 豈可毁謗如此?" 阿婦自是常加意伺察之. 居一夜, 方值女在齋中, 乃自拘執, 以詣石氏. 石氏父見之, 愕貽曰: "我適從內來, 見女與母共作, 何得在此?" 卽令婢僕, 於內喚女出, 向所縛者, 奄然滅焉. 父疑有異, 故遣其母詰之, 女曰: "昔年龐阿來廳中, 曾竊視之, 自爾彷彿, 卽夢詣阿. 乃入戶, 卽爲妻所縛." 石曰: "天下遂有如此奇事! 夫精情所感, 靈神爲之冥著. 滅者蓋其魂神也." 旣而女誓心不嫁. 經年, 阿妻忽得邪病, 醫藥無徵. 阿乃授幣石氏女爲妻. (出『幽明錄』)

358·2(4536)
마세부(馬勢婦)

 오(吳)나라 부양현(富陽縣) 사람 마세의 부인은 성이 장씨(蔣氏)였다. 마을에 병에 걸려 죽을 때가 된 사람이 있으면 그때마다 장씨는 정신이 몽롱해져 하루 종일 깊은 잠에 빠졌다. 꿈속에서 사람들이 죽는 것을 보고 난 뒤에 깨어나서 자신이 [꿈속에서] 본 상황을 식구들에게 모두 말해주었지만, 식구들은 그녀의 말을 믿지 않았다. 그러자 마세의 부인은 다른 사람에게 이렇게 말했다.
 "아무개가 병에 걸렸을 때 제가 그를 죽이려 했지만, 그의 강한 혼이 대노하는 바람에 그를 죽이기가 여의치 않았습니다. 그가 아직 죽지 않았을 때 제가 그 집안으로 들어갔는데, 시렁 위에 쌀밥과 물고기 반찬 몇 가지가 있었습니다. 제가 잠시 부엌에서 장난치고 있는데 그 집 하녀가 이유도 없이 저를 욕보였습니다. 그래서 제가 하녀의 등[원문은 '眷'이라 되어 있지만, 今本『搜神記』에 의거하여 '背'로 고쳐 번역함]을 심하게 때려 기절시켰더니, 하녀는 한참 만에 깨어났습니다."
 장씨의 오빠가 병들었을 때 검은 옷 입은 사람이 나타나 장씨에게 오빠를 죽이게 했다. 장씨가 그 사람에게 살려달라고 간청하자 검은 옷 입은 사람은 결국 그 오빠를 어쩌지 못했다. 장씨는 깨어나서 오빠에게 말했다.

 "틀림없이 살아나실 것입니다."

(『수신기』)

　　吳國富陽人馬勢婦, 姓蔣. 村人應病死者, 蔣輒恍惚, 熟眠經日. 見人人死, 然後省覺, 則具說, 家中不信之. 語人云: "某中病, 我欲殺之, 怒強魂難殺. 未卽死, 我入其家內, 架上有白米飯幾種鮭. 我甑過竈下戲, 婢無故犯我. 我打脊甚, 使婢當時悶絶, 久之乃蘇." 其兄病, 有烏衣人令殺之. 向其請乞, 終不下手. 醒語兄云: "當活." (出『搜神記』)

358 · 3(4537)
무명부부(無名夫婦)

　　이름을 알 수 없는 한 부부가 있었다. 어느 날 아침 부인이 먼저 일어나고 잠시 뒤에 그 남편도 일어나 밖으로 나갔다. 부인은 남편이 아직 자고 있을 것이라 생각하고 방안으로 들어가 보았는데, 남편은 여전히 이불 속에서 자고 있었다. 잠시 뒤에 가동이 밖에서 들어오더니 이렇게 아뢰는 것이었다.

　　"주인 어르신께서 제게 거울을 가지고 오라고 하셨습니다."

　　부인은 하인이 거짓말한다고 생각해서 침상을 가리키며 하인에게 보게 했다. 그러자 하인이 말했다.

　　"저는 방금 주인어르신 계신 곳에서 왔습니다."

이에 부인은 급히 남편에게 달려가 그 사실을 알렸다. 그 말을 들은 남편은 크게 놀라 곧장 집으로 들어가 부인과 함께 그 사람을 보았는데, 이불 속에서 베개를 높이하고 편안하게 잠자고 있는 사람의 모습이 정말로 자신과 조금도 다르지 않았다. 남편이 자신의 영혼일지도 모른다는 생각에 감히 놀라게 해서 깨우지 못하고 천천히 침상을 어루만지자 그 사람은 스물 스물 이부자리 밑으로 들어가더니 사라졌다. 그 광경을 본 부부는 몹시 두려웠다. 그로부터 얼마 지나지 않아 남편은 갑자기 병을 얻더니 정신착란을 일으켜 죽을 때까지 낫지 않았다. (『수신기』)

有匹夫匹婦, 忘其姓氏. 居一旦, 婦先起, 其夫尋亦出外. 某謂夫尙寢, 旣還內, 見其夫猶在被中. 旣而家童自外來云: "卽令我取鏡." 婦以奴詐, 指床上以示奴. 奴云: "適從郞處來也." 乃馳告其夫. 夫大愕, 徑入示之, 遂與婦共觀, 被中人高枕安眠, 眞是其形, 了無一異. 慮是其魂神, 不敢驚動, 乃徐徐撫床, 遂冉冉入蓆而滅. 夫婦惋怖不已. 經少時, 夫忽得疾, 性理乖誤, 終身不愈. (出『搜神記』)

358·4(4538)
왕 주(王 宙)

[당나라] 천수(天授) 3년(692)에 청하(淸河) 사람 장일(張鎰)은 관직 때문에 형주(衡州)에서 살았다. 장일은 성격이 얌전하고 조용하여 알고 지내는 친구도 적었다. 그는 아들은 없고 딸만 둘이 있었는데, 큰딸은 일찍 죽었고 작은 딸 천낭(倩娘)은 비할 데 없이 단정하고 고왔다. 장일

의 외조카인 태원(太原) 사람 왕주는 어려서부터 총명했으며 용모가 매우 빼어났기 때문에 장일은 늘 그를 매우 아껴서 매번 이렇게 말했다.

"훗날 내 틀림없이 천낭을 꼭 네 처로 주마."

후에 두 사람은 각각 자라서 성인이 되어 오매불망 서로를 그리워했지만, 집안사람들은 아무도 그것을 알아차리지 못했다.

후에 장일의 막료 중에서 관리 선발에 응시한 자가 천낭에게 청혼하자 장일은 곧 바로 이를 허락했다. 그 소식을 들은 천낭은 몹시 울적했으며 왕주도 원망에 사무쳤다. 왕주가 이부에서 주관하는 관리 선발에 참여해야 한다면서 도성으로 가길 청하자 장일도 더 이상 그를 붙잡을 수 없음을 알고 여비를 넉넉하게 주면서 그를 떠나보냈다.

왕주는 속으로 원한을 품은 채 비통해하면서 장일과 이별하고 배에 올라탔다. 날이 저물었을 때 왕주는 산곽(山郭: 산 밑의 城에 둘러싸인 마을)에서 몇 리 떨어진 곳에 이르렀다. 왕주는 한밤중이 되도록 잠을 이루지 못하고 있었는데, 그때 갑자기 강 언덕에서 누군가의 급한 발걸음 소리가 나더니 곧장 배가 있는 곳까지 왔다. 왕주가 누구냐고 묻자 천낭이라고 했는데, 그녀는 맨발로 걸어서 온 것이었다. 왕주가 미칠 듯이 기뻐하면서 천낭의 손을 잡고 어찌된 영문인지 물었더니 천낭이 울면서 말했다.

"당신의 두터운 정이 이와 같으니, 자나 깨나 당신을 그리워했어요. 지금 부친께서 저의 마음을 빼앗으려 하지만, 저는 당신의 정(情: 원문에는 '倩'이라 되어 있는데 '情'의 오기로 보임)이 변하지 않음을 알고 있었기 때문에 이렇게 도망쳐서라도 당신의 은혜에 보답해야겠다고 생각했습니다. 그래서 죽을 목숨을 다해 당신에게 달려온 것입니다."

왕주는 뜻밖의 일에 뛸 듯이 기뻐하며 결국 천낭을 배에 숨기고 그날 밤으로 달아났다.

왕주는 길을 재촉하여 급히 내달려서 몇 개월 만에 촉(蜀) 땅에 도착했다. 왕주와 천낭은 5년 동안 함께 살면서 아들 둘을 낳고, 장일과는 소식을 끊고 살았다. 그러나 천낭은 늘 부모님을 생각하면서 눈물을 흘리며 말했다.

"내 지난 날 당신을 저버릴 수 없어 예(禮)를 버리고 당신을 따라 도망 와서 지금까지 5년 동안 부모님과 떨어져서 지냈으니, 세상 천지에 무슨 낯으로 살아갈 수 있겠습니까?"

왕주는 그녀를 가련하게 여기면서 말했다.

"곧 돌아갈 테니 괴로워 마시오."

그리하여 두 사람은 함께 형주(衡州)로 돌아왔다. 형주에 도착하자 왕주는 먼저 혼자서 장일의 집으로 찾아가 이전의 일에 대해서 머리를 숙여 사죄했다. 그러자 장일이 말했다.

"천낭이 규방에 병들어 누워 있는지 몇 년 째이거늘, 자네는 어찌하여 그런 터무니없는 말을 하는가?"

왕주가 말했다.

"천낭은 지금 배 안에 있습니다."

이 말에 깜짝 놀란 장일은 급히 사람을 보내 어찌된 일인지 확인해보게 했다. 하인이 가서 보았더니 천낭이 정말 배 안에 있었는데, 그녀는 환하고 기쁜 얼굴로 심부름 온 사람에게 이렇게 물었다.

"아버님께서는 잘 계시느냐?"

하인은 깜짝 놀라 얼른 집으로 달려가서 장일에게 그 사실을 보고했다. 그 때 방안에 있던 딸이 그 이야기를 듣고는 기뻐하며 일어나더니 화장을 하고 옷을 갈아입은 뒤 웃으면서 아무런 말도 하지 않고 밖으로 나와 그녀를 맞이했다. 그 순간 갑자기 두 사람이 합쳐져서 한 몸이 되면서 저고리와 치마까지 모두 겹쳐졌다. 그 집안에서는 부정한 일이라 생각해서 그 일을 비밀로 부쳤는데, 친척들 중에는 은밀히 그 사실을 안 사람도 있었다. 40년 뒤에 부부는 모두 죽었고 두 아들은 모두 효렴(孝廉)으로 과거에 합격해서 벼슬이 현승(縣丞)과 현위(縣尉)에 까지 이르렀다.

이 이야기는 진현우(陳玄祐)의「이혼기(離魂記)」에서 나왔다고 한다. 진현우는 어려서부터 늘 이 이야기를 들었는데, 이야기마다 차이가 많아 어쩌면 거짓말일지도 모른다고 생각했다. 대력연간(大曆年間: 766~780) 말에 진현우는 내무현령(萊蕪縣令) 장중규(張仲規)를 만났는데, 장중규가 이야기의 자초지종을 모두 말해주었다. 장일은 바로 장중규의 당숙이었다. 장중규가 아주 자세하게 갖추어 말해 주었기 때문에 진현우가 이렇게 기록하게 되었다. (『이혼기』)

天授三年, 淸河張鎰因官家于衡州. 性簡靜, 寡知友. 無子, 有女二人, 其長早亡, 幼女倩娘, 端姸絶倫. 鎰外甥太原王宙, 幼聰悟, 美容範, 鎰常器重, 每日:"他時當以倩娘妻之." 後各長成, 宙與倩娘, 常私感想於寤寐, 家人莫知其狀. 後有賓寮之選者求之, 鎰許焉. 女聞而鬱抑, 宙亦深恚恨. 託以當調, 請赴京, 止之不可, 遂厚遣之

宙陰恨悲慟, 決別上船. 日暮, 至山郭數里. 夜方半, 宙不寐, 忽聞岸上有一人行聲甚速, 須臾至船. 問之, 乃倩娘, 徒行跣足而至. 宙驚喜發狂, 執手問其從來,

泣曰: "君厚意如此, 寢食('寢'原作'寢', '食'字原闕, 據明鈔本改補)相感. 今將奪我此志, 又知君深倩不易, 思將殺身奉報. 是以亡命來奔." 宙非意所望, 欣躍特甚, 遂匿倩娘于船, 連夜遁去.

倍道兼行, 數月至蜀. 凡五年, 生兩子, 與鎰絶信. 其妻常思父母, 涕泣言曰: "吾曩日不能相負, 棄大義而來奔君, 向今五年, 恩慈間阻, 覆載之下, 胡顔獨存也?" 宙哀之曰: "將歸無苦."

遂俱歸衡州. 旣至, 宙獨身先至鎰家, 首謝其事. 鎰曰: "倩('曰倩'二字原闕, 據明鈔本補)娘病在閨中數年, 何其詭說也?" 宙曰: "見在舟中." 鎰大驚, 促使人驗之. 果見倩娘在船中, 顔色怡暢, 訊使者曰: "大人安否?" 家人異之, 疾走報鎰. 室中女聞, 喜而起, 飾粧更衣, 笑而不語, 出與相迎. 翕然而合爲一體, 其衣裳皆重. 其家以事不正, 祕之, 惟親戚間有潛知之者. 後四十年間, 夫妻皆喪, 二男並孝廉擢第, 至丞尉.

事出陳玄祐「離魂記」云. 玄祐少常聞此說, 而多異同, 或謂其虛. 大曆末, 遇萊蕪縣令張仲規, 因備述其本末. 鎰則仲規堂叔. 而說極備悉, 故記之. (出「離魂記」)

358・5(4539)
정제영(鄭齊嬰)

정제영은 [唐나라] 개원연간(開元年間: 713~741)에 이부시랑(吏部侍郎)으로서 하남출척사(河南黜陟使: 黜陟使는 唐代에 각 道의 民情과 풍속을 살피고 관리의 治績을 감사하던 특별사신으로, 주로 조정의 중신들이 맡아보았음)가 되었다. 그는 [업무를 보고] 도성으로 돌아오는 길에 화주(華州)에서 머물렀는데, 그때 다섯 사람을 보았다. 이들은 각각 청색, 적색, 황색, 백색, 흑색 옷을 입고 있었는데 대청 앞으로 와서 정제영에게 두 번 절했다. 정제영이 그 이유를 묻자 이렇게 대답했다.

"저희들은 대사(大使: 黜陟使 가운데 지위가 비교적 높은 사람을 말함. 여기서는 정제영을 가리킴)의 오장신(五藏神)입니다."

정제영이 물었다.

"오장신이라면 마땅히 사람의 몸속에 있어야 하거늘, 무슨 까닭에 나를 찾아왔느냐?"

그러자 이렇게 대답했다.

"저희들은 생기(生氣)를 지키는 일을 하는데, 기가 다해서 흩어진 것입니다."

정제영이 말했다.

"진실로 그러하다면, 설마하니 내가 죽을 때가 되었단 말인가?"

그들이 대답했다.

"그렇습니다."

정제영이 상주문을 작성하고 사후의 일을 처리하고 싶다면서 급히 시간을 좀 연기해달라고 하자 오장신은 후당(後堂)으로 가서 일을 처리하라고 했다. 정제영이 술과 음식을 차려 오장신을 대접하자 그들은 절을 하고 그것을 먹었다. 정제영은 표문(表文)을 다 쓰고 난 뒤에 목욕하고 새 옷으로 갈아입은 뒤 서쪽 벽 아래에 가서 누워 있다가 약속된 시간이 되자 죽었다. (『광이기』)

鄭齊嬰, 開元中, 爲吏部侍郎河南黜陟使. 將歸, 途次華州, 忽見五人. 衣五方色衣, 詣廳再拜. 齊嬰問其由, 答曰: "是大使五藏神." 齊嬰問曰: "神當居身中, 何故相見?" 答云: "是以守氣, 氣竭當散." 嬰曰: "審如是, 吾其死乎?" 曰: "然." 嬰倉卒求延啓刻, 欲爲表章及身後事, 神言還至後衙則可. 嬰爲設酒饌, 皆拜而受. 旣修表, 沐浴, 服新衣, 臥西壁下, 至時而卒. (出『廣異記』)

358 · 6(4540)
유소유(柳少遊)

유소유는 점을 잘 보아 도성에서 이름이 자자했다. [唐나라] 천보연간(天寶年間: 742~756)에 한 손님이 비단 한 필을 가지고 유소유를 찾아왔다. 유소유가 그를 데리고 안으로 들어가 자신을 찾아온 이유를 묻자, 그 사람이 말했다.

"제가 얼마나 살지 알고 싶습니다."

유소유는 그를 위해 점을 치다가 점괘가 나오자 슬퍼 탄식하며 말했다.

"당신의 점괘가 길하지 않은 것으로 보아, 틀림없이 오늘 해질 녘에 목숨이 다할 것입니다."

그 사람은 몹시 상심해하면서 한참동안 탄식하다가 마실 것을 좀 달라고 했다. 하인이 물을 가지고 와서 보았더니 두 명의 유소유가 있었는데, 누가 손님인지 알 수 없었다. 유소유는 신을 가리켜 손님이라 하면서 하인에게 손님께 물을 가져다주라고 했다. 손님이 [물을 마신 뒤] 작별인사를 하고 떠나가자 가동(家僮)이 문밖까지 모셔다 드렸는데, 손님은 몇 발짝 가다가 사라졌다. 그런데 갑자기 공중에서 몹시 슬픈 곡소리가 들렸다. 하인이 돌아와서 유소유에게 물었다.

"나리께서는 그 사람이 누군지 알고 계십니까?"

그러면서 하인은 좀 전에 자신이 본 일을 모두 아뢰었다. 유소유가 그제야 그 손님이 바로 자신의 정신인 것을 알아차리고 급히 하인을 시켜 비단을 살펴보게 했더니, 그것은 다름 아닌 종이 비단이었다. 유소유는 탄식하며 말했다.

"정신이 나를 버리고 떠나갔으니, 아마도 내가 죽을 때가 된 모양이다."

과연 유소유는 그 날 해질 녘에 죽었다. (『광이기』)

柳少遊善卜筮, 著名於京師. 天寶中, 有客持一縑, 詣少遊. 引入問故, 答曰: "願知年命." 少遊爲作卦, 成而悲歎曰: "君卦不吉, 合盡今日暮." 其人傷嘆久之, 因求漿. 家人持水至, 見兩少遊, 不知誰者是客. 少遊指神爲客, 令持與客. 客乃辭去, 童送出門, 數步遂滅. 俄聞空中有哭聲, 甚哀. 還問少遊: "郎君識此人否?" 具言前事. 少遊方知客是精神, 遽使看縑, 乃一紙縑爾. 歎曰: "神捨我去, 吾其死矣." 日暮果卒. (出『廣異記』)

358 · 7(4541)
소 래(蘇 萊)

[唐나라] 천보연간(天寶年間: 742~756) 말에 장안(長安)에 마이낭

(馬二娘)이라는 사람이 있었는데, 고소술(考召術: 사람의 혼을 불러들이는 술법)에 뛰어났다. 연주자사(兗州刺史) 소선(蘇詵)은 마씨(馬氏: 馬二娘)와 사이가 좋았다. 처음에 소선은 자신의 아들 소래를 위해 노씨(盧氏) 집안에 청혼할 생각에 마씨에게 이렇게 말했다.

"나는 오직 이 아들뿐이니 그 혼처는 마땅히 순하고 정숙해야 하네. 노씨 집안에 딸이 세 명 있는데, 아직 누가 뛰어난지 모른다네. 그래서 그녀들을 불러들여 제 어미로 하여금 직접 자세하게 한번 살펴보게 했으면 하네."

마씨가 곧장 불당(佛堂)에다 제단을 쌓고 고소술을 행하자, 순식간에 노씨 집안 세 딸의 혼백이 모두 왔다. 소래의 모친이 직접 그녀들을 살펴보고 있는데, 마씨가 말했다.

"큰딸도 훌륭하지만 둘째만 못하오. 저 둘째는 틀림없이 자사의 부인이 될 것이오."

그리하여 소래는 노씨 집의 둘째 딸을 부인으로 맞아들였다. 천보연간 말에 소래는 영녕현령(永寧縣令)으로 있다가 안록산(安祿山)의 난이 일어났을 때 죽었다. 그래서 소씨 집안에서는 마씨가 실언했다면서 꾸짖었다. [안록산의 난을 평정하고] 장안(長安)과 낙양(洛陽)이 수복되자 조정에서는 소래를 회주자사(懷州刺史)에 추증(追贈)한다는 조서를 내렸다. (『광이기』)

天寶末, 長安有馬二娘者, 善於考召. 兗州刺史蘇詵, 與馬氏相善. 初詵欲爲子萊求婚盧氏, 謂馬氏曰: "我唯有一子, 爲其婚娶, 實要婉淑. 盧氏三女, 未知誰佳. 幸爲致之, 一令其母自閱視也." 馬氏乃於佛堂中, 結壇考召, 須臾, 三女魂悉至.

萊母親自看, 馬云: "大者非不佳, 不如次者. 必當爲刺史婦." 蘇乃娶次女. 天寶末, 萊至永寧令, 死于祿山之難. 其家懲馬氏失言. 洎二京收復, 有詔贈萊懷州刺史焉. (出『廣異記』)

358·8(4542)
정 생(鄭 生)

정생은 [唐나라] 천보연간(天寶年間: 742~756) 말에 과거를 보러 도성에 갔다. 정현(鄭縣) 서쪽 들판에 이르렀을 때 날이 저물자 정생은 어떤 집에 투숙했다. 그 집주인이 정생에게 성을 묻자 정생이 사실대로 대답해주었다. 그런데 갑자기 안에서 하녀를 내보내 이렇게 말했다.

"아가씨는 마땅히 할머님의 말씀을 따라야 합니다."

그리고는 곧이어 한 할머니가 당(堂)에서 내려오는 것이 보였다. 정생은 그 할머니에게 인사를 하고 난 뒤에 자리에 앉아서 한참동안 이야기를 나누었다. 그러다 할머니는 정생에게 혼인했는지 묻고 나서 이렇게 말했다.

"이 늙은이에게 외손녀가 있는데 여기에 함께 살고 있소. 성은 유씨(柳氏)이고 그 아비는 회음현령(淮陰縣令)으로 있으니, 그대와 문벌도 비슷할 것이오. 그래서 지금 외손녀를 그대의 배필로 줄까 하는데, 그대의 생각은 어떠하오?"

정생은 감히 사양하지 못하고 그 날 저녁에 여자와 혼례를 올린 뒤

인생의 지극한 즐거움을 누렸다. 정생이 그곳에 머문 지 몇 달 뒤에 할머니는 정생에게 장차 부인을 데리고 유씨 집으로 돌아가기를 청했다. 정씨는 할머니의 말대로 부인을 데리고 회음으로 갔다. [회음에 도착한 뒤] 정생이 먼저 유씨 집안에 [자신들이 왔다는 사실을] 알리자, 유씨 집안사람들은 그 이야기를 듣고 몹시 놀라했다. 유씨의 처는 현령이 다른 부인을 얻어 나은 딸이라 의심하며 원망을 표현했다. 잠시 뒤에 여자 집안 사람이 가서 보았더니, 정생의 부인은 딸과 똑같았다. 정생의 부인은 문으로 들어가 마차에서 내리더니 천천히 뜰 안으로 걸어갔다. 그러자 집안에 있던 딸이 그 소리를 듣고 웃으면서 밖으로 나왔는데 두 사람은 뜰에서 서로 마주치더니 갑자기 합쳐져서 한 몸이 되었다. 현령이 어찌된 영문인지 알아보았더니 바로 돌아가신 장모님이 외손녀의 혼을 시집보낸 것이었다. 정생은 다시 이전의 그곳으로 할머니를 찾아가보았으나, 그곳에는 아무 것도 없었다. (『영괴록』)

鄭生者, 天寶末, 應擧之京. 至鄭西郊, 日暮, 投宿主人. 主人問其姓, 鄭以實對. 內忽使婢出云: "娘子合是從姑." 須臾, 見一老母, 自堂而下. 鄭拜見, 坐語久之. 問其婚姻, 乃曰: "姑有一外孫女在此. 姓柳氏, 其父見任淮陰縣令, 與兒門地相埒. 今欲將配君子, 以爲何如?" 鄭不敢辭, 其夕成禮, 極人世之樂. 遂居之數月, 姑爲鄭生, 可將婦歸柳家. 鄭如其言, 攜其妻至淮陰. 先報柳氏, 柳擧家驚愕. 柳妻意疑令有外婦生女, 怨望形言. 俄頃, 女家人往視之, 乃與家女無異. 旣入門下車, 冉冉行庭中. 內女聞之笑, 出視, 相値于庭中, 兩女忽合, 遂爲一體. 令卽窮其事, 乃是妻之母先亡, 而嫁外孫女之魂焉. 生復尋舊跡, 都無所有. (出 『靈怪錄』)

358 · 9(4543)
위 은(韋 隱)

[唐나라] 대력연간(大曆年間: 766~780)에 장작소장(將作少匠: 土木의 일을 관장하는 벼슬) 한진경(韓晉卿)은 딸을 상의봉어(尙衣奉御: 奉御는 唐나라 殿中省에 속한 六尙局의 장관으로, 六尙國은 尙食·尙藥·尙衣·尙舍·尙乘·尙輦을 말하는데, 六尙國에서 奉御 두 사람씩 두어 그 일을 맡아보게 했음. 또 제왕의 의복을 담당하던 侍御官을 尙衣라 했음) 위은에게 시집보냈다. 위은이 명을 받들고 신라(新羅)로 갔는데, 1정(程: 한 역참에서 다음 역참까지의 거리) 정도 갔을 때 갑자기 슬퍼지면서 부인이 보고 싶어졌다. 그리하여 위은은 부인 생각을 하다가 잠이 들었는데, 갑자기 부인이 장막 밖에 와 있다는 생각이 들어 깜짝 놀라 물었더니, 부인이 대답했다.

"당신이 바다를 건너가는 것이 안타까워 함께 따라가고자 길을 나섰는데, 아무도 이 사실을 모르고 있습니다."

위은은 좌우의 관리들을 속여 이렇게 말했다.

"기생을 한 명 들여서 잠자리 시중을 들게 할 참이오."

아무도 이를 이상하게 여기는 사람이 없었다. 위은이 사신으로 갔다가 고향으로 돌아올 때는 이미 2년이 지나 있었는데, 이때도 부인은 위은과 함께 왔다. 위은이 돌아와서 부인 대신 시부모님께 머리 숙여 사죄했는데, 방안에 똑같은 부인이 앉아 있는 것이었다. 두 사람은 서로 다가가더니 갑자기 몸이 합쳐져 하나가 되었다. 위은을 따라온 사람은 다름 아닌 부인의 혼이었다. (『독이기』)

大曆中, 將作少匠韓晉卿女, 適尙衣奉御韋隱. 隱奉使新羅, 行及一程, 愴然有思. 因就寢, 乃覺其妻在帳外, 驚問之, 答曰: "愍君涉海, 志願奔而隨之, 人無知者." 隱卽詐左右曰: "欲納一妓, 將侍枕蓆." 人無怪者. 及歸, 已二年, 妻亦隨至. 隱乃啓舅姑, 首其罪, 而室中宛存焉. 及相近, 翕然合體. 其從隱者乃魂也. (出『獨異記』)

358·10(4544)
제추녀(齊推女)

[唐나라 憲宗] 원화연간(元和年間: 806~821)에 요주자사(饒州刺史) 제추의 딸은 농서(隴西) 사람 이생(李生)에게 시집갔다. 이생이 진사시험을 보러갔을 때 부인은 임신 중이었기 때문에 요주의 친정집으로 가서 머물렀다. 해산달이 되자 제추의 딸은 후원의 동각(東閣)으로 거처를 옮겼다. 그 날 밤 제추의 딸이 꿈을 꾸었는데, 의관을 아주 훌륭하게 차려 입은 한 사내대장부가 나타나 눈을 부라리고 칼을 만지면서 이렇게 꾸짖는 것이었다.

"이 집이 어찌 너의 피비린내로 더럽힐 곳이겠느냐? 빨리 다른 곳으로 옮겨가거라. 그렇지 않으면 장차 화가 닥칠 것이다."

이튿날 제추의 딸은 제추에게 꿈 이야기를 했지만, 제추는 평소 [귀신의 존재를 믿지 않는] 곧은 사람인지라 이렇게 말했다.

"외람되지만 내가 이곳 요주의 주인으로 있는데, 그것이 어떤 요괴이기에 감히 침범할 수 있겠느냐?"

며칠 뒤 제추의 딸이 출산할 때 꿈속에서 본 그 남자가 갑자기 나타나서는 곧장 침상 앞으로 가서 그녀를 마구 때렸다. 잠시 후에 제추의 딸은 눈과 귀와 코에서 피를 흘리며 죽었다. 부모는 딸이 억울하게 죽은 것을 가슴아파했지만, 후회해봐야 이미 늦은 일이었다. 제추는 곧장 사위 이생에게 사람을 보내 그 사실을 급히 알리고 이생이 돌아오기를 기다렸다가 딸을 이씨 문중에 장사지낼 작정이었다. 그리하여 제추는 군(郡)에서 서북쪽으로 10여 리 떨어진 큰길에 임시로 딸을 묻어두었다.

이생은 도성에서 과거에 낙방하고 장차 집으로 돌아오려는 길에 부인이 죽었다는 소식을 듣고 요주로 향했다. 이생이 요주에 다다랐을 때 그의 부인은 이미 죽은 지 반년이나 되었다. 이생 역시 부인이 제명에 죽지 못했다는 것을 대강 알고 있었기에 몹시 원통해하면서 저승에서나마 그 원한을 풀어주려고 했다. 이생이 요주의 성곽에 이르렀을 때 날이 저물었다. 그때 갑자기 들판에서 한 여자가 보였는데, 생김새와 차림새가 화려한 것이 시골 아낙네 같지는 않았다. 이생이 곧장 마음이 동해서 말을 세우고 자세히 살피자 여자가 수풀 뒤로 숨어버렸다. 이생이 말에서 내려 그곳으로 가 보았더니 그 여자는 다름 아닌 자기 부인이었다. 두 사람은 서로 쳐다보면서 슬프게 울었다. 부인이 말했다.

"울지 마세요. 어쩌면 제가 다시 살아날 수 있을지도 모르겠습니다. 당신이 오시기를 기다린 지 이미 오래되었습니다. 아버님께서는 강직하시고 올바르신 분이라 귀신을 믿지 않으셨고, 저 또한 아녀자의 몸인지라 직접 그 억울함을 호소할 길이 없었습니다. 오늘에야 당신을 만나게 되어 시기가 다소 늦어졌습니다."

이생이 말했다.

"어떻게 하면 되겠소?"

부인이 말했다.

"이곳에서 곧장 서쪽으로 4~5리 정도 가면 파정촌(鄱亭村)이 나오는데, 그곳에 전씨(田氏) 성을 가진 한 노인이 마을 아이들을 가르치고 있을 것입니다. 그 노인은 바로 구화동(九華洞)의 선관(仙官)인데, 사람들은 그 사실을 모르고 있습니다. 당신이 지극한 마음을 가지고 그 노인을 찾아간다면 혹시 특별히 그 뜻을 이룰 수 있을 지도 모르겠습니다."

그리하여 이생은 곧장 전선생을 찾아가서는 그를 만나자마자 바로 무릎을 꿇고 앞으로 다가가 재배(再拜)하고 난 뒤에 이렇게 말했다.

"하계(下界)의 미천한 사람이 감히 대선(大仙)을 알현합니다."

그때 전노인은 한창 마을 아이들에게 경서를 가르치고 있었는데, 이생의 행동을 보고는 깜짝 놀라 옆으로 피하면서 말했다.

"몸이 쇠약해지고 뼈가 녹아 조만간에 죽을 사람에게 젊은이는 어찌 그런 말을 하시오?"

이생이 재배하고 계속해서 머리를 조아리자 노인은 더욱 난처해했다. 이생은 해질녘부터 한밤중까지 끝내 감히 자리에 앉지 않고 두 손을 맞잡은 채 노인 앞에 서 있었다. 그러자 노인은 한참 동안 머리를 숙이고 있다가 말했다.

"그대의 정성이 이처럼 간절하니, 나 또한 무엇을 숨기겠소?"

이생은 곧바로 머리를 조아리고 눈물을 흘리면서 부인의 억울한 사정을 자세히 말했다. 그러자 노인이 말했다.

"나는 이미 오래 전에 그 일을 알고 있었소. 하지만 그대가 일찍 하소연하지 않은 바람에 지금 시신이 이미 상해서 어떻게 할 수가 없소. 내가 조금 전에 그대의 청을 거절한 것도 방법이 없기 때문이었소. 그러나 내 그대를 위해 다른 방법으로 일을 한번 처리해보리다."

전선생은 곧장 일어나 북쪽으로 나가 100보 남짓 가서 뽕나무 숲 앞에서 멈춰 서더니 길게 휘파람을 불었다. 그러자 갑자기 커다란 관서 하나가 나타났는데, 사방이 큰집으로 둘러싸여 있고 의장대가 빽빽하게 늘어서 있는 것이 제왕에 비길 만했다. 전선생이 자주색 어깨걸이를 걸치고 책상에 기대앉자, 그 좌우로 해관(解官: 범인을 압송하는 관리) 등이 줄지어 섰다. 이윽고 전선생이 저승사자들을 불러들이라는 교지를 내리자 잠시 후에 10여 부대가 각각 100여 명의 기병을 이끌고 연이어 달려왔다. 그 우두머리들은 하나같이 키가 1장(丈)이 넘었으며, 눈이 부리부리하고 체구가 우람했다. 그들은 대문의 가림벽 밖에 줄지어 서서 의관을 바로 하고 허둥대며 오늘 무슨 일이 있냐고 서로에게 물었다. 곧이어 알자(謁者: 賓客 접대의 일을 관장하는 관리)가 저승세계의 여산신(廬山神)·강독신(江瀆神)·팽려신(彭蠡神) 등이 왔다고 통보하면서 모두 급히 안으로 들게 했다. 전선생이 물었다.

"근자에 이곳 주(州) 자사의 딸이 출산하다가 사나운 귀신에게 살해된 아주 억울한 일이 있다고 하던데, 그대들은 알고 있는가?"

그러자 모두들 엎드린 채 대답했다.

"알고 있습니다."

전선생이 또 물었다.

"그런데 무슨 까닭으로 그녀를 위해 이 일을 처리해 주지 않았느냐?"

그들이 모두 대답했다.

"무릇 송사에는 모름지기 원고가 있어야 하는데, 이 사건에는 억울함을 호소하는 사람이 없었기에 그 죄를 추궁할 수 없었습니다."

전선생이 그 도적의 성명을 알고 있느냐고 물었더니, 한 사람이 대답했다.

"그는 서한(西漢) 파현왕(鄱縣王) 오예(吳芮)입니다. 지금 자사가 살고 있는 집은 바로 그가 옛날에 살았던 곳인데, 그는 지금까지도 자신의 용맹함을 믿고 그곳을 침범하여 종종 횡포를 부리고 있습니다. 하지만 사람들은 그를 어찌할 수 없었습니다."

전선생이 말했다.

"곧장 그를 잡아들여라."

잠시 후에 오예가 포박되어 왔다. 전선생은 오예를 꾸짖었지만 그가 굴복하지 않자 제추의 딸을 데려오라고 했다. 한참 후에 보았더니 이생의 부인과 오예가 법정에서 논쟁을 벌이고 있었다. 한 식경(食頃)이 지나자 오예는 말이 궁해져서 이렇게 말했다.

"저 여자가 산후에 몸이 허약해져 있을 때 저를 보고 공포에 질려 스스로 죽은 것이지 제가 일부러 죽인 것이 아닙니다."

전선생이 말했다.

"몽둥이나 칼로 사람을 죽이는 것과 무슨 차이가 있느냐?"

마침내 전선생은 오예를 잡아 천조(天曹)로 압송하게 한 뒤 관리들을 돌아보며 말했다.

"이씨(李氏: 李生의 부인, 즉 齊推의 딸)의 수명이 얼마나 되는지 속히 조사해보아라."

잠시 후에 한 관리가 말했다.

"본래 수명은 모두 합쳐 32년을 더 살아야 하며 4남 3녀를 낳게 되어 있습니다."

전선생은 여러 관리들에게 말했다.

"이씨의 수명이 아직 많이 남아 있다고 할 수 있는데, 만약 그녀를 되살려놓지 않는다면 비난이 멈추지 않을 것이다. 그대들의 생각은 어떠한가?"

그러자 한 늙은 관리가 앞으로 나와 아뢰었다.

"옛날 동진(東晉)의 업하(鄴下)에서도 한 사람이 잘못 죽은 일이 있었는데 바로 이 사건과 같았습니다. 그때 전임 관리 갈진군(葛眞君: 葛洪. 葛洪은 東晉의 저명한 학자로 字는 稚川, 自號는 抱朴子. 일찍이 伏波將軍을 지냈으며 關內侯에 봉해짐. 젊어서부터 神仙養生術과 煉丹術을 좋아했으며, 문학·철학·화학·의학 등에 공헌했음. 저작에는『抱朴子內外篇』·『神仙傳』·『西京雜記』등이 있음)께서 모든 혼을 모아 본래의 몸을 만들어 이승으로 돌려보내라고 판결하셨습니다. [다시 살아난 사람은] 먹고 말하고 좋아하고 나다니는 모든 것이 생전과 다를 바 없었지만, 단지 죽을 때가지 그 모습이 보이지 않을 뿐이었습니다."

전선생이 말했다.

"혼을 모은다는 것이 무슨 말이오?"

관리가 말했다.

"살아 있는 사람에게는 3개의 혼(魂)과 7개의 백(魄)이 있는데, 죽으면 모두 흩어져서 깃들 곳이 없게 됩니다. 지금 이것들을 모두 모아 하나로 만들고 속현교(續絃膠: 끊어진 현을 붙일 수 있다는 전설상의 신비한 아교풀)를 발라 붙인 뒤에 대왕께서 거리에서 그녀를 돌려보내신다면, 생전의 몸과 같아질 것입니다."

전선생은 훌륭하다고 하면서 곧장 이생의 부인을 돌아보며 말했다.
"이 방법을 사용해도 되겠소?"
이생의 부인이 말했다.
"고맙기 그지없습니다."
잠시 후에 보았더니 한 관리가 이생의 부인과 비슷하게 생긴 7~8명의 여자를 따로 데리고 오더니, 곧장 떠밀어서 하나로 합쳤다. 또 한 사람이 한 그릇의 약을 들고 왔는데 마치 물엿 같았다. 관리가 곧장 그것을 이생 부인의 몸에 발랐더니, 이생의 부인은 마치 공중에서 땅에 떨어진 것처럼 처음에는 몹시 어지러웠다.
날이 밝자 밤에 보았던 광경들이 모두 사라지고 오직 전선생과 이씨 부부 세 사람만이 뽕나무 숲속에 있었다. 전선생이 이생을 돌아보며 말했다.
"그대를 위해 있는 힘을 다 했는데 일이 잘 되어서 매우 기쁘오. 이제 부인을 데리고 집으로 돌아가시오. 친척들을 만나거든 그저 부인이 저절로 살아났다고만 말하고 삼가 다른 말은 하지 마시오. 나도 이제 떠나겠소."
이생이 부인과 함께 요주로 돌아가자, 온 집안사람들은 깜짝 놀라면서 사실을 믿지 않다가 한참 후에야 비로소 이생의 부인이 정말 살아 있는 사람이라는 것을 알았다. 그 후로 이생의 부인은 여러 명의 자식을 낳았다. 외사촌 중에서 이 일에 대해 잘 아는 사람이 말했다.
"그녀는 다른 이상한 것은 없고 그저 행동거지가 너무 가벼운 것이 보통사람과 다를 뿐이었소."

(『현괴록』)

元和中, 饒州刺史齊推女, 適隴西李某. 李舉進士, 妻方娠, 留至州宅. 至臨月, 遷至後東閣中. 其夕, 女夢丈夫, 衣冠甚偉, 瞋目按劍叱之曰: "此屋豈是汝腥穢之所乎? 亟移去. 不然, 且及禍." 明日告推, 推素剛烈, 曰: "吾忝土地主, 是何妖孼能侵耶?" 數日, 女誕育, 忽見所夢者, 卽其牀帳亂毆之. 有頃, 耳目鼻皆流血而卒. 父母傷痛女寃橫, 追悔不及. 遣遽告其夫, 俟至而歸葬于李族. 遂於郡之西北十數里官道, 權瘞之.

李生在京師, 下第將歸, 聞喪而往. 比至饒州, 妻卒已半年矣. 李亦粗知其死不得其終, 悼恨旣深, 思爲冥雪. 至近郊, 日晚, 忽於曠野見一女, 形狀服餙, 似非村婦. 李卽心動, 駐馬諦視之, 乃映草樹而沒. 李下馬就之, 至則眞其妻也. 相見悲泣. 妻曰: "且無涕泣. 幸可復生. 俟君之來, 亦已久矣. 大人剛正, 不信鬼神, 身是婦女, 不能自訴. 今日相見, 事機校遲." 李曰: "爲之奈何?" 女曰: "從此直西五里鄱亭村, 有一老人姓田, 方敎授村兒. 此九華洞中仙官也, 人莫之知. 君能至心往來, 或異諧遂."

李乃徑訪田先生, 見之, 乃膝行而前, 再拜稱曰: "下界凡賤, 敢謁大仙." 時老人方與村童授經, 見李驚避曰: "衰朽窮骨, 旦暮溘然, 郞君安有此說?" 李再拜, 扣頭不已, 老人盆難之. 自日宴至于夜分, 終不敢就坐, 拱立於前. 老人俛首良久曰: "足下誠懇如是, 吾亦何所隱焉?" 李生卽頓首流涕, 具云妻枉狀. 老人曰: "吾知之久矣. 但不蚤申訴, 今屋宅已敗, 理之不及. 吾向拒公, 蓋未有計耳. 然試爲足下作一處置."

乃起從北出, 可行百步餘, 止於桑林, 長嘯. 倐忽見一大府署, 殿宇環合, 儀衛森然, 擬於王者. 田先生衣紫帔, 據案而坐, 左右解官等列侍. 俄傳敎嘑地界, 須臾, 十數部各擁百餘騎, 前後奔馳而至. 其帥皆長丈餘, 眉目魁岸. 羅列於門屛之外, 整衣冠, 意緖蒼惶, 相問今有何事. 須臾, 謁者通地界廬山神・江瀆神・彭蠡神等, 皆趣入. 田先生問曰: "比者此州刺史女, 因産爲暴鬼所殺, 事甚寃濫, 爾等知否?" 皆俯伏應曰: "然." 又問: "何故不爲申理?" 又皆對曰: "獄訟須有其主, 此不見人訴, 無以發摘." 有問知賊姓名否, 有一人對曰: "是西漢鄱縣王吳芮. 今刺史宅, 是芮昔時所居, 至今猶恃雄豪, 侵占土地, 往往肆其暴虐. 人無奈何." 田先生曰: "卽追來." 俄頃, 縛吳芮至. 先生詰之, 不伏, 乃命追阿齊. 良久, 見李妻與吳芮庭辯. 食頃, 吳芮理屈, 乃曰: "當是産後虛弱, 見某驚怖自絶, 非故殺." 田先生曰: "殺人以挺與刃, 有以異乎?" 遂令執送天曹, 回謂: "速檢李氏壽命幾何." 頃之, 吏云: "本算更合壽三十二年, 生四男三女." 先生謂群官曰: "李氏壽算長, 若不再生, 議無厭伏. 公等所見何如?" 有一老吏前啓曰: "東晉鄴下有一人橫死, 正與此事相當. 前使葛眞君, 斷以具魂作本身, 卻歸生路. 飮食言語, 嗜欲追遊, 一切無異, 但至壽終, 不見形質耳." 田先生曰: "何謂具魂?" 吏曰: "生人三魂七魄, 死則散離, 本無所依. 今收合爲一體, 以續絃膠塗之, 大王當街發遣放回, 則與本身同矣." 田先生善, 卽顧謂李妻曰: "作此處置, 可乎?" 李妻曰: "幸甚." 俄見一吏, 別領七八女人來, 與李妻一類, 卽推而合之. 有一人, 持一器藥, 狀似稀餳. 卽於李妻身塗之, 李氏妻如空中墜地, 初甚迷悶.

天明, 盡失夜來所見, 唯田先生及李氏夫妻三人, 共在桑林中. 田先生顧謂李('顧'字原闕, '謂'下·'李'下原俱有'先'字, 據明鈔本補幷刪)生曰: "相爲極力, 且喜事成. 便可領歸. 見其親族, 但言再生, 愼無他說. 吾亦從此逝矣."

李遂同歸至州, 一家驚疑, 不爲之信, 久之, 乃知實生人也. 自爾生子數人. 其親表之中, 頗有知者, 云: "他無所異, 但擧止輕便, 異於常人耳." (出『玄怪錄』)

358 · 11(4545)
정씨녀(鄭氏女)

통주(通州)에 사는 왕거사(王居士)는 도술을 지니고 있었다. [唐나라] 회창연간(會昌年間: 841~846)에 자사(刺史) 정군(鄭君)에게는 아주 아끼는 어린 딸이 있었는데, 그 딸은 어려서부터 병치레를 많이 해 정신이 나간 것 같았다. 정군이 왕거사를 청해 그 영문을 알아보았더니 왕거사가 말했다.

"따님은 병이 난 게 아니라 살아있는 혼이 아직 그 몸에 돌아오지 않아서 그러한 것입니다."

정군이 어찌된 일이지 물어보았더니 왕거사가 말했다.

"아무 현의 현령(縣令) 아무개가 바로 따님의 전생이십니다. 몇 해 전에 죽어야 하는데, 평생 착한 일을 많이 해서 저승에서 그를 보호하여 이렇게 기한을 넘겨 올해 90살이 조금 넘었습니다. 현령이 죽는 날 따님도 치유될 것입니다."

정군이 급히 사람을 보내 알아보았더니 정말 그 현령은 90살이 넘어 있었다. 몇 달 뒤에 정군의 딸이 갑자기 술에서 깬 듯 병이 나았다. 이에 정군이 다시 사신을 보내 알아보았더니 정말 딸이 낫던 날 현령은 아무런 병도 없이 죽었다고 했다. (『선실지』)

通州有王居士者, 有道術. 會昌中, 刺史鄭君有幼女, 甚念之, 而自幼多疾, 若神魂不足者. 鄭君因請居士, 居士曰: "此女非疾, 乃生魂未歸其身." 鄭君訊其事, 居士曰: "某縣令某者, 卽此女前身也. 當死數歲矣, 以平生爲善, 以幽冥祐之,得過期,今年九十餘矣. 令歿之日,此女當愈." 鄭君急發人馳訪之,其令果九十餘矣,後月. 其女忽若醉寤,疾愈. 鄭君又使往驗,令果以女疾愈之日,無疾卒. (出『宣室志』)

358 · 12(4546)
배 공(裴 珙)

효렴(孝廉) 배공은 낙양(洛陽)에 살고 있었다. 그는 음력 오월에 정현(鄭縣)에서 서쪽으로 돌아와 단오절에 부친을 찾아뵐 작정이었다. 해질 무렵 그는 석교(石橋)에 이르렀을 때 한 젊은이를 만났는데, 젊은이 뒤로 말 탄 시종과 매와 개들이 많이 따르고 있었다. 젊은이는 배공을 돌아보며 웃으면서 말했다.

"내일 아침이 명절이라 오늘 좀더 일찍 돌아가야 하는데, 어째서 이리 늦게 가십니까?"

그리고는 행렬 뒤에서 따라오는 말을 빌려주었다. 배공은 몹시 기뻐하며 시동 두 명에게 이렇게 말했다.

"너희들은 천천히 말을 몰아 백마사(白馬寺) 서쪽에 있는 사촌 형 두온(竇溫)의 별장에 머물렀다가 내일 천천히 돌아와도 좋다."

배공은 곧바로 말에 올라탄 뒤 급히 말을 몰아 순식간에 상동문(上東門)에 도착했다. 배공은 말을 돌려주면서 그에게 작별을 고하고 헤어졌다.

배공의 집은 물의 남쪽에 있었기 때문에 배공은 급히 걸어 집안으로 들어갔는데, 집에 도착했을 때 이미 날이 어둑어둑해졌다. 집안으로 들어가 보았더니, 부모님과 배공의 누이들이 등불을 켜놓고 모여 앉아서 한창 밥을 먹고 있었다. 이에 배공이 앞으로 가서 절을 했지만 아무도 그를 돌아보지 않았다. 배공은 급히 계단에 엎드려 큰 소리로 말했다.

"소자 배공이 객지에서 돌아왔습니다."

그렇지만 또 아무도 듣지 못한 것 같았다. 배공이 급히 누이와 동생들을 불러보았지만 역시 아무도 대꾸하지 않았다. 배공은 화가 나서 다시 큰 소리로 불렀다고 생각했지만 역시 아무도 자신을 알아보지 못했다. 그저 그 부친만이 이렇게 탄식하는 것이 보였다.

"어째서 배공은 오늘도 오지 못하는가!"

그리고는 눈물을 흘리자 그 자리에 있던 사람들도 모두 울었다. 배공은 이상한 생각이 들었다.

"설마하니 내가 이물(異物)이 되었단 말인가?"

배공이 집을 나와 큰 거리에 이르러서 한참동안 배회하고 있을 때 시종을 아주 많이 거느린 한 귀인(貴人)이 멀리서 배공을 보고는 곧장 채찍으로 배공을 가리키며 말했다.

"저것은 살아 있는 사람의 혼이다."

잠시 뒤에 활집과 화살 통을 찬 사람이 길 옆에서 나오더니 말했다.

"저승에서 아뢰기를 저 사람은 효렴 배공으로 아직 죽을 때가 되지 않았다고 합니다. 방금 곤명지신(昆明池神)의 일곱째 도령이 사냥하고 돌아오는 길에 그에게 말을 빌려 주어 집으로 돌려보내면서 장난을 친 것 같습니다. 지금 당장 배공의 혼을 데리고 가서 본래 몸으로 돌려보내야 합니다."

귀인이 웃으면서 말했다.

"무도한 어린 아이가 사람의 목숨을 가지고 장난을 쳤구나. 내일 그 아비에게 서신을 보내 곤장을 치게 해야겠다."

서로 가까워지자 활집과 화살 통을 찬 사람이 배공을 불러 함께 상동문을 나섰는데, 문틈으로 빠져 나가자 바로 두온의 집에 도착했다. 배공이 가서 보았더니 자신의 몸은 뻣뻣하게 굳은 채로 죽어 있었고, 시동 두 명은 그 주위에 서서 울고 있었다. 활집과 화살 통을 맨 사람이 그에게 눈을 감게 한 뒤에 뒤에서 그를 시체 안으로 밀어 넣자 배공은 깨어났다. 그러자 하인들이 말했다.

"조금 전에 석교에 이르렀을 때 살펴보았더니 도련님께서 갑자기 병이 나셔서 이상한 말씀을 하시기에 그 병세가 심해질 까 걱정되어 이곳에 들어 왔습니다. 그런데 이곳에 도착해서 보았더니 이미 숨이 끊긴 상태였습니다."

배공은 깜짝 놀라 한참동안 탄식했는데, 잠시 뒤에 아무 탈도 없었다.
(『집이기』)

孝廉裴珙, 家洛陽. 仲夏, 自鄭西歸, 及端午以覲親焉. 日晚, 方至石橋, 忽有少年, 騎從鷹犬甚衆. 顧珙笑曰: "明旦節日, 今當蚤歸, 何遲遲也?" 乃以後乘借之. 珙甚喜, 謂二童曰: "爾可緩驅, 投宿于白馬寺西表兄竇溫之墅, 明日徐歸可也." 因上馬疾驅, 俄頃, 至上東門. 歸其馬, 珍重而別.

珙居水南, 促步而進, 及家暝矣. 入門, 方見其親與珙之姊妹張燈會食. 珙乃前拜, 曾莫瞻顧. 因俯階高語曰: "珙自外至." 卽又不聞. 珙卽大嘑弟妹之輩, 亦無應者. 珙心神忿感, 思又極呼, 皆亦不知. 但見其親歎曰: "珙那今日不至也." 遂涕下, 而坐者皆泣. 珙私怪曰: "吾豈爲異物邪?" 因出至通衢, 徘徊久之, 有貴人導從甚盛, 遙見珙, 卽以鞭指之曰: "彼乃生者之魂也." 俄有佩櫜鞬者, 出於道左, 曰: "地界啓事, 裴珙孝廉, 命未合終. 遇昆明池神七郎子, 案鷹廻, 借馬送歸, 以爲戱耳. 今當領赴本身." 貴人微哂曰: "小兒無理, 將人命爲戱. 明日與尊父書, 令答之." 旣至而櫜鞬者招珙, 復出上東門, 度門隙中, 至寶莊. 方見其形僵仆, 二童環泣呦呦焉. 櫜鞬者令其閉目, 自後推之, 省然而蘇. 其二童皆云: "向者行至石橋, 察郞君疾作, 語言大異, 懼其將甚, 投於此. 旣至, 則已絶矣." 珙驚嘆久之, 少頃無恙. (出『集異記』)

358・13(4547)
서주군리(舒州軍吏)

왕기(王琪)가 서주자사(舒州刺史)로 있을 때 휘하 군리(軍吏) 방(方) 아무개의 집에 갑자기 귀신이 내려와서 스스로 이렇게 말했다.

"내 성은 두씨(杜氏)이고 나이는 스물 살이며 광릉(廣陵) 부자의 자식으로, 통사교(通泗橋)의 서쪽에 살고 있소. 나는 전생에 당신에게 돈 10만 냥을 빚졌는데, 지금 저승에서 나에게 신(神)이 되어 당신께 이 빚을 갚게 해주셨소."

그리하여 귀신은 다른 사람에게 화복을 점쳐 주었는데, 그 말이 대부분 적중했다. 방 아무개는 집안이 가난한 것을 이유로 왕기에게 진장(鎭將) 자리 하나를 마련해달라 할 참이었는데, 귀신에게 이렇게 물었다.

"내가 바라는 바를 얻을 수 있겠습니까?"

그러자 귀신이 말했다.

"알겠소. 내 한번 물어보리다."

잠시 뒤에 귀신이 다시 와서 말했다.

"틀림없이 얻을 것이오. 그 진의 이름 가운데 한 글자가 정방형일 뿐, 다른 것은 알 수 없소."

얼마 뒤에 방 아무개는 쌍항진장(雙港鎭將) 자리를 얻고는 귀신의 말이 들어맞지 않았다고 생각했다. 그런데 방 아무개가 부임지에 도착하기 전에 왕기가 방 아무개에게 이렇게 말했다.

"방금 군에서 공문서 한 통이 왔는데 이미 다른 사람을 보내 쌍항진장으로 삼았다고 하니, 내 지금 자네에게 환구진장(皖口鎭將)이 될 것을 명하는 바이오."

결국 방 아무개는 귀신의 말대로 되었다. 그로부터 1년 남짓 뒤에 귀신이 갑자기 이렇게 말했다.

"나는 이제 당신에게 진 빚을 충분히 갚았소."

귀신은 이별을 고하더니 떠나갔는데, 더 이상은 귀신의 말소리가 들리지 않았다. 방 아무개가 후에 광릉에 가서 두씨 집안을 찾아가 그 아들에게 대해서 물었더니, 이렇게 말했다.

"내 동생의 둘째 아들이 갑자기 병이 나서 마치 미치광이처럼 행동하더니, 1년 남짓 뒤에 병이 나았습니다."

(『계신록』)

王琪爲舒州刺史, 有軍吏方某者, 其家忽有鬼降, 自言: "姓杜, 年二十, 廣陵富家子, 居通泗橋之西. 前生欠君錢十萬, 今地府使我爲神神, 償君此債爾." 因爲人占候禍福, 其言多中. 方以家貧告琪, 求爲一鎭將, 因問鬼: "吾所求可得否?" 鬼曰: "諾. 吾將問之." 良久乃至曰: "必得之. 其鎭名一字正方, 他不能識矣." 旣而得雙港鎭將, 以爲其言無驗. 未及之任, 忽謂方曰: "適得軍牒, 軍中令一人來爲雙港鎭將, 吾今以爾爲皖口鎭將." 竟如其言. 凡歲餘, 鬼忽言曰: "吾還君債足." 告別而去, 遂寂然. 方後至廣陵, 訪得杜氏, 問其弟子, 云: "吾弟二子, 頃忽病, 如癡人, 歲餘愈矣." (出『稽神錄』)

태평광기 권제359 요괴(妖怪) 1

1. 무도녀(武都女)
2. 동방삭(東方朔)
3. 쌍두계(雙頭鷄)
4. 장유(張遺)
5. 적선(翟宣)
6. 장중영(臧仲英)
7. 돈구인(頓丘人)
8. 왕기(王基)
9. 응거(應璩)
10. 공손연(公孫淵)
11. 제갈각(諸葛恪)
12. 영릉태수녀(零陵太守女)
13. 형양요씨(滎陽廖氏)
14. 도황(陶璜)
15. 조왕륜(趙王倫)
16. 장빙(張騁)
17. 회요(懷瑤)
18. 배해(裴楷)
19. 위관(衛瓘)
20. 가밀(賈謐)
21. 유교(劉嶠)
22. 왕돈(王敦)
23. 왕헌(王獻)
24. 유총(劉寵)
25. 환온부참군(桓溫府參軍)
26. 곽씨(郭氏)

359 · 1(4548)
무도녀(武都女)

　무도에 살던 한 남자가 여자로 변했는데, 아름답고 요염한 것이 아마도 여자요물인 것 같았다. 촉왕(蜀王)이 그 여자를 왕비로 맞아들였으나 여자는 그곳 풍토가 맞지 않는다며 떠나려고 했다. 왕은 그녀를 못 가게 잡아두고 「동평가(東平歌)」로써 즐겁게 해 주었으나 얼마 지나지 않아 그녀는 죽고 말았다. 왕은 슬퍼하며 다섯 명의 장정을 무도로 보내 그곳의 흙을 실어오게 해서는 왕비의 무덤을 만들어주었다. 그 무덤은 넓이가 몇 무(畝)나 되었고 높이는 7장(丈)이나 되었으며 위에는 석경(石鏡)이 있었다. 지금 성도(成都) 북쪽 언덕에 있는 무담(武擔)이 바로 그것이다. (『화양국지』)

　武都有一丈夫, 化爲女子, 美而豔, 蓋女(明鈔本'女'作'山')精也. 蜀王納爲妃, 不習水土, 欲去. 王留之, 乃爲「東平」之歌以樂之, 無幾物故. 王哀之, 乃遣五丁之武都, 擔土爲妃作塚. 蓋地數畝, 高七丈, 上有石鏡. 今成都北角('角'原作'商', 據明鈔本改)武擔是也. (出『華陽國志』)

359 · 2(4549)
동방삭(東方朔)

한(漢)나라 무제(武帝)가 동쪽을 순유(巡遊)하다가 함곡관(函谷關)에 도착했을 때 한 물체가 길을 막아섰는데, 키는 몇 장(丈)이나 되었고 생김새는 코끼리나 소 비슷했으며 눈은 파란색으로 광채가 번득였다. 또 네 발을 땅 속에 박고 있어 사람들이 아무리 움직이러 해도 꿈쩍도 하지 않았다. 백관들은 모두 놀라 벌벌 떨었으나 동방삭만은 술을 가져오게 해 그 물체 위에 뿌렸다. 그렇게 수십 곡(斛: 10말)을 뿌리자 그 물체는 이내 사라졌다. 무제가 그 까닭을 물으니 동방삭이 대답했다.

"이것은 우(憂)라고 하는 것으로, 환(患)이 낳은 것입니다. 이곳은 진(秦)나라 때의 감옥 터가 분명합니다. 그렇지 않으면 죄인들이 옮겨와 모여 살았던 곳일 겁니다. 대저 술이란 근심[憂]을 잊게 하는 것이라, 그것을 없앨 수 있는 것이지요."

무제가 말했다.

"온갖 사물에 두루 정통한 선비라더니 이런 경지에까지 이르렀단 말인가!"

(『수신기』)

漢武帝東遊, 至函谷關, 有物當道, 其身長數丈, 其狀象牛, 靑眼而曜精. 四足入土, 動而不徙. 百官驚懼, 東方朔乃請酒灌之. 灌之數十斛而消. 帝問其故, 答曰: "此名憂, 患之所生也. 此必是秦之獄地. 不然, 罪人徒作地聚. 夫酒忘憂, 故能消之也." 帝曰: "博物之士, 至於此乎!" (出 『搜神記』)

359 · 3(4550)
쌍두계(雙頭雞)

한(漢)나라 태초(太初) 2년(103)에, 대월지(大月氏: 원문에는 '氏'가 '氐'로 잘못 되어있음. 月氏는 月支라고도 하며 서역에 사는 부족국의 이름임)에서 머리 둘 달린 닭을 진공해왔는데, 다리는 네 개였고 꼬리는 하나였으며 하나가 울면 나머지도 따라 울었다. 무제(武帝)는 이것을 감천관(甘泉舘)에 가져다두게 하면서, 혹 다른 닭들과 교배라도 하게 되면 그 씨를 더 받을 수 있으리라 생각했다. 그런데 [감천관으로 옮겨 간] 머리 둘 달린 닭이 더 이상 울지 못하자 불길한 조짐이라 생각하여 무제는 그것을 다시 서역(西域)으로 돌려보냈다. 서관(西關)에 이르렀을 때, 그 닭은 고개를 돌려 멀리 한나라 궁궐을 바라보며 슬피 울었다. 당시에 다음과 같은 말이 떠돌았다.

"삼칠(三七:『漢書・路溫舒傳』에 의하면 路溫舒는 조부로부터 曆數와 天文을 배웠는데 漢나라가 37支干에 액운을 당할 것이라 여겼음. 三七은 210년을 의미하는데, 漢初부터 哀帝 元年까지가 201년이고 平帝가 崩御하기까지가 211년임) 말에 닭도 안 울고 개도 짖지 않을 것이며, 궁중에 가시나무가 어지러이 자라나고, 구호(九虎)가 제위(帝位)를 다투어 차지할 것이다."

왕망(王莽)은 제위를 찬탈하고 구호장군(九虎將軍)라는 호칭을 썼다. 그 후 전란이 수도 없이 일어나 궁중에는 쑥대 풀과 가시나무가 뒤엉겨 자라났으며 집집마다 개와 닭이 남아나지 않았다. 이 머리 둘 달린 닭은 월지(月支)에 미처 당도하기도 전에 날아가 버렸는데, 마치 곤계(鵾雞:

古書에 나오는 목이 길고 주둥이가 붉은 학처럼 생긴 닭)와 같은 소리를 내며 저 멀리 구름 속으로 날아올라갔다. (『습유록』)

漢太初二年, 大月氏貢雙頭雞, 四足一尾, 鳴則俱鳴. 武帝致于甘泉舘, 更有餘雞媲之, 得種類也. 而不能鳴, 非吉祥也, 帝乃送還西域. 至西關, 雞返顧, 望漢宮而哀鳴. 言曰: "三七末, 雞不鳴, 犬不吠, 宮中荊棘亂相移, 當有九虎爭爲帝." 至王莽篡位, 將軍九虎之號. 其後喪亂弘多, 宮掖中並生蒿棘, 家無雞犬. 此雞未至月支, 乃飛, 而聲似鵾雞, 翶翔雲裏. (出『拾遺錄』)

359 · 4(4551)
장 유(張 遺)

(『搜神記』에는 '遺'자가 '遼'자로 되어있다)

계양태수(桂陽太守) 강하(江夏) 사람 장유는 자(字)가 숙고(叔高)로 언릉(鄢陵)에 살고 있었다. 밭 가운데 둘레가 열 아름이나 되고 드리운 그늘이 6무(畝)나 되는 커다란 나무가 있었는데, 나뭇잎이 빽빽이 붙어 있어 그 아래 땅을 가리는 탓에 곡식이나 풀이 자라지 못했다. 장유는 식객을 보내 그 나무를 베어버리게 했는데, 몇 번 도끼질을 하자 나무에서 피가 철철 흐르는 바람에 식객은 깜짝 놀라 두려움에 떨며 돌아와 숙고에게 이 사실을 고했다. 그러자 숙고가 화를 내며 말했다.

"나무가 늙어 수액(樹液)이 나온 것이거늘 그까짓 게 뭐가 이상하다는 게냐?"

그리고는 직접 가서 나무를 베었는데, 피가 많이 흘렀으나 숙고는 아랑곳하지 않고 다시 베었다. 그랬더니 한 구멍에서 키가 4~5척쯤 되어 보이는 백발노인이 튀어나와 숙고에게 다가왔다. 숙고가 칼을 높이 휘둘러 노인을 베어 죽였더니 이번에는 너 댓 명의 노인이 한꺼번에 튀어나왔다. 좌우 사람들은 모두 놀라고 겁에 질려 땅에 엎드려 있었으나 숙고만은 여전히 태연자약하기만 했다. 여러 사람들이 천천히 살펴보니 [그 백발노인들은] 사람 같기도 하고 아닌 것 같기도 하고 짐승 같기도 하고 아닌 것 같기도 했다. 그것은 바로 목석지괴(木石之怪)라고 불리는 기망량(夔魍魎: 夔는 용과 같이 생긴 외발 괴물이고 魍魎은 산의 요괴임)이었다. 그 나무를 베어버린 해에 숙고는 사공어사(司空御史)에 초징되어 연주자사(兗州刺史)가 되었다. (『법원주림』[『수신기』])

桂陽太守江夏張遺, 字叔高, 居隔('居'上原有'隱'字, 據明鈔本刪. '隔'字原闕, 據『法苑珠林』三一補)陵. 田中有大樹, 十圍餘, 蓋六畝, 枝葉扶疎, 蟠地不生谷草. 遺客斫之, 斧數下, 樹大血出, 客驚怖, 歸白叔高. 叔高怒曰:"老樹汗出, 此等何怪?"因自斫之, 血大流出, 叔高更斫之. 又有一空處, 白頭老翁長四五尺, 突出趁('趁'原作'稱', 據『法苑珠林』三一改)叔高. 叔高以刀迎斫, 殺之, 四五老翁並出. 左右皆驚怖伏地, 叔高神慮恬然如舊. 諸人徐視之, 似人非人, 似獸非獸. 此所謂木石之怪夔魍魎者乎. 其伐樹年中, 叔高辟司空御史兗州刺史. (出『法苑珠林』,『法苑珠林』四二作'出『搜神記』')

359 · 5(4552)
적선(翟 宣)

왕망(王莽)이 섭(攝) 땅에 살고 있을 때 동군태수(東郡太守) 적의(翟義)는 그가 장차 제위를 찬탈할 것임을 알고 군사를 일으켜 [그를 토벌할] 일을 모의했다. 그때 적의의 형 적선은 강당 가득 학생들을 모아놓고 가르치고 있었는데, 보았더니 기러기 수십 마리가 뜰에 모여든 것을 개 한 마리가 나타나 쫓아가며 물어뜯는 것이었다. [이를 보고 적선과 학생들은] 모두 놀라 기러기를 구하려고 해 보았으나 기러기들은 이미 목이 다 잘려있었고 개는 문 밖으로 나가버려 아무리 찾아도 간 곳을 알 수 없었다. 적선은 이 일을 너무나 꺼림칙하게 생각했다. 며칠 후 왕망이 그의 집안 삼족(三族)을 멸했다. (『수신기』)

王莽居攝, 東郡太守翟義, 知其將簒也, 謀擧兵. 兄宣, 敎授諸生滿堂, 群鴈數十中庭, 有狗從而齧之. 皆驚, 比救之, 皆斷頭, 狗走出門, 求不知處. 宣大惡之數日, 莽夷其三族. (出『搜神記』)

359 · 6(4553)
장중영(臧仲英)

부풍(扶風)의 장중영은 시어사(侍御史)였다. [한번은] 집안 식구가 밥을 짓고 있는데 밥 위에 먼지가 있었고, 밥이 다 되었을 때는 솥이 온데간데없이 사라졌으며 무기와 활이 저절로 걸어 다녔다. 또 [한번은] 옷상자 안에서 불이 나 옷이 다 탔으나 상자는 온전했다. 또 아들, 며느리, 딸, 여종, 하인 할 것 없이 하루아침에 거울을 전부 잃어버렸는데, 며칠 뒤에 당 아래에서 정원으로 거울이 툭 떨어지면서 이런 소리가 들려왔다.

"너희들의 거울을 돌려주마."

장중영의 손녀는 네 살이었는데, 어느 날 갑자기 사라져 아무리 찾아도 찾을 수가 없더니 2~3일 뒤에 뒷간 똥통 아래에서 울고 있었다. 이런 일이 한 두 가지가 아니었다. 허계산(許季山)이 그에게 이렇게 말했다.

"어르신 집안에는 분명 푸른 개가 있을 터인데, 집안의 마부 개희(蓋喜)라는 자가 그 개와 더불어 이런 짓을 벌이고 있습니다. 이 일을 진실로 막고 싶으시다면 그 개를 죽이고 개희를 고향으로 돌려보내십시오."

허계산의 말대로 했더니 괴상한 일은 더 이상 생기지 않았고 장중영은 태위장사(太尉長史) 겸 노상(魯相)으로 승진했다. (『수신기』)

扶風臧仲英爲侍御史. 家人作食, 有塵垢在焉, 炊熟, 不知釜處, 兵弩自行. 火從篋中起, 衣盡燒而篋簏如故. 兒婦女婢使, 一旦盡亡('亡'原作'之', 據明鈔本改) 其鏡, 數日後, 從堂下投庭中, 言: "還汝鏡." 女孫年四歲, 亡之, 求之不知處, 二三日, 乃於圊中糞下嘅. 若此非一. 許季山上之曰: "家當有靑狗, 內中御者名蓋喜, 與共爲之. 誠欲絶之, 殺此('此'原作'之', 據明鈔本改)狗, 遣蓋喜歸鄕里." 從之遂絶, 仲英遷太尉長史魯相. (出『搜神記』)

359 · 7(4554)
돈구인(頓丘人)

[魏나라] 황초연간(黃初年間: 220~226)에 돈구현(頓丘縣) 경계에 말을 타고 밤길을 가고 있던 어떤 사람이 길에서 한 물체를 보았는데, 크기는 토끼만 했고 두 눈은 거울 같았다. 그 물체는 다리에 뛰어 올라 말을 막으며 그 사람으로 하여금 앞으로 나아가지 못하게 했다. 그 사람이 놀라고 두려워 말에서 떨어지자 그 괴물은 땅으로 내려와 그 사람을 공격했다. 그 사람은 공포에 질려 있다가 한참 만에 풀려났는데, 보았더니 괴물은 이미 어디론가 사라지고 없었다.

그 사람은 다시 말을 타고 몇 리 가다가 사람 모습을 한 물체와 마주쳤다. 그 사람은 그 물체와 인사를 나눈 다음 방금 겪었던 이상한 일에 대해 이야기를 하면서 지금 이렇게 서로 만나게 되어 매우 기쁘다고 말했다. 그랬더니 사람 모습을 한 물체가 말했다.

"나는 혼자 길을 가고 있었는데, 그대와 만나 길동무가 되었으니 기쁘기 짝이 없소. 그대가 말을 타고 앞장서서 빨리 가면 나는 그대 뒤를 따르겠소."

이렇게 해서 둘은 함께 길을 가게 되었는데, [사람 모습을 한 물체가] 이렇게 물어왔다.

"아까 그 물체가 대체 어땠기에 그대가 이토록 두려워하는 것이오?"

그 사람이 대답했다.

"몸은 토끼만하고 눈은 거울 같은 게 그 모습이 끔찍하기 짝이 없었습니다."

사람 모습을 한 물체가 말했다.

"내 눈을 한번 돌아다보시오."

그 사람이 보았더니 그 물체는 바로 아까 그 괴물이었다. 그 괴물이 말에 뛰어올라가자 그 사람은 말에서 떨어져 겁에 질려 거의 죽을 지경이 되었다. 그의 집안 식구들은 말이 혼자 돌아온 것을 이상하게 여겨 그 사람을 찾아보러 길로 나갔다가 길가에서 찾아냈는데, 하룻밤 만에 다시 깨어난 그 사람이 사람들에게 이 이야기를 해주었다. (『수신기』)

黃初中, 頓丘界騎馬夜行者, 見道中有物, 大如兔, 兩眼如鏡. 跳梁遮馬, 令不得前. 人遂驚懼墮馬, 魅便就地犯之. 人懼驚怖, 良久得解, 遂失魅, 不知所往.

乃更上馬, 前行數里, 逢一人相('相'字原闕, 據明鈔本補). 問訊('問'下原有'曰'字, 據明鈔本刪), 因說向者之事變如此, 今相得甚懽. 人曰: "我獨行, 得君爲伴, 快不可言. 君馬行疾前, 我在後相隨也." 遂共行, 乃問: "向者物何如, 乃令君如此怖?" 對曰: "身如兔, 眼如鏡, 形狀可惡." 人曰: "試顧我眼." 又觀視之, 猶復是也. 魅就跳上馬, 人遂墮地, 怖死. 家人怪馬獨歸, 卽行推索, 於道邊得之, 宿昔乃蘇, 說事如此狀. (出『搜神記』)

359·8(4555)
왕 기(王 基)

안평태수(安平太守) 왕기는 집에 여러 차례 요괴가 나타나자 관로(管

輅)로 하여금 시초 점을 쳐보게 했는데, 괘가 나오자 관로가 말했다.

"당신의 괘를 보니, 한 천민이 남자아이를 낳았는데, 땅에 떨어지자마자 부엌으로 걸어 들어가 죽고 말았습니다. 또 평상 위에 커다란 뱀 한 마리가 붓을 입에 물고 있었는데, 집안 식구들이 어른 아이 할 것 없이 와서 구경을 하자 눈 깜짝할 사이에 사라져 버렸습니다. 또 새가 집으로 들어와 제비와 서로 싸우다가 제비는 죽고 새는 가버렸습니다. 당신에게는 이 세 가지 괘가 나오는군요."

왕기는 크게 놀라하며 이렇게 말했다.

"정말로 잘 들어맞는다더니, 이렇게까지 정확할 수가 있단 말이오! 길흉을 좀 점쳐주시오."

관로가 말했다.

"다른 재앙은 없습니다. 그저 관사가 너무 오래되어서 요괴나 도깨비들이 서로 요망한 짓을 하고 있을 뿐입니다. 아이가 태어나자마자 부엌으로 들어간 것은 송무기(宋無忌:『白澤圖』에 의하면 宋無忌는 불의 요괴라 함)가 한 짓이고, 큰 뱀은 늙은 서좌(書佐: 문서를 관장하는 書吏)이며, 새와 제비가 서로 다툰 것은 늙은 시종이 한 짓입니다. 대저 정신이 올바른 자는 요괴가 어지럽히지 못합니다. 만물의 변화는 도술로 막을 수 있는 것이 아닙니다. 오랜 세월을 살아온 떠도는 요물들은 정해진 운수를 가지고 있습니다. 지금 괘에는 흉조가 나타나지 않으니, 이러한 일들은 그저 이 요물들이 어딘가에 붙어 일으킨 것이지 요망한 재앙을 불러일으킬 징조는 아니라는 것을 알 수 있습니다. 옛날 [殷나라] 고종(高宗)의 세발솥은 꿩이 울어야 할 곳이 아니었으며[은나라 고종이 즉위한 후 종묘에서 제사를 지내고 있었는데, 꿩이 세발솥 손잡이 위에 날아와 앉아 울어대자 한 대신이 왕이 失德하여 이런 징조가 보이는 것이라며 왕에게 德政을 베풀 것을 훈계했다고 함], 태술(太戌)의 계단은 뽕나무가 자라야 할 곳이 아니었습니다[伊涉이 商王 太戌의 재상으로 있을 때 조정에 뽕나무가 자라나자 모두들 불길한 조짐이라 여겼으나 伊涉은 이 일을 계기로 太戌에게 덕을 닦을 것을 권면했다 함]. 그렇지만 요괴가 그 두 곳에 나타나 2년 만에 모두 번성하게 되었으니 [당신에게 일어난] 그 세 가지 일이 길조가 아닐지 또한 어찌 알겠습니까? 원컨대 부군(府君: 王基)께서는 마음을 가라앉히시고 도를 닦으시면서 귀신이 재앙을 일으킬까 두려워하지 마십시오."

그 후에 왕기에게는 아무 일도 생기지 않았으며 안남장군(安南將軍)으로 승진했다. (『수신기』)

安平太守王基, 家數有恠, 使管輅筮之, 卦成, 輅曰: "君之卦, 當有一賤人生一男, 墮地, 便走入竈中死. 又牀上當有一大蛇銜筆, 大小共視, 須臾便去. 又鳥來入室, 與燕鬪, 燕死鳥去. 有此三卦." 王基大驚曰: "精義之致, 乃至於此! 幸爲處其吉凶." 輅曰: "非有他禍. 直以官舍久遠, 魑魅魍魎, 共爲妖耳. 兒生入灶, 宋無忌之爲也, 大蛇者, 老書佐也, 鳥與燕鬪者, 老鈴下也. 夫神明之正者, 非妖能亂也. 萬物之變, 非道所止也. 久遠之浮精, 必能之定數也. 今卦中不見其凶, 故知假託之類, 非咎妖之徵. 昔高宗之鼎, 非雉所雊, 太戌之階, 非桑所生. 然而妖並至, 二年俱興, 安知三事不爲吉祥? 願府君安神養道, 勿恐於神姦也." 後卒無他, 遷爲安南將軍. (出『搜神記』)

359·9(4556)
응거(應璩)

주건평(朱建平)은 관상을 잘 보았는데, 한번은 응거의 관상을 보고 이렇게 말했다.

"그대는 62세까지 살겠고 그때는 상백(常伯)의 자리에 있을 것이오. 죽기 1년 전에 흰 개 한 마리를 보게 될 것이오."

응거는 61세일 때 시중(侍中)이 되어 내성(內省)에서 근무하고 있었는데, 문득 흰 개 한 마리를 보았으나 다른 사람들은 모두 보지 못했다. 응거는 급히 여기저기를 유람 다니며 마시고 놀면서 스스로 즐기다가 62세에 죽었다. (『위지』)

朱建平善相, 相應璩曰:"君年六十二, 位爲常伯. 先此一年, 當獨見白狗也." 璩年六十一, 爲侍中, 直內省, 忽見白狗, 衆人悉不見. 作急遊觀, 飮讌自娛, 六十二卒. (出『魏志』)

359·10(4557)
공손연(公孫淵)

위(魏)나라의 태부(太傅) 사마의(司馬懿)는 공손연을 평정하고 공손연 부자를 참수했다. 이에 앞서 공손연의 집에 붉은 건책을 쓰고 진홍 비단 옷을 입은 개가 나타났다. 또 양평성(襄平城) 북쪽 시장에 살아 움직이는 고기 덩이가 나타났는데, 머리와 눈은 달려있었으나 팔 다리가 없는 채로 이리저리 흔들거렸다. 점치는 사람이 말했다.

"형체는 있되 모습이 갖추어지지 않았고, 육체는 있되 소리가 없으니, 그 나라가 멸망하리라."

(『수신기』)

魏司馬太傅懿平公孫淵, 斬淵父子. 先時淵家有犬, 著朱幘絳衣. 襄平城北市, 生肉, 有頭目, 無手足而動搖. 占者曰: "有形不成, 有體無聲, 其國滅亡." (出『搜神記』)

359 · 11(4558)
제갈각(諸葛恪)

제갈각은 단양태수(丹陽太守)로 있을 때 두 산 사이로 수렵을 나갔는데, 어린아이만한 한 물체가 나타나더니 손을 뻗어 사람을 잡아당기려 했다. 제갈각이 손을 뻗어 그것을 잡아당겨 서있던 곳을 떠나게 했더니 그 물체는 땅에서 발이 떨어지자마자 바로 죽어버렸다. 참좌(參佐)가 신명(神明)일 것이라 생각하며 어찌된 영문인지 물었더니 제갈각이 말했다.

"이 일은 『백택도(白澤圖)』 안에도 보인다네. 책에서 말하기를 '두 산 사이에 어린아이와 같은 요괴가 있는데, 사람을 보면 손을 뻗어 끌고 가려 한다. 그것의 이름은 사(傒)이다. 그러나 사람이 그것을 끌어 원래 있던 곳을 떠나게 되면 즉시 죽어버린다'라고 적혀있다네. 그걸 무슨 대단한 신명이라며 이상하게 생각하지 말게. 그저 자네들이 보지 못했을 뿐이야."

(『수신기』)

諸葛恪爲丹陽太守, 出獵兩山之間, 有物如小兒, 伸手欲引人. 恪令伸之, 仍引去故地, 去故地卽死. 旣而參佐問其故, 以爲神明, 恪曰: "此事在『白澤圖』內. 曰: '兩山之間, 其精如小兒, 見人則伸手欲引人. 名曰俟. 引去故地則死.' 無謂神明而異之. 諸君偶未之見耳." (出『搜神記』)

359 · 12(4559)
영릉태수녀(零陵太守女)

영릉태수 사(史)(이름은 빠져있다) 아무개에게 딸이 있었는데, 서리(書吏)를 사랑했다. 그녀는 몰래 몸종을 보내 서리의 세수한 물을 가져오게 해서 마셨는데, 결국 임신을 하게 되어 열 달 만에 아들을 하나 낳았다. 아이의 돌 날 태수는 딸에게 그 아이를 데리고 집을 나가라고 했다. 그랬더니 아이는 기어서 서리의 품안으로 들어갔는데, 서리가 아이를 밀쳐내자 땅에 넘어지더니 이내 물로 변했다. 태수가 이 일을 딸에게 캐문자 딸은 전에 있었던 일을 말해주었다. 태수는 결국 딸을 그 서리에게 시집보냈다. (『수신기』)

零陵太守史(闕其名)有女, 悅書吏. 乃密使侍婢, 取吏盥殘水飮之, 遂有孕, 十月而生一子. 及晬, 太守令抱出門. 兒匍匐入吏懷, 吏推之, 仆地化爲水. 窮問之, 省前事. 太守遂以女妻其吏. (出『搜神記』)

359・13(4560)
형양요씨(滎陽廖氏)

 형양군에 요씨 성을 가진 집이 있었는데, 집안 대대로 독사를 섬겨 부자가 되었다. 후에 며느리를 들일 적에 그 집에서는 그 사실을 말해주지 않았다. 한번은 온 집안 식구가 모두 외출을 하고 며느리만이 남아 집을 보고 있었는데, 집 안에 커다란 항아리가 하나 있는 것을 보고는 한번 열어보았다. 그런데 그 안에 커다란 뱀이 들어있는 것을 보고 물을 끓여 와서는 그 위에 부어 뱀을 죽였다. 집 식구가 돌아왔을 때 며느리가 그 일을 이야기하자 식구들은 모두 깜짝 놀라하며 탄식했다. 얼마 후 그 집에 역질이 돌아 식구들이 거의 다 죽어나갔다.
 또 담유(曇遊)라는 스님이 있었는데, 그 스님은 불가의 계율과 고행에 정진했다. 그때 섬현(剡縣)에 독지네를 섬기던 집이 하나 있었는데, 그 집 음식을 먹은 사람들은 하나같이 피를 토하며 죽었다. 담유 스님이 그 집을 찾아갔더니 주인이 음식을 차려놓았다. 담유 스님이 주문을 외웠더니 1척도 넘는 지네 한 쌍이 쟁반 속에서 기어 나왔다. 담유 스님은 배불리 먹고 돌아갔으나 아무런 탈도 생기지 않았다. (『영귀지』・『수신기』)

 滎陽郡有一家, 姓廖, 累世爲蠱, 以此致富. 後取新婦, 不以此語之. 曾遇家人咸出, 唯此婦守舍, 忽見屋中有大缸, 婦試發之. 見有大蛇, 婦乃作湯, 灌殺之. 及家人歸, 婦具白其事, 擧家驚惋. 未幾, 其家疾疫, 死亡畧盡.

又有沙門曇遊, 戒行淸苦. 時剡縣有一家事蠱, 人噉其食飮, 無不吐血而死. 曇遊曾詣之, 主人下('下'原作'不', 據明鈔本改)食. 遊便咒焉, 見一雙蜈蚣, 長尺餘, 於盤中走出. 遊因飽食而歸, 竟無他. (出『靈鬼志』及『搜神記』)

359 · 14(4561)
도 황(陶 璜)

노왕(盧王)의 부장(部將) 도황은 땅을 파다가 땅 구멍 속에서 흰색의 한 물체를 발견했는데, 모습은 누에 같았으나 길이가 몇 장(丈)이나 되었고, 둘레가 10아름도 넘었다. 꿈틀꿈틀하면서 움직이는 것이 도무지 무엇인지 알 수가 없었다. 도황이 그 물체의 배를 갈라보았더니 안은 마치 돼지비계와도 같기에 그것을 잡아 국을 끓여 먹었는데, 맛이 아주 좋았다. 도황이 먼저 한 그릇을 먹은 다음에 삼군(三軍)들이 모두 먹어 치웠다.『임해이물지(臨海異物志)』에 다음과 같은 구절이 있다.

"토육(土肉)이라는 것이 있는데, 고기 빛깔은 검고 어린아이 팔뚝만한 두께에 길이는 5촌(寸) 정도 되며, 속에 내장이 있다. 또 눈은 없고 다리만 30개가 있으며 그 모습은 비녀와 같다. 큰 놈은 길이가 1척도 넘고 살코기는 아주 맛이 좋다. 또 양수충(陽遂蟲)이라는 것이 있는데, 그 등은 검푸른 색이고 창자 아래 부분은 흰색이다. 다섯 가지 색깔이 있는데, 그 길이와 크기는 모두 같으며 어디가 머리고 어디가 꼬리인지

분간을 할 수 없다. 살아있을 때는 몸이 연하지만 죽으면 바삭바삭해진
다.”

(『감응경』)

盧王將陶璜, 掘地, 於土穴中得一物, 白色, 形似蠶, 長數丈, 大十圍餘. 蠕蠕
而動, 莫能名('名'原作'多', 據明鈔本改). 剖腹, 內如猪肪, 遂以爲臛, 甚香美. 璜
唅啖一杯, 於是三軍盡食之.『臨海異物志』云: "土肉正黑, 如小兒臂大, 長('大
長'原作'長大', 據明鈔本・陳校本改)五寸, 中有腸. 無目, 有三十足, 如釵股. 大
者一頭長尺餘, 中肉味. 又有陽遂蟲, 其背靑黑, 腸下白. 有五色, 長短大小皆等,
不知首尾所在. 生時體軟, 死則乾脆." (出『感應經』)

359 · 15(4562)
조왕륜(趙王倫)

[晉나라] 영강년(永康年: 300) 초에 조왕 사마륜(司馬倫)이 제위를 찬탈했다. 그때 도성에 새가 한 마리 나타났는데, 그 이름을 알 수 없었다. 사마륜은 사람을 시켜 그것을 가지고 나가 성읍을 돌아다니며 사람들에게 물어보게 했다. 며칠 후 한 어린아이가 그 새를 보더니 혼잣말로 이렇게 이야기 했다.

"휴류(鵂鶹: 올빼미 과에 속하는 새)네!"

그 사람이 돌아와 사마륜에게 아뢰자 사마륜은 그 사람으로 하여금 다시 그 소년을 찾아오게 했다. 그 사람이 아이를 발견하여 데리고 궁으

로 들어왔더니 사마륜은 새를 조롱 속에 가두고 아이 또한 [감옥에] 넣었다. 그런데 다음 날 보았더니 문은 여전히 닫힌 채로인데 [아이와 새가] 모두 사라지고 보이지 않았다. 그때 사마륜은 눈에 혹이 생기는 병을 앓고 있었으므로 '휴류['鵂鶹'는 발음이 '休瘤'와 같은데, 혹부리 즉 사마륜이 머지않아 죽게 되리라는 뜻을 함유하고 있는 것으로 추정함]'라고 했던 것이었다. 사마륜은 얼마 있다 주살당했다. (『광고금오행기』)

永康初, 趙王倫篡位. 京師得一鳥, 莫能名. 倫使人持出, 周旋城邑以問人. 積日, 有一小兒見之, 自言曰: "鵂鶹!" 卽還白倫, 倫使更求. 又見之, 乃將入宮, 密籠鳥, 幷閉小兒. 明日視之, 封閉如故, 悉不見. 時倫有目瘤之疾, 故言'鵂鶹'. 倫尋被誅. (出『廣古今五行記』)

359 · 16(4563)
장 빙(張 騁)

진(晉)나라 대안연간(大[太]安年間: 302~303)에 강하공조(江夏功曹) 장빙이 수레를 타고 떠돌고 있을 때 소가 이런 말을 했다.

"천하가 어지러워 나는 급히 해야 할 일이 많은데 나를 타고 어디 가시오?"

장빙과 그를 따르던 몇 명의 시종들은 모두 깜짝 놀랐으나 짐짓 그 소를 속이면서 이렇게 말했다.

"너를 돌려보낼 테니 다시는 말을 하지 말거라."

그리고는 도중에 돌아왔다. 집에 도착했을 때 아직 멍에를 풀기도 전에 소가 또 말을 했다.

"어찌하여 돌아왔소?"

장빙은 더욱 두려워져 이 일을 비밀에 붙이고 아무에게도 말하지 않았다.

안륙현(安陸縣)에 점을 잘 치는 사람이 있었는데, 장빙이 찾아가 물었더니 점괘에 대해 이렇게 말해주었다.

"아주 안 좋은 점괘입니다. 한 집안에 닥칠 그런 화가 아니라 이 나라에 전란이 일어나 한 군에 사는 사람들이 모조리 죽을 지도 모르겠습니다!"

장빙이 집에 돌아와 보니 소가 사람처럼 서서 걸어 다니고 있었으며 사람들이 모여들어 그 구경을 하고 있었다. 그해 가을, 장창(張昌)이 난을 일으켜 우선 강하(江夏)를 점령한 다음 백성들을 속이며 말하길, 한(漢) 왕조가 부흥할 것이며, 봉황(鳳凰)의 상서로운 징조가 나타나 성인이 세상을 다스릴 것임을 보여주었다고 했다. 그를 좇아 반란군에 가담한 병사들은 모두 이마에 붉은 칠을 하고 화덕(火德)의 상서로운 징조를 드러냈다. 백성들은 마음이 동하여 많은 사람이 반란군에 가담했다. 장빙 형제는 장군도위(將軍都尉: 起義軍이 스스로 설치한 관직 명.『晉書·張昌傳』에 따르면 형은 車騎將軍을 지냈고, 동생은 廣武將軍을 지냈다 함)가 되었으나 1년도 채 안 되어 패하고 말았다. 그렇게 되어 한 군이 모조리 파멸되어 죽거나 다친 사람이 반수에 달했으며 장빙 일가는 멸족되었다. 경방(京房)은 『역요(易妖)』에서 이렇게 말했다.

"소가 말을 할 수 있게 되면 그 말에 따라 길흉을 점친다."

(『수신기』)

晉大安中, 江夏功曹張騁, 乘車周旋, 牛言曰:"天下方亂, 吾甚極爲, 乘我何之?" 騁及從者數人, 皆驚懼, 因紿之曰:"令汝還, 勿復言." 乃中道還. 至家, 未釋駕, 牛又言曰:"歸何也?" 騁益憂懼, 祕而不言.

安陸縣有善卜者, 騁從之, 卜之曰:"大凶. 非一家之禍, 天下將有起兵, 一郡之內, 皆破亡乎!" 騁還家, 牛('牛'字原空闕, 據明鈔本・許本・黃本補)又人立而行, 百姓聚觀. 其秋, 張昌賊起, 先略江夏, 誑曜百姓, 以漢祚復興, 有鳳凰之瑞, 聖人當世. 從軍者皆絳抹額, 以彰火德之祥. 百姓波蕩, 從亂如歸. 騁兄弟並爲將軍都尉, 未期而敗. 於是一郡殘破, 死傷者半, 而騁家族矣. 京房『易妖』曰:"牛能言, 如其言, 占吉凶." (出『搜神記』)

359・17(4564)
회 요(懷 瑤)

진(晉)나라 원강연간(元康年間: 291~299)에 오군(吳郡) 누현(婁縣)에 있는 회요의 집에서 땅 속으로부터 들릴 듯 말 듯 강아지 짖는 소리가 들려왔다. 그 소리가 나는 위쪽으로 작은 구멍이 하나 있었는데, 크기가 겨우 지렁이 몸통만했다. 크기였다. 회요가 막대기로 그 구멍을 몇 척 깊이 쑤셔보았더니 무엇인가에 닿은 듯한 느낌이 들어 땅을 파보았다. 그랬더니 거기서 개가 나왔는데, 보통 개들보다 덩치는 크지만 아직 눈도 뜨지 못한 암수 각각 한 마리씩이었다. 회요는 그것들에게 먹이를 주었다. 이웃들이 모두 와서 그 개 구경을 했는데, 한 마을 노인이 이런 말을 했다.

"이것은 서견(犀犬)이라고 하는데, 이것을 얻는 자는 집이 부유해지고 번성하니 길러야 마땅하지."

회요는 그 개들이 아직 눈도 못 떴으므로 다시 구멍 속에 넣어주고는 맷돌로 덮어주었다. 하룻밤이 지난 뒤에 열어보았더니 양쪽에 달리 구멍도 없었는데 어디론가 사라지고 없었다. 회요 집에는 몇 년이 지나도록 좋은 일도 나쁜 일도 생기지 않았다. (『수신기』)

晉元康中, 吳郡婁縣懷瑤家, 聞地中有犬子聲隱隱. 其聲上有小穿, 大如螾. 懷以杖刺之, 入數尺, 覺如有物, 及掘視之. 得犬, 雌雄各一, 目('目'原作'穴', 據明鈔本改)猶未開, 形大於常犬也. 哺之而食. 左右咸往觀焉, 長老或云: "此名犀犬, 得之者家富昌, 宜當養活." 以爲目未開, 還置穿中, 覆以磨礱. 宿昔發視, 左右無孔, 而失所在. 瑤家積年無他福禍也. (出『搜神記』)

359 · 18(4565)
배 해(裴 楷)

진(晉)나라 배해의 집에서 밥을 짓고 있었는데 시루에다 넣어 둔 기장이 혹은 주먹으로 변했다 혹은 피로 변했다 또 혹은 무청으로 변했다. 얼마 후 배해는 죽었다. (『오행기』)

晉裴楷家中炊, 黍在甑, 或變爲拳, 或化爲血, 或作蕪菁子. 未幾而卒. (出『五行記』)

359 · 19(4566)
위 관(衛 瓘)

위관의 집안사람이 밥을 짓고 있었는데, 밥이 땅에 떨어지더니 모두 소라로 변했고 이내 다리가 생겨나 걸어 다녔다. 얼마 후 위관은 가후(賈后)에 의해 죽임을 당했다. (『오행기』)

衛瓘家人炊, 飯墮地, 悉化爲螺, 出足而行. 尋爲賈后所誅. (出『五行記』)

359 · 20(4567)
가 밀(賈 謐)

가밀은 자가 장연(長淵)이다. 원강(元康) 9년(299) 6월 어느 날 밤에 갑자기 천둥 벼락이 내리쳤는데, 그 바람에 가밀 집 서재의 기둥이 무너지면서 침상과 휘장을 덮쳤다. 또 불어온 바람에 그의 옷이 하늘로 수백 장이나 높게 날아갔다가 한참 후에야 다시 내려왔다. (『이원』)

賈謐字長淵. 元康九年六月, 夜暴雷電, 謐齋柱陷, 壓毁牀帳. 飄風吹其服, 上天數百丈, 久乃下. (出『異苑』)

359 · 21(4568)
유 교(劉 嶠)

  [晉나라] 영가연간(永嘉年間: 307~312) 말에 유교라는 사람이 진릉(晉陵)에 살고 있었다. 그의 형은 일찍 죽어 형수가 과부로 지내고 있었다. 밤에 유교의 형수가 여종과 함께 당에서 잠을 자고 있었는데, 2경(更)이 되었을 때 여종이 갑자기 대성통곡을 하며 유교의 방안으로 들어오더니 이렇게 말했다.

  "당신 형수의 방안과 벽 위에 차마 눈뜨고 볼 수 없는 괴물이 있습니다."

  유교가 칼을 쥐고 불을 밝혀 든 다음 아내를 데리고 가보았더니 사면의 벽 위에 사람 얼굴을 한 것이 붙어있는데, 눈을 부릅뜨고 혀를 빼물고 있었으며 때론 호랑이 모습을 했다가 때론 용의 모습을 했다가 하며 수천 가지 모습으로 둔갑을 했다. 보았더니 그 얼굴은 길이가 한 장도 넘었다. 형수는 그 즉시 죽었다. (『광고금오행기』)

  永嘉末, 有劉嶠居晉陵. 其兄蚤亡, 嫂寡居. 夜, 嫂與婢在堂中眠, 二更中, 婢('婢'原作嫂, 據明鈔本改)忽大哭, 走往其房, 云: "嫂屋中及壁上, 奇怪不可看." 劉嶠便持刀然火, 將婦至, 見四壁上如人面, 張目吐舌, 或虎或龍, 千變萬形. 視其面長丈餘. 嫂卽亡. (出『廣古今五行記』)

359·22(4569)
왕 돈(王 敦)

[晉나라] 원제(元帝) 때에 왕돈은 무창(武昌)에 살고 있었다. 문졸(門卒)이 들고 있는 의장용 막대 위에 연꽃 같아 보이는 꽃이 피어났다가 대엿새가 지난 뒤 시들었다. 간보(干寶)가 말했다.

"대단한 영화(榮華)란 오래가지 못하는 미친 꽃과 같다."

왕돈은 왕명을 어기고 죽음을 자초해 결국 육시(戮屍)까지 당했다. (『광고금오행기』)

元帝時, 王敦在於武昌. 鈴下儀杖生花, 如蓮花, 五六日而萎落. 干寶曰: "榮華之盛, 如狂花之不可久也." 敦以逆命自死, 加戮其屍焉. (出『廣古今五行記』)

359·23(4570)
왕 헌(王 獻)

왕헌이 거울을 잃어버렸는데, 그 거울이 단지 안에서 발견되었다. 그 단지는 겨우 몇 촌 두께밖에 되지 않았으나 잃어버렸던 거울은 한 척도 넘었다. 왕헌이 이 일을 곽박(郭璞)에게 물으니 곽박이 대답했다.

"이는 못된 요괴가 한 짓이오."

곽박이 수레의 빗장을 녹여 거울을 비추었더니 거울이 즉시 [단지 밖으로] 나왔다. (『수신기』)

王獻失鏡, 鏡在罌中. 罌纔數寸, 而鏡尺餘. 以問郭璞, 曰: "此乃邪魅所爲." 使燒車轄以擬鏡, 鏡卽出焉. (出『搜神記』)

359 · 24(4571)
유 총(劉 寵)

동양(東陽)의 유총은 자가 도홍(道弘)으로 고숙(姑熟)에 살고 있었다. 매일 밤 그의 집 정원에 피가 몇 말 놓여 있었는데, 대체 어디서 온 것인지 알 길이 없었다. 이런 일이 사나흘 간 계속되었다. 후에 유총은 절충장군(折衝將軍: 본문에는 '折衝將將軍'이라 되어있으나 '將'자는 衍字로 보임)이 되어 북정(北征)에 파견되었다. 그가 장차 떠나려 할 때에 밥이 갑자기 모두 벌레로 변했다. 그의 집에서 찌고 볶아낸 반찬들도 벌레로 변했는데, 불길이 맹렬하면 할수록 벌레들은 더욱 커졌다. 유총은 북정에 나섰다가 군대가 단구(檀丘)에서 패했으며, 그는 서감(徐龕)에 의해 살해되었다. (『수신기』)

東陽劉寵字道弘, 居姑熟. 每夜, 門庭自有血數斗, 不知所從來. 如此三四日. 後寵爲折衝將將軍, 見遣北征. 將行而炊飯盡變爲蟲. 其家蒸炒亦爲蟲, 火愈猛而蟲愈壯. 寵遂北征, 軍敗於檀丘, 爲徐龕之所殺. (出『搜神記』)

359·25(4572)
환온부참군(桓溫府參軍)

[晉나라] 목제(穆帝) 말년에, 환온 막부의 한 참군이 밤에 앉아 있다가 갑자기 대들보 위에 토끼 한 마리가 엎드려 있는 것을 보았는데, 토끼는 눈을 부릅뜨고 이빨을 갈며 이쪽을 향해 오고 있었다. 토끼가 점점 가까이 오자 참군은 칼로 토끼를 내리쳤다. 참군은 분명 칼이 토끼에게 정통으로 맞는 것을 보았는데, 실제로는 자신의 무릎을 내리 쳐 피가 흘렀다. 참군은 다시 칼을 휘둘렀으나 역시 또 스스로에게 상처를 입혔을 뿐이었다. 다행히 칼이 예리하지 않아서 죽음에까지 이르지는 않았다. (『유명록』)

穆帝末年, 桓溫府參軍夜坐, 忽見屋梁上有伏兎, 張目切齒向之. 兎來轉近, 以刀斫之. 見正中兎, 而實及傷膝流血. 復以刀重斫, 又還自傷. 幸刀不利, 不至於死. (出『幽明錄』)

359·26(4573)
곽 씨(郭 氏)

필수(畢修)의 외조모 곽씨가 하루는 밤에 혼자 잠을 자다가 하녀를 불렀는데, 하녀는 대답만 하고 오지 않았다. 곽씨가 거듭 불러 보았으나 여전히 마찬가지였다. 후에 쿵쿵하고 크게 평상 밟는 소리가 나자 곽씨는 큰 소리로 하녀를 꾸짖었으나 이번에도 대답만 예, 예 할 뿐 오지 않았다. 그때 병풍 위로 얼굴이 하나 언뜻 보였는데, 그 모습은 마치 방상시(方相氏)와 같았고 두 눈은 됫박 만했으며 [눈에서 나는] 광채가 한 방 가득 비추었다. 또 손바닥은 키처럼 생겼고 손가락은 몇 촌이나 되었으며 귀를 꼿꼿이 세운 채 눈을 쉴 새 없이 움직이고 있었다. 곽씨가 불도에 정진하며 지극한 마음으로 경을 외자 그 물체는 이윽고 떠나갔다. 한참 후에 하녀들이 모두 오더니 이렇게 말했다.

"방금 전에 대답을 하려고 했으나 어떤 물체가 짓누르는 것만 같았습니다. 지금은 몸이 가벼워져서 이렇게 왔습니다."

(『유명록』)

畢修之外祖母郭氏, 嘗夜獨寢, 喚婢, 應而不至. 郭屢喚猶爾. 後聞躡屐聲甚重, 郭厲聲呵婢, 又應諾諾不至. 俄見屛風上有一面, 如方相, 兩目如升, 光明一屋. 手中如簸箕, 指長數寸, 又挺動其耳目. 郭氏道精進, 一心至念, 凡物乃去. 久之, 婢輩悉來, 云: "向欲應, 如有物鎭壓之者. 體輕便來." (出『幽明錄』)

태평광기 권제360 요괴 2

1. 유   익(庾 翼)
2. 유   근(庾 謹)
3. 상중감(商 仲 堪)
4. 수   반(壽 頒)
5. 이   세(李 勢)
6. 치   회(郗 恢)
7. 유   식(庾 寔)
8. 걸불치반(乞佛熾盤)
9. 요   소(姚 紹)
10. 환   진(桓 振)
11. 가필지(賈 弼 之)
12. 강릉조모(江 陵 趙 姥)
13. 제갈장민(諸 葛 長 民)
14. 염관장씨(鹽 官 張 氏)
15. 왕   유(王 愉)
16. 주종지(朱 宗 之)
17. 우정국(虞 定 國)
18. 정   화(丁 譁)
19. 부양왕씨(富 陽 王 氏)
20. 악   하(樂 遐)
21. 유   반(劉 斌)
22. 왕   징(王 徵)
23. 장중서(張 仲 舒)
24. 소사화(蕭 思 話)
25. 부씨녀(傅 氏 女)
26. 곽중산(郭 仲 産)
27. 유   순(劉 順)
28. 왕   담(王 譚)
29. 주등지(周 登 之)
30. 황   심(黃 尋)
31. 형주인(荊 州 人)
32. 전   소(田 騷)
33. 등   차(鄧 差)
34. 사마신(司 馬 申)
35. 단   휘(段 暉)

360·1(4574)
유 익(庾 翼)

유익은 남만교위(南蠻校尉) 겸 남군태수(南郡太守)였다. 어느 날 밤 유익이 변소에 갔는데 갑자기 변소 안에서 어떤 물체가 보였다. 그 물체는 방상신(方相神: 疫鬼를 쫓는 신)을 닮은 머리에 큰 두 눈을 하고 있었는데 두 눈에서는 빛이 났다. 물체가 흙 속에서 나오자 유익은 소매를 걷어붙이고 주먹을 쥐어 물체를 쳤다. 물체는 주먹을 맞자 소리를 내면서 갑자기 사라져 버렸다. (『저궁고사』)

庾翼爲南蠻校尉南郡太守. 夜登厠, 忽見厠中一物. 頭如方相. 兩眼大而有光. 從土中出, 庾乃攘袂, 以拳擊之. 應拳有聲, 忽失所在. (出『渚宮故事』)

360·2(4575)
유 근(庾 謹)

신야현(新埜縣)에 사는 유근의 어머니가 병이 나자, 유근의 형제 세 사람이 모두 병상을 지키고 있었다. 그때 갑자기 침대 앞에서 개가 물어뜯는 괴이한 소리가 나서 온 가족이 모두 쳐다봤더니 개는 보이지 않고 단지 죽은 사람의 머리만이 땅에 있었다. 그 머리에서는 여전히 피가 흐르고 두 눈은 아직 움직이고 있었다. 집안사람들은 너무나 무서워 밤에 그 머리를 가지고 나가 뒤뜰에 묻었다. 다음 날 아침 집안사람들이 뒤뜰에 가 보았더니 그 머리는 흙 위로 나와 있고 두 눈은 여전히 움직이고 있었다. 집안사람들이 다시 머리를 묻었으나 그 다음날 아침에도 다시 나와 있었다. 이에 유근이 벽돌로 머리를 눌러서 묻게 하자 다시는 나오지 않았다. 며칠 뒤에 유근의 어머니가 죽었다. (『유명록』)

新埜庚謹母病, 兄弟三人, 悉在侍疾. 忽聞牀前狗鬪聲非常, 擧家共視, 了不見狗, 只見一死人頭在地. 猶有血, 兩眼尙動. 其家怖懼, 夜持出于後園中埋之. 明旦視之, 出在土上, 兩眼猶爾. 卽又埋之, 後旦已復出. 乃以塼著頭, 令埋之, 不復出. 後數日, 其母遂亡. (出『幽冥錄』)

360 · 3(4576)
상중감(商仲堪)

진(晉: 東晉)나라 때 상중감(商仲堪: 殷仲堪)이 한번은 환현(桓玄)을 따라 나갔다가 학혈(鶴穴: 鶴穴口)에서 푸른 소를 모는 한 노인을 만났다. 노인이 모는 소의 모습과 털빛이 너무 기이해서 상중감은 자신이 타고 온 소를 그 소와 바꾸어 가졌다. 영릉계(零陵溪)에 도착하자 그 소가 갑자기 아주 빠르게 내달렸다. 상중감이 가던 길을 멈추고 돌아보았더니 소는 곧장 달려 강물 속으로 들어갔는데 온종일 기다렸지만 나오지 않았다. 상중감은 그 일을 매우 기이하게 여겼다. 그 일이 있은 후 얼마 지나지 않아 환현의 군대는 대패했고 상중감도 주살 당했다. (『유명록』)

晋商仲堪曾從桓玄行, 至鶴穴, 逢一老公, 驅一青牛. 形色瓌異, 堪卽以所乘牛, 易而取之. 行至零陵溪, 牛忽駿駃非常. 因息駕顧之, 牛乃徑走入江, 伺之終日不出. 堪心以爲怪. 未幾玄敗, 堪亦被誅戮焉. (出『幽冥錄』)

360・4(4577)
수 반(壽 頒)

진(晉: 東晉)나라 효무제(孝武帝) 대원(大元) 12년(387)에 오군(吳郡)의 수반은 도(道)에 뜻을 두고서 물가에 집을 짓고 살았다. 어느 날 갑자기 물가에 한 쌍의 물체가 자라났는데, 그 모습은 푸른 등나무 같았으나 가지와 잎이 없었으며 며칠 만에 한 아름이나 커졌다. 수반이 시험삼아 그 물체를 한꺼번에 베었더니 피가 흘러나왔고 공중에서는 숫거위의 울음소리 같은 소리가 나면서 두 물체에서 나는 소리가 상응했다. 또 물체의 뱃속에서 알 하나를 얻었는데 그 모습이 오리 알 같았다. 그 물체의 뿌리부분은 뱀의 얼굴과 눈처럼 생겼었다. (『이원』)

晉孝武大元十二年, 吳郡壽頒道志, 邊水爲居. 渚次忽生一雙物, 狀若青藤, 而無枝葉, 數日盈拱. 試共伐之, 卽有血出, 聲在空中, 如雄鶩叫, 兩音相應. 腹中得一卵, 形如鴨子. 其根頭似蛇面眼. (出『異苑』)

360 · 5(4578)
이 세(李 勢)

촉왕(蜀王: 五胡十六國 成漢의 군주) 이세의 궁녀 장씨(張氏)는 용모가 아름다워 이세가 그녀를 총애했다. 어느 날 장씨는 길이가 1장(丈) 남짓이나 되는 큰 꽃뱀으로 변했다. 이세가 그 꽃뱀을 동산으로 보내주었으나, 그것은 밤에 다시 와서 이세의 침대 밑에서 자기를 바랐다. 이세는 두려워 결국 꽃뱀을 죽였다.

또 미인(美人: 妃嬪의 칭호) 정씨(鄭氏)가 있었는데, 이세가 또한 그녀를 총애했다. 어느 날 정씨는 암호랑이로 변해 하룻밤 새 이세의 애첩들을 잡아먹어버렸다. 그 일이 있은 후 얼마 지나지 않아 이세는 환온(桓溫)에게 죽임을 당했다. (『독이지』)

蜀王李勢宮人張氏, 有妖容, 勢寵之. 一旦, 化爲大斑理蛇, 長丈餘. 送於苑中, 夜復求寢牀下. 勢懼, 遂殺之.

復有鄭美人, 勢亦寵之('之'字原空闕, 據明鈔本補). 化爲雌虎, 一夕食勢寵姬. 未幾, 勢爲桓溫所殺. (出『獨異志』)

360·6(4579)
치 회(郗 恢)

[東晉] 안제(安帝) 융안연간(隆安年間: 397~401) 초에 고평(高平) 사람 치회가 옹주자사(雍州刺史)로 있을 때, 그의 집에 갑자기 도마뱀 같은 요괴가 나타났다. 그 요괴는 올 때마다 먼저 문을 두드리고 나서는 여러 마리가 함께 와서 곧바로 등불을 꺼버렸다. [집안사람들은] 어른 아이 할 것 없이 모두 놀라고 두려워했다. 그래서 치회에게 그 일을 알렸으나 치회는 믿지 않았다. 잠시 후에 치회의 앞에도 요괴가 나타났다. 융안[원문에는 '龍安'이라 되어 있으나 『幽明錄』에 의거하여 '隆安'으로 고침] 2년(398)에 치회는 은중감(殷仲堪)의 모의(謀議)에 동조하지 않고 도성으로 급히 도망가다가 도중에 [은중감이 보낸 자객에게] 아들들과 함께 죽임을 당했다. (『유명록』)

安帝隆安初, 雍州刺史高平郗恢家內, 忽有一物如蜥蜴. 每來, 輒先扣戶, 則便有數枚, 便滅燈火. 兒女大小, 莫不驚懼. 以白郗, 不信. 須臾卽來. 至龍安二年, 郗恢與殷仲堪謀議不同, 下奔京師, 道路遇害, 幷及諸子. (出『幽冥錄』)

360·7(4580)
유 식(庾 寔)

[東晉] 안제(安帝) 의희연간(義熙年間: 405~418)에 신야현(新野縣)

의 유식은 형양(滎陽) 사람 모씨(毛氏)를 아내로 맞이했다. 5월의 어느 날 모씨가 햇볕에 초석(草席)을 말리고 있었는데 갑자기 3살된 딸이 초석 아래에 누워 있었다. 모씨가 놀라는 사이 그 딸은 사라져버렸다. 모씨의 진짜 딸은 다른 침대에 그대로 누워있었다. 그 일이 있은 후 열흘도 안 되어 딸이 죽었다. (『오행기』)

義熙中, 新野庾定妻滎陽毛氏. 五月暴曬薦席, 忽有三歲女在席下臥. 驚怛乃滅. 女眞形在別牀如故. 不旬日而女夭. (出『五行記』)

360 · 8(4581)
걸불치반(乞佛熾盤)

서진(西秦: 五胡十六國 가운데 하나)의 걸불치반(乞佛熾盤: 서진의 태조로 乞伏熾磐이라고도 함)은 장안(長安)을 수도로 정했는데, 당시 장안의 단문(端門: 궁궐의 정문) 밖에는 또한 우물이 있었다. 어떤 사람이 한번은 급수정(汲水亭: 원문에는 '汲亭水'라 되어있으나 『異苑』권4에 의거하여 고침) 아래에서 묵었는데 밤에 [항아리 속에서] 탁탁하는 소리가 들렸다. 그 사람이 놀라 일어나 항아리 안을 비춰 보았더니 물이 피처럼 붉었고 그 안에서 길이가 3촌쯤 되는 붉은 물고기가 1촌쯤 되는 빛을 내고 있었다. 당시 동강(東羌: 고대 소수민족의 하나. 西羌族의 분파로 당시 安定·上郡·北地 등의 三郡 일대에 분포하고 있었음)과 서로(西虜: 西秦)가 서로 전쟁을 하다가 서진이 곧 멸망했다. (『이원』)

西秦乞佛熾盤, 都長安, 端門外又有井. 人常宿汲亭水之下, 而夜聞磕磕有聲. 驚起照視, 瓮中如血, 中有丹魚, 長可三寸, 而有寸光. 時東羌西虜, 互相攻伐, 國尋滅亡. (出『異苑』)

360・9(4582)
요 소(姚 紹)

[東晉 安帝] 의희(義熙) 13년(417)에 후진(後秦)의 요홍(姚泓)은 숙부이자 대장군(大將軍)인 요소에게 군대를 통솔하여 함곡관(函谷關)을 치게 했다. 주방장이 요소를 위해 밥을 지었는데, 수증기가 방울지더니 핏방울로 변했고 비린내도 심하게 났다. 이렇게 여러 날이 되자 요소는 매우 꺼림칙하여 주방장에게 더 이상 밥을 짓지 말게 하고는 군사들의 밥을 얻어먹었다. 80일 후 요소는 병들어 죽고 요홍도 동진(東晉)의 장군 유유(劉裕)에게 사로잡혀 건강(建康)의 저자거리에서 참수 당했다. (『오행기』)

後秦姚泓義熙十三年, 遣叔父大將軍紹帥衆攻函谷關. 廚人爲紹炊飯, 氣蒸汗溜輒成血, 腥甚. 如此積日, 紹心惡之, 令勿復炊, 乞飯於諸軍. 后八十日, 紹病死, 泓爲晉將劉裕所擒, 斬於建康市. (出『五行記』)

360 · 10(4583)
환 진(桓 振)

환진이 회남(淮南)에 있을 때 밤에 어떤 사람이 침대로 올라오는 소리가 났는데, 자세히 들어보니 희미하게 소리가 들렸다. 환진이 등불을 켜서 보았더니 커다란 핏덩이가 보였다. 얼마 지나지 않아 환진은 의병에게 죽임을 당했다. 환진은 환현(桓玄)의 사촌동생이다. (『이원』)

桓振在淮南, 夜聞人登牀聲, 振聽之, 隱然有聲. 求火看之, 見大聚血. 俄爲義師所滅. 桓振, 玄從父之弟. (出『異苑』)

360 · 11(4584)
가필지(賈弼之)

진(晉: 東晉) 의희연간(義熙年間: 405~418)에 하동(河東) 사람 가필지(賈弼之:『幽明錄』에는 '賈弼'로 되어 있음. 李劍國은『唐前志怪小說輯釋』에서 이에 관해 唐宋의 類書에서 東晉·南朝 시기에 이름이 두 자인 경우 말미에 종종 '之'자를 붙였던 상황을 이해하지 못하고 '賈弼之'로 기록했다고 말함)는 낭야부(瑯琊府) 참군(參軍)이었는데, 어느 날 밤 꿈속에서 곰보 얼굴에 매우 못생기고 더부룩한 수염에 코가 큰 사람이 찾아와 말했다.

"당신의 얼굴이 멋있어서 [내 머리를] 당신의 머리와 바꾸고 싶은데 괜찮겠소?"

가필지가 말했다.

"사람마다 각자 자신의 얼굴이 있는데 그런 법이 어디 있소?"

가필지는 다음날 낮에 또 같은 꿈을 꾸게 되자 무척 귀찮은 생각이 들어서 꿈속에서 이를 허락했다. 다음 날 아침 가필지는 잠에서 깨어나 아무런 이상한 점도 느끼지 못했지만 그를 본 사람들은 모두 놀라 도망쳤다. 가필지는 거울을 꺼내보고서야 자신의 얼굴이 괴이하게 변했다는 사실을 알았다. 가필지가 집으로 돌아가자 집안사람들은 모두 놀라 안으로 들어가 버렸고, 아녀자들은 도망쳐 숨으면서 말했다.

"어디서 저렇게 괴상하게 생긴 남자가 왔지?"

가필지가 한참 동안 모든 일을 설명하고 또[원문에는 '井'이라고 되어 있으나 『幽明錄』에 의거하여 '幷'으로 고쳐 번역함] 낭야부에 사람을 보내 조사해 본 후에야 집안사람들이 그의 말을 믿었다. 후에 가필지는 얼굴 반쪽만 웃을 수 있었고, 두 손에 붓을 한 자루씩 잡고 동시에 문장을 지을 수도 있었는데 그 문체와 뜻이 모두 훌륭했다. 얼마 지나지 않아 안제(安帝)가 붕어하고 공제(恭帝)가 즉위했다. (『서명잡록』『유명록』)

河東賈弼之, 晉義熙中, 爲瑯琊府參軍, 夜夢一人, 面査醜甚, 多鬚大鼻, 詣之曰:"愛君之貌, 欲易頭可乎?" 弼曰:"人各有頭面, 豈容此理?" 明晝又夢, 意甚惡之, 乃於夢中許之. 明朝起, 不覺, 而人見悉驚走. 弼取鏡自看, 方知怪異. 還家, 家人悉驚, 入內, 婦女走藏, 曰:"那得異男子?" 弼自陳說良久, 幷遣至府檢閱, 方信. 後能半面笑, 兩手各執一筆俱書, 辭意皆美. 俄而安帝崩, 恭帝立. (出『西明雜錄』, 陳校本作'出『幽明錄』')

360 · 12(4585)
강릉조모(江陵趙姥)

강릉(江陵)에 조씨(趙氏) 성을 가진 노파가 술을 팔면서 살아가고 있었다. [東晉 安帝] 의희연간(義熙年間: 405~418)에 노파 집안의 흙이 갑자기 솟아 오르자 노파는 이상하게 생각하여 아침저녁으로 흙더미에 술을 뿌리며 제사를 지냈다. 어느 날 노파는 흙더미 속에서 나귀 같은 머리를 가진 물체가 나오는 것을 봤지만 땅에는 아무런 구멍도 없었다. 노파가 죽은 뒤 이웃사람들은 흙더미 아래에서 아침저녁으로 곡하는 것 같은 소리를 들었다. 후에 사람들이 노파의 집 땅을 파보았더니 한 요괴가 나타났다. 그 요괴는 꿈틀꿈틀 움직였고 그 크기를 헤아릴 수 없을 정도였는데 잠시 후에 사라져 버렸다. 사람들은 그 요괴를 지렁이라고 여겼다. (『이원』)

　　江陵趙姥, 以酤酒爲業. 義熙中, 屋內土忽自隆起, 察爲異, 朝夕以酒酹土. 嘗見一物出, 頭似驢, 而地初無孔穴. 及姥死, 隣人聞土下朝夕有聲, 如哭. 後人掘宅, 見一異物. 蠢而動, 不測大小, 須臾失之. 謂土龍. (出『異苑』)

360 · 13(4586)
제갈장민(諸葛長民)

[晉나라] 안제(安帝) 때에 제갈장민은 예주자사(豫州刺史)로 있었다.

어느 날 다듬이 방망이가 서로 사람의 목소리로 대화를 나누는데, 그 대화를 이해할 수 없었다. 제갈장민이 방망이를 각각 따로 놓아두게 했으나 여전히 멀리서 서로 불렀다.

또 제갈장민이 예주에 있을 때 집안의 기둥과 서까래 받침 사이에서 뱀 머리 같은 물체가 나타났다. 제갈장민이 사람을 시켜 그것을 칼로 베게 했는데 칼날이 닿자마자 숨어버렸다.

[그로부터] 한 달 또는 수십 일 동안 제갈장민은 잠을 자다가 놀라 일어나 뛰어다녔는데, 마치 어떤 사람과 싸우는 것 같았다. 어느 날 모수지(毛脩之)가 제갈장민과 함께 잠을 자다가 [그 모습을 보고] 매우 놀랐지만 영문을 몰랐다. 제갈장민이 말했다.

"이 요괴는 매우 건장하여 내가 아니면 막을 수가 없소."

모수지가 물었다.

"어떤 요괴입니까?"

제갈장민이 말했다.

"내가 본 요괴는 새까맣고 손발이 있었지만 분명치 않아 어떤 모습을 하고 있는지는 모르겠소. 매번 와서 나와 싸우는데 나도 매우 두렵소."

얼마 후에 제갈장민은 주살 당했다. (『오행기』)

安帝時, 諸葛長民爲豫州刺史. 有搗衣杵相與語, 如人聲, 不可解. 令移各一處, 俱遙相喚.

又長民在豫州時, 見屋中柱及椽梠間, 悉見有如('如'字原空闕, 據明鈔本補)蛇頭. 令人以刀斫之, 應刃藏隱.

或一月, 或數十日, 輒於夜眠中, 驚起跳踉, 如與人相打. 毛脩之嘗與之同宿,駭愕不達此意. 長民曰: "此物奇健, 非我無以制之." 毛曰: "是何物?" 長民曰: "我正見一物甚黑, 而有手足, 不分明, 莫知其形狀. 而來輒共鬪, 深自懼焉." 長民俄而伏誅. (出『五行記』)

360 · 14(4587)
염관장씨(鹽官張氏)

진(晉)나라 말년에 어떤 장씨가 염관(鹽官)으로 있었다. 어느 날 장씨가 한가로이 앉아 있는데 갑자기 음식을 요리하는 냄새가 나더니 잠시 후에 바람을 타고 음식 한 상이 날아왔다. 상에는 술이며 고기며 온갖 음식이 다 차려져 있었다. 이어서 누런 도포를 입은 사람이 수레를 타고 와서는 식탁에 앉아 장씨와 함께 식사를 했다. 장씨가 그의 성을 물어보았지만 그저 미소만 지을 뿐 대답하지 않았다. 그 사람은 한참 후에 다시 수레를 타고 떠나갔다. 후에 장씨는 손은(孫恩)에게 죽임을 당했다. (『광고금오행기』)

晉末有張氏, 在鹽官. 閒居端坐, 忽聞煎食香, 斯須, 風吹一盤食至. 酒肉肴饌畢備. 有黃袍人乘輿來, 上牀, 与張共食. 問其姓, 含笑不答. 久之, 登轝而去. 後張爲孫恩所害而已. (出『廣古今五行記』)

360 · 15(4588)
왕 유(王 愉)

 왕유는 자가 무화(茂和)이다. [東晉] 의희연간(義熙年間: 405~418) 초에 왕유가 정원을 거닐고 있었는데, 모자가 갑자기 벗겨져 공중에 떠 있는 것이 마치 어떤 사람이 그 모자를 쓰고 있는 것 같았다. 왕유가 모친상을 당해 그 달 초에 제사를 지내는데 제사상에 있던 술과 그릇들이 갑자기 땅으로 떨어지더니 다시 제사상으로 올라왔다. 얼마 후에 왕유의 셋째 아들 왕수(王綏)가 반역죄로 주살 당했다. (『이원』)

 王愉字('字'原作'自', 據明鈔本・陳校本改)茂和. 義熙初, 愉在庭中行, 帽忽自脫, 仍乘空, 如人所著. 及愉母喪, 月朝上祭, 酒器在几上, 酒器須臾下地, 覆還登牀. 尋而第三兒綏懷('綏懷'原作'懷綏', 據陳校本改)貳伏誅. (出『異苑』)

360 · 16(4589)
주종지(朱宗之)

 회계국(會稽國)의 사리령(司理令: 범죄나 소송 등을 주관하는 관직) 주종지는 죽은 사람의 시신을 관에 넣을 때 종종 시신의 머리에서 3척 정도 떨어진 곳에 엎어놓은 항아리 같이 생긴 푸른 물체가 있는 것을 보았다. 그 물체는 사람이 어쩌다 그 곳에 있으면 사라졌다가 사람이 떠나면 다시 나타나곤 했다. 모든 시신의 머리에는 꼭 푸른 물체가 있었다. 또 어떤 사람이 말하길, 시신을 관에 넣을 때는 귀신이 잠시 돌아와서 그곳에 머문다고 한다. (『유명록』)

會稽國司理令朱宗之, 常見亡人殯, 去頭三尺許, 有一靑物, 狀如覆瓮. 人或當其處則滅, 人去隨復見. 凡屍頭無不有此靑物者. 又云, 人殯時, 鬼無不暫還臨之 (出『幽冥錄』)

360 · 17(4590)
우정국(虞定國)

여요(餘姚) 사람 우정국은 훌륭한 자태와 잘생긴 얼굴을 지니고 있었고, 같은 현에 사는 소씨(蘇氏)의 딸 또한 미색이었다. 어느 날 우정국은 그녀를 보고 좋아하게 되었다. 나중에 주인 소씨는 우정국이 찾아오자 그에게 하룻밤 머물고 가도록 했다. 한밤중에 우정국이 소공(蘇公: 蘇氏)에게 말했다.

"당신의 딸이 아름다워 마음속으로 흠모해왔습니다. 오늘밤에 잠깐 나오게 할 수 있을까요?"

주인은 그를 마을의 귀인(貴人)으로 여겼기에 곧 딸을 나오게 하여 그를 따르게 했다. 우정국은 소공 집을 드나드는 횟수가 점점 잦아지자 소공에게 말했다.

"제가 뭐 보답해 드릴 것은 없지만 만약 관청에 일이 있다면 어떤 일이라도 당신을 위해 처리해드리겠습니다."

소공은 기뻐했다. 그 후에 소공은 요역으로 징집되는 일이 생기자 우정국을 찾아갔다. 그러나 우정국은 매우 놀라며 말했다.

"저는 결코 당신 앞에서 약속을 한 적이 없는데 어찌 이런 부탁을 하십니까? 분명 잘못된 일일 것입니다."

소공이 우정국에게 모든 사실을 말했더니 우정국이 말했다.

"제가 어찌 남의 아버지에게 청해 남의 딸을 농락할 수 있겠습니까? 당신은 다시 제가 오는 것을 보면 바로 베어 버리십시오."

후에 과연 요괴를 잡았다. (『수신기』)

餘姚虞定國, 有好儀容, 同縣蘇氏女, 亦有美色. 定國嘗見, 悅之. 後見定國來, 主人留宿. 中夜, 告蘇公曰:"賢女令色, 意甚欽之. 此夕寧能令暫出否?"主人以其鄕里貴人, 便令女出從之. 往來漸數, 語蘇公:"無以相報, 若有官事, 其爲君任之."主人喜. 自爾後有役召事, 往造定國. 定國大驚曰:"都未嘗面命, 何由便爾? 此必有異."具說之, 定公曰:"僕寧當請人之父而嫪人之女? 君復見來, 便斫之." 後果得怪. (出『搜神記』)

360 · 18(4591)
정 화(丁譁)

동양(東陽) 사람 정화는 성곽을 나와서 방산정(方山亭)에 묵고 있었다. 방산정 근처 물가에는 산기(散騎: 散騎常侍의 약칭으로 尙書省의 奏章을 관장함) 유씨(劉氏)가 있었는데, 모친상을 당해 도성에서 장례를 치르고 돌아오는 길이었다. 밤중에 [정화가 자고 있는데] 갑자기 한 여인이 나타나 스스로 유여랑(劉女郞)이라고 밝히면서 말했다.

"저에게 종기가 났는데 참군님께서 치료하실 수 있다는 말을 듣고 왔습니다."

정화가 여인을 앞으로 오게 해서 보았더니 그녀는 자태가 단정하고 용모가 아름다웠다. 여인은 하녀 여러 명을 거느리고 있었는데 하녀에게 갖가지 음식을 차리게 했다. 여인은 술이 얼근해지자 탄식하며 말했다.

"오늘 밤 같은 만남은 저에게 더 이상 정조를 지키지 못하게 하는군요."

정화가 말했다.

"당신처럼 덕이 높은 여인이 어찌 이 늙은이를 거들떠나 보겠소?"

여인은 곧장 하녀에게 비파(琵琶)를 가져오게 하여 비파를 타면서 이렇게 노래 불렀다.

> 당신의 높은 명성 오랫동안 흠모하다가,
> 오늘에야 방산정에서 만나게 되었네.
> 몸은 비록 늙었지만,
> 여전히 저의 마음을 사로잡네요.

그리고는 비파를 놓고 정화의 무릎에 앉아 머리를 끌어안으며 또 노래를 불렀다.

> 저의 모습은 비록 보잘것없지만,
> 당신을 낭군으로 삼고 싶네요.

서로 헤어지지 아쉬워 좋은 밤을 만드니,
영원토록 그 인연 굳게 맺어요.

목소리가 너무나 아름다워 사람을 매료시켰다. 여인은 정화에게 불을 끄게 하고는 함께 사랑을 나눴다. 새벽이 되자 여인은 갑자기 사라졌다. 방산정의 관리가 말하길, 이 정자에서는 예로부터 요괴가 나타난다고 했다. (『유명기』[『유명록』])

東陽丁譁出郭, 於方山亭宿. 亭渚有劉散騎, 遭母艱, 於京葬還. 夜中, 忽有一婦, 自通云劉女('女'字原闕, 據明鈔本・陳校本補)郞, "患瘡, 聞參軍能治, 故來耳." 譁使前, 姿形端媚. 從婦數人, 命僕具肴饌. 酒酣嘆曰: "今夕之會, 令人無復貞白之操." 丁云: "女郞盛德, 豈顧老夫?" 便令婦('婦'原作'婢', 據明鈔本改)取琵琶彈之, 歌曰: "久聞忻重名, 今遇方山亭. 肌體雖朽老, 亦足('亦足'原作'故是', 據明鈔本改)悅人情." 放琵琶, 上膝抱頭, 又歌曰: "女形雖薄賤, 願得忻作婿. 繾綣覯良宵('覯'原作'觀', '宵'原作'覼', 據明鈔本改), 千載結同契." 聲氣婉媚, 令人絶倒. 便令滅火, 共展好情. 比曉, 忽不見. 吏云, 此亭舊有妖魅. (出『幽冥記』, 陳校本作'出『幽明錄』')

360・19(4592)
부양왕씨(富陽王氏)

[南朝] 송(宋)나라 원가연간(元嘉年間: 424~453) 초에 부양현(富陽縣)에 왕씨 성을 가진 사람이 있었는데, 게를 잡기 위해 도랑 끝에 통발

을 놓았다. 왕씨가 다음날 아침에 가서 보았더니 2척 남짓 되는 나무토막이 통발에 걸려 통발이 망가지는 바람에 게가 모두 빠져나가고 없었다. 왕씨는 통발을 수리하고 그 나무토막을 언덕에다 버렸다. 다음날 가서 보았더니 나무토막이 또 통발에 걸려 있었고 통발도 어제처럼 망가져 있었다. 왕씨는 또 통발을 수리하고 나무토막을 꺼내 버렸다. 다음날 새벽에 가서 보았으나 어제와 똑같았다. 왕씨는 그 나무토막을 요괴라고 의심하여 게를 담는 광주리 안에 집어넣고 끝을 잘 묶은 다음 짊어지고 돌아오면서 이렇게 말했다.

"집에 도착하면 도끼로 패어 [장작을 만들어] 불태워 버리겠다."

집에 도착하기 3리(里) 전쯤 광주리에서 불안해하며 움직이는 소리가 들렸다. 왕씨가 고개를 돌려보니 나무토막이 사람 얼굴에 원숭이 몸을 하고 손발이 하나씩 달린 요괴로 변하더니 왕씨에게 이렇게 말했다.

"내가 게 먹는 것을 좋아해서 매일 물 속에 들어가 그대의 통발을 망가뜨리고 통발 안의 게를 먹었소. 내가 책임을 질 것이니 그대는 너그러이 광주리를 열어 나를 꺼내 주시오. 나는 산신(山神)이니 마땅히 그대를 도와 통발 가득 게를 잡을 수 있게 해주겠소."

왕씨가 말했다.

"네가 사람에게 횡포를 부린 것이 한 두 번이 아니니 그 죄는 죽어 마땅하다."

요괴가 애절하게 풀어주길 청했으나 왕씨는 고개를 돌린 채 대답하지 않았다. 요괴가 물었다.

"그대 이름은 무엇이오? 내가 알고 싶소."

여러 번 물었지만 왕씨는 대답하지 않았다. 집에 다 와 갈 때쯤 요괴가 말했다.

"나를 풀어주지도 않고 자기 이름도 말해주지 않으니 더 이상 무슨 방법이 있겠는가! 죽음을 기다리는 수밖에."

왕씨는 집에 도착하자마자 불을 피워 요괴를 태워버렸다. 그 후로는 조용하여 다시는 이상한 일이 일어나지 않았다. 그 지방 풍속에 그 요괴를 산소(山獞)라고 부르는데, 그 요괴가 사람의 이름을 알면 그 사람을 해칠 수 있다고 한다. 그래서 요괴가 계속 왕씨의 이름을 물었던 것은 바로 그를 해치고 자기가 살아남기 위해서였다. (『수신기』)

宋元嘉初, 富陽人姓王, 於窮瀆中作蟹斷. 旦往視之, 見一材, 長二尺許, 在斷中, 而斷裂開, 蟹都出盡. 乃修治斷, 出材岸上. 明往視之, 材復在斷中, 斷敗如前. 王又治斷出材. 晨視所見如初. 王疑此材妖異, 乃取內蟹籠中, 束頭擔歸, 云: "至家, 當斧斫然之." 未至家三里, 聞籠中窣窣動. 轉頭, 見向材頭變成一物, 人面猴身, 一手一足, 語王曰: "我性嗜蟹, 比日實入水, 破君蟹斷, 入斷食蟹. 相負已爾, 望君見恕, 開籠出我. 我是山神, 當相祐助, 幷令斷大得蟹." 王曰: "汝犯暴人, 前後非一, 罪自應死." 此物懇告苦('懇告苦'原作'種類專', 據明鈔本改)請乞放, 王廻顧不應. 物曰: "君何名? 我欲知之." 頻問不已, 王遂不答. 去家轉近, 物曰: "旣不放我, 又不告我何姓名, 當復何計! 但應就死耳." 王至家, 熾火焚之. 後寂然無復異. 土俗謂之山獞, 云, 知人姓名, 則能中傷人. 所以勤勤問王, 欲害人自免. (出『搜神記』)

360 · 20(4593)
악 하(樂 遐)

[南朝 宋나라] 원가(元嘉) 9년(432)에 남양군(南陽郡)의 악하가 집안에 앉아 있었는데, 갑자기 공중에서 어떤 사람이 아주 급하게 그들 부부의 이름을 부르는 소리가 들렸다. 그 소리는 한밤중이 되서야 그쳤고 악하는 몹시 놀라고 두려워했다. 며칠 후 아내가 집 뒷켠에서 돌아 나왔는데 갑자기 온몸과 옷이 모두 피투성이가 되어 있었다. 한 달이 못되어 악하 부부가 연이어 병으로 죽었다. (『유명기』[『유명록』])

元嘉九年, 南陽樂遐嘗在內坐, 忽聞空中有人, 呼其夫婦名甚急, 半夜乃止, 殊自驚懼. 後數日, 婦屋後還, 忽擧體衣服悉是血. 未一月, 夫婦相繼病卒. (出『幽冥記』, 明鈔本·陳校本作『幽明錄』')

360 · 21(4594)
유 빈(劉 斌)

유빈이 오군(吳郡)에 있을 때 누현(婁縣)에 사는 어떤 여인이 밤에 갑자기 비바람을 타고 얼떨결에 오군의 성 안에 도착했다. 여인은 집을 떠난 지 한 식경 정도 되었다고 느꼈는데 옷도 젖지 않은 상태였다. 새벽이 되자 여인은 유빈의 집 문 앞에서 만나길 청하며 말했다.

"나는 천사(天使)다. 부군(府君: 太守의 존칭)이 일어나 나를 맞이한

다면 큰 부귀영화를 누릴 것이나 그렇지 않으면 반드시 화를 당할 것이다."

유빈이 여인에게 어떻게 왔느냐고 물었으나 여인 자신도 알지 못했다. 20여일 후에 유빈은 주살 당했다. (『유명록』)

劉斌在吳郡時, 婁縣有一女, 忽夜乘風雨, 恍恍至郡城內. 自覺去家正一炊頃, 衣不沾濡. 曉在門上求通, 言: "我天使也. 府君宜起延我, 當大富貴, 不爾, 必有凶禍." 劉問所來, 不自知. 後二十許日, 劉被誅. (出『幽冥錄』)

360 · 22(4595)
왕 징(王 徵)

[南朝나라] 원가연간(元嘉年間: 424~453)에 태원(太原) 사람 왕징이 교주자사(交州刺史)에 막 제수되어 수레를 타고 길을 떠났다. 그 때 수레 앞에서 쟁쟁하며 칼 부딪치는 소리가 나더니 상여가 길을 막고 있는 것이 보였지만 다른 사람에게는 보이지 않았다. 왕징은 교주에 도착하여 결국 죽었다. (『유명기』[『유명록』])

元嘉中, 交州刺史太原王徵, 始拜, 乘車出行. 聞其前錚鋒有聲, 見一輻車當路, 而餘人不見. 至州遂亡. (出『幽冥記』, 明鈔本·陳校本作『幽明錄』')

360·23(4596)
장중서(張仲舒)

[南朝나라] 원가(元嘉) 17년(444) 7월에 장중서는 아침저녁 사이에 집 문 옆에 붉은 기운이 왕성한 것을 보았는데, 잠시 후 갑자기 하늘에서 비가 오듯이 붉은 비단이 정원으로 떨어졌다. 비단은 폭 7~8촌에 길이 5~6촌으로 모두 고운 종이를 매달고 있었다. 그런데 종이의 길이와 폭도 비단과 같았다. 비단과 종이가 매우 어지럽게 후두둑 떨어지자 장중서는 그것을 싫어하여 불태워버렸다. 이틀 후 장중서는 갑자기 병에 걸려 죽었다. (『이원』)

張仲舒, 元嘉十七年, 七月中, 晨夕間, 輒見門側有赤氣赫然, 後空中忽雨絳羅於其庭. 廣七八寸, 長五六寸, 皆以箋繫之. 紙廣長亦與羅等. 紛紛甚駃, 仲舒惡而焚之. 信宿, 暴疾而死. (出『異苑』)

360·24(4597)
소사화(蕭思話)

소사화가 청주(淸州)에 있을 때, 늘 사용하던 구리됫박을 약상자 아래에 엎어놓았다. 어느 날 갑자기 그는 구리됫박 아래에서 죽은 참새 두 마리를 발견했다. 소사화가 탄식하며 말했다.
"구리됫박이 참새의 무덤이 되었으니 어찌 불길한 징조가 아니겠는가?"

얼마 지나지 않아 소사화가 잡혀갔다. (『송서』)

蕭思話在淸州, 常所用銅升, 覆在藥廚下. 忽於其下, 得二死雀. 思話歎曰: "升覆雀殯, 其不祥乎?" 旣而被繫. (出『宋書』)

360·25(4598)
부씨녀(傅氏女)

북지군(北地郡)의 상서(尙書) 부씨의 막내딸이 한번은 억새를 잘라 쥐를 만들었는데 아주 약삭빠른 모양이었다. 그것을 땅에 놓았더니 갑자기 달려 곧장 문지방 아래의 흙 속으로 들어가 버렸다. 부씨의 딸은 억새로 다시 쥐를 만들고 주문을 외며 말했다.

"네가 만약 우리 집에 괴이한 일을 일으킬 것이면 다시 달리고, 그렇지 않으면 움직이지 마라."

그리고는 땅에 놓자 쥐는 다시 이전처럼 달려 문지방으로 들어가 버렸다. 그래서 그녀가 문지방 아래의 땅을 몇 척이나 파고 들어가 찾아봤지만 아무 것도 찾을 수 없었다. 그 후에 부씨의 딸들이 연이어 죽었다. (『열이전』)

北地傅尙書小女, 嘗拆荻作鼠, 以狡獪. 放地, 荻鼠忽能行, 徑入戶限('限'原作 '眼', 據明鈔本改)土中. 又拆荻更作, 呪之云: "汝若爲家怪者, 當更行, 不者不動." 放地, 便復行如前. 卽掘限內覓, 入地數尺, 了無所見. 後諸女相繼喪亡. (出『列異傳』)

360 · 26(4599)
곽중산(郭仲産)

곽중산의 집은 강릉(江陵) 비파사(枇杷寺) 남쪽에 있었다. [南朝] 송(宋)나라 원가연간(元嘉年間: 424~453)에 곽중산은 그곳에 서재를 짓고 대나무로 창문 가리개를 만들었는데, 가리개에서 점점 가지와 잎이 생기더니 몇 장(丈)으로 자라나 울창한 대나무 숲을 이루었다. 곽중산은 이를 길조라고 여겼다. 그러나 효건연간(孝建年間: 454~456)에 곽중산은 주살 당했다. (『술이기』)

郭仲産宅在('在'原作'見', 據明鈔本改)江陵枇杷寺南. 宋元嘉中, 起齋屋, 竹以爲窻櫺, 竹遂漸生枝葉, 長數丈, 鬱然成林. 仲産以爲吉祥. 及孝建中, 被誅. (出『述異記』)

360 · 27(4600)
유 순(劉 順)

송(宋)나라 대명연간(大明年間: 457~464)에 돈구현령(頓丘縣令) 유

순은 술이 얼큰하게 취해 일찌감치 첩의 방에 가서 잠을 잤다. 새벽에 일어나 보니 탁자 위에 응고된 핏덩이가 있었는데 마치 엎어놓은 대야 모양이었다. 유순은 무인(武人)이어서 전혀 놀라거나 이상하게 여기지 않았다. 유순은 첩에게 채소무침을 만들게 한 후 직접 핏덩이를 잘라 채소무침에 적셔먹고 남은 것은 버렸다. 10여 년 후 원휘(元徽) 2년(474)에 유순은 왕도륭(王道隆)에게 죽임을 당했다. (『술이기』)

宋大明('明'原作'元', 據陳校本改)中, 頓丘令劉順, 酒酣, 蚤入妾許眠. 晨起, 見楊上有一聚凝血, 如覆盆形. 劉是武人, 了不驚怪. 乃令作虀, 親自切血, 染虀食之, 棄其有餘. 後十許載, 至元徽二年, 爲王道隆所害. (出『述異記』)

360・28(4601)
왕 담(王 譚)

[南朝나라] 대명연간(大明年間: 457~464)에 낭야(琅琊) 사람 왕담은 자(字)가 사현(思玄)으로 남양태수(南陽太守)였다. 왕담은 어머니가 돌아가시자 관직을 그만 두고 남양군성 남쪽에 살았다. 어느 날 왕담이 정원에 오두막을 지었는데 오리 알만한 빛이 나타났다. 그 빛은 선명한 노란색으로 동쪽에서 와서 대청으로 들어갔다. 잠시 후 또 처음과 닮은 빛 두 개가 계속해서 오더니 한참 후에야 떠나갔다. 이때부터 밤마다 빛이 오고 갔는데 어떤 때는 하나만 오고 어떤 때는 둘이 와서는 한참 머문 후에야 사라졌다. 어떤 때는 하룻밤에 4~5번씩 오기도 했다. 이렇게 10

여 일을 오더니 그 후에는 나타나지 않았다. 그 해에 왕담의 두 하녀가 죽었다. 다음 해에는 동생이 죽고 왕담도 병에 걸렸는데 도성에 이르러 죽었다. (『광고금오행기』)

大明中, 琅琊王譚, 字思玄, 爲南陽太守. 母喪去職, 寄郡城南. 設廬位于庭, 有一光, 大如鴨卵. 黃色分明, 從東來, 入廳事上. 俄頃, 又二枚續至, 其狀如前, 良久而去. 自此夕夕來往, 或單至雙來, 久停則滅. 一夜或四五來. 如此十許日不見. 其年, 譚二婢死. 明年弟亡, 譚患疾, 至都而卒. (出『廣古今五行記』)

360 · 29(4602)
주등지(周登之)

송(宋)나라 명제(明帝) 때 주등지는 집이 도성에 있었는데, 그는 나라의 여러 사당들을 관리하여 깊은 은총을 받았다. 그의 어머니 사씨(謝氏)는 불교를 신봉했다. 태시(泰始) 3년(467) 여름에 폭우가 내렸는데, 어떤 요괴가 안개 속에 몸을 감추고 머리를 숙인 채 대청 앞으로 왔다. 그 요괴는 머리가 커다란 붉은 말과 같았으며 정원 안의 빗물을 마셨다. 주등지는 너무 놀랐지만 선신(善神)이 강림한 것이라고 여겨 물을 길어다 더 부어 주었다. 요괴는 백여 말의 물을 다 마시고는 떠나갔다. 2년 뒤에 그의 어머니 사씨가 죽었고 반년 뒤에는 명제가 붕어했다. 주등지는 그때부터 사업이 몰락했다. (『술이기』)

周登之家在都, 宋明帝時, 統諸靈廟, 甚被恩寵. 母謝氏, 奉佛法. 泰始三年, 夏月暴雨, 有物形隱煙霧, 垂頭, 屬廳事前地. 頭如大赤馬, 飮庭中水. 登之驚駭, 謂是善神降之, 汲水益之. 飮百餘斗, 水竭乃去. 二年而謝氏亡, 後半歲而明帝崩. 登之自此事業衰敗. (出『述異記』)

360·30(4603)
황 심(黃 尋)

후위(後魏: 北魏) 선무제(宣武帝) 경명연간(景明年間: 500~503)에 해릉(海陵) 사람 황심은 혼자 가난하게 살고 있었다. 어느 날 갑자기 비바람이 그의 집에 돈을 실어다준 후 그는 큰 부자가 되어 수만 냥이나 되는 돈을 가지게 되었다. 그 해에 황심이 주살 당했다. (『오행기』)

後魏宣武帝景明年中, 海陵人黃尋, 先居家單貧. 忽風雨飛錢至其家, 後巨富, 錢至數萬. 其年被誅. (出『五行記』)

360·31(4604)
형주인(荊州人)

양(梁)나라 원제(元帝) 천감(天監) 원년(502)에 형주(荊州)에서 사형수를 죽였는데, 그 몸은 [머리가 잘려나간 후에도] 꼿꼿이 서 있었고, 그 머리는 땅에 떨어진 후에도 입을 움직이고 눈을 뜨고 있었으며, 피는 화살처럼 곧장 1장(丈) 남짓 올라간 후에 비처럼 가늘게 떨어졌다. 그 해 형주에 큰 가뭄이 들었다. 이 일은 진(晉)나라 민제(愍帝) 때 독운령사(督運令史) 순우백(淳于伯)의 일과 똑같다. (『광고금오행기』)

梁元帝天監元年, 荊州刑人殺了, 其身不僵, 首('首'原作'手', 據明鈔本改)墮于地, 動口張目. 血如箭, 直上丈餘, 然後如雨細下. 是歲荊州大旱. 與晉愍帝督運令史淳于伯同. (出『廣古今五行記』)

360 · 32(4605)
전 소(田 騷)

전소는 남양(南陽) 사람이다. 양(梁)나라 말에 전소는 해가 저문 후 활과 화살을 메고 처가에서 돌아오는 길이었다. 처가에서 10리쯤 떨어졌을 때 그는 동행이 없어 무서워졌다. 그가 멀리 바라다보았더니 앞 비탈길에 붉은 옷을 입은 꼬마가 있자 급히 쫓아가 물었다.
"너는 어느 마을 아이냐?"
꼬마가 대답했다.
"우리 집은 나무 꼭대기에 있어요."
전소는 꼬마가 자기를 속인다고 생각하여 말했다.
"내가 어른으로서 너 같은 꼬마아이에게 물었는데 어찌 그리 경박하게 대답하느냐?"

다시 100여 걸음쯤 가서 비탈길 끝에 이르렀더니 길가에 아주 커다란 나무가 있었다.

꼬마는 마치 원숭이처럼 곧장 나무 위로 올라갔다. 전소는 괴이하게 여겨 활시위를 당긴 채 나무를 돌며 꼬마를 찾았다. 그때 길이가 몇 장이나 되는 깃발 같은 물체가 나타났다가 사라져버렸다. 전소는 집에 돌아온 후 병에 걸려 거의 죽을 뻔했다. (『오행기』)

田騷, 南陽人. 梁末, 晚暮執弓箭, 從婦家還. 去舍十里, 無伴畏懼. 遙望前路坂頭, 有緋衣小兒, 急逐之, 及到, 問曰:"汝何村小兒?"小兒曰:"家在樹頭." 騷謂欺己, 謂之曰:"吾長者, 與爾童稚共語, 何爲輕薄見報?"更行百許步, 至坂頭, 道邊有極大樹. 小兒徑上樹, 狀如猿猴. 心以爲異, 乃張弓遶樹覓. 見一物如幡, 長數丈高而滅. 至家, 因病幾死. (出『五行記』)

360・33(4606)
등 차(鄧 差)

양(梁)나라의 등차는 남군(南郡) 임저(臨沮) 사람이다. 등차는 맥성(麥城)에서 밭을 갈다가 몇 10말의 구리를 주워 큰 부자가 되었다. 어느 날 그가 길을 가다가 비를 만나 쥐엄나무 아래에서 쉬고 있는데, 한 노인이 와서 말했다.

"당신은 비록 부자이지만 내년에 가신(家神)이 나가면 집안도 점점 기울고 후에 화재도 당하겠군."

등차는 이 노인이 요사스런 술법을 사칭해서 자신에게 돈을 뜯어내려는 줄 알고 귀담아 듣지 않았다.

다음해 등차의 집안에 길이가 2척쯤 되는 청흑색의 자라 같기도 하고 아닌 것 같기도 한 요괴가 나타났다. 요괴는 마음대로 출입하며 숨었다가 나타났다가 머리를 내밀었다 움츠렸다 했다. 개들이 요괴를 보면 빙 둘러 함께 짖었는데, 개가 짖으면 요괴는 머리를 움츠렸다. 집안사람들도 감히 건들지 못했다. 이처럼 100여 일이 지나갔다. 후에 어떤 사람이 파종을 마치고 저녁에 밖에서 들어오다가 요괴를 보고는 영원(蠑蚖: 도롱뇽)이라고 했다. 그리고는 낫으로 요괴를 쳐서 다리에 상처를 입힌 후 끌고 가서 볏집 더미 아래에 버렸더니 사라져버렸다. 그 후로 집에 불이 나고 아들과 조카가 죽었으며 이어서 노역까지 나가게 됐다.

후에 등차는 또 길에서 모르는 상인 두 사람을 만나게 되었다. 그들은 길가에 마주앉아 함께 식사를 하고 있었는데, 차려 놓은 음식들이 모두 산해진미였다. 두 사람은 등차를 불러 같이 술을 마셨다. 등차가 말했다.

"당신들을 보니 돌아다니면서 물건을 파는 상인들로 별로 부유한 것 같지도 않은데 어떻게 한 끼 식사를 이렇게 산해진미로 차려놓고 드십니까?"

상인이 말했다.

"1촌의 시간도 소중히 여겨야지요. 사람이 세상에 사는 것은 다 입고 먹기 위한 것인데 하루아침에 병들어 죽으면 어떻게 다시 산해진미를 맛볼 수 있겠습니까? 임저의 등차처럼 평생 쓰지 않고 아껴서 수전노가 될 수는 없지요."

등차는 자신의 이름을 밝히지 않은 채 조용히 집으로 돌아왔다. 그는 집에 오자마자 거위를 잡아서 뼈까지 발라먹다가 뼈가 목에 걸려 병들어 죽었다. (『광고금오행기』)

梁鄧差, 南郡臨沮人. 於麥城耕地, 得古銅數斛, 因此大富. 行値雨, 止於皁莢樹下, 遇一老公, 謂差曰: "君雖富, 明年舍神若出, 方衰耗之後, 君必因火味獲殃." 差以爲此叟假稱邪術, 妄求施與, 都不採錄.

明年, 宅內見一物, 靑黑色, 似鱉而非, 可長二尺許. 自出自入, 或隱或見, 伸縮擧頭. 狗見, 輒圍繞共吠, 吠則縮頭. 家人亦不敢触. 如此者百餘日. 後有人種作, 黃昏從外入, 見之, 謂是虯. 乃以鎌斫之, 傷其足血, 曳脚入稻積下, 因失所在. 自後遭火, 兒姪喪亡, 官役連及.

差又於道逢估人, 先不相識. 道邊相對共食, 羅布甘美, 味皆珍味. 二人呼差同飮. 謂曰: "觀君二人, 遊行商估, 勢在不豊, 何爲頓爾珍羞美食?" 估人曰: "寸光可惜. 人生在世, 終止爲身口耳, 一朝病死, 安能復進甘美乎? 終不如臨沮鄧生, 平生不用, 爲守錢奴耳." 差亦不告姓名, 默然歸. 至家, 宰鵞以自食, 動筯鯁骨, 哽其喉, 病而死. (出 『廣古今五行記』)

360 · 34(4607)
사마신(司馬申)

진(陳)나라 후주(後主: 陳叔寶)때 측근 사마신은 우위장군(右衛將軍)으로 있으면서 늘 조정의 신하들을 모함했다. 후에 사마신이 상서성(尙

書省)에서 낮잠을 자는데 새가 그의 입을 쪼아 자리까지 피가 흘렸다. 당시 사람들은 사마신이 신하들을 모함한 대가를 치른 것이라고도 하고 진나라가 망해가는 징조라고도 말했다. 나중에 후주는 결국 [隋나라에] 투항했다. (『광고금오행기』)

陳後主時, 幸臣司馬申任右衛將軍, 常譖毁朝臣. 後於尙書省晝寢, 有鳥啄其口, 流血及蓆. 時論以譖毁之效, 而陳漸微之徵. 後主竟降. (出『廣古今五行記』)

360 · 35(4608)
단 휘(段 暉)

단휘는 자(字)가 장조(長祚)이다. 어느 날 한 동자가 돌아가겠다고 말하며 단휘에게 말을 달라고 청했다. 단휘가 장난삼아 목마를 만들어 주었더니 동자가 단휘에게 말했다.

"저는 태산부군(泰山府君)의 아들입니다. 당신의 후한 선물에 감사드립니다."

동자는 말을 마치자 목마를 타고 하늘로 솟아올라 떠나갔다. (위수『후위서』)

段暉, 字長祚. 有一童子辭歸, 從暉請馬. 暉戲作木馬與之, 童子謂暉曰: "吾泰山府君子. 謝子厚贈." 言終, 乘木馬, 騰空而去. (出魏收『後魏書』)

태평광기

권제 361

요괴 3

1. 최계서(崔季舒)
2. 안양황씨(安陽黃氏)
3. 제후주(齊後主)
4. 왕혜조(王惠照)
5. 독고타(獨孤陀)
6. 양   소(楊   素)
7. 등경정(滕景貞)
8. 원   수(元   邃)
9. 유지언(劉志言)
10. 소   아(素   娥)
11. 장역지(張易之)
12. 이승가(李承嘉)
13. 태주인(泰州人)
14. 양재언(梁載言)
15. 범계보(范季輔)
16. 낙양부인(洛陽婦人)
17. 배휴정(裴休貞)
18. 우   성(牛   成)
19. 장   한(張   翰)
20. 남정현위(南鄭縣尉)
21. 이   반(李   泮)
22. 원자허(元自虛)

361 · 1(4609)
최계서(崔季舒)

　북제(北齊)의 최계서는 벼슬이 시중특진(侍中特進: 特進은 공훈과 덕망이 높은 자의 본래 관직에 더해주는 加官)에 이르렀다. 어느 날 갑자기 그의 집 연못에 피어 있던 연꽃이 모두 사람 얼굴로 변했는데 선비족(鮮卑族)의 모자를 쓰고 있었다. 또 한번은 그의 부인이 낮잠을 자고 있을 때 키가 한 장(丈)도 넘고 온 몸에 검은 털이 나 있는 한 신인(神人)이 나타나 그녀에게 바짝 다가왔다. 이에 대해 무당이 말했다.

　"그 사람은 오도장군(五道將軍: 키가 10척이나 되고 온 몸에 검은 털이 나 있는 흉악한 귀신)인데 그가 집으로 들어오면 불길합니다."

　또 한번은 최계서의 정원에서 난데없이 피를 흘리면서 한 곡(斛) 크기만한 어떤 흰 물체가 하늘에서 내려오더니, 그의 아들 머리 위로 한 척 남짓 못 미쳤을 때 곧장 사라졌다. 최계서는 또 그의 집안 대청에서 길이가 한 장 남짓한 커다란 손 하나가 땅에서 나와 온 집을 밝게 비추는 것을 보았다. 최계서가 좌우 사람들에게 물어보았으나 그들은 모두 [아무 것도] 보지 못했다고 대답했다. 얼마 후 최계서는 지은 죄도 없이 주살당했다. (『북사』)

　　北齊崔季舒, 位至侍中特進. 忽爾其家池中蓮, 皆化爲人面, 著鮮卑帽. 又其妻曾晝寢, 見一神人, 身長丈餘, 徧體黑毛, 前來逼己. 巫曰: "此是五道將軍, 入宅者不祥也." 又庭中忽流血, 有一白物, 大如斛, 自天而下, 當其子首, 未至尺餘, 乃滅. 季舒又見其家內廳中, 有一大手, 長丈餘, 從地而出, 滿室光耀. 問左右, 皆云不見. 尋以非罪見誅. (出『北史』)

361 · 2(4610)
안양황씨(安陽黃氏)

　북제(北齊) 무성제(武成帝: 高湛) 때 안양현(安陽縣)의 황씨는 옛 성 남쪽에서 살았는데, [그의 집안은] 조상 대대로 거부(巨富)였다. 한번은 어떤 무당이 점을 치며 말했다.

　"당신 집의 재물이 나가려 하니 스스로 잘 간수하십시오. 만약 재물이 떠나면 당신 집은 그 즉시 매우 가난해질 것입니다."

　그래서 황씨 집에서는 밤마다 사람을 나누어 배치하여 지키게 했다. 그러던 어느 날 밤에 한 무리의 사람들이 모두 누런 옷을 입고 말을 타고서 북문으로 나갔고, 또 한 무리는 흰 옷을 입고 말을 타고서 서문으로 나갔으며, 또 한 무리는 푸른 옷을 입고 말을 타고서 동쪽 정원 문으로 나갔는데, 이들은 모두 조우(趙虞)의 집이 여기서 얼마나 떨어져 있는지 물었다. 당시 황씨 집안사람들은 [무당의 말을] 까마득히 잊고 있다가 그들이 모두 떠난 뒤에야 비로소 깨달았는데, 가슴을 치며 후회했으나 다시 쫓아갈 수 없었다. 황씨 집을 나간 누런 옷, 흰 옷, 푸른 옷 입은 사람들은 모두 금과 은과 돈들이었다. 한참 후에 다시 한 사람이 나타나 절뚝거리면서 땔감을 지고 오더니 또 조우의 집을 묻자, 황씨 집안사람들은 몹시 분노하여 노복들에게 그 사람을 두들겨 패게 했다. 그리고는 다가가서 보았더니 다름 아닌 집에서 쓰던 다리 부러진 솥이었다. 그 이후로 황씨 집은 점점 가난해졌으며 사람들도 모두 죽고 말았다. (『광고금오행기』)

北齊武成時, 安陽縣有黃家者, 住古城南, 其先累世巨富. 有巫師占: "君家財物欲出, 好自防守. 若去, 家卽大貧." 其家每夜使人分守. 夜有一隊人, 盡着黃衣, 乘馬, 從北門出, 一隊白衣人, 乘馬, 從西門出, 一隊靑衣人, 乘馬, 從東園門出, 悉借問趙虞家此去近遠. 當時並忘, 去後醒覺, 撫心懊悔, 不可復追. 所出黃白靑者, 皆金銀錢貨. 良久, 復見一人, 跛脚負薪而來, 亦問趙虞, 家人忿極, 命奴擊之. 就視, 乃家折脚鐺也. 自此之後, 漸貧, 死亡都盡. (出『廣古今五行記』)

361 · 3(4611)
제후주(齊後主)

북제(北齊)의 후주(後主: 高緯)가 무평(武平) 5년(574)에 진양(晉陽)으로 갔는데, 도중에 병사들이 장막에서 갑자기 크게 소리쳤다. 후주가 [무슨 일이냐고] 물었더니 병사들이 대답했다.

"무수한 사람들이 모두 여우같은 작은 말을 타고 칼과 몽둥이를 다투어 휘두르는 것을 보았기에 소리쳤습니다."

(『광고금오행기』)

北齊後主武平五年, 如晉陽, 在路, 兵人於幕下忽('忽'原作'無', 據許本改)唱叫. 訊之, 曰:"見無數人, 皆騎小馬如狐, 爭揮刀梢, 故叫之."(出『廣古今五行記』)

361·4(4612)
왕혜조(王惠照)

[北齊 後主] 무평연간(武平年間: 570~576) 말에 왕혜조가 광평군(廣平郡)의 도성주사(都省主事)로 있을 때, 식휴(息休)라는 군의 학생(學生)이 나무를 깎아 어린아이 인형 하나를 만들어 의대(衣帶) 속에 넣어두고서 식사 때마다 반드시 인형에게 밥을 주면서 말했다.

"얘야, 밥 먹어라!"

그리고 나서야 비로소 자신이 식사했다. 그 이후로 식휴는 정신이 혼미하여 도깨비에게 씌었는데, 한번은 식사 때 인형에게 밥을 주지 않았더니 곧장 병이 나서 거의 죽을 지경이 되었다. 그는 점점 채소를 먹지[원문은 '嚮'이라 되어 있지만 문맥상 '饗'의 오기로 보임] 않고 술과 고기를 요구했다. 그래서 식휴의 형이 몰래 그 인형을 훔쳐내서 불에 태웠더니 식휴의 병이 더욱 심해졌다. 식휴의 집에서는 일이 급해지자 공예가를 고용하여 나무를 깎아 본래 인형과 흡사하게 만든 뒤 영상(靈床)이 있는 곳에 놓아두었다. 그러자 영상 밑에서 이런 말이 들려왔다.

"나를 불태워 이처럼 만들어놓고는 다시 깎아 만든들 무슨 소용 있겠는가?"

1년여 뒤에 식휴는 미치광이가 되어 죽고 말았다. (『광고금오행기』)

武平末, 廣平都省主事王惠照, 息休爲郡學生, 刻木作一小兒, 盛衣帶裏, 每食必食之, 告云: "奴噉!" 方自食. 自此後迷, 爲魍魎著之, 時餉不餉, 則病發垂死. 漸不嚮菜蔬, 要索酒肉. 休兄竊取, 以火焚之, 休病轉困. 其家事急, 顧工匠刻木, 妙寫形狀, 爲置靈床之處. 下語云: "燒毁我如此, 重刻何益?" 歲餘, 休成狂病卒. (出『廣古今五行記』)

361·5(4613)
독고타(獨孤陀)

수(隋)나라의 독고타는 자(字)가 여사(黎邪)로, 문제(文帝) 때 연주자사(延州刺史)가 되었다. 그는 본래 좌도(左道: 邪道)를 좋아했다. 독고타의 외가(外家)인 고씨(高氏) 집안은 이전에 고양이 귀신을 섬겼는데, 고양이 귀신이 독고타의 외삼촌 곽사라(郭沙羅)를 살해한 뒤 [외삼촌으로 둔갑하여] 그 집으로 들어갔다. 문제는 그러한 얘기를 은밀히 들었지만 믿지 않았다. 황후가 된 독고타의 누나와 양소(楊素)의 부인 정씨(鄭氏)가 함께 병이 들자, 의원들을 불러와서 진찰하게 했더니 의원들이 모두 말했다.

"이는 고양이 귀신으로 인해 생긴 병입니다."

문제는 독고타가 황후의 배다른 남동생이고 독고타의 부인이 양소의 배다른 여동생이었기에 이 때문에 독고타가 한 짓이라고 의심했다. 그래서 문제는 은밀히 독고타의 형 독고목(獨孤穆)에게 명하여 진심으로 독고타를 깨우쳐주게 했으며 또한 좌우 측근을 보내 그를 타이르게 했으나, 그는 그런 사실이 없다고 잡아 뗐다. 그래서 문제가 불쾌하여 독고타를 좌천시키자 그는 원망의 말을 했다. 문제가 좌복야(左僕射) 고영(高穎), 납언(納言) 소위(蘇威), 대리(大理) 양원(楊遠)·황보효서(皇甫孝緖)에게 명하여 함께 사건을 조사하게 했더니, 독고타의 여종 서아니(徐阿尼)가 이렇게 자백했다.

"저는 본래 독고타의 어머니 집에서 왔습니다. 그 집에서는 늘 고양이 귀신을 섬겼는데, 매번 자일(子日) 밤이면 고양이 귀신에게 제사를 지냈습니다. '자(子)'는 쥐를 말합니다. 고양이 귀신은 사람을 죽일 때마다 살해된 사람 집의 재물을 고양이 귀신을 섬기는 집으로 은밀히 옮겨 놓곤 했습니다."

문제가 이 사건을 어떻게 처리해야 할 지 공경(公卿)들에게 물었더니, 기장공(奇章公) 우홍(牛弘)이 말했다.

"요괴는 사람으로 인해 생겨나니 그 사람을 죽이면 요괴를 근절할 수 있습니다."

그래서 문제는 소달구지에 독고타 부부를 실어오라고 명했다. 그들을 사형시키려 할 때 독고타의 동생이 대궐로 와서 [그들을 살려달라고] 애원하자, 문제는 그들의 사형을 면해주면서 독고타는 명적(名籍)을 삭제하고 그의 부인 양씨(楊氏)는 비구니가 되게 했다. 이전에 어떤 사람이 자기 어머니가 고양이 귀신에게 살해당했다고 고소했을 때, 문제는 그 일을 요망하다고 생각하여 화를 내며 그를 먼 곳으로 추방했었는데, 이 때가 되어서야 비로소 고양이 귀신 사건을 고소한 집을 사면해주었다. 독고타도 얼마 되지 않아서 죽었다. (『북사』)

　隋獨孤陀, 字黎邪, 文帝時, 爲延州刺史. 性好左道. 其外家('家'原作'甥', 據明鈔本改)高氏, 先事貓鬼, 已殺其舅郭沙羅, 因轉入其家. 帝微聞之而不信. 其姊爲皇后, 與楊素妻鄭氏俱有疾, 召醫視之, 皆曰: "此貓鬼疾." 帝以陀后之異母弟, 陀妻乃楊素之異母妹也, 由是疑陀所爲. 陰令其兄穆以情喩之, 上又遣左右諷陀, 言無有. 上不悅, 左遷陀, 陀遂出怨言. 上令左僕射高潁・納言蘇威・大理楊遠・皇甫孝緖雜按之, 而陀婢徐阿尼供言: "本從陀母家來. 常事貓鬼, 每以子日夜祀之. 言子者鼠也. 貓鬼每殺人, 被殺者家財遂潛移於畜貓鬼家." 帝乃以事問公卿, 奇章公牛弘曰: "妖由人興, 殺其人, 可以絶矣." 上令犢車載陀夫妻. 將死, 弟詣闕哀求, 於是免死除名, 以其妻楊氏爲尼. 先是有人訴其母爲貓鬼殺者, 上以爲妖妄, 怒而遣之, 及是, 乃詔赦訴行貓鬼家焉. 陀亦未幾而卒. (出『北史』)

361・6(4614)
양소(楊 素)

　[隋나라 煬帝] 대업(大業) 5년(609)에 상서령(尙書令) 양소는 동도(東都: 洛陽)에 저택을 지어놓은 뒤에 몰래 궁중의 관서로 들어가서 위위소경(衛尉少卿) 소길(蕭吉)에게 사람을 보내 새 저택으로 들어갈 길일을 택해달라고 청했다. 소길은 양소가 제명대로 살지 못할 것을 알았기 때문에 책 한 권을 그에게 보냈는데, 그 책은 죽음에 관한 일만 전문적으로 기술해놓은 것이었다. 양소는 그 책을 펼쳐보고는 싫어하여 곧장 앞

뜰에서 불살랐다. 양소는 저택 안에 침향당(沉香堂)을 지었는데 매우 정교하고 화려했다. 침향당이 처음 완성되었을 때 양소는 사흘 동안 잠가놓은 뒤에 길일을 택하여 막 열고 보았더니, 사방 벽에 마치 선혈을 뿌려놓은 것처럼 그 피가 바닥까지 흘러 있었으며 비린내가 사람을 엄습했다. 양소는 이를 몹시 꺼림칙해했다. 결국 양소는 독주(毒酒)를 마시고 죽었다. 대업 9년(613)에 양소의 장자인 예부상서(禮部尙書) 양현감(楊玄感)은 뜰에 아무런 이유도 없이 피가 땅에 뿌려져 있는 것을 보고는 두려워하여 마침내 병사를 일으켜 모반했다가 주살당하고 말았다. (『광고금오행기』)

　大業五年, 尙書令楊素於東都造宅, 潛於宮省, 遣人就衛尉少卿蕭吉, 請擇良日入新宅. 吉知其不終, 乃以書一卷付之, 此書專是述死喪之事. 素開而惡之, 乃焚於前庭.
　素宅內造沉香堂, 甚精麗. 初成, 閉之三日, 然後擇日, 始開視之, 四壁如新血所灑, 流於地, 腥氣觸人. 素甚惡之. 竟遇鴆而死. 九年, 素長子禮部尙書楊玄感, 庭中無故有血灑地, 玄感懼, 遂擧兵反, 伏誅. (出『廣古今五行記』)

361 · 7(4615)
등경정(滕景貞)

　등경정은 광주(廣州)의 칠층사(七層寺)에 있다가 [唐나라 高宗] 영휘연간(永徽年間: 650~655)에 파직당하여 집으로 돌아갔다. 한번은 그의 여종이 밥을 짓고 있을 때, 솥 안에서 갑자기 천둥 같은 소리가 나면서 쌀알이 위로 부글부글 솟아올랐다. 등경정이 다가가서 보았더니 그 소리가 더욱 커졌다. 그러더니 시루 위에 연꽃처럼 생기고 적금(赤金)처럼 붉은 수십 송이의 꽃이 생겨났다가 금세 시들어 사라졌다. 열흘 뒤에 등경정은 죽었다. (『유양잡조』)

滕景貞在廣州七層寺, 永徽中, 罷職歸家. 婢炊, 釜中忽有聲如雷, 米上芃芃隆起. 滕就視, 聲轉壯. 甑上生花數十, 長似蓮花, 色赤如金, 俄頃萎滅. 旬日, 景貞卒. (出『酉陽雜俎』)

361 · 8(4616)
원 수(元 邃)

[唐나라 高宗] 영순연간(永淳年間: 682~683) 초에 동주사공(同州司功) 원수의 모친이 대낮에 당(堂)에 앉아 있을 때 갑자기 가림벽 밖에서 어떤 작은 사람이 작은 말을 타고 집안으로 들어왔다. 그 사람은 키가 2~3척이었고 말 크기 역시 그와 비슷했는데, 갑옷을 입고 무장을 했으며 광채가 태양처럼 빛났다. 그 사람은 마당 안에서 담을 따라 질주하다가 한참만에 비로소 사라졌다. 그 후로 원수의 모친이 늘 자살하려고 하자 온 집안사람들이 그녀를 지켰다. 그렇게 1년이 지나 집안사람들의 감시가 약간 소홀해지자, 원수의 모친은 밤에 누워 있다가 옷을 이불 속에 넣어 자신처럼 꾸며놓고는 곧바로 도망쳐 나갔다. 그녀를 시중들던

사람이 이를 알아차리고 흩어져서 찾았지만 그녀는 이미 우물에 빠진 뒤였다. 그녀를 구출할 쯤에 보았더니 그녀는 숨이 거의 끊어진 상태였다. (『광고금오행기』)

永淳初, 同州司功元邃, 其母白日在堂坐, 忽見屛外有小人騎小馬入來. 人長二三尺, 馬亦相稱, 衣甲具裝, 光彩輝日. 於庭內巡墻馳走, 良久方滅. 此後每常欲自殺, 合家守之. 經年稍怠, 母夜臥, 以衣置被中自代, 便卽走出. 侍者覺之, 分覓, 以投於井. 比及出之, 殆亦絶矣. (出『廣古今五行記』)

361·9(4617)
유지언(劉志言)

장안(長安) 사람 유지언이 화주(華州) 하규현위(下邽縣尉)에 임명되었는데, 그곳 관아가 평소에 흉흉했기 때문에 그는 결국 마을에서 집을 빌렸지만 그 집에서도 괴이한 일이 일어나는 것을 면치 못했다. 하루는 그의 여종이 새벽에 일어나 머리를 빗다가 빗을 바닥에 떨어뜨렸다. 여종이 몸을 굽혀 빗을 주우려다 보았더니 침상 아래에 포대(布袋) 하나가 있었는데, 그 안에 몇 살 안 된 아이들이 있는 것 같았다. 여종이 손을 뻗어 포대를 잡았더니 그 아이들이 포대 안에서 뛰어나오자 여종은 질겁하며 뛰쳐나갔다. 온 집안사람들이 [그녀의 방으로] 가서 살펴보았으나 아무 것도 보이지 않았다. 유지언은 임기를 마치고 나서 죽었다. (『오행기』)

長安劉志言任華州下邽縣尉, 此廨素凶, 遂於里內借宅, 然宅內不免有怪. 婢晨起理髮, 梳墮地. 婢俯取梳, 見床下有布袋, 中似有數歲小兒. 婢引手取之, 袋內跳出, 婢驚懼走出. 舉家就視, 了無所見. 志言秩滿而卒. (出『五行記』)

361·10(4618)
소 아(素 娥)

　소아는 무삼사(武三思)의 가기(家妓)였다. 무삼사는 처음에 교씨(喬氏)의 하녀 요낭(窈娘)을 얻었는데 요낭은 노래와 춤에 능했다. 무삼사는 음률을 잘 알고 있었는데 요낭의 가무 솜씨를 천하 최고의 기예라고 생각했다. 그런데 얼마 되지 않아 요낭이 낙수(洛水)에 빠져죽자 무삼사는 교씨 일족을 주살했다. 무삼사의 휘하에 있던 어떤 사람이 소아를 추천하며 말했다.

　"상주(相州) 봉안문(鳳陽門)의 송(宋) 노파 딸은 오현금(五弦琴)을 잘 타고 절세의 미인입니다."

　그래서 무삼사는 비단 300단(段)을 가지고 가서 소아를 맞아오게 했다. 소아가 도착하자 무삼사는 크게 기뻐하여 성대한 연회를 열어 소아를 나오게 했다. 공경대부들이 모두 연회에 모였으나 오직 납언(納言: 帝命의 출납을 관장하는 門下省의 장관으로 侍中을 말함) 적인걸(狄仁傑)만 병을 핑계 대고 오지 않았다. 이에 무삼사가 노하여 좌중에서 [적인걸이 참석하지 않은 것에 대해] 언급했는데, 연회가 끝나고 나서 어떤 사람이 그 일을 적인걸에게 알려주었다. 다음날 적인걸이 무삼사를 찾아가서 사과하며 말했다.

"제가 어제는 지병이 갑자기 도져서 초대에 응하지 못했습니다. 하지만 미인을 보지 못한 것도 저의 운명 탓이겠지요. 다른 날 혹시 좋은 연회가 다시 열린다면 어찌 감히 약속 시간보다 먼저 도착하지 않을 수 있겠습니까?"

소아가 그 말을 듣고 무삼사에게 말했다.

"양공(梁公: 唐 睿宗 때 狄仁傑에게 추증된 封號로, 실제로는 則天武后 때 사용한 칭호가 아님)은 강직한 선비로 시류에 영합하는 사람이 아니니, 어찌 굳이 그의 천성을 억압할 필요가 있겠습니까? 다시 연회를 열더라도 이런 일이 없지는 않을 것이니 청컨대 양공을 부르지 마십시오."

무삼사가 말했다.

"만약 나의 연회를 거절한다면 반드시 그의 일족을 죽여 버릴 것이다!"

며칠 뒤에 무삼사가 다시 연회를 열자 손님들이 아직 오기 전에 양공이 과연 먼저 도착했다. 무삼사는 특별히 양공을 맞이하여 내실(內室)에 앉힌 뒤 천천히 술을 마시면서 다른 손님들이 오기를 기다렸다. 적인걸이 먼저 소아를 불러내서 그 기예를 대강 구경하게 해달라고 청하자, 무삼사는 술잔을 놓고 자리를 마련하여 소아를 불러오게 했다. 그런데 잠시 후에 하인이 나와서 말했다.

"소아가 숨어버려서 어디에 있는지 모르겠습니다."

무삼사가 직접 들어가서 소아를 불렀으나 아무 데도 보이지 않았다. 그때 갑자기 안방 깊숙한 곳의 틈새에서 난초와 사향의 짙은 향기가 풍

겨오기에 무삼사가 귀를 갖다대고 들어보았더니 소아의 말소리가 들렸는데, 그 소리가 가는 실보다도 가늘어서 겨우 알아들을 수 있었다. 소아가 말했다.

"공(公: 武三思)께 양공을 부르지 마시라고 청했는데 지금 군이 그를 불러왔으니 저는 더 이상 살 수 없습니다."

무삼사가 그 이유를 물었더니 소아가 말했다.

"저는 다른 요괴가 아니라 바로 화월(花月: 음력 2월의 별칭)의 요정입니다. 상제(上帝)께서 저를 보내신 것은 많은 달콤한 말로 공의 마음을 흔들어서 장차 이씨(李氏: 唐 皇室을 말함)를 중흥시키고자 했기 때문입니다. 지금 양공은 이 시대의 바른 사람이므로 제가 감히 만날 수 없습니다. 하지만 저는 일찍이 공의 시첩(侍妾)이 되었으니 어찌 정이 없겠습니까? 바라건대 공께서는 열심히 양공을 섬기면서 다른 뜻은 품지 마십시오. 그렇지 않으면 무씨(武氏) 일족은 씨도 안 남을 것입니다."

소아가 말을 마치자 무삼사가 다시 물었지만 소아는 더 이상 대답하지 않았다. 무삼사는 나가서 적인걸을 만나고는 소아가 갑자기 아파서 나올 수 없다고 둘러대면서 예를 갖춰 적인걸을 정중히 모셨다. 적인걸은 그 연유를 알지 못했다. 다음날 무삼사가 그 일을 은밀히 상주했더니 칙천무후(則天武后)가 탄식하며 말했다.

"하늘이 [이씨에게] 부여한 명은 폐할 수 없구나!"

(『감택요』)

素娥者, 武三思之妓人也. 三思初得喬氏靑衣窈娘, 能歌舞. 三思曉知音律, 以窈娘歌舞, 天下至藝也. 未幾, 沉於洛水, 遂族喬氏之家. 左右有擧素娥曰:"相州鳳陽門宋媼女, 善彈五弦('弦'原作'言', 據明鈔本・許本・黃本改), 世之殊色." 三思乃以帛三百段往聘焉. 素娥旣至, 三思大悅, 遂盛宴以出素娥. 公卿大夫畢集, 唯納言狄仁傑稱疾不來. 三思怒, 於座中有言, 宴罷, 有告仁傑者. 明日謁謝三思曰: "某昨日宿疾暴作, 不果應召. 然不覩麗人, 亦分也. 他後或有良宴, 敢不先期到門?" 素娥聞之, 謂三思曰: "梁公彊毅之士, 非款狎之人, 何必固抑其性? 再宴不可無, 請不召梁公也." 三思曰: "儻阻我宴, 必族其家!"

後數日, 復宴, 客未來, 梁公果先至. 三思特延梁公坐於內寢, 徐徐飮酒, 待諸賓客. 請先出素娥, 略觀其藝, 遂停杯, 設榻召之. 有頃, 蒼頭出曰: "素娥藏匿, 不知所在." 三思自入召之, 皆不見. 忽於堂奧隙中聞蘭麝芬馥, 乃附耳而聽, 卽素娥語音也, 細於屬絲, 纔能認辨. 曰: "請公不召梁公, 今固召之, 不復生也." 三思問其由, 曰: "某非他怪, 乃花月之妖. 上帝遣來, 亦以多言蕩公之心, 將興李氏. 今梁公乃時之正人, 某固不敢見. 某嘗爲僕妾, 敢無情? 願公勉事梁公, 勿萌他志. 不然, 武氏無遺種矣." 言迄更問, 亦不應也. 三思出, 見仁傑, 稱素娥暴疾, 未可出, 敬事之禮. 仁傑莫知其由. 明日, 三思密奏其事, 則天歎曰: "天之所授, 不可廢也!" (出『甘澤謠』)

361 · 11(4619)
장역지(張易之)

장역지가 장차 패망할 즈음에 아장(阿藏)이라 불리는 그의 모친 위씨(韋氏)가 집에 앉아 있었는데 하인이 이렇게 알려왔다.

"아주 많은 거마(車馬)와 말 탄 시종들이 문에 도착하여 [수레와 말에서] 내렸는데, 아마도 [궁궐에서 파견한] 내관(內官: 宦官)인 듯합니다."

아장이 그들을 영접하러 나갔으나 아무도 보이지 않았다. 또 들 여우가 자주 밥 단지를 높이 들고 담 위를 지나갔다. 그러더니 열흘도 안 되어 화가 닥쳤다. [則天武后] 수공연간(垂拱年間: 685~688) 후에 여러 주(州)에서 수탉으로 변한 암탉을 많이 바쳤는데, 이는 칙천무후(則天武后)가 칭제(稱帝)할 징조였다. (『조야첨재』)

張易之將敗也, 母韋氏, 號阿藏, 在宅坐, 家人報云: "有車馬騎從甚多, 至門而下, 疑其內官也." 藏出迎之, 無所見. 又野狐數擎飯甕墻頭而過. 未旬日而禍及. 垂拱之後, 諸州多進雌雞化爲雄雞者, 則天之應也. (出『朝野僉載』)

361 · 12(4620)
이승가(李承嘉)

당(唐)나라 신룡연간(神龍年間: 705~707)에 호부상서(戶部尙書) 이승가는 글자도 모르고 책도 이해하지 못했지만 어사대부(御史大夫)가 되어 낙주장사(洛州長史)를 겸했다. 그는 판사(判司)를 개라고 부르고 어사를 나귀라고 욕하면서 조정에서 위세를 떨쳤다. 그가 서경(西京: 長安)에 새 집 한 채를 막 지었을 때, 마을 사람들은 수많은 들 여우가 그의 집으로 곧장 들어가는 것을 보았다. 얼마 후 그 집이 사방으로 무너지고 기와와 목재들이 하나로 쌓였다. 또 그가 사건을 판결할 때 손에 들고 있던 붓대가 곧바로 갈라졌는데 다른 붓을 가져와도 이전처럼 다시 갈라졌다. 며칠 뒤에 그는 등주(藤州)의 원외사마(員外司馬)로 전출되었다가 죽었다. (『조야첨재』)

唐神龍中, 戶部尙書李承嘉, 不識字, 不解書, 爲御史大夫, 兼洛州長史. 名判司爲狗, 罵御史爲驢, 威振朝廷. 西京造一堂新成, 坊人見野狐無數, 直入宅. 須臾堂舍四裂, 瓦木一聚. 判事筆管, 手中直裂, 別取筆, 復裂如初. 數日, 出爲藤州員外司馬卒. (出『朝野僉載』)

361 · 13(4621)
태주인(泰州人)

[唐나라] 태정년(太定年: 太極[712]의 오기로 보임. 당나라에는 '太定'이란 연호가 없음)에 태주 적수점(赤水店)에 정씨(鄭氏) 집안의 장원이 있었다. 그 장원에는 20살 남짓 된 아들이 있었는데, 어느 날 해질 무렵에 역참(驛站) 길에서 보았더니 푸른 옷을 입고 용모가 남달리 아름다운 한 여자가 혼자 걸어가고 있었다. 정씨 아들이 [무슨 일이냐고] 물었더니 여자가 말했다.

"정현(鄭縣)으로 가려고 하는데 두 여종이 아직 오지 않아서 머뭇거리며 기다리고 있습니다."

정씨 아들은 여자에게 장원으로 가서 묵으라고 하면서 그녀를 대청에 앉히고는 술과 음식을 대접했으며, 결국 의복과 침구를 가져와서 함께 잠을 잤다. 날이 밝았는데도 정씨 아들의 방문이 오랫동안 열리지 않자 집안사람들이 그를 불렀으나 대답이 없었다. 그래서 집안사람들이 창을 통해 엿보았더니 그의 두개골만 있고 나머지 신체는 모두 [누군가가] 먹어치운 뒤였다. 집안사람들이 문을 부수고 들어갔더니 대들보 위의 어두운 곳에서 커다란 새 한 마리가 문을 박차고 날아나가는 것이 보였다. 어떤 사람은 그것을 나찰귀(羅刹鬼: 저승에서 죄인을 못살게 군다는 食人鬼)라고 했다. (『조야첨재』)

太定年中, 泰州赤水店, 有鄭家莊. 有一兒, 年二十餘, 日晏, 於驛路上, 見一靑衣女子獨行, 姿容殊麗. 問之, 云: "欲到鄭縣, 待二婢未來, 躊躕伺候." 此兒屈就莊宿, 安置廳中, 供給酒食, 將衣被同寢. 至曉, 門久不開, 呼之不應. 於窓中窺之, 惟有腦骨頭顱在, 餘並食訖. 家人破戶入, 於梁上暗處, 見一大鳥, 衝門飛出. 或云是羅刹魅也. (出『朝野僉載』)

361 · 14(4622)
양재언(梁載言)

당(唐)나라 때 회주자사(懷州刺史) 양재언이 낮에 청사(廳事)에 앉아 있었는데, 갑자기 박쥐처럼 생긴 어떤 물체가 남쪽에서 날아오더니 곧장 그의 입 속으로 들어갔다. 그는 흡사 어떤 물건을 삼키기라도 한 듯이 뱃속이 꼬이며 아프더니 며칠 만에 죽고 말았다. (『조야첨재』)

唐懷州刺史梁載言, 晝坐廳事, 忽有物如蝙蝠, 從南飛來, 直入口中. 翕然似吞一物, 腹中遂絞痛, 數日而卒. (出『朝野僉載』)

361 · 15(4623)
범계보(范季輔)

부성현위(鄜城縣尉) 범계보는 아직 장가들지 않고 있었는데, 영평리(永平里)에 사는 최씨(崔氏)라는 미인이 늘 그와 가까이 지냈다. [唐나라] 개원(開元) 28년(740) 2월에 최씨가 새벽에 일어나 당(堂)을 내려와 보았더니 어떤 물체가 계단 아래에 죽어 있었다. 그 물체는 몸이 개처럼 생겼고 목에 아홉 개의 머리가 달려 있었는데, 그 머리들은 모두 사람 얼굴 같았으나 생김새가 각각 달랐다. 화내는 얼굴, 기뻐하는 얼굴, 잘생긴 얼굴, 못생긴 얼굴, 늙은 얼굴, 젊은 얼굴, 만족(蠻族)처럼 생긴 얼굴, 이족(夷族)처럼 생긴 얼굴들은 모두 크기가 주먹만했으며, 꼬리는 굉장히 길고 오색 빛깔이었다. 최씨는 두려워서 범계보에게 그 사실을 알렸다. 범계보가 무당에게 물어보았더니, 무당은 다섯 방위에서 그것을 태우면 재앙이 사라질 것이라고 말했다. 그래서 범계보는 네거리에 땔감을 쌓아놓고 그것을 태웠다. 그런데 며칠 뒤에 최씨의 어머니가 죽고, 또 며칠 뒤에 최씨가 죽었으며, 또 며칠 뒤에 범계보마저 죽었다. (『기문』)

鄜城尉范季輔, 未娶, 有美人崔氏, 宅在永平里, 常依之. 開元二十八年二月,崔氏晨起下堂, 有物死在堦下. 身如狗, 項有九頭, 皆如人面, 面狀不一. 有怒者, 喜者・姸者・醜者・老者・少者・蠻者・夷者, 皆大如拳, 尾甚長, 五色. 崔氏 恐, 以告季輔. 問諸巫, 巫言焚之五道, 災則消矣. 乃於四達路積薪焚之. 後數日, 崔氏母殂, 又數日, 崔氏死, 又數日, 季輔亡. (出『記聞』)

361・16(4624)
낙양부인(洛陽婦人)

[唐나라] 현종(玄宗) 때 낙양의 어떤 부인이 귀신에 씌었는데 술사(術士)가 계속 그녀를 치료했지만 낫지 않았다. 그래서 부인의 아들이 도사 섭법선(葉法善)을 찾아가 법술을 부려 귀신을 쫓아달라고 하자 섭법선이 말했다.

"그것은 천마(天魔)이오. 그것은 천상에서 죄를 지어 천제에게 벌을 받고 잠시 인간 세상에 내려와 있는 것이오. 그러나 그 벌 받는 기간이 이미 차서 머지않아 스스로 떠날 것이니 번거롭게 쫓아낼 필요 없소."

그러나 부인의 아들은 섭법선이 그의 마음을 달래려고 하는 말이라고 생각하여 한사코 도와달라고 청했다. 그러자 섭법선이 말했다.

"진정 가는 걸 꺼리는 것은 아니오."

그리고는 그 사람을 데리고 양적산(陽翟山) 속으로 깊이 들어갔다. 깎아지른 산마루에 연못물이 있었는데 선법선은 그 연못가에서 귀신을 막는 법술을 행했다. 한참 후에 연못물 속에서 세 칸짜리 집채만한 상투머리 하나가 나타나 천천히 나왔는데 두 눈이 번갯불처럼 번쩍였다. 잠시 후 운무가 사방을 에워싸더니 그것은 어디론가 사라져버렸다. (『광이기』)

玄宗時, 洛陽婦人患魔魅, 前後術者治之不愈. 婦人子詣葉法善道士, 求爲法遣, 善云: "此是天魔. 彼自天上負罪, 爲帝所譴, 暫在人間. 然其譴已滿, 尋當自去, 無煩遣之也." 其人意是相解之詞, 故求祐助. 善云: "誠不惜往." 乃携人深入陽翟山中. 絶嶺有池水, 善於池邊行禁. 久之, 水中見一頭鬐, 如三間屋, 冉冉而出, 至兩目, 睒如電光. 須臾雲霧四合, 因失所在. (出『廣異記』)

361·17(4625)
배휴정(裵休貞)

금오장군(金吾將軍: 禁軍 가운데 하나인 金吾衛의 우두머리) 배휴정은 미천했을 때 교업리(敎業里)에서 살았다. 한번은 어떤 손님이 찾아오자 배휴정은 손님에게 술을 대접했으며, 그의 동생들도 모두 그 자리에 있었다. 날이 저물자 손님은 떠나고 배휴정은 혼자 청사(廳事)에 누워 있었다. 어두워진 뒤에 배휴정이 깨어났더니 침상 주위에서 이런 소리가 들렸다.

"형님은 어머님을 떠나보내세요."

이런 소리가 계속 들려왔다. 배휴정이 소리치는 괴물을 살펴보았더니 그 모습이 몹시 두려움을 느끼게 했는데, 그것은 계속 [배휴정의 침상을] 맴돌았다. 배휴정이 겁을 먹고 문을 뛰어나가 노복을 부르자, 노복이 등불을 들고 왔으며 그의 동생도 달려왔다. 그러자 그 괴물은 등불 그림자 속으로 몸을 숨겼는데, 그 모습은 곤륜노(崑崙奴: 唐宋代 중국에서 노비로 일하던 말레이 사람) 같았고 이빨은 크고 희었으며 키가 5척쯤 되었다. 배휴정의 동생 배휴원(裵休元)은 평소 힘이 셌기 때문에 주먹으로 괴물을 쳤는데, 마치 쇠나 돌을 치는 것처럼 퍽! 하는 소리와 함께 괴물의 모습이 순식간에 사라졌다. 그 해에 배휴정의 모친이 죽었다. (『기문』)

金吾將軍裵休貞, 微時, 居敎業里. 有客過之, 休貞飮客, 其弟皆預. 日晚客去, 休貞獨臥廳事. 昏後, 休貞醒, 繞牀有聲曰: "哥哥去娘子." 如此不絶. 休貞視呼者, 狀甚可畏, 繞之不止. 休貞懼, 跳門呼奴, 奴以燈來, 其弟亦至. 於是怪依燈影中, 狀若崑崙, 齒大而白, 長五尺. 休貞弟休元, 素多力, 擊之以拳, 應手有聲, 如擊鐵石, 怪形卽滅. 其歲, 休貞母殂. (出『記聞』)

361 · 18(4626)
우 성(牛 成)

도성에서 동남쪽으로 50리 떨어진 곳에 효의방(孝義坊)이라는 동네가 있는데 그 동네의 서쪽 들판에서 늘 괴물이 나타났다. [唐나라] 개원(開元) 29년(741)에 우숙(牛肅)의 동생 우성이 효의방에 갔다가 새벽에 서쪽 들판에 이르러 마을 사람 임고(任杲)를 만나 그와 얘기를 나누었다. 그때 갑자기 동쪽으로 500보 떨어진 곳에서 상여수레 같은 검은 연기가 10여 개 나타났다. 맨 앞에 있는 것은 높이가 2~3장쯤 되었고 나머지는 각각 1장 남짓 되었는데, 북쪽에서 남쪽으로 가서 거의 들판 끝에 도착할 즈음에 다시 남쪽에서 북쪽으로 돌아가면서 줄줄이 따라갔다. 그러다가 해가 뜬 뒤에는 움직임이 점점 급해지면서 나타났다 사라졌다 하더니 해가 점차 높이 떠오르자 모두 사라졌다. 임고가 이런 말을 했다.

"이곳에서는 늘 이런 일이 일어나니 괴이하게 여기기에 부족합니다. 몇 달 전에는 어떤 비기(飛騎: 皇宮의 侍衛軍士)가 임기가 차서 남쪽으로 돌아가는 길이었는데, 갑자기 공중에서 뿔 달린 말처럼 생긴 괴물이 나타났습니다. 비기가 칼로 그 괴물을 찔렀더니 괴물이 피를 쏟으며 1장도 넘는 사람으로 변해 비기를 쫓아갔습니다. 비기가 도망가면서 활을 쏘아 맞추자 괴물은 잠시 주춤했다가 또 뒤따라 왔습니다. 그래서 비기가 다시 활을 쏘았더니 그제야 괴물이 멈추었습니다. 날이 밝은 뒤에 비기가 활 쏘았던 곳을 찾아가서 보았더니, 땅은 온통 피투성이였지만 괴물은 보이지 않았습니다. 이로 인해 비기는 병에 걸려 집으로 돌아간 뒤 며칠 만에 죽었습니다."

(『기문』)

京城東南五十里, 曰孝義坊, 坊之西原, 常有怪. 開元二十九年, 牛肅之弟成, 因往孝義, 晨至西原, 遇村人任杲, 與言. 忽見其東五百步, 有黑氣如輜車, 凡十餘. 其首者高二三丈, 餘各丈餘, 自北徂南, 將至原窮, 又自南還北, 累累相從. 日出後, 行轉急, 或出或沒, 日漸高, 皆失. 杲曰: "此處常然, 蓋不足怪. 數月前, 有飛騎者, 番滿南歸, 忽見空中有物, 如角駄之像('如角'五字原闕, 據明鈔本補). 飛騎刀刺之, 角馱湧出爲人, 身長丈餘, 而逐飛騎. 飛騎走, 且射之, 中, 怪遂少留, 又來踵. 飛騎又射之, 乃止. 旣明, 尋所射處, 地皆有血, 不見怪. 因遇疾, 還家, 數日而卒."(出『紀聞』)

361 · 19(4627)
장한(張翰)

　우감문위록사참군(右監門衛錄事參軍) 장한의 어떤 친구 부인이 [당나라] 천보연간(天寶年間: 742~756) 초에 아들을 낳았는데, 낳은 아들을 막 거두고 보니 머리 없는 또 다른 아이 하나가 옆에서 뛰놀고 있었다. 부인이 그 아이를 잡으면 사라졌다가 손을 떼면 다시 옆에 있곤 했다. 『백택도(白澤圖: 黃帝가 巡狩하다가 바다에 이르러 白澤이라는 神獸를 얻었는데, 그것이 말을 잘하고 만물의 情을 꿰뚫고 있자 황제가 그것과 함께 천하 귀신의 일을 논하고 신하에게 그것을 그리게 했다 함. 『隋書』「經籍志」에 "白澤圖一卷"이 著錄되어 있음)』에 따르면, 그것은 이름이 '상(常)'인데 그 그림에 의거하여 그것의 이름을 3번 부르면 순식간에 사라진다고 한다. (『기문』)

　右監門衛錄事參軍張翰, 有親故妻, 天寶初, 生子, 方收所生男, 更有一無首孩子, 在傍跳躍. 攬之則不見, 手去則復在左右. 按『白澤圖』曰, 其名曰'常', 依圖呼名, 至三呼, 奄然已滅. (出『紀聞』)

361·20(4628)
남정현위(南鄭縣尉)

남정현위 손민(孫旻)은 산남채방지사(山南採訪支使)로 있을 때, 한번은 관할 지역을 순시하는 도중에 산 속의 객관에 투숙했다. 그때 갑자기 아름다운 여인의 얼굴이 기둥 속에서 나오더니 손민을 돌아보며 웃었다. 그래서 손민이 절을 하고 빌었더니 한참 후에 그 얼굴이 비로소 사라졌다. 손민은 두려워서 감히 [다른 사람에게 그 사실을] 말하지 못했다. 몇 년 뒤에 손민은 상천현위(桑泉縣尉)로 제수되었는데 [임명을 받기 위해] 도성에 있다가 병에 걸렸다. 친구가 병문안하러 오자 손민은 친구에게 그 사실을 말하고는 죽었다. (『기문』)

南鄭縣尉孫旻, 爲山南採訪支使, 嘗推覆在途, 舍於山館. 忽有美婦人面, 出于柱中, 顧旻而笑. 旻拜而祈之, 良久方滅. 懼不敢言也. 後數年, 選授桑泉尉, 在京遇疾. 友人問疾, 旻乃言之而卒. (出『記聞』)

361·21(4629)
이 반(李 泮)

함양현위(咸陽縣尉) 이반에게는 용맹하고 완고한 외조카가 있었는데, 그 조카는 늘 손님들에게 귀신 따위는 두려워하지 않는다고 말하면서 몹시 허풍을 떨었다. 어느 날 갑자기 조카가 사는 집의 남쪽 담에서 얼굴 하나가 나왔는데, 그 얼굴은 붉은 색에 크기가 1척도 넘었고 들창코에 움푹 패인 눈, 그리고 날카로운 어금니에 뾰족한 입을 하고 있어서 몹시 혐오스러웠다. 조카가 크게 화내며 주먹으로 그것을 쳤더니 손에 닿자마자 바로 사라졌다. 그런데 조금 있다가 또 서쪽 벽에서 흰 얼굴이 나타나고 또 동쪽 벽에서 푸른 얼굴이 나타났는데 그 생김새가 모두 이전 것과 같았으며, 조카가 주먹으로 쳤더니 역시 사라졌다. 나중에는 검은 얼굴이 북쪽 담에서 나타났는데, 그 모습이 더욱 사람을 두렵게 했으며 그 크기는 [이전에 나타났던 얼굴보다] 배나 되었다. 조카는 더욱 화가 나서 연달아 주먹으로 쳤으나 그것이 떠나가지 않자 칼을 뽑아 찔러서 명중시켰다. 그랬더니 검은 얼굴이 담에서 떨어져 나와 조카를 덮쳤는데, 조카가 손으로 그것을 밀쳐냈지만 떼어낼 수 없었다. 검은 얼굴은 마침내 조카의 얼굴과 합쳐져서 옻칠처럼 새까맣게 되었다. 조카는 결국 땅에 쓰러져 죽었는데 염할 때까지도 그 얼굴빛이 끝내 바뀌지 않았다. (『기문』)

咸陽縣尉李泮, 有甥勇而頑, 常對客自言, 不懼神鬼, 言甚誇誕. 忽所居南牆, 有面出焉, 赤色, 大尺餘, 趺鼻眗目, 鋒牙利口, 殊可憎惡. 甥大怒, 拳毆之, 應手而滅. 俄又見於西壁, 其色白, 又見東壁, 其色青, 狀皆如前, 拳擊亦滅. 後黑面見於北墻, 貌盆恐人, 其大則倍. 甥滋怒, 擊數拳不去, 拔刀刺之, 乃中. 面乃去牆來掩, 甥手推之, 不能去. 黑面遂合於甥面, 色如漆. 甥仆地死, 及殯殮, 其色終不改. (出『記聞』)

361 · 22(4630)
원자허(元自虛)

[唐나라] 개원연간(開元年間: 713~741)에 원자허가 정주자사(汀州刺史)가 되어 관아에 도착하자 여러 관원들이 모두 배알했는데, 80세 가까이 되어 보이는 어떤 사람이 자신을 소(蕭) 노인이라고 하면서 이렇게 말했다.

"저희 집의 식구들은 사군(使君: 刺史에 대한 존칭)의 댁에서 대대로 살고 있으니 부디 대청만은 차지하지 말아주셨으면 합니다."

소 노인은 말을 마친 뒤 사라졌다. 그 후로 좋은 일과 나쁜 일이 있을 때마다 소 노인이 반드시 미리 알려주었는데 들어맞지 않은 적이 없었다. 그러나 원자허는 강직한 사람이었기에 그런 일 따위는 늘 믿지 않았다. 하지만 그의 집안사람들은 밤마다 괴이한 일을 목격하곤 했는데, 어느 때는 어떤 사람이 처마 위에 앉아 다리를 땅에까지 늘어뜨리기도 했고, 어느 때는 사람들이 두세 명씩 짝지어 허공을 걸어 다니기도 했으며, 어느 때는 어떤 사람이 갓난아이를 안고 사람들에게 먹을 것을 구걸하기도 했고, 어느 때는 어떤 미인이 화장을 짙게 하고 아름다운 옷을 입은 채 달빛 아래에서 웃고 말하면서 벽돌이나 기와를 자주 던지기도 했다. 그래서 집안사람들이 원자허에게 [그러한 사실을] 아뢰면서 말했다.

"주방 뒤의 빈 관사는 본래 신당(神堂)이었는데 이전 사람들이 모두 향과 초를 살라 그 신을 섬겼다고 늘 들어왔습니다. 그런데 지금은 그렇게 하지 않기 때문에 요괴들이 이처럼 나타나는 것입니다."

그러나 원자허는 화를 내며 [그런 일을] 결코 믿지 않았다.

어느 날 갑자기 소 노인이 원자허를 찾아뵙고 말했다.

"지금 먼 곳으로 친구를 찾아가려 하니 식구들을 당신께 부탁드립니다."

소 노인은 말을 마치고 떠났다. 원자허가 나이 든 관리에게 [어떻게 하는 것이 좋을 지] 물었더니 관리가 말했다.

"사군의 저택 뒤에 있는 고목 안에 산귀신[山魅]이 있다고 늘 들어왔습니다."

그래서 원자허는 땔감을 고목 높이만큼 쌓아서 불을 놓아 그것을 태우라고 했다. 그랬더니 고목 안에서 원통해하는 소리가 들렸는데 차마 들어줄 수 없을 정도였다. 한 달쯤 뒤에 소 노인이 돌아와 흰 상복을 입고 슬피 곡하며 말했다.

"내 어쩔 수 없이 먼 곳으로 출타하면서 도적의 손에 처자식을 맡겼구나! 이제 사해(四海) 안에 나만 혈혈단신으로 남았으니 반드시 공(公)에게 이 아픔을 알게 해주겠소!"

그리고는 허리띠에서 탄환 크기만한 작은 합(盒) 하나를 풀더니 그것을 땅에 던지며 말했다.

"속히 가거라! 속히 가!"

원자허가 몸을 숙여 그것을 주워 열었더니 겨우 파리만한 크기의 작은 호랑이 하나가 보였다. 원자허가 그것을 잡으려 하자 그것은 땅으로 뛰어내려 금세 몇 촌으로 자라나더니 계속해서 뛰어다녔다. 얼마 후 그것은 커다란 호랑이로 변하여 중문(中門)으로 달려 들어가더니, 집안의 어른과 아이 100여 명을 모조리 물어 죽였다. 그리고는 호랑이도 사라졌다. 결국 원자허도 달랑 혼자만 남게 되었다. (『회창해이록』)

　　開元中, 元自虛爲汀州刺史, 至郡部, 衆官皆見, 有一人, 年垂八十, 自稱蕭老: "一家數口, 在使君宅中累世, 幸不占廳堂." 言訖而沒. 自後凡有吉凶, 蕭老必預報, 無不應者. 自虛剛正, 常不信之. 而家人每夜見怪異, 或見有人坐于簷上, 脚垂於地, 或見人兩兩三三, 空中而行, 或抱嬰兒, 問人乞食, 或有美人, 濃粧美服, 在月下言笑, 多擲磚瓦. 家人乃白自虛曰: "常聞廚後空舍是神堂, 前人皆以香火事之. 今不然, 故妖怪如此." 自虛怒, 殊不信.

　　忽一日, 蕭老謁自虛云: "今當遠訪親舊, 以數口爲託." 言訖而去. 自虛以問老吏, 吏云: "常聞使宅堂後枯樹中, 有山魈." 自虛令積柴與樹齊, 縱火焚之. 聞樹中寃枉之聲, 不可聽. 月餘, 蕭老歸, 縞素哀哭曰: "無何遠出, 委妻子於賊手! 今四海之內, 孑然一身, 當令公知之耳!" 乃於衣帶, 解一小合, 大如彈丸, 擲之於地, 云: "速去! 速去!" 自虛俯拾開之, 見有一小虎, 大纔如蠅. 自虛欲捉之, 遂跳於地, 已長數寸, 跳擲不已. 俄成大虎, 走入中門, 其家大小百餘人, 盡爲所斃. 虎亦不見. 自虛者, 亦一身而已. (出『會昌解頤錄』)

태평광기 권제362 요괴 4

1. 장손 역(長孫 繹)
2. 위 허 심(韋 虛 心)
3. 배 경 미(裴 鏡 微)
4. 이 우(李 虞)
5. 무덕현부인(武德縣婦人)
6. 회 주 민(懷 州 民)
7. 무덕현민(武德縣民)
8. 장 사 마(張 司 馬)
9. 이 적 지(李 適 之)
10. 이 림 보(李 林 甫)
11. 양 신 긍(楊 愼 矜)
12. 강 교(姜 皎)
13. 조 량 정(晁 良 貞)
14. 이 씨(李 氏)
15. 장 주 봉(張 周 封)
16. 왕 풍(王 豐)
17. 방 집(房 集)
18. 장 인(張 寅)
19. 연 봉 상(燕 鳳 祥)
20. 왕 생(王 生)
21. 양 중 붕(梁 仲 朋)

362 · 1(4631)
장손역(長孫繹)

　장손역의 친척 가운데 정사군(鄭使君)이라 불리는 이가 있었다. 정사군은 아들만 둘 있었는데, 그들을 몹시 사랑했다. 아들이 15살이었을 때 정사군은 막 군수(郡守)로 부임한 상태라 늘 하인 10여 명을 아들에게 보내 수하에 두고 부리게 했다. 어느 날 밤에 하인들이 모두 식사를 하고 있을 때 정사군의 아들은 혼자 앉아 있었다. 그런데 갑자기 집 동쪽에서 한 물체가 걸어오는 소리가 들렸는데, 땅을 밟는 소리가 매우 무거웠으며 걸음을 옮길 때마다 그 소리가 더 커졌다. 물체가 갑자기 문 앞에 와서 곧장 침상 아래로 오는데 보았더니 철로 된 한 어린 아이였다. 아이는 3척의 키에 아주 튼튼해 보였으며 눈은 붉고 입은 컸다. 아이가 정사군의 아들에게 말했다.
　"야! 엄마를 불러 젖 좀 먹게 해다오."
　정사군의 아들은 깜짝 놀라 고함을 지르며 집 안으로 뛰어 들어갔다. 하인들은 그 광경을 보고 난 뒤에 급히 정사군에게 사실을 알렸다. 정사군은 하인 10여 명을 보내 몽둥이를 들고 그 아이를 때리게 했는데, 마치 돌을 치는 것과 같았다. 그 아이는 천천히 계단을 내려가 문을 향해 남쪽으로 나갔다. 심지어 칼과 도끼로 아이를 때리기도 했지만, 끝내 아무런 상처도 입히지 못했다. 정사군은 불을 가져다가 아이를 태워버리라고 했다. 하인들이 어린 아이의 몸에 불을 붙이자 아이가 고함을 치는데 그 소리가 마치 벼락 치는 것과 같아 그 소리를 들은 사람들은 놀라 자빠졌다. 그리하여 사람들은 불로 어린 아이를 몰아냈다. 어린 아이는 관아의 문을 나가 발을 들어 수레바퀴에 올라타더니 드디어 사라졌다. 그 집에도 아무 탈이 없었다. (『기문』)

長孫繹之親曰鄭使君. 使君惟二子, 甚愛之. 子年十五, 鄭方典郡, 常使蒼頭十餘人給其役. 夜中, 蒼頭皆食, 子獨坐. 忽聞戶東有物行來, 履地聲甚重, 每移步殷然. 俄到戶前, 遂至牀下, 乃一鐵小兒也. 長三尺, 至麤壯, 朱目大口. 謂使君子曰: "嘻! 阿母呼, 令吮乳來." 子驚叫, 跳入戶. 蒼頭旣見, 遽報使君. 使君命十餘人, 持棒擊之, 如擊石. 徐而下堦, 望門南出. 至以刀斧鍛, 終不可傷. 命擧火爇之. 火焚其身, 則開口大叫, 聲如霹靂, 聞者震倒. 於是以火驅之. 旣出衙門, 擧足蹻一車轍, 遂滅. 其家亦無休咎. (出『紀聞』)

362・2(4632)
위허심(韋虛心)

호부상서(戶部尙書) 위허심에게는 세 명의 아들이 있었는데, 모두 성인이 되기 전에 죽어버렸다. 아들들이 죽을 때마다 커다란 얼굴 하나가 나타나 침상 밑에서 손을 내밀며 눈을 부릅뜨고 입을 벌리고 있었는데, 그 모습이 마치 귀신같았다. 아들들이 무서워 달아나면 큰 얼굴은 큰 솔개로 변해 날개로 아들들을 덮어 가리며 스스로 우물에 뛰어들게 했다.

집안사람들이 그것을 발견하고 얼른 아들을 우물 밖으로 꺼냈지만, 아들은 이미 바보가 되어 있어 자신이 본 것을 말할 수 있다 하더라도 며칠 뒤에 죽곤 했다. 이렇게 해서 세 아들이 모두 죽었지만, 결국 어떤 괴물의 짓인지 알 수 없었다. (『기문』)

戸部尙書韋虛心, 有三子, 皆不成而死. 子每將亡, 則有大面出手牀下, 嗔目開口, 貌如神鬼. 子懼而走, 大面則化爲大鴟, 以翅遮擁, 令自投于井. 家人覺, 遽出之, 已愚, 猶能言其所見, 數日而死. 如是三子皆然, 竟不知何鬼怪. (出『紀聞』)

362 · 3(4633)
배경미(裴鏡微)

하동(河東) 사람 배경미가 한번은 한 무인과 친구로 지냈는데, 두 사람은 가까이 살았다. 밤에 무인이 활과 화살을 가지고 한창 말을 타고 집으로 돌아가고 있을 때 뒤에서 한 물체가 다가오는 소리가 들렸다. 무인이 뒤돌아보았더니 그 모습이 큰 것이 방상시(方相氏: 귀신을 쫓기 위해 장례행렬의 맨 앞에 세우는 神像으로, 모습이 매우 험악했음)와 비슷했는데, 괴물은 그저 목이 마르다고만 할 뿐이었다. 괴물이 무인에게 다가서려 할 때 무인은 활을 당겨 괴물을 명중시켰는데, 그 순간 괴물은 그 자리에 멈춰 섰다. 잠시 뒤에 괴물이 또 다가오기에 무인이 다시 활을 쏘았더니, 괴물이 다시 멈춰 섰다. 그러나 괴물은 잠시 뒤에 다시 다가오기 시작했다. 무인은 급히 집으로 갔으나, 이미 문이 잠겨져 있었기 때문에 하는 수 없이 담을 넘어 안으로 들어갔다. 집으로 들어온 뒤 무인이 문틈 사이로 살펴보았더니 괴물은 여전히 대문 앞에 있었다. 무인은 무서워서 감히 말을 가져다 안에 들여놓지 못했다. 이튿날 아침 일찍 문을 열고 나가보았더니, 말안장만 문 밖에 버려져 있고 말은 보이지 않았다. 무인이 말을 찾아 몇 리 밖의 무덤 숲까지 가 보았더니, 말은 괴물에게 잡혀 먹히고 그 뼈만 남아 있었다. (『기문』)

河東裵鏡微, 曾友('友'字原闕, 據明鈔本補)一武人, 其居相近. 武人夜還莊, 操弓矢, 方馳騎, 後聞有物近焉. 顧而見之, 狀大, 有類方相, 口但稱渴. 將及武人, 武人引弓射, 中之, 怪乃止. 頃又來近, 又射之, 怪復住. 斯須又至. 武人遽至家, 門已閉, 武人踰垣而入. 入後, 自戶窺之, 怪猶在. 武人不敢取馬. 明早啓門, 馬鞍棄在門, 馬則無矣. 求之數里墓林中, 見馬被啗已盡, 唯骨在焉. (出『紀聞』)

362·4(4634)
이 오(李 虞)

전절(全節) 사람 이우는 큰 말을 좋아했으며, 젊어서부터 예의범절에 구애받지 않고 거리낌 없이 행동했다. 예전에 부친이 현령(縣令)으로 있을 때 이우는 부친을 따라 임지로 가서 여러 곳을 마음껏 돌아다녔다. 밤마다 이우는 개구멍을 통해 도망가서 사람들과 함께 술을 마셨다.

후에 이우가 개구멍에 갔을 때 어떤 사람이 몸을 등지고 엉덩이로 개구멍을 막고 있었는데, 이우가 밀어보았지만 그 사람은 꿈쩍도 하지 않앗다. 이우가 칼로 찔러 칼날이 몸에 들어갔는데도 그 사람은 여전히 꿈쩍도 않고 있었다. 그제야 이우는 그가 사람이 아닌 것을 알고 두려워하면서 집으로 돌아왔다.

또 한번은 연말에 이우가 야외에서 날짐승을 쫓고 있는데, 날짐승이 무덤 숲 사이로 들어갔다. 이우는 날짐승을 찾아 무덤 숲으로 들어갔다가 그곳에서 얼굴을 위로하고 몸이 크게 불은 한 시체를 보았는데, [그 모습이] 몹시 혐오스러웠다. 시체는 큰 코에 큰 눈을 하고 있었으며 눈동자가 튀어 나와 움직이고 있었는데, 광채가 번뜩이는 눈으로 이우를 똑바로 쳐다보았다. 이우는 깜짝 놀라고 무서워 거의 기절할 뻔했다. 그 이후로 이우는 더 이상 감히 사냥을 나가지 않았다. (『기문』)

全節李虞, 好大馬, 少而不逞. 父嘗爲縣令, 虞隨之官, 爲諸慢遊. 每夜, 逃出自竇, 從人飮酒. 後至竇中, 有人背其身, 以尻窒穴, 虞排之不動. 以劍刺之, 劍沒至鐔, 猶如故. 乃知非人也, 懼而歸.

又歲暮, 野外從禽, 禽入墓林. 訪之林中, 有死人面仰, 其身洪脹, 甚可憎惡. 巨鼻大目, 挺動其眼, 眼仍光起, 直視於虞. 虞驚怖殆死. 自是不敢畋獵焉. (出『紀聞』)

362·5(4635)
무덕현부인(武德縣婦人)

[唐나라] 개원(開元) 28년(740)에 무덕현 사는 한 부인이 회임 중이었

는데, 곧 아들이 나올 것 같았다. 그 시어머니는 며느리가 걱정되어 죽을 끓여 준비해놓았다. 그 집은 매우 가난해서 밀가루 몇 말과 쌀 한 말 여섯 되만이 있었다. 부인이 해산하던 날 저녁 남편이 집에 없었기 때문에 시어머니는 이웃집 어멈과 함께 음식을 만들었다. 아이가 태어난 뒤에 시어머니와 이웃집 어멈은 음식을 차렸다. 음식이 채 들어오기 전에 며느리는 배가 고프고 목이 마른 듯 계속해서 음식을 달라고 소리쳤다. 시어머니가 음식을 차려 내놓자 며느리는 몇 인분의 음식을 모두 먹어 치우고서도 여전히 배가 고프다고 말했다. 시어머니는 다시 밀가루 한 되로 음식을 만들어 며느리에게 주었다. 며느리는 음식을 남김없이 모두 먹고는 음식이 부족하다고 더 소리쳤다. 시어머니는 화가 났지만, 다시 한번 며느리를 위해 음식을 차려냈다. 시어머니가 나간 뒤에 방에 떡그릇이 있는 것을 본 며느리는 침상에서 내려와 직접 그릇을 들고 떡을 꺼내 먹더니 이내 모두 먹어치웠다. 시어머니는 돌아와서 그 광경을 보고는 화가 나기도 하고 두렵기도 해서 이웃집 어멈에게 말했다.

"우리 며느리가 도대체 왜 이러지?"

이웃집 여자가 말했다.

"내 어려서부터 나이든 지금까지 여태껏 이런 광경은 보지 못했다오."

시어머니가 막 화를 내고 따져 묻자, 며느리가 말했다.

"어머니, 화내지 마세요. 제가 나은 아이를 먹으면 그 뿐이지요."

그리고는 그 아들을 들어서 먹었다. 시어머니는 손자를 빼앗으려 했지만 어떻게 해볼 도리가 없게 되자 놀라서 달아나고 말았다. 잠시 뒤에 시어머니가 다시 돌아와 집에 들어가 보았더니 며느리가 이미 아들을 다 먹고 난 뒤였다. 며느리는 입가에 붉은 피를 묻힌 채 시어머니에게 말했다.

"제가 똑바로 누워서 죽으면 대가 끊기겠지만, 제가 만약 옆으로 누워서 죽는다면 손자를 거둘 수 있을 지도 모르겠습니다."

며느리는 말을 다하고는 얼굴을 위로하고 잠들어서 죽었다. (『기문』)

開元二十八年, 武德有婦娠, 將生男. 其姑憂之, 爲具('具'原作'其', 據明鈔本改)儲糗('糗'字原闕, 據明鈔本補). 其家窶, 有麵數豆, 有米一區. 及産夕, 其夫不在, 姑與隣母同膳之. 男旣生, 姑與隣母具食. 食未至('未至'原作'至曉', 據明鈔本改), 婦若(明鈔本'若'作'苦')饑渴, 求食不絶聲. 姑饋之, 盡數人之餐, 猶言餒. 姑又膳升麵進之. 婦食, 食無遺, 而益稱不足. 姑怒, 更爲具之. 姑出後, 房內餠盎在焉, 婦下牀, 親執器, 取餠食之, 餠又盡. 姑還見之, 怒且恐, 謂隣母曰: "此婦何爲?" 母曰: "吾自幼及長, 未之見也." 姑方詢怒, 新婦曰: "姑無怒('怒'字原空闕, 據明鈔本補). 食兒乃已('已'字原闕, 據明鈔本補)." 因提其子食之. 姑奪之不得, 驚而走. 俄卻入戶, 婦已食其子盡. 口血猶丹, 因謂姑曰: "新婦當臥且死, 亦無遺, 若側, 猶可收矣." 言終, 仰眠而死. (出 『紀聞』)

362・6(4636)
회주민(懷州民)

[唐나라] 개원(開元) 28년(740) 봄 2월에 회주의 무덕현(武德縣), 무척현(武陟縣), 수무현(修武縣) 세 현의 사람들은 이유 없이 흙을 먹으면

서 이렇게 말했다.

"다른 곳의 흙과 달리 맛이 아주 좋구나!"

이런 일이 있기 전에 무덕현 기성촌(期城村)의 여자들이 함께 들판에서 야채를 줍고 캐면서 모여서 이렇게 말했다.

"올해 쌀값이 비싸 사람이 굶을 지경이니 어떻게 살란 말인가?"

그때 자색 옷에 백마를 탄 한 노인이 10여 명의 사람을 거느리고 지나가면서 여자들에게 이렇게 말했다.

"어째서 먹을 것이 없다고 걱정하시오? 여기 도랑 옆의 흙은 토질이 아주 좋아 먹을 수 있소. 당신들이 시험 삼아 한번 먹어보시오."

여자들이 흙을 가져다가 먹어 보았더니 맛이 아주 특이했다. 이때 노인은 이미 사라지고 없었다. 그리하여 여자들은 그 흙을 가지고 집으로 돌아와 밀가루와 섞어서 떡을 만들었는데, 떡이 매우 향기로웠다. 이때부터 원근의 사람들이 모두 그 흙을 가져다 먹기 시작했는데 이 때문에 그 도랑의 동서 5리(里), 남북으로 십여 걸음 떨어진 곳에 있는 흙이 모두 동이 났다. 때마침 우숙(牛肅)이 회주에 있다가 직접 그 일을 목격했다. (『기문』)

開元二十八年, 春二月, 懷州武德·武陟·修武, 三縣人, 無故食土, 云: "味美異於他土!" 先是武德期城村婦人, 相與採拾, 聚而言曰: "今米貴人饑, 若爲生活?" 有老父, 紫衣白馬, 從十人來過之, 謂婦人曰: "何憂無食? 此渠水傍土甚佳, 可食. 汝試嘗之." 婦人取食, 味頗異. 遂失老父. 乃取其土至家, 拌其麵爲餠, 餠甚香. 由是遠近竟取之, 渠東西五里, 南北十餘步, 土並盡. 牛肅時在懷, 親遇之. (出『紀聞』)

362 · 7(4637)
무덕현민(武德縣民)

 무덕현의 한 여관에 어떤 사람이 방문을 잠가놓고 그 안에다 한 수레 분량의 물건들을 맡겨 놓았다. 그 사람은 이렇게 해 놓고 간 뒤에 수십 일이 되도록 돌아오지 않았다. 주인은 이상한 생각이 들어 자루를 열고 보았더니 그 안에 사람의 면의(面衣: 죽은 이의 얼굴 가리개)가 들어 있었다. 주인은 두려운 마음에 [얼른 자루를 묶고] 문을 닫았다. 그 날 밤에 문이 절로 열리더니 맡겨 놓은 자루와 물건이 모두 사라졌다. (『기문』)

 武德縣逆旅家, 有人鏁閉其室, 寄物一車. 如是數十日不還. 主人怪之, 開視囊, 皆人面衣也. 懼而閉之. 其夕, 門自開, 所寄囊物, 並失所在. (出『紀聞』)

362 · 8(4638)
장사마(張司馬)

 정주(定州)의 장사마는 개원 28년(740) 여름 한밤중에 부인과 함께 노천에 앉아 있는데, 갑자기 공중에서 물체가 휙! 하고 날아오는 소리가 들렸다. 물체는 지붕을 지나가다 기왓장에 걸려 지붕의 가장자리를 돌다가 결국 처마 앞에 떨어지더니, 곧장 일어나 달아났다. 장사마는 사람을 시켜 물체를 뒤쫓게 했는데, 추적자가 발로 차자 물체는 개소리를 냈다. 물체를 사로잡고 불로 비추어 보았더니 물체는 다름 아닌 늙은 개였다. 개는 붉은 색에 털이 드문드문 나 있었고, 몸은 꽤 긴데 비해 다리는 1~2촌(寸) 밖에 되지 않을 정도로 매우 짧았다. 장사마는 개를 불에 태워 죽이게 하면서도 혹시나 개가 요물로 변하지 않을까 몹시 걱정했다. 그로부터 한달 남짓 뒤에 장사마는 심주장사(深州長史)로 옮겨갔다. (『기문』)

定州張司馬, 開元二十八年夏, 中夜與其妻露坐, 聞空中有物飛來, 其聲猇猇然. 過至堂屋, 爲瓦所礙, 宛轉屋際, 遂落簷前, 因走. 司馬命逐之, 逐者以蹴之, 乃爲狗音. 擒得火照, 則老狗也. 赤而鮮毛, 身甚長, 足甚短, 可一二寸. 司馬命焚之, 深憂其爲怪. 月餘, 改深州長史. (出『紀聞』)

362・9(4639)
이적지(李適之)

이적지는 신분이 높고 또한 호방한 사람이라 늘 정원에다 솥을 늘어놓고 음식을 마련했다. 그러던 어느 날 아침 정원에 있던 솥이 위로 뛰어나와서 서로 다투기 시작하자 이를 본 가동이 이적지에게 그 사실을 아뢰었다. 이적지가 곧장 그곳으로 가서 땅에 술을 부으면서 축원했지만, 솥은 여전히 엉겨 붙어 싸우면서 떨어지지 않다가 결국 솥의 귀와 다리가 모두 떨어졌다. 이튿날 이적지는 지정사(知政事)에서 파면되고 태자소보(太子少保)에 임명되었는데, 당시 사람들은 화가 여기서 그치지 않을 것이라는 것을 알고 있었다.

얼마 뒤에 이적지는 이림보(李林甫)의 모함을 받아 의춘태수(宜春太守)로 폄적되었고, 위위소경(衛尉少卿)으로 있던 그의 아들 이삽(李霅)도 파릉군별가(巴陵郡別駕)로 폄적되었다. 이적지는 임지에 도착한 지 한 달도 되지 않아 죽었다. 당시 사람들은 그가 이림보에게 몰려 죽었다고 생각했다. 이삽이 부친의 영구를 가지고 도성으로 왔을 때 이림보는 여전히 화가 가라앉지 않은 상태였기 때문에 사람을 시켜 이삽을 무고하게 해서 결국 하남부(河南府)에서 그를 때려 죽였다.

이적지는 술 마시는 것을 좋아해서 퇴청하면 곧장 친구들과 친척들을 초대해서 이야기를 나누고 시를 지었는데, 그때마다 이림보를 부르지 않았다. 처음에 이적지가 재상의 자리에 있을 때 일찍이 다음과 같은 시를 지었다.

> 붉은 대문 늘 열린채로니,
> 친구들이 마음대로 드나드네.
> 이제 오십을 넘겼으니,
> 술 마시지 않으면 뭐 하겠는가?

이적지는 재상에서 파면되었을 때 다음과 같은 시[제목은 「罷相作」임]를 지었다.

> 어진 이에게 자리 양보하고 막 제상에서 물러나,
> 술을 즐겨 마시느라 늘 술잔을 입에 물고 있었네.
> 문 앞의 손님에게 묻노니,
> 오늘 같은 아침이 몇 번이나 더 오겠는가?

이적지가 죄 없이 죽자 당시 사람들은 그의 억울함을 탄식했다. (『명황잡록』)

　李適之旣貴且豪, 常列鼎於前, 以具膳羞. 一旦, 庭中鼎躍出相鬪, 家僮告適之. 乃往其所, 酹酒自誓, 而鬪亦不解, 鼎耳及足皆落. 明日, 適之罷知政事, 拜太子少保, 時人知其禍未止也.
　俄爲李林甫所陷, 貶宜春太守, 適之男霅, 爲衛尉少卿, 亦貶巴陵郡別駕. 適之至州, 不旬月而終. 時人以林甫迫殺之. 霅乃迎喪至都, 李林怒猶未已, 令人誣告, 於河南府杖殺之.
　適之好飮, 退朝後, 卽速賓朋親戚, 談話賦詩, 曾不備於林甫. 初適之在相位日, 曾賦詩曰:"朱門長不備, 親友恣相過. 今日過五十, 不飮復如何?"及罷相, 作詩曰:"避賢初罷相, 樂聖且銜盃. 借問門前客, 今朝幾箇來?"及死非其罪, 時人寃嘆之. (出『明皇雜錄』)

362・10(4640)
이림보(李林甫)

　이림보의 집에 자주 요괴가 나타났는데, 집의 남 북쪽 모퉁이에 있는 도랑에 불길이 크게 일어나기도 하고 어린 아이가 불을 들고 집안을 출입하기도 했다. 이림보는 이를 꺼림칙하게 여겨 황제께 그 땅에 가유관(嘉猷觀)을 세울 것을 상주했다.
　이림보는 병이 나려하자 새벽에 일어나 장차 조정에 들어갈 준비를 하고 나서 책 보따리를 가져오라고 했는데, 그것은 평상시에 필요한 일의 항목을 적어두었던 것이었다. 그런데 갑자기 책 보따리가 평소보다 무겁게 느껴져 심부름꾼이 책 보따리를 열고 보았더니 그 안에서 쥐 두 마리가 뛰어나왔다. 쥐를 땅에 던지자 곧 개로 변했는데, 푸른색에 몸집이 크고 눈이 부리부리했으며 이빨을 드러낸 채 이림보를 쳐다보았다. 이림보가 활로 쏘아 죽이게 했더니, 쉬웅! 하고 커다란 소리를 내며 개가 곧바로 사라졌다. 이림보는 이를 꺼림칙하게 여겨 병을 핑계로 조정에 나아가지 않았는데, 이림보는 정말 그 날로 병이 나 한 달도 못 넘기고 죽었다. (『명황잡록』)

평강방(平康坊) 남쪽 거리에 있는 폐만원(廢蠻院)은 이림보의 옛 저택이다. 이림보는 본채 뒤에 따로 별채를 지었는데, 구불구불하게 지어 초승달의 모습을 띠게 했다. 그리하여 그 이름을 '언월당(偃月堂)'이라 지었는데, 수려하고 아주 정교하게 지어져 당시에 그 어떤 것과도 비교가 되지 않았다. 이림보는 매번 다른 집안을 파멸시키고자 할 때마다 언월당에 들어가 아주 치밀하게 생각하고 기쁨에 차서 나왔는데, 그러면 [그 집안은] 반드시 살아남지 못했다.

이림보는 패망할 즈음에 언월당에서 사람처럼 생긴 한 괴물을 보았는데, 괴물은 몸 전체가 털로 덮여 있었고 털이 돼지털처럼 서 있었다. 괴물은 웅크린 몸에 3척(尺)이 넘는 갈고리 같은 손톱을 하고 이림보에게 손가락질했으며, 번갯불 같은 눈으로 이림보를 노려보았다. 이림보가 계속해서 꾸짖었지만 그 괴물은 꼼짝도 하지 않았다. 그러다가 이림보가 급히 활과 화살을 가지고 오라고 하자 털 복숭이 괴물은 웃으면서 전당(前堂)으로 뛰어 들어갔다. 마침 그곳에 있던 하녀가 괴물을 보고는 갑자기 죽었다. 털 복숭이 괴물이 마구간을 지나가자 마구간 안에 있던 좋은 말들도 죽었다. 그로부터 몇 달 지나지 않아 이림보는 패망했다. 『개천전신기』

李林甫宅, 亦屢有怪妖, 其南北隅溝中, 有火光大起, 或有小兒持火出入. 林甫惡之, 奏於其地立嘉猷('猷'原作'猶', 據明鈔本改)觀.

林甫將疾, 晨起將朝, 命取書囊, 卽常時所要事目也. 忽覺書囊頗重於常, 侍者開視之, 卽有二鼠出焉. 投於地, 卽變爲狗, 蒼色壯大, 雄目張牙, 仰視林甫. 命弓射之, 殷然有聲, 狗形卽滅. 林甫惡之, 稱疾不朝, 其日遂病, 不踰月而卒. (出『明皇雜錄』)

又平康坊南街廢蠻院, 卽李林甫舊第也. 林甫於正寢之後, 別創一堂, 制度彎曲, 有卻月之形. 名曰'偃月堂', 土木華麗, 剞劂精巧, 當時莫儔也. 林甫每欲破滅人家, 卽入月堂, 精思極慮, 喜悅而出, 其家不存矣.

及將敗, 林甫於堂上, 見一物如人, 遍體被毛, 毛如猪立. 踞身鉤爪, 長三尺餘, 以手戟林甫, 目如電光而怒視之. 林甫連叱不動, 遽命弧矢, 毛人笑而跳入前堂. 堂中靑衣, 遇而暴卒. 經于廄, 廄中善馬亦卒. 不累月而林甫敗. (出『開天傳信記』)

362 · 11(4641)
양신긍(楊愼矜)

양신긍의 형제들은 부귀했지만 늘 편치 않았기 때문에 매일 아침에 예를 갖추어 불상(佛像)에 절하고 물으면서 신의 가호가 있기를 묵묵히 빌었다. 어느 날 아침 불상 앞에 있는 흙 평상 위에 흙 세 더미가 쌓여 있었는데, 그 모습이 마치 무덤 같아 양신긍은 이를 몹시 꺼림칙하게 여겼다. 양신긍은 아이들이 장난친 것이라 생각해서 얼른 그것을 쓸어버리게 했다. 그러나 어느 날 저녁에 또 이전과 같은 일이 있어났다. 그로부터 얼마 지나지 않아 화가 일어났다. (『유양잡조』)

楊愼矜兄弟富貴, 常不自安, 每詰朝禮佛像, 默祈冥衛. 一日, 像前土榻上, 聚塵三堆, 如塚狀, 愼矜惡之. 且慮兒戲, 命掃去. 一夕如初. 尋而禍作. (出『酉陽雜俎』)

362·12(4642)
강교(姜皎)

강교가 한번은 선정사(禪定寺)에 놀러 갔었는데, 당시 경조(京兆)에서는 한창 바둑이 유행하고 있었다. 술을 마시는 자리에 절색의 기녀가 한 명 있었는데, 그 기생은 술을 따르고 머리를 가지런하게 정돈하면서도 한번도 손을 보여주지 않았기 때문에 사람들은 이를 몹시 이상하게 생각했다. 술에 취한 한 손님이 장난삼아 이렇게 말했다.
"혹시 육손이가 아니오?"
그러면서 억지로 기녀의 손을 잡아당기며 보려하자, 기녀는 끌려오면서 기절했는데 그것은 다름 아닌 마른 해골이었다. 강교는 결국 해를 입었다. (『유양잡조』)

姜皎常遊禪定寺, 京兆辦局甚盛. 及飮酒, 座上一妓絶色, 獻酒整鬟, 未嘗見

手, 衆怪之. 有客被酒, 戱曰: "非支指乎?" 乃彊牽視, 妓隨牽而倒, 乃枯骸也. 姜
竟及禍焉. (出『酉陽雜俎』)

362 · 13(4643)
조량정(晁良貞)

조량정은 판결을 잘 내리기로 이름이 나 있었다. 그는 성격이 강직하고 용맹했으며 귀신을 두려워하지 않았기 때문에 해마다 태세신(太歲神: 전설상의 神名. 옛날 민간에서는 땅에 있는 태세신이 하늘의 태세[목성]와 상응하여 움직인다고 생각했는데, 이 방향을 나쁜 방향이라 생각하여 태세신의 방위로 흙을 파고 건축 공사하는 것을 금기했음)의 방위에다 집을 세웠다.

훗날 그가 땅을 파는데 갑자기 밥덩이보다 큰 고기 덩어리가 하나 나왔다. 조량정은 채찍으로 그것을 수백 대 때린 뒤에 큰길에 던져두었다. 그 날 밤 조량정이 사람을 시켜 고기 덩어리가 어떤 모습을 하고 있는지 몰래 살펴보게 했더니, 삼경(三更)에 수레와 말 탄 기병 여러 명이 고기 덩어리가 있는 곳에 와서 태세신에게 이렇게 묻는 것이었다.

"형님은 무슨 까닭에 이런 굴욕을 당하시고도 복수하지 않으십니까?"

그러자 태세신이 말했다.

"그 사람이 한창 영화를 누리고 있으니, 내가 그를 어떻게 할 수 있겠는가?"

이튿날 고기 덩어리는 어디론가 사라지고 없었다. (『광이기』)

晁良貞能判知名. 性剛鷙, 不懼鬼, 每年, 恒掘太歲地豎屋('豎屋'原作'堅掘', 據明鈔本改).

後忽得一肉, 大於食魁. 良貞鞭之數百, 送通衢. 其夜, 使人陰影聽之, 三更後, 車騎衆來至肉所, 問太歲: "兄何故受此屈辱, 不讎報之?" 太歲云: "彼正榮盛, 如之奈何?" 明失所在. (出『廣異記』)

362 · 14(4644)
이 씨(李 氏)

[唐나라] 상원연간(上元年間: 674~676) 말에 이씨(李氏) 집안이 있었는데, 역시 태세신(太歲神: 전설상의 神名. 옛날 민간에서는 땅에 있는 태세신이 하늘의 태세[목성]와 상응하여 움직인다고 생각했는데, 이 방향을 나쁜 방향이라 생각하여 태세신의 방위로 흙을 파고 건축 공사 하는 것을 금기했음)을 믿지 않았다. 한번은 [태세신의 방위로] 땅을 팠는데, 그곳에서 고기 덩어리 하나가 나왔다. 전해오는 말에 따르면 태세신을 발견한 사람은 반드시 태세신을 수백 대 때려야만 화를 면할 수 있다고 한다. 그래서 이씨가 고기 덩어리를 90대 남짓 때렸더니 고기 덩어리가 갑자기 위로 솟구쳐 올라 어디론가 사라졌다. 이씨 집안에는 72명의 식구가 있었는데, 거의 모두 죽고 어린 괴공(蒯公)만이 살아남았다. 이는 이씨 집안 형제들이 집안이 멸족할까 두려워 밤에 몰래 하인을

시켜 귀신 복장을 하고 어린 괴공을 밖으로 잡아와서 곧장 숨겼기 때문이었다. 그렇게 해서 오직 이 아들만이 살아남을 수 있었는데, 후에 집안을 계승하여 괴공에 봉해졌다.(『광이기』)

또 영주(寧州)에 한 사람이 있었는데, 역시 땅을 파다가 널조각만한 크기의 태세신을 얻었다. 그 모양은 붉은 버섯과 비슷했고 수천 개의 눈이 달려 있었다. 그 집안에서는 아무도 태세신을 알아보지 못해 큰 길에 옮겨다 놓고 아는 사람이 있는지 두루 물어보았다. 한 호승(胡僧)이 이를 보고는 깜짝 놀라 말했다.

"이것은 태세신이니, 속히 묻어야만 하오."

그 집 사람은 급히 태세신을 본래 있던 곳에 가져다 두었다. 그로부터 1년 뒤에 그 집 사람들은 거의 모두 죽었다. (『광이기』)

上元末, 復有李氏家, 不信太歲. 掘之, 得一塊肉. 相傳云, 得太歲者, 鞭之數百, 當免禍害. 李氏鞭九十餘, 忽然騰上, 因失所在. 李氏家有七十二口, 死亡略盡, 惟小鬧公尙存. 李氏兄弟恐其家滅盡, 夜中, 令奴悉作鬼裝束, 劫小鬧, 便藏之. 唯此子得存, 其後襲封鬧公. (出『廣異記』)

又寍州有人, 亦掘得太歲, 大如方. 狀類赤菌, 有數千眼. 其家不識, 移至大路, 遍問識者. 有胡僧驚曰: "此太歲也, 宜速埋之." 其人遽送舊處. 經一年, 人死略盡. (出『廣異記』)

362 · 15(4645)
장주봉(張周封)

공부원외랑(工部員外郎) 장주봉이 말하기를, 그의 옛 장원이 성의 동쪽에 있는 구가자(狗架觜)의 서쪽에 있었다고 했다. 한번은 그가 태세신의 방위에다 담을 쌓았는데, 그 날 저녁에 모두 무너져 내렸다. 장주봉은 그 터가 비어있고 장인들이 공사하러 오지 않을 것이라 생각해서 장원의 소작인들을 데리고 가서 직접 지휘하며 다시 담을 쌓았다. 그런데 담을 채 몇 척(尺) 쌓기도 전에 밥 짓던 사람이 놀라 이렇게 고함쳤다.

"요괴가 나타났어요!"

장주봉이 급히 가서 보았더니 몇 말[斗]이나 되는 밥이 모두 솥 밖으로 뛰어나와 땅에 줄지어 서더니 담에 붙었는데, 마치 누에처럼 가지런하게 펴져 한 톨도 포개진 것이 없었다. 밥은 담의 절반 정도에 펴져 있었는데, 마치 경계선을 그어놓은 듯 가지런하게 놓여 있었다. 그리하여 장주봉은 무당을 찾아가 [그 사실을 고한 뒤] 땅에 술을 뿌리며 태세신에게 제사지냈는데, 역시 별다른 탈은 없었다. (『유양잡조』)

工部員外張周封, 言舊莊在城東狗架觜西. 嘗築墙於太歳上, 一夕盡崩. 且意其基虛, 工不至, 率莊客, 指揮復築之. 高未數尺, 炊者驚叫曰: "怪作矣!" 遽視之, 飯數斗, 悉躍出列('列'字原闕, 據明鈔本補)地著牆, 匀若蠶子, 無一粒重者. 蠱墙之半, 如界焉. 因謁巫, 酹地謝之, 亦無他. (出『酉陽雜俎』)

362·16(4646)
왕풍(王 豊)

내주(萊州) 즉묵현(卽墨縣)에 왕풍 삼형제가 살고 있었다. 왕풍은 방위에 대한 금기를 믿지 않고 한번은 태세신의 방위에다 구덩이를 팠는데, 국자만한 고기 덩어리 하나가 꿈틀대며 움직이는 것이 보였다. 그래서 왕풍이 구덩이를 메웠으나 메우는 즉시 고기 덩어리가 밖으로 나오는 것이었다. 왕풍은 두려운 나머지 고기 덩어리를 아무렇게나 버려두었는데, 하룻밤이 지나고서 보았더니 고기 덩이가 자라 뜰을 꽉 메우고 있었다. 왕풍의 형제와 노비들은 며칠 안에 모두 갑자기 죽고 딸 한 명만이 살아남았다. (『유양잡조』)

萊州卽墨縣, 有百姓王豊, 兄弟三人. 豊不信方位所忌, 嘗於太歲上掘坑, 見一肉塊, 大如斗, 蠕蠕而動. 遂塡其坑, 肉隨塡而出. 豊懼棄之, 經宿肉長, 塞於庭. 兄弟奴婢, 數日內悉暴卒, 惟一女子存焉. (出『酉陽雜俎』)

362·17(4647)
방집(房 集)

당(唐)나라 숙종(肅宗) 때에 상서랑(尙書郞) 방집은 자못 권세를 지니고 있었다. 그가 한가한 날 사저에서 혼자 대청에 앉아 있을 때 난데없이 열 네댓 된 소년이 나타났는데, 그는 까까머리에 일자눈썹을 하고 자루 하나를 들고서 어디서 왔는지도 모르게 그의 앞에 서 있었다. 방집이 처음에 친구가 아이를 보내 자신의 안부를 묻는 것이라 생각하고 아이에게 [어떻게 왔냐고] 물어보았지만, 아이는 아무런 대꾸도 하지 않았다. 방집이 다시 자루에 무슨 물건이 들어있냐고 묻자, 소년이 웃으면서 말했다.

"사람의 눈알입니다."

그리고는 자루를 뒤집었는데 보았더니 몇 되나 되는 사람의 눈알이 그 안에 들어 있었다. 눈알은 땅에 놓자 사방으로 흩어졌는데, 어떤 눈은 담을 타고 지붕으로 올라갔다. 가족들이 모두 깜짝 놀라면서 이상하다고 생각하는 순간 소년은 사라지고 눈알도 더 이상 보이지 않았다. 후에 방집은 사건에 연루되어 죽임을 당했다. (『원화기』)

唐肅宗朝, 尙書郞房集, 頗持權勢. 暇日, 私弟獨坐廳中, 忽有小兒, 十四五, 髠髮齊眉, 而持一布囊, 不知所從來, 立於其前. 房初謂是親故家遣小兒相省, 問之不應. 又問囊中何物, 小兒笑曰: "眼睛也." 遂傾囊, 中可數升眼睛. 在地四散, 或緣墻上屋. 一家驚怪, 便失小兒所在, 眼睛又不復見. 後集坐事誅. (出『原化記』)

362 · 18(4648)
장인(張寅)

범양(范陽) 사람 장인이 한번은 낙양(洛陽) 옛 성의 남쪽을 지나가다가 날이 저물자 옛 친구 집에 가서 하룻밤 묵으려고 생각했다. 좁은 길을 지나가는데 갑자기 말이 놀라서 뒤를 돌아보며 쭈뼛쭈뼛하더니 앞으로 나아가려 하지 않았다. 장인이 앞에 이물(異物)이 있을 것이라 생각하고 보았더니 길옆의 무덤에 세워진 주춧돌 끝에 등롱(燈籠)과 비슷한 물체가 있었는데, 그 모양과 크기가 마치 다리 기둥 위의 자대(慈臺: 다리 기둥 위에 놓이는 상판 받침대로 추정됨) 같았다. 그것은 점점 자라나 몇 곡(斛)이나 들어갈 정도로 커졌다. 물체는 땅에 내려서더니 갑자기 우레 같은 소리를 내면서 유성처럼 날아갔다. 그 소리에 물체가 스쳐지나간 숲 속에서 잠자던 새들이 모두 깜짝 놀라 사방으로 흩어졌다. 물체는 그곳에서 백 여 걸음 떨어진 곳의 한 인가에 떨어졌다. 장인은 속으로 그 집을 기억해두고는 계속 길을 갔다. 한 달 여 뒤에 장인은 다시 그 집을 지나갔는데, 어른 아이 할 것 없이 모두 죽고 한 사람도 남아있지 않았다. 장인이 이웃사람에게 어찌된 일인지 알아보았더니, 그들이 이렇게 말했다.

"그 집 며느리가 시어머니를 몹시 구박했는데, 시어머니가 돌아가시고 난 뒤에 그런 화가 생겨났습니다."

(『광이기』)

范陽張寅嘗行洛陽故城南, 日已昏暮, 欲投宿故人家. 經狹路中, 馬忽驚顧('顧'原作'頭', 據明鈔本改)踖踖不肯行. 寅疑前有異, 因視路傍墳, 大柱石端有一物, 若似紗籠, 形大如橋柱上慈臺. 漸漸長大, 如數斛. 及地, 飛如流星, 其聲如雷. 所歷('歷'字原闕, 據明鈔本補)林中宿鳥驚散. 可百餘步, 墮一人家. 寅竊記之, 乃去. 後月餘, 重經其家, 長幼無遺矣. 乃詢之隣人, 云:"其婦養姑無禮, 姑死, 遂有此禍."(出『廣異記』)

362·19(4649)
연봉상(燕鳳祥)

평양(平陽) 사람 연봉상은 육예(六藝: 六經)를 두루 섭렵하여 학생들을 모아놓고 가르쳤다. 어느 날 밤에 연봉상이 부인과 함께 집에 있는데, 갑자기 누군가가 중얼대는 소리가 바깥에서 들려왔다. 연봉상은 처음에는 도둑이라 생각하고 신발을 끌고 나갔는데, 키가 1장(丈) 남짓 되는 흰색의 물체가 정원에 있는 것을 보고는 황급히 집안으로 들어왔다. 물체가 계단을 오르는 소리가 천천히 들리더니, 연봉상을 부르며 이렇게 말했다.

"밤이 깊지도 않은데, 무엇 때문에 문을 닫아놓고 계시오?"

연봉상은 조용히 있으면서 감히 대꾸하지 않고 그저 불을 밝혀놓고 스스로를 지켰다. 잠시 뒤에 문틈 사이로 원숭이처럼 생긴 얼굴 하나가 보이더니 곧장 안으로 들어왔다. 그 물체가 동료를 부르자 수백 개의 머리가 한꺼번에 문틈을 통해 안으로 들어왔다. 그들은 모두 키가 2척(尺) 남짓 되었고 표범 가죽의 쇠코잠방이를 입고 있었으며 입술을 씰룩거리고 눈을 흘겨보는데, 그 모습이 추악하기 짝이 없었다. 어떤 것은 집 벽을 따라다녔고, 어떤 것은 들보와 용마루 사이에 있다가 뒤에서 뛰어들면서 연봉상에게 달려들 기세였다. 연봉상의 좌우에는 베개 하나와 부인이 사용하던 비파(琵琶) 밖에 없었는데, 연봉상이 그것을 괴물에게 던지자 괴물은 곧장 사라졌다. 이튿날 날이 밝은 뒤 괴물이 다 사라지고 나서야 연봉상은 거기서 벗어날 수 있었다.

[그 이후로] 연봉상은 정신이 없을 때면 가끔 방안에서 의관을 차려

입은 대인(大人)이 사방 벽에 줄지어 있는 것을 보았는데, 그 사람이 이렇게 말했다.

"나는 평양(平陽: 전설시대 唐나라 堯임금 때의 수도) 요신(堯神)의 사자입니다."

여러 무당들이 제사를 올리고 빌어보았지만 끝내 그들을 쫓아낼 수 없었다. 그리하여 연봉상은 곧장 정사(精舍)에 피해 있었으나, 불탑(佛榻) 아래에서도 큰 얼굴이 눈을 똑바로 뜨고 자신을 바라보고 있는 것이 보였다. 연봉상이 또 다른 곳으로 도망치려고 문을 나설 때면 귀신들이 또 나타나 골목에서 놀다가 곧장 연봉상에게로 달려들어서 다른 곳으로 가지 못하게 했다. 이미 달아날 곳이 없어지자 연봉상의 병세가 더욱 심해졌다. 그리하여 연봉상은 많은 스님들을 청하여 재를 올리고 단을 쌓아 주문을 염송했다. 또 육정도사(六丁道士: 道敎의 神이름)를 모셔 부적을 만들고 주문을 외웠더니, 그제야 귀신은 조금씩 떠나갔다. 며칠 뒤에 연봉상은 붉은 옷에 검은 두건을 쓴 사람이 공중에서 자신에게 이렇게 말하는 꿈을 꾸었다.

"네 혼백을 돌려주겠다."

그리고는 물건 하나를 연봉상에게 던졌는데, 여인네의 머리카락 같은 것도 있었고 진홍색 옷 같은 것 수십 벌도 있었다. 연봉상이 그 물건을 모두 받았더니, 그 이튿날 마침내 병이 나았다. (『광이기』)

平陽燕鳳祥, 頗涉六藝, 聚徒講授. 夜與其妻在家中, 忽聞外間喑嗚之聲. 以爲盜, 屨履覗之, 正見一物, 白色, 長丈許, 在庭中, 遽掩入戶. 漸聞登墌, 呼鳳祥曰: "夜未久, 何爲閉戶?" 默不敢應, 明燈自守. 須臾, 門隙中有一面, 如猴, 卽突入.

呼其侶數百頭, 悉從隙中入. 皆長二尺餘, 著豹皮犢鼻褌, 鼓脣眶目, 貌甚醜惡. 或緣屋壁, 或在梁棟間, 跳躑在後, 勢欲相逼. 鳳祥左右, 惟有一枕, 及婦琵琶, 卽以擲之, 中者便去. 至明方盡, 遂得免.

恍惚常見室中有衣冠大人, 列在四壁, 云: "我平陽堯平(明鈔本'堯平'作'堯神') 使者." 諸巫祝祠禱之, 終不能去. 乃避於精舍中, 見佛榻下有大面, 瞪目視之. 又將逃於他所, 出門, 復見群鬼, 悉戲巷中, 直赴鳳祥, 不得去. 旣無所出, 而病轉篤. 乃多請僧設齋, 結壇持呪. 亦迎六丁道士, 爲作符禁呪, 鬼乃稍去. 數日, 鳳祥夢有一人, 朱衣墨幘, 住空中, 云: "還汝魂魄." 因而以物擲鳳祥, 有如婦人髮者, 有如絳衣者數十枚. 鳳祥悉受, 明日遂愈焉. (出『廣異記』)

362・20(4650)
왕 생(王 生)

[唐나라] 영태연간(永泰年間: 765~766) 초에 왕생이라는 사람이 양주(楊州) 효감사(孝感寺) 북쪽에 살고 있었다. 그는 여름에 술에 취해 누워서 손을 침상아래까지 떨어뜨린 채 자고 있었다. 왕생의 부인은 왕생이 혹시 풍이라도 맞을까 걱정되어 손을 침상 위에 올려주었다. 그런데 그때 갑자기 큰손 하나가 침상 앞에서 나오더니 왕생의 팔을 잡아끌어 침상 아래로 떨어뜨렸다. 그러자 왕생의 몸이 점점 바닥으로 들어갔다. 왕생의 부인과 노비가 함께 왕생을 잡아끌었지만 어떻게 할 수 없었다. 갈라져 있는 바닥에 처음에는 왕생의 허리띠가 조금 보였으나 잠시 뒤에는 그것마저 사라지고 보이지 않았다. 왕생의 집안사람들은 힘을

모아 왕생이 들어간 곳을 팠는데, 2장(丈) 깊이 정도 팠을 때 그곳에서 몇 백 년은 된 것 같은 해골 한 구가 나왔다. 그러나 그것이 어떤 괴물의 짓인지 끝내 알 수 없었다. (『유양잡조』)

　永泰初, 有王生者, 住楊州孝感寺北. 夏月被酒臥, 手垂於牀. 其妻恐風射, 擧之. 忽有巨手出于牀前, 牽王臂墜牀. 身漸入地. 其妻與奴婢共曳之, 不禁. 地如裂狀, 初餘衣帶, 頃亦不見. 其家倂力掘之, 深二丈許, 得枯骨一具, 已如數百年者. 竟不知何怪. (出『酉陽雜俎』)

362 · 21(4651)
양중붕(梁仲朋)

　섭현(葉縣) 사람 양중붕은 여주(汝州) 서쪽 성곽 거리의 남쪽에 살고 있었다. 그는 도랑 서쪽에 작은 장원을 가지고 있어서 늘 아침에 갔다가 저녁에 돌아왔다.

　[唐나라] 대력연간(大曆年間: 766~780) 초 [어느 해] 8월 15일은 천지에 먼지 한 점 없었다. 성에서 15~16리 떨어진 곳에 한 호족(豪族)의 큰 무덤이 있었으며, 주위에는 백양나무가 심겨져 있었다. 때는 낙엽이 지는 가을이었다. 마침 양중붕은 말을 타고 이곳을 지나가게 되었는데, 이경(二更) 때 숲에서 나뭇잎 떨어지는 소리가 우수수 들리더니 한 물체가 숲에서 날아 나왔다. 양중붕은 처음에는 숲에서 쉬고 있던 새가 놀란 것이라 생각했는데, 그 물체가 갑자기 자신의 품안으로 들어오더니

말안장 위에 앉았다. 달빛에 비추어 보았더니 크기는 쌀 다섯 말은 넣어 갈 만한 광주리만했는데, 털 색깔이 검어 머리는 사람과 비슷했으며 눈은 구슬처럼 빛났다. 이 괴물은 양중붕을 동생이라 부르면서 양중붕에게 이렇게 말했다.

"동생 두려워 말게나."

괴물에게서 누린내는 꽤 났지만 말하는 것은 사람과 마찬가지였다. 괴물은 여주의 성곽 문 밖까지 함께 왔으나 아직 잠들지 않은 인가에서 새어 나오는 불빛을 보고는 갑자기 동남쪽으로 날아갔는데, 어디로 갔는지 알 수 없었다.

이렇게 집으로 돌아온 양중붕은 여러 날 동안 식구들에게 그 괴물에 대해서 감히 말하지 않았다. 그러던 어느 날 깊은 밤에 달이 휘영청 밝고 날씨 또한 화창하여 양중붕은 남동생과 여동생을 불러놓고 정원에 술상을 차리게 한 다음 휘파람을 불기도 하고 시를 읊기도 하다가 이전 날 저녁의 일에 대해서 이야기했다. 그러자 그 괴물이 갑자기 집 용마루 위에서 날아 내려와서는 양중붕에게 이렇게 말했다.

"동생은 이 형에 대해서 뭐라고 말씀하셨는가?"

그러자 양중붕의 남녀동생들은 모두 달아나 흩어지고 양중붕만이 혼자 남게 되었다. 괴물이 말했다.

"이 형을 위해 술 한번 대접해주게."

괴물은 계속해서 술을 달라고 했다. 양중붕이 괴물을 자세히 살펴 보았더니 목 아래 오이만한 크기의 혹이 나 있었다. 또한 날개를 펴는 데 보았더니 날개는 두 귀이기도 했고 날개이기도 했다. 또 검은 털이 마구 나 있는 코는 국자처럼 생겼는데 그 크기가 거위 알만했다. 괴물은 술 몇 말을 마시고 나서 취해 술자리에 그대로 넘어지더니 마치 잠이 든 것 같았다. 양중붕이 몰래 일어나서 폭이 넓은 칼을 갈아 괴물의 목을 찔렀다. 피가 솟구쳐 흐르자 괴물은 얼른 일어나서 이렇게 말했다.

"감히! 이 형을. 동생은 후회하지 말라."

괴물은 물러나서 용마루에 숨더니 더 이상 보이지 않았고 정원 가득 피가 흘러 넘쳤다. 그로부터 3년 이내에 양중붕 일가 30명이 깡그리 죽고 말았다.(『건손자』)

葉縣人梁仲朋, 家在汝州西郭之街南. 渠西有小莊, 常朝往夕歸.

大曆初, 八月十五日, 天地無氛埃. 去十五六里, 有豪族大墓林, 皆植白楊. 是時, 秋景落木. 仲朋跨馬及此, 二更, 聞林間械械之聲, 忽有一物, 自林飛出. 仲朋初謂是驚棲鳥, 俄便入仲朋懷, 鞍橋上坐. 月照若五斗栲栳大, 毛黑色, 頭便似人, 眼眹如珠. 便呼仲朋爲弟, 謂仲朋曰: "弟莫('莫字原闕, 據明鈔本補)懼." 頗有羶羯之氣, 言語一如人. 直至汝州郭門外, 見人家未寐, 有燈火光, 其怪欻飛東南上去, 不知所在.

如此仲朋至家多日, 不敢向家中說. 忽一夜, 更深月上, 又好天色, 仲朋遂召弟妹, 於庭命酌, 或嘯或吟, 因語前夕之事. 其怪忽從屋脊上飛下來, 謂仲朋曰: "弟說老兄何事也?" 於是小大走散, 獨留仲朋. 云: "爲兄作主人." 索酒不已. 仲朋細視之, 頸下有癭子, 如生瓜大. 飛翅是雙耳, 又是翅. 鼻烏毛斗幗, 大如鵝卵. 飮數斗酒, 醉於盃筵上, 如睡着. 仲朋潛起, 礪濶刀, 當其項而刺之. 血流迸灑, 便起云: "大哥大哥. 弟莫悔." 却映屋脊, 不復見, 庭中血滿. 三年內, 仲朋一家三十口蕩盡. (出『乾䐡子』)

태평광기 권제363 요괴 5

1. 위 방(韋 滂)
2. 유 씨(柳 氏)
3. 왕 소(王 愬)
4. 이 철(李 哲)
5. 노 원(盧 瑗)
6. 여강민(廬江民)
7. 양주탑(揚州塔)
8. 고우사(高郵寺)
9. 유적중(劉積中)

363·1(4652)
위 방(韋 滂)

당(唐)나라 대력연간(大曆年間: 766~779)에 위방이라는 선비가 있었는데, 힘이 보통 사람보다 훨씬 세서 밤길을 가는데도 아무런 두려움이 없었다. 또 말 타기와 활쏘기에 뛰어나 매번 길을 나설 때마다 활과 화살을 반드시 지니고 다녔다. 그는 새나 짐승을 잡아서 굽거나 익혀먹을 뿐만 아니라 뱀이나 도마뱀, 지렁이, 쇠똥구리, 땅강아지 등도 보는 즉시 잡아먹었다.

그가 한번은 저녁에 도성을 지나고 있었는데, [통금을 알리는] 북소리는 이미 끊어졌고 객점까지는 아직 멀기만 해 하루 밤 묵어가기를 청하려면 어디를 찾아가야 할지 막막하기만 했다. 그때 갑자기 시장 안에 한 사대부의 집 한 채가 보였는데, [그 집안사람들은] 다른 곳으로 가려고 집 문을 나서고 있었다. 그 집안 자제들이 문을 걸어 잠그려고 할 때 위방이 하루 밤 묵어가게 해 달라고 청하자 집 주인이 말했다.

"이 집 이웃에서 사람이 죽었습니다. 속담에 이르기를 '사람을 해하는 살기(殺氣)가 집에 들어오면 사람의 목숨이나 재물에 해를 입힌다'고 했습니다. 그래서 지금 우리 집 식구들을 데리고 가까운 곳에 사는 친척 집에 피난을 갔다가 내일 돌아올 생각입니다. 이 일을 알려드리지 않을 수 없군요."

위방이 말했다.

"그저 나에게 하룻밤 묵어가는 것을 허락해 준다 해도 당신들께 해될 것은 없지 않겠습니까? 귀신을 죽이는 일은 내가 알아서 하겠습니다."

그러자 주인은 위방을 데리고 집안으로 들어간 다음 당 문과 부엌문을 열어 평상을 보여주었는데, 거기에는 먹을 것과 마실 것이 모두 다 갖추어져 있었다. 위방은 하인들을 시켜 말을 마구간에 쉬게 하고, 당 가운데에 등촉을 밝힌 다음 다시 하인을 시켜 부엌에 들어가 음식을 준비해 오게 했다. 식사를 마친 다음 위방은 하인들은 별실에서 묵게 하고 자신은 당에다 침상을 폈다. 그는 또 당의 양쪽 문을 활짝 열어놓은 다음 등촉을 끄고 활을 잡아당긴 채 앉아서 동태를 살폈.

3경(更)이 다 끝나갈 즈음에 위방은 갑자기 큰 쟁반만한 불빛 하나가 공중에서 날아 내려와 청사 북쪽 문 앞에 내려앉는 것을 보았는데, 마치 불빛인 양 환히 빛났다. 이를 본 위방은 매우 기뻐하며 어둠 속에서 활을 끝까지 잡아당겨 그것을 향해 쏘았다. 화살 하나가 명중하자 무엇인가가 터지는 듯한 소리가 났고 불은 질질 끌려가듯 움직이더니 위방이 연달아 세 발을 쏘자 빛의 색이 점차 옅어지면서 더 이상 움직이지 못했다. 위방이 활을 들고 앞으로 곧장 가 화살을 뽑자 빛을 발하던 물체는 땅으로 툭하고 떨어졌다. 위방이 하인을 부르며 불을 가져와 비춰보게 했더니 그 물체는 다름 아닌 하나의 고깃덩어리였다. 그 고깃덩어리에는 사방으로 눈이 있었는데 눈이 몇 번 껌벅이며 움직일 때마다 빛이 났다. 위방이 웃으며 말했다.

"귀신을 죽이겠다던 말이 과연 헛소리가 아니었군."

그리고는 하인을 시켜 그 고기를 삶게 했는데, 그 냄새가 더 없이 좋았다. 완전히 푹 익힌 다음에 썰어서 버무려 먹어보았더니 더욱 맛이 좋았다. 위방은 노복들에게도 나눠주고 반은 남겨 두었다가 집주인에게 주기로 했다.

날이 밝은 후 집으로 돌아온 주인은 위생(韋生: 韋滂)이 아무 탈 없이 살아있는 것을 보고는 매우 기뻐했다. 위방이 귀신을 잡아 죽인 일을 말해주고 남겨두었던 고기 또한 주인에게 바쳤더니 주인은 그저 놀라워 할 따름이었다. (『원화기』)

唐大曆中, 士人韋滂, 膂力過人, 夜行一無所懼. 善騎射, 每以弓矢隨行. 非止取鳥獸烹炙, 至於虵蝎・蚯蚓・蜣蜋・螻蛄之類, 見則食之.

嘗於京師暮行, 鼓聲向絶, 主人尙遠, 將求宿, 不知何詣. 忽見市中一衣冠家, 移家出宅. 子弟欲鏁門, 滂求寄宿, 主人曰: "此宅隣家有喪. 俗云: '妨殺入宅, 當損人物.' 今將家口於側近親故家避之, 明日卽歸. 不可不以奉白也." 韋曰: "但許寄宿, 復何害也? 殺鬼吾自當之" 主人遂引韋入宅, 開堂廚, 示以牀榻, 飮食皆備. 滂令僕使歇馬槽上, 置燭燈於堂中, 又使入廚具食. 食訖, 令僕夫宿於別屋, 滂列牀於堂. 開其雙扉, 息燭張弓, 坐以伺之.

至三更欲盡, 忽見一光, 如大盤, 自空飛下廳北門扉下, 照曜如火. 滂見尤喜, 於闇中, 引滿射之. 一箭正中, 爆然有聲, 火乃掣掣如動, 連射三箭, 光色漸微, 已不能動. 携弓直往拔箭, 光物墮地. 滂呼奴, 取火照之, 乃一團肉. 四向有眼, 眼數開動, 卽光. 滂笑曰: "殺鬼之言, 果不虛也." 乃令奴烹之, 而肉味馨香極甚. 煮令過熟, 乃切割, 爲䪢噉之, 尤覺芳美. 乃沾奴僕, 留半呈主人.

至明, 主人歸, 見韋生, 喜其無恙. 韋乃說得殺鬼, 獻所留之肉, 主人驚歎而已.

(出『原化記』)

363 · 2(4653)
유 씨(柳 氏)

당(唐)나라 대력연간(大曆年間: 766~779)에 한 선비가 있었는데, 집은 위남(渭南)에 있었으나 병에 걸려 도성에서 죽고 말았다. 그의 아내 유씨는 여전히 [위남의] 집에서 살고 있었으며, 열두 살 난 아들도 하나 두고 있었다. 한번은 여름밤에 유씨의 아들이 갑자기 공포에 떨며 잠을 이루지 못했다. 3경(更)이 지났을 때 아들이 보았더니 흰 옷을 입은 노인 한 명이 나타나 두개의 송곳니를 입술 밖으로 빼물고 서 있는 것이었다. 자세히 보았더니 그 노인은 한참 만에 조금씩 앞으로 다가왔다. 그때 유씨 집 하녀는 깊이 잠들어 있었는데, 그 노인은 그 하녀의 목을 짓눌렀고 [잠시 후] 무엇인가를 물어뜯는 소리가 들려왔다. 또 그 노인은 손 가는대로 옷을 찢고는 [여종의 몸을] 움켜잡고 뜯어먹었는데, 순식간에 뼈가 드러났다. 그러자 노인은 이번에는 그 뼈만 드러난 시체를 들어올리더니 오장(五藏)을 마시기 시작했다. [유씨의 아들은] 키[箕]만 한 노인의 입을 보고 비명을 질렀으나 그때는 이미 아무것도 보이지 않았고 여종은 뼈만 남아있었다. 그 후 몇 달이 지나도록 별 다른 일이 일어나지 않았다.

죽은 선비의 기제사 날, 날이 저물자 부인 유씨는 길밖에 나와 더위를 식히고 있었는데, 벌 한 마리가 유씨 얼굴 주위를 뱅뱅 맴돌았다. 유씨가 부채로 벌을 쳐 땅에 떨어뜨리고 보았더니 그것은 다름 아닌 호도였다. 유씨는 그 호도를 가져다가 당 안에다 두었는데, 그것이 자라나기 시작했다. 처음에는 주먹이나 사발 만하던 것이 눈 깜짝할 사이에 이미 쟁반 만해져있었다. 잠시 후 퍽 하는 소리와 함께 반으로 갈라져 두개의 부채가 되더니 마치 어지러이 날아다니는 벌 떼와 같은 소리를 내며 공중을 맴돌았다. 그러다가 갑자기 두개의 부채가 유씨 머리에서 하나로 포개졌는데, 유씨 머리는 산산이 부서졌고 이는 나무에 박혔다. 그 물체는 이내 날아가 버렸으나 끝내 그것이 무슨 요괴인지 알지 못했다. (『유양잡조』)

　唐大曆中, 有士人, 莊在渭南, 遇疾卒於京. 妻柳氏, 因莊居, 有一子, 年十一二. 夏夜, 其子忽恐悸不眠. 三更後, 見一老人, 白衣, 兩牙出吻外. 熟視之, 良久漸近前. 有婢眠熟, 因扼('因扼'二字原闕, 據明鈔本補)其喉, 咬然有聲. 衣隨手碎, 攫食之, 須臾骨露. 乃擧起, 飮其五藏. 見老人口大如箕, 子方叫, 一無所見, 婢已骨矣. 數月後, 亦無他.
　士人祥齋, 日暮, 柳氏露坐納凉, 有胡蜂遶其首面. 柳氏以扇擊墮地, 乃胡桃也. 柳氏取置堂中, 遂長. 初如拳如碗, 驚顧之際, 已如盤矣. 嚗然分爲兩扇, 空中轉輪, 聲如分蜂. 忽合於柳氏首, 柳氏碎首, 齒著於樹. 其物飛去, 竟不知何怪也. (出『酉陽雜俎』)

363 · 3(4654)
왕 소(王 愬)

　[唐나라] 건중(建中) 3년(782)에 전임 양부공조(楊府功曹) 왕소가 겨울에 관리 전형에 참여하러 도성에 갔는데, 4월이 되도록 감감 무소식이자 그의 처 부풍(扶風) 사람 두씨(竇氏)는 몹시 근심스러워 했다. 그에게는 딸이 두 명 있었는데, 둘 다 경국지색(傾國之色)이었다. [그때 두씨는] 갑자기 문 밖에 포구낭(包九娘)이라는 여자 점쟁이 무당이 그 골목을 지나고 있는데, 사람들이 그 무당을 찾아가 점을 쳤더니 모두 들어맞았다는 소리를 듣고 포구낭을 불러들여 점을 치게 했다. 포구낭이 향(香)과 물을 준비해 놓았더니 잠시 후 공중에서 한 사람이 내려오는 소리가 들렸다. 포구낭이 말했다.

　"삼랑(三郞), 어서 오셔서 이 부인을 위해 공조 어른께 무슨 일이 생겼는지 좀 가보고 와 주시오. 이렇게 아무 소식도 없으니 대체 언제 돌아오시겠소?"

　포구낭이 말을 마치자 삼랑은 떠나갔다가 잠시 후 공중에서 빙빙 돌며 내려오더니 포구낭의 목 안으로 들어가 이렇게 말했다.

　"마님은 무엇으로 제게 보답하시렵니까? 아랑(阿郞: 王愬)은 평안히 돌아오실 것입니다. 그 분은 서쪽 시장거리에 있는 비단가게에서 돈을 벌려고 네 명과 함께 장행(長行: 장기놀이의 일종)을 하고 계셨습니다. 그 분은 시험장에서 책자(策子: 정답이 적혀진 책갈피일 것으로 추정함)를 몰래 사용한 탓에 다른 사람에게 고발당해 관직을 얻지 못하셨습니다. 지금은 돌아올 행장을 꾸리고 계십니다."

유씨는 [삼랑의 말을] 몰래 적어두었다.

5월 23일, 날이 막 밝아 올 때 왕소가 홀연 집으로 돌아오자 부인 두씨는 너무도 기뻤다. 자리를 잡고 앉은 후 두씨가 물었다.

"당신은 왜 책자를 사용해서 관리전형을 망치셨습니까? 또 아무 날 아무 일 서쪽 시장에서 돈을 번다고 모두 넷이 모여 장행놀이를 하셨지요."

왕소는 편지도 보낸 적이 없었기에 깜짝 놀라하며 어안이 벙벙해 했다. 처가 무당의 일에 대해 이야기해 주자 왕소는 즉시 그 무당을 불러 오라고 시켰다. 무당이 말했다.

"걱정 마십시오[본문은 '忽憂'라고 되어있으나 '忽'자는 '勿'자의 誤記로 보임]. 내년에는 좋은 벼슬을 얻게 될 것입니다. 오늘 서북쪽 위에 다리를 저는 소 두 마리를 끌고 가는 한 사람이 있을 테니 그 사람과 가격 흥정일랑 하지 마시고 그 소를 사 가지고 오십시오. 한달 사이에 몇 배나 이윤을 남기게 될 것입니다."

가서 보니 과연 어떤 사람이 다리 저는 소를 몰고 지나갔다. 왕소는 즉시 4관(貫)을 들여 그 소를 사 왔다. 6~7일이 지나자 그 소는 살이 올랐고 다리 또한 다 낳았다. 같은 마을에 사는 방앗간 집에 소 두 마리가 갑자기 죽었는데, 달리 소를 살 방도가 없어 15관을 주고서 왕소의 소를 사갔다.

처음에 왕소의 집은 경운사(慶雲寺) 서쪽에 있었는데, 어느 날 무당이 갑자기 나타나더니 이렇게 말했다.

"속히 이 집을 파시오."

왕소는 무당의 말 대로 집을 팔아 15만 냥의 돈을 받았다. 무당은 또 왕소에게 하동(河東)에 집 한 채를 월세내고 일년 동안 돈을 모아 대나무를 산 다음 5~6말쯤 들어갈 만큼 큰 바구니를 짜라고 시켰다. 이렇게 해서 왕소는 헤아릴 수 없을 만큼 많은 바구니를 쌓아두었다. 이듬해 봄에 연수(連帥: 節度使) 진소유(陳少遊)는 광릉성(廣陵城)을 건축할 것을 제의하고 왕소의 옛 집을 샀는데, 집주인에게 값을 반만 지불했다. 또 바구니로 흙을 옮길 생각으로 바구니 하나 당 30문(文)씩, 도합 7~8만 냥 어치를 샀다. 이렇게 해서 왕소는 하동에 집을 살 수 있게 되었다.

귀신무당이 하루는 포구낭을 데리고 오지 않고 혼자 나타나 이렇게 말했다.

"저는 성이 손(孫)이고, 이름은 사아(思兒)로 파릉(巴陵)에 살고 있었습니다. 저는 포구낭에게 빚진 돈이 있었는데, 이제 다 갚았습니다. 포구낭과 헤어져 돌아가야 하기에 이렇게 작별을 고하러 왔습니다."

귀신무당은 한참동안 탄식했으나 그 모습은 보이지 않았다. 두씨는 [그간 그 귀신의] 지략에 감사하고 있던 터라 이렇게 말했다.

"좀 더 계시지 그러십니까? 아니면 제가 당신을 아들로 삼으면 어떨까요?"

손사아가 말했다.

"기왕 마님께서 허락하시겠다면 저야 걱정할 게 뭐 있겠습니까? 작은 종이 집 하나를 만들어 안채 처마 밑에 놓아주십시오. 또 식사를 하실 때마다 조금씩만 주시면 그것으로 저는 족합니다."

두씨는 손사아의 말에 따랐다. 이렇게 해서 한 달 남짓 지났을 때였는데, 가을바람에 비가 흩뿌리자 한밤중에 손사아가 길게 탄식했다. 그러자 두씨가 말했다.

"너와 나는 지금 모자지간이 되었으니, 방의 안팎을 가릴 것이 무엇 있겠느냐? 아니면 내 침상 머리 위에 있는 궤짝에 너를 살게 하면 되겠느냐?"

손사아는 또 기뻐하며 그 밤으로 옮겨 들어갔다. 손사아는 또 두 누나에게 문안을 여쭈며 절을 올렸는데, 그 모습은 보이지 않고 말소리만 들릴 뿐이었다. 왕소의 큰딸은 장난을 좋아해서 [손사아를 놀리며] 이렇게 말했다.

"이 누나가 너에게 신부를 하나 찾아다 주지."

그리고는 종이에 여자 한 명을 그렸는데, 입고 있는 옷에 색깔을 입힐 때가 되자 손사아가 말했다.

"작은 누나 옷처럼 해 주세요."

왕소의 큰 딸 역시 장난으로 이렇게 대답했다.

"너의 뜻대로 해 주마."

그날 밤 [손사아는] 마치 누군가와 마주하고 있는 듯 웃고 이야기를 하더니 이렇게 말했다.

"신부가 두 시누이에게 인사 올립니다."

왕소의 사촌 여동생은 한(韓)씨 집안으로 시집 가 뚝 남쪽에 살고 있었는데, 바로 얼마 전에 아이를 낳았다. 왕소의 두 딸은 수놓은 신발을 만들어 [새로 태어난 조카에게] 보내려고 하녀에게 시켜 잘 싸게 했는데, 손사아가 그것을 보더니 빙그레 웃는 것이었다. 두 딸이 왜 웃느냐고 묻자 손사아가 대답했다.

"조카는 한쪽 다리가 부어올라 수놓은 신을 신기기 어렵습니다."

두씨는 이때부터 손사아를 몹시 꺼려하기 시작했는데, 손사아도 벌써

부터 그 사실을 알고 있었다. 다시 며칠 후 손사아는 작별을 고하며 말했다.

"이제 파릉으로 돌아가려 합니다. 두 누님 덕분에 신부도 얻었으니 같이 데려가겠습니다. 바라옵건대 사람을 시켜 2척 남짓 되는 배를 하나 만들어 주십시오. 또 누님들로 하여금 향불을 들게 하고 양자강(楊子江)까지 저를 배웅하게 하게 해 주신다면 더 바랄 게 없겠습니다!"

두씨는 손사아의 청을 따랐다. 두 딸은 손사아 부부가 마주보고 있는 모습을 그린 비단 한 폭을 주었다. 손사아는 녹색 관복을 입고 홀을 쥔 채 신부와 함께 배에 올라 작별하고 떠났다.

손사아가 떠난 뒤 왕소의 두 딸은 마치 혼이 나간 사람 같았다. 2년 뒤에 큰 딸은 외사촌 오빠에게 시집을 갔는데, 혼례를 올리던 날 밤에 휘장 문 앞에서 죽었다. 불로 그녀의 시체를 비춰보았더니 그 모습이 마치 누런 나뭇잎 같았다. 작은 딸은 장초(張初)에게 시집갔으나 시집가자마자 언니와 같은 꼴을 당하고 말았다. 왕소는 산양군(山陽郡)의 사마(司馬)로 있다가 죽었다. (『건손자』)

建中三年, 前楊府功曹王恕, 自冬調選, 至四月, 寂無音書, 其妻扶風竇氏, 憂甚. 有二女, 皆國色. 忽聞門有賣卜女巫包九娘者, 過其巷, 人皆推占事中, 遂召卜焉. 九娘設香水訖, 俄聞空間有一人下. 九娘曰: "三郎來, 與夫人看功曹有何事. 更無音書, 早晚合歸?" 言訖而去, 經數刻, 忽空中宛轉而下, 至九娘喉中, 曰: "娘子酬答何物? 阿郎歸甚平安. 今日在西市絹行擧錢, 共四人長行. 緣選場用策子, 被人告, 所以不得見官. 作行李次." 密書之.

五月二十三日初明, 恕奄至宅, 竇氏甚喜. 坐訖, 便問: "君何故用策子, 令選事不成? 又於某月日西市舉錢, 共四人長行."愬自以不附書, 愕然驚異. 妻遂話女巫之事, 卽令召巫來. 曰:"忽憂. 來年必得好官. 今日西北上有人牽二水牛, 患脚, 可勿爭價買取. 旬月間, 應得數倍利."至時, 果有人牽跛牛過. 卽以四千買買. 經六七日, 甚肥壯, 足亦無損. 同曲磨家, 二牛暴死, 卒不可市, 遂以十五千求買.

初愬宅在慶雲寺西, 巫忽曰:"可速賣此宅."如言貨之, 得錢十五萬. 又令於河東, 月僦一宅, 貯一年已來儲, 然後買竹, 作廳籠子, 可盛五六斗者. 積之不知其數. 明年春, 連帥陳少遊, 議築廣陵城, 取愬舊居, 給以半價. 又運土築籠, 每籠三十文, 計貲七八萬. 始於河東買宅.

神巫不從包九娘而自至, 曰:"某姓孫, 名思兒, 寄住巴陵. 欠包九娘錢, 今已償足. 與之別歸, 故來辭耳."吁嗟久之, 不見其形. 竇氏感其所謀, 謂曰:"汝何不且住? 不然, 吾養汝爲兒, 可乎?"思兒曰:"娘子旣許, 某更何愁? 可爲作一小紙屋, 安於堂簷. 每食時, 與少食, 卽足矣."竇氏依之. 月餘, 遇秋風飄雨, 中夜長歎. 竇氏乃曰:"今與汝爲母子, 何所中外? 不然, 向吾牀頭櫃上安居, 可乎?"思兒又喜, 是夕移入. 便問拜兩娣, 不見形, 但聞其言. 愬長女好戲, 因謂曰:"娣與爾索一新婦."於是紙畫一女, 及布綵繢, 思兒曰:"請如小娣裝索."其女亦戲曰:"依爾意."其夜言笑, 如有所對, 卽云:"新婦參二姑姑."

愬堂妹事韓家, 住南堰, 新有分挽. 二女作繡鞋, 欲遺之, 方命靑衣裝, 思兒笑. 二女問笑何事, 答曰:"孫兒一足腫, 難著繡鞋."竇氏始惡之, 思兒已知. 更數日, 乃告辭, 云:"且歸巴陵. 蒙二娣與娶新婦, 便欲將去. 望('望'原作'愬', 據明鈔本改)與令造一船子, 長二尺已來. 令娣監將香火, 送至楊子江, 爲幸足矣!"竇氏從其請. 二女又與一幅絹, 畫其夫妻相對. 思兒着綠秉板, 具小船上拜別.

自其去也, 二女皆若神不足者. 二年, 長女嫁外兄, 親禮夜, 卒於帳門. 以燭照之, 其形若黃葉爾. 小女適張初, 初嫁亦如其娣. 愬終山陽郡司馬. (出『乾𦢊子』)

363 · 4(4655)
이 철(李 哲)

　당(唐)나라 정원(貞元) 4년(788) 봄에 상주록사참군(常州錄事參軍) 이철은 단양현(丹陽縣) 동쪽 성곽에 살고 있었다. 그곳에서 5리 떨어진 곳에 이철의 촌장이 있었는데, 초가집이 대부분이었다. 어느 날 대낮에 아무 까닭 없이 저절로 불이 났는데, [집안사람들이] 황급히 불을 끄자 곧 꺼졌다. 땅에 한 척도 넘는 짚신 발자국이 나 있는 것을 보고 사람들은 도둑일 것이라 생각하여 샅샅이 뒤졌으나 아무 것도 발견할 수 없었다. 열흘 동안에 몇 번이나 불이 났지만 모두 쉽게 꺼지자 이철은 그제야 요괴가 한 짓임을 알게 되었다. 그 후 공중에서 무엇인가가 떨어져 집안 식구들을 두려움에 떨게 만들었고 또 옷가지 등이 없어지는 일이 번번이 일어났다.
　아만(阿万)이라는 유모가 있었는데, 본디 귀신과 통했다. 그녀는 한 남자가 늘 자신을 따라 들어왔다 나갔다 하는 것을 보았다. 그 남자는 간혹 호인(胡人)의 모습을 하고 나타났으며 수염을 위엄 있게 길렀고, 또 양 가죽옷을 입고 사이사이에 붉은 색과 보라색이 섞여 있는 담비 털모자를 썼다. 그 남자는 눈 깜짝할 사이에 [아만을 따라] 들어왔다 나갔다. 이철이 밤에 방에서 『춘추(春秋)』를 읽고 있을 때, 아만은 그 호인이 책 한권을 훔쳐 달아나는 것을 보고 급히 달려가 이철에게 이 사실을 고했다. 이철은 책을 읽다가 한 권이 없어지는 것을 보고 기도를 했다. 그랬더니 잠시 후 책이 다시 책갑 속으로 돌아왔는데, 책은 조금도 훼손되거나 더럽혀지지 않았다. 이철은 근심스러운 나머지 혹 정원의 대나무가 너무 무성해 귀신이 그곳에 살고 있는 것이 아닐까 생각하여 몰래 사람들과 의논을 한 다음 대나무를 베어버리고 복숭아나무를 심었다. 그때 이철은 갑자기 정원에서 편지 한 통을 발견했는데, 편지에는 다음과 같이 적혀있었다.

"듣자하니 그대가 의논하여 대나무를 베어버리고 복숭아나무를 심었다고 하던데, [베어낸 대나무를] 모조리 산가지로 만드시오. 주(州)에서 나오는 곡식 값이 지금 매우 싸니 한 배 분량의 대나무면 한 배 가득 곡식과 바꿀 수 있을 것이오. 속히 시행하길 바라오."

편지의 글씨는 그다지 잘 쓰지 못했으며 종이는 가로세로 몇 촌에 지나지 않았다.

이철 형의 아들 이사온(李士溫)·이사유(李士儒)는 모두 용감하고 강직한 사람들이었다. 그들은 늘 귀신을 욕했는데, 그럴 때면 관(冠)이나 신발이 번번이 사라지곤 했다. 후에 조금씩 기도를 하자 잃어버렸던 물건들이 돌아왔다. 또 편지가 날아왔는데, 내용은 다음과 같았다.

"오직 성인만이 미치광이 같은 짓을 하지 않으며 오직 미치광이만이 성인 같은 일을 하려고 드는 법이오. 그대들이 처음에는 나를 욕했지만 지금은 그대들의 기도를 받았으니 [물건들을] 모두 돌려주겠소."

편지 맨 뒤에는 "묵적군(墨荻君) 올림"이라고 적혀있었다. 열흘 뒤에 한 이웃이 이철의 개를 훔쳐 잡아먹었는데, 일이 발각 되었을 때 또 다음과 같은 내용의 편지가 왔다.

"어진 사람과 이웃하는 것이 훌륭한 일이니, 어진 곳을 택하여 거하지 못한다면 어찌 지혜롭다 하겠소?"

또 수 십일이 지났다. 이철의 집에는 그간 없어진 물건이 매우 많아 집안사람들은 귀신이 훔쳤을 것이라 생각하고 있었는데, 또 편지가 한 통 왔다.

"유장경(劉長卿)의 시에 '직씨(直氏)가 금을 훔쳤다고 누명을 썼듯[『史記·萬石張叔列傳』에 따르면 直不疑라는 사람이 있었는데, 한 동료가 실수로 또 다른 동료의 금을 가지고 가자 금 주인의 의심을 샀다고 함. 이에 直不疑는 그렇다고 시인하고 금을 물어주었는데, 후에 금을 가져갔던 동료가 다시 금을 가지고 나타나 사죄를 하여 오해가 풀렸다 함], 그대는 나를 도둑이라 여기는 군요'라는 구절이 있소. 지금 도둑을 잡고 보니 어떻죠?"

그런데도 이사온과 이사유는 끝까지 귀신과 몸싸움을 했다.

그해 여름밤에 이사온은 술에 취해 등불을 뒤로 하고 침상에서 자고 있었는데, 한 사내가 문을 통해 곧장 들어오는 것이 보였다. 그 사내가 누가 있건 말건 아랑곳하지 않고 등불 앞까지 걸어오자 이사온은 갑자기 몸을 일으켜 그 사내를 움켜잡았는데, 그 사내는 과연 이사온에 의해 사로잡혔고 그 바람에 등불이 꺼져버렸다. 그 둘은 어둠 속에서 온 힘을 다해 격투를 벌였다. 한참 있다가 캑캑하는 소리가 나기에 등불을 가져다 댔더니 점점 딱딱하게 굳어져 버리며 기왓장이 되었다. 기와 뒤에 눈과 눈썹이 그려져 있었고 종이로 만든 두건을 쓰고 있었으며 어린 아이의 옷을 입고 부인의 비단 어깨걸이를 하고 있었다. 또 머리는 천으로 여러 겹 싼 다음 매듭을 묶었다. 이씨(李氏: 李思溫)는 그 기왓장을 기둥에 매달고 못을 박아 부숴버렸다. 며칠 뒤 한 부인이 밭에서 상복을 입고 곡을 하면서 내 남편을 죽였다고 말했는데, 그 다음 날은 집 마당으로 와서 울면서 다음과 같은 내용이 적힌 편지 한 장을 던졌다.

"속담에 이르기를 '닭 한 마리가 죽으면 [나머지] 닭 한 마리가 운다'고 했소. 내 온 마을 사람들을 모아 반드시 복수하고 말겠소."

그러더니 이전과 마찬가지로 이철의 집을 드나들었다. 그 여자가 한 번은 사람의 옷을 가져다가 가운데 마당 나무위에 걸쳐놓았는데, 영문을 알 수 없이 잎이 무성해졌다. [이철이] 부탁을 하자 그제야 [옷을 나무에서] 풀어놓았다. 또 커다란 그릇을 작은 그릇 사이에 집어넣었는데, 아무 어려움 없이 넣다 뺐다 했다.

열흘이 지났을 때 이사유는 등불을 켜놓고 있다가 한 부인이 밖에서 들어오는 것을 보았는데, 그 부인은 등불 아래서 놀다가 이사유에게 붙잡히고 말았다. 한참을 서로 싸우다가 이사유가 손으로 한 대 쳤더니 딱딱한 게 느껴졌다. 불로 비춰 보았더니 그것은 바로 옷 입은 기와였다. [이사유가 그 기와를] 부숴버렸더니, 날이 밝자 그 동료가 와서 슬피 곡을 했다. 귀신은 늘 이철의 두 조카를[본문에는 '三'이라고 되어있으나 문맥상 '二'로 고쳐 번역함] 두려워하며 그들을 이랑(二郞)이라고 불렀으며, 이랑이 오면 더 이상 나타나지 않았다.

이씨[李哲]가 몰래 이사하려고 하고 있을 때 이런 편지가 날아왔다.

"그대가 이사를 하고자 한다는 말을 듣고 내가 먼저 그 곳에 도착했습니다."

이씨에게는 늙은 개 두 마리가 있었는데. 한 마리는 이름이 한아(韓兒)였고 다른 한 마리는 맹자(猛子)였다. 그런데 이 요괴가 집에 머무르기 시작하면서부터 이 두 마리 개는 밥도 먹지 않고 꼬리를 흔들며 어두운 곳에서 장난만 쳐 결국 죽여 버렸다. 그랬더니 그 후로는 집에서 몰래 의논한 일에 대해 귀신이 알지 못했다. 또 편지 한 통이 왔다.

"큰놈 한아와 둘째 맹자가 없어진 후부터 나는 의지할 데가 없어졌소."

한번은 이철의 집안 식구가 성곽에서 돌아오다가 마을에 이르러 두 명의 남자가 길 가에 서 있는 것을 보았는데, 그 남자들은 이철의 집안 식구를 보며 이렇게 물었다.

"당신네 집에 괴물이 있다고 하던데, 정말로 그렇소?"

이철의 식구들은 사실대로 대답해주었는데, 다시 길을 가다 뒤를 돌아보니 그 남자들은 이미 보이지 않았다.

이철은 윤주(潤州)에서 위사창(韋士昌)이라는 점쟁이를 모셔왔다. 위사창이 부적을 기와와 추녀 사이에 넣고 꼭 눌러두었더니 귀신에게서 편지가 또 왔다.

"부적이란 지극히 성스러운 것인데, 그런 것을 지붕 위에다 두다니, 너무 경솔한 것 아니오?"

위사창도 어찌할 도리가 없어 결국 떠나갔다. 이철은 회초(淮楚)에 위생(衛生)이라는 사람이 오래도록 주술을 익혀왔다는 말을 듣고 위생을 초청했다. 위생이 오자 귀신은 자못 꺼려하는 듯 조금은 덜 나타나기 시작했다. 위생은 도량(道場)을 설치하고 고소술(考召術: 귀신을 불러들여 부리는 도술)을 행했다. 그는 상자를 제단에 두었는데 하룻밤 뒤에 보니 상자 속에 문서가 하나 들어있었다. 문서에는 [이철 집에서] 잃어버렸던 물건들이 적혀있었다.

"약간의 물건들은 이미 팔아 약간의 돈을 얻었고, 그 돈으로 과일과 빚 등을 사서 먹거나 다 써버렸소. 그 나머지 약간은 모두 돌려주겠소."

그 물건들을 확인해 보았더니 모두 다 상자 안에 있었다. 또 이렇게 적혀있었다.

"잃어버린 솥은 정말로 내가 가져간 것이 아니니 물가에 가서 물어보도록 하시오."

문서에서는 '호삼(狐滲) 등 올림'이라고 적혀있었다. 그 후로 귀신은 다시는 나타나지 않았다. 훗날 강가에서 과연 솥을 찾아냈으니, 이로써 물가에 가 물어보라던 말이 징험된 것이었다. (『통유기』)

唐貞元四年春, 常州錄事參軍李哲家於丹陽縣東郭. 去五里有莊, 多茅舍. 晝日無何, 有火自焚, 救之而滅. 視地, 麻屨跡廣尺餘, 意爲盜, 索之無狀. 旬時屢災而易撲, 方悟其妖異. 後乃有投擲空間, 家人怖悸, 輒失衣物.

有乳母阿万者, 性通鬼神. 常見一丈夫, 出入隨之. 或爲胡形, 鬚髻偉然, 羔裘貂帽, 間以朱紫. 倏閃出來. 哲晚習『春秋』於閣, 阿万見胡人竊書一卷而去, 馳報哲. 哲閱書, 欠一卷, 方祝祈之. 須臾, 書復帙中, 亦無損汚. 李氏患之, 意其庭竹聳茂, 鬼魅可栖, 潛議伐去之, 以植桃. 忽於庭中得一書: "聞君議伐竹種桃, 盡爲竹籌. 州下粟方賤, 一船竹可貿一船粟. 幸速圖之." 其筆札不工, 紙方數寸.

哲兄子士溫・士儒, 並剛勇. 常罵之, 輒失冠履. 後稍祈之, 而歸所失. 復投書曰: "惟聖罔念作狂, 唯狂克念作聖. 君始罵我而見祈, 今並還之" 書後言: "墨獲君狀." 居旬, 隣人盜哲犬, 殺而食之, 事發, 又得一書曰: "里仁爲美, 擇不處仁, 焉得智?" 數旬之後. 其家失物至多, 家人意其鬼爲盜, 又一書言: "劉長卿詩曰: '直氏偸金枉, 君謂我爲盜.' 今旣得盜, 如之何?" 士溫・士儒竟扞禦之.

是('是'原作'見', 據明鈔本改)夏夜, 士溫醉臥, 背燭牀頭, 見一丈夫, 自門直入. 不虞有人, 因至燭前, 士溫忽躍身擒之, 果獲, 燭亦滅. 於暗中扞禦盡力. 久之, 喀喀有聲, 燭至堅漸, 是一瓦. 瓦背畫作眉目, 以紙爲頭巾, 衣一小兒衣, 又以婦人披帛. 纏頭數匝, 方結之. 李氏遂釘於柱, 碎之. 數日外, 有婦人喪服哭於圃, 言殺我夫, 明日哭於庭, 乃投書曰: "諺所謂'一雞死, 一雞鳴'. 吾屬百戶, 當相報耳." 如是往來如初. 嘗取人衣著中('中'字原闕, 據明鈔本補)庭('庭'下原有'書'字, 據明鈔本刪)樹, 扶疎莫知所由也. 求而遂解之. 又以大器物投小器中, 出入不礙.

旬時, 士儒又張燈, 見一婦人外來, 戲燭下, 復爲士儒擒焉. 扞力良久, 搬而硬. 燭之, 亦瓦而衣也. 遂末之, 而明日復有其類哀哭. 常畏三姪, 呼爲二郎, 二郎至, 卽不多來.

李氏潛欲徙其居, 而得一書曰: "聞君欲徙居, 吾已先至其所矣." 李氏有二老犬, 一名韓兒, 一名猛子. 自有此妖, 不復食, 常搖尾戲於空暗處, 遂斃之. 自後家有竊議事, 魅莫能知之. 一書: "自無韓大猛二, 吾屬無依." 又家人自郭返, 至其里, 見二丈夫於道側, 迎問家人曰: "聞爾家有怪異, 若之何?" 遂以事答, 及行, 顧已不見.

李氏於潤州迎山人韋士昌. 士昌以符置諸瓦櫺間, 以壓之, 鬼書至曰: "符至聖也, 而置之屋上, 不亦輕爲?" 士昌無能爲, 乃去. 聞淮楚有衛生者, 久於呪術, 乃邀之. 衛生至, 其鬼頗憚之, 其來稍疎. 衛生乃設道場, 以考召. 置箱於壇中, 宿昔箱中得一狀. 狀件所失物, 云: "若干物已貨訖('訖'原作'記', 據明鈔本改), 得錢('錢'下原有'中'字, 據明鈔本刪)若干, 買果子及梳子等食訖. 其餘若干, 並送還." 驗其物, 悉在箱中. 又言: "失鏡子, 其實不取, 請問諸水濱." 狀言狐朧等狀. 自此更不復來. 異日, 於河中果得鏡子('子'原作'自等', 據明鈔本改), 乃驗水濱之說也. (出『通幽記』)

363 · 5(4656)
노 원(盧 瑗)

[唐나라] 정원(貞元) 9년(793)에 전임 박주자사(亳州刺史) 노원은 낙양(洛陽) 강유방(康裕坊)에서 살고 있었다. 노원의 부친 노정(盧正)은 병으로 죽었는데, 부친이 죽은 지 이틀 뒤 대낮에 푸른색의 커다란 새가 마당으로 날아들더니 공중을 맴돌며 날아다녔다. 그 새의 날개가 드리운 그림자의 너비는 대략 4~5장은 될 듯싶었다. 그 광경을 온 집안 식구들이 모두 보았다. 잠시 후 새는 서남쪽 모퉁이에 있는 우물 속으로 들어갔다가 한참 만에 다시 날아 나왔는데, 사람들이 가서 보니 그 우물 속의 물이 이미 다 말라있었고 우물 한 가운데 한 말[斗]크기의 새알 두 개가 있었다. 그 알을 우물에서 꺼내어 깨뜨리자 피가 몇 말이나 흘러내렸다.

날이 밝았을 때 갑자기 당 서쪽 으슥한 곳에서 한 여인의 울음소리가 들려왔다. 사람들이 가서 보았더니 18~19살쯤 되어 보이는 한 여자가 검은 두건을 머리에 쓰고 매우 구성지게 통곡을 하고 있었다. 어디서 왔느냐고 묻자 그 여자는 천천히 나와서 동쪽 채로 걸어가며 이렇게 말했다.

"내가 우물 속에다 자식을 낳았는데, 어찌 감히 잡아 죽일 수가 있단 말이오?"

말을 마치고는 서쪽 채로 다시 되돌아 가 그 [노원 부친 노정의] 시체를 질질 끌고 온 다음 마치 된 죽처럼 흐트러트려 놓았다. 그 일을 다 마친 다음 그 여자는 팔을 떨치며 떠나갔는데, 문을 나서자 바로 사라졌다. 노원의 집안 식구들은 너무도 두려워 남겨두었던 알을 들로 가지고 가 버린 다음 사람을 급히 보내 상도무(桑道茂)에게 [이 일에 대해] 물어보게 했다. 그러자 상도무는 푸닥거리를 해 사죄를 하라고 했다. 그 후 별 다른 징험은 드러나지 않았으나 그 일의 해괴함은 끝내 헤아릴 길이 없었다. (『통유기』)

貞元九年, 前亳州刺史盧瑗家于東都康裕坊. 瑗父正病卒, 後兩日正晝, 忽有大鳥色蒼, 飛于庭, 巡翔空間. 度其影, 可濶丈四五. 家人咸見. 頃之, 飛入西南隅井中, 久而飛出, 人往視之, 其井水已竭, 中獲二卵, 大如斗. 將出破之, 血流數斗.

至明, 忽聞堂西奧, 有一女人哭. 往看, 見一女子, 年可十八九, 烏巾帽首, 哭轉哀厲. 問其所從來, 徐徐出就東間, 乃言曰: "吾誕子井中, 何敢取殺?" 言畢, 却往西間, 拽其尸, 如糜散之. 訖, 奮臂而去, 出門而滅. 其家大震懼, 取所留卵, 却送于野, 使人馳問桑道茂. 道茂令禳謝之. 後亦無徵祥, 而莫測其異也. (出『通幽記』)

363·6(4657)
여강민(廬江民)

[唐나라] 정원연간(貞元年間: 785~805)에 여강도(廬江都)에 살고 있던 백성이 땔나무를 하러 산에 들어갔는데, 날이 저물었을 때 갑자기 한 호인(胡人)과 마주쳤다. 키가 1장도 넘는 호인이 엄산(崦山)에서 검은 옷을 입고 활과 화살을 손에 쥔 채 나오자 그 백성은 그만 겁에 질려 황급히 고목(古木) 안으로 도망 가 몸을 숨겼다. 안에서 살펴보니 그 호

인은 우두커니 서서 먼 곳을 한참이나 바라보다가 갑자기 동쪽을 향해 화살을 한 발 쏘았다. 백성이 [화살이 날아가는 곳을] 눈으로 좇아 보았더니 백보 밖에 사람 모습을 한 어떤 물체가 보였는데, 그 물체는 온 몸이 몇 촌이나 되는 누런 털로 뒤덮여 있었고 검은 두건을 얼굴에 뒤집어 쓴 채 서 있었다. 화살이 그 물체의 배에 적중했는데, 그 물체가 꿈쩍도 않자 호인이 웃으며 말했다.

"과연 내 힘이 미칠 수 있는 바가 아니군!"

그러더니 떠나가 버렸다. [잠시 후] 또 한 명의 호인이 나타났는데, 역시 1장도 넘는 키를 하고 있었고 몸집이 장대하기로는 아까 그 호인을 오히려 능가했다. 그 호인 역시 활과 화살을 들고 동쪽을 향해 쏘았는데, [이번에는 화살이] 그 물체의 가슴에 꽂혔다. 그 물체가 이번에도 꿈쩍을 않고 있자 호인이 또 웃으며 말했다.

"장군님이 아니면 안 되겠군!"

그리고는 또 떠나갔다.

잠시 후에 호인 수십 명이 검은 옷을 입고 팔뚝에 활을 걸고 허리에는 화살을 차고서 나타났는데, 마치 선봉대 같아 보였다. 또 키가 몇 장이나 되고 자주색 옷을 입은 생김새가 기이하기 짝이 없는 한 거인이 천천히 걸어오고 있는 것이 보였다. 백성은 그 거인을 보고 자기도 모르게 소름이 돋았다. 거인 호인은 동쪽을 바라보더니 선봉대에게 이렇게 말했다.

"목구멍을 쏘아라!"

여러 호인들이 너도나도 화살을 쏘자 거인 호인이 주의를 주며 말했다.

"웅서(雄舒)가 아니면 안 되겠다."

그러자 다른 호인들은 모두 뒤로 물러났다. 한 호인이 앞으로 걸어 나와 활을 잔뜩 구부려 한 발을 쏘아 그 물체의 목구멍을 정통으로 맞혔으나 그 물체는 여전히 두려워하지 않으며 천천히 손으로 세 발의 화살을 모두 뽑아낸 다음 손에 커다란 돌을 들고 서쪽을 향해 걸어왔다. 호인들은 모두 두려워하는 빛을 띠며 거인 호인 앞으로 나와 이렇게 아뢰었다.

"사정이 급박하니 차라리 항복하는 게 낫겠습니다."

그러자 거인 호인이 명령을 내리며 외쳤다.

"장군이 항복하기를 원하노라!"

그 물체는 그제야 돌을 땅에 던지고 두건을 벗어버렸는데, 그 모습이 마치 부인 같아 보였으나 머리카락이 없었다. 그 물체는 여러 호인들 앞으로 나와 그들이 들고 있던 활과 화살을 모두 빼앗은 다음 모조리 부러뜨렸다. 그리고는 거인 호인을 땅에 무릎을 꿇게 한 다음 손으로 연신 그의 뺨을 때려댔다. 호인이 울며 애걸하면서 죽을죄를 지었다고 몇 번이나 말을 하자 그 물체는 그제야 호인을 풀어주었다. 여러 호인들은 손을 모은 채 멍하니 서서 감히 꼼짝도 하지 못하고 있었다. 그 물체가 천천히 두건을 머리에 뒤집어쓰고는 동쪽을 향해 떠나가자 호인들은 서로 경하하며 이렇게 말했다.

"오늘이 날이 좋았네. 그렇지 않았다면 우리들은 다 죽었을 거야!"

호인들이 모두 거인 호인 앞으로 나와 절을 올리자 거인 호인은 고개를 끄덕였다. 한참 후에 거인 호인은 다시 무리를 이끌고 엄산으로 들어갔는데, 그 때는 이미 날이 어둑어둑해지려 하고 있었다. 백성은 비 오듯 땀을 흘리며 집으로 돌아왔으나 그 물체가 대체 무엇이었는지는 끝내 알지 못했다. (『선실지』)

貞元中, 有廬江都民, 因採樵至山, 會日暮, 忽見一胡人. 長丈餘, 自山崦中出, 衣黑衣, 執弓矢, 民大恐, 遽走匿古木中. 窺之, 胡人佇望良久, 忽東向發一矢. 民隨望之, 見百步外有一物, 狀類人, 擧體黃毛數寸, 蒙烏巾而立. 矢中其腹, 輒不動, 胡人笑曰: "果非吾所及!" 遂去. 又一胡, 亦長丈餘, 魁偉愈於前者. 亦執弧矢, 東望而射, 中其物之胸. 亦不動, 胡人又曰: "非將軍不可!" 又去.

俄有胡人數十, 衣黑, 臂弓腰矢, 若前驅者. 又見一巨人, 長數丈, 被紫衣, 狀貌極異, 緩步而來. 民見之, 不覺懍然. 巨胡東望, 謂其前驅者曰: "射其喉!" 群胡欲爭射之, 巨胡誡曰: "非雄舒莫可." 他胡皆退. 有一胡前, 引滿一發, 遂中其喉, 其物亦不懼, 徐以手拔去三矢, 持一巨礫, 西向而來. 胡人皆有懼色, 前白巨胡: "事迫矣, 不如降之." 巨胡卽命呼曰: "將軍願降!"

其物乃投礫於地, 自去其巾, 狀如婦人, 無髮. 至群胡前, 盡收奪所執弓矢, 皆折之. 遂令巨胡跪於地, 以手連掌其頰. 胡人哀祈, 稱死罪者數四, 方釋之. 諸胡高拱而立, 不敢輒動. 其物徐以巾蒙首, 東望而去, 胡人相賀曰: "賴今日甲子耳. 不然, 吾輩其死乎!" 旣而俱拜於巨胡前, 巨胡領之. 良久, 遂導而入山崦, 時欲昏黑. 民雨汗而歸, 竟不知其何物也. (出『宣室志』)

363·7(4658)
양주탑(揚州塔)

자의(諮議: 諮議參軍) 주경현(朱景玄)이 포용(鮑容)을 만나 말했다.

"진소유(陳少遊)가 양주(揚州)에 있을 때, 동쪽 시장거리에 있는 탑의 그림자가 갑자기 거꾸로 섰는데, 노인들이 말하기를 바다에 비친 달 그림자가 뒤집히면 그렇게 된다고 합니다."

(『유양잡조』)

諮議朱景玄, 見鮑容說('說'原作'記', 據明鈔本改): "陳少遊在揚州時, 東市塔影忽倒, 老人言, 海影翻則如此." (出『酉陽雜俎』)

363·8(4659)
고우사(高郵寺)

고우현(高郵縣)에 절이 하나 있었는데, 이름은 기억나지 않는다. 길 가까이에 있는 강당(講堂)의 서쪽 벽에 매일 밤이면 사람과 말, 수레의 그림자가 한 벽 가득 비치곤 했다. 붉은 옷과 자주색 옷 입은 사람의 그림자는 어렴풋이나마 분간해 낼 수 있었는데 벽의 두께가 몇 척이나 되는데 [어떻게 빛이 새어 나올 수 있는지] 도저히 이해하기가 어려웠다. 진오시(辰午時: 오전 7시~오후 1시)가 되면 그 그림자는 없어졌다. 이와 같은 일이 20여 년간 계속되었다고 하는데, 그 사이에 혹 1년이나 반년 동안은 안 보이기도 했다고 한다. (『유양잡조』)

高郵縣有一寺, 不記名. 講堂西壁枕道, 每日晚, 人馬車轝影, 悉透壁上. 衣紅紫者, 影中鹵莽可辨. 壁厚數尺, 難以理究. 辰午之時則無. 相傳如此二十餘年,或一年半年不見. (出『酉陽雜俎』)

363·9(4660)
유적중(劉積中)

유적중은 늘 서경(西京: 長安) 가까이에 있는 현(縣)의 촌장에서 기거하고 있었다. 그는 처가 병을 심하게 앓고 있어서 아직 잠을 못 자고 깨어있었는데, 갑자기 키가 겨우 3척 밖에 안 되는 백발을 한 부인이 등불 그림자 속에서 나오더니 그에게 이렇게 말했다.

"당신 부인의 병은 오직 나만이 고칠 수 있는데, 어찌하여 나에게 빌지 않으시오?"

유적중은 본디 강직한 성품의 소유자였던지라 그 부인을 욕하며 쫓아냈다. 그러자 그 노파는 천천히 손가락질 하면서 말했다.

"후회하지 마시오! 후회하지 마!"

그리고는 이내 사라졌다. 유적중의 아내는 그 일이 있은 후 가슴이 갑자기 아파오기 시작해 거의 죽을 지경이 되었다. 유적중은 하는 수 없이 [그 노파에게] 기도를 했는데, 기도가 끝나자 그 노파가 다시 나타났다. 유적중이 노파에게 읍을 하고 자리로 안내하자 노파는 차 한 사발을 가져오게 하고는 해를 향해 마치 주문을 외는 듯 하더니 다시 뒤를 돌아보며 부인의 입에 흘려 넣으라고 시켰다. 차가 입 속으로 들어가자마자 유적중 처의 통증은 치유되었다. 그 후에도 그 노파가 가끔씩 나타나곤 했으나 유적중 식구들은 두려워하지 않았다.

몇 년 뒤에 노파가 유적중에게 또 이런 말을 했다.

"내게 이제 15살 된 딸이 하나 있는데, 귀찮겠지만 주인께서 좋은 배필을 좀 찾아봐 주시오."

유적중이 웃으며 말했다.

"사람과 귀신은 길이 서로 다르니, 그 부탁은 들어드리기가 어렵겠습니다."

노파가 말했다.

"사람을 구해달라는 것이 아니라 오동나무로 작고 정교하게 [사람 하나만] 깎아주면 되오."

유적중은 그러겠다고 응답하고서 나무로 사람을 깎아 놓았는데, 하룻밤 만에 나무로 깎아 만든 사람이 사라졌다. 노파가 한번은 또 유적중에게 이렇게 말했다.

"또 한번 귀찮은 부탁을 드리겠는데, [주인 내외께서] 포공(鋪公: 신방을 차려주는, 복과 수명을 모두 갖추고 있는 남자)과 포모(鋪母: 신방을 차려주는, 복과 수명을 모두 갖추고 있는 여자)가 되어주시오. 만일 그렇게 해 주시겠다면 아무 날 저녁에 내가 직접 수레와 가마를 준비해 와 맞이해 가겠소."

유적중은 속으로 생각해봐도 별 도리가 없어 그것 역시 허락했다. 그날이 되자 유시(酉時: 오후 5시~7시)를 조금 넘겨 어떤 마부가 수레를 몰고 유적중의 집문 앞으로 왔는데, 노파 역시 함께 와서 이렇게 말했다.

"함께 가시지요."

유적중과 그의 처는 각각 수레에 나눠 타고 떠나 날이 어두워질 무렵에 어떤 곳에 도착했다. 그 곳은 붉은 대문에 높은 담장을 하고 있었고 초롱불을 줄지어 밝혀놓은 채 그들을 맞이했는데, 빈객들과 휘장의 성대함이 왕공(王公)의 집과 다를 바 없었다. 그곳에 있는 사람이 유적중을 데리고 한 청사로 들어갔는데, 붉은 옷과 자주색 옷 입은 관리 수십 명이 그곳에 있었다. 그 중에는 서로 알고 지내던 사람들도 있었고 이미 죽은 사람들도 있었으나 서로 바라만 볼 뿐 아무 말도 주고받지 않았다. 유적중의 처는 한 당으로 들어갔는데, 거기에는 팔뚝만큼 두꺼운 촛불이 켜져 있었고 비단과 비취 장식이 서로 화려함을 다투고 있었다. 또 수십 명의 부인들도 거기 있었는데, 이미 죽은 사람과 알고 지내던 사람이 각각 반씩이었으나 서로 바라만 볼 뿐이었다. 5경이 되자 유적중과 그의 처는 정신이 몽롱해지더니 어느새 집으로 돌아와 있었다. 그리고는 마치 술에서 깨어난 듯 열 가지 중에 한 두 가지도 기억하지 못했다.

며칠 뒤 노파가 다시 인사를 하며 이렇게 말했다.

"내 막내딸도 벌써 장성했기에 지금 이렇게 다시 주인께 부탁을 드리려 왔소."

유적중은 참지 못하고 베게로 노파를 밀쳐내며 이렇게 말했다.

"늙은 요괴가 어디 감히 이토록 사람을 괴롭힌단 말인가!"

노파는 베게와 함께 사라져버렸고 유적중의 아내는 다시 병이 도졌다. 이에 유적중이 아들 딸과 함께 땅에 대고 제사를 지냈으나 노파는 다시 나타나지 않았고 처는 끝내 심장병으로 죽고 말았다. 유적중의 여동생마저 심장병을 앓자 유적중은 다른 곳으로 이사를 가려 했으나 모든 물건이 집에 딱 붙어 떨어지지 않았으며 나막신 같이 가벼운 것조차 들어올릴 수가 없었다. 유적중은 도사를 모셔와 상장(上章: 도사가 신에게 상주문을 올려 비는 의식)을 올려도 보고 중을 모셔와 주문도 외워 보았으나 아무 효험이 없었다.

유적중은 한가할 때면 늘 약 처방을 읽곤 했는데, 그 집의 소벽(小碧)이라는 하녀가 밖에서 들어오더니 손을 늘어뜨리고 천천히 걸어들어 오며 큰 소리로 말했다.

"유사(劉四: 劉積中), 옛날 생각이 나지 않는가?"

그러더니 흐느껴 울며 또 말했다.

"나 두성궁(杜省躬)이 얼마 전에 태산(泰山)에 갔다가 돌아오는 길에 비천야차(飛天野叉)를 만났는데, 그 야차가 자네 여동생의 심장과 간을 들고 있기에 내가 이미 빼앗아 왔네."

소벽은 이렇게 말하고 옷소매를 들어올렸는데, 소매 안에 꿈틀거리는 물체가 들어있었다. 소벽은 마치 무엇인가를 명령하는 듯 왼쪽을 돌아보며 말했다.

"잘 가져다 두어라."

또 소매에서 바람이 이는 듯한 느낌이 들더니 주렴과 휘장을 흔들었다. 하녀는 당 안으로 들어와 유적중과 마주하고 앉아 사람들의 안부를 묻고, 생전의 일에 대해 이야기하기 시작했다. 유적중은 두성궁과 같은 해에 진사과에 급제해 본디 서로 사이가 좋았는데, 그 하녀의 행동거지와 웃고 말하는 것이 두성궁과 닮지 않은 곳이 하나도 없었다. 잠시 후 하녀는 이렇게 말했다.

"내 일이 있어 더 오래 머무를 수가 없네."

하녀가 유적중의 손을 잡고 흐느껴 울자 유적중 역시 슬픔에 겨워했다. 그때 하녀가 갑자기 쓰러졌는데, 깨어나서는 아무 것도 기억하지 못했다. 그의 여동생에게는 그 후 아무 탈도 생기지 않았다. (『유양잡조』)

劉積中, 常於西京近縣莊居. 妻病亟, 未眠, 忽有婦人, 白首, 長纔三尺, 自燈影中出, 謂劉曰: "夫人病, 唯我能理, 何不祈我?" 劉素剛, 咄之. 姥徐戟手曰: "勿悔! 勿悔!" 遂滅. 妻因暴心痛, 殆將卒. 劉不得已, 祝之, 言已復出. 劉揖之坐, 乃索茶一甌, 向日如呪狀, 顧令灌夫人. 茶纔入口, 痛愈. 後時時輒出, 家人亦不之懼.

經年, 復謂劉曰: "我有女子及笄, 煩主人求一佳壻." 劉笑曰: "人鬼路殊, 難遂所託." 姥曰: "非求人也, 但爲刻桐木稍工者, 可矣." 劉許諾, 因爲具之, 經宿, 木人失矣. 又謂劉曰: "兼煩主人作鋪公‧鋪母. 若可, 某夕, 我自具車輿奉迎." 劉心計無奈之何, 亦許之. 至一日, 過酉, 有僕馬車乘至門, 姥亦至曰: "主人可往." 劉與妻各登其車馬, 天黑至一處. 朱門崇墉, 籠燭列迎, 賓客供帳之盛, 如王公家. 引劉至一廳, 朱紫數十. 有相識者, 有已歿者, 各相視無言. 妻至一堂, 蠟炬如臂, 錦翠爭煥. 亦有婦人數十, 存歿相識各半, 但相識而已. 及五更, 劉與妻恍惚, 却還至家. 如醉醒, 十不記其一二.

數日, 姥復來拜謝曰: "我小女成長, 今復託主人." 劉不耐, 以枕抵之曰: "老魅, 敢如此擾之!" 姥隨枕而滅, 妻遂疾發. 劉與男女酹地禱之, 不復出矣, 妻竟以心痛卒. 劉妹復病心痛, 劉欲徙居, 一切物膠著其處, 輕若履屐, 亦不可擧. 迎道流上章, 梵僧持呪, 悉不禁.

劉常暇日讀藥方, 其婢小碧, 自外來, 垂手緩步, 大言: "劉四, 頗憶平昔無?" 旣而嘶咽曰: "省躬近從泰山回, 路逢飛天野叉, 携賢妹心肝, 我已奪得." 因擧袖, 袖中蠕蠕有物. 左顧似有所命, 曰: "可爲安置." 又覺袖中風生, 衝簾幌. 婢入堂中, 乃對劉坐, 問存歿, 敘平生事. 劉與杜省躬同年及第, 友善, 其婢擧止笑語, 無不省也. 頃曰: "我有事, 不可久留." 執劉手嗚咽, 劉亦悲不自勝. 婢忽倒, 及覺, 一無所記. 其妹亦自此無恙. (出『酉陽雜俎』)

태평광기 권제364 요괴 6

1. 강회사인(江淮士人)
2. 이　곡(李　鵠)
3. 승지원(僧智圓)
4. 남효렴(南孝廉)
5. 사　고(謝　翺)
6. 승법장(僧法長)
7. 하북촌정(河北村正)
8. 승홍제(僧弘濟)
9. 김우장(金友章)
10. 우　응(于　凝)

364 · 1(4661)
강회사인(江淮士人)

강회(江淮)의 어떤 선비가 장원에 살고 있었다. 선비의 아들은 20여 세였는데 한번은 병을 심하게 앓았다. 선비가 하루는 차를 마시고 있었는데, 찻잔 속에서 갑자기 찻잔 같은 물거품이 일더니 찻잔 밖으로 높이 떠올라 나왔다. 그 물거품은 유리같이 맑고 영롱했는데, 키가 1촌인 사람이 물거품 위에 서 있다가 찻잔 안에서 높이 떠올라 나왔다. 선비가 그 사람을 자세히 보았더니 옷과 생김새가 바로 자기 아들과 똑같았다. 한 식경 후에 물거품이 터졌는데 아무 것도 보이지 않았다. 찻잔은 약간 금이 가 있을 뿐 전과 다를 것이 없었다. 며칠 후 그의 아들은 결국 신들려서 신의 말을 전달했고 사람들의 길흉을 알아맞히는 데 조금도 틀리지 않았다. (『유양잡조』)

江淮有士人莊居. 其子年二十餘, 嘗病厭. 其父一日飮茗, 甌中忽酗起如甌, 高出甌外. 瑩淨若琉璃, 有人長一寸, 立於漚上, 高出甌中. 細視之, 衣服狀貌, 乃其子也. 食頃爆破, 一無所見. 茶椀如舊, 但有微璺耳. 數日, 其子遂著神, 譯神言, 斷人休咎不差. (出『酉陽雜俎』)

364 · 2(4662)
이 곡(李 鵠)

전수재(前秀才: 이미 수재에 급제한 사람) 이곡이 영천(潁川)으로 황제를 알현하러 가다가 밤에 한 역참에 도착했다. 그가 누워 잠을 청하려는데 돼지 같은 요괴가 갑자기 대청의 계단을 올라오는 것이 보였다. 이곡은 허둥지둥 도망쳐서 뒷문을 통해 역참의 마구간으로 들어갔다. 그는 건초 더미 속에 몸을 숨기고 숨을 죽인 채 요괴의 행동을 주시했다. 요괴 역시 따라 들어오더니 소리를 내며 건초 더미를 여러 바퀴 돌고 나서 이곡이 숨어 있는 곳을 뚫어지게 쳐다봤다. 그러더니 요괴는 갑자기 큰 별로 변하더니 공중으로 솟아올라 몇가닥 빛으로 하늘을 밝혔다. 이곡의 좌우 사람들이 횃불을 들고 건초 더미에서 그를 찾아냈으나 그는 이미 죽어 있었다. 이곡은 반나절 만에 다시 살아나 그가 본 것을 말했다. 열흘도 안 되어 그는 병도 없이 죽었다. (『유양잡조』)

前秀才李鵠, 覲於潁川, 夜至一驛. 纔臥, 見物如猪者, 突上廳階. 鵠驚走, 透後門, 投驛廐. 潛身草積中, 屛息伺之. 怪亦隨至, 聲遶草積數匝, 瞪目視鵠所潛處. 忽變爲巨星, 騰起, 數道燭天. 鵠左右取炬, 索鵠於草積中, 鵠已卒矣. 半日方蘇, 因說所見. 未旬, 無疾而卒. (出『酉陽雜俎』)

364·3(4663)
승지원(僧智圓)

정여경(鄭餘慶)이 양주(梁州)에 있을 때의 일이다. 용흥사(龍興寺)의 지원 스님은 총지술(總持術: 善을 지키고 惡을 물리친다는 불교 술법)과 칙근술(敕勤術: 密宗에서 행하는 주문을 외고 부적을 그리는 등의 술법)을 잘하여 사람들의 사악한 기운을 막고 병을 고쳐주었는데, 대부분 효험을 보았기에 날마다 문에서 기다리는 사람이 수십 명이나 되었다. 지원 스님은 나이가 들자 점차 피곤해졌다. 정여경은 그를 매우 공경하여 성 동쪽에 빈 땅을 마련하고 초가집을 지어 머물게 하면서 동자승과 행자(行者: 절에서 잡일을 하는 사람으로 아직 출가하지 않은 사람들에 대한 호칭) 각 한 명씩을 두게 했다.

몇 년 후 어느 한가한 날 지원 스님이 햇빛 아래에서 발톱을 깎고 있었다. 그때 베옷을 입은 매우 단정하고 아름다운 부인이 계단으로 와서 절을 하고는 울며 말했다.

"저는 불행하게도 남편을 잃고 자식도 어린데 노모마저 중병에 걸렸습니다. 스님께서 신통한 주문으로 다른 사람을 도와주신다는 사실을 알고 있으니 어머니의 병을 낫게 해주십시오."

지원 스님이 말했다.

"빈도는 원래 성안의 혼잡함이 싫고 사람들의 부름에 응하는 것도 번거로우니 당신의 어머님이 병이 드셨다면 여기로 모셔 오시오. 그럼 병을 물리치는 의식을 행해주겠소."

부인은 거듭 울며 청하면서 어머니의 병이 매우 위독하여 부축해 올

수가 없다고 말했다. 지원도 그녀를 불쌍히 여겨 허락해주었다. 그러자 부인이 말했다.

"이곳에서 북쪽으로 20여 리 가면 마을이 나오는데 마을 근처에 노가장(魯家莊)이라는 곳이 있습니다. 그 곳에서 위십낭(韋十娘)의 집을 찾아가기만 하면 됩니다."

다음날 아침에 지원 스님은 그녀가 일러준 대로 20여 리를 가서 여러 곳을 수소문했으나 그녀의 집을 찾지 못하여 그냥 돌아왔다.

다음 날 부인이 다시 오자 지원 스님이 꾸짖으며 말했다.

"빈도가 어제 약속을 지키려고 먼 곳까지 갔는데 어째서 이처럼 말이 틀릴 수 있소!"

부인이 말했다.

"스님께서 오셨던 곳에서 단지 2~3리 떨어진 곳입니다. 스님께서는 자비를 베푸셔서 다시 한 번만 와 주십시오."

지원 스님이 화를 내며 말했다.

"노승은 늙고 몸도 약해 이제는 절대로 갈 수가 없소!"

그러자 부인이 큰소리로 말했다.

"자비는 어디에 있습니까? 오늘 이 일은 가야만 합니다."

그리고는 계단을 올라와 지원 스님의 팔을 잡아 당겼다. 지원 스님은 놀라 당황하며 그녀가 사람이 아니라고 의심했다. 지원 스님이 정신없이 작은칼로 그녀를 찌르자 부인은 바로 쓰러졌는데, [자세히 보니] 동자승이 잘못 칼을 맞고 피를 흘리며 죽어 있었다. 지원 스님은 급히 행자와 함께 쌀독 밑에 시체를 묻었다. 동자승은 원래 그 마을사람이었는데, 집이 절에서 10여 리 떨어진 곳에 있었다. 그날 동자승의 집안사람들은 모두 밭에 나가 있었는데 검은 옷을 입고 두건을 쓴 사람이 밭에 와서 마실 것을 찾으며 동자승이 죽은 일을 말했다. 동자승의 부모와 가족들은 통곡하며 지원 스님을 찾아갔는데 지원 스님은 여전히 그들을 속이려 했다. 동자승의 아버지는 쟁기로 땅을 파서 시체를 찾아내 관가에 고발했다. 정공(鄭公: 鄭餘慶)은 크게 놀라며 필시 지원 스님을 모함하는 것이라고 여기고는 구도리(求盜吏: 亭長 수하의 도적을 잡던 관리)에게 자세히 조사하도록 했다. 지원 스님은 모든 상황을 진술한 후 다시 말했다.

"이 일은 빈도가 전생에 진 빚이니 저는 죽을 수밖에 없습니다."

심문관도 그를 사형에 처해야 한다고 말했다. 지원 스님은 7일 동안만 목숨을 살려달라고 하면서 그 동안 불경을 읽으며 내세를 위한 물건과 양식을 준비하겠다고 했다. 정여경은 그를 가엽게 여겨 그렇게 하도록 허락해 주었다. 지원 스님은 목욕을 하고 제단을 설치한 후 급히 인계(印契: 密宗에서 요괴를 물리쳐 항복시키는 손짓)를 하며 나무 인형[혼백이나 귀신을 상징]을 묶고는 그 요괴를 심문했다. 사흘 밤이 지나자 부인이 제단 위에 나타나 말했다.

"저 같은 요괴는 적지 않습니다. 저희들이 음식을 구하는 곳마다 당신이 번번히 나타나 술법을 행해 저희들을 쫓아버렸습니다. 동자승은 아직 살아있습니다. 다시는 불경을 외지 않겠다고 맹세하면 반드시 돌려보내 드리겠습니다."

지원 스님이 흔쾌히 맹세하자 부인이 기뻐하며 말했다.

"동자승은 성 남쪽 아무 마을의 오래된 무덤 안에 있습니다."

지원 스님은 관리에게 그 사실을 말했다. 그 말대로 찾아보았더니 동자승이 과연 거기에 있었는데 얼빠진 상태였다. 동자승의 관을 열어 보았더니 안에는 갈대 빗자루가 들어 있었다. 지원은 그때부터 다시는 법술을 행하지 않았다. (『유양잡조』)

鄭餘慶在梁州. 有龍興寺僧智圓, 善總持敕勤之術, 制邪理病, 多著効, 日有數十人候門. 智圓老, 稍倦. 鄭頗敬之, 因求住城東隙地, 起草屋而居, 有沙彌行者各一人.

數年, 暇日, 智圓向陽科脚甲. 有布衣婦人, 甚端麗, 至階作禮, 泣曰: "妾不幸, 夫亡子幼, 老母危病. 知師神呪助力, 乞加救護." 智圓曰: "貧道本厭城隍喧湫, 兼煩於招謝, 弟子母病, 可就此. 爲加持也." 婦人復再三泣請, 且言母病亟, 不可擧扶. 智圓亦哀而許之. 乃言: "從此向北二十餘里, 至一村, 村側近有魯家莊. 但訪韋十娘所居也." 智圓詰朝, 如言行二十餘里, 歷訪不得, 乃還.

明日, 婦人復至, 僧責曰: "貧道昨日遠赴約, 何差繆如此!" 婦人言: "只去師所止處二三里耳. 師慈悲, 必爲再往." 僧怒曰: "老僧衰暮, 今誓不出!" 婦人乃大聲言: "慈悲何在耶? 今事須去." 因上階牽僧臂. 僧驚迫, 亦疑其非人. 恍惚以小刀刺之, 婦人遂倒, 乃沙彌誤中刀, 流血死矣. 僧遽與行者瘞於飯甕下. 沙彌本村人, 家去蘭若十餘里. 其日, 家人悉在田, 有人皁衣褐襆, 乞漿於田中, 且說其事. 沙彌父母, 擧家號哭, 詣僧, 僧猶紿焉. 其父及鍬索而獲, 卽訴於官. 鄭公大駭, 俾求盜吏細按, 意其必寃也. 僧具陳狀, 復白: "貧道宿債, 有死而已." 按者亦以死論. 僧求假七日命, 持念, 爲將來資糧. 餘慶哀而許之. 僧沐浴設壇, 急印契縛㯽, 考其魅. 凡三夕, 婦人見於壇上, 言: "我類不少. 所求食處, 輒爲師破除. 沙彌且在. 能爲誓不持念, 必相還也." 智圓懇爲設誓, 婦人喜曰: "沙彌在城南某村古丘中." 僧言於官吏. 如其言尋之, 沙彌果在, 神已癡矣. 發沙彌棺中, 乃一苕箒也. 僧自是絶其術. (出『酉陽雜俎』)

364 · 4(4664)
남효렴(南孝廉)

당(唐)나라에 남효렴이라는 사람이 있었는데, 이름은 잊어버렸고 어느 지방 사람인지도 알 수 없다. 남효렴은 회를 잘 떴는데 회가 명주처럼 얇고 실처럼 가늘어 불면 날아갈 것 같이 가벼웠다. 또한 칼을 움직이는 소리도 민첩하여 마치 박자에 맞춰 연주하는 것 같았다. 어느 날 손님을 불러모아 기술을 뽐내면서 먼저 도마를 놓고 [회를 떠서] 그 위에 늘어놓았는데 그때 갑자기 폭풍우가 몰려왔다. 벼락이 한 번 치더니 회가 모두 나비로 변하여 날아가 버렸다. 남효렴은 놀랍고도 두려워 결국 칼을 부러뜨리고 다시는 회를 뜨지 않겠다고 맹세했다. (『유양잡조』)

唐南孝廉, 失其名, 莫知何許人. 能作鱠, 縠薄縷細, 輕可吹起. 操刀響捷, 若合節奏. 因會客衒伎, 先起架以陳之, 忽暴風雨. 震一聲, 鱠悉化爲胡蝶飛去. 南驚懼, 遂折刀, 誓不復作. (出『酉陽雜俎』)

364 · 5(4665)
사 고(謝 翱)

    진군(陳郡)의 사고는 일찍이 진사(進士) 시험에 응시했으며 칠언시 짓는 것을 좋아했다. 그는 이전에 장안(長安)의 승도리(昇道里)에서 살았는데, 그의 집 정원에는 모란이 많았다. 어느 비 개인 날 저녁에 사고는 집을 나와 남쪽으로 100보 가서는 종남산(終南山) 봉우리를 바라보며 우두커니 한참 동안 서 있었다. 그때 어떤 사람이 서쪽에서 말을 몰고 오는 것이 보였다. 그 사람은 수놓인 옷을 입고 있는 것 같았는데 가까이서 보았더니 바로 두 갈래로 쪽진 머리를 한 소녀였다. 그녀는 높게 머리를 틀고 단장을 했으며 얼굴이 매우 예뻤다. 그녀는 사고가 있는 곳으로 오더니 말을 멈추고 그에게 말했다.

  "당신은 저를 기다리고 계신 게 아닌지요?"

  사고가 말했다.

  "나는 여기에 와서 그저 산을 바라보고 있었을 뿐입니다."

  두 갈래 머리를 한 소녀가 웃으면서 말에서 내리더니 절을 하고 말했다.

  "당신은 집으로 돌아가시지요."

  사고는 그녀의 뜻을 이해하지 못하고 고개를 돌려 그의 집을 바라보았는데, 서너 명의 하녀가 집 문 밖에 함께 서 있는 것이 보였다. 사고는 더욱 놀라고 이상하게 생각했다. 사고가 문으로 들어가자 하녀들이 모두 앞으로 나와 절을 했다. 당(堂)으로 들어가자 융단이 깔려 있고 휘장이 걸려 있었는데, 수놓인 비단이 밝게 반짝였고 기이한 향기가 방안에 가득했다. 사고는 놀랍고도 두려워서 감히 묻지 못했다. 어떤 사람이 앞으로 다가와서 말했다.

"당신은 무얼 두려워하십니까? 저희들은 본래 당신께 해를 끼칠 생각이 없습니다."

잠시 후에 황금수레가 문에 이르더니 16~17세쯤 되어 보이는 미인이 나타났는데, 풍모가 단정하고 아름다운 것이 절세가인이었다. 그녀는 수레에서 내려 문으로 들어와서 사고와 만난 후 함께 서쪽 방에 앉았다. 미인이 사고에게 말했다.

"제가 듣기에 이곳에 이름난 꽃이 있다고 해서 당신과 함께 술 한 잔 하며 감상하러 왔습니다."

사고는 두려운 마음이 조금 풀렸다. 미인은 [하녀에게] 음식을 차리게 하여 사고와 함께 먹었는데, 그릇이며 물건들이 모두 진귀하지 않은 것이 없었다. 미인은 옥잔을 꺼내 술을 따라 사고에게 건네며 마시라고 했다. 사고가 물었다.

"여랑(女郞)은 누구십니까? 설마 요괴는 아니겠지요?"

미인은 웃으며 대답하지 않았다. 사고가 계속해서 묻자 미인이 대답했다.

"당신은 내가 사람이 아니라는 것만 알면 됐지 어찌해서 계속 묻습니까?"

밤이 깊어지자 미인이 사고에게 말했다.

"저의 집이 너무 멀어 지금 돌아가야만 하니 더 이상 이곳에 오래 머물 수가 없습니다. 듣기에 당신은 칠언시를 잘 짓는다고 하던데 저를 위해 한 수 지어주십시오."

사고는 슬퍼하며 붓을 가져오게 하여 다음과 같이 시를 지었다.

> 양대(陽臺: 戰國時代 楚 懷王이 武山의 神女와 즐거움을 나누었던 누대로 宋玉의「高唐賦」에 나옴)에서 다시 만날 날은 아득히 기약 없는데,
> 벽수(碧樹: 崑崙山에 있다는 푸른 옥으로 된 나무)엔 안개 자욱하고 물시계는 더디 가네.
> 한밤중 향긋한 바람이 달빛 비친 정원에 가득한데,
> 꽃 앞에서 결국 떠나니 [내 신세가] 초왕(楚王: 楚 懷王)과 같구나.

미인은 시를 읽고 몇 줄의 눈물을 흘리며 말했다.

"저 또한 시를 배운 적이 있어서 답시를 짓고자 하니 부디 비웃지 마십시오."

사고가 기뻐하며 청하자 미인이 붉은 편지지를 달라고 했는데, 사고가 상자 속을 들여다보았더니 푸른 편지지 한 폭만 있었다. 그래서 그것을 주자 미인이 다음과 같이 시를 지었다.

> 그리워도 만날 길이 없다면 그리워하지 말아야지,
> 바람 속에 피는 꽃은 잠시 잠깐 뿐이라네.
> 저 처량한 금규(金閨: 여기서는 규방의 의미로 쓰였으나 미인의 이름이기도 함)는 내가 돌아가야 할 곳이니,
> 새벽 꾀꼬리 울음소리에 푸른 버들가지 꺾어지네.

시의 필체가 매우 훌륭하여 사고는 감탄하며 한참 동안 읽고 또 읽었다. 미인은 좌우의 하녀들을 돌아보며 휘장을 걷게 하고는 등불을 밝히고 수레에 올랐다. 사고가 문까지 배웅하자 눈물을 흘리며 서로 헤어졌는데, 몇 십 걸음도 가기 전에 수레와 사람들이 모두 사라져버렸다. 사고는 그 일을 이상하게 여기면서 미인의 시를 상자 속에 보관해두었다.

다음 해 봄에 사고는 과거에 낙방하고 동쪽으로 돌아가다가 신풍현(新豐縣)에 이르러 저녁에 객점에 묵었다. 사고가 밤에 산보를 나갔는데 달빛 아래에서 멍하니 바라보다가 옛 일이 생각나서 또 시 한 수를 지었다.

한 장의 채색 종이 푸른 구름처럼 아름다운데,
향기는 아직 남아있고 먹빛은 여전히 새롭네.
괜시리 두 눈 가득 처량한 일만 보이고,
삼산의 아련한 사람[蓬萊·瀛州·方丈에 있는 신선으로, 여기에서는 과거에 만났던 미인을 지칭]은 보이지 않네.
빗긴 달이 옷깃을 비추는 오늘밤의 꿈,
꽃잎이 비처럼 떨어졌던 작년의 봄.
붉은 규방은 나를 더욱 수심에 잠기게 하니,
창문 위엔 거미줄이요, 거울 위엔 먼지라네.

그리고는 낭랑한 목소리로 시를 읊었다. 그때 갑자기 수백 보 밖 서쪽에서 아주 급하게 오는 수레소리가 들리더니 잠시 후에 금규(金閨: 미인의 이름)가 몇 명의 기병을 이끌고 나타났다. 사고가 그녀의 시종을 보니 그 중 한 사람이 바로 전에 왔던 두 갈래 머리를 한 소녀였다. 사고가 놀라 묻자 소녀가 급히 앞으로 나아가 [금규에게] 알렸다. 그녀는 수레를 멈추고 사고에게 말을 전했다.

"큰길에서는 안타깝게도 뵐 수 없어요."

사고가 그녀에게 그가 묵는 객점으로 가자고 하자 그녀는 절대로 갈 수 없다고 했다. 사고가 어디로 가냐고 묻자 그녀가 대답했다.

"홍농현(弘農縣)으로 가려고 해요."

그러자 사고가 말했다.

"내가 지금 낙양(洛陽)으로 돌아가려고 하니 나와 함께 동쪽으로 가지 않겠소?"

미인이 대답했다.

"제가 가는 길이 바빠 그럴 수 없어요."

그리고는 수레의 휘장을 걷으며 사고에게 말했다.

"당신의 깊은 사랑에 감복하여 얼굴만 한 번 보여드리지요."

그녀는 말을 마치고 흐느껴 울며 자신을 주체하지 못했다. 사고도 슬피 울며 아까 지었던 시를 읊었다. 미인이 말했다.

"뜻밖에도 당신이 저를 이처럼 잊지 못하고 계시다니 얼마나 행복한지 몰라요!"

그리고는 또 말했다.

"제가 다시 이 시의 답시를 지어 드릴 게요."

사고가 즉시 종이와 붓을 그녀에게 주었더니 그녀는 잠깐 사이에 다음과 같은 시를 지었다.

슬프게도 우리의 아름다운 만남은 한바탕 꿈속이었나니,
오릉(五陵: 西漢 元帝 이전의 다섯 황제의 무덤)의 봄 경치[여기에서는 두 사람이 봄에 만났음을 비유함]도 모두 덧없구나.
이별이란 얼마나 가슴 아픈 일이던가,
소식조차 서로 통하지 않기 때문이라네.
근심스런 표정이 눈썹에 나타나니 푸른 눈썹먹 뭉치고,
눈물자국 얼굴에 얼룩지니 붉은 연지 지워지네.
이륜마차 잠시 당신 위해 멈추지만,
밝은 해가 서쪽으로 지면 다시 동쪽으로 떠나야 한다네.

사고는 그녀의 시를 감사히 받았다. 미인은 한참 후에야 떠나갔는데,

100여 걸음 가더니 또 사라져 버렸다. 사고는 그녀가 요괴일 것이라고 생각했지만 가슴에 사무쳐 잊을 수 없었다. 사고는 섬서(陝西)에 도착하여 홍농현에서 며칠을 머무르며 여인을 다시 만날 수 있기를 바랐지만 결국 소식조차 들을 수 없었다. 이에 사고는 낙양으로 돌아와 친구들에게 두 편의 시를 꺼내 보여주며 그 일에 대해 말했다. 그 후 몇 달도 안 되어 사고는 울적해 하다가 마침내 죽었다. (『선실지』)

陳郡謝翺者, 嘗擧進士, 好爲七字詩. 其先寓居長安昇道里, 所居庭中, 多牡丹. 一日晚霽, 出其居, 南行百步, 眺終南峯, 佇立久之. 見一騎自西馳來. 繡繢髣髴, 近乃雙鬟. 高髻靚粧, 色甚姝麗. 至翺所, 因駐謂翺: "郞非見待耶?" 翺曰: "步此, 徒望山耳." 雙鬟笑, 降拜曰: "願郞歸所居." 翺不測卽廻, 望其居, 見一靑衣三四人, 偕立其門外. 翺益駭異. 入門, 靑衣俱前拜. 旣入, 見堂中設茵毯, 張帷帟, 錦繡輝暎, 異香遍室. 翺愕然且懼, 不敢問. 一人前曰: "郞何懼? 固不爲損耳."

頃之, 有金車至門, 見一美人, 年十六七, 風貌閑麗, 代所未識. 降車入門, 與翺相見, 坐於西軒. 謂翺曰: "聞此地有名花, 故來與君一醉耳." 翺懼稍解. 美人卽命設饌同食, 其器用物, 莫不珍豐. 出玉杯, 命酒遞酌. 翺因問曰: "女郎何爲者? 得不爲他怪乎?" 美人笑不答. 固請之, 乃曰: "君但知非人則已, 安用問耶?" 夜闌, 謂翺曰: "某家甚遠, 今將歸, 不可久留此矣. 聞君善爲七言詩, 願有所贈." 翺悵然, 因命筆賦詩曰: "陽臺後會杳無期, 碧樹煙深玉漏遲. 半夜香風滿庭月, 花前竟發楚王時." 美人覽之, 泣下數行曰: "某亦嘗學爲詩, 欲答來贈, 幸不見誚." 翺喜而請, 美人求絳牋, 翺視笥中, 唯碧牋一幅. 因與之, 美人題曰: "相思無路莫相思, 風裏花開只片時. 惆悵金閨却歸處, 曉鷪啼('啼'原作'題', 據明鈔本改)

斷綠楊枝." 其筆札甚工, 翺嗟賞良久. 美人遂顧左右, 撤帳帑, 命燭登車. 翺送至門, 揮淚而別, 未數十步, 車與人馬, 俱亡見矣. 翺異其事, 因貯美人詩筒中.

明年春, 下第東歸, 至新豊, 夕舍逆旅. 因步月長望, 感前事, 又爲詩曰: "一紙華牋麗碧雲, 餘香猶在墨猶新. 空添滿目凄涼事, 不見三山縹緲人. 斜月照衣今夜夢, 落花啼雨去年春. 紅閨更有堪愁處, 窓上蟲絲鏡上塵." 旣而朗吟之. 忽聞數百步外, 有車音西來甚急, 俄見金閨從數騎. 視其從者, 乃前時雙鬟也. 驚問之, 雙鬟遽前告. 卽駐車, 使謂翺曰: "通衢中恨不得一見." 翺請其舍逆旅, 固不可. 又問所適, 答曰: "將之弘農." 翺因曰: "某今亦歸洛陽, 願偕東可乎?" 曰: "吾行甚迫, 不可." 卽褰車簾謂翺曰: "感君意勤厚, 故一面耳." 言竟, 嗚咽不自勝. 翺亦爲之悲泣, 因誦以所製之詩. 美人曰: "不意君之不忘如是也, 幸何厚焉!" 又曰: "願更酬此一篇." 翺卽以紙筆與之, 俄頃而成曰: "惆悵佳期一夢中, 五陵春色盡成空. 欲知離別偏堪恨, 只爲音塵兩不通. 愁態上眉凝淺綠, 淚痕侵臉落輕紅. 雙輪暫與王孫駐, 明日('日'原作'月', 據明鈔本改)西馳又向東." 翺謝之. 良久別去, 纔百餘步, 又無所見. 翺雖知爲怪, 眷然不能忘. 及至陝西, 遂下道至弘農, 留數日, 冀一再遇, 竟絶影響. 乃還洛陽, 出二詩, 話於友人. 不數月, 以怨結遂卒. (出 『宣室志』)

364・6(4666)
승법장(僧法長)

하남(河南) 용문사(龍門寺)의 법장 스님은 정주(鄭州) 원무(原武) 사람이다. 보력연간(寶曆年間: 825~826)의 어느 날에 그는 용문(龍門)에서 원무로 돌아왔다. 그의 집에는 몇 이랑의 밭이 있었는데, 곡식이 다 익었는데도 아직 수확을 하지 못하고 있었다. 어느 날 밤 법장이 말을 타고 밭 사이 길을 걷고 있었는데 말이 갑자기 멈춰 서더니 앞으로 나가지 않았다. 법장이 채찍으로 때려보았지만 여전히 꿈쩍도 하지 않고 눈을 부라리며 마치 뭔가가 있는 것처럼 동쪽을 쳐다봤다. 그때는 달이 밝아서 법장이 말이 쳐다보는 쪽으로 수백 걸음 밖을 보았더니 고목 색깔 같은 어떤 물체가 갑자기 다가왔다. 법장은 두려워하며 즉시 말을 돌려 길 왼편으로 수십 걸음 달아나서 그 물체의 행동을 주시했다. 그 물체가 점점 다가오기에 보았더니 다름 아닌 6~7척 높이의 흰 연기였는데, 비린내가 생선가게 보다 더 심했다. 흰 연기는 신음하는 듯한 소리를 가늘게 내면서 서쪽을 향해 떠나갔다. 법장은 말을 몰아 그 뒤를 따라가면서 늘 수십 걸음의 간격을 유지했다. 1리 남짓 갔을 때 흰 연기가 마을 백성 왕씨(王氏)의 집으로 갑자기 들어가자 법장은 말을 멈추고 살펴보았다. 잠시 후에 갑자기 그 집안사람들의 고함소리가 들렸다.

"수레창고 안의 소가 죽게 생겼으니 모두 와 보시오!"

잠시 후에 고함소리가 또 들렸다.

"뒤채에 나귀가 비틀거리다가 땅에 쓰러졌는데 구할 수가 없소!"

또 잠시 후에 놀라 우는 소리가 들렸다. 그 집에서 사람이 나오자 법장이 지나가는 길인 척하며 무슨 일인지 물어보았더니 그 사람이 대답했다.

"주인의 10여 살된 아들이 갑자기 죽었습니다."

말이 아직 채 끝나기도 전에 또 곡을 하거나 놀라 외치는 소리가 연달아 끊이지 않고 들렸다. 한밤중이 되자 점점 소리가 잦아들더니 아침이 되자 끊겼다. 법장은 이상하게 생각되어 곧장 이웃들에게 그 사실을 알리고 함께 왕씨 집으로 가서 살펴보았다. 집안이 조용하여 아무런 소리도 들리지 않기에 문을 열어 봤더니 그 집안 식구 10여 명이 모두 죽어 있었고 개나 닭까지도 살아있는 것이 없었다. (『선실지』)

河南龍門寺僧法長者, 鄭州原武人. 寶曆中, 嘗自龍門歸原武. 家有田數頃, 稔而未刈. 一夕, 因乘馬行田間, 馬忽屹不前. 雖鞭抶, 輒不動, 唯瞪目東望, 若有所見. 時月明, 隨其望數百步外, 有一物, 如古木色, 兀然而來. 長懼, 卽廻馬走道左數十步, 伺之. 其物來漸近, 乃白氣, 高六七尺, 腥穢甚, 愈於鮑肆. 有聲綿綿, 如呻吟, 西望而去. 長策馬隨其後, 常遠數十步. 行一里餘, 至里民王氏家, 遂突入焉, 長駐馬伺之. 頃之, 忽聞其家呼曰: "車宇下牛將死, 可偕來視之!" 又頃, 聞呼: "後舍驢蹶仆地, 不可救!" 又頃, 聞驚哭. 有出者, 長佯過訊之, 曰: "主人有子十餘歲, 忽卒." 語未竟, 又聞哭音, 或驚叫, 聯聯不已. 夜分後, 聲漸少, 迨明而絶. 長駭異, 卽具告其隣, 偕來王氏居偵之. 其中悄然無聞, 因開戶, 而其家十餘人皆死, 雞犬無存焉. (出『宣室志』)

364·7(4667)
하북촌정(河北村正)

처사(處士) 정빈우(鄭賓于)가 한 말이다. 한번은 그가 하북(河北)에서 기거했을 때 촌정(村正: 村長)의 아내가 막 죽어 아직 염도 하지 않았다. 해가 지자 촌정의 자식들은 갑자기 어디선가 들려오는 음악소리를 들었다. 음악 소리가 점점 가까워지며 정원까지 들어오자 시체가 움직이기 시작했다. 이어서 음악 소리가 방으로 들어와 마치 들보와 마룻대 사이에 있는 것 같더니 시체가 결국 일어나 춤을 췄다. 음악 소리가 다시 밖으로 나가자 시체가 쓰러졌으며 음악 소리가 문을 돌아 나가자 시체도 음악 소리를 따라 나갔다. 집안사람들은 놀라고 두려운데다 달빛까지 어두웠기 때문에 감히 쫓아가지 못했다. 일경(一更)이 되어서야 촌정은 집으로 돌아와 그 사실을 알고는 팔뚝만한 뽕나무 가지 하나를 꺾어서 술을 마시고 욕을 해대며 시체를 찾아 나섰다. 촌정이 무덤 숲으로 들어가 5~6리쯤 가자 다시 음악 소리가 측백나무 숲에서 들려왔다. 촌정이 나무로 가까이 가서 봤더니 나무 아래는 불이 환하게 켜져 있고 시체가 한창 춤을 추고 있었다. 촌장이 몽둥이로 시체를 내려치자 시체가 넘어졌고 음악 소리도 그쳤다. 마침내 촌정은 아내의 시체를 업고 집으로 돌아왔다. (『유양잡조』)

處士鄭賓于言. 嘗客河北, 有村正妻新死, 未斂. 日暮, 其兒女忽覺有樂聲. 漸近, 至庭宇, 屍已動矣. 及入房, 如在梁棟間, 屍遂起舞. 樂聲復出, 屍倒, 旋出門, 隨樂聲而去. 其家驚懼, 時月黑, 亦不敢尋逐. 一更, 村正方歸, 知之, 乃折一桑枝如臂, 被酒大罵尋之. 入墓林, 約五六里, 復覺樂聲在一柏林上. 乃近樹, 樹下有火熒熒然, 屍方舞矣. 村正擧杖擊之, 屍倒, 樂聲亦止. 遂負而還. (出『酉陽雜俎』)

승홍제(僧弘濟)

의승(醫僧) 행유(行儒)가 한 말이다. 복주(福州)에 홍제라는 스님이 있었는데, 계율을 잘 지키면서 고행에 정진했다. 한번은 홍제가 모래 언덕에서 해골 한 구를 주워 옷상자에 넣고 절로 돌아왔다. 며칠 후 홍제가 잠을 자는데 갑자기 어떤 물체가 그의 귀를 물자 손으로 때려 떨어뜨렸다. 떨어지는 소리가 몇 되나 들어가는 물건 같아서 홍제는 해골이 한 일이라고 의심했다. 날이 밝은 뒤에 보았더니 과연 해골이 침대 밑에 떨어져 6조각으로 깨져 있었다. 스님은 해골 조각을 기왓고랑에 넣어두었다. 한밤중에 계란만한 불이 차례로 들어와 기와 아래에서 조각들을 비추자 홍제가 꾸짖으며 말했다.

"너희들은 인간세상에서 생명을 구할 수도 없으면서 썩은 해골에 붙어 어쩌겠다는 거냐!"

그러자 요괴가 사라졌다. (『유양잡조』)

醫僧行儒說. 福州有僧弘濟, 齋戒精苦. 嘗於沙岸得一顱骨, 遂貯衣籃中, 歸寺. 數日, 忽眠中有物齧其耳, 以手撥之落. 聲如數升物, 疑其顱骨所爲也. 及明, 果墜在牀下, 遂破爲六片. 零置瓦溝中. 夜半, 有火如鷄卵, 次第入瓦下燭之, 弘濟責曰:"爾不能求生人天, 憑朽骨何也!"於是怪絶. (出『酉陽雜俎』)

364·9(4669)
김우장(金友章)

　김우장은 하내(河內) 사람으로 포주(蒲州) 중조산(中條山)에 은거한지 5년이 되었다. 어떤 여인이 매일 물병을 들고 산 속으로 와서 개울물을 길었는데 그 용모가 매우 아름다웠다. 김우장은 서재에서 멀리 바라보다가 마음속으로 그녀를 좋아하게 되었다. 어느 날 여인이 다시 물을 길러 오자 김우장은 신발을 끌고 가서 문을 열고 그녀를 희롱하며 말했다.
　"뉘 집의 미인이시기에 자주 여기에 와서 물을 길으십니까?"
　여인이 웃으며 말했다.
　"개울에 흐르는 물은 본디 주인이 없어서 필요하면 길어갈 수 있는데 어찌 제한이 있단 말입니까? 예전에 알고 지내던 사이도 아닌데 어찌 이렇게 경솔하게 말을 거십니까! 그건 그렇고 저는 근처 마을에 사는데 어려서 고아가 되어 지금은 이모 댁에 몸을 기탁하고 있습니다. 온갖 고생도 다 겪었고 혼처도 찾지 못하고 있습니다."
　김우장이 말했다.
　"낭자도 아직 시집을 가지 못했고 나 또한 혼처를 찾고 있는 중인데 기왕 같은 마음을 지닌 사람끼리 만났으니 물리쳐서는 안 됩니다. 당신의 의향이 어떤지 모르겠습니다."
　여인이 말했다.
　"당신께서 못생긴 저를 비루하다 생각하지 않으신다면 제가 어찌 감히 거절하겠습니까? 그렇다면 밤을 기다려 좋은 인연을 맺읍시다."
　말을 마치자 여인은 물을 긷고 떠나갔다. 그 날 밤에 과연 여인이 오자 김우장은 여인을 맞이하여 방으로 들어갔다. 두 사람은 부부의 도리를 지키며 시간이 지날수록 더욱 서로를 공경했다. 김우장은 매일 밤 한밤중까지 책을 읽었는데, 아내는 항상 그의 곁에 앉아 그와 함께 했다. 이처럼 반년이 지났다. 어느 날 저녁에 김우장이 언제나처럼 책을 읽고 읽었는데, 아내가 앉지 않고 우두커니 서서 그의 시중을 들었다. 김우장이 이유를 캐묻자 아내는 다른 일로 둘러댔다. 그래서 김우장이 아내에게 가서 먼저 잠을 자라고 했더니 아내가 말했다.

"당신은 오늘밤 방으로 돌아오실 때 제발 촛불을 들고 오지 마십시오. 저의 바람입니다."

후에 김우장이 촛불을 들고 침대로 가서 이불 아래를 보았더니 아내는 바로 마른 해골이었다. 김우장은 한참 동안 한탄하다가 다시 이불을 덮어주었다. 잠시 후에 아내가 원래의 모습으로 돌아와서는 크게 두려워하며 김우장에게 말했다.

"저는 사람이 아니라 산 남쪽에 있는 해골의 정령인데 이 산의 북쪽에 살고 있습니다. 항명왕(恒明王)은 귀신의 우두머리여서 제가 매월 한 번씩 알현하러 가야 하는데, 제가 당신을 모시면서부터는 반년 동안 그에게 알현하러 가지 못했습니다. 아까 귀신 관리에게 잡혀가 쇠곤장 100대를 맞았습니다. 저는 이렇게 심한 형벌을 받아 그 고통을 이기지 못했습니다. 아까 제가 아직 사람 몸으로 변하지 않았을 때 뜻밖에도 당신이 보게 되었습니다. 일이 이미 알려졌으니 당신은 빨리 떠나시고 더 이상 미련을 두지 마십시오. 대개 이 산 속에는 모든 물체들에 정령이 씌어 있으니 그것들이 당신을 해칠까 두렵습니다."

여인은 말을 마치고 눈물을 흘리며 흐느끼더니 사라져버렸다. 김우장도 슬퍼하고 후회하며 산을 떠났다. (『집이기』)

金友章者, 河內人, 隱於蒲州中條山, 凡五載. 山有女子, 日常挈餠而汲溪水, 容貌殊麗. 友章於齋中遙見, 心甚悅之. 一日, 女子復汲, 友章躡屣企戶而調之曰: "誰家麗人, 頻此汲耶?" 女子笑曰: "澗下流泉, 本無常主, 須則取之, 豈有定限? 先不相知, 一何造次! 然兒止居近里, 少小孤遺, 今且託身於姨舍. 艱危受盡, 無以自適." 友章曰: "娘子旣未適人, 友章方謀婚媾, 旣偶夙心, 無宜遐棄. 未委如何耳." 女曰: "君子旣不以貌陋見鄙, 妾焉敢拒違? 然候夜而赴佳命." 言訖, 女子汲水而去. 是夕果至, 友章迎之入室. 夫婦之道, 久而益敬. 友章每夜讀書, 常至宵分, 妻常坐伴之. 如此半年矣. 一夕, 友章如常執卷, 而妻不坐, 但佇立侍坐. 友章詰之, 以他事告. 友章乃令妻就寢, 妻曰: "君今夜歸房, 愼勿執燭. 妾之幸矣." 旣而友章秉燭就榻, 卽於被下, 見其妻乃一枯骨耳. 友章惋歎良久, 復以被覆之. 須臾, 乃復本形, 因大悸怖, 而謂友章曰: "妾非人也, 乃山南枯骨之精, 居此山北. 有恒明王者, 鬼之首也, 常每月一朝, 妾自事金郎, 半年都不至彼. 向爲鬼使所錄, 榜妾鐵杖百. 妾受此楚毒, 不勝其苦. 向以化身未得, 豈意金郎視之也. 事以彰矣, 君宜速出, 更不留戀. 蓋此山中, 凡物總有精魅附之, 恐損金郎." 言訖, 涕泣嗚咽, 因爾不見. 友章亦悽恨而去. (出 『集異記』)

364 · 10(4670)
우 응(于 凝)

기주(岐州) 사람 우응은 본래 술을 좋아했는데 항상 빈주(邠州)와 경양(滎陽) 사이를 왕래했다. 하루는 옛 친구 재의록(宰宜祿)을 찾아가 술을 마시고 10일이 넘어서야 돌아오는 길이었다. 그는 아직 술이 덜 깨어 동복에게 먼저 가서 쉴 곳을 마련하게 했다. 그때는 초여름이라 들판이 푸르고 아름다웠기에 우옹은 천천히 말을 몰며 가고 있었다. 우옹은 멀리서 길 왼쪽에 아름드리 나무가 그늘을 드리우고 있는 것을 보고 그곳으로 다가갔다. 우옹이 말을 맨 뒤 풀을 깔고 앉으려는 찰라 갑자기 말이 남쪽을 돌아보며 마치 무언가를 본 것처럼 놀라 숨을 몰아쉬었다. 우옹이 즉시 말이 보는 곳을 따라 보았더니 100보 밖에 눈처럼 흰 해골이 황폐한 무덤 위에 다리를 뻗고 앉아 있었다. 그 해골은 사지와 뼈가 모두 갖추어져 없는 것이 없었고 눈과 귀 부분은 뻥 뚫려 있었으며 등과 갈빗대도 투명하게 보여서 마디까지 셀 수 있을 정도였다. 우옹이 말을 타고 조금 앞으로 나아갔을 때 해골이 입을 열어 바람을 내쉬자 마른 잎과 먼지들이 어지럽게 밖으로 나왔다. 머리 위에는 까마귀와 소리개가 빙빙 날며 시끄럽게 소리를 내고 있었다. 한참 만에 우옹이 조금씩 다가가자 해골이 꼿꼿이 일어섰는데 그 기골이 장대했다. 우옹은 가슴이 벌렁거렸고 말도 놀라 달아나서 결국 여관까지 급히 도망쳤다. 먼저 길을 나섰던 동복이 마중 나왔다가 우옹을 보고 놀라 말했다.

"주인님의 안색이 어찌하여 이렇게 초췌하십시까!"

그러자 우옹이 아까 있었던 일을 말해 주었다.

때마침 경양의 병졸 10여 명이 길고 짧은 병기를 들고 번병(蕃兵)을 원조하러 가는 길이었는데 동쪽을 바라보며 모두 말했다.

"어찌 그런 일이 있겠습니까?"

여관에는 젊은이들도 아주 많이 모여 있었다. 우옹은 그들에게 길을 안내하겠다고 하며 사람들과 약속했다.

"아직도 그대로 해골이 있다면 함께 부숴버립시다. 그렇지만 아마 볼 수 없을 것입니다."

잠시 후에 사람들이 그 곳에 도착해 보니 해골은 여전히 아까처럼 앉아 있었다. 사람들이 소리를 질렀지만 해골은 조금도 움직이지 않았고, 사람들이 활을 당겨 화살을 쏘았지만 하나도 명중시키지 못했으며, 사람들이 해골을 빙 둘러싸고 앞으로 나가려고 했지만 서로 얼굴만 쳐다보며 앞장 서지 못했다. 한참 후에 해골이 벌떡 일어서더니 남쪽으로 천천히 걸어갔다. 해가 기울어 밤이 되자 사람들은 두려워하며 끼리끼리 흩어졌다. 우응도 말을 몰아 돌아왔다. 우응이 멀리서 보았더니 여전히 까막까치들이 선회하며 날고 있었는데 쫓아내도 흩어지지 않았다. 그 후로 우응은 여러 번 그 지역을 지나게 되었는데 근처에 사는 사람들에게 물어보았지만 다시 해골을 본 사람은 없었다. (『집이기』)

岐人于凝者, 性嗜酒, 常往來邠涇間. 故人宰宜祿, 因訪飮酒, 涉旬乃返. 旣而宿醒未愈, 令童僕先路, 以備休憩. 時孟夏, 麥野韶潤, 緩轡而行. 遙見道左嘉木美蔭, 因就焉. 至則繫馬藉草, 坐未定, 忽見馬首南顧, 鼻息恐駭, 若有視焉. 凝則隨向觀之, 百步外, 有枯骨如雪, 箕踞於荒塚之上. 五體百骸, 無有不具, 眼鼻皆通明, 背肋玲瓏, 枝節可數. 凝卽跨馬稍前, 枯骨乃開口吹嘘, 槁葉輕塵, 紛然自出. 上有烏鳶紛飛, 嘲噪甚衆. 凝良久稍逼, 枯骨乃竦然挺立, 骨節絶偉. 凝心悸, 馬亦驚走, 遂馳赴旅舍. 而先路童僕出迎, 相顧駭曰: "郎君神思, 一何慘悴!" 凝卽說之.

適有涇倅十餘, 各執長短兵援蕃, 戱以東, 皆曰: "豈有是哉?" 洎逆旅少年輩,集聚極衆. 凝卽爲之導前, 仍與衆約曰: "儻或尙在, 當共碎之. 雖然, 恐不得見矣." 俄到其處, 而端坐如故. 或則叫噪, 曾不動搖, 或則彎弓發矢, 又無中者, 或欲環之前進, 則亦相顧莫能先焉. 久之, 枯骸欻然自起, 徐徐南去. 日勢已晚, 衆各恐讋, 稍稍遂散. 凝亦鞭馬而廻. 遠望, 尙見烏鵲翔集, 逐去不散. 自後凝屢經其地, 及詢左近居人, 乃無復見者. (出『集異記』)

태평광기 권제 365

요괴 7

1. 왕신자(王申子)
2. 한 차(韓 佽)
3. 허경(許敬)·장한(張閑)
4. 태원소아(太原小兒)
5. 이사고(李師古)
6. 맹불의(孟不疑)
7. 대 찰(戴 詧)
8. 두 종(杜 悰)
9. 정 인(鄭 絪)
10. 하북군장(河北軍將)
11. 궁산승(宮山僧)

365·1(4671)
왕신자(王申子)

[唐나라] 정관연간(貞觀年間: 627~649)에 망원역(望苑驛) 서쪽에 왕신이라는 백성이 있었다. 그는 길옆에 손수 느릅나무를 심었는데 그 나무들이 숲을 이루어 그의 초가집을 덮었다. 여름철이면 그는 늘 행인들에게 물을 대접했으며, 관리 손님이 오면 즉시 맞이하여 쉬게 하고 차를 대접했다. 그리고 13살 된 아들에게 늘 손님들을 기다리게 했다.

하루는 아들이 아버지에게 길에 있는 어떤 여자가 물을 달라 한다고 알리자 아버지는 그녀를 불러들이게 했다. 그 여자는 아주 젊고 푸른 저고리에 흰 보자기를 쓰고 있었는데 스스로 이렇게 말했다.

"저의 집은 여기서 남쪽으로 10여 리 떨어진 곳에 있는데, 자식도 없이 남편이 죽어 오늘 담제(禫祭: 大祥을 지낸 다음다음 달에 지내는 제사로 이때 喪服을 벗음)를 지냈습니다. 장차 마외파(馬嵬坡)로 가서 친척을 찾아보려 하는데 입을 것과 먹을 것을 좀 주셨으면 합니다."

여자는 말을 또박또박 분명하게 하고 행동거지가 사랑스러웠다. 그래서 왕신은 그녀를 붙들어놓고 음식을 주면서 이렇게 말했다.

"오늘은 날이 이미 저물었으니 여기에서 자고 내일 아침에 떠나는 것이 좋겠소."

여자도 기뻐하며 왕신의 말에 따랐다. 왕신의 부인은 그녀를 후당(後

堂)으로 데리고 들어가 동생이라고 부르면서 옷 짓는 일 몇 가지를 부탁했다. 그녀는 오시(午時: 낮 12시 전후)에 시작하여 술시(戌時: 오후 8시 전후)에 이르러 모든 일을 마쳤는데, 바느질 솜씨가 섬세하고 치밀하여 거의 사람의 솜씨가 아닌 듯했다. 왕신은 크게 놀라고 기이해했으며, 그의 부인은 그녀를 더욱 좋아하여 농담 삼아 말했다.

"동생은 내 며느리가 되어줄 수 있겠는가?"

여자가 웃으며 말했다.

"이 몸은 이미 의탁할 곳이 없으니 [이 집에 살면서] 물 긷고 밥 짓는 일을 해드리고 싶습니다."

왕신은 그날로 옷을 빌리고 술을 사와서 혼례를 올리고 그녀를 며느리로 받아들였다.

그 날 저녁은 몹시 더웠는데, 그 여자는 근처에 도둑이 많으므로 문을 열어서는 안 된다고 남편에게 주의를 주면서 곧장 커다란 서까래나무를 들어 방문을 막고 잠을 잤다. 한밤중에 왕신의 부인이 꿈을 꾸었는데 아들이 머리를 풀어헤친 채 이렇게 호소하는 것이었다.

"거의 다 잡아먹혔어요!"

부인이 깜짝 놀라 아들을 살펴보려고 했더니 왕신이 말했다.

"아들놈이 좋은 신부를 얻어 너무 기쁜 나머지 잠꼬대를 하는 것일 게요."

부인은 다시 잠을 잤지만 또 이전과 같은 꿈을 꾸었다. 그래서 왕신이 부인과 함께 등불을 켜들고 가서 아들과 며느리를 불렀는데 둘 다 아무런 대답이 없었다. 방문을 두드려보았으나 마치 빗장을 걸어놓은 것처럼 방문이 단단히 잠겨 있었기에 문짝을 부수었다. 문을 열자마자

둥근 눈에 끌 같은 이빨을 하고 온 몸이 푸른색인 괴물 하나가 두 사람을 밀치고 뛰어나갔다. 왕신의 아들은 두개골과 머리카락만 남아 있었다. (『유양잡조』)

貞觀(明鈔本'觀'作'元')中, 望苑驛西有民王申. 手('手'原作'子', 據明鈔本改) 植楡於路傍, 成林, 搆茅屋. 夏月, 常饋漿於行人, 官客卽延憩具茗. 有兒年十三, 每令伺客.
一日, 白其父, 路有女子求水, 因令呼入. 女年甚少, 衣碧襦白幅巾, 自言: "家在南十餘里, 夫死無兒, 今服禫矣. 將適馬嵬訪親情, 丐衣食." 語言明晤, 擧止可愛. 王申乃留食, 謂曰: "今日已暮, 可宿此, 達明去也." 女亦欣然從之. 其妻內之後堂, 呼爲妹, 倩裁衣數事. 自午至戌, 悉辦, 針指細密, 殆非人工. 申大驚異, 妻尤愛之, 乃戱曰: "妹能爲我作新婦乎?" 女笑曰: "身旣無託, 願執井竈." 王申卽日, 借衣貫酒, 禮納爲新婦.
其夕暑熱, 戒其夫, 近多盜, 不可關門, 卽擧巨椽, 捍戶而寢. 及夜半, 王申妻夢其子被髮訴曰: "被食將盡矣!" 妻驚, 欲省其子, 王申曰: "渠得好新婦, 喜極囈言耶." 妻還睡, 復夢如初. 申與妻秉燭, 呼其子及新婦, 悉不應. 扣其戶, 戶牢如鍵, 乃壞門闔. 纔開, 有一物, 圓目鑿齒, 體如藍色, 衝人而去. 其子唯餘腦骨及髮而已. (出『酉陽雜俎』)

한 차(韓 佽)

한차가 계주(桂州)에 있을 때 봉영(封盈)이라는 요적(妖賊)은 몇 리에 걸쳐서 안개를 일으킬 수 있었다. 그 전에 봉영은 야외로 나갔다가 누런 나비 수십 마리를 보고서 쫓아갔는데, 그 나비들이 커다란 나무 아래에 이르러 사라져버렸다. 그래서 그곳을 파보았더니 돌 함 하나가 나왔는데, 그 안에 팔뚝만한 크기의 소서(素書: 道書)가 있었다. 그리하여 봉영이 마침내 좌도(左道: 邪道)를 만들자 사람들이 시장에 모이듯 그에게 몰려들었다. 그는 이렇게 소리쳤다.

"아무 날에 계주를 손에 넣을 것인데 자주색 기운이 생기면 나는 반드시 승리할 것이다!"

그 날이 되자 과연 비단 같은 자주색 기운이 생겨나 계주성 위에까지 뻗쳤는데, 흰 기운이 곧장 그것과 맞부딪쳤더니 자주색 기운이 흩어져버렸다. 그때 갑자기 짙은 안개가 끼더니 정오에 이르러서야 조금 개었다. 또 계주 관아의 여러 나무에서 보리 알만한 구리 부처가 셀 수 없을 정도로 많이 떨어졌다. 그 해에 한차가 죽었다. (『유양잡조』)

韓佽在桂州, 妖賊封盈, 能爲數里霧. 先是嘗行野外, 見黃蝶數十, 因逐之, 至大樹下而滅. 掘得石函, 素書大如臂. 遂成左道, 歸之如市. 乃聲言: "某日收桂州, 有紫氣者, 我必勝!" 至期, 果有紫氣如匹帛, 亘于州城上, 白氣直衝之, 紫氣遂散. 忽大霧, 至午稍霽. 州宅諸樹, 滴下銅佛, 大如麥, 不知其數. 是年韓卒. (出『酉陽雜俎』)

365 · 3(4673)
허경(許敬) · 장한(張閑)

당(唐)나라 정원연간(貞元年間: 785~805)에 허경과 장한이 언월산(偃月山)에서 함께 글공부를 하고 있었다. 두 칸짜리 글방을 중간에 한 장(丈)의 사이를 두고 한 사람이 한 칸씩 차지했는데, 허경은 서쪽에 머물고 장한은 동쪽에 머물면서 각자 창문을 열어놓았다. 처음 두 사람은 서로를 공경하고 격려하면서 매우 친하게 지냈다. 그들은 봄부터 겨울까지 각자 [밤에도] 촛불을 밝히고 공부했다.

그러던 어느 날 밤 이경(二更)에 갑자기 어떤 물체가 허생(許生: 許敬)의 방문을 밀치고 들어왔다. 처음에 허생은 장생(張生: 張閑)이라고 생각하여 신경 쓰지 않았는데, 그 물체는 이미 허생의 책상 옆에 서 있었다. 허생이 책을 한 번 다 읽고 나서 돌아보았더니 한 물체가 보였는데, 그 물체는 키가 5척 남짓 되고 호랑이 같은 이빨에 이리 같은 눈을 했으며 원숭이 같은 털에 매 같은 손발톱을 하고서 표범 가죽으로 만든 잠방이를 입고 있었다. 그 괴물은 허생이 돌아보는 것을 보고는 두 손을 마주잡고 눈을 똑바로 뜬 채 두 발을 모두고 서 있었다. 허생은 너무 두려워서 비명을 지르며 연달아 장생을 불러 구해달라고 했다. 허생이 이렇게 수백 번 소리쳤으나 장생은 촛불을 끄더니 방문을 잠그고 잠든 체하면서 결국 대답하지 않았다. 그때 그 괴물이 갑자기 뒤로 물러나 북쪽 벽의 화로 있는 곳으로 가더니 웅크리고 앉아서 허생을 쳐다보았다. 허생은 계속 장생을 불렀다. 그러자 그 괴물은 다시 일어나 침상 아래에서 허생이 나무 벨 때 사용하는 도끼를 꺼내더니 도로 돌아가 앉아 다시 이전처럼 화로 근처에 있었다. 한참 뒤에 허생은 마음을 안정시키고서 말했다.

"저는 성이 허씨이고 이름이 경입니다. 공부하겠다고 집을 떠나 장한과 함께 이곳에 왔는데, 여러 산신님들을 일찍 찾아 뵙지 못한 것은 진실로 죄가 큽니다. 하지만 저는 속진의 사람으로 식견이 천박하니 꾸짖지 마시길 바랍니다."

허생이 말을 마치자, 그 괴물은 자리를 떨치고 일어나더니 두 손을 맞잡고 허리를 굽혀 인사하면서 예! 예! 하며 나갔다.

허경은 장생을 몹시 원망하여 다음날 곧바로 책을 싸들고 돌아갔다. 결국 장생도 그와 함께 공부를 그만 두어 끝내 학업을 이루지 못했다. (『전신지』)

唐貞元中, 許敬·張閑同讀書於假月山. 書堂兩間, 人據其一, 中隔有丈, 許西而張東, 各開戶牖. 初敬邊相勗勵, 情地甚狎. 自春徂冬, 各秉燭而學.

一夜二更, 忽有一物, 推許生戶而入. 初意其張生, 而不之意, 其物已在案側立. 及讀書徧, 乃廻視, 方見一物, 長可五尺餘, 虎牙狼目, 毛如猿玃, 爪如鷹鸇, 服豹皮褌. 見許生顧眄, 乃叉手端目, 並足而立. 許生恐甚, 遂失聲, 連叫張生相救. 如是數百聲, 張生滅燭, 柱戶佯寢, 竟不應之. 其物忽倒行, 就北壁火爐所, 乃蹲踞視. 許生呼張生不已. 其物又起, 於牀下取生所用伐薪斧, 却廻而坐, 附火復如初. 良久, 許生乃安心定氣而言曰:"余姓許名敬. 辭家慕學, 與張閑同到此, 不早謁諸山神, 深爲罪耳. 然浮俗淺識, 幸勿責之."言已, 其物奮起, 叉手鞠躬, 唯唯而出.

敬恨張生之甚也, 翌日, 乃撤書而歸. 於是張生亦相與俱罷, 業竟不成. (出『傳

『信志』)

365・4(4674)
태원소아(太原小兒)

　엄수(嚴綬)가 태원을 진수(鎭守)하고 있을 때, 저자거리의 아이들이 물가로 가서 헤엄치며 놀다가 문득 보았더니 어떤 물체가 강물 가운데에서 흘러 내려오고 있었다. 아이들이 다투어 그것을 잡고 보니 비단으로 겹겹이 싸여 있는 질항아리였다. 아이들이 그것을 강 언덕으로 가지고 가서 깨뜨리자, 키가 1척 남짓 되는 갓난아기가 나오더니 재빨리 도망쳤다. 아이들이 그 아기를 쫓아갔는데 순식간에 아기의 발밑에서 회오리바람이 일더니 어느덧 아기는 몇 척 높이의 공중에 떠 있었다. 근처 강 언덕에 있던 뱃사공들이 황급히 상앗대로 그 아기를 쳐서 죽이고 보았더니, 아기는 머리카락이 붉은 색이고 눈이 정수리 위에 달려 있었다. (『유양잡조』)

　嚴綬鎭太原, 市中小兒如水際洄戲, 忽見物中流流下. 小兒爭接, 乃一瓦甁, 重帛冪之. 兒就岸破之, 有嬰兒長尺餘, 遂迅走. 群兒逐之, 頃間, 足下旋風起, 嬰兒已踏空數尺. 近岸舟子, 遽以篙擊殺之, 髮朱色, 目在頂上. (出『酉陽雜俎』)

365 · 5(4675)
이사고(李師古)

이사고가 산정(山亭: 지금의 四川省 三台縣 남쪽 牛頭山에 있는 정자)을 수리할 때 땅을 파다가 쇠도끼 머리처럼 생긴 물건 하나를 얻었다. 당시 이장무(李章武)가 동평군(東平郡)을 유람하고 있었는데, 이사고가 그것을 이장무에게 보여주었더니 이장무가 놀라며 말했다.

"이것은 금물(禁物)로서 피 세 말[斗]을 마실 수 있소!"

이사고는 그 말을 시험해보고 나서 믿었다. (『유양잡조』)

李師古治山亭, 掘得一物, 類鐵斧頭. 時李章武遊東平, 師古示之, 武驚曰: "此禁物也, 可飮血三斗!" 驗之而信. (出『酉陽雜俎』)

365 · 6(4676)
맹불의(孟不疑)

동평군(東平郡)에 아직 군대를 투입하지 않았을 때, 맹불의라는 어떤 거인(擧人)이 소의진(昭義鎭)에서 객지생활을 했다. 어느 날 밤 그는 한 역참에 도착하여 막 발을 씻으려고 했는데, 치청(淄靑)의 장평사(張評事)라고 하는 사람이 종복 수십 명을 데리고 왔다. 그래서 맹불의는 장평사를 찾아뵈려고 했으나 장평사가 술을 마시면서 맹불의를 전혀 거들떠보지도 않자, 맹불의는 그냥 물러나 서쪽 방으로 갔다. 장평사는 잇달아 역참 관리를 불러 밀전병을 가져오라고 했다. 맹불의는 묵묵히 엿보면서 장평사의 오만함에 화를 냈다. 한참 후에 밀전병이 나왔을 때 맹불의가 보았더니, 돼지 같은 검은 물체 하나가 쟁반을 따라서 등불 그림자 있는 곳까지 왔다가 사라졌다. [검은 물체가] 이렇게 대여섯 차례나 왕복했지만 장평사는 끝내 알아차리지 못했다. 맹불의는 두려워서 잠을 이루지 못했지만 장평사는 이내 크게 코를 곯았다.

삼경(三更)에 이르러 맹불의가 겨우 잠들려다가 문득 보았더니, 검은 옷을 입은 어떤 사람이 장평사와 씨름을 하고 있었다. 두 사람은 한참 동안 맞붙어 있다가 서로 잡아끌며 동쪽 곁방으로 들어가더니 절구질하는 것처럼 주먹으로 치는 소리가 났다. 잠시 후에 장평사는 머리를 풀어헤치고 양 소매를 걷어붙인 채로 나오더니 침상 위로 돌아가 잠을 잤다. 오경(五更)에 이르러 장평사는 종복을 부르더니 촛불을 켜고 머리를 빗고 두건을 쓰고 나서 맹불의를 찾아가 말했다.

"내가 어제는 술에 취하여 수재(秀才: 孟不疑)님과 같은 방에 있었다는 사실을 전혀 몰랐습니다."

그리고는 음식을 차려오라고 명하여 매우 즐겁게 담소했다. 장평사는 가끔 작은 소리로 말했다.

"어젯밤은 어르신께 심히 부끄러웠으니 제발 [다른 사람에게는] 말씀하지 마십시오."

맹불의는 그저 예! 예! 하고 대답했다. 장평사가 또 말했다.

"나는 일이 있어서 일찍 떠날 수 없으니 수재께서 먼저 떠나십시오."

그리고는 가죽신 속을 더듬어 황금 한 덩이를 꺼내더니 맹불의에게 주며 말했다.

"보잘것없는 선물이긴 하지만 [이걸 받으시고] 이전의 일을 비밀로 해주셨으면 합니다."

맹불의는 감히 사양하지 못하고 곧 먼저 떠났다.

몇 리쯤 갔을 때 맹불의는 살인강도를 체포한다는 소리를 듣고 길에 있는 사람들에게 [무슨 일이냐고] 물어보았더니 모두들 이렇게 말했다.

"치청의 장평사가 [어제] 그 역참에 도착했다가 새벽에 떠났는데, 날이 밝은 뒤에 보았더니 빈 말안장만 있고 장평사는 실종되었답니다. 그래서 말탄 관리가 역참으로 돌아가 수색했더니 역참의 서쪽 방안에 자리 하나가 있었는데, 그것을 들춰보았더니 백골만 있고 파리만한 살점 하나도 붙어 있지 않았답니다. 또 바닥에는 피 한 방울도 남아 있지 않았고 오직 신발 한 짝만 옆에 있었답니다. 전해오는 말에 따르면, 그 역참은 예전부터 재앙이 일어났다고 하는데 도대체 어떤 요괴의 짓인지 모르겠습니다."

거인 축원응(祝元膺)이 일찍이 말했다.

"맹불의가 [이 사건을] 얘기하는 것을 직접 들었는데, 그는 밤에 음식을 먹을 때마다 반드시 제사를 지내야 한다고 주의를 주곤 했다."

축원응이 또 말했다.

"맹불의는 평소에 불교를 믿지 않았고 자못 시에 능했는데, 그가 지은 시 중에 '대낮에 고향 길은 멀기만 한데, 푸른 산은 멋진 시구 속에 있네'라는 구절이 있다. 나중에 그는 늘 염주를 지니고서 [명산대천을] 유람하는 데 푹 빠져 다시는 과거시험에 응시하지 않았다."

(『유양잡조』)

東平未用兵時, 有擧人孟不疑客昭義. 夜至一驛, 方欲濯足, 有稱淄靑張評事
者至, 僕從數十. 孟欲謁之, 張被酒, 初不顧, 孟因退就西間. 張連呼驛史, 索煎
餠. 孟默窺之, 且怒其傲. 良久, 煎餠至, 孟見一黑物如猪, 隨盤, 至燈影而滅. 如
此五六返, 張竟不察(明鈔本'察'作'祭'). 孟恐懼不睡, 張尋太鼾.

至三更, 孟纔寐, 忽見一人皁衣, 與張角力. 久乃相捽入東偏房, 拳聲如杵. 頃
之, 張被髮雙袒而出, 還寢牀上. 至五更, 張乃喚僕使, 張燭巾櫛, 就孟曰: "某昨
醉中, 都不知秀才同廳." 因命食, 談笑甚歡. 時時小聲曰: "昨夜甚慙長者, 乞不
言也." 孟但唯唯. 復曰: "某有故, 不可('故不可'三字原本作'程須'二字, 據明鈔本
改)早發, 秀才可先也." 探靴中, 得金一挺, 授孟曰: "薄貺, 乞密前事." 孟不敢辭,
卽前去.

行數里, 方聽捕殺人賊, 孟詢諸道路, 皆曰: "淄靑張評事, 至其驛早發, 及明,
但空鞍, 失張所在. 騎吏返至驛尋索, 驛西閣中有席角, 發之, 白骨而已, 無泊一
蠅肉也. 地上滴血無餘, 唯一隻履在傍. 相傳此驛舊凶, 竟不知何怪."

擧人祝元膺嘗言: "親見孟不疑說, 每誡夜食必須祭也." 祝又言: "孟素不信釋
氏, 頗能詩, 其句云: '白日故鄕遠, 靑山佳句中.' 後嘗持念, 溺於遊覽, 不復應擧."
(出『酉陽雜俎』)

365·7(4677)
대 찰(戴 詧)

임천군(臨川郡) 남성현령(南城縣令) 대찰은 처음에 관와방(館娃坊)
에서 집을 샀다. 어느 한가한 날에 그는 동생과 함께 한가롭게 대청에 앉아 있었는데, 갑자기 밖에서 부인들이 모여서 웃는 소리가 가까이 들렸다 멀리 들렸다 하자 대찰은 자못 이상하게 생각했다. 그때 웃음소리가 점점 가까워지더니 홀연히 부인 수십 명이 대청 앞에 흩어져 나타났다가 순식간에 사라졌다. 이런 일이 며칠 동안 계속되었지만 대찰은 무슨 영문인지 알지 못했다. 대청 옆에 굵기가 한 아름이나 되는 말라죽은 배나무가 있었는데, 대찰은 그것이 길흉을 일으킨다고 생각하여 베어버렸다. 그 뿌리 밑에는 돌이 주먹만한 크기만큼 드러나 있었는데, 파보았더니 점점 넓어지면서 번철[지짐질 할 때 쓰는 세 발 달린 평평한 철판]과 같은 모양이 되었다. 그래서 그 위를 불로 달구고 식초를 끼얹으면서 계속 뚫었는데, 5~6척 깊이까지 들어갔는데도 끝까지 뚫지 못했다. 그때 갑자기 부인들이 나타나 구덩이를 돌면서 손뼉을 치며 크게 웃더니, 잠시 후 함께 대찰을 끌고 구덩이로 들어가 돌 위에 내던졌다. [이 광경을 보고] 온 집안 식구들은 놀라고 두려워했다. 부인들이 다시 돌아와 크게 웃자 대찰도 그녀들을 따라 나왔다. 대찰이 나오자마자 이번에는 또 그의 동생이 사라졌다. 집안사람들은 통곡했지만 대찰만은 울지 않고 말했다.

"그 역시 매우 유쾌할 것인데 뭐 울 필요가 있겠느냐?"

대찰은 죽을 때까지 그때의 상황을 얘기하려 하지 않았다. (『유양잡조』)

臨川郡南城縣令戴瓚, 初買宅於舘娃坊. 暇日, 與弟閒坐廳中, 忽聞外有婦人聚笑聲, 或近或遠, 瓚頗異之. 笑聲漸近, 忽見婦人數十散在廳前, 倏忽不見. 如是累日, 瓚不知所爲. 廳際有枯梨樹, 大合抱, 意其爲祥, 因伐之. 根下有石, 露如拳, 掘之轉濶, 勢如鏃形. 乃烈火其上, 沃醋復鑿, 深五六尺, 不透. 忽見婦人繞坑, 拊掌大笑, 有頃, 共牽詧入坑, 投於石上. 一家驚懼. 婦人復還, 大笑, 詧亦隨出. 詧纔出, 又失其弟. 家人慟哭, 詧獨不哭, 曰: "他亦甚快活, 何用哭也?" 詧至死, 不肯言其狀. (出『酉陽雜俎』)

365·8(4678)
두 종(杜 悰)

두종은 아직 현달(顯達)하지 않았을 때 강호(江湖)를 떠돌아다녔는데, 한번은 역참 사이의 거리가 꽤 멀어서 날이 어두워진 뒤에야 비로소 한 변방 보루에 도착했다. 그곳에는 역참의 객사가 있었는데, 객사에 머무는 자들은 대부분 불안해했으며 어떤 사람은 공포에 질려 죽기까지 했다. 역장(驛將)은 두종의 기골이 비범한 것을 보고 속으로 이렇게 생각했다.

"이 사람은 어쩌면 귀인(貴人)일지도 몰라. 이곳에 숙박했는데도 별 탈이 없다면 필시 [훗날에] 장수나 재상이 될 게야."

그리고는 두종에게 객사 안에서 머물도록 청하여 극진히 대접했다. 한밤중이 되자 동쪽 곁채의 빈방에서 마치 수천만 명이 떠드는 듯한 시끄러운 소리가 들렸다. 그래서 두종이 종이를 꺼내 자기 이름을 크게 쓴 뒤 기와조각에 매달아 그 떠들썩한 곳으로 던졌더니 그 소리가 즉시 그쳤다. 또 서쪽 곁채에서 다시 시끄러운 소리가 들리자 즉시 이전처럼 해서 던졌더니 금세 조용해졌다. 그리하여 마침내 편안히 잠을 잤다. 다음

날 아침에 역참 관리가 문안하러 오자 공(公: 杜悰)이 [어젯밤의 일을] 자세히 말해주었다. 역참 관리는 두종이 필시 존귀한 분이 될 것임을 알고 생명주 다발을 주며 그를 전송했다. 훗날 두종은 고관에 임명되자 곧바로 그 역참 관리를 수소문하여 발탁했다. (『옥당한화』)

    杜悰未達時, 游江湖間, 値一程稍遙, 昏暝方達一戍. 有傳舍, 居者多不安, 或怖懼而卒. 驛將見悰骨氣非凡, 內思之: "此或貴人. 若宿而無恙, 必將相也." 遂請悰舍於內, 供待極厚. 到夜分, 聞東序隙舍, 洶洶如千萬人聲. 悰取紙, 大署己之名, 繫於瓦石, 擲之喧甚之處, 其聲卽絶. 又聞西序復喧, 卽如前擲之, 尋亦寂然. 遂安寢. 遲明, 驛吏問安, 公具述之. 乃知必貴, 以束素餞之. 及大拜, 卽訪吏擢用. (出『玉堂閒話』)

365 · 9(4679)
정인(鄭絪)

    당(唐)나라 무양후(陽武侯) 정인은 재상을 그만둔 후, 영남절도사(嶺南節度使)로 있다가 조정에 들어가 이부상서(吏部尙書)가 되어 소국리(昭國里)에서 살았다. 그의 동생 정온(鄭縕)은 태상소경(太常少卿)으로 있었다. 하루는 두 사람이 함께 집에 있었는데, 주방에서 음식을 막 준비하려고 할 때 갑자기 부뚜막에서 어떤 물체가 가마솥을 들어올리는 것 같더니 부뚜막에서 1척 남짓 떨어진 채로 계속 떠 있었다. 그 옆에는 노구솥 10여 개가 있었는데 모두 요리하느라 한창 불에 달구어져 솥마다 양쪽 손잡이가 천천히 흔들렸다. 그러다가 한참 후에 모든 솥이 걸어가서 부뚜막 위에 멈추었다. 이윽고 세 개의 노구솥이 가마솥 하나씩을 업고 걸어가자 그 나머지 솥들도 줄지어 따라가 주방 안에서 밖으로 나갔다. 주방 바닥에는 다리가 부러지거나 버려져 못쓰게 된 솥들이 있었는데 그것들도 절름거리며 뛰어서 따라갔다. 솥들은 주방을 나와 동쪽으로 도랑을 건너갔는데, 여러 노구솥은 함께 가면서 아무런 어려움이 없었으나 다리 부러진 솥은 건너갈 수 없었다.

집안의 어른과 아이들은 그 기이한 광경에 놀라 모여서 지켜보았지만 어찌된 영문인지 알지 못했다. 그때 어떤 아이가 꾸짖으며 말했다.

"이미 요사스런 짓을 벌린 이상, 다리 부러진 놈이라고 해서 어찌하여 앞으로 나아갈 수 없단 말이냐?"

그러자 노구솥들이 [업고 가던] 가마솥을 뜰에 버리고 되돌아가더니, 그 중 노구솥 두 개가 다리 부러진 솥 하나를 업고 도랑을 건너갔다. 그리고는 태상소경[鄭縕]의 정원으로 들어가 당(堂) 앞에서 크기 순서대로 줄지어 늘어섰다. 그러자 곧 공중에서 집이 무너지는 듯한 굉음이 들리면서 노구솥과 가마솥들이 모두 누런 먼지와 시커먼 그을음으로 변하더니 하루가 다 가고 나서야 비로소 걷혔다. 정인의 집에서는 그 연유를 헤아릴 길이 없었다. 며칠 후에 태상소경이 먼저 죽더니 상국(相國: 鄭絪)도 뒤따라 죽었다. (『영괴집』)

唐陽武侯鄭絪罷相, 自嶺南節度入爲吏部尙書, 居昭國里. 弟縕爲太常少卿. 皆在家, 廚饌將備, 其釜忽如物於竈中築之, 離竈尺餘, 連築不已. 其傍有鐺十餘所, 並烹庖將熱, 皆兩耳慢搖. 良久悉能行, 乃止竈上. 每三鐺負一釜而行, 其餘列行引從, 自廚中出. 在地有足折者, 有廢不用者, 亦跳躑而隨之. 出廚, 東過水渠, 諸鐺並行, 無所礙, 而折足者不能過.

其家大小驚異, 聚而視之, 不知所爲. 有小兒呪之曰: "旣能爲怪, 折足者何不能前?" 諸鐺乃棄釜於庭中, 却過, 每兩鐺負一折足者以過. 往入少卿院, 堂前大小排列定. 乃聞空中轟然, 如屋崩, 其鐺釜悉爲黃埃黑煤, 盡日方定. 其家莫測其故. 數日, 少卿卒, 相國相次而薨. (出『靈怪集』)

365 · 10(4680)
하북군장(河北軍將)

호성(湖城)의 객점 앞을 어떤 하북의 군장이 지나간 적이 있었다. 군장이 채 몇 리 가지 않았을 때 갑자기 말[斗] 모양과 같은 회오리바람이 그의 말 앞에서 일어났다. 군장이 채찍으로 치자 그것은 점점 커지더니 마침내 말머리를 휘감아 말갈기를 심어놓은 것처럼 곤두서게 만들었다. 군장이 두려워서 말에서 내려 살펴보았더니 몇 척이나 되는 말갈기 속에 붉은 실 같은 가느다란 노끈이 있었다. 그때 말이 사람처럼 서서 히힝! 하며 울자 군장이 노하여 차고 있던 칼을 빼서 휘둘렀더니, 회오리바람이 흩어져 사라지면서 말도 죽고 말았다. 군장이 말의 배를 가르고 보았더니 그 뱃속에는 이미 창자가 하나도 없었다. 군장은 그것이 무슨 요괴였는지 알지 못했다. (『유양잡조』)

湖('湖'原作'胡', 據『酉陽雜俎』十五改)城逆旅前, 嘗有河北軍將過. 行未數里,忽有旋風如斗器, 起於馬前. 軍將以鞭擊之, 轉大, 遂旋馬首, 鬣起堅如植. 軍將懼, 下馬觀之, 覺鬣長數尺, 中有細綆, 如紅綖. 馬時人立嘶鳴, 軍將怒, 乃取佩刀拂之, 因風散滅, 馬亦死. 軍將剖馬腹視之, 腹中已無腸('腸'原作'傷', 據明鈔本改). 不知何怪. (出『酉陽雜俎』)

365 · 11(4681)
궁산승(宮山僧)

궁산은 기주(沂州)의 서쪽 구석에 있는데, 홀로 우뚝 솟아 다른 봉우리들보다 훨씬 높으며 그 주위로 30리 안에는 인가가 전혀 없었다. [唐나라] 정원연간(貞元年間: 785~805) 초에 두 스님이 궁산에 와서 나무 그늘 아래에 살면서 밤낮으로 예불과 독경에 정진했다. 나중에 사방의 먼 촌락 사람들이 그들을 위해 거처를 만들어주었는데, 열흘도 안 되어 안뜰과 집이 완성되었다. 그래서 두 스님은 더욱 수도에 매진하여 방을 나가지 않기로 맹세한 지 20여 년이나 되었다.

원화연간(元和年間: 806~820)의 어느 달 밝은 겨울밤에 두 스님은 각자 동쪽과 서쪽 행랑에서 낭랑한 목소리로 불경을 독송하고 있었는데, 고요하기만한 허공에서 때때로 산 아래의 어떤 남자가 통곡하는 소리가 들려왔다. 그 소리는 점점 가까워지더니 금세 집 문까지 이르렀다. 두 스님이 움직이지 않자 그 곡성도 멈추더니 결국 [어떤 사람이] 담을 넘어 들어왔다. 동쪽 행랑의 스님이 멀리서 보았더니, 몸집이 굉장히 큰 사람이 서쪽 행랑으로 뛰어 들어가자 불경을 독송하는 소리가 이내 멈추었다. 그러더니 서로 치고 받으며 다투는 듯한 소리가 들렸으며, 한참 후에는 또 [무언가를] 씹어 먹고 빨아 먹는 소리가 아주 크게 들렸다. 동쪽 행랑의 스님은 너무 놀라고 두려워서 뛰쳐나와 도망쳤는데, 한참을 달렸는데도 산을 벗어나지 못하여 길을 완전히 잃고 말았다. 그는 엎어지기도 하고 넘어지기도 하여 기력이 거의 빠져버렸다. 그때 뒤돌아 보았더니 그 사람이 비틀거리며 달려와 거의 따라잡으려 하자 그는 다시 죽으라고 달아났다. 갑자기 개울이 나오자 그는 옷을 입은 채로 곧장 건너갔는데, 뒤쫓아 온 사람이 막 [건너편 개울가에] 이르러 멀리서 욕하며 말했다.

"개울만 가로막지 않았다면 너까지 잡아먹었을 텐데!"

동쪽 행랑의 스님은 두려워하면서 걸어갔지만 어디로 가야할 지 몰랐다. 잠시 후 눈이 많이 내려 지척지간도 잘 보이지 않을 정도로 어두웠는데, 그때 문득 인가의 외양간이 나타나자 그는 그 속에서 몸을 숨겼다. 밤이 깊어져서 눈발이 점점 그쳐갈 때 문득 보았더니 검은 옷 입은 어떤 사람이 밖에서 칼과 창을 들고 천천히 우리 앞으로 왔다. 동쪽 행랑의 스님이 숨을 죽인 채 밝은 곳을 향하여 몰래 엿보았더니, 검은 옷 입은 사람은 머뭇대며 왔다 갔다 하면서 마치 누군가를 기다리고 있는 것 같았다. 잠시 후 갑자기 정원 담 안에서 옷 보따리 같은 것 두 개가 던져지자, 검은 옷 입은 사람은 그것을 주워서 묶은 다음 짊어졌다. 이어서 한 여자가 담을 넘어 나오자 검은 옷 입은 사람은 그녀를 데리고 떠났다. 동쪽 행랑의 스님은 자신이 그 일에 연루될까봐 두려워서 다시 도망쳤는데 정신이 흐릿하여 어디로 가야할 지 몰랐다. 그는 10여 리도 못 가서 돌연 버려진 우물 속으로 떨어졌다. 우물 속에는 죽은 사람이 있었는데 몸과 머리는 이미 떨어져 있었지만 피와 몸이 아직 따스한 것으로 보아 아마도 방금 살해된 것 같았다. 스님은 너무 놀라고 무서워서 어찌할 바를 몰랐다. 얼마 후 날이 밝자 [그 시체를] 살펴보았더니 다름 아닌 어젯밤에 담을 넘은 그 여자였다.

한참 지난 뒤에 살인범을 체포하러 온 여러 사람이 함께 오더니 우물 아래를 들여다보며 말했다.

"강도가 여기 있다!"

그리고는 밧줄을 타고 내려와 우물 안에서 그를 포박하고 마구 때려 초죽음을 만들었다. 그는 위로 끌어올려진 뒤에 어젯밤 일의 자초지종을 진술했는데, 이전에 궁산에 왔던 촌락 사람 중에 그가 동쪽 행랑의 스님임을 알아본 자가 있었다. 하지만 [그는 자신이] 죽은 여자와 함께 발견된 것을 스스로 해명할 수가 없어서 결국 관부(官府)로 압송되었다. 그는 또 이제까지 일의 경과를 자세히 열거하면서 서쪽 행랑의 스님이 이미 괴물에게 잡아먹혔다고 말했다. 그래서 관부에서 관리를 궁산으로 파견하여 확인해보게 했는데, 서쪽 행랑의 스님은 아무 탈 없이 단정히 앉아 이렇게 말했다.

"애당초 괴물 따위는 없었습니다. 다만 이경이 되어갈 무렵에 서로 마주보며 정진(精進:원문은 '持念'. 持息念의 준말로, 坐禪할 때 정신을 집중하여 호흡을 헤아리면서 精進하여 禪定에 드는 것을 말함)하고 있을 때 동쪽 행랑의 스님이 갑자기 혼자 떠났습니다. 우리는 집 문을 나가지 않기로 오래 전에 함께 맹세했으므로 나는 놀라고 이상해하면서 그를 쫓아가 불렀지만 소용없었습니다. 산 아래서의 일은 나는 모릅니다."

관부의 관리는 마침내 동쪽 행랑의 스님이 터무니없는 말로 속였다고 생각하여 그를 살인강도로 체포하여 매질하고 불로 지지면서 모진 고통을 주었다. 동쪽 행랑의 스님은 없는 죄를 뒤집어쓴 것이 하도 원통해서 차라리 죽고 싶었다. 그러나 증거로 삼을 만한 장물이 없어서 법관은 결국 그의 죄를 성립시킬 수 없었다. 한 달이 지난 뒤에 여자를 죽이고 재물을 훔친 강도가 다른 곳에서 저지른 사건이 발각되는 바람에 그 사실이 밝혀졌다. 동쪽 행랑의 스님은 그제야 억울한 죄를 면할 수 있었다. (『집이기』)

宮山('山下'原有'僧'字, 據明鈔本刪)在沂州之西鄙, 孤拔聳峭, 迥出衆峯, 環三十里, 皆無人居. 貞元初, 有二僧至山, 蔭木而居, 精勤禮念, 以晝繼夜. 四遠村落, 爲構屋室, 不旬日, 院宇立焉. 二僧尤加愁勵, 誓不出房, 二十餘載.

元和中, 冬夜月明, 二僧各在東西廊, 朗聲唄唱, 空中虛靜, 時聞山下有男子慟哭之聲. 稍近, 須臾則及院門. 二僧不動, 哭聲亦止, 踰垣遂入. 東廊僧遙見其身絶大, 躍入西廊, 而唄唱之聲尋輟. 如聞相('輟'原作'輙', '聞相'原作'門', 據明鈔本改)擊撲爭力之狀, 久又聞咀嚼啖噬啜吒甚勵. 東廊僧惶駭突走, 久不出山, 都忘途路. 或仆或蹶, 氣力殆盡. 廻望, 見其人踉蹡將至, 則又跳迸. 忽逢一水, 褰衣徑渡畢, 而追者適至, 遙詬曰: "不阻水, 當倂食之!" 東廊僧且懼且行, 罔知所詣. 俄而大雪, 咫尺昏迷, 忽得人家牛坊, 遂隱身於其中. 夜久, 雪勢稍晴, 忽見一黑衣人, 自外執刀鎗, 徐至欄下. 東廊僧省息屛氣, 向明潛窺, 黑衣踟躕徙倚, 如有所伺. 有頃, 忽院牆中般過兩廊(明鈔本'廊'作'囊')衣物之類, 黑衣取之, 束縛負擔. 續有一女子, 攀牆而出, 黑衣挈之而去. 僧懼涉蹤跡, 則又逃竄, 恍惚莫知所之 不十數里, 忽墜廢井. 井中有死者, 身首已離, 血體猶暖, 蓋適遭殺者也. 僧驚悸,不知所爲. 俄而天明, 視之, 則昨夜攀牆女子也.

久之, 卽有捕逐者數輩偕至, 下窺曰:"盜在此矣!"遂以索縋人, 就井繫縛, 加以毆擊, 與死爲隣. 及引上, 則以昨夜之事本末陳述, 而村人有曾至山中, 識爲東廊僧者. 然且與死女子俱得, 未能自解, 乃送之於邑. 又細列其由, 謂西廊僧已爲異物啖噬矣. 邑遣吏至山中尋驗, 西廊僧端居無恙, 曰:"初無物. 但將二更, 方對持念, 東廊僧忽然獨去. 久與誓約, 不出院門, 驚異之際, 追呼已不及矣. 山下之事, 我則不知."邑吏遂以東廊僧誑妄, 執爲殺人之盜, 榜掠薰灼, 楚痛備施. 僧寃痛誣, 甘實于死. 贓狀無據, 法吏終無以成其獄也. 逾月, 而殺女竊資之盜, 他處發敗, 具得情實. 僧乃寃免. (出『集異記』)

태평광기 권제366

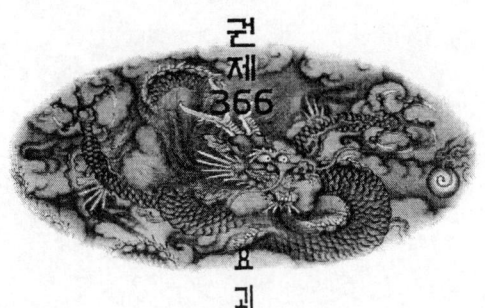

요괴 8

1. 두 원 영(杜元穎)
2. 주 도 사(朱道士)
3. 정   생(鄭   生)
4. 조 사 종(趙士宗)
5. 조   랑(曹   朗)
6. 자   아(秄   兒)
7. 이   약(李   約)
8. 장   진(張   縝)
9. 마   거(馬   擧)
10. 위   침(韋   琛)
11. 장 모 손(張謀孫)
12. 이   황(李   黃)
13. 송   순(宋   洵)
14. 장 씨 자(張氏子)
15. 승 십 붕(僧十朋)
16. 의 춘 인(宜春人)
17. 주 종 본(朱從本)
18. 주   본(周   本)
19. 왕 종 신(王宗信)
20. 설 로 봉(薛老峯)
21. 구 양 찬(歐陽璨)

366 · 1(4682)
두원영(杜元穎)

두원영이 촉(蜀) 땅을 진수할 때 자주(資州)에 네모반듯한 1장(丈) 정도 되는 큰 돌이 몇 이랑에 걸쳐서 이리저리 돌아다녔다.

신도현(新都縣) 대도관(大道觀)의 노군(老君) 옆에 있는 흙 인형은 얼굴에 수염이 몇 촌(寸) 나 있었는데, 수염을 뽑으면 잠시 뒤에 그 자리에 다시 수염이 생겨났다.

도성의 여러 곳에 밤나무가 있었는데, 나뭇잎 위에서 열매가 열렸다. 그것을 따서 먹었더니 맛이 자두와 같다.

녹두사(鹿頭寺)에서 샘물이 솟아 나오자 고양이와 쥐가 서로 젖을 먹이는 기이한 일이 일어났다.

오랑캐들이 도성을 포위하려 했을 때 어떤 사람이 보았더니 성 서쪽 문의 물가에서 용과 물소가 서로 싸우다가 잠시 뒤에 모두 사라졌다.

또 말하기를 자두나무에서 모과가 열렸는데, 속이 빈 채 씨앗이 없었다고 한다. (『융막한담』)

杜元穎鎭蜀年('年'原作'平', 『說郛』卷七作'初到蜀年', '平'當'年'字之訛), 資州方丈大石走行, 盤礴數畝. 新都縣大道觀老君旁泥人鬚生數寸, 拔之, 俄頃又出. 都下諸處有栗樹, 樹葉結實. 食之, 味如李. 鹿頭寺泉水湧出, 及猫鼠相乳之妖.

蠻欲圍城, 城西門水, 有人見一龍與水牛鬪, 俄頃皆滅. 又說, 李樹上皆得木瓜, 而空中不實. (出『戎幕閒談』)

366 · 2(4683)
주도사(朱道士)

[唐나라] 대화(大和) 8년(834)에 주도사가 한번은 여산(廬山)에 놀러 갔다가 계곡의 돌 위에 앉아서 쉬고 있었다. 그때 주도사는 쌓아 놓은 비단더미 같이 똬리를 틀고 있는 뱀을 보았는데, 잠시 뒤에 뱀은 큰 거북이로 변했다. 주도사가 산중 노인을 찾아가 [어찌된 조화인지] 물어보았더니, 노인이 '현무(玄武: 北方의 神으로, 거북과 뱀의 모양을 하고 있음)'라고 했다.

또 한번은 주도사가 청성산(靑城山)의 장인관(丈人觀)에 놀러갔는데, 용교(龍橋)에 이르렀을 때 바위 아래에 있는 마른 해골 하나를 보았다. 해골은 돌에 등을 기댄 채 똑바로 앉아서 맞잡은 두 손을 무릎 위에 올려놓고 있었는데, 그 모습이 마치 굽어 있는 쇠사슬 같았다. 또한 몸에 이끼가 붙어있고 넝쿨이 감겨져 있었으며, 그 색깔이 눈처럼 희었다. 주도사는 자신의 할아버지께서 늘 보았던 일이라고 했다. (『유양잡조』)

朱道士者, 大和八年, 常遊廬山, 憩於澗石. 忽見蟠蛇如堆繒錦, 俄變爲巨龜. 訪之山叟, 云是'玄武'.

朱道士又曾遊靑城山丈人觀, 至龍橋, 見巖下有枯骨. 背石平坐, 接手膝上, 鉤鏃. 附苔絡蔓, 色白如雪. 云, 祖父已常見. (出『酉陽雜俎』)

366·3(4684)
정 생(鄭 生)

　속설에 따르면 사람이 죽은 지 대개 며칠 뒤에 반드시 한 날짐승이 관속에서 나와 날아간다고 하는데, 이 새를 '살(殺)'이라고 한다. [唐나라] 대화연간(大和年間: 827~835)에 정생이 한번은 습천(隰川)에서 군의 관리들과 함께 들판에서 사냥을 했다. 그런데 그물에 커다란 새 한 마리가 걸려들었는데, 푸른 색깔에 크기가 5척(尺) 남짓 되었다. 주장(主將: 大將)이 새를 풀어주게 한 다음 보았으나 새는 어느새 사라지고 없었다. 정생이 깜짝 놀라 곧장 마을 사람들을 찾아가 어찌된 영문인지 물어보았더니, 한 사람이 이렇게 대답했다.

　"마을에 한 사람이 죽었는데 죽은 지 며칠 되었습니다. 점쟁이의 말에 따르면, 오늘 반드시 '살'이 떠날 것이라고 했습니다. 그 상가에서 관을 살피고 있었는데, 푸른색의 커다란 새 한 마리가 관에서 나와 날아갔다고 합니다. 당신이 잡은 새가 정말로 그 살인 것 같습니다."

　천보연간(天寶年間: 742~756)에 경조윤(京兆尹) 최광원(崔光遠)이 들판에서 사냥을 하다가 한 이상한 새를 보았는데, 일의 정황이 이와 똑같았다. (『선실지』)

　俗傳人之死, 凡數日, 當有禽自柩中而出者, 曰'殺'. 大和中, 有鄭生者, 常於隰川, 與郡官略於野. 有網得一巨鳥, 色蒼, 高五尺餘. 主將命解而視之, 忽無所見. 生驚, 卽訪里中民, 訊之, 民有對者曰: "里中有人死, 且數日. 卜人言, 今日'殺'當去. 其家伺而視之, 有巨鳥色蒼, 自柩中出. 君之所獲, 果是乎." 天寶中, 京兆尹崔光遠因遊略, 常遇一妖鳥, 事與此同也. (出『宣室志』)

366 · 4(4685)
조사종(趙士宗)

[唐나라] 회창원년(會昌元年: 841)에 융주(戎州)에 강물이 불어 나무가 떠내려 와 강을 메웠다. 자사(刺史) 조사종은 수군을 불러 나무토막을 건져 올리게 했다. 그런데 관청이 낮고 작을 뿐만 아니라 땅이 좁아서 그것을 보관할 수 없게 되자 모두 개원사(開元寺)를 짓는데 사용했다. 그로부터 한 달 남짓 뒤에 한 이민족이 원숭이처럼 생긴 어떤 사람을 만났는데, 그 사람이 입고 있는 구식의 푸른 색 옷은 언제 만든 옷인지 알 수 없었다. 그 사람이 말했다.

"관장군(關將軍)께서 나무를 해 오라고 저를 보내셨는데, 이 융주에서 모두 가져가 버렸으니 어떻게 해야 할지 모르겠소. 하지만 내년에 반드시 다시 가지러 오겠소."

그 사람은 이 사실을 융주 사람에게 말했다. 회창(會昌) 2년(842) 7월 어느 날 동이 틀 무렵 갑자기 물이 밀려왔다. 주의 성은 강과 산을 끼고 있어서 매번 큰물이 지더라도 주에서 50여장(丈) 정도 떨어져서 물 밀려왔는데, 이때는 물의 높이가 100장이나 되어서 20여 명의 사람이 물에 떠

내려갔다. 주의 지반이 10장 넘게 함몰된 곳도 있었는데, 세 칸짜리 집채만한 큰 돌이 그 안을 가득 메우고 있었다. 물은 검고 비린내가 났는데 저녁이 되어서야 빠져나갔다. 지주관(知州官: 地方州의 長官) 우장기(虞藏玘)와 관리들은 이때 가까스로 배를 타고 기슭으로 들어왔다. 그로부터 한달 여 뒤에 주의 물이 겨우 말랐는데, 큰 돌 이외에 더 이상 아무 것도 남아 있지 않았다. 오직 개원사(開元寺)에 있는 현종(玄宗)의 초상만이 원래 있던 곳에서 10여 걸음 떨어진 곳의 모래사장 위에 우뚝 서 있었을 뿐, 다른 쇠붙이와 돌은 하나도 남아 있지 않았다. (『유양잡조』)

會昌元年, 戎州水漲, 浮木塞江. 刺史趙士宗召水軍接木段. 公署卑小地窄, 不復用, 因倂修開元寺. 後月餘日, 有夷人, 逢一人, 如猴, 著故靑衣, 亦不辨何製. 云:"關將軍遣來採木, 被此州接去, 不知爲計. 要須明年却來收."夷人說於州人. 至二年七月, 天欲曙, 忽暴水至. 州城臨江枕山, 每大水, 猶去州五十餘丈, 其時水高百丈, 漂二十餘人. 州基地有陷十丈處, 大石如三間屋者, 積堆於州基. 水黑而腥, 至晩方退. 知州官虞藏玘及吏, 纔及船投岸. 旬月後, 州水方乾, 除大石外, 更無一物. 唯開元寺玄宗眞容, 去舊處十餘步, 卓立沙上, 其他鐵石, 一無有者. (出『酉陽雜俎』)

366·5(4686)
조 랑(曹 朗)

진사(進士) 조랑은 [唐나라] 문종(文宗) 때 송강(松江) 화정현령(華亭

縣令)을 지냈다. 그는 임기가 찰 무렵 오군(吳郡)에 집 한 채를 마련하고 화홍(花紅)이라는 어린 계집종을 사들였다. 화홍의 몸값은 8만 냥이었고 아주 예쁘게 생겨서 집안사람들도 모두 그녀를 어여삐 여겼다. 가을이 되어 임기가 다하고 신임관리가 오자 현령 조랑은 가족들을 데리고 오군의 집으로 돌아갔다. 후에 동지가 다가왔으나 조랑은 새 집 수리가 완전히 끝나지 않았다. 그래서 본채의 서쪽 칸에 숯 200근(斤)을 쌓아두고, 동쪽 칸의 창문 아래에 평상 하나를 놓고 그 위에 새로 자리를 깔았으며, 다시 그 위에 수레에 까는 자리 열장을 깔아 놓았다. 동쪽에 행랑을 두었고 남쪽에는 높은 집을 지었으며, 서쪽 행랑의 북쪽에 있는 한 방은 창고로 사용했고 또 한 방은 화홍과 유모가 사용했으며, 다른 한 칸은 부엌으로 사용했다.

섣달 그믐 하루 전날 밤 조랑의 자매와 모친은 함께 제사음식을 마련하고 있었다. 솥 안에는 세 되가 넘는 기름이 끓고 있었고, 그 옆에는 10근이 넘는 숯이 쌓여 있었다. 조랑의 누이가 떡을 만들 때 집안사람들은 모두 그 옆에 있었는데, 화홍만이 오지 않았다. 조랑의 모친은 화홍이 게으르게 잠만 잔다고 생각해서 곧장 그녀를 불렀는데, 화홍은 와서도 아무 일도 하지 않았다. 조랑이 버럭 화를 내며 화홍을 때렸지만 화홍은 그저 머리가 아프다고만 할 뿐이었다. 그런데 그때 갑자기 어디선가 큰 벽돌 한 장이 날아와 하마터면 조랑의 모친이 정통으로 맞을 뻔했다. 잠시 뒤에 다시 큰 벽돌 한 장이 날아와 기름 솥을 치자 사람들은 모두 놀라서 흩어졌다. 부엌 안의 식기들이 계단 아래에 나뒹굴었다. 날이 저문 뒤에야 조랑의 식구들은 함께 서쪽 채로 들어갔다가 본채로 옮겨왔는데, 아이들도 함께 데리고 왔다. 본채의 문을 걸어 잠글 때 모자는 서로를 의지하고 함께 앉아서 땀을 줄줄 흘렸지만, 어떤 요괴의 짓인지 알지 못했다. 조랑이 숯 몇 근을 가져와 불을 피우자, 별안간 공중에서 평상 부서지는 소리가 났고 불은 다시 공중에서 오르내렸다. 갑자기 동쪽 창문 아래에 있는 침상에 14~15세쯤 되어 보이는 한 여자가 양쪽으로 쪽을 지고 짧고 누런 저고리와 바지를 입은 채 나타나 침상에 무릎을 꿇고 앉아 있었는데, 마치 누군가를 따라 찻잎을 빻고 있는 것 같았다. 조랑이 다가가서 여자를 붙잡으려 했지만 집 주위만 빙빙 돌 뿐 잡지 못했다. 잠시 뒤에 여자는 갈대 자리 속으로 숨었다. 조랑이 그 위에 올라가서 자리를 밟자 흑흑 하는 소리가 나더니 여자는 온데간데없어졌다. 조랑은 앉아서 새벽을 맞이했고 닭이 울고 난 뒤에야 겨우 문을 열고 나왔다. 그때 유모와 화홍은 서쪽 방에서 달게 잠을 자고 있었다.

조랑은 옥지관(玉芝觀)의 고도사(顧道士)를 불러 법술을 행했다. 그로부터 며칠 뒤에 어떤 사람이 찾아와서 길게 탄식하며 말했다.

"나는 양원(梁苑)의 손님 매고(枚皐)인데, 이전 섣달 그믐날에 이곳에 밥을 얻어먹으러 왔습니다. 그런데 그때 당신 집에서 왜 나를 붙잡으려 했는지 그 이유를 모르겠습니다."

조랑은 차와 술을 준비해서 그를 안으로 불러들여 함께 자리를 했다. 매고가 조랑에게 말했다.

"나는 원화연간(元和年間: 806~820)에 상원현(上元縣: 南京의 옛 이름) 와관각(瓦棺閣)에 놀러갔다가 제2층 서쪽 귀퉁이 벽 위에 시 한 수를 적어 두었습니다."

조랑이 한사코 시를 들려달라고 청하자, 매고가 말했다.

"한창 마음이 불편하던 차에 당신을 알게 되어 다행입니다. 다른 날

금릉(金陵: 南京)에 가시게 되면 직접 베껴서 보십시오. 그대의 집에서 일어난 소동은 제가 한 짓이 아닙니다. 그 사람은 멀지 않은 곳에 있으니, 다른 사람에게 물어보시면 절로 아시게 될 것입니다."

조랑은 매고가 한 말을 고도사에게 알리고 법술을 그만두게 했다.

마을에 주이낭(朱二娘)이라는 여자 무당이 있었기에 조랑은 또 그녀를 불러 점을 치게 했다. 무당은 집안사람들을 모두 불러냈는데, 화홍만이 머리가 아프다면서 자리에서 일어나지 않았다. 그러자 무당은 억지로 그녀를 불러내 이렇게 꾸짖었다.

"무슨 까닭에 이렇게 하는지 낭자는 모르시겠습니까? 너는 어찌하여 말을 하지 않느냐?"

그리고는 화홍의 팔을 잡아끌자, 팔꿈치 근처의 정맥이 1촌(寸) 남짓 불거지더니 [화홍의 입을 통해서] 이렇게 말했다.

"성현의 집이 이곳에 있는데, 부인은 무슨 까닭에 사람을 놀라게 하시오?"

화홍은 절을 하면서 그저 자기가 한 짓이 아니라고만 말했다. 그리하여 조랑은 화홍이 두려운 나머지 싼값에 그녀를 팔아버렸다. 화홍이 두 집을 거치는 동안 두 집 모두 이러한 일을 겪었다. 그리하여 화홍은 결국 쫓겨나서 갈 곳이 없어지게 되자, 늘 여러 절에서 바느질을 하면서 먹고살았다.

후에 포산도사(包山道士) 신도천령(申屠千齡)이 오군을 지나가다가 이렇게 말했다.

"동정산(洞庭山)에 사는 주민들이 함께 한 집의 딸을 사들여 동정산 사당을 지키게 했는데, 화홍이 바로 그녀입니다. 후에 동정관이 북쪽으로 200여보 확장되면서 그 사당이 없어지게 되었는데, 화전민들이 화홍을 조랑에게 팔아넘기자 살 곳이 없어진 사당 안의 산귀신이 그 무리와 함께 화홍의 팔에 둥지를 튼 것입니다."

동오(東吳) 사람들은 모두 이 일을 알고 있었다. (『건손자』)

進士曹朗, 文宗時任松江華亭令. 秩將滿, 於吳郡置一宅, 又買小靑衣, 名曰花紅云. 其價八萬, 貌甚美, 其家皆憐之. 至秋受代, 令朗(明鈔本無'令'字, '朗'下有'乃'字)將其家人入吳郡宅. 後逼冬至, 朗緣新堂修理未畢. 堂內西間, 貯炭二百斤, 東間窓下有一榻, 新設茵席, 其上有修車細蘆蓆十領. 東行, 南廈, 西廊之北一房, 充庫, 一房卽花紅及乳母, 一間充廚.

至除前一日, 朗姊妹乃親, 皆辦奠祝之用. 鐺中及煎三升許油, 旁堆炭火十餘斤. 妹作餠, 家人並在左右, 獨花紅不至. 朗親意其惰寢, 遂召之至, 又無所執作. 朗怒, 笞之, 便云頭痛. 忽有大塼飛下, 幾中朗親. 俄又一大塼擊油鐺, 於是驚散. 廚中食器, 亂在階下. 日已晩, 俱入西舍, 遂移入堂, 並將小兒. 及扃堂門, 子母相依而坐, 汗流如水, 不諭其怪. 朗取炭數斤燃火, 俄又空中轟榻之聲, 火又空中上下. 忽見東窓下牀上, 有一女子, 可年十四五, 作兩髻, 衣短黃襦袴, 跪於牀, 似効人碾茶. 朗走起擒之, 遶屋不及. 逡巡, 匿蘆簇積中. 朗又踏之, 啾然有聲, 遂失所在. 坐以至旦, 雞鳴, 方敢開門. 乳母花紅熟寢于西室.

朗召玉芝觀顧道士作法. 數日, 有人長吁曰:"吾是梁苑客枚皐, 前因節日, 求食於此. 君家不知云何見捕." 朗具茶酒, 引之與坐('坐'原作'求', 據明鈔本改). 皐謂朗('謂朗'原作'近文', 據明鈔本改)曰:"吾元和初, 遊上元瓦棺閣, 第二層西隅壁上, 題詩一首." 朗苦請, 皐曰:"方心事無悰, 幸相悉. 他日到金陵, 可自錄之. 足下之祟, 非吾所爲. 其人不遠, 但問他人, 當自知." 朗遂白顧道士, 捨之里中有女巫朱二娘, 又召令占. 巫悉召家人出, 唯花紅頭痛未起. 巫強呼之出, 責曰: "何故如此, 娘子不知? 汝何不言?" 遂拽其臂, 近肘有靑脈寸餘隆起, 曰: "賢聖宅於此, 夫人何故驚之?" 花紅拜, 唯稱不由己. 朗懼, 減價賣之. 歷二家, 皆如此. 遂放之, 無所容身, 常於諸寺紉針以食.

後有包山道士申屠千齡過, 說: "花紅本是洞庭山人戶, 共買人家一女, 令守洞庭山廟. 後爲洞庭觀拓北境二百餘步, 其廟遂除, 人戶賣與曹時用, 廟中山魅無所依, 遂與其類巢於其臂." 東吳人盡知其事. (出『乾䑹子』)

366 · 6(4687)
자아(秄兒)

팽성(彭城) 사람 유랄부(劉剌夫)는 [唐나라] 회창연간(會昌年間: 841~846)에 진사 시험에 급제해서 대중연간(大中年間: 847~860)에 호현위(鄠縣尉)로 있다가 죽었다. 유랄부의 부인 왕씨(王氏)는 집으로 돌아와서 낙양(洛陽) 돈화리(敦化里)에 있는 저택의 예당(禮堂: 孝堂. 상주가 머무는 곳을 말함) 후원에서 살고 있었다. 함통(咸通) 정해년(丁亥年: 867) 밤에 유랄부의 부인은 아들과 조카와 함께 장구(藏鉤: 옛날 遊戱의 일종으로, 손에 물건을 감춰두고 알아맞히는 주로 밤에 했던 놀이. 전해오는 말에 따르면 漢 昭帝의 모친인 鉤翼夫人이 젊어서 손이 오그라들었는데, 漢 武帝가 그 손을 펴 보았더니 玉 帶鉤 하나가 있었다고 함. 뒷날 사람들이 이를 본떠서 장구놀이를 만들었다고 함)놀이를 하면서 전병을 먹고 있었다. 부엌은 서쪽 행랑채에 있었는데, 어린 하인 자아가 그곳에서 그릇을 들고 음식을 차리고 있었다. 그 날은 달빛이 어둡고 구름이 잔뜩 끼어 있어서 손가락과 손바닥도 서로 구분할 수 없었다. 그런데 갑자기 자아가 비명을 지르며 땅에 쓰러지더니 까무러쳤다. 사람들이 횃불을 들고 가서 보았더니, 자아의 몸은 차가웠고 얼굴은 검게 변해 있었으며 코와 입에서 피가 흐르고 있었다. 자아의 머리카락을 뽑고 손가락에 뜸을 뜨자 자아는 잠시 뒤에 깨어났다. 다시 몇 사람을 시켜 솜 망치를 만들어서 불을 붙여 행랑의 북쪽을 돌게 했더니, 곳집 뒤에서 자아가 들고 있었던 그릇이 나왔다. 창고의 서쪽에 큰 뒷간이 있었는데, 뒷간에서 전병 하나가 나왔고 똥통에서도 전병 하나가 나왔다. (『삼수소독』)

彭城劉刺夫, 會昌中, 進士上第, 大中年, 授鄂縣尉卒. 妻王氏, 歸其家, 居洛陽敦化里第, 禮堂之後院. 咸通丁亥歲, 夜聚諸子姪藏鉤, 食煎餠. 廚在西厢, 小僮秄兒, 持器下食. 時月晦雲慘, 指掌莫分. 秄兒者, 忽失聲仆地而絶. 秉炬視之, 則體冷面黑, 口鼻流血矣. 擢髮灸指, 少頃而蘇. 復令數夫束縕火循廊之北, 於倉後得所持器. 倉西則大厠, 厠上得一煎餠, 溷中復有一餠焉. (出『三水小牘』)

366·7(4688)
이 약(李 約)

[唐나라] 함통(咸通) 정해년(丁亥年: 867)에 농서(隴西) 사람 이이우(李夷遇)가 빈주종사(邠州從事)로 있을 때였다. 그에게 이약이라는 한

하인이 있었는데, 그는 이이우가 과거에 급제했을 때 부리던 하인이었다. 이약은 사람이 성실하고 민첩했으며 걸음걸이가 빨랐기 때문에 이이우는 자주 그에게 도성으로 보내는 편지 심부름을 시켰다. 그 해 가을 7월에 이약이 도성에서 빈주로 돌아오는 길에 일찌감치 길을 떠났더니 여러 마을을 지났을 때에야 통금을 알리는 북소리가 끊어졌다. 이약은 피곤함을 느껴 오래된 회나무 아래서 쉬고 있었는데, 마침 수풀 끝에 걸려 있는 달빛이 여전히 밝게 빛나고 있었다. 그때 머리가 허연 한 노인이 허리를 구부리고 지팡이를 끌면서 역시 그곳으로 와 이약과 함께 쉬었다. 노인은 자리에 앉은 뒤에도 계속해서 끙끙거리더니, 한참 뒤에 이약에게 말했다.

"이 늙은이가 함양(咸陽)까지 갈 작정인데 다리가 후들거려 잘 걸을 수가 없네. 혹시 의로운 마음을 가지고 있거든 나를 엎어다 줄 수 있겠는가?"

이약은 화를 내면서 대꾸하지 않았지만 노인이 계속해서 부탁하는 바람에 하는 수 없이 이렇게 말했다.

"등에 업히시요."

노인은 기뻐하며 이약의 등에 업혔다. 이약은 노인이 귀신인 것을 알아차리고 몰래 가지고 있던 가서봉(哥舒棒)으로 뒤에서 그를 묶고는 달려갔다. 때마침 개원문(開遠門)에 이르렀을 때 동쪽에서 날이 밝아오고 있었다. 노인이 몇 번이나 이약에게 내려달라고 하자 이약이 이렇게 말했다.

"당신은 어찌하여 나를 속이고 내 등에 올라탔소? 당신은 뭐가 두려워 내려 달라고 하시오?"

이약은 가서봉으로 더욱 단단하게 노인을 죄었다. 노인은 두서없이 말하면서 그저 목숨만 살려달라고 애걸했지만 이약은 아무런 대꾸도 하지 않았다. 그런데 갑자기 등이 가벼워지는 것 같더니 한 물체가 땅으로 떨어졌다. 이약이 살펴보았더니 그것은 부서진 널빤지였고, 노인은 이미 모습을 바꾸고 사라진 뒤였다. 이약은 널빤지를 마을의 담 아래에 던져 버렸는데, 그 후로는 아무 탈 없었다. (『삼수소독』)

咸通丁亥歲, 隴西李夷遇爲邠州從事. 有僕曰李約, 乃夷遇登第時所使也. 愿捷善行, 故常令郵書入京. 其年秋七月, 李約自京還邠, 早行數坊, 鼓始絶. 倦憩古槐下, 時月暎林杪, 餘光尙明. 有一父皤然, 傴而曳杖, 亦來同止. 旣坐而呻吟不絶, 良久謂約曰:"老夫欲至咸陽, 而蹣跚不能良行. 若有義心, 能負我乎?"約怒不應, 父請之不已, 約乃謂曰:"可登背."父欣然而登. 約知其鬼怪也, 陰以所得(明鈔本'得'作'持')哥舒棒, 自後束之而趨. 時及開遠門, 東方明矣. 父數請下, 約謂曰:"何相侮而見登? 何相憚而欲舍?"束之愈急. 父言語無次, 求哀請命, 約不答. 忽覺背輕, 有物墜地. 視之, 乃敗柩板也, 父已化去. 擲於里垣下, 後亦無咎. (出『三水小牘』)

366・8(4689)
장 진(張 縝)

처사(處士) 장진은 재주가 많고 금(琴)을 잘 연주했다. 장진은 부인이 강릉(江陵)에서 일찍 죽자 매우 아름다운 첩 한 명을 맞아들였다. 첩을 맞아들인 지 열흘도 되지 않았을 때 부엌일을 도맡아 하던 어린 하녀가 부엌에서 구리 인형을 하나 주었는데, 키가 1촌(寸) 정도 되었으며 얼굴색이 불처럼 붉었다. 구리 인형은 순식간에 점점 자라 1장(丈) 남짓 되었는데, 그 모습이 매우 특이했다. 구리 인형은 곧장 장진의 방으로 달려가더니 그 첩을 잡아먹었는데, 머리카락과 털도 남기지 않고 몽땅 먹어버렸다. 구리 인형은 첩을 다 먹고 나서는 점점 작아져서 본래의 크기로 돌아가더니 아궁이 밑으로 들어가서 사라졌다. (『문기록』)

處士張縝, 多能善琴. 其妻早亡於江陵, 納妾甚麗. 未旬日, 主庖小靑衣於竈下得一銅人, 長可一寸, 色如火. 須臾漸大, 長丈餘, 形狀極異. 走入縝室, 取其妾食之, 毛髮皆盡. 食訖漸小, 復如舊形, 入竈下而失. (出『聞奇錄』)

366 · 9(4690)
마 거(馬 擧)

마거가 산남도(山南道) 보주관(步奏官)으로 있을 때 한번은 샛길로 촉(蜀) 땅에 들어간 적이 있었다. 당시는 전란 뒤라 길이 거칠고 밥 짓는 연기라곤 전혀 찾아 볼 수 없었다. 마거는 밤에 한 객사에 도착했는데, 동쪽 행랑채 아래에서 사람의 말소리가 나는 것을 듣고 곧장 그곳으로 가서 하룻밤 묵을 것을 청했다. 그러자 누군가가 그에게 이렇게 대답했다.

"중당(中堂)에 침상이 있으니, 직접 그곳으로 가서 주무시고 가십시오."

 마거가 중당에 가보았더니 덩그러니 흙 평상 하나만 있었다. 그래서 불을 좀 달라고 했더니 불이 없다고 했다. 다시 자리를 하나 달라고 했더니, 벽 너머로 자리하나를 던져 주었는데 그 무게가 족히 10근(斤)은 넘었다. 마거 역시 힘이 장사인지라, 그다지 개의치 않았다. 한밤중에 원숭이처럼 생긴 괴물이 평상 위로 올라왔다. 마거가 얼른 쇠망치로 때리자 괴물은 고함을 지르며 달아났다. 날이 밝은 뒤 마거가 주인에게 작별인사를 고하자 그 사람은 버럭 화를 내며 이렇게 말했다.

 "어제 밤에 당신이 혼자 있는 것을 보고 아들을 보내 말동무나 해드리라고 했더니, 하마터면 아들이 [당신이 때린 매에] 맞아 죽을 뻔했소이다."

 마거는 문을 밀어 열려고 했지만 열 수 없었다. 그래서 문틈으로 보았더니 흙덩이만 쌓여 있을 뿐이었다. 마거는 후에 태원대장(太原大將)이 되었고 관직이 회남절도사(淮南節度使)에까지 이르렀다. (『계신록』)

 馬擧, 常爲山南步奏官, 間道入蜀. 時兵後僻路, 絶無人煙. 夜至一舘, 聞東廊下有人語聲, 因往告之. 有應者云: "中堂有牀, 自往宿去." 擧至中堂, 唯有土榻. 求火, 答云, 無火. 求席, 隔屋擲出一席, 可重十餘斤. 擧亦壯士, 殊不介意. 中夜, 有一物如猴, 升榻而來. 擧以鐵椎急擊之, 叫呼而走. 及明告別, 其人怒去, 更云: "夜來見伊獨處, 令兒子往伴, 打得幾死." 擧推其門, 不可開. 自隙窺之, 積壤而已. 擧後爲太原大將, 官至淮南節度使. (出『稽神錄』)

366 · 10(4691)
위 침(韋 琛)

    소의종사(昭義從事) 위침은 어렸을 때 학교에서 공부했었는데, 어느 해 동짓날 저녁에 책을 들고 집으로 돌아왔다. 침실에 들어가 보니 사람이라곤 전혀 없었고, 부엌에 불을 때고 기름 끓이는 곳이 있었다. 그리하여 위침이 몰래 살펴보았더니 솥이 갑자기 몇 척(尺) 크기로 커졌다가 한참 뒤에 다시 원래 크기로 낮아졌는데, 이러기를 서너 차례 했다. 위침이 너무 두려운 나머지 얼른 문 밖으로 달려 나와 보았더니 식구들이 모두 외침(外寢: 中門 밖에 있는 堂으로, 주로 상주들이 지내는 곳)에서 제사를 올리고 있었다. 위침이 새파랗게 질려서 가족들에게 그 이유를 말했지만, 가족들은 모두 그를 꾸짖으며 어린 아이의 쓸데없는 말이라 생각했다.
    잠시 뒤에 부엌일을 도맡아하던 한 하녀가 아이를 품에 안은 채 솥에 가서 음식을 만들고 있었는데, 아이가 몸을 들썩이며 젖을 찾다가 잘못하여 솥 안에 떨어졌다. 끓어오르는 기름이 솥 밖으로 넘쳐흐르자 하녀는 비명을 질렀지만, 불길이 이미 집에까지 옮겨 붙었다. 어른 아이 할 것 없이 모두 달려와 불길을 잡으려고 했고 누군가 물을 뿌리기도 했지만 불길은 더욱 거세게 타올라 마치 누가 기름을 끼얹은 것 같았다. 단지와 동이, 자리, 담요 등을 마구 집어 던진 한참 뒤에야 불이 꺼졌다. 불이 꺼진 뒤에 보았더니 아이는 이미 새까맣게 그을려져 있었다. 온 집안사람들은 이 일로 놀라 두려운 나머지 동지를 쇠지 않았고, 하녀도 이 때문에 놀라 그만 죽고 말았다. (『당궐사』)

昭義從事韋琛, 幼年時, 尚在學院, 冬節夜, 捧書以歸. 及寢堂, 絶無人, 獨廚中有搆火烹油之所. 因窺之, 則鐺長數尺, 久而復低, 如是者三四. 琛大恐, 奔出于門, 方見其家, 悉於外寢, 營享奠之所矣. 琛神色慘慄, 且告之故, 家人咸叱之, 以爲稚子妄語也.

俄頃, 廚中有主庖青衣, 就鐺作食, 仍咲小兒於懷抱間, 兒踴身索哺, 因誤墜鐺中. 沸油湧溢, 青衣大叫, 火已及屋. 長幼奔救, 或沃以水, 焰則轉熾, 蓋膏水相激也. 乃雜擲罌盎茵毯之類, 久之方滅. 火滅, 兒已燋矣. 闔室驚怖, 爲之罷節, 青衣亦以此發悸而死. (出『唐闕史』)

366·11(4692)
장모손(張謀孫)

광주부사(廣州副使) 장모손은 비록 비천한 가문에서 태어났지만, 말재주가 있고 지략이 뛰어나 여러 차례 왕부(王府)의 참좌(參佐)를 지냈다. [唐나라] 함통연간(咸通年間: 860~873) 초에 장모손은 교광(交廣)에서 초징 받아 결국 원료(元寮: 幕僚의 美稱)가 되었다. 그는 천성이 탐욕스럽고 사치스러워 계속해서 재물을 긁어모았다. 그의 집안에는 남해(南海)에서 나는 기이한 물건이 많았는데, 무소뿔과 상아, 진주 같은 보배가 셀 수 없을 정도였다.

장모손은 임기가 끝나자 북쪽으로 돌아와서 여분(汝墳)에서 살았다. 그는 마을에서 서쪽으로 30리 떨어진 울양역(鬱陽驛)의 남쪽 여수(汝水) 가에 아주 화려하고 넓은 별장을 지었다. 그가 한번은 연못을 파고 북쪽으로 관(官)의 수로를 따라 물을 끌어다 연못을 채우려 하자, 누군가가 이렇게 말했다.

"이곳은 올해 태세신(太歲神: 전설상의 神名. 옛날 민간에서는 땅에 있는 태세신이 하늘의 태세[목성]와 상응하여 움직인다고 생각했는데, 이 방향을 나쁜 방향이라 생각하여 태세신의 방위로 흙을 파고 건축 공사하는 것을 금기했음)이 오는 자리입니다."

장모손은 일꾼들에게 주의를 주면서 말했다.

"샘을 파다가 태세신이 나오면 그만두시오."

이튿날 지하수가 나올 때까지 땅을 팠더니 흙 푸대 하나가 나왔다. 흙 푸대를 찢고 보았더니, 그 안에 한 되 남짓 되는 흰색의 좁쌀 같은 물체가 들어 있었는데 물체는 갑자기 뛰어올라 사방으로 흩어져서는 사라졌다. 장모손은 급병에 걸려 이틀 뒤에 죽었다. ([『삼수소독』])

廣州副使張謀孫, 雖出於閹茸, 有口辯, 善心計, 累爲王府參佐. 咸通初, 從交廣辟, 遂爲元寮. 性貪侈, 聚斂不倦. 南海多奇貨, 若犀象珠貝之類, 不可勝計.

及府罷北歸, 止於汝墳. 於郡西三十里, 鬱陽驛南, 汝水之上, 搆別業, 窮極華敞. 常鑿一池, 欲北引官渠水漲之, 或曰: "此處今年太歲所在也." 謀孫誡役夫曰: "堀得太歲則止." 明日及泉, 獲一土囊. 破之, 中有物升餘, 色白, 如粟粒, 忽跳躍四散而隱. 謀孫遂中暴病, 信宿而死. (原闕出處, 明鈔本作'出『三水小牘』')

366 · 12(4693)
이 황(李 黃)

 거주자사(渠州刺史) 이황은 여름날 작은 대청에서 쉬다가 쥐구멍 안에 한 사람이 있는 것을 보았는데, 키가 몇 촌(寸)되지 않는 사람이 비를 들고 굴 앞을 쓸더니 안으로 들어갔다. 역시 키가 2~3촌 정도 되는 두 사람이 솥 하나를 들고 나와서 물을 붓고 땔나무를 지피며 밥을 했다. 잠시 뒤에 솥 앞에 쇠 작살을 쥔 한 야차(夜叉)가 나타나서 한 사람을 찔렀다. 그 사람은 자주색 도포를 걸치고 상아 홀(笏)을 들고 있었으며 키가 2~3촌정도 되었는데, 얼굴과 모습이 바로 이황 자신이었다. 이때 이황은 몹시 두려웠지만 감히 야차를 놀라게 할 수 없었다. 야차는 이황을 꾸짖으며 옷을 벗긴 뒤 솥 안으로 들여보냈다. 잠시 뒤에 이황은 솥 밖으로 나오더니 옷을 입고 쥐구멍 속으로 들어갔다. 이황이 또 보았더니 한 부인이 불 속에서 나오는데, 다름 아닌 혼자 살고 있는 이황의 첩으로 악주(岳州)에 산 지 오래되었다. 솥을 관리하는 사람이 이황의 첩을 찔러 솥 안으로 넣었더니, 이황의 첩은 잠시 뒤에 솥 밖으로 나와서 옷을 입고 역시 쥐구멍 속으로 들어갔다. 솥을 관리하는 사람이 따라서 쥐구멍 속으로 들어가자 나머지 두 사람도 솥을 들고 쥐구멍 속으로 들어갔으며, 그저 비를 든 사람만이 남아서 그 재를 모두 쓸어냈다. 이와 같은 일이 며칠 동안 계속 되자, 이황은 두려운 나머지 사람을 보내 첩의 소식을 알아보았으나 역시 별 탈 없었다. 이황의 첩은 그로부터 몇 년 뒤에 죽었으며 이황도 10여 년 뒤에 죽었다. (『문기록』)

渠州刺史李黃, 夏日憩於小廳, 見鼠穴中有一人, 長數寸, 執篲, 掃穴前而入. 有二人, 亦長三二寸, 舁一鑊, 添水爨薪. 須臾, 鑊前有一夜叉, 執鐵扠, 又一人. 披紫袍, 執象笏, 長三二寸, 形色狀貌, 乃李也. 黃雖懼而不敢驚之. 乃咄黃脫衣, 入鑊中. 須臾而出, 黃衣服而入穴中. 又見一婦人出火中, 乃黃之孀婦, 寓岳州久矣. 主鑊者扠黃娣入鑊中, 須臾, 又出, 娣服衣亦入穴中. 主鑊者亦入, 又二人舁鑊入, 而擁篲者又掃去其灰爐. 數日如此, 黃大憂, 遣訪其娣, 亦無恙. 數年方卒, 黃十餘年方卒. (出『聞奇錄』)

366 · 13(4694)
송 순(宋 洵)

진사(進士) 송순은 과거에서 낙방하고 남쪽으로 돌아갔다. 그의 형 송파(宋波)는 당시 금주(金州) 석천현령(石泉縣令)으로 있었는데, 송순은 마을이 시끄럽다고 생각하여 현에서 동쪽으로 몇 리 떨어진 산에다 집을 짓고 살았다. 집이 채 완성되지 않았을 때 한 일꾼이 바위 속에서 어떤 부인이 이렇게 말하는 것을 들었다.

"송삼랑(宋三郞)이 오셨다!"

결국 송순은 그곳에서 살게 되었는데, 어느 달밤에 서당 옆에서 천천히 걷다가 바위 속에서 이렇게 말하는 소리를 직접 들었다.

"송삼랑이 오셨다!"

송순이 발걸음을 멈추고 이야기를 들으려고 할 때 갑자기 바위 문이 열리더니 여자 여러 명이 나타나 두 번 절하고 웃으면서 이렇게 말하는 것이었다.

"삼랑께서는 안으로 들어오시지요!"

송순은 달아나려다가 여자들에게 잡혀 안으로 들어갔는데, 그 순간 바위 문이 그대로 닫혔다. 하인들은 급히 이 사실을 송파에게 알렸다. 송파는 돌을 뚫어 송순을 구하려 했지만 결국 그를 구해낼 수 없었다. (『문기록』)

進士宋洵, 下第南歸. 兄波, 爲金州石泉令, 洵以縣邑喧雜, 於縣東數里葺一山居. 未畢, 役者聞山石中有婦人語云: "宋三郎來矣!" 及洵居之, 因月夜, 於書堂側履步, 又自聞石中云: "宋三郎來矣!" 駐步聽之, 石門忽開, 見婦人數輩, 再拜笑曰: "請三郎入來!" 洵欲走, 爲數輩所擒, 入其室, 石門遂閉. 僕夫急告波. 穿石求之, 終不能得. (出『聞奇錄』)

366・14(4695)
장씨자(張氏子)

당(唐)나라 문덕년(文德年: 888)에 경관(京官: 도성에서 벼슬하는 관원을 말하는데, 당대에는 尙書省・中書省・門下省 장관 이하는 모두 경관이라 불렀음) 장(張) 아무개는 그 이름은 잊어버렸지만 소대(蘇臺)에서 살고 있었다. 그의 어린 아들이 당시 문인 육평사(陸評事: 大理寺의 屬官인 大理評事를 말하는데, 주로 刑獄의 일을 맡아보았음)의 집에 드나들다 한 미인의 사랑을 받게 되었다. 장 아무개의 아들은 왕래하는 시간이 길어지면서 이상하다고 생각했는데, 얼마 지나지 않아서 결국 병이 들어 몸이 수척해졌다. 하루는 개원관(開元觀) 도사 오수원(吳守元)을 만났는데, 도사는 기운이 보인다고 하면서 그에게 부적 하나를 주었다. 그런데 붉은 글씨로 등에 '英'자가 씌어진 순장용 계집종 [盟器: 明器 혹은 冥器라고도 하는데, 무덤에 넣어주는 부장품을 말함] 하나가 빈 집의 기둥 구멍 안에서 나왔는데, 그것을 태우자 요괴가 바로 사라졌다. 이 이야기는 유산보(劉山甫)에게서 들은 것이다. (『북몽쇄언』)

唐文德中, 京官張, 忘其名, 寓蘇臺. 子弟少年, 時往文人陸評事院往來, 爲一美人所悅. 來往多時, 心疑之, 尋病瘠. 遇開元觀道士吳守元, 云, 有不祥之氣, 授一以符. 果一盟器婢子, 背書紅'英'字, 在空舍柱穴中, 因焚之, 其妖乃絶. 聞於劉山甫. (出『北夢瑣言』)

366 · 15(4696)
승십붕(僧十朋)

유건봉(劉建封)이 예장현(豫章縣)을 침범했을 때 십붕 스님은 불제자들과 함께 분녕현(分寧縣)으로 달아나 징심승원(澄心僧院)에서 지냈다. 초저녁에 십붕 스님은 창밖으로 불빛이 비치는 것을 보고는 밖으로 나가 살펴보았는데, 그것은 바로 높이와 너비가 몇 척(尺)이나 되는 불덩이였다. 불덩이 안에는 금거자(金車子: 동으로 장식한 수레)가 삐걱거리는 소리를 내며 불과 함께 움직이고 있었다. 십붕 스님이 두려워하자 절의 주지 스님이 말했다.

"이와 같은 광경을 본지 이미 여러 해 되었습니다. 이들은 밤마다 승방의 서북쪽 모퉁이 땅에서 나와서 승방 주위를 몇 바퀴 돌고 나서는 다시 그 곳으로 사라집니다. 그러나 좋은 일도 나쁜 일도 일어나지 않았기 때문에 그곳을 파서 보지는 않았습니다."

(『계신록』)

劉建封寇豫章, 僧十朋, 與其徒奔分寧, 宿澄心僧院. 初夜, 見窓外有光, 視之, 見團火, 高廣數尺. 中有金車子, 與火俱行, 嘔軋有聲. 十朋始懼, 其主人云: "見之數年矣. 每夜, 必出於僧堂西北隅地中, 繞堂數周, 復沒於此. 以其不爲禍福, 故無掘視之者." (出『稽神錄』)

366・16(4697)
의춘인(宜春人)

[唐나라] 천우년(天祐年: 904) 초에 한 사람이 의춘현(宜春縣)에 놀러 갔다가 그곳의 한 빈집에 머물게 되었다. 전란 뒤라 마을은 모두 잡초에 파묻혀 있었다. 당(堂)의 서쪽에서 들보 위까지 작은 창이 하나 나 있고, 창문 너머로 수십 마지기의 황무지가 있었다. 그런데 날이 저물자 창문 밖에 있던 정방형의 한 물체가 창문 아래에서 위로 올라오더니, 잠시 뒤에 창문을 완전히 가렸다. 그는 활을 당겨 물체를 향해 쏘았는데, 화살이 활시위를 떠나자마자 물체가 창문에서 떨어져나갔다. 그때는 이미

날이 저물어 어두웠기 때문에 곧 바로 나가 살펴볼 수가 없었다. 이튿날 아침 그 물체를 찾아 나서서 서쪽으로 100여 걸음 가다보니 네모반듯한 삼나무 판자에 화살 하나가 박혀 있었는데, 그것은 바로 자신이 쏘았던 그 화살이었다. (『계신록』)

天祐初, 有人游宜春, 止空宅中. 兵革之後, 井邑蕪沒. 堂西至梁上, 有小窗, 窗外隙荒數十畝. 日暮, 窗外有一物, 正方, 自下而上, 頃之, 全蔽其窗. 其人引弓射之, 應絃而落. 時已夕, 不能卽視. 明旦尋之, 西百餘步, 有方杉板, 帶一矢, 卽昨所射也. (出『稽神錄』)

366 · 17(4698)
주종본(朱從本)

이우(李遇)는 선주절도사(宣州節度使)로 있을 때 군권을 대장군(大將軍) 주종본에게 모두 위임했다. 주종본의 본가에서는 마구간에서 원숭이를 길렀다. 하루는 마부가 밤에 일어나 말에게 꼴을 먹이다가 나귀처럼 생긴 한 물체를 보았는데, 검고 털이 나 있었으며 사람처럼 손과 발이 모두 있었다. 그 물체는 땅에 앉아서 원숭이를 먹다가 사람을 보고는 그대로 떠났는데, 원숭이가 이미 반이나 먹힌 상태였다. 이듬해 주종본의 일족이 모두 살해되었다.

선성(宣城)의 한 노인이 말했다.

"마을에 자주 이런 괴물이 나타났는데, 군성(軍城: 唐나라 때 군대를 두어 지키던 城鎭에 변괴가 있을 때마다 이 괴물이 나타나곤 했습니다. 이 괴물이 나타나면 온 성에 악취가 났습니다. 전군(田頵)이 패망할 즈음에 거리에 이 괴물이 나타났는데, 밤에 순찰을 돌던 사람이 괴물을 보고는 감히 다가가지 못했습니다. 그로부터 한 달 뒤에 화가 미쳤습니다."

(『계신록』)

李遇爲宣州節度使, 軍政委大將朱從本. 本家廐中畜猴. 圉人夜起秣馬, 見一物如驢, 黑而毛, 手足皆如人. 據地而食此猴, 見人乃去, 猴已食其半. 明年, 遇族誅.
宣城故老云:"郡中常有此怪, 每軍城有變, 此物輒出. 出則滿城皆臭. 田頵將敗, 出於街中, 巡夜者見之, 不敢逼. 旬月禍及."(出『稽神錄』)

366·18(4699)
주 본(周 本)

신주자사(信州刺史) 주본은 황제를 알현하러 양도(揚都: 揚州)에 가서 관사에서 머물게 되었다. 주본은 때마침 그 날이 집안의 기일이었기 때문에 혼자 바깥 서재에서 묵다가 등불을 켜놓고 잠이 들었다. 그런데 잠이 깊이 들지 않았을 때 방안에서 휘익! 하는 소리가 났다. 주본이 보았더니, 화로가 천천히 위로 올라가 곧장 지붕에 가서 붙었다가 한참 뒤에 다시 내려왔는데, 재가 이리저리 마구 날렸다. 이튿날 밤 집안 가득 먼지가 물건을 뒤덮고 있었을 뿐 별 탈은 없었다. (『계신록』)

信州刺史周本入覲揚都, 舍於邸第. 遇私諱日, 獨宿外齋, 張燈而寐. 未熟, 聞室中有聲劃然. 視之, 見火爐冉冉而上, 直傅于屋, 良久乃下, 飛灰勃然. 明日, 滿室浮埃覆物, 亦無他怪. (出『稽神錄』)

366 · 19(4700)
왕종신(王宗信)

당(唐)나라 말에 촉(蜀: 前蜀) 땅 사람들이 기주(岐州)를 공격하고 돌아오는 길에 백석진(白石鎭)에 이르렀을 때의 일이다. 비장(裨將) 왕종신은 보안선원(普安禪院)의 승방에서 머물렀다. 때마침 엄동설한이라 승방 안에는 커다란 선로(禪爐)가 있었는데, 불꽃이 아주 활활 타오르고 있었다. 왕종신은 기녀 10여 명을 데리고 있었는데, 그녀들은 각자 승방의 침상에 기대어 쉬고 있었다. 왕종신은 갑자기 한 기녀가 화로 속으로 날아 들어가 활활 타오르는 불 위를 구르고 있는 것을 보았다. 왕종신은 급히 그녀를 화로에서 꺼내 구해주었다. 불길에서 꺼낸 다음 보았더니 기녀가 입고 있던 옷은 전혀 그을리지 않았다. 또 다른 기녀가 방금 전과 마찬가지로 화로 속으로 날아 들어가자 왕종신은 다시 그녀를 구해냈다. 잠시 뒤에는 다른 기녀들도 화로 속을 들락날락 했는데, 아무 말도 하지 못한 채 정신이 나가 있었다.

역참의 담 하나를 사이에 두고 있던 한 심복관리가 그 일을 도(都)의 초토사(招討使) 왕종주(王宗儔)에게 알렸다. 왕종주가 천천히 안으로 들어오자 기녀들은 차례차례 팔을 들어올리면서 화로 밖으로 나왔다.

왕종주가 보았더니 기녀들의 옷은 티끌만큼도 불에 타지 않았으나, 기녀들은 놀라서 가슴이 떨려 잠을 이루지 못했다. 기녀들에게 물어보았더니 이렇게 대답했다.

"한 호승(胡僧)에게 이끌려 불 속으로 들어갔습니다."

기녀들이 본 것은 모두 똑 같았다. 왕종신은 버럭 화를 내며 여러 스님들은 불러 앞에다 세워놓고 기녀들보고 찾아보라고 했다. 그 가운데 주씨(周氏) 성을 가진 한 스님이 있었는데, 키와 생김새가 호승과 닮았었다. 그래서 모두들 그가 틀림없다고 말했다. 왕종신은 주씨 스님을 수백 대 때리면서 그가 환술(幻術)을 가지고 있다고 했다. 그런데 이 스님은 시골 촌사람으로 이제 막 삭발하고 스님이 되었기 때문에 아무 것도 몰랐다. 왕종신이 그의 손발을 묶고 벌겋게 달구어진 숯을 가지고 와서 그를 지지려고 하자 왕종주는 그의 억울함을 알고 풀어주어 도망가게 놓아두었다. 그래서 끝내 어떤 요괴의 짓인지 알 수 없었다.(『왕씨견문』)

唐末, 蜀人攻岐還, 至於白石鎭. 裨將王宗信止普安禪院僧房. 時嚴冬, 房中有大禪爐, 熾炭甚盛. 信擁妓女十餘人, 各據僧牀寢息. 信忽見一姬飛入爐中, 宛轉於熾炭之上. 宗信忙遽救之. 及離火, 衣服並不燋灼. 又一姬飛入如前, 又救之. 頃之, 諸妓或出或入, 各迷悶失音.

有親吏隔驛牆, 告都招討使王宗儔. 宗儔至, 則徐入, 一一提臂而出. 視之, 衣裾纖毫不熯('熯'原作假, 據明鈔本改), 但驚悸不寐. 訊之, 云: "被胡僧提入火中." 所見皆同. 宗信大怒, 悉索諸僧立於前, 令妓識之. 有周和尙者, 身長貌胡. 皆曰是此也. 宗信遂鞭之數百, 云有幻術. 此僧乃一村夫, 新落髮, 一無所解. 又縛手足, 欲取熾炭蒸之, 宗儔知其屈, 遂解之使逸. 訖不知何妖怪. (出『王氏見聞』)

366 · 20(4701)
설로봉(薛老峯)

복주성(福州城)에 조석산(鳥石山)이 있었는데, 산에 '설로봉(薛老峯)'이라는 세 글자가 크게 새겨져 있는 산봉우리가 있었다. [五代十國의] 계묘년(癸卯年: 907) 어느 날 저녁에 비바람이 불더니 산 위에서 마치 수천 명이 떠드는 것 같은 소리가 들렸다. 날이 밝은 뒤에 보았더니 설로봉이라는 글자가 거꾸로 서 있었는데, 그 중에서 '봉'자가 맨 위에 올라가 있었으며 성안에 있는 돌비석이 모두 옆으로 기울어졌다. 그 해 민(閩)나라가 망했다. (『계신록』)

福州城中有鳥石山, 山有峯, 大鑿三字, 曰'薛老峯'. 癸卯歲, 一夕風雨, 聞山上如數千人喧噪之聲. 及旦, 則薛老峯倒立, 峯字反向上, 城中石碑, 皆自轉側. 其年閩亡. (出『稽神錄』)

366 · 21(4702)
구양찬(歐陽璨)

삼전과(三傳科: 과거 시험 과목의 하나. 『公羊』·『穀梁』·『左氏傳』을 가리킴) 구양찬은 서주(徐州)에서 남쪽으로 50리 떨어진 곳에 살고 있었다. 그는 일이 있어 성읍(城邑)에 갔다가 해질 무렵 비로소 집으로 돌아오게 되었다. 성읍을 나서 1~2리도 가지 않았을 때 이미 날이 어둑어둑해졌다. 그 날 밤은 날이 몹시 어두웠다. 약 30리 정도 갔을 때 여름비가 억수같이 내렸고 천둥과 벼락이 쳤다. 반쯤 갔을 때 산속으로 작은 길이 하나 나 있었는데, 빽빽한 수풀과 깊은 골짜기에 사나운 맹수들이 많이 있었기에 구양찬은 몹시 두려웠다. 또 산길로 접어든 뒤로 빗줄기는 더욱 거세졌다. 그런데 별안간 구양찬 앞에 한 커다란 물체가 나타났는데, 가늠 해봐도 겨우 10여 걸음 정도 떨어져 있을 뿐이었다. 괴물은 키가 1장(丈) 남짓 되고 아주 희었는데, 어디가 머리이고 발인지를 구분할 수 없었다. 괴물은 그저 앞에서 길을 인도하면서 가고 있었다. 구양찬은 공포가 극에 달했다. 그는 평소에「대비신주(大悲神呪:『千手經』의 제84번째 句인 陀羅尼呪를 말함. 이것을 염송하면 신상의 무거운 죄를 모두 제거할 수 있다고 함)」를 염송했기 때문에 큰 소리로 그것을 외려 했지만 입이 붙어서 떨어지지 않았다. 그래서 하는 수 없이 속으로「대비신주」를 외었는데 서너 번 외고 나서야 겨우 말을 할 수 있게 되었다. 구양찬이 계속해서「대비신주」를 염송하자 그 괴물이 갑자기 사라졌다. 집에서 거리가 점점 가까워지자 비도 조금씩 그치기 시작했다. 이때부터 구양찬은 날이 저문 뒤에는 감히 집 밖을 나가지 않았다. (『옥당한화』)

三傳歐陽璨, 住徐州南五十里. 有故到城, 薄晚方廻. 不一二里, 已昏暝矣. 是夕陰晦. 約行三十里, 則夏雨大澍, 雷電震發. 路之半, 有山林夾道, 密林邃谷, 而多鷙獸, 生怖懼不已. 旣達山路, 雨勢彌盛. 俄見巨物出於面前, 裁十餘步. 長丈餘, 色正白, 亦不辨首足之狀. 但導前而行. 生恐悸尤極. 口常諷「大悲神呪」, 欲朗諷之, 口已噤矣. 遂心存念, 三數遍則能言矣. 誦之不輟, 俄失其妖. 去家漸近, 雨亦稍止. 自爾, 昏暝則不敢出庭戶之間矣. (出『玉堂閒話』)

태평광기 권제 367

요괴 9
(人妖附)

요괴

1. 동가원(東柯院)
2. 왕수정(王守貞)
3. 팽옹(彭顒)
4. 여사조(呂師造)
5. 최언장(崔彦章)
6. 윤주기(潤州氣)
7. 황극(黃極)
8. 웅훈(熊勛)
9. 왕건봉(王建封)
10. 광릉사인(廣陵士人)
11. 장용(張鏞)
12. 종몽징(宗夢徵)
13. 황인준(黃仁濬)
14. 손덕준(孫德遵)

인요(人妖)

15. 동군민(東郡民)
16. 호욱(胡頊)
17. 오정현인(烏程縣人)
18. 이선처(李宣妻)
19. 조선모(趙宣母)
20. 마씨부(馬氏婦)
21. 양환처(楊歡妻)
22. 수안남자(壽安男子)
23. 최광종(崔廣宗)
24. 허주승(許州僧)
25. 전심(田瞫)
26. 원호(元鎬)
27. 무족부인(無足婦人)
28. 누정(婁逞)
29. 맹구(孟嫗)
30. 황숭하(黃崇嘏)
31. 백항아(白項鴉)

요괴

367 · 1(4703)
동가원(東柯院)

농성현(隴城縣)에 동가승원이라는 곳에 있었는데, 그윽하기 이를 데 없었으며 높은 난간에서는 멀리를 바라 볼 수 있었고 탁 트인 창으로는 바람을 맞이할 수 있어서 사람들이 시장거리처럼 모여들었다. 그런데 어느 날 갑자기 요괴가 나타나 공중에서 기왓장을 던지고 부채로 먼지를 일으키는 바람에 사람들은 감히 똑바로 서 있지도 못했다. 그곳에 사는 스님들도 밤마다 편안치 못했는데, 옷이며 도구들이 가끔 사라졌다가 다시 나오기도 했다. 한 도사가 그 이야기를 듣더니 이렇게 말했다.

"요괴가 어찌 감히 그럴 수가 있단 말이오? 내가 없앨 수 있소."

동가원의 승려들은 매우 기뻐하며 그 도사를 불러 들였다. 도사는 문을 들어서자마자 불전 위에서 우보(禹步: 도사가 법술을 행할 때의 걸음걸이)를 행하고 아주 준엄한 목소리로 천봉주(天蓬呪: 도가에서 행하던 요괴를 불러내는 주문)를 외웠다. 그러나 한참 뒤에 도사는 관(冠)을 잃어버리고 말았는데, 사람들이 보니 그 관은 공중으로 집어던져져 담장 밖으로 날아가고 있었다. 도사는 관을 다시 찾아와 끈을 매고 고쳐 쓴 다음 쉬지 않고 주문을 외웠으나 잠깐 사이에 의대(衣帶)가 다 풀리고 바지마저 사라져버렸다. 또 그가 가지고 왔던 부적과 서적, 중요한 비법 등을 넣어두던 작은 보따리 역시 잠깐 새에 없어졌다. 도사는 결국 허겁지겁 달아났다.

며칠 후, 한 마을 사람이 울타리 밑에서 땅을 파다가 [그 도사의] 보따리를 찾아냈다. 그 곳의 현령(縣令) 두연범(杜延範)은 정직한 사람이었는데, 직접 가서 보고는 이렇게 말했다.

"어떻게 이런 일이 있을 수 있는가?"

두연범이 그 곳에 도착해서 다리를 쭉 뻗고 거만하게 앉아있자니 요괴가 공중에서 작은 서첩(書帖)을 던졌는데, 어지러이 마구 떨어져 대체 몇 장이나 되는 지 셀 수가 없었다. 서첩은 대개가 절구(絶句)로 되어있었고 두현령(杜縣令: 杜延範)을 풍자하는 내용들이 적혀있었다. 그 중 한두 개만 기록해보면 다음과 같았다.

    비록 쑥대풀과 난초가 같이 있긴 하지만,
    나의 조상은 남조(南朝: 南方)에 있다네.
    녹색 도포 입은 사람[唐代에는 縣令이 녹색도포를 입었음. 여기서는 杜延範을 가리킴] 때리지 않으려네,
    공중에서라도 나는 노래하고 춤 출수 있으니.

또 한 수는 이러했다.

    나무 옆의 흙['杜延範'의 성 '杜'를 풍자한 것임] 가련하도다,
    남자도 아니고 여자 같지도 않으니.
    비쩍 마른 말을 타고 높은 산에 올라,
    먼 곳 바라보며 무엇 때문에 혼자 고생을 하는가?

두연범은 이 시의 뜻을 알아채고 그 즉시 돌아왔다. 여기 기록하지 않은 것 중에 절구로 되어있는 것이 매우 많았다.

순관(巡官) 왕소위(王昭緯)라는 사람이 있었는데, 왕성한 혈기만 믿고 [요괴 있는 곳으로] 욕해주러 찾아갔다가, 가자마자 커다란 돌로 허리를 얻어맞고는 그냥 돌아와 버렸다. (『옥당한화』)

隴城縣有東柯僧院, 甚有幽致, 高檻可以眺遠, 虛窗可以來風, 游人如市. 忽一日, 有妖異起, 空中擲下瓦礫, 扇揚灰塵, 人莫敢正立. 居僧晚夕不安, 衣裝道具, 有時失之復得. 有道士者聞之曰: "妖精安敢如是? 余能去之." 院僧甚喜, 促召至. 道士入門, 於殿上禹步, 誦天蓬呪, 其聲甚厲. 良久, 失其冠, 人見其空中擲過垣墻矣. 復取之, 結纓而冠, 誦呪不已, 逡巡, 衣襉帶解, 袴並失. 隨身有小襆, 貯符書法要, 頃時又失之. 道士遂狼狽而竄.

累日後, 隣村有人, 於藩籬之下掘土, 獲其襆. 縣令杜延範, 正直之人也, 自往觀之, 曰: "安有此事?" 至則箕踞而坐, 妖於空中, 抛小書帖, 紛紛然不知其數. 多成絶句, 凌謔杜令. 記其一二曰: "雖共蒿蘭伍, 南朝有宗祖. 莫打綠袍人, 空中且歌舞." 又曰: "堪憐木邊土, 非兒不似女. 瘦馬上高山, 登臨何自苦?" 延範覺之, 亦遽還. 其不記者, 絶句甚多.

又有巡官王昭緯, 恃其血氣方剛, 往而詬詈, 至則爲大石中腰而廻. (出『玉堂閒話』)

367・2(4704)
왕수정(王守貞)

서주(徐州)에 왕수정이라는 기갈도사(寄褐道士: 아내가 있는 道士)

가 있었는데, 처자식을 두고 있어 도관(道觀)에서 살지 않았으며 행실 또한 저속했다. 그는 태만궁(太滿宮)을 유람하다가 도사들이 지니고 다니는 주문을 훔쳐가지고 집으로 돌아와서는 침상에 깔아놓은 요 밑에다 넣어 두고 더럽기 짝이 없는 처의 옷으로 덮어두었다. [그 후 그의 집에는] 등잔걸이가 저절로 걸어 다니거나 고양이 새끼가 "이러지 마시오! 이러지 마!"라고 말을 하는 등 괴이한 일이 여러 번 나타났다. 그리고 나서 열흘도 안 되어 왕수정 부부는 모두 죽고 말았다. (『옥당한화』)

徐州有寄褐道士王守貞, 蓄妻子而不居宮觀, 行極凡鄙. 常遊太滿宮, 竊携道流所佩之籙而歸, 寘於臥榻蓐席之下, 覆以婦人之衣, 褻黷尤甚. 怪異數見, 燈檠自行, 猫兒語: "莫如此! 莫如此!" 不旬日, 夫妻皆卒. (出『玉堂閒話』)

367 · 3(4705)
팽 옹(彭 顒)

선주(宣州) 염철원(鹽鐵院)의 관리 팽옹은 몇 달 동안 병을 앓아 정신이 멍하고 기분 또한 늘 얹잖아 있었다. 그는 바깥 청사로 나갈 때마다 키가 겨우 몇 촌(寸)밖에 되지 않는 광대와 악공(樂工) 수십 명이 한데 어울려 연주를 하고 온갖 놀이를 하는 것을 보았는데, 붉은 빛과 자주 빛이 현란하기 그지없었다. 팽옹은 그 광경을 보고 때론 좋아하며 웃다가 때론 화를 버럭 내곤했는데, 어떻게 된 일인지 다른 사람들은 그것을 보지 못했다. 그 후 팽옹의 병이 쾌유되자 [그와 같은 광경이] 다시는 보이지 않았다. 팽옹은 그 후로도 십여 년이 지난 후에야 죽었다. (『계신록』)

宣州鹽鐵院官彭顒, 常病數月, 怳忽不樂. 每出外廳, 輒見俳優樂工數十人, 皆長數寸, 合奏, 百戲並作, 朱紫炫目. 顒視之, 或時欣笑, 或憤懣, 然無如之何, 他人不見也. 顒後病愈, 亦無復見. 後十餘年, 乃卒. (出『稽神錄』)

367 · 4(4706)
여사조(呂師造)

여사조는 지주자사(池州刺史)로 있으면서 재물을 많이 긁어모았다. 그는 일찍이 딸을 양도(揚都: 揚州)로 시집보내게 되자 혼수를 두둑이 마련해서 집안사람을 시켜 실어 보냈다. 그 사람은 저녁에 죽소강(竹篠江) 물가에서 정박했는데, 그곳에 갑자기 미치광이 같은 모습의 한 도사(道士)가 나타나 이리 뛰고 저리 뛰고 하다가는 배 안으로 펄쩍 뛰어 들어왔다. 그러더니 곧장 배를 뚫고 지나갔는데, 그가 지나가는 길마다 그 즉시 불길이 활활 타올랐다. 도사가 다시 뒤에 있는 배로 올라가면 불길 역시 도사를 따라 일어났다. 이로 인해 배 안에 싣고 가던 물건들은 모두 잿더미로 변했으며 늙은 여종 한 명은 머리카락이 다 타버렸다. 그러나 나머지 사람들과 배는 아무런 손상도 입지 않았다. 불이 꺼지자 도사도 사라지고 보이지 않았다. (『계신록』)

呂師造爲池州刺史, 頗聚斂. 常嫁女於揚都, 資送甚厚, 使家人送之. 晚泊竹篠江岸上, 忽有一道士, 狀若狂人, 來去奔走, 忽躍入舟. 直穿舟中過, 隨其所經, 火卽大發. 復登後船, 火亦隨之. 凡所載之物, 皆爲煨燼, 一老婢髮亦盡. 餘人與船, 了無所損. 火滅, 道士亦不復見. (出『稽神錄』)

367 · 5(4707)
최언장(崔彦章)

요주자사(饒州刺史) 최언장이 성의 동쪽에서 손님을 전송하고 있었다. 잔치가 한창 진행 중일 때 갑자기 황금색을 한 1척이 조금 넘는 높이의 작은 수레 하나가 나타나 자리를 빙빙 돌며 다녔는데, [그 모습이] 마치 무엇인가를 찾고 있는 듯 보였다. 그 수레는 최언장 앞으로 오더니 멈춰 서서 더 이상 움직이지 않았다. 최언장이 그 즉시 자리에 고꾸라지자 그를 싣고 요주로 돌아갔으나, [최언장은 곧] 죽고 말았다. (『계신록』)

饒州史崔彦章, 送客於城東. 方讌, 忽有小車, 其色如金, 高尺餘, 巡席而行, 若有求覓. 至彦章前, 遂止不行. 彦章因卽絕倒, 輿歸州而卒. (出『稽神錄』)

367·6(4708)
윤주기(潤州氣)

[五代十國의 後唐] 무자년(戊子年: 928)에 윤주에 마치 무지개처럼 생긴 오색 찬연한 연기가 피어올랐는데, 그 머리는 당나귀 같이 생겼고 그 전체 길이는 수십 장(丈)이나 되었다. 그 연기는 청사를 맴돌며 돌아다니다가 세 바퀴를 돌고나서 사라졌다. 점쟁이가 말했다.

"청사 안에 앞으로 곡소리가 생겨나겠으나 이것은 주부(州府)의 잘못은 아닙니다."

얼마 후, 그 나라[後唐]의 태후(太后)가 죽자 바로 그 당(堂)에서 출상(出喪)했다. (『계신록』)

戊子歲, 潤州有氣如虹, 五彩奪目, 有首如驢, 長數十丈. 環廳事而行, 三周而滅. 占者曰: "廳中將有哭聲, 然非州府之咎也." 頃之, 其國太后殂, 發哀於此堂. (出『稽神錄』)

367·7(4709)
황 극(黃 極)

[五代十國의 後唐] 갑오년(甲午年: 934)에 강서관역(江西館驛)의 순관(巡官) 황극의 며느리가 아들을 낳았는데, 머리 하나에 몸이 둘 달렸고 등이 서로 들러붙어있었으며 팔과 다리는 각각 네 개씩이었다. 또 건

창(建昌)의 한 민가에서 소가 새끼를 낳았는데, 모든 다리에 또 다른 다리가 하나씩 더 달려있었다. 사람들이 그것을 강 속에 던졌으나 다음 날 물 위로 다시 떠올랐다. 남창(南昌) 신의리(新義里)에는 10여 보(步)나 되게 땅이 꺼져 들어갔는데, [그 너비가] 넓은 곳은 몇 장이나 되었고 좁은 곳도 7~8척은 되었다. 그 해에 절도사(節度使) 서지순(徐知詢)이 죽었다. (『계신록』)

甲午歲, 江西館驛巡官黃極, 子婦生子男, 一首兩身相背, 四手四足. 建昌民家生牛, 每一足, 更附出一足. 投之江中, 翌日浮于水上. 南昌新義里地陷, 長數十步, 廣者數丈, 狹者七八尺. 其年, 節度使徐知詢卒. (出『稽神錄』)

367 · 8(4710)
웅 훈(熊 勛)

군리(軍吏) 웅훈의 집은 건강(建康) 장락만(長樂漫)의 동쪽에 있었다. 그가 한번은 저녁에 집을 나섰는데, 지붕 위에 붉은 빛을 내는 알만한 크기의 물체 두개가 서로 쫓고 쫓기며 왔다 갔다 하고 있었다. [이를 본] 집안사람들은 모두 놀라 떨었다. 그때 건장하고 용감한 친척 손님 하나가 지붕위로 올라가 그 물체를 잡았는데, 그 중 하나만을 손에 넣었다. [잡고 나서 보니 그 물체는] 바로 색동비단으로 묶은 계란껍질이었다. 사람들이 그것을 부숴 불로 태웠더니 그 냄새가 몇 리 밖까지 퍼졌다. 나머지 하나는 어디론가 도망가 다시는 나타나지 않았으며 웅훈의 집안에도 아무런 탈이 생기지 않았다. ([『계신록』])

　軍吏熊勛, 家于建康長樂漫之東. 常日晚出, 屋上有二物, 大如卵, 赤而有光, 往來相馳逐. 家人駭懼. 有親客壯勇, 登屋捕之, 得其一. 乃辟繒綵包一鷄卵殼也. 剉而焚之, 臭聞數里. 其一走去, 不復來矣, 家亦無恙. (原闕出處, 明鈔本作'出『稽神錄』')

367 · 9(4711)
왕건봉(王建封)

　강남군사(江南軍使) 왕건봉은 교만 방자하고 사치스러워 회수(淮水) 남쪽에 대저택을 지었다. 어느 한가한 날에 그는 길로 나갔다가 창 아래에 앉았는데, 한 노파가 어린 여자아이를 데리고 그 앞을 지나가는 것을 보게 되었다. 그 여자아이는 비록 옷차림새가 남루했으나 용모는 매우 빼어났다. 왕건봉이 그 둘을 부르며 [누구냐고] 묻자 노파가 대답했다.

　"외롭고 가난한 신세에 의지할 곳조차 없어 구걸하러 여기까지 왔습니다."

　왕건봉이 말했다.

　"내가 자네의 딸을 집에 들이고 자네를 평생 먹여 살려 준다면 어떻겠나?"

　노파가 흔쾌히 그러겠다고 하자 왕건봉은 즉시 그들을 집안으로 불러들이고 [하녀에게 시켜] 새 옷 두 벌을 가져와 그들에게 입히게 했다.

노파와 그 딸은 입고 있던 옷을 벗자마자 그 즉시 응혈(凝血)되더니 땅에서 하나로 뭉쳐졌다. 한 달 뒤에 왕건봉은 주살당했다. (『계신록』)

江南軍使王建封, 驕恣奢僭, 築大第于淮之南. 暇日臨街, 坐窓下, 見一老嫗, 携少女過於前. 衣服襤縷, 而姿色絶世. 建封呼問之, 云: "孤貧無依, 乞食至此." 建封曰: "吾納爾女, 而給養爾終身, 可乎?" 嫗欣然, 建封卽召入, 命取新衣二襲以衣之. 嫗及女始脫故衣, 皆爲凝血, 聚于地. 旬月, 建封被誅. (出『稽神錄』)

367 · 10(4712)
광릉사인(廣陵士人)

광릉에 한 선비가 있었는데, 그는 늘 불을 밝혀두고 홀로 잠을 잤다. 어느 날 밤 그는 한밤중에 잠에서 깨어났는데, [보았더니] 난데없이 양쪽으로 머리를 틀어 올리고 용모 또한 매우 아름다운 한 하녀가 자기 발밑에서 깊이 잠들어 있는 것이었다. 선비는 그것이 요물임을 알고는 겁이나 감히 가까이 가지 않고 아까처럼 다시 잠을 잤다. 새벽녘이 되자 그 여자는 사라졌는데 문은 여전히 잠겨진 채로였다. 이때부터 밤마다 그 여자가 나타났다. 한 술사(術士)가 그를 위해 부적을 적은 다음 상투 속에다 넣어주었는데, 그가 그날 밤 잠자는 척하고 몰래 엿보았더니 과연 그 여자가 문으로 들어와 곧장 상투 속을 뒤져서 그 부적을 꺼내는 것이었다. 그 여자는 등불 밑에서 [그 부적을] 보더니 미소를 짓고는 다시 상투 속에다 집어넣은 다음 침상으로 올라와 잠을 잤다. 선비는 너무도 두려웠다. 후에 선비는 옥사산(玉笥山)에 한 도사가 있는데 부적과 주술이 아무 영험하다는 말을 듣고 그 도사를 찾아갔다. 선비가 배에 오른 뒤부터 [그 여자는] 오지 않았다.

선비는 예장(豫章)에 이르러 한 여름 밤에 달빛을 받으며 물길을 가고 있었는데, 날씨가 너무 더워 배에 있는 창문을 모조리 열어두고 잠을 잤다. 한밤중이 되었을 때 [그 여자가] 갑자기 다시 나타나 침상 뒤에서 잠을 잤다. [이를 본] 선비가 그 즉시 몰래 몸을 일으켜 여자의 팔 다리를 잡은 다음 강물에 던져버리자 첨벙 하는 소리가 났다. 이 일이 있은 뒤로 그 여자는 나타나지 않았다. (『계신록』)

廣陵有士人, 常張燈獨寢. 一夕, 中夜而寤, 忽有雙髻靑衣女子, 資質甚麗, 熟寐於其足. 某知其妖物也, 懼不敢近, 復寢如故. 向曉乃失, 門戶猶故扃閉. 自是夜夜恒至. 有術士, 爲書符, 施髻中, 其夜, 佯寢以伺之, 果見自門而入, 徑詣髻中, 解取符. 燈下視之, 微笑, 訖, 復入置髻中, 升牀而寢. 甚懼. 後聞玉笥山有道士, 符禁神妙, 乃往訪之. 旣登舟, 遂不至.

塗次豫章, 暑夜, 乘月行舟, 時甚熱, 乃盡開船窗而寢. 中夜, 忽復見, 寐於牀後. 某卽潛起, 急捉其手足, 投之江中, 紞然有聲. 因爾遂絶. (出『稽神錄』)

367・11(4713)
장 용(張 鋿)

연주(兗州)의 녹사참군(錄事參軍) 장용이라는 사람은 젊었을 적에 치주(淄州)에서 살았는데, 집안에 갑자기 귀신이 잔뜩 나타났으나 그 모습은 보이지 않았다. 가동(家僮)들은 음식을 손에 바치고 가다가 귀신에게 모두 **빼앗겼는데**, [귀신들은 음식을 다 먹은 다음에] 빈 그릇을 다시 돌려주었다. 간혹 그릇을 공중에서 던지면 한참만에야 땅에 떨어졌다. 또 어떤 때는 모두 나와 땅 위를 걸어 다니다가 서로 치고받기도 했다. 또 날아다니는 불덩이가 사람 몸에 달라붙기도 했으나 몸이 타들어 가는데도 아프지 않았다. 만일 누군가가 자기들에게 욕하면 바로 벽돌이나 기와장이 욕이 끝남과 동시에 날아왔다.

한 유생(儒生)이 있었는데, 그런 일 따위는 믿지 않으며 검을 차고 그 집으로 들어와 밤새 묶었다. 그러나 그의 검은 기와장과 돌에 맞아 날이 이지러지고 부러졌다. 또 주술을 걸 줄 안다고 자칭하는 사람이 그 집 문으로 들어오려 했으나, 갑자기 기와장과 돌이 번갈아가며 떨어지는 통에 더 이상 앞으로 나아갈 수 없었다. 그 집에 온 손님 중에 어떤 이는 두건을 **빼앗겼는데**, 귀신이 두건을 다른 곳으로 집어던지는 바람에 이마를 드러낸 채 도망가 버리고 말았다. 이런 일은 몇 수십 일이 지난 뒤에야 그쳤지만 그 집에는 별 다른 탈이 없었다. (『옥당한화』)

克州錄事參軍張鋪者, 少年時, 嘗居淄州, 第中忽多鬼怪, 唯不覩其形質. 家僮輩捧執食饌, 皆爲鬼所搏, 復置空器. 或以器皿擲於空中, 久之方墮. 或合自行於地, 更相擊觸. 又飛火塊著人身, 燒而不痛. 若有詬詈之者, 卽磚石瓦礫, 應聲而至.

常有一儒生, 不信其事, 仗劒入宿於舍. 其劒爲瓦石所擊, 鋒刃缺折. 又有稱禁呪者, 將入其門, 欻見瓦石交下, 不能復前. 賓客來者, 或被搏其巾幘, 擲致他所, 至有露頂而逸者. 如是累旬方已, 其家竟亦無他. (出『玉堂閒話』)

367 · 12(4714)
종몽징(宗夢徵)

　진(晉: 五代 後晉)나라 채주(蔡州)의 순관(巡官) 종몽징은 의술에 뛰어났다. 그는 동경(東京: 洛陽)에 살고 있었는데, 개운(開運) 2년(945) 가을에 해옥항(解玉巷) 동쪽에 살고 있던 한 환자가 깊은 밤에 그를 부르기에 말을 타고서 그 집을 찾아갔다. 4경(更: 새벽 1시~3시)이 가까워 올 무렵, 해옥항 입구에서 조금 떨어져 있는 한 집 문 앞에서 어떤 물체가 서서 움직이고 있었는데, 그것은 몸집이 제법 큰 것이 마치 검은 안개가 높이 솟아있는 것 같아보였다. 하인은 앞장서서 가다가 겁에 질려 우뚝 선 채 온 몸의 털이 다 곤두설 지경이 되었으며 말 역시 코로 소리를 내고 귀를 쫑긋 세운 채 앞으로 나아가지 않았다. 종몽징은 정신을 굳게 다잡고 말을 몰며 앞으로 갔다. 그러나 그 환자의 집에 도착했을 때 그는 진맥을 할 수조차 없었고 그저 정신이 멍할 따름이었다. 그는 집에 돌아와서 베개에 엎어져 있다가 6~7일이 지난 다음에야 비로소 완쾌되었다. (『옥당한화』)

　晉蔡州巡官宗夢徵, 善醫. 居東京, 開運二年秋, 解玉巷東有病者, 夜深來召, 乘馬而至. 將及四更, 去解玉巷口民家門前, 有一物, 立而動, 其形頗偉, 若黑霧亭亭然. 僕者前行, 愕立毛竪, 馬亦鼻鳴耳聳不進. 宗則强定心神, 策馬而去. 比其患者之家, 則不能診脈, 尤覺恍惚矣. 旣歸伏枕, 凡六七日方愈. (出『玉堂閒話』)

367 · 13(4715)
황인준(黃仁濬)

서주(舒州)의 사사참군(司士參軍) 황인준이 이런 이야기를 했다.

"[五代 後晉] 임자년(壬子年: 952)에 저는 농주(隴州) 견양주부(汧陽主簿)를 마치고 봉상성(鳳翔城)으로 갔습니다. 거기 문수사(文殊寺)라는 절이 있었는데, 절 안에 있던 수십 개의 토우(土偶)가 갑자기 마치 술 취한 사람 모양 저절로 이리저리 몸을 흔들며 한동안 멈추지 않았습니다. 사람들이 울타리를 쳐 놓은 듯 빙 에워싸고 구경하자 관부에서 이를 금지시켰습니다. 아직까지도 그게 대체 무슨 징조였는지 알 길이 없습니다."

(『계신록』)

舒州司士參軍黃仁濬, 自言:"壬子歲, 罷隴州汧陽主簿, 至鳳翔城. 有文殊寺, 寺中土偶數十軀, 忽自然搖動, 狀如醉人, 食頃不止. 觀者如堵, 官司禁止之. 至今未知其應."(出『稽神錄』)

367 · 14(4716)
손덕준(孫德遵)

서주도우후(舒州都虞候) 손덕준의 집 침실 안에는 쇠로 만든 등잔걸이가 있었는데, 어느 날 갑자기 마치 누군가가 흔들기라도 한 듯 저절로 요동치기 시작했다. 이튿날 하녀 한 명이 우연히 등잔걸이 있는 곳에 갔다가 갑자기 땅에 고꾸라져 죽고 말았다. (『계신록』)

舒州都虞候孫德遵, 其家寢堂中鐵燈檠, 忽自搖動, 如人撼之. 至明日, 有一婢偶至燈檠所, 忽爾仆地, 遂卒. (出『稽神錄』)

인요(人妖)
367·15(4717)
동군민(東郡民)

한(漢)나라 건안연간(建安年間: 196~219)에 동군에 있는 한 민가에 이상한 일이 벌어졌다. 까닭 없이 항아리 뚜껑이 저절로 열려 마치 사람이 두드리는 듯 쿵쿵 소리를 내는가 하면 눈 앞에 있던 접시며 상이 갑자기 사라지고, 닭이 알을 낳는 즉시 그 알이 사라지곤 했다. 이와 같은 일이 몇 년간 계속되자 사람들은 모두 꺼림칙해 했다. 사람들이 맛 좋은 음식을 잔뜩 만들어 뚜껑을 씌운 다음 방 안에다 놓고 몰래 숨어 문틈으로 살펴보았더니 과연 뚜껑이 저절로 열리면서 무슨 소리가 났다. 사람들이 방문을 닫고 방을 한번 휘 둘러보았으나 방 안에는 아무것도 보이지 않았다. 이에 어둠 속에서 몽둥이로 내리 쳤다. 한참이 지났을 때 방안 귀퉁이에서 신음하는 소리가 들려오기에 문을 열고 보았더니 백여 살쯤 되어 보이는 한 노인이 그 안에 있었는데, 말하는 것이나 생김새가 짐승과 비슷했다. 이것저것 상세히 물어보다가 몇 리(里) 밖에 그 노인의 집이 있다는 사실을 알아내게 되었다. 노인의 집안사람들이 말했다
"집을 나간 지 십여 년이 되었는데, 지금 이렇게 찾고 보니 슬프기도 하고 기쁘기도 합니다."

일년 쯤 후에 그 노인은 다시 행방불명되었는데, 진류(陳留) 경계에 이와 같이 생긴 괴물이 또 나타났다는 말이 떠돌자 당시 사람들은 또 그 노인일 것이라고 생각했다. (『수신기』)

漢建安中, 東郡民家有怪. 無故甕器自發, 訇訇作聲, 若有人擊, 盤案在前, 忽然便失, 鷄生輒失子. 如是數歲, 人共惡之. 乃多作美食, 覆蓋著一室中, 陰藏戶間伺之, 果復來發, 聞聲. 便閉戶周旋, 室中了無所見. 乃闇以杖撾之. 至久, 於室隅聞有呻呼之聲, 乃開戶視之, 得一老翁, 可百餘歲, 言語狀貌, 頗類於獸. 遂周問, 及於數里外得其家. 云: "失來十餘年, 得之哀喜." 後歲餘, 復失之, 聞陳留界復有怪如此, 時猶以爲此翁. (出『搜神記』)

367 · 16(4718)
호 욱(胡 頊)

하현위(夏縣尉) 호욱은 사인(詞人)이었다. 그가 한번은 금성현(金城縣)의 경계에 갔다가 한 집에 묵게 되었는데, 그 집에서 음식을 차려 내왔으나 호욱은 먹지 않고 몰래 빠져나왔다. 그가 다시 돌아왔을 때 보았더니 2척의 키에 듬성듬성한 백발을 늘어뜨린 한 할머니가 상을 차지하

고 밥을 먹고 있었는데, 떡이며 과일은 이미 다 먹어치우고 없었다. 그 집의 며느리가 나와서 이 광경을 보더니 화를 내며 그 할머니의 귀를 잡고 집 안으로 끌고 들어갔다. 호욱이 다가가서 보았더니 며느리가 할머니를 우리 안에다 집어넣는 것이었다. 또 보았더니 그 할머니의 두 눈은 마치 단사(丹砂)처럼 붉었다. 호욱이 어찌된 영문인지 물어보자 며느리가 말했다.

"이것은 이름이 '매(魅)'이며, 칠대조(七代祖) 시할머니입니다. 300살도 넘었지만 아직 죽지도 않고 있습니다. 그 모습이 점점 작아져서 옷을 입을 필요도 없으며 추위와 더위도 두려워하지 않아 이 우리 안에 가두어 놓았습니다. 일년 내내 늘 한결같이 [그 안에 갇혀] 있었는데, 갑자기 우리에서 빠져나오더니 밥과 음식을 몇 말씩이나 훔쳐 먹는 것입니다. 그래서 '매'라고 부르지요."

호욱은 이 일을 기이하게 여겨 가는 곳마다 이 이야기를 했다. (『기문』)

夏縣尉胡頊, 詞人也. 嘗至金城縣界, 止於人家, 人爲具食, 頊未食, 私出. 及還, 見一老母, 長二尺, 垂白寡髮, 據案而食, 餠果且盡. 其家新婦出, 見而怒之, 搏其耳, 曳入戶. 頊就而窺之, 納母於檻中. 窺望兩目如丹. 頊問其故, 婦人曰: "此名爲'魅', 乃七代祖姑也. 壽三百餘年而不死. 其形轉小, 不須衣裳, 不懼寒暑, 鏁之檻. 終歲如常, 忽得出檻, 偸竊飯食得數斗. 故號爲'魅'." 頊異之, 所在言焉. (出『記聞』)

367 · 17(4719)
오정현인(烏程縣人)

[三國] 오(吳)나라 손휴(孫休)가 제위하고 있던 시기에 오정현에 어떤 사람이 살고 있었는데, 중병을 앓다 병이 나은 다음부터 멀리까지 울리는 소리를 낼 줄 알게 되어서 그 소리가 10여 리 밖에까지 들렸다. 그러나 그 소리를 듣는 곳에서는 마치 옆자리에서 말하는 것처럼 느꼈다. 그의 이웃 중에 자식이 외지에 살고 있는 사람이 있었는데, 그 자식은 한참 동안이나 집에 돌아와 부모를 찾아뵙지 않았다. 그러자 그의 아버지가 [이 사람의 목소리를] 빌려 대신 책망의 말을 하게 했다. 자식은 그 소리를 듣고 귀신일 것이라 생각해서 정신없이 집으로 돌아왔지만 어찌된 영문인지는 알지 못했다. (『광고금오행기』)

吳孫休時('時'字原闕, 據明鈔本補), 烏程有人, 因重疾愈而能響言, 音聞十數里外. 所聞之處, 卽若座間. 其隣家, 有子居外, 久不歸省. 其父假之, 使爲責詞. 子聞之, 以爲鬼神, 顚沛而歸, 亦不知所以然也. (出『廣古今五行記』)

367 · 18(4720)
이선처(李宣妻)

진(晉)나라 안제(安帝) 의희연간(義熙年間: 405~418)에 위흥(魏興) 사람 이선의 아내 번씨(樊氏)가 임신을 했는데, 열 달이 다 찼는데도 아이가 나오지 않았다. 번씨의 이마 위에는 종기가 있었는데, 아이는 종기를 뚫고 나왔다. (『광고금오행기』)

晉安帝義熙中, 魏興李宣妻樊氏, 有娠, 過期不孕. 而額上有瘡, 兒穿之而出. (出『廣古今五行記』)

367 · 19(4721)
조선모(趙宣母)

장산(長山) 사람 조선의 모친은 임신을 했는데, 팔 위에 종기가 생기더니 아이가 그 종기에서 나왔다. (『광고금오행기』)

長山趙宣母, 姙身, 臂上生瘡, 兒從瘡中出. (出『廣古今五行記』)

367 · 20(4722)
마씨부(馬氏婦)

후촉(後蜀) 이세(李勢)의 재위 말년 때 생긴 일이었다. 마씨 성을 한 부인이 임신을 했는데, 아이가 겨드랑이 아래에서 나왔으나 모자 모두 아무 탈 없었다. 그 해에 이세는 환온(桓溫)에 의해 패망했다. (『광고금오행기』)

後蜀李勢末年. 馬氏婦姙身, 兒從脇下出, 母子無恙. 其年, 勢爲桓溫所滅. (出『廣古今五行記』)

367·21(4723)
양환처(楊歡妻)

[南朝] 송(宋)나라 효무제(孝武帝) 때, 형주(荊州) 사람 양환의 아내는 넓적다리로 딸을 낳았다. 효무제가 붕어하고 유자업(劉子業)이 제위에 올랐으나 그는 미치광이처럼 날뛰다가 결국 폐위되어 살해되었다. 양환의 아내가 낳은 딸은 제(齊)나라 때까지도 살아 있었다. (『광고금오행기』)

宋孝武時, 荊州人楊歡妻, 於股中生女. 及孝武崩, 子業立, 狂勃, 被廢見害. 所生女, 至齊猶存. (出『廣古今五行記』)

367·22(4724)
수안남자(壽安男子)

수안(壽安)에 한 남자가 있었는데, 이름은 알 수 없다. 그는 [동시에] 팔꿈치로 판을 치고 코로 피리를 불며 입으로 노래 부를 수 있었다. 또 반쪽 얼굴로는 웃으면서 반쪽 얼굴로는 울 수도 있었다. 검은 개 한 마리가 있었는데, 사람이 하는 말을 잘 알아들어서 말이 떨어지자마자 곧바로 행동에 옮기는 것이 사람과 다름없었다. (『조야첨재』)

壽安男子, 不知姓名. 肘拍板, 鼻吹笛, 口唱歌. 能半面笑, 半面啼. 一烏犬解人語, 應口所作, 與人無殊. (出『朝野僉載』)

367 · 23(4725)
최광종(崔廣宗)

청하(淸河) 사람 최광종은 [唐나라] 개원연간(開元年間: 721~741)에 계현령(薊縣令)으로 있다가 죄를 지어 장수규(張守珪)에 의해 극형에 처해졌다. 최광종은 효수(梟首)되었으나 그 몸뚱이는 죽지 않았기에 그의 집안사람들이 집으로 들쳐 메고 돌아갔다. 매번 배가 고플 때면 그는 땅바닥에 '기(飢)'자를 썼는데, 그러면 집안 식구들은 목에 난 구멍 속으로 음식을 잘게 부숴 넣어주었다. 배가 부르면 그는 즉시 '지(止)'자를 썼다. 집안사람들이 잘못을 범하면 그는 글로 써서 처분을 내렸다. 그는 3~4년 동안 이렇게 했는데, 살아있을 때와 비교해 조금도 변함이 없었고 다시 아들도 한 명 낳았다. 최광종이 하루는 땅에다 이렇게 적었다.

"내일 분명 죽을 것이니 관을 준비해야 할 것이다."

그의 말대로 되었다. (『광고금오행기』)

淸河崔廣宗者, 開元中爲薊縣令, 犯法, 張守珪致之極刑. 廣宗被梟首, 而形體不死, 家人舁歸. 每飢, 卽畫地作'飢'字, 家人遂屑食於頸孔中. 飽卽書'止'字. 家人等有過犯, 書令決之. 如是三四歲, 世情不替, 更生一男. 於一日書地云: "後日當死, 宜備凶具." 如其言也. (出『廣古今五行記』)

367 · 24(4726)
허주승(許州僧)

  허주에 한 노승이 있었다. 그는 마흔 살이 넘었을 때부터 잠에 빠져들 때마다 목구멍에서 북 치고 피리 부는 소리를 냈는데, 그 소리는 마치 하나의 음절을 이루는 듯했다. 허주에 사는 한 광대가 그가 잠들기를 기다렸다가 그가 내는 소리를 적었는데, [나중에] 악기로 연주해 보았더니 모두 고대의 악기 연주와 맞아떨어졌다. 노승은 잠에서 깬 뒤에도 그 사실을 모르고 있었다. 이런 일은 20여 년 간이나 계속되었다. (『유양잡조』)

  許州有一老僧. 自四十歲已後, 每寢熟, 卽喉聲如鼓簧, 若成韵節. 許州伶人伺其寢, 卽譜其聲, 按之絲竹, 皆合古奏. 僧覺, 亦不自知. 二十餘年如此. (出『酉陽雜俎』)

367 · 25(4727)
전 심(田 瞫)

  수재(秀才) 전심이 말했다.

"[唐나라] 대화(大和) 6년(832) 가을에 양주(涼州) 서쪽 현(縣)에 사는 한 백성의 아내가 아들을 하나 낳았는데, 팔과 다리가 모두 네 개씩이었고 몸뚱이 하나에 얼굴 두개가 달려 있었습니다. 또 정수리 위에 난 머리카락 한 가닥이 발까지 길게 닿아있었습니다."

당시는 조백준(朝伯峻)이 그곳 현령(縣令)이었다. (『유양잡조』)

秀才田曋云:"大和六年秋, 涼州西縣百姓妻, 産一子, 四手四足, 一身分兩面. 頂 ('頂'原作'項', 據明鈔本改)上髮一穗, 長至足." 時朝伯峻爲縣令. (出『酉陽雜俎』)

367·26(4728)
원호(元鎬)

옛 경조소윤(京兆少尹) 원호가 괵현령(虢縣令)으로 있을 때, 왕행약(王行約)이라는 옥졸(獄卒)에게 화가 나 사람을 시켜 질질 끌고 가 두건을 벗겨버리게 한 적이 있었다. 그런데 [두건을 벗기고서] 보았더니 옥졸의 머리에는 머리카락 하나 없었고 길이가 3~4촌쯤 되는 뿔 두개가 나 있었다. 원호가 말했다.

"이거야 말로 쇠머리로군!"

그리고는 그를 놓아주었다. (『문기록』)

故京兆少尹元鎬, 任虢縣令日, 怒一獄子王行約者, 命曳之, 去巾. 旣無毛髮,而有兩角, 長三四寸. 鎬曰: "眞牛頭也!" 遂捨之. (出『聞奇錄』)

367 · 27(4729)
무족부인(無足婦人)

진(晉: 五代 後晉)나라 소주(少主: 出帝 石重貴) 때에 한 부인이 있었는데, 용모가 단정하고 옷차림새며 화장까지 여타 미인들에 비교해 조금도 쳐지지 않았지만, 다리가 없어서 허리 아래 부분은 마치 칼로 잘라 놓은 듯이 뭉툭했다. 나머지 부위는 모두 갖추고 있었다. 그 부인의 아버지는 그녀를 독거(獨車)에 태우고 업(鄴) 땅에서 남쪽으로 준도(浚都)까지 와서는 저자거리에서 구걸을 했는데, [그녀를 구경하려고] 매일 천 명이나 되는 사람들이 모여들었다. 으슥한 마을이나 외진 골목부터, 붉을 대문을 한 화려한 저택에 이르기까지 그 부녀는 다니지 않은 곳이 없었다. 당시 사람들은 희한하다고 탄식을 하면서 돈을 던져주었다.

후에 도성에서 북융(北戎: 거란이 세운 遼나라를 말함)이 보낸 간첩(間諜)을 잡았는데, 관부에서 심문을 해 보았더니 이 부인이 바로 그 간악한 무리의 우두머리였다. 그 부인이 듣고 알아낸 정보가 너무도 많아 결국 그녀를 죽여 버렸다. (『옥당한화』)

晉少主之代, 有婦人, 儀狀端嚴, 衣服鉛粉, 不下美人, 而無腿足, 綠帶已下, 如截而齊. 餘皆具備. 其父載之于獨車, 自鄴南遊浚都, 乞丐於市, 日聚千人. 至于深坊曲巷, 華屋朱門, 無所不至. 時人嗟異, 皆擲而施之.

後京城獲北戎間諜, 官司案之, 乃此婦爲奸人之領袖. 所聽察甚多, 遂戮之.
(出『玉堂閒話』)

367 · 28(4730)
누 정(婁 逞)

남제(南齊) 때 동양(東陽)에 살던 여자 누정은 변장을 하고서 사내인 척했다. 그녀는 대충 장기나 바둑도 둘 줄 알고 글도 조금 깨우쳐서 공경대부(公卿大夫)들의 집을 드나들었는데, 관직이 양주종사(揚州從事)에 이르렀을 때 사실이 탄로났다. 명제(明帝)는 명령을 내려 그녀를 동쪽으로 돌려보냈다. 그녀는 난생 처음으로 부인의 옷을 만들면서 탄식하며 말했다.

"내 이렇듯 재주를 지니고 있거늘, 이제 노파 노릇이나 하고 있어야 하니 어찌 아깝지 않겠는가!"

사관(史官:『南史』의 編纂者가 덧붙인 史贊에 해당함)이 말했다.

"이는 요괴이다. 음(陰: 여자)을 양(陽: 남자)으로 바꾼다는 것은 절대 있을 수 없는 일이다. 후에 최혜경(崔惠景)이 대사를 도모했다가 이루지 못했는데, 이는 바로 [이 요괴나 나타난 데 대한] 징험이다."

(『남사』)

南齊東陽女子婁逞, 變服詐爲丈夫. 粗會棊博, 解文義, 游公卿門, 仕至揚州從事而事泄. 明帝令東還. 始作婦人服, 歎曰: "有如此伎, 還爲老嫗, 豈不惜哉!" 史臣曰: "此人妖也. 陰爲陽, 事不可. 後崔惠景擧事不成, 應之." (出『南史』)

367 · 29(4731)
맹구(孟媼)

팽성(彭城) 사람 유파(劉頗)가 자신의 사위인 진사(進士) 왕승(王勝)에게 이런 이야기를 들려주었다.

"삼원현(三原縣) 남동점(南董店) 동쪽 담장 편에 정원연간(貞元年間: 785~805) 말에 맹씨 노파가 살고 있었는데, 백 살도 넘어서야 죽었네. 가게 사람들은 모두 그 가게를 '장대부(張大夫) 가게'라고 불렀네. 나는 위수(渭水) 북쪽에서부터 현성(縣城)으로 들어와 그 노파의 가게에서 묵었는데, 한 60살 남짓 되어 보이는 한 노파가 누런 비단옷에 커다란 갖옷을 입고 검은 두건을 쓴 채 문에 걸터앉아 있었다네. 좌위(左衛) 이주조(李胄曹)는 이름이 사광(士廣)이었네. 그 노파가 사광에게 무슨 벼슬을 하고 있냐고 묻자 사광이 다 대답을 해 주었지. 그랬더니 노파가 이렇게 말했네.

'그건 사위(四衛: 唐나라 때에 모두 16衛가 있었는데, 그 중 左右衛와 左右金吾衛를 합쳐서 四衛라 불렀고 나머지 12衛는 雜衛라 불렀음)로군. 아주 좋은 관직이야.'

그러자 사광이 노파에게 물었네.

'어떻게 그런 말씀을 하십니까?'

노파가 말했네.

'나는 26살에 장찰(張詧)에게 시집가 그의 아내가 되었네. 장찰은 힘이 세고 말타기와 활쏘기에 뛰어났지. 곽분양(郭汾陽: 郭子儀)이 북방을 총지휘하고 있을 때, 영(靈)·하(夏)·분(邠)·경(涇)·기(岐)·포(蒲) 등은 모두 그분이 관할하고 있던 군(郡)들이었다네. 내 남편 장찰은 곽분양에 의해 임용되었는데, [곽분양이 조정에] 여러 차례 청을 올려 의대(衣帶)를 하사받아 늘 곽분양의 좌우에 있을 수 있었다네. 장찰의 모습은 나와 아주 비슷하게 생겼었지. 장찰이 죽자 곽분양은 매우 가슴아파했네. 그래서 나는 남편의 의관(衣冠)으로 위장을 하고는 장찰의 동생이라며 명함을 내밀면서 곽분양을 모시게 해 달라고 청했지. 곽분양은 크게 기뻐하며 나로 하여금 내 남편의 빈 자리를 대신하게 했네. 그렇게 해서 혼자 15년을 살았지. 곽분양이 돌아가셨을 때 나는 이미 나이가 일흔 둘이었다네. 군중(軍中)에서 거듭 상주문을 올려 나는 어사대부(御史大夫)의 관직을 겸하게 되었네. 그런데 나는 갑자기 외롭다는 생각이 들어 이 가게의 반(潘)씨 노인에게 시집가 처가 되었고 그 후 다시 아들 둘을 낳았다네. 한 아이는 이름이 반도(潘滔)이고 또 한 아이는 이름이 반거(潘渠)일세. 도는 지금 54살이고 거는 52살이라네.'

이 두 아들을 나는 늘 마음속에 기억하고 있었네."

유파는 사위 왕승과 더불어 인간 세상에 있는 기이한 일에 대해 이야기를 했다. (『건손자』)

彭城劉頗, 常謂子壻進士王勝話: "三原縣南董店, 店東壁, 貞元末, 有孟嫗, 年一百餘而卒. 店人悉曰'張大夫店'. 頗自渭北入城, 止於嫗店, 見有一嫗, 年只可六十已來. 衣黃紬大裘, 烏幘, 跨門而坐焉. 左衛李冑曹, 名士廣. 其嫗問廣何官,廣具答之. 其媼曰: '此四衛耳, 大好官.' 廣卽問媼曰: '何以言之?' 媼曰: '吾年二十六, 嫁與張詧爲妻. 詧爲人多力, 善騎射. 郭汾陽之總朔方, 此皆部制之郡, 靈·夏·邠·涇·岐·蒲是焉. 吾夫張詧, 爲汾陽所任, 請重衣賜, 常在汾陽左右. 詧之貌, 酷相類吾. 詧卒, 汾陽傷之. 吾遂僞衣丈夫衣冠, 投名爲詧弟, 請事汾陽. 汾陽大喜, 令替闕. 如此又寡居一十五年. 自汾陽之薨, 吾已年七十二. 軍中累奏, 兼御史大夫. 忽思煢獨, 遂嫁此店潘老爲婦. 邇來復誕二子. 曰滔, 曰渠. 滔五十有四, 渠年五十有二.' 是二兒也, 頗每心記之." 與子壻王勝, 話人間之異者. (出『乾㯓子』)

367 · 30(4732)
황숭하(黃崇嘏)

왕촉(王蜀: 五代 前蜀)의 재상 중에 주상(周庠)이라는 사람이 있었는데, 처음에는 공남(邛南)의 막부에서 부의 일을 맡아 관리하고 있었다. 그때 임공현(臨邛縣)에서 불 낸 죄인 황숭하를 이송해왔는데, 옥에 가두자마자 바로 다음과 같은 시 한 장(章)을 바쳐왔다.

어쩌다 그윽한 은신처를 떠나와 임공현에 살게 되었으나,
행실의 올곧음만은 물가 소나무에 견줄 수 있으리.
어찌하여 당신의 정적(政績) 거울 같은 물처럼 맑기만한데,
남의 들녘의 학을 잡아 깊은 새장 속에 가두려 하십니까?

주상은 이 시를 읽고서 황숭하를 불러들였다. 황숭하는 향공진사(鄕貢進士)라고 자칭했으며, 나이는 서른 남짓 되어보였고 공손한 태도로

매우 민첩하고 상세하게 대답을 했다. 주상은 즉시 명을 내려 황숭하를 풀어주었다.

며칠 후 황숭하가 노래를 바치자 주상은 그를 빼어난 인재라 여기고 다시 불러들여 학원(學院)에서 여러 조카들과 어울리게 했다. 황숭하는 바둑과 금(琴)에 뛰어났고 그림과 글씨 또한 훌륭했다. 이튿날 [주상은 황숭하를] 부(府)의 사호참군(司戶參軍) 대리로 천거했는데, '삼어(三語: 晉나라의 阮瞻이 '將無同'이라는 세 글자로 司徒 王戎의 질문에 대답하자 王戎은 매우 흡족하여 그를 掾事에 천거했다 함. 후에 사람들은 '三語掾'이라는 말로 阮瞻을 칭송했음)'라는 칭송이 제법 자자했으며 서리(胥吏)들도 모두 그의 위엄에 복종했다. 그가 작성한 문건들은 문장이 매우 유려했을 뿐 아니라 내용 또한 조리 있었다. 주상은 그의 총명함을 중히 여겼으며 그의 풍채(風采)를 훌륭하다고 생각했다.

황숭하가 관직에 있은 지 막 1년이 넘어가려 할 때 주상은 자신의 딸을 그의 아내로 주려고 했으나 황숭하는 소매에 글 한 편을 넣어와 사양을 한 다음 시 한 편을 지었는데, 그 시는 다음과 같았다.

어느 날 갑자기 푸른 강 언덕에서 비춰새 깃털 줍던 일[拾翠: 여자들이 봄날 노니는 것을 말함] 그만두고,
가난하게 초가집 지키며 시만 지었네.
푸른 옷을 입고서 하급 관리가 되니,
영원히 난새 새겨진 거울 보며 아미(蛾眉) 그릴 꿈일랑 버려야 했네.
의젓하게 몸을 세우겠다는 청송(靑松)의 지조,
강인하게 뜻을 세우겠다는 백옥 같은 자태.
막부(幕府)께서 만일 나를 사위[坦腹: 『晉書』「王羲之傳」에 따르면 郄鑒이 사위를 맞이하려고 왕도에게 사람을 보내 왕도의 자제들을 살펴보게 했는데, 다른 자제들은 사윗감을 찾으러 왔다는 말을 듣고 모두 자중하는

듯 보였으나 오직 한 사람만은 동쪽 평상에 기댄 채 배를 드러내놓고 음식을 먹고 있는 것이 전혀 관심조차 없어 보였다고 함. 이에 郗鑒은 바로 그 사람을 사위로 맞아들였는데, 그 사람이 바로 王羲之이었음. 후에 坦腹은 사위를 지칭하는 말로 사용됨]로 맞아 주시겠다면,
하늘이 나를 어서 남자로 만들어 주길 바라네.

주상은 시를 읽고서 경악을 금치 못했다. 주상이 황숭하를 불러들여 어찌된 일인지 따져 묻자 그가 말하길, 자신은 원래 황사군(黃使君)의 딸이었으나 어려서 부모를 잃고 오직 늙으신 할머니와 함께 살며 시집가지 않았다고 했다. 주상은 그녀의 정결함을 더욱 높이 샀고 군(郡) 안의 사람들도 모두 기이한 일이라며 감탄했다. 얼마 있다가 황숭하는 관직에서 물러나게 해 달라고 청을 하고는 임공현의 옛 은신처로 돌아갔는데, 그녀가 살아있는지 죽었는지 아무도 모른다. (『옥계편사』)

王蜀有僞相周庠者, 初在邛南幕中, 留司府事. 時臨邛縣送失火人黃崇嘏, 縶下獄, 便貢詩一章曰: "偶離幽隱住臨邛, 行止堅貞比澗松. 何事政清如水鏡, 絆他野鶴向深籠?" 周覽詩, 遂召見. 稱鄕貢進士, 年三十許, 祇對詳敏. 卽命釋放.

後數日, 獻歌, 周極奇之, 召('召'原作'名', 據明鈔本改)於學院與諸生姪相伴. 善某琴, 妙書畫. 翌日, 薦攝府司戶參軍, 頗有'三語'之稱, 胥吏畏伏. 案牘麗明. 周旣重其英聰, 又美其風彩.

在任將逾一載, 遂欲以女妻之, 崇嘏又袖封狀謝, 仍貢詩一篇曰: "一辭拾翠碧江涯, 貧守蓬茅但賦詩. 自服藍衫居扳椽, 永抛鸞鏡畫蛾眉. 立身卓爾靑松操, 挺志鏗然白璧姿. 幕府若容爲坦腹, 願天速變作男兒." 周覽詩, 驚駭不已. 遂召見詰問, 乃黃使君之女, 幼失覆蔭, 唯與老嫺同居, 元未從人. 周益仰貞潔, 郡內咸皆歎異. 旋乞罷, 歸臨邛之舊隱, 竟莫知存亡焉. (出『玉溪編事』)

367·31(4733)
백항아(白項鴉)

거란족(契丹族)이 막 도성을 쳐들어 왔을 때, 곳곳에서 도적의 무리들이 벌 떼 같이 일어나자 융인(戎人: 契丹)들이 이를 매우 근심했다. 진주(陳州)에 사는 어떤 부인이 적의 수장이 되었는데 그 이름은 백항아였다. 백항아는 대략 40쯤 되었는데, 몸이 짧고 통통했으며 머리카락은 누렇고 몸은 검었다. 그녀는 거란의 왕을 찾아와 남자의 이름으로 속여 말했는데, 옷이며 두건, 그리고 무릎 꿇고 앉아 절하는 것까지 모두가 남자의 모습이었다. 거란왕은 백항아를 접견한 다음 수놓은 도포와 은대(銀帶), 안마(鞍馬: 안장 지운 말) 등을 하사하고 회화장군(懷化將軍)에 임명했다. 거란왕은 백항아에게 산동(山東)의 여러 도적들을 불러 모으게 하는 일을 맡기고는 더욱 많은 재물을 하사했다. 위연왕(僞燕王) 조연수(趙延壽)가 백항아를 불러들인 다음 질문을 하자 그녀는 스스로 이렇게 말했다.

"나는 좌우로 말을 달리면서도 활을 쏠 수도 있고 두개의 화살통을 질 수도 있으며 하루에 2백 리 길을 갈 수도 있소. 창 휘두르기와 검으로 공격하기 등도 모두 잘하오. 내 밑에 있는 수천 명의 남자들도 모두 나의 부림을 받고 있소."

사람들이 혹 남편이 있냐고 물으면 백항아는 이렇게 대답했다.

"지금까지 수십 명의 남자가 있었지만 조금이라도 마음에 들지 않으면 모두 칼로 죽여 버렸소."

이 말을 들은 사람들은 모두 한탄하며 분해했다. 그녀는 열흘 동안 도성에 있으면서 말을 타고 드나들었다. 또 한 명의 남자가 역시 말을 타고 그녀 뒤를 따랐는데, 그 남자는 요물이었다. 북융(北戎)이 중원(中原)을 어지럽히자 아녀자들이 영웅을 사칭하고 다녔으니 이는 모두 음(陰)의 기운이 셌음을 드러내는 현상들이었다. 백항아는 후에 연주절도사(兗州節度使) 부언경(符彦卿)에게 죽임 당했다. (『옥당한화』)

契丹犯闕之初, 所在群盜蜂起, 戎人患之. 陳州有一婦人, 爲賊帥, 號曰白項鴉. 年可四十許, 形質粗短, 髮黃體黑. 來詣戎王, 襲男子姓名, 衣巾拜跪, 皆爲男子狀. 戎王召見, 賜錦袍・銀帶・鞍馬, 署爲懷化將軍. 委之招輯山東諸盜, 賜與甚厚. 僞燕王趙延壽, 召問之, 婦人自云: "能左右馳射, 被雙鞬, 日可行二百里. 盤矛擊劒, 皆所善也. 其屬數千男子, 皆役服之" 人問有夫否, 云: "前後有夫數十人, 少不如意, 皆手刃之矣." 聞者無不嗟憤. 旬日在都下, 乘馬出入. 又有一男子, 亦乘馬從之, 此人妖也. 北戎亂中夏, 婦人稱雄, 皆陰盛之應. 婦人後爲兗州節度使符彦卿戮之. (出『玉堂閒話』)

태평광기 권제 368

정괴(精怪) 1

잡기용(雜器用)(偶像附)
1. 양성현리(陽城縣吏)
2. 환　현(桓　玄)
3. 서 씨 비(徐 氏 婢)
4. 강회부인(江淮婦人)
5. 유　현(劉　玄)
6. 유 선 조(游 先 朝)
7. 거연부락주(居延部落主)
8. 승 태 경(僧 太 瓊)
9. 청강군수(淸江郡叟)
10. 위　훈(韋　訓)
11. 노 찬 선(盧 贊 善)
12. 유　숭(柳　崇)
13. 남중행자(南中行者)
14. 국 수 재(麴 秀 才)
15. 괵국부인(虢國夫人)

잡기용(우상부)

368 · 1(4734)
양성현리(陽城縣吏)

위(魏)나라 경초연간(景初年間: 237~239)에 양성현리의 집에 요괴가 나타나서 이유 없이 박수를 치고 서로 부르는 소리가 들렸는데, 살펴보면 아무 것도 보이지 않았다. 그의 어머니가 밤에 피곤하여 베개를 베고 누워 쉬고 있었는데, 잠시 후에 또 부뚜막 아래에서 누군가를 부르는 소리가 들렸다.

"문약(文約)아! 어찌하여 보이지 않느냐?"

어머니의 머리 아래에서 누군가가 대답했다.

"누가 나를 베고 있어서 그쪽으로 갈 수가 없으니 네가 나를 찾아와라."

날이 밝은 뒤에 보았더니 바로 밥주걱이었다. 즉시 그것을 모아 불태워 버렸더니 마침내 요괴가 사라졌다. (『수신기』)

魏景初中, 陽城縣吏家有怪, 無故聞拍手相呼, 伺無所見. 其母夜作勌, 就枕寢息, 有頃, 復聞竈下有呼曰:"文約! 何以不見?"頭下應曰:"我見枕, 不能往, 汝可就我."至明, 乃飯盂也. 卽聚燒之, 怪遂絶. (出『搜神記』)

환현(桓玄)

동진(東晉) 환현 때에 주작문(朱雀門) 아래에서 갑자기 온몸이 먹처럼 검은 두 꼬마가 나타났는데 서로 화창하며 「망롱가(芒籠歌)」를 불렀다. 길가에서 놀던 수십 명의 꼬마들도 그들을 따라 노래를 불렀다. 「망롱가」의 가사는 다음과 같다.

갈대로 머리를 싸고,
밧줄로 배를 묶네.
수레에 굴대가 없어,
외로운 나무에 기대어 있네.

노래 소리가 매우 애달프고 처량해서 그것을 들은 사람들은 모두 돌아갈 것을 잊어버렸다. 저녁이 되자 두 꼬마가 건강현(建康縣)으로 돌아왔는데, 대각(臺閣) 아래에 이르러 한 쌍의 검은 북채로 변했다. 고리(鼓吏: 북을 관장하던 관리)들이 북채를 늘어놓으며 말했다.

"이 북채는 잘 쌓아서 보관한 지 오래되었는데 최근에 종종 사라졌다가 다시 돌아왔었네. 뜻밖에도 사람으로 변했던 것이군."

다음 해 봄에 환현이 패망했다. 노래에서 '수레에 굴대가 없어 외로운 나무에 기대어 있다'는 가사는 바로 글자 '환(桓)'을 가리키는 것이었다. 형주(荊州)에서 환현의 머리를 보내오자 떨어진 갈대 자리로 그것을 싸고, 또 갈대 밧줄로 그의 시체를 묶어 강에 던졌다. 모두 동요에서 말한 것과 똑같았다. (『속제해기』)

東晉桓玄時, 朱雀門下, 忽有兩小兒, 通身如墨, 相和作「芒籠歌」. 路邊小兒從而和之數十人. 歌云: "芒籠茵('茵'原作'首', 據明鈔本改), 繩縛腹. 車無軸, 倚孤木." 聲甚哀楚, 聽者忘歸. 日旣夕, 二小兒還入建康縣, 至閣下, 遂成一雙漆鼓槌. 鼓吏列('列'原作'劉', 據明鈔本改)云: "槌積久, 比恒失之而復得. 不意作人也." 明年春而桓玄敗. 言'車無軸, 倚孤木', '桓'字也. 荊州送玄首, 用敗籠茵包裹之, 又以芒繩束縛其尸, 沈諸江中. 悉如童謠所言爾. (出『續齊諧記』)

368 · 3(4736)
서씨비(徐氏婢)

　동해(東海) 사람 서씨의 하녀 난(蘭)은 진(晉: 東晉)나라 의희연간(義熙年間: 405~418)에 갑자기 병에 걸렸는데, 청소하는 것이 보통 때와 달랐다. 집안사람들이 함께 그녀를 살펴보았더니 빗자루가 벽 모퉁이에서 나오더니 하녀의 침대로 빠르게 다가갔다. 그래서 집안사람들이 빗자루를 가져다가 태워버렸다. (『이원』)

　東海徐氏婢蘭, 晉義熙中, 忽患病, 而拂拭異常. 共伺察之, 見掃帚從壁角來, 趨婢牀. 乃取而焚之. (出『異苑』)

368 · 4(4737)
강회부인(江淮婦人)

강회(江淮)에 한 부인이 있었는데, 천성적으로 욕심이 많아서 밤낮으로 뭘 가질까 하는 생각만 하고 있었다. 한번은 취해서 잠들었다가 아침에 일어났는데, 집 뒤에 두 명의 소년이 있는 것을 보았다. 소년들은 매우 말끔하게 생긴 것이 궁궐의 말단 관리 같았다. 부인이 꼭 안으려고 하자 갑자기 빗자루로 변했다. 그래서 부인은 그것을 가져다가 태워버렸다. (『유명록』)

江淮有婦人, 爲性多慾, 存想不捨日夜. 常醉, 旦起, 見屋後二少童. 甚鮮潔, 如宮小吏者. 婦因欲抱持, 忽成掃帚. 取而焚之. (出『幽明錄』)

368 · 5(4738)
유 현(劉 玄)

[南朝] 송(宋)나라 때 중산(中山) 사람 유현이 월성(越城)에 살고 있었는데, 어느 날 날이 저물었을 때 갑자기 검은 기마복을 입은 요괴가 횃불을 들고 나타났다. 그 요괴는 얼굴에 일곱 개의 구멍이 없어서 얼굴이 휑하게 넓었다. 그래서 유현이 도사를 불러 점을 치게 했더니 도사가 말했다.

"이것은 집안의 선대(先代)께서 쓰시던 물건인데, 오래되어 요괴가 되었습니다. 사람을 죽일 수도 있으니 요괴가 눈이 생기기 전에 빨리 처치해야 합니다."

그래서 유현이 요괴를 붙잡아 묶고 칼로 여러 번 내려치자 요괴가 베개로 변했다. 그것은 바로 유현의 조부 때 쓰던 베개였다. (『집이기』)

宋中山劉玄居越城, 日暮, 忽見一著烏袴褶來取火. 面首無七孔, 面莽黨然. 乃請師筮之, 師曰: "此是家先代時物, 久則爲魅. 殺人, 及其未有眼目, 可早除之" 劉因執縛, 刀斷數下, 乃變爲一枕. 此乃是祖父時枕也. (出『集異記』)

368 · 6(4739)
유선조(游先朝)

광평(廣平) 사람 유선조는 아내가 죽었을 때 붉은 기마복을 입은 한 사람을 보았다. 유선조는 그 사람이 요괴라는 것을 알아차리고 칼로 베었다. 한참 후에 보았더니 요괴는 바로 자기가 항상 신고 다니던 신발이었다. (『집이기』)

廣平游先朝, 喪其妻, 見一人著赤袴褶. 知是魅, 乃以刀斫之. 良久, 乃是己常著履也. (出『集異記』)

거연부락주(居延部落主)

주(周: 北周)나라 정제(靜帝) 초에 거연부락(居延部落)의 우두머리인 발도골저(勃都骨低)는 성격이 난폭하고 사치스러웠으며 노는 것을 좋아하고 집도 매우 화려했다. 어느 날 갑자기 몇 십 명의 사람들이 그의 집에 왔는데, 그 중 한 사람이 먼저 명함을 내밀며 말했다.

"성명부락(省名部落)의 우두머리 성다수(成多受)입니다."

그러자 발도골저가 그들을 서둘러 들어오게 하여 물었다.

"무슨 이유로 성명부락이라고 이름 지었습니까?"

성다수가 대답했다.

"우리 몇 명의 사람들은 각기 [성은] 다르지만 이름을 따로 짓지 않습니다. 성이 마씨(馬氏)인 사람도 있고, 피씨(皮氏)인 사람도 있고, 녹씨(鹿氏)인 사람도 있고, 웅씨(熊氏)인 사람도 있고, 장씨(獐氏)인 사람도 있고, 위씨(衛氏)인 사람도 있고, 반씨(班氏)인 사람도 있지만, 이름은 모두 수(受)입니다. 다만 우두머리인 저의 이름만 다수(多受)입니다."

발도골저가 물었다.

"당신들은 모두 예인(藝人) 같은데 할 줄 아는 게 무엇입니까?"

성다수가 대답했다.

"농완주(弄椀珠: 南北朝 시대에 외국에서 들어온 雜技의 일종)를 할 줄 압니다. 우리들은 천성적으로 비속한 것을 좋아하지 않아서 경전의 뜻만을 말합니다."

발도골저가 매우 기뻐하며 말했다.

"나는 아직 본 적이 없습니다."

그들 중 한 예인이 앞으로 나오며 말했다.

"우리들은 너무 허기져서 뱃속에서 꼬르륵 소리가 나고 뱃가죽으로 몸을 세 번이나 두를 수 있을 것 같습니다. 주인(主人: 勃都骨低)께서 먹을 것을 충분히 주시지 않는다면 입을 벌리고 끝까지 다물지[원문은 '捨'로 되어있으나 『玄怪錄』에 의거하여 '合'으로 고쳐 번역함] 않겠습니다."

발도골저는 기뻐하며 음식을 더 갖다 주도록 했다. 그러자 그 중 한 사람이 말했다.

"우리들이 '대소상성(大小相成)'과 '종시상생(終始相生)'을 하겠습니다."

그리고는 키가 큰 사람이 작은 사람을 삼키고 뚱뚱한 사람이 마른 사람을 삼키더니 두 사람이 남을 때까지 서로를 삼켰다. [마지막으로 남은] 키가 큰 사람이 또 말했다.

"이번엔 '종시상생'을 하겠습니다."

그리고는 한 사람을 뱉어내니 그 사람이 또 한 사람을 뱉어내면서 연이어 서로 뱉어내더니 사람 수가 다시 채워졌다. 발도골저는 매우 놀라면서 그들에게 후한 상을 주어 돌려보냈다.

그들은 다음 날 다시 와서 처음처럼 기예를 보여주었다. 이런 일이 보름 동안 반복되자 발도골저는 매우 번거로웠고 더 이상 식사를 대접할 수도 없었다. 그러자 예인들이 모두 화를 내며 말했다.

"주인께서는 우리들이 환술(幻術)을 부린다고 생각하시나 본데 그렇다면 이제 당신의 아들과 딸을 빌려 시험해 보겠습니다."

그리고는 발도골저의 아들과 딸, 동생들, 조카, 부인과 첩 등을 데리고 와서 뱃속으로 집어삼키자, 그들은 뱃속에서 울부짖으며 살려달라고 빌었다. 발도골저는 놀랍고도 두려워 계단을 내려와 머리를 조아리며 친족들을 살려달라고 애걸했다. 그러자 예인들이 모두 웃으며 말했다.

"이들은 다치지 않을 테니 걱정하지 마십시오."

그리고는 토해냈는데 친족들은 처음처럼 온전했다. 발도골저는 매우 화가 나서 기회를 살펴 그들을 죽이려고 했다. 그래서 하인을 시켜 몰래 그들을 따라가게 했는데, 예인들은 한 오래된 집터에 도착하더니 사라져버렸다. 발도골저는 사람들을 시켜 그곳을 파게 했는데, 몇 척쯤 파 들어갔더니 기와와 자갈 밑에 커다란 나무 궤짝 하나가 나왔다. 나무 궤짝 안에는 몇 천 개의 가죽주머니가 있었고 나무 궤짝 옆에는 곡식 낱알들이 있었는데 만지자마자 부서져 재가 되었다. 또 나무 궤짝 속에서 죽간을 얻었는데 글자가 마모되어 읽을 수 없었다. 단지 희미하게 서너 글자가 있었는데 [그 중 한 글자가] '릉(陵)'자 같았다. 발도골저는 그 주머니들이 요괴로 변한 것임을 알고 그것들을 꺼내 불태워버리려고 했다. 그러자 주머니들이 나무 궤짝 속에서 울부짖으며 말했다.

"저희들은 생명이 없어 곧 사라져 버릴 것이었는데, 이도위(李都尉: 漢 武帝 때 騎都尉였던 李陵을 말함)께서 여기에 수은을 남겨주셨기 때문에 잠시 살 수 있었습니다. 저희들은 이소경(李少卿: 少卿은 李陵의 字)의 양식을 운반하던 주머니로 집이 무너져 깔리게 된지 이미 오랜 세월이 흘렀습니다. 지금은 이미 생명을 얻어 거연산(居延山)의 신께서 예인으로 거두어 주셨습니다. 거연산신에 대한 정을 생각하시어 저희들을 없애지 말아 주십시오. 이제부터 감히 다시는 당신 집에 가서 소란을 피우지 않겠습니다."

발도골저는 수은을 탐하여 주머니들을 모두 태워버렸다. 그 주머니들은 모두 원망과 고통의 소리를 내며 피를 흩뿌렸다. 주머니들을 다 태우고 나자 발도골저의 방과 복도, 문, 창문에서 모두 주머니를 태울 때와 같은 원망과 고통의 소리가 들렸는데, 한 달이 지나도록 그치지 않았다. 그 해에 발도골저의 온 가족이 병에 걸려 죽었는데, 1년이 되었을 때에는 한 사람도 남지 않았다. 나중에 수은도 어디로 갔는지 알 수 없었다. (『현괴록』)

周靜帝初, 居延部落主勃都骨低, 凌暴, 奢逸好('好'字原闕, 據明鈔本補)樂, 居處甚盛. 忽有人數十至門, 一人先投刺曰: "省名部落主成多受." 因趨入, 骨低問曰: "何故省名部落?" 多受曰: "某('某'原作'集', 據明鈔本改)等數人各殊, 名字皆不別造. 有姓馬者, 姓皮者, 姓鹿者, 姓熊者, 姓麞者, 姓衛者, 姓班者, 然皆名受. 唯某帥名多受耳." 骨低曰: "君等悉似伶官, 有何所解?" 多受曰: "曉弄碗珠. 性不愛俗, 言皆經義." 骨低大喜曰: "目所未覩." 有一優卽前曰: "某等肚飢('飢'原作'肌', 據明鈔本改), 臕臕怡怡(明鈔本'怡怡'作'恰恰'), 皮漫遶身三匝. 主人食若不充, 開口終當不捨." 骨低悅, 更命加食. 一人曰: "某請弄'大小相成'·'終始相生'." 於是長人吞短人, 肥人吞瘦人, 相吞殘兩人. 長者又曰: "請作'終始相生'耳." 於是吐下一人, 吐者又吐一人, 遞相吐出, 人數復足. 骨低甚驚, 因重賜賚遣之.

明日又至, 戲弄如初. 連翻半月, 骨低頗煩, 不能設食. 諸伶皆怒曰: "主人當以某等爲幻術, 請借郞君娘子試之." 於是持骨低兒女·弟妹·甥姪·妻妾等, 吞之於腹中, 腹中皆啼呼請命. 骨低惶怖, 降階頓首, 哀乞親屬. 伶('伶'原作'完', 據明鈔本改)者皆笑曰: "此無傷, 不足憂." 卽吐出之, 親屬完全如初. 骨低深怒, 欲用爨殺之. 因令密訪之, 見至一古宅基而滅. 骨低令掘之, 深數尺, 於瓦礫下得一大木檻. 中有皮袋數千, 檻旁有穀麥, 觸卽爲灰. 檻中得竹簡書, 文字磨滅, 不可識. 唯隱隱似有三數字, 若是'陵'字. 骨低知是諸袋爲怪, 欲擧出焚之. 諸袋因號呼檻中曰: "某等無命, 尋合化滅, 緣李都尉留水銀在此, 故得且存. 某等卽都尉李少卿般糧袋, 屋崩平壓, 綿歷歲月. 今已有命, 見爲居延山神收作伶人. 伏乞存情於神, 不相殘毀. 自此不敢復擾高居矣." 骨低利其水銀, 盡焚諸袋. 無不爲寃楚聲, 血流漂洒. 焚訖, 骨低房廊戶牖, 悉爲寃痛之音, 如焚袋時, 月餘日不止. 其年, 骨低擧家病死, 周歲, 無復孑遺. 水銀後亦失所在. (出『玄怪錄』)

368 · 8(4741)
승태경(僧太瓊)

당(唐)나라 상도(上都: 長安)에 태경이라는 스님이 있었는데, 『인왕경(仁王經)』을 강설할 수 있었다. 개원연간(開元年間: 713~741) 초에 태경 스님은 봉선현(奉先縣) 경요촌(京遙村)에서 강설하다가 결국 마을의 절에서 머무르며 두 여름을 보냈다. 하루는 스님이 바리때를 들고 당(堂)으로 들어가서 문을 닫으려는 찰라 어떤 물체가 처마 앞에 떨어졌다. 그때는 새벽 동이 틀 무렵이었는데 스님이 다가가서 보았더니 바로 갓난아기였고 아기를 싼 강보도 매우 새것이었다. 스님은 놀랍고도 이상하여 아기를 소매에 넣고는 마을 사람들에게 도움을 청하러 갔다. 스님이 5~6리 갔을 때 소매 안이 가볍게 느껴져서 더듬어 보았더니 아이는 다름 아닌 헌 빗자루였다. (『유양잡조』)

　　唐上都僧太瓊者, 能(明鈔本'能'作'俗')講『仁王經』. 開元初, 講於奉先縣京遙村, 遂止村寺, 經兩夏. 於一日, 持鉢將上堂, 闔門之次, 有物墜簷前. 時天纔辨色, 僧就視之, 乃一初生兒, 其襁褓甚新. 僧驚異, 遂袖之, 將乞村人. 行五六里, 覺袖中輕, 探之, 乃一弊帚也. (出『酉陽雜俎』)

368 · 9(4742)
청강군수(淸江郡叟)

　당(唐)나라 개원연간(開元年間: 713~741)에 청강군의 한 노인이 한 번은 군 남쪽의 밭 사이에서 소를 치고 있었다. 그때 갑자기 땅 속에서 이상한 소리가 들리자 노인과 목동 여러 명이 모두 놀라 피해 달아났다. 그 일이 있은 후부터 노인은 열병을 심하게 앓았는데 열흘 남짓 지났더니 약간 차도가 있었다. 노인은 꿈속에서 푸른 저고리를 입은 남자를 보았는데, 그 남자가 돌아보며 노인에게 말했다.
　"저를 개원관(開元觀)으로 옮겨주십시오."
　노인은 놀라 깨어났으나 그 말이 무슨 뜻인지 알 수 없었다. 며칠 후에 노인은 또 들판으로 나갔다가 다시 그 소리를 듣고 즉시 군수(郡守)에게 그 사실을 아뢰었다. 봉군(封君: 封邑을 받던 귀족으로 여기서는 郡守를 말함)이 화를 내며 말했다.

"혹시 정신이 혼미해져서 망령난 것 아니냐?"

그리고는 그를 꾸짖으며 쫓아냈다. 그날 밤 노인의 꿈에 또 푸른 저고리를 입은 남자가 나타나 말했다.

"저는 땅 속에 버려진지 오래되었습니다. 당신이 저를 빨리 꺼내주십시오. 그렇지 않으면 당신은 병에 걸릴 것입니다."

노인은 크게 두려워했다. 새벽이 되자 노인은 자식들을 데리고 함께 군(郡)의 남쪽으로 가서 즉시 땅을 팠다. 1장 남짓 파 들어갔더니 푸른색 종(鍾) 하나가 나왔는데, 바로 예전에 꿈속에서 보았던 남자의 옷과 같은 색깔이었다. 노인이 다시 군수에게 그 사실을 아뢰자 군수는 그 종을 개원관에 안치했다. 그날 진시(辰時)에 갑자기 누가 치지 않았는데도 종이 저절로 울렸는데 그 소리가 매우 맑고 컸다. 청강군의 사람들은 모두 이상하게 여기면서 경탄했다. 군수가 그 일을 황제께 아뢰자, 현종(玄宗)은 재상 이림보(李林甫)에게 그 종의 형상을 자세히 그려오게 해서 천하에 그 일을 알렸다. (『선실지』)

唐開元中, 淸江郡叟常牧牛於郡南田間. 忽聞有異聲自地中發, 叟與牧童數輩, 俱驚走辟易. 自是叟病熱且甚, 僅旬餘, 病少愈. 夢一丈夫, 衣青襦, 顧謂叟曰: "遷我於開元觀." 叟驚而寤, 然不知其旨. 後數日, 又適野, 復聞之, 卽以其事白於郡守. 封君怒曰: "豈非昏而妄乎?" 叱遣之. 是夕, 叟又夢衣青襦者告曰: "吾委跡於地下久矣. 汝速出我. 不然得疾." 叟大懼. 及曉, 與其子偕往郡南, 卽鑿其地約丈餘, 得一鍾, 色青, 乃向所夢丈夫色衣也. 遂再白於郡守, 郡守置於開元觀. 是日辰時, 不擊忽自鳴, 聲極震響. 淸江之人, 俱異而驚歎. 郡守因其事上聞, 玄宗詔宰臣林甫寫其鍾樣, 告示天下. (出『宣室志』)

위 훈(韋 訓)

당(唐)나라 경조(京兆) 사람 위훈은 한가한 날 가학(家學: 자제들을 가르치기 위해 집에 만든 학교)에서 『금강경(金剛經)』을 읽고 있었다. 그때 갑자기 문 밖에서 키가 3장이나 되는 붉은 치마를 입은 부인이 나타나더니 담을 넘어 안으로 들어왔다. 그 부인은 멀리서 손을 뻗어 가학의 선생을 잡아당긴 후 머리채를 잡고 땅에 끌면서 또 손을 뻗어 위훈을 잡으려고 했다. 위훈은 손으로 『금강경』을 안아 몸을 가린 채 재빨리 도망쳐 잡히지 않았다. 선생은 부인에게 질질 끌린 채 한 집까지 갔는데, 집안사람들이 따라가며 소리를 지르자 겨우 풀려났다. 그 귀신은 [선생을 놓아두고] 큰 분묘더미 속으로 들어가 버렸다. 선생의 온몸은 이미 퍼렇게 멍들어 있었고, 혀는 1척 남짓이나 길게 빠져 있었다. 집안사람들은 가학으로 그를 부축해 갔는데 한참 후에야 그는 깨어났다. 위훈이 마을 사람들을 데리고 가서 분묘더미를 파헤쳐 몇 척 깊이까지 파들어갔더니 붉은 치마에 흰 적삼을 입고 있는 낡은 비단 신부인형이 나왔다. 위훈이 오거리에서 그 인형을 태우자 요괴는 마침내 나타나지 않았다. (『광이기』)

唐京兆韋訓, 暇日於其家學中讀『金剛經』. 忽見門外緋裙婦人, 長三丈, 踰牆而入. 遙捉('遙捉'原作'逕投', 據明鈔本改)其家先生, 爲捽髮曳下地, 又以手捉訓. 訓以手抱『金剛經』遮('遮'原作'遍', 據明鈔本改)身, 倉卒得免. 先生被曳至一家, 人隨而呼之, 乃免('免'原作'得', 據明鈔本改). 其鬼走入大糞堆中. 先生遍身已藍澱色, 舌出長尺餘. 家人扶至學中, 久之方蘇. 率村人掘糞堆中, 深數尺, 乃得一緋裙白衫破帛新婦子. 焚於五達衢, 其怪遂絶焉. (出『廣異記』)

368 · 11(4744)
노찬선(盧贊善)

노찬선의 집에는 자기로 만든 신부인형이 있었다. 몇 년이 지났을 때 그의 아내가 농담으로 인형에게 말했다.

"네가 내 남편의 첩이 되려무나."

그로부터 노찬선은 정신이 멍해지면서 항상 한 부인이 장막 속에 누워있는 것을 보았다. 그런 날이 오래되자 노찬선은 그 인형이 요괴 짓을 한다고 생각하고는 절에 공양물로 보내버렸다. 절에 있던 동복(童僕)이 새벽에 불전 앞에서 마당을 쓸고 있는데 한 부인이 나타났다. 동복이 그녀에게 어디서 왔느냐고 묻자 그녀가 대답하길, 자신은 노찬선의 첩인데 큰 마님이 질투를 하여 이곳으로 보냈다고 했다. 그 후에 동복은 노씨 집안사람이 온 것을 보고 그에게 첩을 만난 일을 말했다. 노찬선은 그 일을 자세히 조사해본 결과 부인의 옷 색으로 보아 인형이 한 짓이라고 생각하고는 그것을 깨부숴버리게 했다. 인형의 심장에는 피가 묻어있었고 그 크기는 계란만 했다. (『광이기』)

盧贊善家, 有一瓷新婦子. 經數載, 其妻戲謂曰: "與君爲妾." 盧因爾惘惘, 恒見一婦人, 臥於帳中. 積久, 意是瓷人爲祟, 送往寺中供養. 有童人, 曉於殿中掃地, 見一婦人. 問其由來, 云是盧贊善妾, 爲大婦所妬, 送來在此. 其後見盧家人至, 因言見妾事. 贊善窮覈本末, 所見服色, 是瓷人, 遂命擊碎. 心頭有血, 大如雞子. (出『廣異記』)

368 · 12(4745)
유 숭(柳 崇)

월주(越州)의 병조(兵曹: 군사 일을 관장하던 관리) 유숭은 갑자기 머리 위에 종기가 생겼는데, 끙끙 앓을 정도로 아파서 참을 수가 없었다. 그래서 술사(術士)를 불러 밤에 살펴보게 했더니 술사가 말했다.

"어떤 녹색 치마를 입은 부인이 있는데 물어도 대답하지 않습니다. 당신의 창문 아래에 있으니 속히 제거하십시오."

유숭이 창문 아래를 찾아봤더니 단지 자기로 만든 기녀 인형만 있었다. 인형은 매우 단정했고 녹색 자기로 치장을 하고 있었다. 유숭은 인형을 쇠절구에 넣어 빻아 부순 다음 불에 태워버렸다. 그 후로 마침내 종기가 나았다. (『조야첨재』)

越州兵曹柳崇, 忽瘍生於頭, 呻吟不可忍. 於是召術士夜觀之, 云: "有一婦女綠裙, 問之不應. 在君窓下, 急除之." 崇訪窓下, 止見一瓷妓女. 極端正, 綠瓷爲飾. 遂於鐵臼擣碎而焚之. 瘡遂愈. (出『朝野僉載』)

368 · 13(4746)
남중행자(南中行者)

　남중부(南中府)의 어떤 사원 안에 구자모상(九子母像: 佛經 속의 鬼子母로, 전설에 의하면 500명의 자식을 낳았고 해를 쫓아 王舍成의 童子들을 잡아먹었는데 나중에 獨覺佛의 點化를 받고 자식을 점지해주는 여신이 되었음)이 있었는데, 장식과 조각이 매우 기이했다. 사원에는 젊은 행자(行者: 절에서 잡일을 하는 사람으로 아직 출가하지 않은 사람) 한 사람이 여러 스님들을 모시고 있었다. 몇 년 안 되어 그 행자가 점차 몸이 몹시 파리해지고 정신도 혼미해지자 여러 스님들은 매우 이상하게 여겼다. 한 스님이 그 행자가 밤에 구자모상이 있는 당(堂)에 들어가서 잠을 자는 것을 보았는데, 천천히 다시 보니 한 미인이 당에 와서 밤늦게 행자를 유혹해 함께 잠을 자는 것이었다. 이런 일이 있은 지 이미 1년이 다 되어 갔다. 스님은 구자모상이 요괴짓을 한다고 여기고는 즉시 그것을 부숴버렸다. 그로부터 미인은 다시 나타나지 않았고, 행자도 병이 낫자 즉시 머리를 깎고 스님이 되었다. (『옥당한화』)

　南中有僧院, 院內有九子母像, 裝塑甚奇. 嘗有一行者, 年少, 給事諸僧. 不數年, 其人漸甚羸瘠, 神思恍惚, 諸僧頗怪之. 有一僧, 見此行者至夜入九子母堂寢宿, 徐見一美婦人至, 晚引同寢. 已近一年矣. 僧知塑象爲怪, 卽壞之. 自是不復更見, 行者亦愈, 卽落髮爲沙門. (出『玉堂閒話』)

368 · 14(4747)
국수재(麴秀才)

 도사 섭법선(葉法善)은 부록술(符籙術: 符籙을 그려 귀신을 쫓는 술법)에 뛰어나서 황제가 여러 번 그에게 홍려경(鴻臚卿: 조정의 제사를 관장하는 鴻臚寺의 장관)을 제수하고 후한 예를 갖춰 대접했다. 섭법선이 현진관(玄眞觀)에 머무르고 있을 때, 하루는 조정 관료 10여 명이 그를 방문했다. 섭법선은 손님들과 허리띠를 풀고 한가로이 앉아 담소를 나누었는데, 그 자리에 있던 모든 사람들이 술 생각이 간절했다. 그때 갑자기 어떤 사람이 문을 두드리며 말했다.
 "국수재입니다."
 섭법선이 사람을 시켜 그에게 말을 전했다.
 "마침 조정의 관료들이 와 계셔서 당신을 대접할 시간이 없으니 다른 날 와주셨으면 합니다."
 말이 채 끝나기도 전에 한 서생이 거만하게 노려보며 곧장 들어왔는데, 나이는 20세쯤 되어 보였고 통통하고 하얀 피부가 보기 좋았다. 그 서생은 웃으면서 손님들에게 절을 한 뒤 끝자리에 앉았다. 그는 고금(古今)의 전적을 인용하며 큰 소리로 이야기를 풀어나갔는데 온 좌중은 생각하지도 못했던 고견(高見)이라 모두 존경의 눈으로 그를 쳐다봤다. 그는 한참 동안 이야기하다가 잠시 일어나서 나갔는데, 마치 바람이 휙 돌며 지나간 것 같았다. 섭법선이 여러 손님들에게 말했다.
 "이 사람은 갑자기 들어와서 이처럼 논리정연하게 논변을 펼치니 어찌 요괴가 현혹하는 것이 아니겠습니까? 여러분들은 검을 꺼내 그를 쳐

치할 대비를 하십시오."

국수재가 다시 들어와 팔뚝을 잡기도 하고 손바닥을 치기도 하면서 날카롭게 논변을 시작했는데 그 기세를 당해낼 수가 없었다. 섭법선은 몰래 단도로 그를 찌르고 손 가는대로 머리를 베었다. 국수재의 머리가 계단 아래로 떨어지더니 병뚜껑으로 변했다. 자리에 앉아있던 사람들이 모두 놀라고 두려워 당황하다가 국수재가 있던 자리를 보았더니 바로 잘 익은 술이 가득 든 병이 있었다. 사람들이 모두 크게 웃으며 그 술을 마셨는데 그 맛이 정말 좋았다. 자리에 앉아있던 손님들이 취해 그 병을 어루만지며 말했다.

"국생(麴生: 麴秀才)! 국생! 당신의 멋과 맛을 잊을 수가 없구려."

(『개천전신기』)

道士葉法善, 精於符籙之術, 上累拜爲鴻臚卿, 優禮特厚. 法善居玄眞觀, 常有朝客十餘人詣之. 解帶淹留, 滿坐思酒. 忽有人扣門, 云: "麴秀才." 法善令人謂之曰: "方有朝寮, 無暇晤語, 幸吾子異日見臨也." 語未畢, 有一措大, 傲睨直入, 年二十許, 肥白可觀. 笑揖諸公, 居於末席. 抗聲譚論, 援引今古, 一坐不測, 衆聳觀之. 良久蹶起, 如風旋轉. 法善謂諸公曰: "此子突入, 詞辨如此, 豈非妖魅爲眩惑乎? 試與諸公取劒備之." 麴生復至, 扼腕抵掌, 論難鋒起, 勢不可當. 法善密以小劒擊之, 隨手喪元. 墜於堦下, 化爲缾蓋. 一坐驚懼惶遽, 視其處所, 乃盈缾醲醞也. 咸大笑, 飮之, 其味甚佳. 坐客醉而撫其缾曰: "麴生! 麴生! 風味不可忘也." (出『開天傳信記』)

368 · 15(4748)
괵국부인(虢國夫人)

장안(長安)에 한 가난한 스님이 있었는데 의복이 매우 남루했다. 그 스님은 새끼 원숭이 한 마리를 팔면서 그 원숭이가 사람의 말을 할 줄 알고 부릴 수도 있다고 했다. 괵국부인(虢國夫人: 楊貴妃의 언니로 天寶 7년에 虢國夫人에 봉해짐)이 그 말을 듣고 급히 스님을 집으로 모셔오게 했다. 스님이 집으로 오자 괵국부인은 그를 보고 [원숭이를 팔게 된] 이유를 물었다. 스님이 대답했다.

"저는 본래 서촉(西蜀)에 살면서 산 속에서 머무른 지 20여 년이나 되었습니다. 하루는 우연히 원숭이 떼가 지나가다가 이 새끼 원숭이를 남겨두고 갔습니다. 저는 이 원숭이가 가여워서 데려다 키웠는데, 반년이 지나자 새끼 원숭이가 사람의 마음을 이해하고 또 사람의 말을 할 줄 알았습니다. 그리고 제가 지시를 내리면 그것을 따라 반드시 행동해서 사실 저의 제자와 다르지 않았습니다. 제가 근래에 성곽에 도착했는데 노잣돈이 몹시 부족하여 이 새끼 원숭이를 키울 방법이 없기에 시장에 내다 팔게 되었습니다."

괵국부인이 말했다.

"지금 그대에게 한 속(束: 1束은 5匹)의 비단을 줄 테니 이 원숭이를 놔두고 가게나. 내가 맡아서 키우겠네."

그러자 스님은 감사해하면서 원숭이를 남겨두고 떠났다. 그 원숭이는 밤낮으로 괵국부인의 옆에 있었고 괵국부인은 원숭이를 매우 아꼈다. 반년 후에 양귀비(楊貴妃)가 괵국부인에게 지초(芝草)를 보냈는데,

괵국부인은 새끼 원숭이를 불러 가지고 놀게 했다. 새끼 원숭이는 괵국부인의 앞에서 땅에 거꾸러지더니 소년으로 변했는데, 용모가 단정하고 준수했으며 나이는 14~15세쯤 되어 보였다. 괵국부인은 매우 괴이하게 여겨서 소년을 꾸짖으며 [원숭이로 변하게 된] 이유를 물었더니, 소년이 대답했다.

"저는 원래 성이 원씨(袁氏)인데, 저를 판 스님이 옛날에 촉산(蜀山)에 있을 때 우연히 아버지를 따라 산에 들어가 약초를 캐면서 산 속에서 3년을 살았습니다. 저의 아버지는 항상 약초의 싹을 저에게 먹였는데 어느 날 갑자기 저도 모르는 사이 원숭이로 변하자 아버지가 두려워서 저를 버렸습니다. 그래서 스님에 의해 키워지게 되었고 부인의 집에도 오게 되었습니다. 저는 비록 이전에는 입이 있어도 말할 수 없지만 마음속의 일들을 거의 잊지 않고 있었습니다. 부인의 깊은 은혜를 입은 후부터 가슴에 품어온 말들을 부인에게 무척이나 하고 싶었지만 한스럽게도 말할 수가 없어서 매일 밤이 깊으면 혼자 눈물을 흘릴 수밖에 없었습니다. 지금 뜻하지 않게 사람의 몸으로 돌아왔는데, 부인의 생각이 어떠한지 모르겠습니다."

괵국부인은 그 일을 기이하게 여겼다. 괵국부인은 소년에게 비단옷을 입히고 자신의 뒤를 따라다니며 시중을 들게 하면서 그 일은 늘 비밀로 했다.

또 3년이 지나자 소년의 용모가 더욱 준수해졌다. 양귀비가 자주 그를 보러오자 괵국부인은 다른 사람에게 소년을 뺏길까봐 그를 나오지 못하게 하고는 따로 작은 방에 살게 했다. 소년은 약초 먹는 것만을 좋아했으므로 괵국부인은 시녀를 시켜 그에게 항상 약초를 가져다주게 했는데, 어느 날 갑자기 소년과 하녀가 모두 원숭이로 변했다. 괵국부인은 괴이하게 여겨서 사람을 시켜 그들을 쏘아 죽이게 했는데, 그 소년은 바로 나무 인형이 변한 것이었다. (『대당기사』)

　長安有一貧僧, 衣甚襤縷. 賣一小猿, 會人言, 可以馳使. 虢國夫人聞之, 遽命僧至宅. 僧旣至, 夫人見之, 問其由. 僧曰: "本住西蜀, 居山二十餘年. 偶群猿過, 遺下此小猿. 憐憫收養, 纔半載以來, 此小猿識人意, 又會人言語. 隨指顧, 無不應人使用, 實不異一弟子耳. 僧今昨至城郭, 資用頗乏, 無計保借得此小猿, 故鬻之於市." 夫人曰: "今與僧束帛, 可留此猿. 我當養之." 僧乃感謝, 留猿而去. 其小猿旦夕在夫人左右, 夫人甚愛憐之.
　後半載, 楊貴妃遺夫人芝草, 夫人喚小猿令看翫. 小猿對夫人面前倒地, 化爲一小兒, 容貌端姸, 年可十四五. 夫人甚怪, 呵而問之, 小兒曰: "我本姓袁, 賣我僧昔在蜀山中, 我偶隨父入山採藥, 居林下三年. 我父常以藥苗啗我, 忽一日, 自不覺變身爲猿, 我父懼而棄我. 所以被此僧收養, 而至於夫人宅. 我雖前日口不能言, 我心中之事, 略不遺忘也. 自受恩育, 甚欲述懷抱於夫人, 恨不能言, 每至深夜, 唯自泣下. 今不期却變人身, 卽不測尊意如何." 夫人奇之. 遂命衣以錦衣, 侍從隨後, 常秘密其事.
　又三年, 小兒容貌甚美. 貴妃曾屢顧之, 復恐人見奪, 因不令出, 別安於小室. 小兒唯嗜藥物, 夫人以侍婢常供飼藥食, 忽一日, 小兒與此侍婢, 俱化爲猿. 夫人怪異, 令人射殺之, 其小兒乃木人耳. (出『大唐奇事』)

태평광기 권제 369 정괴 2

잡기용(雜器用)
1. 소비녀(蘇조女)
2. 장유악(蔣惟岳)
3. 화음촌정(華陰村正)
4. 위 량(韋 諒)
5. 동래객(東萊客)
6. 교성리인(交城里人)
7. 잠 순(岑 順)
8. 원무유(元無有)
9. 이초빈(李楚賓)

369 · 1(4749)
소비녀(蘇丕女)

무공(武功) 사람 소비는 [唐나라] 천보연간(天寶年間: 742~756)에 초구현령(楚丘縣令)이 되었다. 소비는 딸을 이씨(李氏)에게 시집보냈는데, 이씨는 평소에 하녀 하나를 총애했기 때문에 소비의 딸과 애정이 돈독하지 못했다. 그 하녀는 술사(術士)를 구해 염고법(魘蠱法: 주술로 저주하여 사람을 해치는 술법)을 행하여 부적을 이씨 집 두엄더미 속에 묻어놓았다. 또 비단을 묶어 1척 남짓 되는 부인 인형 7개를 만들어 동쪽 담의 구멍 안에 감춰 넣고 진흙으로 가려놓았다. 다른 사람들은 [이러한 사실을 전혀] 알지 못했다.

몇 년 뒤에 이씨와 하녀가 차례로 죽었고 소비의 딸은 4~5년 동안 과부로 살았다. 마침내 염고술이 완성되어 비단으로 만든 부인 인형들이 집안을 나돌아 다녔는데, 소씨(蘇氏: 蘇丕의 딸)는 이로 인해 병이 생겨 혼절했다. 그러나 이씨의 하녀가 이미 죽은 뒤였기에 그 연유를 알 수 없었다. 1년이 지나는 동안 소씨는 여러 차례 술사를 불러 온갖 액막이 주문을 다 써보았지만 요괴를 막을 수 없었다.

나중에 소씨는 부인 인형들이 다시 나타나기를 기다렸다가 수십 명을 동원하여 덮쳐서 그 중 하나를 잡았다. 살펴보았더니 그것은 이목구비의 형체까지 모두 갖추고 있었으며, 사람의 손바닥 안에서 멈추지 않고 계속 움직였다. 그래서 칼로 그것을 베었더니 피가 바닥에 흘렀다. 마침내 땔감을 쌓아 그것을 불태우자 나머지 무리들이 모두 불태우는 곳으로 와서 울부짖었는데, 어떤 것은 공중에 있기도 하고 어떤 것은 땅 위에 있기도 했다. 다 태우고 났더니 집안에 인육 굽는 냄새가 진동했다. 다음날 나머지 무리들이 모두 흰옷을 입고 통곡하면서 며칠 동안 그치지 않았다.

그 후 반년 동안 6개의 인형을 거듭 잡아 모두 불태웠다. 오직 한 개만은 붙잡았다가 다시 놓쳤는데, 쫓아갔더니 홀연히 두엄더미 속으로 들어갔다. 소씨가 100여 명을 동원하여 두엄더미를 7~8척 깊이까지 파냈더니 복숭아나무로 만든 부적이 나왔는데, 부적 위에 씌어진 붉은 글씨를 분명히 알아볼 수 있었다. 부적에는 이렇게 씌어 있었다.

"이씨의 하녀가 소씨 집안의 딸을 저주하여 인형 7개를 만들어 동쪽 벽의 흙 감실(龕室) 안에 넣어두니 9년 뒤에 마땅히 술법이 완성될 것이다."

그래서 그 말에 따라 동쪽 벽을 허물고 나머지 인형 한 개도 잡았다. 그 이후로 소비의 딸은 아무런 탈이 없었다. (『광이기』)

武功蘇丕, 天寶中爲楚丘令. 女適李氏, 李氏素寵婢, 因與丕女情好不篤. 其婢求術者行魘蠱之法, 以符埋李氏宅糞土中. 又縛綵婦人形七枚, 長尺餘, 藏於東牆窟內, 而泥飾之. 人不知也.

數歲, 李氏及('及'原作'內', 據明鈔本改)婢, 相繼死亡, 女寡居四五年. 魘蠱術成, 綵婦人出遊宅內, 蘇氏因爾疾發悶絶. 李婢已死, 莫知所由. 經一載, 累求術士, 禁呪備至, 而不能制.

後伺其復出, 乃率數十人掩捉, 得一枚. 視其眉目形體悉具, 在人手中, 恒動不止. 以刀斫之, 血流于地. 遂積柴焚之, 其徒皆來焚所號叫, 或在空中, 或在地上. 燒畢, 宅中作炙人氣. 翌日, 皆白衣號哭, 數日不已.

其後半歲, 累獲六枚, 悉焚之. 唯一枚得而復逸, 逐之, 忽乃入糞土中. 蘇氏率百餘人掘糞, 深七八尺, 得桃符, 符上朱書字, 宛然可識. 云:"李氏婢魘蘇氏家女, 作人七枚, 在東壁上土龕中, 其後九年當成." 遂依破壁, 又得一枚. 丕女自爾無恙. (出『廣異記』)

369·2(4750)
장유악(蔣惟岳)

장유악은 귀신을 두려워하지 않았는데, 한번은 혼자 창 아래에 누워 있을 때 밖에서 사람 소리가 들리자 이렇게 기도했다.

"네가 만약 원혼(寃魂)이거든 들어와 날 만나고, 만약 할 일 없는 귀신이거든 날 놀라게 해서는 안 된다."

그러자 귀신이 스윽! 문을 밀치고 들어와 장유악의 침상으로 오르려다가 장유악이 두려워하지 않는 것을 보고는 돌아가서 벽 아래에 서 있었는데 모두 7명이었다. 장유악이 무슨 일이냐고 물었지만 귀신들은 서 있기만 하고 대답하지 않았다. 그래서 장유악이 베개로 그들을 쳤더니 모두 문밖으로 달아났는데, 뒤쫓아 갔더니 마당 속으로 들어가 사라졌다. 다음날 [귀신들이 사라진 곳의] 마당을 파보았더니 부서진 수레 바퀏살 7개가 나왔다. [그 후로] 그 요괴들은 마침내 더 이상 나타나지 않앉다.

 또 한번은 장유악의 형이 중병을 앓고 있어서 장유악이 직접 살펴보러 갔는데, 밤이 깊었을 때 여자 귀신 3명이 나타나 형의 침상 앞에 이르렀다. 그래서 장유악이 물러가라고 3번 호통 쳤더니 귀신들이 모두 바닥에 쓰러졌다가 한참 후에야 도망쳐나갔다. [그 후로] 그의 형은 마침내 병이 나았다. (『광이기』)

 蔣惟岳不懼鬼神, 常獨臥窗下, 聞外有人聲, 岳祝云: "汝是寃魂, 可入相見, 若是閑鬼, 無宜相驚." 於是窣然排戶, 而欲昇其牀, 見岳不懼, 旋立壁下, 有七人焉. 問其所爲, 立而不對. 岳以枕擊之, 皆走出戶, 因走趁, 沒於庭中. 明日掘之, 得破車輻七枚. 其怪遂絶.
 又其兄常患重疾, 岳親自看視, 夜深, 又見三婦人鬼, 至兄牀前. 叱退之, 三遍, 鬼悉倒地, 久之走出. 其兄遂愈. (出『廣異記』)

369 · 3(4751)
화음촌정(華陰村正)

 화음현(華陰縣)의 칠급조(七級趙) 마을에서 마을길이 갑자기 꺼져서 계곡을 이루었기에 [마을사람들은] 그곳에 다리를 놓아 오갈 수 있게 했다. 어떤 촌장이 한번은 밤에 그 다리를 건너가다가 보았더니 한 무리의 아이들이 불 주위에 모여서 놀고 있었다. 촌장은 그들이 도깨비라는 것을 알고 활을 쏘았는데, 마치 화살이 나무에 꽂히는 듯한 소리가 나더니 불이 즉시 꺼졌다. 곧이어 웅성거리면서 이렇게 말하는 소리가 들렸다.

"우리 아련(阿連)이의 머리에 화살이 박혔다!"

촌장이 현성(縣城)에 갔다가 돌아오는 길에 [어젯밤 자신이 화살을 쏘았던 곳을] 찾아보았더니 부서진 수레바퀴 6~7조각이 나왔는데, [그 중 한 조각의] 끝 부분에 여전히 그 화살이 박혀 있었다. (『유양잡조』)

華陰縣七級趙村, 村路因嚙成谷, 梁之以濟往來. 有村正常夜渡橋, 見羣小兒聚火爲戱. 村正知其魅, 射之, 若中木聲, 火卽滅. 聞啾啾曰: "射著我阿連頭!" 村正上縣廻, 尋之, 見破車輪六七片, 有頭杪尙銜其箭者. (出『酉陽雜俎』)

369 · 4(4752)
위 량(韋 諒)

[唐나라] 건원연간(乾元年間: 758~760)에 강녕현령(江寧縣令) 위량의 집 앞에서 갑자기 작은 귀신이 나타났는데, 그 귀신은 아랫입술로 얼굴을 덮은 채로 등불 있는 곳까지 왔다가 다시 갔다 왔다 했다. 위량이 사람을 시켜 그것을 쫓게 했더니 그것은 계단 아래로 들어가 사라졌다. 다음날 아침에 그것이 사라진 곳을 팠더니 오래된 문짝 하나가 나왔는데, 길이는 1척 남짓 되었고 위 부분이 말린 연잎 모양을 하고 있었다. (『광이기』)

乾元中, 江寧縣令韋諒堂前忽見小鬼, 以下脣掩面, 來至燈所, 去又來. 使人逐之, 沒于塔下. 明旦, 掘其沒處, 得一故門扇, 長尺餘, 頭作卷荷狀. (出『廣異記』)

369 · 5(4753)
동래객(東萊客)

동도군(東都郡)에 어떤 객관이 있었는데 그 서쪽 행랑에서 늘 요괴가 나타났다. 그곳에서 자는 손님들은 밤에 아주 어렴풋한 개 짖는 소리를 늘 듣곤 했는데, 촛불로 비춰보면 아무 것도 보이지 않았다. 이런 일이 여러 해 동안 일어났다. 나중에 군수(郡守)가 그 객관에 빗장을 설치하여 창고로 만들라고 명했다. 한번은 어느 달 밝은 밤에 창고 관리가 푸른색의 아주 작은 개 한 마리를 보았는데, 그 개는 서쪽 행랑에서 내려와 마당을 돌면서 뛰어다녔다. 창고 관리는 그 개가 보통 개와 다른 것을 괴이하다고 여겨 돌을 던져 맞추었다. 그러자 그 개는 깨갱거리면서 달아나 서쪽 행랑 아래로 들어갔다. 다음날 창고 관리가 그 사실을 군수에게 아뢰자, 군수는 서쪽 행랑에서 그 개의 자취를 찾으라고 명했다. 결국 문 위에서 푸른 털이 아주 많이 달린 개 인형을 발견했는데, 과연 창고 관리가 보았던 푸른 개의 색깔이었다. 사람들은 그제야 [어찌 된 일인지] 알게 되었다. (『선실지』)

東都郡有館亭, 其西軒常有怪異. 客有寢其下者, 夜常聞有犬吠, 聲甚微, 以燭視之, 則一無所見. 如是者累年矣. 其後郡守命扃鍵爲庫. 嘗一夕月皎, 有庫吏見一犬甚小, 蒼色, 自軒下環庭而走. 庫吏怪其與常犬異, 因投石擊之. 其犬吠而去, 入西軒下. 明日, 庫吏以其事白於郡守, 郡守命於西軒窮其跡. 見門上狗有蒼毛甚多, 果庫吏所見蒼犬之色. 衆方悟焉. (出『宣室志』)

369 · 6(4754)
교성리인(交城里人)

　교성현(交城縣)에서 남쪽으로 10여 리 떨어진 곳에서 밤이면 늘 요괴가 사람들에게 나타났는데, [그 요괴를 보고] 두려움에 떨다 병이 들거나 죽기까지 하는 사람이 많았으므로 마을 사람들은 오랫동안 그것을 걱정했다. 그 후 마을 사람 중에서 어떤 사람이 활과 화살을 들고 밤길을 가고 있을 때, 현의 남쪽에서 마치 거인처럼 생긴 커다란 괴물 하나가 붉은 옷을 입고 검은 두건을 머리에 두른 채 천천히 걸어오는 것을 보았는데, 그 쓰러질 듯한 모습이 마치 술에 몹시 취한 것 같았다. 그 마을 사람은 두려웠지만 즉시 활을 당겨 화살을 쏘아 괴물을 맞추자 괴물이 마침내 물러갔다. 마을 사람은 두려움이 약간 풀리자 곧장 북쪽으로 달려가서 객사에 도착하여 그 일을 말했다. 다음날 마을 사람이 현성(縣城)에 당도하여 성곽 서쪽의 붉은 계수나무를 보았더니, 그 위에 화살 하나가 꽂혀 있었는데 바로 자신의 화살이었다. 그는 화살을 가지고 집으로 돌아갔는데 화살촉에 피가 많이 묻어 있었다. 그가 현령(縣令)에게 그 일을 아뢰자 현령은 그 나무를 태워버리라고 명했다. 이때부터 교성현의 남쪽에는 더 이상이 근심거리가 없었다. (『선실지』)

交城縣南十數里, 常夜有怪見於人, 多悸而病且死焉, 里人患之久矣. 其後里中人有執弧矢夜行者, 縣南見一魁然若巨人狀, 衣朱衣, 以皁巾蒙其首, 緩步而來, 欹偃若甚醉者. 里人懼, 卽引滿而發, 果中焉, 其怪遂退. 里人懼少解, 卽北走至旅舍, 且語其事. 明日, 抵縣城, 見郭之西丹桂, 有一矢貫其上, 果里人之矢. 取之以歸, 鏃有血甚多. 白於縣令, 令命焚之. 由是縣南無患. (出『宣室志』)

369 · 7(4755)
잠 순(岑 順)

여남(汝南) 사람 잠순은 자(字)가 효백(孝伯)으로, 어려서부터 학문을 좋아하고 글재주가 있었으며 나이가 들어서는 병략(兵略)에 특히 정통했다. 그는 섬주(陝州)에서 객지생활을 했으나 가난하여 집이 없었다. 그의 외가 친척인 여씨(呂氏)는 산장을 가지고 있었는데, 그것을 헐어 버리려고 하자 잠순이 그곳에 살겠다고 청했다. 어떤 사람이 잠순을 말리자 잠순이 말했다.

"천명은 정해져 있는 법인데 무얼 두려워하겠소?"

그리고는 마침내 그곳에서 살았다.

그 후로 1년 남짓이 지났다. 잠순은 늘 혼자 서재에 앉아 있었는데, 비록 집안사람이라 할지라도 그곳엔 들어가지 못했다. 밤중에 어디서 나는 지 알 수 없는 군대의 북소리가 들리기에 문밖으로 나갔더니 소리가 들리지 않았다. 잠순은 혼자 기뻐하면서 옛날 석륵(石勒: 五胡十六國 後趙의 군주. 전설에 따르면, 석륵이 어려서 밭을 갈 때 늘 軍樂 소리가 앞뒤에서 들렸으며, 나중에 포로가 되어 노비로 팔려갔을 때에도 밤마다 예전에 밭에서 들었던 군악 소리가 들렸다고 함)이 겪었던 상서로운 징조라고 자부했다. 그리고는 이렇게 기도했다.

"이는 필시 음병(陰兵: 神兵. 저승 병사)이 날 도와주는 것이니, 만약 그러하다면 꼭 부귀하게 될 날을 나에게 알려주소서!"

며칠 밤이 지난 후 잠순의 꿈에 갑옷과 투구를 착용한 어떤 사람이 다가와 보고했다.

"금상장군(金象將軍)께서 절 보내 잠군(岑君: 岑順)께 말씀 전해드리라고 하셨습니다. '군성(軍城)에서 밤마다 경계하는데도 시끄럽게 소란을 피우는 자가 있습니다. 만약 당신의 돌봐주심을 받는다면 어찌 감히 그 명을 받들지 않을 수 있겠습니까? 당신에게는 후한 복록이 많이 있으니 스스로를 아끼시기 바랍니다. 당신은 이미 장대한 뜻을 세우고 계신데 우리나라를 돌봐주실 수 있는지요? 지금 적국이 보루를 침범하고 있는데, 상석(上席)을 비워놓고 옆에 앉아 현자에게 맡기고자 하니 훌륭한 덕망과 명성을 지니신 당신께서 군대의 깃발과 도끼를 잡아주셨으면[즉 군대를 통솔해달라는 뜻] 합니다.'"

잠순이 감사하며 말했다.

"장군께서는 타고난 자질이 영명하시어 군대를 규율로 엄정하게 잘 다스리십니다. 번거로움을 무릅쓰고 이렇게 좋은 소식을 전하여 비천한 저를 돌보아주시니 견마(犬馬)의 뜻이나마 펼쳐보고자 합니다."

사자는 돌아가 [금상장군에게 잠순의 말을] 보고했다. 잠순은 그때 갑자기 잠에서 깨어나 마치 무언가를 잃어버린 것처럼 멍하니 앉아서 꿈의 징조를 생각했다.

얼마 후 북과 호각 소리가 사방에서 들리더니 그 소리가 갈수록 더욱 커졌다. 그래서 잠순은 두건을 바로 하고 침상에서 내려와 재배하며 기도했다. 잠시 후 창문에서 바람이 불어와 휘장과 빌이 날리더니, 등불 아래에서 갑자기 수백 명의 철기병이 좌우에서 달려 나왔다. 그들은 모두 키가 몇 촌 밖에 되지 않았으나 단단한 갑옷을 입고 날카로운 무기를 들고서 별처럼 온 바닥에 흩어지더니, 순식간에 구름처럼 진(陣)을 치며 사방을 에워쌌다. 잠순은 놀라 당황했으나 이내 정신을 가다듬고 살펴보았다. 잠시 후에 병졸 하나가 서찰을 가져와서 말했다.

"장군께서 전하시는 격문(檄文)입니다."

잠순이 그것을 받아 보니 다음과 같이 씌어 있었다.

"국토가 훈로(獯虜: 匈奴族의 별칭)와 연접해 있어서 군마(軍馬)가 쉬지 못한 지 수십 년이 되어갑니다. 그 동안 장수는 늙고 병사는 바닥났으며, 찬 서리를 맞으며 갑옷 입은 채로 잠을 잤습니다. 그러나 [상대는] 하늘에서 내려준 강적인지라 그 기세를 막을 수 없습니다. 명공(明公: 岑順)께서는 품성을 기르고 덕행을 쌓으면서 제때에 학업에 정진하셨습니다. 누차 당신의 훌륭한 말씀을 접했으니 당신께 신명(神明)의 부절(符節)을 맡기고자 합니다. 그러나 명공은 이승의 관리로서 당연히 성군(聖君)의 시대에 큰 복록을 누리셔야 하니, 지금 우리나라에서 어찌 감히 당신을 바라겠습니까? 천나국(天那國) 북쪽 산의 적들이 연합하여 기일을 정해놓고 전쟁을 하기로 했습니다. 전쟁은 [오늘밤] 자시(子時)에 일어나는데 그 승패를 예측할 수 없기 때문에 진실로 두렵고 불안합니다."

잠순은 감사를 드린 뒤, 방안에 등불을 더 밝혀놓고 앉아서 그 변화를 살펴보았다.

한밤중 후에 북과 호각 소리가 사방에서 울렸다. 그 전에 동쪽 벽 아래에 있던 쥐구멍이 성문으로 변했으며 적군의 보루가 높이 솟아났다. 세 번 징과 북이 울리자 그 성의 네 문에서 병사들이 나왔으며, 수만 개의 연이은 깃발이 바람과 구름처럼 질주하더니 두 군대가 모두 진을 쳤다. 동쪽 벽 아래에는 천나군(天那軍)의 부대가, 그리고 서쪽 벽 아래에는 금상군(金象軍)의 부대가 각각 배치를 마쳤다. [그때 금상군의] 군사(軍師)가 앞으로 나와 말했다.

"천마(天馬)는 비껴 날아가 세 번 건넌 뒤 멈추고, 상장군(上將軍)은 옆으로 가서 사방을 연계하며, 치차(輜車: 장막을 두른 군수품 운반 수레)는 선회하지 말고 곧장 들어가고, 육갑(六甲: 6명의 병졸로 추정함)은 차례대로 나아가 대오를 흩트리지 않아야 합니다."

금상국왕이 말했다.

"좋다!"

이에 북을 치자 양쪽 군대에서 기마병 한 명씩이 나와 사선으로 3척을 가서 멈추었고, 또 북을 치자 각각 보병 한 명씩이 나와 옆으로 1척을 갔으며, 또 다시 북을 치자 전차가 전진했다. 이렇게 북소리가 점차 급해지자 양쪽 군대가 출병하면서 대포와 화살·돌이 어지럽게 교차했다. 잠깐 사이에 천나군이 대패하여 흩어져 달아났으며 사상자가 바닥을 덮었다. 천나국왕은 혼자 말을 타고 남쪽으로 도망쳤으며, 수백 명의 병사들은 서남쪽 모퉁이로 달아나 겨우 죽음을 면했다. 그 전부터 서남쪽에는 약 절구 하나가 있었는데, 천나국왕이 그 절구 속으로 들어갔더니 그것이 성루로 변했다. 금상군은 위세를 크게 떨친 뒤 무장한 군사를 거두어들였다. 천나군의 수레와 시체가 바닥에 널려 있었다.

잠순은 몸을 숙여 [전투 상황을] 지켜보고 있었는데, 그때 한 기병이 금궁(禁宮)에 이르러 [금상장군의 뜻을] 전했다.

"음양(陰陽)의 변화에는 일정한 이치가 있으니 그 이치를 터득하는 자가 흥성합니다. 드높은 하늘의 위엄으로 바람처럼 내달려 연달아 격파하여 한 판에 승리를 얻었으니 명공께서는 어떻게 생각하십니까?"

잠순이 말했다.

"장군은 영명함이 태양을 꿰뚫고 하늘의 뜻을 파악하여 적절한 때를 이용하시니, 저는 장군의 신비한 변화와 영묘한 교지(敎旨)를 살펴보면서 기쁨과 통쾌함을 가눌 수 없습니다."

이렇게 며칠 동안 전쟁을 치렀지만 승패를 가리지 못했다. 금상국왕은 신묘한 용모가 위엄 있고 웅장한 자태가 보기 드문 사람이었다. 그는 연회에서 진수성찬을 차려 잠순을 대접하고 수많은 보배와 명주(明珠: 夜光珠)·주옥(珠玉)을 주었다. 잠순은 마침내 그 안에서 영화를 누리면서 원하는 모든 것을 가질 수 있었다.

그 후로 잠순은 점차 친구들과의 왕래를 끊고 한가한 때도 서재를 나오지 않았다. 집안사람들은 [잠순의 행동을] 이상하게 생각했지만 그 이유를 알 수 없었는데, 잠순은 안색이 초췌해져서 귀신의 기운에 씌인 것 같았다. 친척들은 모두 [잠순에게 뭔가] 이상한 일이 있을 것이라고 생각하여 잠순에게 캐물었으나 잠순은 말하지 않았다. 그래서 [친척들은 잠순에게] 독한 술을 먹여 취한 틈에 그가 실토하도록 했다. 친척들은 삽을 준비해놓고 잠순이 측간에 갔을 때 그를 가두었다. 그리고는 삽으로 방안 이곳저곳을 마구 파서 8~9척쯤 들어갔을 때 갑자기 구덩이 하나가 나왔는데 다름 아닌 옛 무덤이었다. 무덤에는 벽돌로 된 방이 있었고 그 안에 수많은 명기(盟器: 明器. 冥器. 副葬品)가 들어 있었다. 그 중에 수백 개의 갑옷과 투구가 있었고 그 앞에는 황금 평상 위에 장기판이 놓여 있었는데, 장기판 가득 늘어선 말들은 모두 금과 동으로 만들어졌고 전투할 태세가 모두 갖추어져 있었다. 그제야 비로소 군사(軍師)가 한 말이 바로 상희(象戲: 將棋의 별칭)에서 말을 움직이는 형세였다는 것을 알게 되었다. 얼마 후 그것들을 불태우고 그 서재 바닥을 평평하게 밀어버리다가 많은 보배를 얻었는데 모두 무덤 안에 쌓여 있던 것이었다. 잠순은 그것들을 들여다보고 멍하니 있다가 갑자기 정신을 차렸으며 곧장 심하게 구토했다. 이때부터 잠순은 기력이 충만하고 기분이 좋아졌으며, 집에도 다시는 괴이한 일이 일어나지 않았다. 이 때는 [唐나라] 보응(寶應) 원년(762)이었다. (『현괴록』)

汝南岑順字孝伯, 少好學有文, 老大尤精武略. 旅於陝州, 貧無第宅. 其外族呂氏, 有山宅, 將廢之, 順請居焉. 人有勸者, 順曰: "天命有常, 何所懼耳?" 卒居之後歲餘. 順常獨坐書閣下, 雖家人莫得入. 夜中聞鉦鼙之聲, 不知所來, 及出戶則無聞. 而獨喜, 自負之, 以爲石勒之祥也. 祝之曰: "此必陰兵助我, 若然, 當示我以富貴期!"

數夕後, 夢一人被甲冑, 前報曰: "金象將軍使我語岑君: '軍城夜警, 有喧諍者. 蒙君見嘉, 敢不敬命? 君甚有厚祿, 幸自愛也. 旣負壯志, 能猥顧小國乎? 今敵國犯壘, 側席委賢, 欽味芳聲, 願執旌鉞.'" 順謝曰: "將軍天質英明, 師眞以律. 猥煩德音, 屈顧疵賤, 然犬馬之志, 惟欲用之." 使者復命. 順忽然而寤, 恍若自失, 坐而思夢之徵.

俄然鼓角四起, 聲愈振厲. 順整巾下牀, 再拜祝之. 須臾, 戶牖風生, 帷簾飛揚, 燈下忽有數百鐵騎, 飛馳左右. 悉高數寸, 而被堅執銳, 星散遍地, 倐閃之間, 雲陣四合. 順驚駭, 定神氣以觀之. 須臾, 有卒齎書云: "將軍傳檄." 順受之, 云: "地連獫虜, 戎馬不息, 向數十年. 將老兵窮, 委霜臥甲. 天設勍敵, 勢不可止. 明公養素畜德, 進業及時. 屢承嘉音, 願託神契. 然明公陽官, 固當享大祿於聖世, 今小國安敢望之? 緣天那國北山賊合從, 剋日會戰. 事圖子夜, 否滅未期, 良用惶駭." 順謝之, 室中益燭, 坐觀其變.

夜半後, 鼓角四發. 先是東面壁下有鼠穴, 化爲城門, 壘敵崔嵬. 三奏金革, 四門出兵, 連旗萬計, 風馳雲走, 兩皆列陣. 其東壁下是天那軍, 西壁下金象('金象'原作'全家', 據明鈔本改)軍, 部後各定. 軍師進曰: "天馬斜飛度三止, 上將橫行係四方, 輻車直入無廻翔, 六甲次第不乖行." 王曰: "善!" 於是鼓之, 兩軍俱有一馬, 斜去三尺止, 又鼓之, 各有一步卒, 橫行一尺, 又鼓之, 車進. 如是鼓漸急而各出, 物包矢石亂交. 須臾之間, 天那軍大敗奔潰, 殺傷塗地. 王單馬南馳, 數百人投西南隅, 僅而免焉. 先是西南有藥(明鈔本'藥'下有'曰'字, 疑是'臼'字之訛), 王栖曰中, 化爲城堡. 金象軍大振, 收其甲卒, 輿尸橫地.

順俯伏觀之, 于時一騎至禁, 頒曰: "陰陽有厝, 得之者昌. 亭亭天威, 風驅連激, 一陣而勝, 明公以爲何如?" 順曰: "將軍英貫白日, 乘天用時, 竊窺神化靈文, 不勝慶快." 如是數日會戰, 勝敗不常. 王神貌偉然, 雄姿罕儔. 宴饌珍筵與順, 致寶貝・明珠・珠璣無限. 順遂榮於其中, 所欲皆備焉.

後遂與親朋稍絶, 閑間不出. 家人異之, 莫究其由, 而順顏色憔悴, 爲鬼氣所中. 親戚共意有異, 詰之不言. 因飮以醇醪, 醉而究泄之. 其親人僭備鍬鎬, 因順如厠而隔之. 荷鎬亂作, 以掘室內, 八九尺忽坎陷, 是古墓也. 墓有堳堂, 其盟器悉多. 甲冑數百, 前有金牀戲局, 列馬滿枰, 皆金銅成形, 其干戈之事備矣. 乃悟軍師之詞, 乃象戲行馬之勢也. 旣而焚之, 遂平其地, 多得寶貝, 皆墓內所畜者. 順閱之, 恍然而醒, 乃大吐. 自此充悅, 宅亦不復凶矣. 時寶應元年也. (出『玄怪錄』)

369 · 8(4756)
원무유(元無有)

[唐나라] 보응연간(寶應年間: 762~763)에 원무유라는 사람이 있었다. 그가 한번은 중춘(仲春: 음력 2월) 말에 혼자 유양(維揚: 揚州의 별칭)의 교외를 거닐고 있었는데, 날이 저물 때쯤 비바람이 크게 몰아쳤다. 당시는 병란(兵亂)으로 황폐해진 뒤여서 피난 간 가구들이 많았기 때문에 원무유는 길옆의 빈집으로 들어갔다. 잠시 후에 비바람이 그치고 기운 달이 막 나왔다. 원무유가 북쪽 창가에 앉아 있었는데, 갑자기 서쪽 복도에서 사람들이 지나가는 소리가 들렸다. 얼마 되지 않아서 달빛 속에 네 사람이 나타났는데, 그들은 의관(衣冠)이 모두 특이했으며 서로 즐겁게 얘기하며 매우 유창하게 시를 읊조렸다. 그러다가 [그 중 한 사람이] 이렇게 말했다.

"오늘밤은 가을날과 같고 경치가 이처럼 아름다우니, 우리들이 어찌 각자 한 마디씩 하여 평생의 일을 펼쳐보지 않을 수 있겠는가?"

첫 번째 사람이 곧장 뭐라고 말했는데, 그 읊조리는 소리가 매우 낭랑하여 원무유는 모두 다 알아들을 수 있었다. 첫 번째로 의관을 갖춘 키 큰 사람이 먼저 읊었다.

제(齊)나라 비단과 노(魯)나라 명주는 눈서리처럼 흰데,
저 맑고 높이 울려 퍼지는 소리는 내가 내는 소리라네.

두 번째로 검은 의관에 키가 작고 못생긴 사람이 시를 읊었다.

좋은 손님 맞아 멋진 연회 열리는 맑은 밤에,
밝게 빛나는 등불은 내가 들고 있다네.

세 번째로 낡은 누런 의관에 역시 키가 작고 못생긴 사람이 시를 읊었다.

맑고 시원한 샘물 아침 기다려 길어내니,
뽕나무밧줄 매어 당기며 늘 들락날락하네.

네 번째로 오래된 검은 의관을 갖춘 사람이 시를 읊었다.

장작 때고 물 담아 지지고 볶으니,
남의 입과 배 채우는 것은 나의 수고라네.

원무유도 이 네 사람을 이상하게 여기지 않았고, 네 사람도 원무유가 집안에 있는 것을 걱정하지 않았다. 그들은 번갈아 [자신들의 시를] 칭찬하면서 자부심이 대단했는데, 비록 완사종(阮嗣宗: 阮籍)의 「영회(詠懷)」 시일지라도 그보다 나을 수 없다고 여기는 것 같았다. 네 사람은 날이 샐 무렵에 원래 장소로 돌아갔는데, 원무유가 곧 그들을 찾아보았으나 집안에는 오래된 다듬이방망이, 등잔대, 두레박, 깨진 솥만 있을 뿐이었다. 그래서 원무유는 그 네 사람이 바로 이 물건들이 변한 것임을

알았다. (『현괴록』)

寶應中, 有元無有. 常以仲春末, 獨行維揚郊野, 値日晚, 風雨大至. 時兵荒後, 人戶多逃, 遂入路旁空莊. 須臾霽止, 斜月方出. 無有坐北窗, 忽聞西廊有行人聲. 未幾, 見月中有四人, 衣冠皆異, 相與談諧, 吟詠甚暢. 乃云: "今夕如秋, 風月若此, 吾輩豈不爲一言, 以展平生之事也?" 其一人卽曰云云, 吟詠旣朗, 無有聽之具悉. 其一衣冠長人卽先吟曰: "齊紈魯縞如霜雪, 寥亮高聲予所發." 其二黑衣冠短陋人詩曰: "嘉賓良會淸夜時, 煌煌燈燭我能持." 其三故弊黃衣冠人亦短陋, 詩曰: "淸冷之泉候朝汲, 桑綆相牽常出入." 其四故黑衣冠人詩曰: "爨薪貯泉相煎熬, 充他口腹我爲勞."

無有亦不以四人爲異, 四人亦不虞無有之在堂隍也. 遞相襃賞, 羨('羨'原作 '勸', 據明鈔本改)其自負, 則雖阮嗣宗「詠懷」, 亦若不能加矣. 四人遲明方歸舊所, 無有就尋之, 堂中惟有故杵・燈臺・水桶・破鐺. 乃知四人, 卽此物所爲也. (出『玄怪錄』)

369・9(4757)
이초빈(李楚賓)

이초빈은 초(楚) 땅 사람이다. 그는 성격이 강직하고 오만했으며 오직 사냥만을 일삼았는데, 사냥을 나갔다 하면 많은 사냥감을 잡지 못하는 적이 없었다. 당시 동원범(童元範)이란 사람이 청산(靑山)에서 살았는데, 그의 모친은 일찍이 전염병에 걸려 낮에는 늘 고통이 없다가도 밤만 되면 발병했다. 이렇게 1년 동안 지내면서 용한 의원을 불러오고 좋은 약을 다 써보았지만 전혀 차도가 없었다. 당시는 [唐나라] 건중연간(建中年間: 780~783) 초였는데, 『역경(易經)』에 뛰어난 주한(朱邯)이란 사람이 예장(豫章)으로 돌아가는 도중에 동원범의 집을 지나가다가 [그의 모친을 위해] 점을 치고 나서 동원범에게 말했다.

"당신이 오늘 미시(未時: 오후 2시 전후)에 적삼을 갖춰 입고 길옆에서 기다리고 있으면, 틀림없이 활과 화살을 들고 지나가는 사람이 있을 것이오. 당신이 그 사람의 도움을 받을 수만 있다면, 반드시 당신 모친의 병을 고치고 그 원인까지 알아낼 수 있을 것이오."

동원범이 그 말대로 했더니 과연 이초빈이 활을 차고 말을 달려 도착했다. 동원범이 이초빈에게 절하며 자기 집으로 가자고 청했더니 이초빈이 말했다.

"오늘 아침에는 아직 잡은 짐승도 없는데 당신은 뭘 하러 날 붙잡는게요?"

그래서 동원범이 모친의 질병에 대해 이야기했더니 이초빈이 허락했다. 동원범은 이초빈에게 음식을 대접한 후 그를 서쪽 행랑에 묵게 했다. 그 날 밤은 달빛이 대낮처럼 밝았다. 그래서 이초빈이 방문을 나갔더니, 공중에서 커다란 새 한 마리가 동원범 집의 안채 위로 날아와 부리를 내밀고 지붕을 쪼는 것이 보였는데, 그 즉시 안채에서 [동원범 모친의] 참을 수 없는 고통스런 비명소리가 들려왔다. 이초빈은 사태를 파악하고 말했다.

"저것이 바로 그 요괴다."

그리고는 활을 당겨 쏘아 두 발을 모두 명중시켰다. 그 새가 그대로 날아가 버리자 안채에서 들리던 고통 소리도 멈추었다.

새벽이 되어 이초빈이 동원범에게 말했다.

"내가 어젯밤에 이미 당신을 위해 당신 모친의 해악을 제거했소이다."

그리고는 동원범과 함께 집을 돌며 샅샅이 찾아보았지만 아무 것도 보이지 않았다. 그러다가 무너진 헛간에 이르러 보았더니 디딜방아를 걸어두었던 옛 자리에 화살 두 개가 있었는데, 화살이 박힌 곳에서 모두 핏빛이 보였다. 동원범이 마침내 그것을 불태워버렸더니 요괴가 자취를 감추었다. 그의 모친의 병도 그 이후로 완전히 나았다. (『집이기』)

李楚賓者, 楚人也. 性剛傲, 惟以畋獵爲事, 凡出獵, 無不大獲. 時童元範家住靑山, 母嘗染疾, 晝常無苦, 至夜卽發. 如是一載, 醫藥備至, 而絶無瘳減. 時建中初, 有善『易』者朱邯歸豫章, 路經範舍, 邯爲筮之, 乃謂元範曰: "君今日未時, 可具衫服, 於道側伺之, 當有執弓挾矢過者. 君能求之斯人, 必愈君母之疾, 且究其原矣."

元範如言, 果得楚賓, 張弓驟馬至. 元範拜請過舍, 賓曰: "今早未有所獲, 君何見留?" 元範以其母疾告之, 賓許諾. 元範備飮膳, 遂宿楚賓於西廡. 是夜, 月明如晝. 楚賓乃出戶, 見空中有一大鳥, 飛來元範堂舍上, 引喙啄屋, 卽聞堂中叫聲, 痛楚難忍. 楚賓揆之曰: "此其妖魅也." 乃引弓射之, 兩發皆中. 其鳥因爾飛去, 堂中哀痛之聲亦止.

至曉, 楚賓謂元範曰: "吾昨夜已爲子除母害矣." 乃與元範遶舍遍索, 俱無所見. 因至壞屋中, 碓桯古址, 有箭兩隻, 所中箭處, 皆有血光. 元範遂以火燔之, 精怪乃絶. 母患自此平復. (出『集異記』)

태평광기 권제 370 정괴 3

잡기용
1. 국자감생(國子監生)
2. 요사마(姚司馬)
3. 최　각(崔　殼)
4. 장수재(張秀才)
5. 하동가리(河東街吏)
6. 위협률형(韋協律兄)
7. 석종무(石從武)
8. 강　수(姜　修)
9. 왕옥신자(王屋薪者)

370·1(4758)
국자감생(國子監生)

　[唐나라] 원화연간(元和年間: 806~820)에 국자감 학생 주을(周乙)이 밤에 공부를 하고 있었다. 그때 갑자기 머리가 헝클어지고 키가 2척(尺) 남짓 되는 한 아이가 나타났는데, 온 목에 별처럼 부서진 빛이 반짝반짝 빛나는 것이 아주 혐오스러웠다. 아이는 계속해서 주을의 붓과 벼루를 어지럽게 가지고 놀았다. 평소 담력이 있었던 학생(學生: 周乙)이 아이를 꾸짖자 아이는 약간 뒤로 물러나는 것 같더니 다시 책상 옆으로 왔다. 주을은 아이의 행동을 지켜보다가 점점 다가가서 아이를 사로잡았다. 그랬더니 아이는 쭈그리고 앉아서 살려달라고 애걸했는데 그 말이 자못 애절했다. 날이 밝을 무렵 갑자기 물건이 부러지는 듯한 소리가 들려 보았더니, 그것은 다름 아닌 부러진 나무 주걱이었다. 주걱 위에 좁쌀 100여 톨이 붙어 있었다. (『유양잡조』)

　元和中, 國子監學生周乙者, 嘗夜習業. 忽見一小兒, 髼鬙頭, 長二尺餘, 滿頸碎光如星, 熒熒可惡. 戲弄筆硯, 紛紜不止. 學生素有膽, 叱之稍却, 復傍書案. 因伺其所爲, 漸逼近, 乙因擒之. 踞坐求哀, 辭頗苦切. 天將曉, 覺如物折聲, 視之, 乃樊木杓也. 其上黏粟百餘粒. (出『酉陽雜俎』)

370 · 2(4759)
요사마(姚司馬)

요사마는 빈주(邠州)에서 살았는데, 집 근처에 시내가 하나 있었다. 요사마의 어린 두 딸은 늘 장난삼아 시냇가에서 낚시를 했는데, 한번도 물고기를 낚은 적은 없었다. 그런데 어느 날 낚싯대가 휘더니 두 딸은 각각 물체 하나씩을 낚았는데, 하나는 두렁허리 같이 생겼으면서도 털이 있었고, 다른 하나는 자라 같이 생겼으면서도 아가미가 있었다. 그 집에서는 기이한 일도 다 있다고 생각해서 두 물체를 대야에 넣어두고 길렀다. 하룻밤이 지나자 두 딸은 모두 정신이 흐릿해지더니 밤마다 불을 밝혀놓고 마주 앉아서 장난치며 쉬지도 않고 남색 물과 검은 물을 들인다고 했는데, 한번도 그들이 무엇을 가져가는 것을 보지 못했다. 그때 마침 양원경(楊元卿)이 빈주에 있었는데, 요사마와는 오랜 친분이 있었기 때문에 요사마는 빈주에 가서 일을 했다.

또 이렇게 반년이 지나가는 사이에 두 딸의 병세는 더욱 깊어져갔다. 그 집사람들이 한번은 등불을 밝혀놓고 돈을 가지고 놀고 있었는데, 등잔불빛 아래에서 갑자기 손 두 개가 불쑥 나오더니 큰 소리로 말했다.

"돈 한 냥만 주시오."

가족들 가운데 누가 침을 뱉자 또 이렇게 말했다.

"나는 당신 집의 사위인데, 어찌 감히 이렇게 무례하게 대하시오?"

한 사람은 오랑(烏郞)이라고 했고 다른 한 사람은 황랑(黃郞)이라고 했는데, 후에 이들은 가족들과 친해졌다.

양원경이 그 사실을 알고 요사마를 위해 도성에 있는 첨(瞻)이라는 스님을 모셔왔다. 첨 스님은 귀신을 다스리는 법술에 뛰어났고 불경을 염송해서 요괴에 홀린 사람을 치료했는데 많은 효험을 보았다. 첨 스님은 요씨 집에 와서 등잔을 걸고 새끼로 금줄을 치고 나서 손을 모아 검에 주문을 건 뒤에 그들을 불렀다. 그 후에 다시 금줄 밖에다 제사음식과 술 한 동이를 차려놓았다. 한밤중에 소처럼 생긴 한 물체가 술에 코를 박고 있었다. 첨 스님은 곧장 검을 숨긴 채 발돋움을 하고 살금살금 걸어가서 고함치며 힘껏 검으로 물체를 찔렀다. 그랬더니 물체는 몸에 검이 꽂힌 채로 달아나며 피를 줄줄 흘렸다. 첨 스님은 사람들을 데리고 횃불을 밝혀 물체를 찾아 나섰다. 물체가 흘린 피를 쫓아서 뒷집의 모퉁이에 이르러서 보았더니 대나무 상자 만한 크기의 검은 가죽 주머니가 마치 풀무처럼 바람을 내쉬고 있었는데, 아마도 이것이 오랑인 것 같다. 그리하여 첨 스님은 불을 지펴 그것을 태워 죽였는데, 그 악취가 10리 밖에까지 났다. 이로부터 한 딸은 병이 나았다.

  이때부터 비바람이 부는 밤이면 정원에서 흑흑 하는 울음소리가 들렸다. 다른 한 딸은 여전히 아파 누워 있었다. 첨 스님이 그녀 앞에 서서 벌사라(伐闍羅: 불교용어 vajra의 음역으로, 金剛杵를 말함. 원문에는 '代折羅'로 되어 있고, 『酉陽雜俎』「續集」권2에는 '伐折羅'로 되어 있음)를 들며 꾸짖자 그녀는 두려움에 떨면서 머리를 조아렸다. 첨 스님이 우연히 그녀의 허리띠에 검은 주머니 하나가 있는 것을 보고 시녀에게 풀어오게 해서 보았더니 자그마한 열쇠였다. 그리하여 그녀가 사용하는 물건을 뒤져보았더니 그 열쇠에 딱 맞는 대나무 상자 하나가 나왔다. 대나무 상자 안에는 상갓집에서 쓰는 휘장과 옷이 들어있었는데, 누런색과 검정 색 옷만 들어 있을 뿐이었다. 첨 스님은 휴가 기간이 다 되어가자 요괴를 모두 처리하지도 못한 채 도성으로 돌아왔다. 이듬해 요사마는 임기를 마치고 도성으로 들어간 다음 먼저 첨 스님을 찾아가 딸아이를 위해 더욱 공을 들이며 치료했다. 열흘 뒤에 딸의 팔에 물방울 같은 종기가 났는데, 크기가 오이만 했다. 첨 스님이 금침(禁針)으로 종기를 찌르자 종기에서 몇 홉의 피가 흘러 나왔는데, 그 이후로 딸은 병이 나았다. (『유양잡조』)

姚司馬寄居邠州, 宅枕一溪. 有二小女, 常戱釣溪中, 未嘗有獲. 忽撓竿, 各得一物, 若鱔者而毛, 若鱉者而鰓. 其家異之, 養於盆池. 經夕, 二女悉患精神恍惚, 夜常明炷, 對作戱, 染藍涅皁, 未嘗暫息, 然莫見其所取也. 時楊元卿在邠州, 與姚有舊, 姚因從事邠州.

又歷半年, 女病彌甚. 其家嘗張燈戱錢, 忽見二小手出燈影下, 大言曰: "乞一錢." 家或唾之, 又曰: "我是汝家女壻, 何敢無禮?" 一稱烏郞, 一稱黃郞, 後常與人家狎昵.

楊元卿知之, 因爲求上都僧瞻. 瞻善鬼神部, 持念, 治病魅者多著効. 瞻至姚家, 標釭界繩, 印手敕劒, 召之. 後設血食盆酒於界外. 中夜, 有物如牛, 鼻于酒上. 瞻乃匿劒, 蹺步大言, 極力刺之. 其物㘅刃而步, 血流如注. 瞻率左右, 明炬索之. 迹其血, 至後宇角中, 見若烏革囊, 大可合簣, 喘若轎橐, 蓋烏郞也. 遂爇薪焚殺之, 臭聞十餘里. 一女卽愈.

自是風雨夜, 門庭聞啾啾. 次女猶病. 瞻因立於前, 擧代折羅叱之, 女恐怖叩額. 瞻偶見其衣帶上有一皁袋子, 因令侍奴婢解視之, 乃小簀也. 遂搜其服玩, 簀勘得一簀. 簀中悉是喪家搭帳衣, 衣色唯黃與皁耳. 瞻假將滿, 不能已其魅, 因歸京. 逾年, 姚罷職入京('京'原作'意', 據明鈔本改), 先詣瞻, 爲加功治之. 涉旬, 其女臂上腫起如漚, 大如瓜. 瞻禁針刺, 出血數合, 竟差. (出『酉陽雜俎』)

370 · 3(4760)
최 각(崔 殼)

[唐나라] 원화연간(元和年間: 806~820)에 박릉(博陵) 사람 최각은 여정(汝鄭)에서 와서 장안(長安)의 연복리(延福里)에서 살았다. 어느 날 그가 한번은 창 아래에서 글을 읽고 있는데, 갑자기 키가 한 척(尺)도 되지 않는 한 아이가 관도 쓰지 않고 누런 옷을 입은 채 북쪽 담 아래에서부터 종종 걸음으로 평상 앞에 오더니 최각에게 말했다.

"당신의 책상 옆에서 함께 지내고 싶은데, 그래도 괜찮겠습니까?"

최각이 아무런 대꾸도 하지 않자 아이가 또 말했다.

"제가 그래도 아직은 튼튼해서 당신의 심부름이라도 하고 싶은데, 어찌하여 이렇게 심하게 거절하십니까?"

그래도 최각은 돌아보지도 않았다. 잠시 뒤에 아이는 평상에 폴짝 뛰어 올라와서는 두 손을 맞잡고 공손하게 서 있었다. 한참 뒤에 아이가 소매에서 작은 문서를 하나 꺼내 최각 앞에 놓았는데, 그것은 다름 아닌 시였다. 글씨는 마치 좁쌀처럼 작았지만 매우 또렷해서 알아볼 수 있었다. 시는 다음과 같았다.

  지난날 몽념(蒙恬: 몽념이 토끼털과 대나무 자루를 이용해서 처음으로 붓을 만들었다고 함)의 은혜를 입었는데,
  얼마 지나지 않아 중숙(仲叔)에게 던져지는 신세 되었네.

무릇 그대가 나를 부리지 않겠다고 하니,
또 어디서 은구(銀鉤: 서체가 힘이 넘치는 것을 말함)를 찾아야 하나?

시를 다 읽고 난 최각이 웃으면서 말했다.

"기왕 나를 따르겠다니, 후회는 하지 않겠느냐?"

그 아이는 다시 시 한 수를 내어 안석 위에 던져 놓았는데, 시는 다음과 같았다.

학문은 그대에게서 나오지만,
[그대가 쓴] 시서(詩書)는 나로 인해 전해진다네.
모름지기 알아야 하네, 왕일소(王逸少: 王羲之)의
명성이 천년을 떠들썩하게 했음을.

최각이 또 말했다.

"내게는 왕일소 같은 재주가 없으니, 너를 얻는다 한들 무슨 소용이 있겠느냐?"

잠시 뒤에 아이는 또 시 한 수를 던졌다.

능히 편지 한 통을 천리에 통하게 할 수 있고,
용과 뱀을 풀어놓아 팔행(八行: 옛날에 편지지가 대부분 8줄로 되어 있었기 때문에 후에 편지를 가리키는 말로 사용되었음)을 돌게 할 수 있다네.
강생(江生: 江淹)이 자신을 칭찬해주지 않는다고 슬퍼했는데,
그것은 스스로 훌륭한 문장을 짓는다고 자부했기 때문이라네.

최각이 아이에게 장난을 걸며 말했다.

"안타깝게도 너는 오색필(五色筆: 南朝 梁나라의 江淹은 만년에 꿈에서 晉나라의 郭璞이 자신의 붓이 江淹에게 있다며 돌려달라고 하자, 강

엄은 자신의 품에서 五色筆을 꺼내 곽박에게 돌려주었는데, 그 이후로 文才가 크게 줄어들었다고 함. 나중에는 문재가 뛰어난 사람을 가리키는 말로 사용됨)은 아닌가 보구나."

그 아이는 웃으면서 평상을 내려가 종종 걸음으로 북쪽 담으로 달려가더니 한 구멍 속으로 들어갔다. 최각이 곧장 하인을 시켜 그 아래를 파 보게 했더니 그곳에서 문필(文筆: 五色筆) 한 자루가 나왔다. 최각은 문필을 가져다가 글씨를 써 보았는데 새로 만든 붓처럼 붓끝이 날카로웠다. 최각은 한달 남짓 이 붓을 사용했으나 역시 별 탈 없었다. (『선실지』)

元和中, 博陵崔轂者, 自汝鄭來, 僑居長安延福里. 常一日, 讀書牖下, 忽見一童('一童'二字原闕, 據明鈔本補), 長不盡尺, 露髮衣黃, 自北垣下, 趨至榻前, 且謂轂曰: "幸寄君硯席, 可乎?" 轂不應, 又曰: "我尙壯, 願備指使, 何見拒之深耶?" 轂又不顧. 已而上榻, 躍然拱立. 良久, 於袖中出一小幅文書, 致轂前, 乃詩也. 細字如粟, 歷然可辨. 詩曰: "昔荷蒙恬惠, 尋遭仲叔投. 夫君不指使, 何處覓銀鉤?" 覽訖, 笑而謂曰: "旣願相從, 無乃後悔耶?" 其僮又出一詩, 投於几上, 詩曰: "學問從君有, 詩書自我傳. 須知王逸少, 名價動千年." 又曰: "吾無逸少之藝, 雖得汝, 安所用?" 俄而又投一篇曰: "能令音信通千里, 解致龍蛇運八行. 惆悵江生不相賞, 應緣自負好文章." 轂戲, 曰: "恨汝非五色者." 其僮笑而下榻, 遂趨北垣, 入一穴中. 轂卽命僕發其下, 得一管文筆. 轂因取書, 鋒銳如新, 用之月餘, 亦無他怪. (出『宣室志』)

370 · 4(4761)
장수재(張秀才)

동도(東都: 洛陽) 도화리(陶化里)에 빈집이 있었다. [唐나라] 대화연간(大和年間: 827~835)에 장수재는 그곳을 빌려 학문을 닦았는데, 늘 정신이 흐릿하고 불안했다. 장수재는 스스로 남자는 마땅히 비분강개한 포부를 지니고 있어야지 비겁해하며 스스로 약해져는 안 된다고 생각했다. 그리하여 장수재는 중당(中堂)으로 옮겨 들어가 살았다.

어느 날 깊은 밤에 장수재는 베개를 베고 있다가 도사와 스님 각각 15명이 당에서 나오는 것을 보았다. 그들은 외모와 키가 모두 비슷비슷했으며 6줄로 나누어 서는데, 그 위용과 행동거지가 한 사람 한 사람 모두 존경할 만했다. 장수재는 영험한 신선들의 모임이라 생각하고 감히 두려워 숨도 내쉬지 못하고서 자는 척하면서 그들의 행동을 살펴보았다. 한참 뒤에 또 다른 물체 두 개가 땅을 굴러 다녔다. 각각의 물체는 모두 21개의 눈이 달려 있고, 그 가운데에 네 개의 눈이 불꽃처럼 빛을 냈다. 두 물체는 서로 달리면서 쫓아갔는데, 빛을 어지럽게 굴리면서 획획 소리를 냈다.

잠시 뒤에 스님과 도사 30명이 나타났는데, 혹자는 걷고 혹자는 뛰었으며 혹자는 동으로, 혹자는 서로 혹자는 남으로 혹자는 북으로 내달렸다. 어떤 도사는 그 곳에 혼자 서 있다가 한 스님에게 맞고 달아났다. 두 물체는 잠시도 쉬지 않고 스님과 도사 사이를 돌아다녔는데, 이렇게 서로 티격태격하면서 흩어졌다 모였다 했다. 그러다 갑자기 한 사람이 이렇게 외쳤다.

"아주 탁월하십니다!"

그 말이 끝나자 스님과 도사는 모두 조용히 쉬었다. 그리하여 두 물체를 보았더니 서로 이렇게 말하고 있었다.

"좀 전의 많은 스님과 도사들의 묘법(妙法)이 아주 탁월했지만, 그래도 우리 두 사람 덕분에 당신들의 도행(道行)이 완성될 수 있었던 것입니다. 그렇지 않았다면 어찌 탁월하다는 칭찬을 들을 수 있겠습니까?"

장수재는 그제야 그들이 요괴인 것을 알아차리고 베개를 던졌다. 스님과 도사 30명, 그리고 두 물체는 일시에 놀라 달아나면서 이렇게 말했다.

"빨리 달아나지 않으면 우리들은 서생에게 모욕을 당할 것이오!"

그리고는 곧장 사라졌다. 이튿날 장수재는 그들을 찾아 나섰다가 담벼락 귀퉁이에서 낡은 주머니 하나를 주었는데, 그 안에 바둑 알 30개와 주사위 한 쌍이 들어 있었다. ([『선실지보유』])

東都陶化里, 有空宅. 大和中, 張秀才借得肄業, 常忽忽不安. 自念爲男子, 當抱慷慨之志, 不宜怔怯以自軟. 因移入中堂以處之.

夜深欹枕, 乃見道士與僧徒各十五人, 從堂中出. 形容長短皆相似, 排作六行, 威儀容止, 一一可敬. 秀才以爲靈仙所集, 不敢惕息, 因佯寢以窺之. 良久, 別有二物, 展轉於地. 每一物各有二十一眼, 內四眼, 剡剡如火色. 相馳逐, 而目光眩轉, 耖耖有聲.

逡巡間, 僧道三十人, 或馳或走, 或東或西, 或南或北. 道士一人, 獨立一處, 則被一僧擊而去之. 其二物周流於僧道之中, 未嘗暫息, 如此爭相擊搏, 或分或聚. 一人忽叫云: "卓絶矣!" 言竟, 僧道皆默然而息. 乃見二物相謂曰: "向者輩僧與道流, 妙法絶高, 然皆賴我二物, 成其敎行耳. 不然, 安得稱卓絶哉?" 秀才乃知必妖怪也, 因以枕而擲之. 僧道三十人與二物, 一時驚走, 曰: "不速去, 吾輩且爲措大所使(明鈔本'使'作'辱')也!" 遂皆不見. 明日, 搜尋之, 於壁角中得一敗囊, 中有長行子三十箇, 幷骰子一雙耳. (原闕出處, 按見『宣室志補遺』)

370 · 5(4762)
하동가리(河東街吏)

[唐나라] 개성연간(開成年間: 836~840)에 하동군(河東郡)에 한 관리가 있었는데, 그는 늘 한밤중에 거리를 순찰했다. 하늘에 구름 한 점 없는 어느 달 밝은 밤에 관리는 [순찰 나갔다가] 경복사(景福寺) 앞에 이르러서 머리를 숙이고 앉아 있는 한 사람을 보았다. 그 사람은 두 팔로 무릎을 감싼 채 있었는데, 온 몸이 검었으며 꼼짝도 하지 않고 있었다. 관리가 무서워서 누구냐고 고함을 쳤지만, 그 사람은 머리를 숙인 채 뒤도 돌아보지 않았다. 다시 고함을 치고 시간이 한참 흐른 뒤에 관리는 곧장 다가가서 그 사람의 머리를 후려쳤다. 그러자 그 사람이 갑자기 머리를 들고 관리를 쳐다보는데, 얼굴과 모습이 매우 이상했다. 그 사람은 몇 척(尺)의 키에 하얀 얼굴을 하고 깡말랐는데, 몹시 무섭게 생겨 관리는 그만 놀라서 땅에 까무러치고 말았다. 그로부터 한참 뒤에 관리는 천천히 일어날 수 있었다. 관리가 다시 살펴보았더니 그 사람은 이미 사라지고 없었다. 이 때문에 관리는 몹시 두려움에 떨며 급히 달려가 관아로 돌아와서 다른 사람들에게 자신이 본 이야기를 해

주었다. 그 후에 사람들이 경복사의 문을 만들려고 땅을 파다가 깊이
가 몇 척이나 되는 옻칠한 통을 하나 발견했는데, 그 윗부분이 백토로
봉해져 있었다. 이것이 바로 가리(街吏: 거리를 순찰했던 관리)가 보았
던 것이었다. (『선실지』)

　開成('成'原作'城', 據明鈔本改)中, 河東郡有吏, 常中夜巡警街路. 一夕天晴月
朗, 乃至景福寺前, 見一人俛而坐. 交臂擁膝, 身盡黑, 居然不動. 吏懼, 因叱之,
其人俛而不顧. 叱且久, 卽朴其首. 忽擧視, 其面貌及異. 長數尺, 色白而瘦, 狀甚
可懼, 吏初驚仆於地. 久之, 稍能起. 因視之, 已亡見矣. 吏由是懼益甚, 卽馳歸,
具語於人. 其後因重搆景福寺門, 發地, 得一漆桶, 凡深數尺, 上有白泥合其首.
果街吏所見. (出『宣室志』)

370 · 6(4763)
위협률형(韋協律兄)

　태상협률(太常協律: 종묘제악을 관장하던 太常寺의 屬官 協律郎으로,
음악을 관장했음) 위생(韋生)에게는 아주 용맹한 형이 한 명 있었는데,
평생 두렵고 꺼릴 것이 없다고 자처하면서 흉가가 있다는 소문이 들리
면 반드시 그 집에 가서 혼자 밤을 새웠다. 그 동생이 동료 관리에게 그
사실을 말했더니, 동료 관리 가운데 한 명이 그것을 시험해보고자 했다.
그들은 마침 연강리(延康里)의 동북쪽 귀퉁이에 위치해있는 마진(馬鎭)
의 서쪽 집에 자주 괴물이 나타난다는 말을 듣고는 위생의 형을 데리고

그 집에 갔다. 관리들은 술과 고기를 준비해가서 [위생의 형과 함께 있다가] 밤이 되자 모두 그곳을 나왔다. 혼자 남겨진 위생의 형은 큰 연못의 서쪽 고정(孤亭)에서 묵었다. 위생의 형은 술을 마신 뒤라 더워서 웃통을 벗고 잠을 잤다. 위생의 형은 한밤중이 되어서야 잠을 깼는데, 몸은 작고 다리는 길며 얼굴색이 아주 검은 키가 1척 남짓 되는 한 아이가 연못에서 나와 천천히 앞으로 걸어오는 것이었다. 아이는 계단을 따라 위로 올라서더니 그 앞까지 왔는데, 위생의 형이 전혀 움직이지 않자 이렇게 말했다.

"누워 있는 이 못생긴 물건은 어떤 놈이기에 또 나를 보러왔지?"

아이는 침상 주위를 빙빙 돌다가 갔다. 잠시 뒤에 위생이 베개를 돌려 똑바로 누웠는데, 그 괴물이 침상 위로 올라오는 것 같았지만 그래도 움직이지 않았다. 잠시 뒤에 작은 발 두 개가 위생의 다리를 따라 위로 올라왔는데, 물과 쇠처럼 차가웠으며 그 냉기가 가슴까지 올라왔다. 아이의 걸음걸이가 아주 더뎠지만 위생은 꼼짝도 하지 않았다. 위생의 형은 아이가 점점 위로 올라오기를 기다렸다가 아이가 배 위에 올라오자 급히 손으로 아이를 잡았는데, 보았더니 다름 아닌 오래된 쇠솥이었으며 다리 한 쪽이 없었다. 위생은 허리띠로 쇠솥을 침상 다리에 묶어두었다. 이튿날 날이 밝은 뒤 사람들이 와서 구경하자 위생은 지난 밤 자신이 겪었던 일을 모두 말해주었다. 위생의 형이 절구공이로 그 솥을 부수자 솥이 핏빛으로 물들었다. 이로부터 사람들은 위생의 용맹함이 한 집안의 요괴를 없앨 수 있다는 사실을 믿게 되었다. (『이괴록』[『현괴록』])

太常協律韋生, 有兄甚兇, 自云平生無懼憚耳, 聞有凶宅, 必往獨宿之. 其弟話於同官,同官有試之者. 且聞延康東北角有馬鎭西宅, 常多怪物, 因領送其宅. 具與酒肉, 夜則皆去. 獨留之於大池之西孤亭中宿. 韋生以飮酒且熱, 袒衣而寢. 夜半方寤, 乃見一小兒, 長可尺餘, 身短脚長, 其色頗黑, 自池中而出, 冉冉前來. 循階而上, 以至生前, 生不爲之動, 乃言曰:"臥者惡物, 直又顧我耶?"乃遶牀而行. 須臾, 生廻枕仰臥, 乃覺其物上牀, 生亦不動. 逡巡, 覺有兩箇小脚, 緣于生脚上, 冷如水鐵, 上徹于心. 行步甚遲, 生不動. 候其漸行上, 及於肚, 生乃遽以手摸之, 則一古鐵鼎子, 已欠一脚矣. 遂以衣帶繫之於牀脚. 明旦, 衆看之, 具白其事. 乃以杵碎其鼎, 染染有血色. 自是人皆信韋生之兇, 而能絶宅之妖也. (出『異怪錄』, 黃本作'出『玄怪錄』')

370 · 7(4764)
석종무(石從武)

[唐나라] 개성연간(開成年間: 836~840)에 계림비장(桂林裨將) 석종무는 젊어서부터 활을 잘 쏘았다. 그런데 그의 가족들이 모두 몹쓸 병에 걸려 어른 아이 할 것 없이 온전한 사람이 드물었다. 깊은 밤이면 늘 몸에서 광채가 나는 어떤 사람이 집밖에서 집안으로 들어왔는데, 이 괴물이 집에 오면 병자들이 더욱 더 심하게 고통을 호소했다. 그러나 의술로도 효험을 볼 수 없었다. 석종무는 다른 날 저녁 활을 들고 문 뒤에 숨어서 그 괴물이 오기를 기다렸다. 잠시 뒤에 괴물이 다시 찾아오자 석종무는 활을 쏘아 한 발에 괴물을 명중시켰다. 그러자 괴물의 몸에서 비치던 불빛이 별처럼 사방으로 흩어졌다. 석종무가 불을 가져오게 해서 보았

더니 그것은 이전부터 집안에서 사용하던 녹나무로 만든 등잔걸이였다. 등잔걸이가 땅에 넘어지자 석종무는 곧장 그것을 쪼개서 불에 태운 뒤에 그 재를 강물에 버렸다. 그로부터 병을 앓던 사람들이 모두 나았다. (『계림풍토기』)

開成('成'原作'城', 據明鈔本改)中, 桂林裨將石從武, 少善射. 家染惡疾, 長幼罕有全者. 每深夜, 見一人自外來, 體有光耀, 若此物至, 則疾者呼吟加甚. 醫莫能効. 從武他夕, 操弓暎戶, 以俟其來. 俄而精物復至, 從武射之, 一發而中. 焰光星散. 命燭視之, 乃家中舊使樟木燈檠. 已倒矣, 乃劈而燔之, 棄灰河中. 於是患者皆愈. (出『桂林風土記』)

370 · 8(4765)
강 수(姜 修)

강수는 병주(幷州)의 술꾼이다. 그는 천성적으로 사소한 예절에 구애받지 않고 몹시 술을 좋아하여 깨어 있는 적이 드물었으며, 다른 사람들과 대작하기를 좋아했다. 병주 사람들은 모두 그가 지나치게 술독에 빠져 있는 것을 걱정해서 혹시라도 그가 예를 갖추어 술을 마시자고 하면 대부분 그를 피했기 때문에 강수에게는 친구가 드물었다. 하루는 검은 옷에 검은 모자를 쓰고, 신장은 겨우 3척(尺) 밖에 되지 않는데 허리는 몇 아름이나 되는 한 손님이 강수를 찾아와 술을 마시자고 했다. 강수는 술을 마시다가 몹시 기뻐하면서 얼른 그를 술자리에 앉게 했다. 그러자 손님이 웃으면서 말했다.

"나는 평생 술을 좋아했지만, 늘 뱃속에 술이 가득 차지 않는 것을 한스럽게 생각했소. 뱃속이 술로 가득 차면 마음이 편안하고 또한 즐겁지만, 뱃속이 술로 가득 차지 않으면 나는 아무런 보람도 느끼지 못하오. 그러니 오랫동안 이곳에서 지낼 수 있도록 해주시겠소? 나는 일찍부터 당신의 고상한 뜻을 흠모해왔으니, 내게 당신을 모실 기회를 주기 바라오."

강수가 말했다.

"당신은 나와 같은 취미를 가지고 있다고 할 수 있으니, 진정 나와 같은 부류의 사람이오. 그러니 마땅히 거리를 두어서는 안 되지요."

두 사람은 마침내 바닥에 자리를 깔고 앉아서 술을 마셨다. 손님은 30말 가까이나 술을 마셨는데도 전혀 취하지 않았다. 강수는 이상한 생각이 들었지만, 또한 이인(異人)이라 생각하고 일어나서 절을 한 뒤 어디에 사는 누구인지, 또 술을 그렇게 많이 마실 수 있는 방법이 무엇인지를 물었다. 그러자 손님이 대답했다.

"나는 성이 성(成)이고 이름이 덕기(德器)이오. 이전에는 주로 들판에서 살았는데, 우연히 조물주의 은혜를 입어 지금 그 능력을 발휘하게 되었을 뿐이오. 지금은 이미 늙었지만 스스로 득도하여 술을 잘 마실 수 있게 되었소. 뱃속이 가득 차려면 50말 정도는 있어야 하는데, 뱃속이 술로 가득 차면 속이 약간 편안해지오."

강수는 그 말을 듣고 그에게 술을 더 마시라고 했다. 잠시 뒤에 마신 술이 50말이 되었을 때, 손님은 그제야 술에 취해 미친 듯이 노래 부르고 춤추면서 좋아라고 소리쳤다.

"즐겁구나! 즐거워!"

그리고는 땅에 쓰러졌다. 강수는 그가 너무 술에 취했다고 생각해서 가동을 시켜 손님을 부축해서 방안에 모시게 했다. 그런데 방에 도착한 손님은 갑자기 펄쩍 뛰면서 일어나더니 놀라서 달아나는 것이었다. 집안사람들이 쫓아가면서 보았더니, 손님이 실수로 돌에 부딪쳤는데 와장창 하는 소리와 함께 금세 사라졌다. 날이 밝은 뒤에 보았더니 1년 넘게 집에서 사용해오던 술 단지가 깨져 있었다. (『소상록』)

姜修者, 幷州酒家也. 性不拘檢, 嗜酒, 少有醒時, 常喜與人對飮. 幷州人皆懼其淫於酒, 或損命, 多避之, 故修罕有交友. 忽有一客, 皁衣烏帽, 身才三尺, 腰濶數圍, 造修求酒. 修飮之甚喜, 乃與促席酌. 客笑而言曰: "我平生好酒, 然每恨腹內酒不常滿. 若腹滿, 則旣安且樂, 若其不滿, 我則甚無謂矣. 君能容我久託跡乎? 我嘗慕君高義, 幸吾人有以待之." 修曰: "子能與我同好, 眞吾徒也. 當無間耳." 遂相與席地飮酒. 客飮近三石, 不醉. 修甚訝之, 又且意其異人, 起拜之, 以問其鄕閭姓氏焉, 復問何道能多飮邪. 客曰: "吾姓成, 名德器. 其先多止郊野, 偶造化之垂恩, 使我效用於時耳. 我今旣老, 復自得道, 能飮酒. 若滿腹, 可五石也, 滿則稍安." 修聞此語, 復命酒飮之. 俄至五石, 客方酣醉, 狂歌狂舞, 自歎曰: "樂哉! 樂哉!" 遂仆于地. 修認極醉, 令家僮扶於室內. 至室客忽躍起, 驚走而出. 家人遂因逐之, 見客悞抵一石, 劃然有聲, 尋不見. 至曉覰之, 乃一多年酒甕, 已破矣. (出『瀟湘錄』)

370 · 9(4766)
왕옥신자(王屋薪者)

　왕옥산(王屋山)에 한 노스님이 있었는데, 늘 띠로 만든 암자에서 혼자 지냈다. 그는 아침저녁으로 불경을 염송(念誦)하면서 약초를 캐고 소나무 열매를 주워 먹었는데, 밥을 먹고 나면 반드시 시냇가나 계곡을 찾아가 목욕을 하곤 했다. 노스님이 몇 년 동안 산중에 있다보니 사람들은 그를 조금씩 알기 시작했다. 그러던 어느 날 해진 옷을 걸친 한 도사가 와서 노스님에게 하룻밤만 묵어가게 해달라고 간청했다. 그러나 노스님은 성품이 괴벽하고 또한 도사에게서 속기(俗氣)가 너무 잡다하게 섞여 있는 것을 싫어해서 허락하지 않았다. 그러자 도사가 재삼 이렇게 말했다.
　"불가와 도가는 서로 소원한 관계가 아닙니다. [천지가 아직 나누어지지 않은] 혼돈의 시대 때부터 불가가 있었다는 것을 알고 있습니다. 선사께서는 지금 불제자이고 저는 지금 도가의 제자인데, 어찌하여 하룻밤 재워 주시면서 고상한 이야기도 나누지 못하게 하십니까?"
　그러자 노스님이 말했다.
　"나는 불제자이기 때문에 도교 중에 불교와 비교할 수 있는 대상이 있는지 모르겠소."
　도사가 말했다.
　"무릇 도교는 억겁 이전부터 존재하면서 하늘을 내고 사람을 내고 만물을 냈으며, 천지와 사람과 만물을 생겨나게 했습니다. 그런 즉 제가 말하는 도는 억겁 이전부터 사람들이 모두 알고 있으면서 존경해온 것입니다. 그런데 지금 선사께서는 그 사실을 모른다고 하니, 사람이 아니신가 봅니다."

노스님이 말했다.

"우리 부처께서는 억겁의 세월동안 유독 혼자 세존이라 불리셨소. 부처께서는 중생을 보호하시고 천지에 그 은혜를 퍼뜨리셨는데, 그대는 또한 어디서 도교가 불교에 대항할 만하다는 소리를 들어보기나 했소? 내 잠시 석가불세존(釋迦佛世尊)에 대해서 이야기하겠는데, 그 분은 국왕의 아드님이셨소. 처음에는 왕위를 버리고 설산(雪山)으로 들어가 지난 겁의 공적을 가지고 오늘날 세계에서 정과(正果: 불교용어로, 불제자가 속세의 번뇌를 끊고 불생불멸이 진리를 깨닫는 것을 말함)를 증명해내어 천상천하 유아독존이 되셨기 때문에 외도(外道: 불제자들은 자신의 종교이외에 다른 종교를 그렇게 불렀음)와 마귀들을 모두 항복하게 해서 지금에 이르게 되었소. 당신의 노군(老君)이 누구의 아들인지, 또 어디에서 수행했는지 듣지 못했소이다. 또한 백성들을 교화하면서 한번도 그 유익함에 대해 들어보지 못했는데, 어찌 감히 우리 부처와 함께 논할 수 있단 말이오?"

도사가 말했다.

"우리 노군께서는 하늘에서 태어나 이 겁세의 도조(道祖)가 되셨습니다. 노군께서는 주(周)나라에서 처음 모습을 드러내실 때 자색 구름 위에 떠서 흰 사슴을 타고 오셨는데, 어느 누가 그 사실을 듣지 못했다고 합니까? 삼도(三島: 신선이 산다고 전해지는 蓬萊·方丈·瀛洲의 세 섬)의 일이나 십주(十州: 도교에서 신선이 산다는 10대 명산)의 경치나 36동(洞: 도가에서 말하는 신선들이 산다는 36곳의 명산에 난 洞府)의

370 · 9(4766)
왕옥신자(王屋薪者)

　왕옥산(王屋山)에 한 노스님이 있었는데, 늘 띠로 만든 암자에서 혼자 지냈다. 그는 아침저녁으로 불경을 염송(念誦)하면서 약초를 캐고 소나무 열매를 주워 먹었는데, 밥을 먹고 나면 반드시 시냇가나 계곡을 찾아가 목욕을 하곤 했다. 노스님이 몇 년 동안 산중에 있다보니 사람들은 그를 조금씩 알기 시작했다. 그러던 어느 날 해진 옷을 걸친 한 도사가 와서 노스님에게 하룻밤만 묵어가게 해달라고 간청했다. 그러나 노스님은 성품이 괴벽하고 또한 도사에게서 속기(俗氣)가 너무 잡다하게 섞여 있는 것을 싫어해서 허락하지 않았다. 그러자 도사가 재삼 이렇게 말했다.

　"불가와 도가는 서로 소원한 관계가 아닙니다. [천지가 아직 나누어지지 않은] 혼돈의 시대 때부터 불가가 있었다는 것을 알고 있습니다. 선사께서는 지금 불제자이고 저는 지금 도가의 제자인데, 어찌하여 하룻밤 재워 주시면서 고상한 이야기도 나누지 못하게 하십니까?"

　그러자 노스님이 말했다.

　"나는 불제자이기 때문에 도교 중에 불교와 비교할 수 있는 대상이 있는지 모르겠소."

　도사가 말했다.

　"무릇 도교는 억겁 이전부터 존재하면서 하늘을 내고 사람을 내고 만물을 냈으며, 천지와 사람과 만물을 생겨나게 했습니다. 그런 즉 제가 말하는 도는 억겁 이전부터 사람들이 모두 알고 있으면서 존경해온 것입니다. 그런데 지금 선사께서는 그 사실을 모른다고 하니, 사람이 아니신가 봅니다."

노스님이 말했다.

"우리 부처께서는 억겁의 세월동안 유독 혼자 세존이라 불리셨소. 부처께서는 중생을 보호하시고 천지에 그 은혜를 퍼뜨리셨는데, 그대는 또한 어디서 도교가 불교에 대항할 만하다는 소리를 들어보기나 했소? 내 잠시 석가불세존(釋迦佛世尊)에 대해서 이야기하겠는데, 그 분은 국왕의 아드님이셨소. 처음에는 왕위를 버리고 설산(雪山)으로 들어가 지난 겁의 공적을 가지고 오늘날 세계에서 정과(正果: 불교용어로, 불제자가 속세의 번뇌를 끊고 불생불멸이 진리를 깨닫는 것을 말함)를 증명해내어 천상천하 유아독존이 되셨기 때문에 외도(外道: 불제자들은 자신의 종교이외에 다른 종교를 그렇게 불렀음)와 마귀들을 모두 항복하게 해서 지금에 이르게 되었소. 당신의 노군(老君)이 누구의 아들인지, 또 어디에서 수행했는지 듣지 못했소이다. 또한 백성들을 교화하면서 한번도 그 유익함에 대해 들어보지 못했는데, 어찌 감히 우리 부처와 함께 논할 수 있단 말이오?"

도사가 말했다.

"우리 노군께서는 하늘에서 태어나 이 겁세의 도조(道祖)가 되셨습니다. 노군께서는 주(周)나라에서 처음 모습을 드러내실 때 자색 구름 위에 떠서 흰 사슴을 타고 오셨는데, 어느 누가 그 사실을 듣지 못했다고 합니까? 삼도(三島: 신선이 산다고 전해지는 蓬萊·方丈·瀛洲의 세 섬)의 일이나 십주(十州: 도교에서 신선이 산다는 10대 명산)의 경치나 36동(洞: 도가에서 말하는 신선들이 산다는 36곳의 명산에 난 洞府)의 신선, 24화(化: 도교의 道觀)의 영험함에 이르기까지 5척(尺) 동자도 다 알고 있습니다. 그런데 어찌하여 유독 선사께서는 보잘 것 없는 견해를 가지고 감히 노군을 무시하십니까? 예건대 당신의 부처께서는 부모님을 버리고 성을 타 넘고 달아나 뼈를 깎는 고통을 겪으면서 외도(外道)와 각축하셨으니, 또 어찌 언급할 만하겠습니까? 한마디로 말한다면 불가는 그저 많은 마귀 가운데 하나인 강량(強梁: 귀신을 잡아먹는다고 하는 귀신)일 따름입니다. 천지인과 만물은 본래 당신의 불가에 기대어 태어난 것이 아닙니다. 지금 부처가 없어진다 하더라도 천지인과 만물에는 조금의 해도 없을 것입니다. 절대 스스로 세존이라 해서는 안 됩니다. 자칫 세존이라 한다면 세상 사람들은 틀림없이 그를 존중하지 않을 테이니, 스스로 세존이라 일컫지 마십시오."

[그 말을 들은] 노스님은 안색이 변하더니 이렇게 말했다.

"너희 같은 인간도 필요하다. 만약 너희 같은 인간이 없다면 졸지에 아비지옥(阿毗地獄)도 텅 비게 될 것이다."

도사는 버럭 화를 내며 팔을 걷어붙이고 앞으로 나가 노스님을 치려고 했으나, 노스님은 그저 합장하고 눈을 감고 있었다.

잠시 뒤에 땔감을 진 한 사람이 지나가면서 이 광경을 보고 몹시 이상하다고 생각하다가, 노스님과 도사가 불교와 도교의 우열을 다투고 있음을 알게 되었다. 그리하여 땔감을 진 사람은 소매를 걷어붙이고 이렇게 꾸짖었다.

"너희 두 사람은 부모님의 몸을 빌어 태어났으면서도 부모님을 공양하지 않고 제왕의 땅에 살면서도 신하노릇을 하지 않으며, 농사도 짓지 않으면서 음식을 먹고 누에를 치지 않으면서 옷을 입는다. 인간세상에서 구차하게 살아가는 것도 부족해서 다시 불가와 도가로서 우열을 다투고자 하느냐? 우리 산에 살면서 우리 산에 사는 사람들을 어지럽히지 마라."

그리고는 급히 노스님이 사는 암자를 불태우고 땔나무하는 도끼로 그들을 죽이려 했다. 그 말에 노스님은 놀라서 달아나 땅속으로 들어가서 징으로 변했고 잠시 뒤에 도사도 거북의 등뼈로 변했다. 나무꾼은 그제야 그들이 요괴였음을 알았다. (『소상록』)

王屋山有老僧, 常獨居一茅菴. 朝夕持念, 唯採藥苗及松實食之, 每食後, 恒必自尋溪澗以澡浴. 數年在山中, 人稍知之. 忽一日, 有道士衣敝衣, 堅求老僧一宵宿止. 老僧性僻, 復惡其塵雜甚, 不允. 道士再三言曰: "佛與道不相疎. 混沌已來, 方知有佛. 師今佛弟子, 我今道弟子, 何不見容一宵, 陪淸論耳?" 老僧曰: "我佛弟子也, 故不知有道之可比佛也." 道士曰: "夫道者, 居億劫之前, 而能生天生人生萬物, 使有天地, 有人, 有萬物. 則我之道也, 億劫之前, 人皆知而尊之. 而師今不知, 卽非人也." 老僧曰: "我佛恒河沙劫, 皆獨稱世尊. 大庇衆生, 恩普天地, 又豈聞道能爭衡? 我且述釋迦佛世尊, 是國王之子. 其始也, 捨王位, 入雪山, 乘囊劫之功, 證當今之果, 天上天下, 惟我獨尊, 故使外道邪魔, 悉皆降伏, 至於今日. 就不聞之, 爾之老君, 是誰之子, 何處修行. 敎跡之間, 未聞有益, 豈得與我佛同日而言?" 道士曰: "老君降生於天, 爲此劫之道祖. 始出於周, 浮紫氣, 乘白鹿, 人孰不聞? 至於三島之事, 十州之景, 三十六洞之神仙, 二十四化之靈異, 五尺童子, 皆能知之. 豈獨師以庸庸之見而敢蔑耶? 若以爾佛, 捨父踰城, 受穿膝之苦, 而與外道角勝, 又安足道哉? 以此言之, 佛只是群魔之中一强梁者耳. 我天地人與萬物, 本不賴爾佛而生. 今無佛, 必不損天地人之萬物也. 千萬勿自言世尊. 自言世尊, 世必不尊之, 無自稱尊耳." 老僧作色曰: "須要此等人. 設無此等, 卽頓空却阿毗地獄矣." 道士大怒, 伸臂而前, 擬擊老僧, 僧但合掌閉目.

須臾, 有一負薪者過, 見而怪之, 知老僧與道士爭佛道優劣. 負薪者攘袂而呵曰: "二子俱父母所生而不養, 處帝王之土而不臣, 不耕而食, 不蠶而衣. 不但偸生於人間, 復更以他佛道爭優劣耶? 無居我山, 撓亂我山居之人." 遂遽焚其茅庵, 仗伐薪之斧, 皆欲殺之. 老僧驚走入地, 化爲一鐵錚, 道士亦尋化一龜背骨. 乃知其皆精怪耳. (出『瀟湘錄』)

태평광기 권제 371 정괴 4

잡기용(雜器用)
1. 독고 언(獨孤彦)
2. 요 강 성(姚康成)
3. 마 거(馬 擧)
4. 길주어자(吉州漁者)

흉기상(凶器上)
5. 양 씨(梁 氏)
6. 조 혜(曹 惠)
7. 두 불 의(竇不疑)

잡기용(雜器用)

371 · 1(4767)
독고언(獨孤彦)

　[唐나라] 건중연간(建中年間: 780~783) 말에 독고언이라는 사람이 회수(淮水)와 사수(泗水) 사이에서 떠돌이 생활을 하고 있었는데, 하루는 바람이 너무 거세게 불어 배가 앞으로 나아가지 못하고 물가에 정박하게 되었다. 그러던 어느 날 저녁에 그는 달빛을 받으며 뭍으로 올라가 거닐다가 한 절 안으로 들어갔다. 마침 절의 스님들은 모두 마을 사람들의 모임에 가고 없어서 독고언은 혼자 절 마당을 거닐었다. 잠시 후 두 명의 사내가 왔는데, 한 사람은 키가 아주 컸고 검은 옷을 입고 있었으며 [자기를 소개하기를] 성은 갑(甲)이고 이름은 침알(侵訐)이며 항렬은 다섯 번째라고 했다. 다른 한 사람은 뚱뚱하고 키가 작았으며 푸른 옷을 입고 있었는데, 성은 증(曾)이고 이름은 원(元)이라고 했다. 그들은 독고언과 인사를 나누고 함께 이야기를 했는데, 그 논변의 심오함과 오묘함은 보통 사람을 능가했다. 독고언은 본디 기이하고 오묘한 것을 좋아해서 늘 도사(道士)들과 더불어 담론을 나누어 온 지 벌써 몇 년이나 되었기 때문에 도교(道敎)나 불교(佛敎)에 대해 그 요지를 통달하지 않은 것이 없었다. 그런데 이 두 사람을 만나고 나서 자신은 도저히 그들을 능가할 수 없다는 생각이 들어, 내심 기이하게 여기면서 그들을 스승으로 삼으려고 했다. 독고언은 재배를 올리고 나서 그들에게 이렇게 부

탁했다.

"저는 기이한 것을 좋아하는 사람입니다. 오늘 운 좋게도 선생들을 만났으니, 당신들의 제자가 되었으면 하는데, 허락해 주시겠습니까?"

두 사람이 사양하며 말했다.

"저희가 어떻게 감히 그렇게 하겠습니까?"

독고언이 그들에게 어디서 왔느냐고 묻자 검은 옷 입은 사람이 대답했다.

"제 조상은 본디 노씨(盧氏)였습니다. 저는 젊어서부터 강직하기로 소문이 났었습니다. 저는 한곳에 꽉 막힌 채 뚫리지 않는 물건이 있으면 반드시 그것들을 치고 들어가 잘못을 알리어 정신을 차리게 해 주었습니다. 그래서 당시 사람들은 모두 저를 가리켜 '침알'이라 불렀는데, 그게 이내 제 이름이 되었습니다. 그 후 들에 나갔다가 집안의 원수를 만났는데, 그들을 쳐 죽여 버리고는 성을 갑으로 바꾸고 화를 피해 도망 다녔습니다. 저는 또 본디 약술(藥術)에 조예가 깊어서, 외람되이 의원의 직책을 맡아 황제를 모셨던 적도 있었습니다. 그렇지만 제가 의술에 정통하지 않았던 것도 아닌데, 올라가고 내려가고 할 때는 늘 남의 손을 빌려야 했습니다. 후에 늙고 기력도 쇠해졌을 때 황제께서 제게 보잘 것 없는 관직을 주려했으나 굳이 마다하고 물러나와 시골에서 살았습니다. 제게는 외삼촌이 한 분 계신데, 저와는 늘 동료로 있으면서 무슨 일을 하든지 늘 함께하지 않은 적이 없었습니다. 그러나 제가 외삼촌을 혼자 내버려두고 떠나온 이후로 늘 외삼촌을 그리워하고 있습니다. 쓰임과 버려짐으로 서로 길이 달라져서 지금은 이렇게 만날 수 없는 처지가 되었습니다. 오늘 저녁 군자(君子: 獨孤彦)께서 제게 질문을 해 주어 이렇게 생전의 일을 이야기 할 수 있게 되니 기쁘기 그지없습니다!"

그가 말을 마치자 이번에는 증원이 말했다.

"제 조상은 도당씨(陶唐氏: 堯임금)의 후예였습니다. 도당씨의 관리를 지낸 사람 중에 요증(姚曾)에게 성을 받은 사람은 자손들에게 그 자(字)를 성으로 쓰게 했는데, 그래서 우리는 성이 증이 되었습니다. 저는 바로 그 후손입니다. 저는 어려서부터 내후(萊侯: 范丹을 가리킴. 范丹은 一名 范冉이라고도 하는데, 자가 史雲으로 漢나라 때 萊蕪長을 지냈음. 그는 성품이 강직했고 청빈한 생활을 했으며, 黨人들에 의해 감금당했을 때도 태연자약하게 자신의 뜻을 굽히지 않았다고 함. 후에 그는 司空 벼슬을 했으나 스스로 그만두고 칩거했음. 당시에 '甑中生塵范史雲, 釜中生魚范萊蕪'라는 歌謠가 민간에서 불려졌다 함)를 따라다니며 추관(推官)이 되었는데, 그 직책은 마땅히 엄하게 사람들을 다스려야 했습니다. 저는 본디 성격이 편협하고 성급한데다가 기세를 등에 업고 위로 치고 올라갔으니 이 때문에 아랫사람들의 들끓는 듯한 비방을 받아 결국 관직에서 물러나 조정을 떠나가게 되었습니다. 이는 아마도 제가 너무 충성스럽고 절개가 곧았던 탓일 것입니다. 그렇게 버려진 이후로 먼지 속에서 살아온 지 벌써 몇 년이나 되었습니다. 저는 기와장과 같은 신세가 되어도 달갑게 받아들일 것이니 다른 바람인들 어찌 감히 가질 수 있겠습니까? 그러나 일전에 부친께 화를 안겨다 드렸습니다. 저의 아버님께서는 강직한 성품이신지라 비록 정확(鼎鑊: 가마솥에 사람을 넣어 삶는 古代 酷刑 중의 하나)을 받게 된다하더라도 그 위험함을 피하지 않는 분이십니다. 또 남의 위급함을 구하실 때는 끓는 물에도 들어가고 불 속이라도 걸어 다닐 듯하여 사람들은 모두 이 점을 높이 사 존경했습니다. 그런데 아버님께서는 지금 [저의] 옛 관직에 얽매어, 마치 감옥에 묶인 양 괴롭게 지내고 계십니다. 저는 아버님에게 버림받은 탓에 가까이 가지도 못하고, 그렇게 지내온 지기 벌써 몇 년이 되었습니다. 당신께서 물으시니, 제가 어찌 침묵을 지킬 수 있겠습니까?"

말이 채 끝나기도 전에 절의 스님들이 모두 돌아왔다. 두 사람은 스님들을 보더니 마치 두려운 듯 재빨리 떠나버렸는데 수십 보를 갔을 때 이미 사라지고 없었다. 독고언이 [어찌된 영문인지] 스님에게 묻자 스님이 말했다.

"내가 이 절에 산 지 오래되었지만 한번도 본 적이 없으니 아마도 요괴인 듯싶소."

독고언은 그들의 재주를 기이하게 여겼고 또 그들이 이상하게도 생각되어 그들의 이름을 되뇌어 보았는데, 한참 뒤에야 비로소 그 뜻을 깨달을 수 있었다.

"증원이라고 했던 자는 바로 시루[甑]가 아니겠는가? 그 글자는 '와(瓦)' 자에 '증(曾)'자가 붙은 모양이니, 바로 '증(甑)'자인 것이다. '원'이라는 이름은 '와'자 안에 있는 획을 '와'자 위에 가져다 놓은 것이니 그 뜻이 바로 여기 있구나. 갑침알이라는 자는 바로 쇠절구공이[鐵杵]가 아니겠는가? '오목(午木)'은 '저(杵)'자이다. 성이 갑(甲)이라고 했는데, 갑을(甲乙)은 동방(東方)이고 [五行 중의] 목(木)에 해당한다. 항렬이 다섯째[五]라 한 것은 역시 '오(午)자'의 가차자이다. 이로 미루어 판별해 보건대 이는 바로 '저'자가 아니겠는가? 이름이 침알이라고 한 것은 반어(反語)로 하면 '금절(金截)'이 된다. '절(截)'자를 '금(金)'자에 붙이면 '철(鐵)'자가 된다. 이 모든 것을 합쳐서 판단해 보면 이들은 바로 시루와 쇠절구공이 아니겠는가!"

이튿날 독고언이 사람을 시켜 그들의 자취를 끝까지 따라가 보게 했더니, 과연 썩은 흙더미 안에서 절구공이 하나가 나왔는데 그 절구공이는 쇠로 만들어져 있었다. 또 가운데 금이 간 시루도 하나 나왔는데, 이들은 모두 사람들이 쓰고 버린 것들 같았다. 독고언은 모든 것이 자신이 해석한 것과 들어맞자 크게 놀랐다. (『선실지』)

建中末, 有獨孤彦者, 嘗客於淮泗間, 會天大風, 舟不得進, 因泊於岸. 一夕步月登陸('陸'字原闕, 據明鈔本補), 至一佛寺中. 寺僧悉赴里民會去, 彦步逸於庭. 俄有二丈夫來, 一人身甚長, 衣黑衣, 稱姓甲, 名侵訐('訐'原作許', 據陳校本改, 下同), 第五. 一人身廣而短, 衣青衣, 稱姓曾, 名元. 與彦揖而語, 其吐論玄微, 出於人表. 彦素耽奇奧, 常與方外士議語, 且有年矣, 至于玄門・釋氏, 靡不窮其指歸. 乃遇二人, 則自以爲不能加也, 竊奇之, 且將師焉. 因再拜請曰: "某好奇者. 今日幸遇先生, 願爲門弟子, 其可乎?" 二人謝曰: "何敢?"

彦因徵其所自, 黑衣者曰: "吾之先, 本盧氏. 吾少以剛勁聞. 大凡物有滯而不通者, 必侵犯以訐悟之. 時皆謂我爲'侵訐', 因名之. 其後適野, 遇仇家擊斷, 遂易姓甲氏, 且逃其患. 又吾素精藥術, 嘗侍奉醫之職. 非不能精熟, 而升降上下, 卽假手於人('人'原作'吾', 據明鈔本改). 後以年老力衰, 上('上'原作'止', 據明鈔本改)欲以我爲折腰吏, 吾固辭免, 退居田間. 吾有舅氏, 常爲同僚, 其行止起居, 未嘗不俱('俱'原作'懼', 據明鈔本改). 然我自擯棄, 常思吾舅. 直以用舍殊, 致分不見矣. 今夕君子問我, 我得以語平生事, 幸何甚哉!"

語罷, 曾元曰: "吾之先, 陶唐氏之後也. 唯陶唐之官, 受姓於姚曾者, 與子孫以字爲氏, 故爲曾氏焉. 我其後也. 吾早從萊侯, 居推署之職, 職當要熱, 素以褊躁,又當負氣以凌上, 由是遭下流沸騰之謗, 因而解去. 蓋吾忠烈('烈'原作'州', 據明鈔本改)之罪. 我自棄置, 處塵土之間, 且有年矣. 甘同瓦礫, 豈敢他望乎? 然日昔與吾父遭事. 吾父性堅正, 雖鼎鑊不避其危. 睏人之急, 必赴湯蹈火, 人亦以此重之. 今拘於舊職, 窘若囚繫. 余以父棄擲之故, 不近於父, 迨今亦數歲. 足下有問, 又安敢默乎?"

語未卒, 寺僧俱歸. 二人見之, 若有所懼, 卽馳去, 數十步已亡見矣. 彥訊僧, 僧曰: "吾居此寺且久, 未嘗見焉, 懼爲怪耳." 彥奇其才, 且異之, 因祈其名氏, 久而悟曰: "所聞曾元者, 豈非甑乎? 夫文, 以'瓦'附'曾', 是'甑'字也. 名元者, 蓋以'瓦'中之畫, 致'瓦'字之上, 其義在矣. 甲侵訐者, 豈非鐵杵乎? 且以'午木'是'杵'字. 姓'甲'者, 東方甲乙木也. 第五者, 亦假'午'字也. 推是而辯, 其'杵'字乎? 名'侵訐'者, 蓋反其語爲'金截'. 以'截'附'金', 是'鐵'字也. 總而辯焉, 得非甑及鐵杵耶!" 明日, 卽命窮其跡, 果於朽壞中, 得一杵而鐵者. 又一甑自中分, 蓋用之餘者. 彥大異之, 盡符其解也. (出『宣室志』)

371・2(4768)
요강성(姚康成)

태원(太原)의 장서기(掌書記) 요강성은 명을 받고 견농(汧隴)으로 갔다. 그때 마침 절도사(節度使)의 교대가 이뤄지고 있었는데, 변방으로 들어갔던 절도사들이 분분히 돌아오느라 역참이 사람들로 가득했다. 그래서 요강성은 형군아(刑君牙)의 옛 집을 빌려 그 안에 방을 마련해 놓고 쉬어가는 장소로 삼았다. 그 집은 오래도록 비어있었기 때문에 정원은 나무들로 무성했다. 요강성은 낮에는 관부에서 열린 잔치에 끌려갔다가 밤이 되어서야 술에 취해 돌아오고, 날이 밝으면 또 다시 나가곤 하느라 이곳에서 잠시도 [제대로] 쉰 적이 없었다. 어느 날 밤 요강성은 군성(軍城: 수비하고 있는 성)에서 일찌감치 돌아왔는데, 그 부하들이 박희(博戱: 장기놀이의 일종) 놀이를 하느라 모여 있어서 그는 술에 취하지 않을 수 있었다. 그가 당 안에 앉아서 차를 가져오라 한 뒤 손님들을 청했으나 아무도 오지 않았다. 그래서 그는 역관 사람에게 술을 가져오게 해서 여러 하인들에게 두루 술을 주며 그 동안 길에서의 노고를 위로했다. 모두들 술에 취하자 요강성은 잠자리에 들었다.

2경(更: 밤 9시~11시)이 지나고 달빛이 흰 비단처럼 밝게 빛나자 요강성은 옷을 걸치고 자리에서 일어나 문 밖으로 나가 한동안 홀로 거닌 다음 집으로 들어왔다. 그때 멀찍이 한 사람이 보였는데, 그 사람은 한 사랑채의 방 안으로 들어가는 것이었다. 그러더니 잠시 후에는 몇 명이서 술을 마시고 즐기는 소리가 들려왔다. 요강성은 급히 그곳으로 가서 귀 기울여 보았는데, 들려오는 말소리나 읊조리는 소리가 모두 하인들의 것이 아니었다. 그가 문 옆에 앉아 안을 엿보았더니 이런 소리가 들려왔다.

"여러 (公)들께서도 아시겠지만 요즘 사람들이 지은 문장들은 모두 일시적인 기교와 화려함에만 힘을 쏟을 뿐이오. 감정을 의탁해 자신의 뜻을 빗대는 것이나 사물을 묘사하여 회포를 펼치는 것은 모두 사라지고 말았소."

또 말했다.

"오늘 우리 세 사람이 각각 시 한 편씩을 지어서 즐거움으로 삼으면 어떻겠소?"

사람들이 모두 좋다고 하자 마르고 키가 크며 얼굴빛이 아주 검은 한 사람이 나서서 이렇게 읊었다.

옛 사람들 열정이 활활 타올랐던 것 혼자만 알고 있을 뿐,
지금은 불 때는 아궁이도 없으니 무엇을 하려 하는가!
가련한 국병(國柄: 國權) 아무데도 쓸모없게 되었으니,
사람들 과거에 떨어져 낙심하는 모양 몇 번이나 보았던가.

또 한 사람이 보였는데, 역시 키가 크고 말랐으며 얼굴이 누랬고 얼굴에는 곰보자국이 많았다. 그 사람이 다음과 같은 시를 읊었다.

한때 득의양양하던 시절에는 기운이 가슴속에 꽉 차있어서,
한 곡조 그대 앞에 올리면 만금(萬金)이나 내게 주었네.
지금은 마당의 대나무만도 못하지만,
바람이 불어올 때면 그래도 용 울음소리 따라해 보네.

또 키가 작고 뚱뚱하며 머리를 풀어헤친 한 사람이 이렇게 읊었다.

머리는 다 타버리고 귀밑머리는 다 빠진 채 속만 남아있고,
먼지 속에서 기력 쇠진하여 더 이상 말도 할 수가 없네.
지금은 썩어버린 풀처럼 되었다고 웃지들 마시오,
한때는 종일토록 고관대작들의 문을 쓸었던 몸이니.

요강성은 자신도 모르게 소리를 내어 그 시의 훌륭함을 찬탄하고서 문을 열어 그들을 찾아보았으나 이미 모두 사라지고 없었다. 날이 밝을 때를 기다렸다가 서리(舒吏)를 불러들여 물어보았더니 서리가 이렇게

대답했다.

"이 근방에 그런 사람은 없습니다."

요강성이 속으로 그들이 틀림없이 요괴였을 것이라 생각하여 그들이 있을 만한 장소를 찾아보았더니 자루와 귀 달린 쇠 냄비 하나, 망가진 피리 하나, 그리고 털이 다 빠진 기장수술 빗자루 하나만이 거기 있었다. 요강성은 그것들을 해치고 싶지 않아 각각 다른 곳에 묻어주었다.
(『영괴집』)

太原掌書記姚康成, 奉使之汧隴. 會節使交代, 入著使廻, 郵館塡咽. 遂假邢君牙舊宅, 設中室, 以爲休息之所. 其宅久空廢, 庭木森然. 康成晝爲公宴所牽, 夜則醉歸, 及明復出, 未嘗暫歇於此. 一夜, 自軍城歸早, 其屬有博戲之會, 故得不醉焉. 而坐堂中, 因命茶, 又復召客, 客無至者. 乃令館人取酒, 徧賜僕使, 以慰其道路之勤. 旣而皆醉, 康成就寢.

二更後, 月色如練, 因披衣而起, 出於宅門, 獨步移時, 方歸入院. 遙見一人, 入一廊房內. 尋聞數人飮樂之聲. 康成乃躡履而聽之, 聆其言語吟嘯, 卽非僕夫也. 因坐於門側, 且窺伺之, 仍聞曰:"諸公知近日時人所作, 皆務一時巧麗. 其於託情喩己, 體物賦懷, 皆失之矣." 又曰: "今三人可各賦一篇, 以取樂乎?" 皆曰善, 乃見一人, 細長而甚黑, 吟曰:"昔人炎炎徒自知, 今無烽竈欲何爲! 可憐國柄全無用, 曾見人人下第時." 又見一人, 亦長細而黃, 面多瘡孔. 而吟曰:"當時得意氣塡心, 一曲君前直萬金. 今日不如庭下竹, 風來猶得學龍吟." 又一人肥短, 鬖髮垂散, 而吟曰:"頭焦鬢禿但心存, 力盡塵埃不復論. 莫笑今來同腐草, 曾經終日掃朱門." 康成不覺失聲, 大贊其美, 因推門求之, 則皆失矣. 俟曉, 召胥吏詢之, 曰: "近並無此色人." 康心疑其必魅精也, 遂尋其處, 方見有鐵銚子一柄, 破笛一管, 一禿黍穰筹而已. 康成不欲傷之, 遂各埋於他處. (出『靈怪集』)

371 · 3(4769)
마 거(馬 擧)

마거가 회남(淮南)을 진수할 때 어떤 사람이 장기판을 들고 와 그에게 바쳤는데, 온통 주옥(珠玉)으로 장식이 되어있었다. 마거는 돈 천만 냥을 그에게 [사례로] 주고 그것을 받았는데 며칠 후 장기판이 어디론가 사라져버렸다. 마거는 명령을 내려 그것을 찾아내라고 했으나 찾지 못했다. 그때 갑자기 한 노인이 지팡이를 짚고 마거의 집을 찾아와 마거를 만나게 해 달라고 청했다. 그 사람은 병법(兵法)에 대해 이야기를 많이 했는데, 마거가 멀찍이 앉아 질문을 하자 그 노인이 말했다.

"지금이야말로 병사를 써야할 때인데 공(公: 馬擧)께서는 어찌하여 전쟁의 지략과 전술(戰術)을 구하지 않으십니까? 공은 장차 적들을 방어하셔야 할 텐데 만약 전략과 전술을 구하지 않으신다면 어떻게 한 지방을 다스릴 수 있습니까?"

공이 말했다.

"나는 지친 백성들을 다스리느라 전쟁의 지략이나 전법(戰法)을 연구할 틈이 없소. 다행히도 선생께서 나를 찾아 주셨으니 무엇으로 나를 가르쳐 주시겠소?"

노인이 말했다.

"병법을 없애서는 안 됩니다. 병법을 없애면 난리가 생겨나고 난리가 생겨나면 백성들이 피폐해 집니다. 그러고도 백성을 잘 다스렸다는 말은 들어본 적이 없습니다. 어찌하여 우선 법으로 군대를 다스리지 않습니까? 군대가 다스려진 후에야 장교(將校)들이 훌륭해지고, 장교들이 훌륭해진 후에야 병졸들이 용감해 집니다. 장교란 비어있는 곳과 꽉 차있는 곳을 간파해내야 하고 적에 대항해야 할 때와 물러날 때를 잘 알아야 하며, 화살과 돌을 무릅쓰고 날카로운 칼날에도 과감히 몸을 내던질 수 있어야 합니다. 병졸이란 끓는 물에도 뛰어 들어가고 불속에서도 걸어 다녀야 하며, 삶과 죽음의 문턱을 들락날락거리는 한이 있어도 [戰場에서] 발길을 돌려서는 안 되고 마음이 한결같아야 합니다. 지금 공께서 이 여러 변방지역의 연수(連帥: 按察使)가 되셨으니 마땅히 연수로서의 재능을 갖추고 계실 터, 직분을 게을리 하지 마십시오."

마거가 말했다.

"감히 묻겠는데, 연수로서 해야 할 일이란 어떤 것입니까?"

노인이 말했다.

"연수란 무엇보다도 먼저 우세한 기지를 점령한 다음에 적군에 대항해야 합니다. 병졸 한 명을 쓰더라도 그를 삶과 죽음의 기로에 두고 생각하셔야 하며, 길 하나를 보더라도 장차 나가고 들어갈 곳을 잘 살펴보아야 합니다. 관문(關門)을 뚫고 들어가 적군을 공격하는 것은 비록 군중(軍中)의 사소한 일이기는 하나 역시 잊어서는 안 됩니다. 또 작은 것을 지키기 위해 큰 것을 버려야 할 때도 있을 것이고 급히 적군을 죽이고는 거듭 도망가야 할 때도 있습니다. [그럴 때는] 지세(地勢)가 험한 곳을 거점으로 하여 적군을 현혹시킬만한 병사들을 포진시켜 놓으십시오. 이때 속공(速攻)을 퍼붓는 것이 묘책이니 의심하며 시간을 지체해서는 안 됩니다. 간혹 지공(遲攻)을 할 것인지 속공(速攻)을 할 것인지를 미처 결정하지 못할 때가 있는데, 그 전쟁이 험난할 것인지 수월할 것인지는 그 때 크게 판가름 납니다. 앞으로 나아갈 수 없을 때는 반드시 살 길을 모색해야만 합니다. 계속해서 이기다보면 반드시 [한번은] 패하게 되어있는데, 그때 반드시 경계해야 할 것은 적을 업신여기는 마음입니다. 공께서 만약 이 전술을 깊이 헤아리실 수만 있다면 연수 직분을 다할 방도는 이미 다 터득하신 셈입니다."

마거는 경탄하며 노인에게 말했다.

"선생은 대체 어디 사람이기에 학문이 그리도 깊으시오?"

노인이 말했다.

"나는 남산(南山)에 사는 나무처럼 딱딱한 사람입니다. 어려서부터 기이한 것을 좋아해서 사람들은 대부분 나를 두고 도략(韜略: 고대 兵書 중에 『六韜』・『三略』이 있었기에 사람들은 兵謀를 韜略이라 했음)을 감추고 있고 구슬을 머금고 있다며 칭찬했습니다. 나는 여러 차례 전쟁을 겪었기 때문에 병가(兵家)의 일을 훤히 알게 되었던 것입니다. 그러나 천지지간에 쇠하지 않는 사물이란 없습니다. 하물며 잠시 모아 만든 집단은 절대 견고할 수 없으니 어찌 오래 갈 수 있겠습니까? 잠시 만나 뵙고 말씀 올릴 기회가 있어 병가의 요지를 설명 드린 것이니 명철하신 공께서 조금이라도 염두에 두시기를 바랍니다."

노인이 이렇게 말하고 급히 떠나려고 했으나 공은 한사코 노인을 만류하며 객관으로 모셨다. 밤이 되었을 때 공이 좌우 측근을 보내 노인을 불러오게 했으나 심부름꾼이 가서 보았더니 방 안에는 장기판 하나만이 덩그라니 놓여 있을 뿐이었는데, 그것은 바로 지난번에 잃어버렸던 그 장기판이었다. 공은 그제야 그 노인이 요괴였음을 알고 좌우 사람에게 시켜 오래된 거울로 [장기판을] 비춰보게 했다. 그러자 장기판이 갑자기 위로 튀어 올랐다가 땅에 떨어져 부서졌는데, 다시는 변화하지 못 할 것 같았다. 공은 크게 놀라 기이해하다가 명령을 내려 그 장기판을 태워버리게 했다. (『소상록』)

馬擧鎭淮南日, 有人攜一碁局獻之, 皆飾以珠玉. 擧與錢千萬而納焉, 數日, 忽失其所在. 擧命求之, 未得. 而忽有一叟, 策杖詣門, 請見擧. 多言兵法, 擧遙坐以問之, 叟曰: "方今正用兵之時也. 公何不求兵機戰術? 而將禦寇讎, 若不如是, 又何作鎭之爲也?" 公曰: "僕且治疲民, 未暇於兵機戰法也. 幸先生辱顧, 其何以敎之?" 老叟曰: "夫兵法不可廢也. 廢則亂生, 亂生則民疲. 而治則非所聞. 曷若先以法而治兵? 兵治而後將校精, 將校精而後士卒勇. 且夫將校者, 在乎識虛盈, 明向背, 冒矢石, 觸鋒刃也. 士卒者, 在乎赴湯蹈火, 出死入生, 不旋踵而一焉. 今公旣爲列藩連帥, 當有爲帥之才, 不可曠職也." 擧曰: "敢問爲帥之事何如?" 叟曰: "夫爲帥也, 必先取勝地, 次對於敵軍. 用一卒, 必思之於生死, 見一路, 必察之於出入. 至於衝關入劫, 雖軍中之餘事, 亦不可忘也. 仍有全小而舍大, 急殺而屢逃. 據其險地, 張其疑兵. 妙在急攻, 不可持疑也. 其或遲速未決, 險易相懸. 前進不能, 差須求活. 屢勝必敗, 愼在欺敵. 若深測此術, 則爲帥之道畢矣."

擧驚異之, 謂叟曰: "先生何許人, 何學之深耶?" 叟曰: "余南山木强之人也. 自幼好奇尙異, 人人多以爲有韜玉含珠之譽('譽'原作'擧', 據明鈔本改). 屢經戰爭, 故盡識兵家之事. 但乾坤之內, 物無不衰. 況假('假'字原空闕, 據明鈔本補)合之體, 殊不堅牢, 豈得更久耶? 聊得晤言, 一述兵家之要耳, 幸明公稍留意焉."

因遽辭, 公堅留, 延於客館. 至夜, 令左右召之, 見室內唯一碁局耳, 乃是所失之者. 公知其精怪, 遂令左右以古鏡照之. 碁局忽躍起, 墜地而碎, 似不能變化. 公甚驚異, 乃令盡焚之. (出『瀟湘錄』)

371 · 4(4770)
길주어자(吉州漁者)

길주 용흥관(龍興觀)에 커다란 종이 있었는데, 그 위에 이런 글자가 새겨져있었다.

"진(晉)나라 원강연간(元康年間: 291~299)에 주조하다."

종 맨 위에는 구멍이 하나 나 있었다. 노인들이 전하는 말로는 칙천무후(則天武后) 때에 종소리가 장안(長安)을 뒤흔들자 칙천무후가 조서를 내려 종에 구멍을 뚫게 했는데, 그 구멍이 바로 그때 생긴 것이라고 했다. 천우연간(天祐年間: 904~907) 어느 날 밤에 종이 갑자기 사라졌는데, 이튿날 아침이 되자 원래 자리에 돌아와 있었다. 그런데 보았더니 [종에 새겨져 있던] 포뢰(蒲牢: 바다짐승 이름)에 핏자국이 있었고 자초(葅草)가 걸려있었다. 자초는 강남에서 나는 수초(水草)로 그 잎은 염교처럼 생겼으며 물의 깊이에 따라 [그 길이가] 성장한다.

용흥관 앞에 커다란 강이 있었는데, 마을 사람들은 며칠 동안이나 강물에서 풍랑이 이는 소리를 들었다. 아침이 되었을 때 한 어부가 보았더니 강 한 가운데서 붉은 깃발 하나가 위에서 아래로 떠내려 오고 있었다. 어부는 작은 배를 저어 가 그것을 주웠는데, 그 순간 금빛 비늘이 번쩍이고 파도가 거세게 솟구쳤다. 어부는 황급히 되돌아오면서 비로소 포뢰가 강에 사는 용과 싸워 다치게 했음을 깨달았다. (『옥당한화』)

 吉州龍興觀有巨鐘, 上有文曰:"晉元康年鑄." 鐘頂有一竅. 古老相傳, 則天時, 鐘聲震長安, 遂有詔鑿之, 其竅是也. 天祐年中, 忽一夜失鐘所在, 至旦如故. 見蒲牢有血痕幷慈草. 慈草者, 江南水草也, 葉如薤, 隨水淺深而生.

 觀前大江, 數夜, 居人聞江水風浪之聲. 至旦, 有漁者, 見江心有一紅旗, 水上流下. 漁者棹小舟往接取之, 則見金鱗光, 波濤洶湧. 漁者急廻, 始知蒲牢鬪傷江龍. (出『玉堂閒話』)

흉기상(凶器上)

371 · 5(4771)
양 씨(梁 氏)

 후위(後魏) 때 낙양(洛陽) 부재리(阜財里)에 개선사(開善寺)가 있었는데, [그 절은 본디] 경조(京兆) 사람 위영(韋英)의 집이었다. 위영이 일찍 죽자 그의 처 양씨는 장례도 제대로 치르지 않고 개가해 하내(河內) 사람 상자집(向子集)을 남편으로 맞아들였다. 비록 개가라고 하지만 여전히 위영의 집에 살았다. 위영은 양씨가 개가했다는 말을 듣고 대낮에 집으로 돌아왔는데, 말을 타고 사람 몇 명을 거느린 채 마당 앞에 이르러 이렇게 호령했다.

"아량(阿梁), 너는 나를 잊었느냐!"

상자집은 놀랍고도 두려운 마음에 활을 잡아당겨 쏘았는데, 위영은 화살에 맞자마자 땅에 넘어지더니 즉시 도인(桃人: 복숭아나무로 만든 인형)으로 변했다. 또 타고 있던 말 역시 띠풀로 만든 말로 변했으며 따라온 사람 몇 명도 모두 부들포로 만든 사람으로 변했다. 양씨는 너무도 겁이 나서 집을 보시해 절로 만들었다. (『낙양가람기』)

後魏洛陽阜財里, 有開善寺, 京兆人韋英宅也. 英早卒, 其妻梁, 不治喪而嫁, 更納河內向子集爲夫. 雖云改嫁, 仍居英宅. 英聞梁嫁, 白日來歸, 乘馬, 將數人, 至於庭前, 呼曰: "阿梁, 卿忘我也!" 子集驚怖, 張弓射之, 應箭而倒, 卽變爲桃人. 所騎之馬, 亦化爲茅馬, 從者數人, 盡爲蒲人. 梁氏惶懼, 捨宅爲寺. (出『洛陽伽藍記』)

371 · 6(4772)
조 혜(曹 惠)

[唐나라] 무덕연간(武德年間: 618∼626) 초에 조혜라는 사람이 강주참군(江州參軍)으로 있었다. 그곳 관사에는 불당이 있었는데 불당 안에는 두개의 나무인형이 있었다. 나무인형은 1척이 조금 넘었는데, 조각과 장식은 아주 정교했으나 색칠이 벗겨져 있었다. 조혜는 그 나무인형을 가지고 돌아와 어린 아들에게 주었다. 한번은 어린 아들이 전병을 먹으려하는데 나무인형이 손을 뻗더니 좀 달라고 했다. 아들이 깜짝 놀라 조

혜에게 이 사실을 알리자 조혜가 웃으며 말했다.

"나무인형을 가져오너라."

[아들이 나무인형을 가져오자] 나무인형이 이렇게 말했다.

"경소(輕素)에게 본디 이름이 있는데 왜 나무인형이라 부르십니까?"

그리고는 눈을 흘기며 뛰어가는 모습이 보통 사람들과 조금도 다르지 않았다. 조혜가 물었다.

"너는 어느 시대의 요물이기에 제법 괴상한 짓거리를 해 대는 것이냐?"

경소와 경홍(輕紅)이 말했다.

"우리는 선성태수(宣城太守) 사씨(謝氏: 謝朓) 집안의 나무인형입니다. 당시 천하의 빼어난 목공들도 심은후(沈隱侯: 沈約) 집의 늙은 하인 효충(孝忠)에 미치지 못했습니다. 경소와 경홍은 바로 효충이 만들어낸 인형입니다. 심은후는 선성태수가 [비명에] 간 것을 슬퍼하며 태수를 장사지내던 날에 우리를 만들어 망자의 무덤 안에 넣어주었습니다. 그때 경소는 무덤 안에서 더운 물을 가지고 와 악부인(樂夫人)의 발을 씻겨 주고 있었는데, 밖에서 무기를 들고 온 사람들이 명령을 하달하는 소리가 들려왔습니다. 부인은 너무도 두려워 맨 발인 채 흰 땅강아지로 변하고 말았습니다. 얼마 후 두 명의 도적이 횃불을 들고 안으로 들어와 모든 재물을 약탈해 갔는데, 사랑(謝郞: 謝朓) 목에 걸려 있던 슬슬환(瑟瑟環: 구슬을 엮어 만든 목걸이)도 그자들이 턱을 깨고는 빼내갔습니다. 도적들은 경홍 등을 비춰보며 이렇게 말했습니다. '이 두 명기(明器)는 그런대로 괜찮으니 아이들에게 장난이나 하라고 주어야 겠다.' 그리고는 가지고 밖으로 나갔는데, 그때가 [北朝 東魏] 천평(天平) 2년(535)이었습니다. 그때부터 우리들은 여러 집을 전전하다가 진(陳)나라 말년에 맥철장(麥鐵杖: 隋나라 때의 명장)의 조카에 의해 이리로 왔습니다."

조혜가 또 물었다.

"내가 듣기로 사선성(謝宣城: 謝朓)은 왕경칙(王敬則)의 딸과 결혼했다고 하던데 너는 어찌하여 뜬금없이 악부인이라고 하는 것이냐?"

경소가 말했다.

"왕씨는 생전의 처이고 악씨는 저승에서의 배필일 뿐입니다. 왕씨는 본디 천박하기 그지없는 사람으로 성격이 포악하고 경솔하며 힘이 셌습니다. 저승에 와서도 왕씨는 선성과 잘 지내지를 못했는데, 선성의 근엄한 얼굴을 볼 때면 즉시 돌을 깨서 문을 막아놓는 식으로 그를 위협했습니다. 선성이 몰래 천제(天帝)께 사정하자 천제는 그녀를 쫓아내 줄 것을 약속하고는 두 딸과 아들 한명도 어미를 따라 돌아가게 했습니다. 그래서 선성은 악언보(樂彦輔: 樂廣)의 여덟 번째 딸을 다시 처로 얻게 되었는데, 그녀는 용모도 아름답고 글씨도 잘 썼으며 금(琴)도 잘 탔기 때문에 동양(東陽)의 은중문(殷仲文), 형주(荊州)의 사회(謝晦)의 부인과 뜻이 잘 맞아서 날마다 서로 어울리곤 했습니다. 선성은 늘 이렇게 말했지요. '내 재능은 이전의 사인(詞人)들과 비교해 오직 동아(東阿: 曹植)에게만 못 미칠 따름이다. 그 밖의 문인들은 모두 내 도마 위에 올려진 고기와 같아서 마음대로 썰어버릴 수 있다.' 선성은 지금 [천계의] 남조전전랑(南曹典銓郎)이 되어서 반황문(潘黃門: 潘岳)과 같은 반열에 있는데, 살진 말을 타고 가벼운 옷을 입고 지내니 그 부귀가 생전의 백배는 됩니다. 하지만 열 달마다 한번 씩 진(晉)·송(宋)·제(齊)·양(梁)나라의 황제들에게 조회를 올려야 하니, 매우 고생스럽다 할 수 있었으나, 듣자니 최근에는 그 일을 그만두었다고 합니다."

조혜가 또 물었다.

"너희 둘의 영험함이 이와 같아 내가 너희들을 놓아주고 싶은데, 어떠하냐?"

그러자 둘이 같이 말했다.

"저희들의 변화무쌍함이 비록 못할 것이 없다고는 하나 당신의 뜻이 저희들을 놓아주려하지 않으신다면 영영 도망칠 방도가 없습니다. 여산(廬山)의 산신(山神)께서 경소를 무희(舞姬)로 데려가고 싶어 하신 지 이미 오래되었으니 이제 명을 받들어 당신에게 작별을 고하고 그와 같은 부귀영화를 받아야 하겠습니다. 그러나 당신께서 은혜를 끝까지 베푸시려거든 화공(畫工)에게 명해 저희를 좀 색칠해 주십시오."

조혜는 즉시 화공에게 명해 그들을 위해 색을 입히고 수놓은 비단옷을 입히게 했다. 경소가 웃으면서 말했다.

"이젠 무희는 물론이려니와 산신의 부인이 되어도 되겠습니다. 달리 드릴 것이 없으니 청컨대 은어(隱語)를 남기는 것으로 이별을 할까 합니다. 백년 안에 다른 사람을 통해 그 뜻을 알아내는 사람이 있으면 모두 충신이 되어 높은 자리에 오르게 될 것입니다. [은어는 이렇습니다.] '닭의 뿔은 뼈 속으로 들어갔고 자줏빛 학이 누런 쥐를 먹는다. 신불해(申不害: 戰國時代 韓나라 재상. 그는 黃老사상에 근본을 두고 있었으며 刑名을 위주로 하는 학설을 주장해 法家의 元祖로 여겨지고 있음)는 다섯 번 천실(泉室: 신화에서 말하는 물 속에 있다는 집)과 통해 육대(六代)에 걸쳐 번창했다.'"

후에 어떤 사람이 여산신에게 제사를 올린 적이 있었는데, 여자 무당이 이렇게 말했다.

"산신께서 새로 두 명의 첩을 맞아들였는데, 비취 비녀와 꽃 떨잠을 원한다오. 당신이 그것을 구해다 주면 커다란 복이 내릴 것이오."

제사 올린 사람이 그것들을 구해다가 태우자 원하던 바가 이루어 졌다. 조혜는 그 은어의 뜻을 알지 못해 당시 현명하다는 사람들을 찾아다녀 보았으나 한결같이 알아맞히지 못했다. 혹자가 말하기를 중서령(中書令) 잠문본(岑文本)이 그 중 세 구절의 뜻을 알았으나 다른 사람에게는 말해주지 않았다고 한다. (『현괴록』)

武德初, 有曹惠爲江州參軍. 官舍有佛堂, 堂中有二木偶人. 長尺餘, 雕飾甚巧妙, 丹靑剝落. 惠因持歸與稚兒. 後稚兒方食餠, 木偶引手請之. 兒驚報惠, 惠笑曰: "取木偶來." 卽言曰: "輕素自有名, 何呼木偶?" 於是轉盼馳走, 無異於人. 惠問曰: "汝何時物, 頗能作怪?" 輕素與輕紅曰: "是宣城太守謝家俑偶. 當時天下工巧, 皆不及沈隱侯家老蒼頭孝忠也. 輕素·輕紅, 卽孝忠所造. 隱侯哀宣城無常, 葬日故有此贈. 時素壙中, 方持湯與樂夫人濯足, 聞外有持兵稱敕聲. 夫人畏懼, 跣足化爲白蟻. 少頃, 二賊執炬至, 盡掠財物, 謝郞持舒瑟瑟環, 亦爲賊敲頤脫之. 賊人照見輕紅等曰: '二明器不惡, 可與小兒爲戲具.' 遂持出, 時天平二年也. 自爾流落數家, 陳末, 麥鐵杖猶子將至此."

惠又問曰: "曾聞謝宣城('宣城'原作'康成', 據明鈔本改)婚王敬則女, 爾何遽云樂夫人?" 輕素曰: "王氏乃生前之妻, 樂氏乃冥婚耳. 王氏本屠酤種, 性麤率多力. 至冥中, 猶與宣城不睦, 伺宣城嚴顔, 則磔石拄關, 以爲威脅. 宣城自密啓於天帝, 許逐之, 二女一男, 悉隨母歸矣. 遂再娶樂彦輔第八女, 美姿質, 善書, 好彈琴, 尤與殷東陽仲文·謝荊州晦夫人相得, 日恣追尋. 宣城常云: '我才方古詞人,唯不及東阿耳. 其餘文士, 皆吾机中之肉, 可以宰割矣.' 見爲南曹典銓郎, 與潘黃門同列, 乘肥衣輕, 貴於生前百倍. 然十月一朝晉·宋·齊·梁, 可以爲勞, 近聞亦已停矣."

惠又問曰: "汝二人靈異若此, 吾欲捨汝如何?" 卽皆言曰: "以輕素等變化, 雖無不可, 君意如不放, 終不能逃. 廬山山神, 欲取輕素爲舞姬久矣, 今此奉辭, 便當受彼榮富. 然君能終恩, 請命畫工, 便賜粉黛." 惠卽令工人爲圖之, 使摛錦繡. 輕素笑曰: "此度非論舞伎, 亦當彼夫人. 無以奉酬, 請以微言留別. 百代之中, 但以(明鈔本'以'作'有')他人會者, 無不爲忠臣, 居大位矣. '雞(明鈔本'雞'上有'言曰' 二字)角入骨, 紫鶴吃黃鼠. 申不害, 五通泉室, 爲六代吉昌.'"

後有人禱廬山神, 女巫言: "神君新納二妾, 要翠釵花簪. 汝宜求之, 當降大福." 禱者求而焚之, 遂如願焉. 惠亦不能知其微言, 訪之時賢, 皆不悟. 或云, 中書令岑文本識其三句, 亦不爲人說. (出『玄怪錄』)

371·7(4773)
두불의(竇不疑)

[唐나라] 무덕연간(武德年間: 618~626) 때 공신(功臣)의 후손인 두불의는 중랑장(中郞將)으로 있었는데, 나이가 들자 관직에서 물러나 고향으로 돌아왔다. 그의 고향은 태원(太原)이었고 집은 성곽 북쪽의 양곡현(陽曲縣)에 있었다. 두불의는 용감하고 담력이 있었으며 젊었을 때는 협사(俠士)의 기질도 있었다. 그는 늘 십여 명과 한데 어울려 닭싸움과 개 달리기 시합을 했으며, 저포(樗蒲: 360개의 눈을 盤上에 그려놓고

여섯 개의 말을 붙인 다음 윷짝처럼 생긴 五木을 던져서 노는 놀이로 漢·魏 때에 성행했음) 놀이는 한번 했다하면 수만 냥을 걸곤 했는데, 그들은 서로 의리로써 사귀었다.

태원성 동북쪽으로 수십 리 되는 곳 길가에 늘 키가 2장이나 되는 귀신이 나타났다. 그 귀신은 주로 어둑어둑 비가 오는 날 해 진 다음에 나타났다. 사람들 중에 그 귀신을 보고 겁에 질려 죽은 사람도 있었다. 여러 소년들이 말했다.

"가서 길거리의 귀신에게 활을 쏘는 자에게는 5천 냥을 주겠다."

[이 말을 듣고] 다른 사람들은 아무 말도 없었으나 두불의 혼자 나서더니 가게 해달라고 청했다. 날이 어두워질 때를 기다렸다가 두불의가 떠나가자 사람들이 말했다.

"저 사람이 성을 나간 다음 어딘가에 숨어 있다가 밤에 나타나 귀신을 쏘았다고 속일 수도 있으니, 그 말을 어찌 믿을 수 있겠습니까? 그러니 몰래 뒤따라가 보는 것이 어떻겠습니까?"

두불의가 요괴가 있는 곳에 도착했을 때 마침 귀신이 나다니고 있었다. 두불의가 뒤를 쫓아가며 활을 쏘자 귀신은 화살에 맞은 채 도망쳤다. 두불의는 뒤쫓아 가며 세 발의 화살을 명중시켰는데, 귀신이 벼랑 아래로 몸을 던지자 두불의는 그제야 돌아왔다. 여러 사람들은 웃으며 두불의를 맞이한 다음 그에게 이렇게 말했다.

"우리는 당신이 우리를 속일까 걱정되어 몰래 당신을 따라가 보았습니다. 당신의 담력이 그토록 대단하다는 것을 이제야 알게 되었습니다."

그리고는 두불의에게 돈을 주었는데, 두불의는 그 돈을 술 마시는 데 탕진했다. 이튿날 사람들은 두불의가 귀신을 쏘아 떨어뜨렸다는 벼랑 아래로 가서 이리저리 뒤지다가 방상(方相: 疫鬼를 쫓아낼 때 썼던 神像, 혹은 發靷할 때 앞세워서 길을 인도하던 神像) 하나를 발견했는데, 방상의 몸은 가시나무로 엮어져 있었다(오늘날 도성에서는 방상을 대로 엮는데, 太原에는 대가 없어서 가시나무로 만든 것이다). 사람들은 또 방상 옆에서 화살 세 개를 발견했다. 이때부터 길에 나오던 귀신은 드디어 사라지게 되었고 두불의는 이로 인해 용맹함으로 이름을 떨치게 되었다.

두불의가 나이 들어 고향으로 돌아갔을 때는 이미 70이 넘었으나 의기(意氣)만은 쇠하지 않았다. 천보(天寶) 2년(743) 겨울 10월에 두불의는 양곡으로 가 사람들과 어울려 술을 마셨는데, 술이 얼큰해져 집으로 돌아가려 했으나 주인이 한사코 못 가게 잡았다. 그러자 그는 하인들에게 모두 남아있으라고 명령한 후 자신은 홀로 말을 타고서 저녁이 된 후에 태원으로 돌아갔다. 양곡은 주(州)에서 3사(舍: 90리) 떨어져 있어서, 두불의는 급히 말을 몰아가며 돌아갔다. [양곡에서 주까지 돌아오는] 길은 온통 모래밭이어서 여우나 살쾡이, 그리고 도깨비불이 여기저기 모여 있었고 인가라고는 전혀 찾아볼 수 없었다. 그런데 그날 밤에는 길 양쪽으로 난데없이 끝도 없이 줄지어 늘어선 가게들이 보였다. 그날 하늘에는 보름달이 떠 있었고 구름은 얇게 드리워져 있었다. 두불의는 이상하다고 생각했다. 잠시 후 가게가 더욱 많아지더니 많은 남자 여자들이 나타나 혹은 노래를 하고 혹은 춤을 추며 술 마시고 연주를 해댔는데, 어떤 사람들은 서로 짝을 지어 발로 땅을 구르기도 했다. 동자(童子) 백여 명이 두불의가 타고 있던 말을 에워싸고 발로 땅을 구르며 노래를 하는 통에 말이 앞으로 나아가질 못했다. 두불의가 마침 길가에 있던 나무에서 길고 굵은 가지 하나를 꺾어 사람들을 향해 내리쳤더니 노래 부르던 사람들은 도망을 갔고 두불의는 그제야 앞으로 나아갈 수 있게 되었다.

두불의는 객점에 이르러서도 200여 명의 사람들을 보았는데, 모두 키가 크고 덩치가 좋았으며 성대한 옷을 차려입고 있었다. 그들은 두불의에게로 오더니 그를 에워싸고 땅을 구르며 노래를 불렀다. 두불의가 크게 화를 내며 나뭇가지로 내리치자 키 큰 사람들은 모두 사라졌다. 두불의는 몹시 두려웠다. 그는 자신이 본 것이 평범한 것은 아닐 것이라 생각하여 가던 길을 멈추고 시골 마을을 찾아가 하룻밤 묵어가려 했다. 그때 그 앞에 홀연 한 곳에 100여 가구가 있는 마을이 나타났는데, 집들이 매우 웅장했다. 그런데 두불의가 문을 두드리며 묵어갈 것을 청했지만 그 어느 집에서도 나와 응답하지 않았다. 그가 아무리 심하게 문을 두드려도 마찬가지였다. 마을 안에 사당이 있어서 두불의는 그리로 들어간 다음 말을 기둥에 묶어두고 계단에 기대앉았다. 그날은 달빛이 아주 밝았는데, 밤이 채 깊기도 전에 소복을 입고 곱게 단장한 어떤 부인이 문으로 갑자기 들어오더니 곧장 두불의에게 재배를 올렸다. [두불의가 어찌된 일이냐고] 묻자 부인이 대답했다.

"서방님께서 혼자 계신 것을 보고 짝이 되어 드리려고 이렇게 왔습니다."

두불의가 말했다.

"누가 네 서방님이냐?"

부인이 대답했다

"공(公: 竇不疑)께서 바로 제 서방님이시지요."

두불의가 그 여자가 요괴임을 알아차리고 [나뭇가지로 여자를] 내리치자 그 부인은 떠나갔다. 방 안에 있는 침상에서 두불의가 쉬고 있을 때, 갑자기 대들보 사이에서 동이만한 어떤 물체가 그의 배 위로 툭 떨어졌다. 두불의가 그 물체를 두들겨 패자 그 물체는 개 짖는 소리를 내며 침상 아래로 떨어지더니 키가 2척 남짓 되는 화인(火人)으로 변했는데, 그 빛이 사방을 비추었다. 그 물체는 벽 안으로 들어가 버린 다음 더 이상 보이지 않았다. 두불의는 다시 문 밖으로 나와 말을 타고 사당을 떠났다. 그는 수풀을 찾아내 그 속에 들어가 쉬었는데, 동이 틀 때까지도 그곳을 떠나지 못했다. 그의 집안 식구가 그를 찾아냈을 때, 그는 이미 바보처럼 정신이 다 나가있는 상태였다. 그를 싣고 돌아올 때는 그래도 자기가 본 것에 대해 이야기할 수 있었으나 한 달 넘게 병을 앓다가 죽고 말았다. (『기문』)

武德功臣孫寶不疑, 爲中郎將, 告老歸家. 家在太原, 宅於北郭陽曲縣. 不疑爲人勇, 有膽力, 少而任俠. 常結絆十數人, 鬪雞走狗, 樗蒲一擲數萬, 皆以意氣相期. 而太原城東北數里, 常有道鬼, 身長二丈. 每陰雨昏黑後, 多出. 人見之, 或怖而死. 諸少年言曰: "能往射道鬼者, 與錢五千." 餘人無言, 唯不疑請行. 迨昏而往, 衆曰: "此人出城便潛藏, 而夜紿我以射, 其可信乎? 盍密隨之?" 不疑旣至魅所, 鬼正出行. 不疑逐而射之, 鬼被箭走. 不疑追之, 凡中三矢, 鬼自投于岸下, 不疑乃還. 諸人笑而迎之, 謂不疑曰: "吾恐子潛而紿我, 故密隨子. 乃知子膽力若此." 因授之財, 不疑盡以飮焉. 明日, 往尋所射岸下, 得一方相, 身則編荊也(今京中方相編竹, 太原無竹, 用荊作之). 其傍仍得三矢. 自是道鬼遂亡, 不疑亦('亦'原作'中', 據明鈔本改)從此以雄勇聞.

及歸老, 七十餘矣, 而意氣不衰. 天寶二年冬十月, 不疑往陽曲, 從人飮, 飮酣欲返, 主苦留之. 不疑盡令從者皆留, 已獨('皆'原作'先獨', '已獨'原作'所', 據明鈔本改)乘馬, 昏後歸太原. 陽曲去州三舍, 不疑馳還. 其間則沙場也, 狐狸鬼火叢聚, 更無居人. 其夜, 忽見道左右皆爲店肆, 連延不絶. 時月滿雲薄. 不疑怪之. 俄而店肆轉衆, 有諸男女, 或歌或舞, 飮酒作樂, 或結伴踏蹄. 有童子百餘人, 圍不疑馬, 踏蹄且歌, 馬不得行. 道有樹, 不疑折其柯, 長且大, 以擊, 歌者走, 而不疑得前.

又至逆旅, 復見二百餘人, 身長且大, 衣服甚盛. 來繞不疑, 踏蹄歌焉. 不疑大怒, 又以樹柯擊之, 長人皆失. 不疑恐. 以所見非常, 乃下道馳, 將投村野. 忽得一處百餘家, 屋宇甚盛. 不疑叩門求宿, 皆無人應. 雖甚叫擊, 人猶不出. 村中有廟, 不疑入之, 繫馬於柱, 據階而坐. 時朗月, 夜未半, 有婦人素服靚粧, 突門而入, 直向不疑再拜. 問之, 婦人曰: "吾見夫婿獨居, 故此相偶." 不疑曰: "孰爲夫婿?" 婦人曰: "公卽其人也." 不疑知是魅, 擊之, 婦人乃去. 廳房內有牀, 不疑息焉, 忽梁間有物, 墮於其腹, 大如盆盎. 不疑毆之, 則爲犬音, 自('自'字上原有'不疑'二字, 據明鈔本刪)投牀下, 化爲火人, 長二尺餘, 光明照耀. 入于壁中, 因爾不見. 不疑又出戶, 乘馬而去. 遂得入林木中憩止, 天曉不能去. 會其家求而得之, 已愚且喪魂矣. 昇之還, 猶說其所見, 乃病月餘卒. (出『紀聞』)

태평광기 권제 372 정괴 5

흉기하(凶器下)
1. 환언범(桓彦範)
2. 채 사(蔡 四)
3. 이 화(李 華)
4. 상향인(商鄕人)
5. 노 함(盧 涵)
6. 장불의(張不疑)

흉기하

372·1(4774)
환언범(桓彦範)

　부양왕(扶陽王) 환언범은 젊어서부터 거리낌이 없고 대범하여 사소한 행동에 얽매이지 않았다. 어느 날 그는 여러 협객들과 풀이 무성한 못가에서 술을 마셨다. 날이 저물자 여러 손님들은 술자리를 파하고 돌아갔고 환언범과 몇 사람들은 술이 너무 취해 못가에 누워 있었다. 이경(二更) 후 갑자기 키가 1장(丈) 남짓 되고 몸이 10아름이나 되는 한 물체가 손에 창을 들고 눈을 부릅뜬 채 고함치면서 곧장 환언범의 무리에게로 달려들었다. 사람들은 모두 엎드린 채 꼼짝도 하지 않았지만 환언범은 담력이 세서 떨쳐 일어나 고함을 치고 주먹을 휘두르며 앞으로 돌진했다. 그러자 그 물체는 몸을 돌려 도망쳤다. 환언범은 큰 버드나무 한 그루와 맞닥뜨리자 손으로 나뭇가지 하나를 꺾어 들고 그 물체를 내리쳤는데, 휙휙 하는 소리가 마치 허깨비를 때리는 것 같았다. 환언범이 몇 대 내리치자 물체는 엎드려 기어서 도망쳤다. 환언범이 물체를 쫓아가자 물체는 더욱 빨리 도망가더니 오래된 무덤 속으로 들어갔다. 날이 밝자 환언범이 가서 살펴보았더니 바로 낡은 방상시(方相氏: 疫鬼를 쫓는 신상)였다. (『광이기』)

　扶陽王桓彦範, 少放誕, 有大('有大'二字原闕, 據明鈔本補)節, 不飾細行. 常與諸客遊俠, 飮於荒澤中. 日暮, 諸客罷散, 範與數人大醉, 遂臥澤中. 二更後, 忽有一物, 長丈餘, 大十圍, 手持矛戟, 瞋目大喚, 直來趨範等. 衆皆俯伏不動, 範有膽力, 乃奮起叫呼, 張拳而前. 其物乃返走. 遇一大柳樹, 範手斷一枝, 持以擊之, 其聲策策, 如中虛物. 數下, 乃匍匐而走. 範逐之愈急, 因入古壙中. 泊明就視, 乃是一敗方相焉. (出『廣異記』)

372·2(4775)
채 사(蔡 四)

영양(潁陽) 사람 채사는 글재주가 뛰어난 선비였다. [唐나라] 천보연간(天寶年間: 742~755) 초에 채사는 집이 진류군(陳留郡)의 준의현(浚儀縣)에 있었는데, 그가 시를 읊을 때면 매번 귀신이 그의 책상 위로 올라와서 시의 뜻에 대해 물어보기도 하고 시를 감상하기도 했다. 채사가 물었다.

"당신은 어떤 귀신인데 갑자기 여기에 오셨소?"

그러자 귀신이 대답했다.

"저는 성이 왕씨(王氏)이고 이름은 최대(最大)입니다. 당신의 재주와 품덕을 흠모하여 왔습니다."

채사는 처음에는 놀랍고도 두려웠으나 나중에는 조금씩 그와 친해졌다. 그 귀신이 올 때마다 둘은 항상 서로 '왕대(王大)'·'채씨(蔡氏: 蔡四)'라고 부르고 담소를 나누며 즐겁게 보냈다. 채씨 친구의 동복(童僕) 중에 귀신을 볼 수 있는 사람이 있어서 그에게 귀신을 살펴보라고 했더니 그 동복은 [귀신을 보고 나서] 두려움에 떨었다. 채씨가 귀신의 모습에 대해 물어보았더니 동복이 대답했다.

"키가 1장 남짓한 큰 귀신이 있었고 그 뒤에 작은 귀신 여러 마리가 있었습니다."

채씨는 나중에 작은 나무집을 만들어 집의 서남쪽 모퉁이에 놓고 나무집 밖에 여러 과일나무를 심었다. 채씨는 귀신이 오기를 기다렸다가 귀신에게 말했다.

"사람과 귀신의 길이 다르다는 것은 당신도 알고 있는 바이오. 내가 어제 당신을 위해 작은 집을 지었으니 그곳에서 편히 머무르시오."

귀신은 매우 기뻐하며 주인(主人: 蔡四)에게 감사했다. 그 후로 귀신은 매번 채사와 담소를 나눈 뒤 그 집에 들어가서 쉬었는데, 그런 일이 일상화되었다. 한참 지난 뒤 귀신이 채씨에게 말했다.

"내가 딸을 시집보내려고 하니 잠시 당신의 집을 빌려주시오."

채씨가 허락하지 않으며 말했다.

"노모가 본체에 계시니 만약 귀신의 기운이 스며들게 되면 필시 편안치 못할 것이오. 당신은 다른 집을 구해보시오."

귀신이 말했다.

"태부인(太夫人: 蔡氏의 어머니)이 계시는 본체는 문만 꼭 닫으면 귀신의 기운이 들어가지 않을 것이오. 7일 동안만 좀 빌려주시오."

채씨는 어쩔 수 없이 집을 빌려주었고 귀신은 7일 후에 집을 돌려주었는데, 그 동안 평안하여 아무 일도 없었다.

며칠 뒤 귀신이 말했다.

"제단을 설치해야 합니다."

그리고는 채씨에게 식기와 장막 등을 빌려달라고 했다.

채씨가 말했다.

"아직 다른 사람들은 알지 못하니 저의 물건을 빌려 드릴 수밖에 없군요."

그리고는 어디에다 제단을 설치할 것인지 물었다. 그러자 귀신이 대답했다.

"가까이에 있는 번대(繁臺: 樓臺 이름으로 繁氏가 그 옆에 살았기 때문에 繁臺라고 불렸음)의 북쪽에 설치하려고 합니다. 인간세상에서 한 밤중은 지하세계에서 제사지낼 때입니다."

채씨가 물었다.

"그때가 되면 가서 보고 싶은데 괜찮겠습니까?"

귀신이 말했다.

"어찌 안되겠습니까?"

채씨는 온 집안사람들이 천수천안불(千手千眼佛: 觀世音菩薩의 다른 이름)의 주문을 외우고 몸을 청결히 하면 귀신이 오지 못할 것이지만 육식을 많이 먹으면 반드시 귀신이 올 것이라고 생각했다. 그래서 채씨는 제단으로 갈 때 집안 사람들에게 모두 성심성의껏 주문을 외게 하고 깨끗한 새 옷으로 갈아입게 했다. 달빛을 받으며 채씨와 집안사람들이 번대로 가서 멀리 바라보았더니 장막 안에 승려의 무리들이 매우 많았다. 집안사람들이 주문을 외면서 앞으로 바짝 다가가자 귀신들이 당황하며 허둥댔다. 집안사람들은 귀신들이 사람을 두려워한다는 것을 알고 더욱 앞으로 다가갔다. 제단까지 갔더니 귀신들은 갑자기 흩어졌고 왕대는 10여 명의 무리들과 함께 북쪽으로 달아났다. 채씨가 그들을 쫓아 5~6리쯤 갔더니 무덤 숲이 나왔는데 그들은 그 안으로 사라져버렸다. 채씨는 그 장소를 기억하고서 돌아왔다. 날이 밝자 채씨는 집안사람들과 같이 가서 그곳을 살펴보았는데, 황폐한 무덤 하나가 있었고 무덤 안에는 수십 개의 명기(盟器)들이 있었다. 무덤 속에 가장 큰[最大] 명기가 있었는데, 이마에는 '왕(王)'자가 씌어 있었다. 채씨가 말했다.

"이것이 바로 왕대로구나!"

그리고는 장작을 쌓아 그것을 불살라버리자 마침내 귀신이 사라졌다. (『광이기』)

潁陽蔡四者, 文詞之士也. 天寶初, 家于陳留之浚儀, 吟詠之際, 每有一鬼來登其榻, 或問義, 或賞詩. 蔡問: "君何鬼神, 忽此降顧?" 鬼曰: "我姓王, 最大. 慕君才德而來耳." 蔡初甚驚懼, 後稍狎之. 其鬼每至, 恒以'王大'·'蔡氏'相呼, 言笑歡樂. 蔡氏故人有小奴, 見鬼, 試令觀之, 其奴戰慄. 問其形, 云: "有大鬼, 長丈餘, 餘小鬼數人在後." 蔡氏後作小木屋, 置宅西南隅, 植諸菓木其外. 候鬼至, 謂曰: "人神道殊, 君所知也. 昨與君造小舍, 宜安堵." 鬼甚喜, 辭謝主人. 其後每言笑畢, 便入此居偃息, 以爲常矣. 久之, 謂蔡氏曰: "我欲嫁女, 暫借君宅." 蔡氏不許曰: "老親在堂, 若染鬼氣, 必不安穩. 君宜別求宅也." 鬼云: "大夫人堂, 但閉之, 必當不入. 餘借七日耳." 蔡氏不得已借焉, 七日之後方還住, 而安穩無他事也.

後數日, 云: "設齋." 憑蔡爲借食器及帳幕等. 蔡云: "初不識他人, 唯借己物." 因問欲於何處設齋. 云: "近在繁臺北. 世間月午, 卽地下齋時." 問: "至時欲往相看, 得乎?" 曰: "何適不可?" 蔡氏以鬼, 擧家持千手千眼呪, 家人淸淨, 鬼卽不來, 盛食葷血, 其鬼必至. 欲至其齋, 家人皆精心念誦, 着新淨衣. 乘月往繁臺, 遙見帳幕僧徒極盛. 家人並誦呪, 前逼之, 見鬼惶遽紛披. 知其懼人, 乃益前進. 既至, 翕然而散, 其王大者, 與徒侶十餘人北行. 蔡氏隨之, 可五六里, 至一墓林, 乃沒. 記其所而還. 明與家人往視之, 是一廢墓, 中有盟器數十. 當壙者最大, 額上作 '王'字. 蔡曰: "斯其王大乎!" 積火焚之, 其鬼遂絶. (出『廣異記』)

372 · 3(4776)
이 화(李 華)

당(唐)나라 이부원외랑(吏部員外郞) 이화는 어렸을 적에 5~6명의 친구들과 함께 제원산(濟源山)의 산장에서 공부했다. 반년 후에 수염과 눈썹이 눈처럼 하얀 한 노인이 늘 한 꾸러미의 주먹만한 돌멩이를 가지고 나타났다. 노인은 매일 밤이 되면 정원 벽을 타고 앉아 돌멩이를 이화의 무리에게 던져 돌멩이가 창문의 앞뒤로 떨어졌다. 몇 개월 동안 그런 일이 계속되자 산장에 사는 사람들은 괴로워했다. 이웃에 진별장(秦別將)이라는 사람이 살았는데 활을 잘 쏘기로 유명했다. 이화가 직접 그를 방문해서 노인이 돌멩이를 던지는 사실을 모두 말했더니, 진별장은 흔쾌히 활을 들고 산장으로 가서 노인을 기다렸다. 밤이 되자 노인이 다시 와서 끊임없이 돌멩이를 던졌다. 그러자 진별장은 창틈으로 화살을 마구 쏘았는데 그 중 한발이 노인에게 명중되었다. 진별장이 가서 살펴보았더니 바로 나무로 만든 명기(盟器)였다. (『광이기』)

唐吏部員外李華, 幼時與流輩五六人, 在濟源山莊讀書. 半年後, 有一老人,鬚眉雪色, 恒持一裹石, 大如拳. 每日至晚, 卽騎院牆坐, 以石擲華等, 當窓前後. 數月, 居者苦之. 隣有秦別將, 善射知名. 華自往詣之, 具說其事, 秦欣然持弓, 至山所伺之. 及晚復來, 投石不已. 秦乃於隙中縱矢, 一發便中. 視之, 乃木盟器.
(出『廣異記』)

372 · 4(4777)
상향인(商鄕人)

근자에 어떤 사람이 상향(商鄕)의 교외로 길을 떠났다. 그는 처음에 한 사람과 함께 길을 갔는데, 며칠 후 그 사람이 갑자기 말했다.

"저는 바로 귀신입니다. 집안의 명기(明器)들이 반란을 일으켜 밤낮으로 싸우고 있습니다. 당신의 말을 빌려 반란을 진압하고 싶은데 어떻게 생각하십니까?"

어떤 사람이 대답했다.

"진실로 일이 성사되기만 한다면 거리낄 게 없지요."

밤이 되자 그들은 길 왼편의 큰 무덤에 도착했다. 귀신이 무덤을 가리키며 말했다.

"이것이 저의 무덤입니다. 당신은 무덤 앞에서 고함치면서 금은부락(金銀部落)을 참수하라는 칙령을 가지고 왔다고 하십시오. 그렇게만 하면 됩니다."

귀신이 말을 마치고 무덤 속으로 들어가자 그 사람은 즉시 칙령을 큰소리로 낭독했다. 잠깐 사이에 참수하는 소리가 났다. 조금 있다가 귀신이 무덤에서 나왔다. 귀신의 손에는 금은으로 된 사람과 말 몇 개가 있었는데, 모두 머리가 잘려나간 상태였다. 귀신이 사람에게 말했다.

"이것이면 충분히 일생동안 잘 지낼 수 있을 것이니 이것으로 은혜를 갚으려고 합니다."

그 사람은 서경(西京: 長安)에 이르렀을 때 장안(長安)의 착사인(捉事人: 죄인을 잡는 사람)에 의해 고발당했다. 현관(縣官)이 [물건들을 보고 나서] 말했다.

"이것은 옛날 물건들이니 무덤을 파헤쳐서 얻은 것이 틀림없다."

그러자 그 사람은 현관에게 사실대로 아뢰었다. 현관은 경조윤(京兆尹)에게 사실을 알렸고 경조윤은 그 일을 황제께 상주했다. 황제가 사람을 시켜 그를 따라가 무덤을 파 보게 했더니 그곳에서 금은으로 만든 사람과 말이 나왔는데, 목이 잘려나간 것이 수백 개나 되었다. (『광이기』)

近世有人, 旅行商鄕之郊. 初與一人同行, 數日, 忽謂人曰: "我乃是鬼. 爲家中明器叛逆, 日夜戰鬪. 欲假一言, 以定禍亂, 將如之何?" 云: "苟可成事, 無所憚." 會日晚, 道左方至一大墳. 鬼指墳, 言: "是已冢. 君於冢前大呼, 有敕斬金銀部落. 如是畢矣." 鬼言訖, 入塚中, 人便宣敕. 須臾間, 斬決之聲. 有頃, 鬼從中出. 手持金銀人馬數枚, 頭悉斬落. 謂人曰: "得此足一生福, 以報恩耳." 人至西京, 爲長安捉事人所告. 縣官云: "此古器, 當是破家得之" 人以實對. 縣白尹, 奏其事. 發使人隨開冢, 得金銀人馬, 斬頭落者數百枚. (出『廣異記』)

노 함(盧 涵)

[唐나라] 개성연간(開成年間: 836~840)에 학구(學究: 明經 과목 중 하나) 노함은 낙하(洛下: 洛陽)에 집이 있었고 만안산(萬安山)의 북쪽에 장원을 가지고 있었다. 한번은 노함이 여름날 보리도 익고 제철 과일도 익자 혼자 조랑말을 타고 장원에 갔다. 그가 10리 남짓 갔을 때 커다란 측백나무 숲 옆에 새로 지은 깨끗한 집 몇 칸이 보였는데 그곳은 가게였다. 마침 그때 해가 지려고 해서 노함이 말을 멈추고 쉬고 있었는데, 머리를 양쪽으로 쪽진 매우 아름다운 여자가 보였다. 노함이 말을 걸자 그 여자가 이렇게 대답했다.

"저는 경장군(耿將軍)의 무덤을 지키는 하녀로 부모형제가 없습니다."

노함은 그녀를 좋아하게 되어 함께 이야기를 나누었다. 그녀는 말솜씨가 매우 빼어났고 마음도 아주 솔직했으며 은근히 쳐다보는 맑은 눈동자가 고운 자태를 더했다. 그녀가 노함에게 말했다.

"집에서 담근 술이 조금 있는데 낭군께서는 두세 잔 드시겠어요?"

노함이 대답했다.

"싫지 않지요."

마침내 그녀는 오래된 구리 술통을 받쳐들고 나와서 노함과 매우 즐겁게 술을 마셨다. 하녀는 자리를 손으로 치면서 노래를 불렀는데, 노생(盧生: 盧涵)에게 술을 따라 주며 이렇게 노래했다.

홀로 수건과 빗[巾櫛은 여인들이 자신을 겸손하게 부르는 말]을 들고

현관(玄關)를 지키는데,
　작은 장막 속엔 아무도 없이 등불 그림자만 잦아드네.
　옛날 비단옷은 지금 썩어 없어졌으니,
　백양나무에 바람 일어날 제 농두(隴頭) 땅이 차가워지네.

　　노함은 그 노래가사가 마음에 들지 않아 싫었으나 그 노래의 뜻을 알지는 못했다. 술을 다 마시자 하녀가 노함에게 말했다.
　　"다시 당신과 집으로 들어가서 한 잔 더 하고 싶네요."
　　그리고는 등잔과 술통을 가지고 들어갔다. 노함이 뒤따라 들어가다가 방안을 엿보았더니 방안에 커다란 검은 뱀이 걸려있었는데, 그녀가 칼로 뱀을 베자 뱀의 피가 술통 안에 떨어져서 술로 변하는 것이었다. 노함은 너무도 두려워 떨면서 그제서야 그녀가 요괴임을 알아차리고 문을 뛰쳐나와 조랑말을 풀어 타고서 내달렸다. 하녀는 연이어 몇 번 소리치며 말했다.
　　"오늘 저녁은 모름지기 당신을 하룻밤 붙잡아 두어야만 하니 가서는 안 됩니다."
　　그녀는 노함을 머물게 할 수 없음을 알고 이렇게 소리쳤다.
　　"동쪽의 방대(方大: 方相氏)님! 나를 대신해 저 사람을 쫓아가서 붙잡아주세요."
　　그러자 즉시 측백나무 숲에서 어떤 장대한 사내가 그 말에 매우 힘차게 대답하는 소리가 들렸다. 잠시 후 노함이 돌아보니 커다란 고목 같은 물체가 쫓아오고 있었는데, 발걸음이 매우 무거웠고 100보 남짓 떨어져 있었다. 노함은 더욱 급히 채찍질하며 도망가다가 또 작은 측백나무 숲을 지나가게 되었는데, 눈처럼 새하얀 커다란 물체가 나타났다. 누군가가 말하는 소리가 들렸다.

"오늘 저녁에는 반드시 이 놈을 잡아야 한다. 안 그러면 내일 아침에 네가 화를 당할 것이다."

노함은 그 말을 듣고 더욱 겁이 났다. 노함이 장원의 문에 이르렀을 때는 이미 삼경(三更)이었다. 장원 문은 꼭 닫혀 있었고 문밖에는 빈 수레 몇 대만 있었으며 양떼들이 마침 풀을 뜯어먹고 있을 뿐 사람이라곤 없었다. 노함이 말을 버리고 수레 밑에 쪼그리고 숨어서 엿보았더니 커다란 사내가 곧장 문으로 왔는데, 가장 높은 담장도 겨우 그 사내의 허리춤 밖에 오지 않았다. 그 사내는 손에 창을 들고 장원 안을 굽어보더니 마침내 창으로 장원 안에 있던 어린애를 찔렀는데, 어린애의 손과 발이 창 꼭대기에 꿰어져 공중으로 들어올려진 것만 보일 뿐 아무런 소리도 들리지 않았다.

한참 후에 그 사내가 떠나자 노함은 그가 이미 멀리 갔을 것이라고 생각하여 비로소 일어나 문을 두드렸다. 장원에 있던 손님이 문을 열고 노함이 밤중에 이곳에 온 것을 보고 놀라워했다. 노함은 숨을 헐떡이고 땀을 흘리며 말을 하지 못했다. 아침이 되자 갑자기 장원에 있던 손님이 울며 말하는 소리가 들렸다.

"세 살 난 어린애가 어젯밤에 잠이 들었는데 깨어나질 않소."

노함은 그 일을 매우 꺼림칙하게 여겨서 집의 하인들과 장원의 손님 10여 명을 거느리고 칼과 도끼, 활과 화살을 들게 하고는 요괴를 찾아 나섰다. 어제 술을 마셨던 곳에 가보니 단지 도호(逃戶: 유랑민)들이 살던 집 몇 칸만이 덩그러니 비어있을 뿐 아무도 없었다. 결국 측백나무 숲을 뒤졌더니 키가 2척 남짓 되는 커다란 순장용 하녀 인형이 있었고 그 옆에는 검은 뱀 한 마리가 있었는데 이미 죽어있었다. 또한 동쪽에 있는 측백나무 숲에는 큰 방상시(方相氏)의 해골 하나가 있었다. 마침내 노함은 그것들을 모두 부수고 쪼개서 불태워 버렸다. 그리고 밤에 와서 말했던 흰 물체를 찾아보았더니 바로 한 구의 사람 해골이었는데, 마디마디가 모두 완전하여 조금도 부족한 부분이 없었다. 노함이 구리 도끼로 그것을 쪼갰지만 조금의 흠집도 낼 수 없어서 결국 그것을 도랑에 던져 버렸다. 노함은 본래 풍질(風疾: 중풍)이 있었는데 뱀술을 마시고 나았다. (『전기』)

開成中, 有盧涵學究, 家於洛下, 有莊于萬安山之陰. 夏麥旣登, 時果又熟, 遂獨跨小馬造其莊. 去十餘里, 見大柏林之畔, 有新潔室數間, 而作店肆. 時日欲沈, 涵因憩馬, 覩一雙鬟, 甚有媚態. 詰之, 云:"是耿將軍守塋青衣, 父兄不在." 涵悅之, 與語. 言多巧麗, 意甚虛襟, 盼睞明眸, 轉資態度. 謂涵曰:"有少許家醞, 郎君能飲三兩杯否?" 涵曰:"不惡." 遂捧古銅罇而出, 與涵飲極歡. 青衣遂擊席而謳, 送盧生酒曰:"獨持巾櫛掩玄關, 小帳無人燭影殘. 昔日羅衣今化盡, 白楊風起隴頭寒." 涵惡其詞之不稱, 但不曉其理. 酒盡, 青衣謂涵曰:"更與郎君入室添杯去." 秉燭挈罇而入. 涵躡足窺之, 見懸大烏虵, 以刀刺虵之血, 滴于樽中, 以變爲酒. 涵大恐慄, 方悟怪魅, 遂擲出戶, 解小馬而走. 青衣連呼數聲曰:"今夕事須留郎君一宵, 且不得去." 知勢不可, 又呼:"東邊方大! 且與我趁, 取遮郎君." 俄聞柏林中, 有一大漢, 應聲甚偉. 須臾廻顧, 有物如大枯樹而趨, 擧足甚沈重, 相去百餘步. 涵但疾加鞭, 又經一小栢林中, 有一巨物, 隱隱雪白處. 有人言云:"今宵必須擒取此人. 不然者, 明晨君當受禍." 涵聞之, 愈怖怯. 及莊門, 已三更. 扃戶闃然, 唯有數乘空車在門外, 群羊方咀草次, 更無人物. 涵棄馬, 潛跧于車箱之下,窺見大漢徑抵門, 牆極高, 只及斯人腰跨. 手持戟, 瞻視莊內, 遂以戟刺莊內小兒, 但見小兒手足撈空, 于戟之巓, 只無聲耳.

　良久而去, 涵度其已遠, 方能起扣門. 莊客乃啓關, 驚涵之夜至. 喘汗而不能言. 及旦, 忽聞莊院內客哭聲, 云: "三歲小兒, 因昨宵寐而不蘇矣." 涵甚惡之, 遂率家僮及莊客十餘人, 持刀斧弓矢而究之. 但見夜來飮處, 空逃戶環屋數間而已, 更無人物. 遂搜栢林中, 見一大盟器婢子, 高二尺許, 傍有烏虺一條, 已斃. 又東畔栢林中, 見一大方相骨. 遂俱毀拆而焚之. 尋夜來白物而言者, 卽是人白骨一具, 肢節筋綴, 而不欠分毫. 鍛以銅斧, 終無缺損, 遂投之于澶而已. 涵本有風疾, 因飮虺酒而愈焉. (出『傳奇』)

372 · 6(4779)
장불의(張不疑)

　남양(南陽) 사람 장불의는 개성(開成) 4년(839)에 굉사과(宏詞科: 과거 과목 중의 하나)에 합격하고 비서랑(秘書郞)을 제수 받았다. 장불의는 도성으로 가서 제후들을 만나 뵈고 [자신의 거처로] 돌아갔는데, 고향도 멀고 아는 사람도 없어 몹시 외로웠다. 그는 도성에서 관직 생활을 해야 했기 때문에 하녀를 사려고 [사람들을 보내] 마을의 이곳저곳에서 알아보게 했다. 한 달 동안 여러 차례 알려온 사람들이 있었지만 용모가 마음에 들지 않아서 적당한 사람을 찾지 못했다. 한 달 남짓 되었을 때 아인(牙人: 중개인)이 와서 말했다.

　"새로 하인을 팔려고 하는데 와서 봐주십시오."

장불의는 다음 날로 약속을 정했다. 장불의가 약속한 시간이 되어 그 집을 찾아가 보니 붉은 옷을 걸치고 상아 홀을 든 사람이 옛 절서사마(浙西司馬) 호(胡) 아무개라고 칭하며 장불의에게 읍하고는 자리에 앉게 했다. 장불의가 그와 말을 나누어 보았더니 매우 시원시원했다. 그가 말했다.

"저는 젊었을 적에 과거시험장에서 거의 명성을 이룰 뻔했습니다. 예전에 본가(本家)의 관리가 남해(南海)에 사신으로 갈 때 몇 년 동안 그분의 이끌어주심을 받아 영중(嶺中)에서 직분을 맡게 되었는데, 그때 우연히 하녀와 하인 30여 명을 얻게 되었습니다. 그 후로 절우(浙右: 浙東)에서 남형(南荊)을 거치면서 거의 다 팔아버리고 지금은 6~7명만 남았습니다. 그래서 아인에게 부탁하여 당신을 여기로 오시게 한 것입니다."

말을 마치자 한 하녀가 작은 접시를 들고 와서 손님과 주인의 자리에 각각 놓았다. 잠시 후 하녀가 은 술통과 금 술잔을 가져왔는데, 잘 익은 술 냄새가 새롭게 풍겨 그 향기가 코를 찔렀다. 장불의는 도교(道敎)를 신봉하여 평소에는 술과 고기를 먹지 않았지만 그 날은 자기도 모르게 몇 잔을 마셨다. 그 사람은 6~7명의 하녀에게 정원에 나란히 서게 한 뒤 장불의에게 말했다.

"선택만 하십시오."

장불의가 말했다.

"저는 부릴 하인이 부족할 뿐입니다. 지금 저에게 6만 냥의 돈이 있으니 그 가격에 맞는 사람을 추천해 주셨으면 합니다. 당신의 고명한 눈으로 6만 냥의 가치를 지닌 한 사람을 골라 저에게 보여주십시오."

붉은 옷을 입은 그 사람이 말했다.

"제 집의 하녀는 가격의 높고 낮음에 따라 각각 차이가 있습니다."

그리고는 두 갈래 쪽진 머리를 한 사람을 가리키며 말했다.

"춘조(春條)가 그만한 가치가 있습니다."

장불의가 그녀를 보았더니 바로 자기가 몰래 점찍어둔 사람이어서 그 날로 계약을 체결하고 돈을 지불했다.

춘조는 글을 잘 쓰고 말소리가 맑고 나긋나긋했으며 일을 시키면 흡족하게 처리하지 않는 법이 없었다. 또 춘조는 배우는 것을 좋아해서 한 달 남짓 동안 몰래 소시(小詩)를 지어 종종 문과 창문 사이에 다음과 같은 시를 적어 놓았다.

　　어두운 방에 요염한 사람 갇혀 있지만,
　　난초의 아름다움을 알아주는 이 없네.
　　봄바람이 30년이나 불어왔건만,
　　비단 옷의 향기는 다하지 않았네.

장불의는 그녀의 재모(才貌)와 총명함을 무척 아꼈다. 이처럼 두 달 남짓이 지나갔다.

장불의는 평소에 문도(門徒: 권문세가에서 스님이나 도사를 정해놓고 공양하거나 교유했는데 그러한 스님이나 도사를 말함) 존사(尊師: 道士의 높임말)를 예를 다해 모셨는데, 그는 민천관(旻天觀)에 살고 있었다. 한번은 장불의가 존사를 만났더니 존사가 장불의에게 말했다.

"당신의 몸에 사악한 기운이 가득하군요."

장불의가 왜 그런 말을 하는지 몰라 하자 존사가 물었다.

"새로 아내를 맞은 적이 있습니까?"

장불의가 대답했다.

"아내를 맞은 적은 없고 하녀 하나를 샀을 뿐입니다."

존사가 말했다.

"재앙이로군요!"

장불의가 두려워하며 계책을 묻자 존사가 말했다.

"내일 아침에 제가 갈 테니 절대로 하녀가 알아차리지 못하게 하십시오."

다음 날 아침에 존사가 [장불의의 집으로] 와서 말했다.

"요물을 불러 나오게 하십시오."

장불의가 춘조를 부르자 춘조는 병풍과 장막 사이에서 울고 있었는데 장불의가 다그쳐 불러도 좀처럼 나오지 않았다. 존사가 말했다.

"과연 요물이로군요."

그리고는 춘조를 방 안에다 몰아넣고 문을 닫았다. 존사는 향을 피우고 법술을 행하더니 물을 동쪽에다 세 번 내뿜고 나서 장불의에게 말했다.

"요물이 어떤지 가서 한 번 보십시오."

장불의가 보고 와서 말했다.

"대략 아직도 옛 모습인데 1척에서 몇 촌 정도만 작아졌을 뿐입니다."

존사가 말했다.

"아직 안됐군요."

존사는 다시 우보법(禹步法: 道士들이 절뚝거리며 걷는 보행법)을 행하고 또 물을 문에다 세 번 내뿜고 나서 장불위에게 말했다.

"요물이 어떤지 다시 가서 보십시오."

장불위가 가서 보았더니 춘조는 1척 남짓 정도로 작아져서 꼿꼿이 선 채로 움직이지 않았다. 장불의가 다시 다가가서 보자 바로 땅에 넘어지며 쿵하는 소리를 내었다. 장불의가 살펴보았더니 그것은 바로 썩은 명기(螟器)였는데 등에는 '춘조'라고 써 있었고 그녀의 옷은 마치 매미가 허물을 벗듯이 묶인 채로 그대로 있었다. 장불의가 크게 놀라자 존사가 말했다.

"이 요물은 허리와 배 사이가 이미 붙어 있는 것이 괴이합니다."

그리고는 장불의에게 칼로 그것을 배게 했더니 허리와 목 사이에서 과연 피가 흘러나와 나무에 물들었다. 장불의는 마침내 그것을 불살라 버렸다. 존사가 말했다.

"만약 피가 몸 전체에 있었다면 당신의 일가족은 모두 이 요물에게 해를 당했을 것입니다."

그때부터 장불의는 마음이 답답하고 울적했다.

'어찌 명기와 함께 살면서도 그 사실을 알지 못했을까? 아마도 오래 살지 못하겠구나.'

매번 그런 생각이 들면 며칠 동안 정신이 혼미해지면서 얼빠진 것 같았다. 그러다가 고질병에 걸려 결국 병가를 내고 집으로 돌아갔다. 다음 해에 장불의는 강서(江西) 지방으로 발령 받았는데, 기일이 되어 회남(淮南)으로 가는 도중에 파면당했으며 또 그 이듬해 8월에 죽었다. 장불의가 죽은 후 하루 뒤에 그의 모친도 이어서 죽었다. 도사의 말이 과연 맞아 떨어졌다. ([『박이지』])

또 일설에 장불의는 늘 도사 공변(共辨)과 왕래했는데, 도사가 다른 곳으로 떠나면서 장불의에게 경고하며 말했다.

"당신에게 큰 재난이 닥칠 테니 절대로 태부인(太夫人)과 함께 살지 말고 또 하인들을 사서 집으로 들이지 마십시오. 제가 떠나 없더라도 제 말을 명심하십시오."

장불의가 즉시 모친 노씨(盧氏)에게 그 사실을 알리자, 노씨는 본래 도교를 신봉하여 평소에도 대부분 다른 곳에 가서 안정을 취하던 터라 사원으로 가서 살았다. 장불의는 매일 아침 [사원으로 가서] 어머니께 문안 인사를 올렸다. 몇 달 후 어떤 아쾌(牙儈: 牙人)가 말했다.

"과부 최씨(崔氏)가 매우 가난해서 집에 있던 기녀 4명을 모두 팔았습니다. 지금 금강(金釭)이라는 하녀가 있는데, 용모가 출중하여 그녀가 가장 아꼈습니다. 지금 가난 때문에 어쩔 수 없이 그 하녀를 팔려고 합니다."

장불의는 기뻐하며 그 하녀를 불러오게 해서 즉시 15만 냥을 지불하고 하녀를 샀다. 그녀에 대한 장불의의 총애는 남달랐다. 금공은 웃고 말하는 것이 아름다웠으며 영리하고 민첩했다. 그녀는 장불의를 모시면서 그의 뜻을 먼저 알고 행동했으므로 장불의는 더욱 그녀에게 미혹되었다.

얼마 되지 않아 도사가 장불의의 집을 방문했는데, 장불의를 보고는 얼굴색이 비참하게 변하더니 계속해서 한숨을 내쉬었다. 장불의가 도사에게 이유를 물어보자 도사가 말했다.

"아! 화가 이미 닥쳤으니 어찌할 도리가 없군요. 비단 당신뿐만 아니라 태부인까지도 화를 피할 수 없겠군요."

장불의는 놀랍고도 두려워서 벌떡 일어나며 말했다.

"우리가 헤어진 후로 모두 존사의 가르침대로 행해서 존장(尊長: 모친)께서도 불사에 머물고 계시고 나도 도를 지키며 조금도 게을리 하지 않았는데 어떻게 화가 닥쳤는지 알 수 없군요. 이제 어찌 한단 말입니까?"

장불의가 애처롭게 간청하자 도사가 말했다.

"방법이 없습니다. 그러나 당신에게 어찌 된 일인지 밝혀 드리겠습니다."

그리고는 자기와 헤어진 후에 집으로 들인 사람이 있는지 물었더니 장불의가 대답했다.

"집안에 일손이 모자라서 이전에 하녀 둘을 샀을 뿐입니다."

도사가 말했다.

"볼 수 있겠습니까?"

장불의가 즉시 그들을 불렀으나 금공은 나오려 하지 않았다. 장불의가 계속 그녀를 재촉했지만 끝내 나오지 않았다. 장불의가 직접 꾸짖었더니 그제야 금공이 나오자 도사가 말했다.

"바로 이것이로군요."

금공이 마구 욕하며 말했다.

"저에게 잘못이 있다면 매질하면 되고 제가 필요하지 않다면 팔아버리면 그만입니다. 15만 냥도 그대로 있는데 뭐 걱정할 일이 있습니까? 도사는 누구이기에 남의 집안일에 간섭합니까?"

도사가 말했다.

"그녀를 아끼십니까?"

장불의가 말했다.

"이 일은 오로지 존사의 명에 따르겠습니다. 어찌 감히 좋은 말씀을 듣지 않겠습니까?"

도사가 즉시 몽둥이를 들고 금공의 머리를 내리치자 마치 나무를 치는 것처럼 탁! 하는 소리가 울리더니 마침내 금공이 쓰러졌다. 금공은 바로 순장용 여자 인형으로 등에 그녀의 이름이 써 있었다. 도사가 그곳을 파게 하여 5~6척을 파 들어갔더니 오래된 무덤이 나왔다. 관 옆에는 4~5개의 명기(盟器)가 있었는데, 그 모양이 태워버린 금공과 비슷했다. 15만 냥은 관 앞에 그대로 있었는데, 바로 장불의가 하녀를 산 돈이었다. 그 후로 장불의는 정신이 빠진 것처럼 멍하더니 병에 걸려 몇 개월 뒤에 죽었다. 그의 모친 노씨도 [장불의가 죽은 지] 열흘 뒤에 이어서 죽었다. (『박이기』・『영괴집』)

南陽張不疑, 開成四年, 宏詞登科, 授祕書. 遊京, 假丐於諸侯廻, 以家遠無人, 患其孤寂. 寓官京國, 欲市靑衣, 散耳目於閭里間. 旬月內, 亦累有呈告者, 適憎貌未偶. 月餘, 牙人來云('云'原作'去', 據明鈔本改): "有新鬻僕者, 請閱焉." 不疑與期於翌日. 及所約時至, 抵其家, 有披朱衣牙笏者, 稱前浙西胡司馬, 揖不疑就位. 與語甚爽朗. 云: "某少曾在名場, 幾及成事. 曩以當家使於南海, 蒙攜引數年, 記(明鈔本'記'作'職')於嶺中, 偶獲婢僕等三數十人. 自浙右已歷南荊, 貨鬻殆盡, 今但有六七人. 承牙人致君子至焉." 語畢, 一靑衣捧小盤, 各設於賓主位. 俄攜銀罇金盞, 醪醴芳新, 馨香撲鼻. 不疑奉道, 常御酒止肉, 是日, 不覺飮數杯. 余命諸靑衣六七人, 並列於庭, 曰: "唯所選耳." 不疑曰: "某以乏於僕使. 今唯有錢六萬, 願貢其價. 却望高明, 度六萬之直者一人以示之." 朱衣人曰: "某價翔庳各有差等." 遂指一鴉鬢重耳者曰: "春條可以償耳." 不疑覘之, 則果是私目者矣, 卽日操契付金.

 春條善書錄, 音旨淸婉, 所有指使, 無不愜適. 又好學, 月餘日, 潛爲小詩, 往往自於戶牖間題詩云:"幽室鑠妖艶, 無人蘭蕙芳. 春風三十載, 不盡羅衣香." 不疑深惜其才貌明慧. 如此兩月餘.

 不疑素有禮奉門徒尊師, 居旻天觀. 相見, 因謂不疑曰:"郎君有邪氣絶多." 不疑莫知所自, 尊師曰:"得無新聘否?" 不疑曰:"聘納則無, 市一婢('婢'原作'子', 據明鈔本改)耳." 尊師曰:"禍矣!" 不疑恐, 遂問計焉, 尊師曰:"明且告歸, 愼勿令覺." 明早, 尊師至, 謂不疑曰:"喚怪物出來." 不疑召春條, 泣於屛幕間, 亟呼之, 終不出來. 尊師曰:"果怪物耳." 斥於室內, 閉之. 尊師焚香作法, 以水向東而噀者三, 謂不疑曰:"可往觀之, 何如也?" 不疑視之曰:"大抵是舊貌, 但短小尺寸間耳." 尊師曰:"未也." 復作法禹步, 又以水向門而噀者三, 謂不疑:"可更視之, 何如也." 不疑視之, 長尺餘, 小小許, 殭立不動. 不疑更前(原本'更'上有'可'字, 無'前'字, 今據明鈔本改)視之, 乃仆地, 撲然作聲. 視之 一朽盟器('器'原作'耳', 據黃本改), 背上題曰'春條', 其衣服若蟬蛻然, 繫結仍舊. 不疑大驚, 尊師曰:"此雖然(明鈔本'雖然'作'妖物')腰腹間已合有異." 令不疑命刀劈之, 腰頸間果有血, 浸潤於木矣. 遂焚之. 尊師曰:"向使血徧體, 則郎君一家, 皆遭此物也." 自是不疑鬱悒無已:'豈有與明器同居而不之省? 殆非永年('年'字原闕, 據黃本補).' 每一念至, 惘然數日, 如有所失. 因得沈痼, 遂請告歸寧. 明年, 爲江西辟, 至日使淮南, 中路府罷, 又明年八月而卒. 卒後一日, 尊夫人繼歿. 道士之言果驗. (原闕出處. 明鈔本與下條相連云'出『博異志』')

 又一說, 張不疑常與道士共辨往來, 道士將他適, 乃誡不疑曰:"君有重厄, 不宜居太夫人膝下, 又不可進買婢僕之輩. 某去矣, 幸勉之." 不疑卽啓母盧氏, 盧氏素奉道, 常日亦多在別所求靜, 因持寺院以居. 不疑旦問省. 數月, 有牙儈言:

"有崔氏孀婦甚貧, 有妓女四人, 皆鬻之. 今有一婢曰金釭, 有姿首, 最其所惜者. 今貧不得已, 將欲貨之." 不疑喜, 遂令召至, 卽酬其價十五萬而獲焉. 寵侍無比. 金釭美言笑, 明利輕便. 事不疑, 皆先意而知, 不疑愈惑之.

無幾, 道士詣門, 及見不疑, 言色慘沮, 吁嘆不已. 不疑詰之, 道士曰: "嘻! 禍已成, 無奈何矣. 非獨於君, 太夫人亦不免矣." 不疑驚怛, 起曰: "別後皆如師敎, 尊長寓居佛寺, 某守道殊不敢怠, 不知何以致禍. 且如之何?" 哀祈備至, 道士曰: "皆('皆'原作'家', 據明鈔本改)無計矣. 但爲君辨明之" 因詰其別後有所進者, 不疑曰: "家少人力, 昨唯買二婢耳." 道士曰: "可見乎?" 不疑卽召之, 金釭不肯出. 不疑連促之, 終不出. 不疑自詣之, 卽至, 道士曰: "卽此是矣." 金釭大罵曰: "婢有過, 鞭撻之可也, 不要, 鬻之可也. 一百五十千尙在, 何所憂乎? 何物道士, 預人家事耶?" 道士曰: "惜之乎?" 不疑曰: "此事唯尊師命. 敢不聽德?" 道士卽以拄杖擊其頭, 砉然有聲, 如擊木, 遂倒. 乃一盟器女子也, 背書其名. 道士命掘之, 五六尺得古墓. 柩傍有盟器四五, 制作悉類所焚者. 一百五十千, 在柩前儼然, 卽不疑買婢之資也. 復之, 不疑悄悅發疾, 累月而卒. 親盧氏, 旬日繼歿焉. (出『博異記』, 又出『靈怪集』)

태평광기 권제 373 정괴 6

화(火)
1. 가   탐(賈   耽)
2. 유 희 앙(劉 希 昂)
3. 범   장(范   璋)
4. 호   영(胡   榮)
5. 양   정(楊   禎)
6. 노   욱(盧   郁)
7. 유   위(劉   威)

토(土)
8. 마 희 범(馬 希 範)

화(火)

373 · 1(4780)
가 탐(賈 耽)

당(唐)나라 때 재상 가탐이 퇴조(退朝)하여 사저로 돌아온 뒤, 급히 상동문(上東門)의 군졸을 불러오게 하여 그에게 엄하게 주의를 주며 말했다.

"내일 정오에 어떤 행색이 특이한 사람이 상동문으로 들어오면, 너는 반드시 그 사람을 흠씬 두들겨 패야 한다. 죽여도 괜찮다."

군졸은 가탐의 명을 받았다.

군졸이 사시(巳時: 오전 10시 전후)에서 오시(午時: 오전 12시 전후)까지 기다렸더니, 과연 비구니 두 명이 동쪽으로 100보 떨어진 곳에서 차례대로 도착했는데 별다른 특이한 점은 없었다. 비구니들이 곧장 상동문에 이르렀을 때 보았더니, 얼굴에는 붉은 분을 발랐고 단장한 용모가 아주 요염하여 마치 창기(娼妓)처럼 보였다. 또 안에는 진홍색 옷을 입었고 아래도 붉은 색으로 치장했는데 두 비구니가 모두 그러했다. 군졸은 속으로 이렇게 생각했다.

"비구니 중에 저런 사람은 없어."

그리고는 몽둥이로 사정없이 때렸더니, 두 비구니는 머리가 깨져 피를 흘린 채 억울하다고 울부짖으면서 뒤돌아 달아났는데 달리는 말처럼 빨랐다. 군졸이 계속 쫓아가 때리자 그녀들은 또 다리가 부러졌으며 여기저기 마구 터지고 찢어졌다. 그녀들은 100보 이상 달아나서 풀숲으로 몸을 던져 나무 뒤로 숨었는데, 그때는 이미 어디론가 사라져 더 이상 종적이 없었다.

상동문의 군졸이 가탐에게 보고하면서 상황을 자세히 진술했다.

"달리 행색이 특이한 사람은 없었고 다만 의복과 용모가 특이한 비구니 두 명만 만났습니다."

가탐이 말했다.

"때려서 죽였느냐?"

군졸이 대답했다.

"머리를 깨뜨리고 다리를 부러뜨려 아주 심한 고통을 주었지만, 그녀들은 맞아죽지는 않았고 어디론가 사라졌는데 찾을 수가 없었습니다."

가탐이 탄식하며 말했다.

"그렇다면 작은 재앙을 면하진 못하겠구나!"

다음날 동쪽 시장에서 보고가 들어왔는데, [원인 모를] 불이 나서 수백 수천 가구까지 번졌지만 이미 불길을 잡아 껐다고 했다. (『지전록』)

唐相賈耽退歸第('第'原作'等', 據明鈔本改), 急令召上東門卒至, 耽嚴戒之曰: "明日當午, 有異色人入門, 爾必痛擊之. 死且無妨." 門卒稟命.

自巳至午, 果有二尼, 自東百步, 相序而至, 更無他異. 直至門, 其尼施朱傅粉, 冶容艶佚, 如倡人之婦. 其內服殷紅, 下飾亦紅, 二尼悉然. 卒計曰: "尼髠未之有也." 因以撾痛擊之, 傷腦流血, 叫號稱寃, 返走, 疾如奔馬. 旋擊, 又旋傷其足, 殆狼籍毀裂. 百步已上, 落草映樹, 已失所在, 更無蹤焉.

門卒報耽, 具述: "別無異色, 只遇二尼衣服容色之異." 耽曰: "打得死否?" 具對:"傷腦折足, 痛楚殆極, 但打不死而失所在, 無可尋之." 耽歎曰: "然不免小有災矣!" 翌日, 東市奏失火, 延袤百千家, 救之得止. (出『芝田錄』)

373·2(4781)
유희앙(劉希昂)

[唐나라] 원화연간(元和年間: 806~820)에 내시(內侍) 유희앙이 장차 화를 당하게 되었을 때, 하인이 측간에 갔더니 갑자기 측간 안에서 이런 소리가 들려왔다.

"곧 나갈 테니 잠시만 조용히 있으시오."

하인이 깜짝 놀라 유희앙에게 알리자 유희앙이 직접 가서 들어보았더니 또 소리가 들렸다.

"곧 나가겠소, 곧 나가겠소."

유희앙이 말했다.

"어찌하여 나오지 않는 것이오?"

마침내 한 작은 사람이 나왔는데 키가 1척 남짓 되어 보였다. 온 집안 사람들이 창을 들고 말을 타고서 그 사람을 뒤쫓았는데, 그 사람이 너무나도 빨리 달려 나가는 바람에 따라잡을 수 없었다. 그 사람은 문을 나가더니 보이지 않았는데 얼마 후에 다시 왔다.

7월 13일 정오에 난데없이 어떤 흰옷 입은 여자가 혼자 찾아와 문에 이르러 말했다.

"나들이하느라 집을 멀리 떠나 왔기 때문에 잠시 [이 집의] 후원(後

院)을 빌려서 머물고자 하는데 괜찮겠습니까?"

유희앙은 그녀에게 후원을 빌려주라고 하고는 하인에게 명하여 그녀를 데리고 들어가게 했는데, 그녀의 자태는 매우 눈에 띄었다. 그런데 [후원으로 들어간 그녀가] 한참이 지나도 나오는 것이 보이지 않자 유희앙이 하인에게 엿보라고 했더니 이미 보이지 않는다고 했다. 유희앙은 [그 말을] 믿지 않고 직접 가서 살펴보았는데, [정말로 그녀는] 보이지 않고 장작개비 하나만 측간 문 앞에 있었다. 집 식구들이 서로 말했다.

"이것은 화재가 곧 일어날 조짐이야."

그래서 술사(術士)를 찾아 액막이를 하기로 했는데, 술사가 액막이하는 날 불이 주방에서 일어나 집의 절반을 완전히 태워버렸다. 겨울이 되었을 때 유희앙은 헌종(憲宗)의 뜻을 거슬러 일족이 주살당하는 벌을 받았다. (『박이지』)

元和中, 內侍劉希昂將遇禍, 家人上廁, 忽聞廁中云: "卽來, 且從容." 家人驚報希昂, 希昂自往聽之, 又云: "卽出來, 卽出來." 昂曰: "何不出來?" 遂有一小人, 可長尺餘. 一家持鎗跨馬, 而走出迅疾, 趁不可及. 出門而無所見, 未幾而復至.

七月十三日中, 忽有一白衣女人, 獨行至門, 曰: "緣遊看去家遠, 暫借後院盤旋, 可乎?" 希昂令借之, 勒家人領過, 姿質甚分明. 良久不見出, 遂令人覘之, 已不見. 希昂不信, 自去觀之, 無所見, 唯有一火柴頭在廁門前. 家屬相謂曰: "此是('此是'原作'皆及', 據明鈔本改)火災欲('欲'字原闕, 據明鈔本補)起." 覓術士鎭厭之, 當鎭厭日, 火從廚上發, 燒半宅且盡. 至冬, 希昂忤憲宗, 罪族誅. (出『博異志』)

373 · 3(4782)
범 장(范 璋)

[唐나라] 보력(寶曆) 2년(826)에 명경과(明經科) 출신 범장은 양산(梁山)에서 공부하고 있었다. 어느 여름날 깊은 밤에 갑자기 주방에서 물건을 끄는 소리가 들렸지만[원문은 '廳'이라 되어 있지만『酉陽雜俎』「續集·支諾皐中」에 의거하여 '聽'으로 고쳐 번역함], 범장은 살펴보러 가는 것이 귀찮았다. 다음날 가서 보았더니, 길이가 5촌 남짓 되는 땔감 다발이 가지런히 보기 좋게 묶여서 부뚜막 위에 쌓여 있었으며, 부엌 바닥에는 찐떡 5개가 위태롭게 포개져 있었다.

또 어느 날 밤에는 어떤 물체가 문을 두드리면서 박장대소했는데 그 소리가 갓난아기 같았다. 이런 일이 사흘 밤 계속 일어났다. 범장은 평소 담력이 있었기에 그것이 웃는 틈을 타서 커다란 장작을 들고 그것을 쫓아냈다. 그 물체는 작은 개처럼 생겼는데, 범장이 연달아 때리자 불로 변하더니 시내를 가득 채운 뒤에 꺼졌다. (『유양잡조』)

寶曆二年, 明經范璋居梁山讀書. 夏中深夜, 忽聽廚中有拉物聲, 范憚省之. 至明, 見束薪長五寸餘, 齊整可愛, 積於竈上, 地上危累蒸餠五枚.

又一夜, 有物扣門, 因拊掌大笑, 聲如嬰兒. 如此經三夕. 璋素有膽氣, 乃乘其笑, 曳巨薪逐之. 其物狀如小犬, 連却擊之, 變成火, 滿川而滅. (出『酉陽雜俎』)

373·4(4783)
호 영(胡 榮)

[唐나라] 장경(長慶) 원년(821) 봄에 초주(楚州) 회수(淮水) 기슭의 둔관(屯官) 호영의 집에서 요괴가 나타났다 숨었다 했는데, 어떤 때는 그 요괴가 어린아이로 변하여 여자의 붉은 치마를 입고 사람들을 몹시 귀찮게 했으며, 어떤 때는 [자신을] 고모라고 칭하기도 했다. 당시 또 한 곳에서 불이 났는데, 태운 범위가 작아서 모두 불길을 잡을 수 있었다. 그러다가 3월에 불이 크게 일어나 하시(河市: 강 주변에 형성된 集市)의 군영과 민가까지 번져서 거의 다 태워버렸다. 그 해에 호영도 죽었다고 한다. (『상이집험』)

長慶元年春, 楚州淮岸屯官胡榮家, 有精物, 或隱或見, 或作小兒, 爲着女人紅裙, 擾亂於人, 或稱阿姑. 時復一處火發, 所燒卽少, 皆救得之. 三月, 火大起, 延燒河市營戍廬舍殆盡. 歲中, 胡云亦死. (出『祥異集驗』)

373·5(4784)
양 정(楊 禎)

진사(進士) 양정은 [長安의] 위교(渭橋)에서 살았는데, 거처가 번잡하여 학업에 자못 방해가 되었다. 그래서 소응현(昭應縣)으로 가서 석옹사(石甕寺) 문수원(文殊院)을 오랫동안 빌려 기거했다. 양정이 그곳에서 열흘 남짓 지냈을 때 붉은 치마를 입은 어떤 여자가 다 지난 저녁에 왔다. 그녀는 용모가 매우 아름답고 화려한 자태가 사람의 마음을 움직였는데, 양정이 이전에 좋아했던 여자들은 모두 그녀에 미칠 바가 아니었다. 그녀는 주렴 밖에서 천천히 거닐면서 노래를 불렀다.

> 서늘한 바람 저녁에 불고 여산(驪山)은 텅 비었는데,
> 장생전(長生殿)은 잠겨 있고 서리 맞은 나뭇잎은 붉네.
> 아침에 한번 화청궁(華淸宮)에 들어간 것이,
> 개원연간(開元年間: 713~741)의 일이었음을 분명히 기억하네.

양정이 말했다.
"노래하는 이는 뉘신데 [노래 소리가] 어찌 그처럼 처량하시오?"
붉은 치마 입은 여자가 또 노래를 불렀다.

> 금전(金殿)은 가을을 이기지 못하고,
> 달 비껴 걸친 석루(石樓)는 차갑네.
> 뉘라서 날 돌아보며,
> 휘장 걷고 외로운 그림자 위로해주려나?

양정은 문에서 인사하고 그녀를 맞이했다. 그녀가 자리에 앉은 후 양정의 성씨를 묻자 양정이 [친족관계를] 자세히 알려주었다. 그런데 그녀는 양정의 조부모와 사촌 형제 등 내외 친족 중에서 석옹사에 놀러간 적이 있는 사람들을 모두 잘 알고 있었다. 양정은 이상해하면서 말했다.
"혹시 귀신이 아니시오?"
여자가 대답했다.
"제가 듣기에 [사람이 죽으면] 혼(魂)과 기(氣)는 하늘로 올라가고 몸

과 백(魄)은 땅으로 돌아간다고 하는데, 그렇다면 이는 본질이 없어지는 것이니 무슨 귀신이 있겠습니까?"

양정이 말했다.

"그렇다면 혹시 여우가 아니시오?"

여자가 대답했다.

"여우가 사람을 범접하여 일단 사람이 그것에 미혹되면 화가 반드시 닥치게 됩니다. 저는 대대로 공덕을 쌓아 실로 백성들에게 이로움을 주고 있습니다. 제가 비록 현숙하지는 않습니다만 어찌 구차하게 당신을 미혹하여 화를 끼쳐드리고자 하겠습니까?"

양정이 말했다.

"당신의 성씨를 알려줄 수 있겠소?"

"저는 수인씨(燧人氏: 인류에게 처음으로 불 사용법을 전수했다는 전설상의 인물)의 후예입니다. 시조께서는 [대대로] 사람들에게 공적을 세웠으며, 병정(丙丁: 天干의 세 번째 丙과 네 번째 丁. 불을 상징함)을 통제하면서 남방을 진수하셨습니다. 다시 성덕(盛德)으로 신농씨(神農氏)와 도당씨(陶唐氏: 堯임금을 말함)를 왕 되게 하셨고 나중에는 또 서한(西漢)에서 왕이 되어 송국(宋國)을 식읍(食邑)으로 받으셨습니다. 먼 조상이신 송무기(宋無忌: 戰國時代 燕나라의 方士)는 사나운 위엄을 부리고 포악하여 사람들이 가까이 할 수 없었기 때문에 결국 백택씨(白澤氏: 사람의 말을 잘하고 만물의 情을 잘 알고 있다는 전설상의 神獸. 黃帝가 巡狩하다가 바다에 이르러 그것을 얻었다고 함)에게 사로잡히셨습니다. 지금 초동(樵童)과 목동(牧童)들도 그 이름을 잘 알고 있습니다. 한(漢)나라 명제(明帝) 때 불법이 동쪽[중국을 말함]으로 전해졌는데,

마승(摩勝: '勝'은 '騰'의 오기로 보임. 攝摩騰을 말함. 竺法蘭과 함께 洛陽 白馬寺에서 住錫했음)과 축법란(竺法蘭) 두 나한(羅漢)이 저의 14대 조상을 황제께 주청하여 불교를 널리 선양하게 했으며 마침내 그 분을 장명공(長明公: 실제로는 長明燈을 말함. 長明燈은 佛前이나 神像 앞에 밤낮으로 켜두는 등불로 香燈이라고도 함)에 봉했습니다. 위(魏)나라 무제(武帝)는 말년에 불법을 훼멸하고 도사(道士: 和尙을 말함)를 주살했으며 장명공도 유폐되어 죽었습니다. 위나라 문제(文帝)는 제위를 계승하여 불법을 중흥시키고 다시 장명세자(長明世子)를 [장명공에] 습봉(襲封)했습니다. [그 후 唐나라] 개원연간 초에 이르러 현종(玄宗)은 여산을 닦아 화청궁을 세우고 조원각(朝元閣)을 짓고 장생전을 건립했으며, 나머지 목재로 이 절[石甕寺를 말함]을 수축(修築)했습니다. 또 여러 불상을 모신 뒤에 동당(東幢: 幢은 불교의 經文을 새긴 돌기둥을 말함)을 설치했습니다. 현종은 양귀비(楊貴妃)와 함께 탕전(湯殿: 溫泉宮을 말함. 華淸宮의 이전 명칭)에서 연회를 끝낸 뒤에 이 불전(佛殿)으로 미행(微行)하여 예불을 마쳤는데, 그때 양귀비가 현종에게 '우리 부부가 화목하게 지내는[于飛: 부부간의 금슬이 좋은 것을 말함. 出典은 『詩經』] 이 때에 지금 동당만 짝도 없이 혼자 우뚝 서 있는 것은 마땅하지 않사옵니다'라고 말했습니다. 그러자 현종은 그날로 서당(西幢)을 세우라고 명하고 마침내 저를 서명부인(西明夫人)에 봉했으며, 호박(琥珀) 기름을 하사하여 제 피부와 뼈를 매끄럽게 해주고 산호 휘장을 설치하여 제 모습을 지켜주었습니다. 그리하여 관리 선발에 응시한 사람이나 나방들이 더 이상 저를 함부로 해치지 못하게 되었습니다."

양정이 말했다.

"노래·춤·사(絲: 비파 따위의 현악기)·죽(竹: 피리 따위의 관악기), 이 네 가지 중에서 어느 것을 가장 잘하시오?"

여자가 말했다.

"할 줄 모르는 것은 아니지만, 대개 저는 선조의 밝은 품덕을 이어받고 염제(炎帝)의 강한 신의를 부여받았기 때문에 그릇된 소리와 어지러운 색깔은 마음에 들어오지 않습니다. 제가 잘할 수 있는 것은 크게는 쇠를 녹여서 오병(五兵: 戈·殳·戟·酋矛·夷矛의 5가지 兵器)을 만들고 정(鼎: 발이 셋이고 귀가 둘 달린 솥)·내(鼐: 가마솥)·종(鍾: 쇠북)·용(鏞: 큰 종)을 만들며, 작게는 먹을 것을 조리하여 온갖 음식을 만들고 고기를 굽거나 삶는 일을 합니다. 움직였다 하면 산악을 태우고 들판을 재로 만들며, 가만히 있으면 어둠을 밝혀 캄캄한 밤을 깨뜨립니다. 하지만 붉은 현을 퉁기거나 옥 피리를 불거나 가는 허리를 돌려 춤을 추거나 하얀 이를 자랑하는 것은 모두 용모를 곱게 단장하는 말단의 일이므로 저는 하지 않습니다. 어제 저는 당신이 고요히 은거할 뜻을 지니고 이곳에서 공부한 지 이미 오래되었다고 들었기에 한 번 존안(尊顔)을 뵙고 싶었습니다. 이 때문에 온 것이지 감히 제 자신을 바치려는 것은 아닙니다. 그러나 밝은 달이 뜬 맑은 이 밤에 기쁘게도 훌륭하신 분을 만나고 보니, 사통(私通)의 비난[桑中之譏: 桑中은 『詩經』「國風·鄘風」의 篇名으로, 남녀가 밀회하여 私通하는 淫行을 풍자한 것임]을 듣더라도 수치스럽다 할 수 없습니다. 만약 운 좋게도 때때로 당신과 만나 잠시 옆에서 모실 수 있다면, 반드시 당신의 성덕(盛德)에 누를 끼치지는 않을 것입니다."

양정은 절하고 그녀를 받아들였다.

이 때부터 그녀는 새벽에 떠났다가 저녁에 돌아오곤 했는데, 오직 흙비 오는 어두운 날에만 오지 않았다. 한번은 바람불고 비오는 날에 어떤 어린아이가 붉은 치마 입은 여자의 시를 양정에게 전했는데, 그 내용은 다음과 같았다.

　　연기마저 사라진 석루는 쓸쓸한데,
　　아련히 기나긴 이 밤.
　　허전한 마음은 가을비 무서워하고,
　　어여쁜 자태는 회오리바람 두려워하네.
　　벽 향해 시든 꽃은 부서지고,
　　계단 위로 떨어진 낙엽은 붉네.
　　[지금 내 신세는] 마치 무리 잃은 학이,
　　한(恨)을 삼키며 아로새긴 새장에 있는 것 같네.

　매번 그녀가 동틀 무렵에 돌아가겠다고 할 때마다 양정이 뒤따라가서 그녀를 붙잡았더니 그녀가 이렇게 대답했다.
　"당신이 아침저녁으로 몸을 보양하는 도리를 어기고 바위계곡에 와서 기거하는 것은 조용한 곳을 찾아 공부에 전념하려는 것이 아닙니까? 그런데 어찌하여 잠시 들른 사람으로 하여금 당신을 남편이라 부르면서 부부관계를 맺으라고 하십니까? 일단 오점을 남기게 되면 어떻게 그것을 씻어낼 수 있겠습니까? 그건 당신의 훌륭한 명성에 손해될 뿐만 아니라 응당 저의 목숨까지도 단축시키게 될 것입니다."
　반 년 뒤에[원문은 '歸半年'이라 되어 있는데 문맥상 '歸'는 衍字이거나 '後'의 誤記로 보임] 양정의 가동(家童)이 집으로 돌아가 양정의 유모에게 [그 동안의 일을] 알렸다. 그래서 유모가 [석옹사의] 불탑(佛榻: 佛像을 모신 坐臺) 아래에 몰래 엎드려 날이 밝기를 기다렸다가 살펴보았더니, 과연 [한 여자가] 문틈에서 나와 서당으로 들어갔는데 다름 아닌 밝게 빛나는 등불이었다. 그래서 [유모가 그 등불을] 꺼버렸더니 그 후로는 마침내 붉은 치마 입은 여자가 나타나지 않았다. (『모이기』)

進士楊禎, 家于渭橋, 以居處繁雜, 頗妨肄業. 乃詣昭('詣昭'原作'指照', 據明鈔本改)應縣, 長借石甕寺文殊院. 居旬餘, 有紅裳旣夕而至. 容色姝麗, 姿華動人, 禎常悅者, 皆所不及. 徐步於簾外, 歌曰: "凉風暮起驪山空, 長生殿鏁霜葉紅. 朝來試入華淸宮, 分明憶得開元中." 禎曰: "歌者誰耶, 何淸苦之若是?" 紅裳又歌曰: "金殿不勝秋, 月斜石樓冷. 誰是相顧人, 褰帷弔孤影?" 禎拜迎於門. 旣卽席, 問禎之姓氏, 禎具告. 禎祖父母・叔兄弟中外親族, 曾遊石甕寺者, 無不熟識. 禎異之曰: "得非鬼物乎?" 對曰: "吾聞魂氣升於天, 形魄歸於地, 是無質矣, 何鬼之有?" 曰: "又非狐狸乎?" 對曰: "狐狸者, 接人矣, 一中其媚, 禍必能及. 某世業功德, 實利生民. 某雖不淑, 焉能苟媚而欲奉禍乎?" 禎曰: "可聞姓氏乎?" "某燧人氏之苗裔也. 始祖有功烈於人, 乃統丙丁, 鎭南方. 復以德王神農・陶唐氏, 後又王於西漢, 因食采於宋. 遠祖無忌, 以威猛暴耗, 人不可親, 遂爲白澤氏所執. 今樵童牧竪, 得以知名. 漢明帝時, 佛法東流, 摩勝・竺法蘭二羅漢, 奏請某十四代祖, 令顯揚釋敎, 遂封爲長明公. 魏武季年, 滅佛法, 誅道士, 而長明公幽死. 魏文('文'原作'武', 據明鈔本改)嗣位, 佛法重興, 復以長明世子襲之. 至開元初, 玄宗治驪山, 起至華淸宮, 作朝元閣, 立長生殿, 以餘材因修此寺. 群像旣立, 遂設東幢. 帝與妃子, 自湯殿宴罷, 微行佛廟, 禮陁伽竟, 妃子謂帝曰: '當于飛之秋, 不當今東幢歸然無偶.' 帝卽日命立西幢, 遂封某爲西明夫人, 因賜琥珀膏, 潤於肌骨, 設珊瑚帳, 固予形貌. 於是還生及蛾, 卽不復彊暴矣." 禎曰: "歌舞絲竹, 四者孰妙?" 曰: "非不能也, 蓋承先祖之明德, 稟炎上之烈信, 故奸聲亂色, 不入於心. 某所能者, 大則鑠金爲五兵, 爲鼎鼐鍾鏞, 小則化食爲百品, 爲炮燔烹炙. 動卽煨山嶽而燼原野, 靜則燭幽暗而破昏蒙. 然則撫朱絃, 咀玉管, 騁纖腰, 矜皓齒, 皆冶容之末事, 是不爲也. 昨聞足下有幽隱之志, 籍甚旣久, 願一款顔. 由斯而來, 非敢自獻. 然宵淸月朗, 喜覯良人, 桑中之譏, 亦不能恥. 儻運與時會, 少承周旋, 必無累於盛德." 禎拜而納之.

自是晨去而暮還, 唯霾晦則不復至. 常遇風雨, 有嬰兒送紅裳詩, 其詞云: "煙滅石樓空, 悠悠永夜中. 虛心怯秋雨, 艷質畏飄風. 向壁殘花碎, 侵階墜葉紅. 還如失群鶴, 飮恨在彫籠." 每侵星請歸, 禎追而止之, 答曰: "公違晨夕之養, 就巖谷而居者, 得非求靜, 專習文乎? 奈何欲使採過之人, 稱君爲親而就偶? 一被瑕玷, 其能洗滌乎? 非但損公之盛名, 亦當速某之生命耳." 歸半年, 家童歸, 告禎乳母. 母乃潛伏於佛榻, 俟明以觀之, 果自隙而出, 入西幢, 澄澄一燈矣. 因撲滅, 後遂絶紅裳者. (出『慕異記』)

373·6(4785)
노 욱(盧 郁)

진사(進士) 노욱은 하삭(河朔) 사람이지만 장안(長安)으로 이주해 살았다. 그가 한번은 북쪽으로 연조(燕趙) 지방을 유람하다가 [河南의] 내황군(內黃郡)에서 객지생활을 했는데, 그곳 군수가 그를 관사(官舍)에 머물게 해주었다. 그 전에는 그 관사에 사람이 살지 않았는데, 노욱이 도착했더니 머리카락이 새하얗고 몸집이 작고 뚱뚱한 어떤 노파가 흰옷을 입고 찾아와서 노욱에게 말했다.

"쇤네는 이곳에서 타향살이한 지 오래되었기 때문에 당신을 찾아뵈러 왔습니다."

노파는 말을 마친 뒤 작별을 고하고 떠났다.

그날 밤에 노욱은 혼자 당(堂) 앞에 있었는데, 밤 조수가 차갑고 바람에 눈까지 내렸다. 그때 그 노파가 또 와서 노욱에게 말했다.

"귀한 손님께서는 혼자 계시면서 무엇으로 즐거움을 삼으십니까?"

그래서 노욱이 노파에게 앉으라고 하여 얘기를 나누었는데, 노파가 말했다.

"쇤네는 성이 석씨(石氏)이며 화음군(華陰郡)에서 살다가 나중에 여어사(呂御史)라는 분을 따라 이곳으로 온지 거의 40년이 되어갑니다. 집이 몹시 가난하니 귀한 손님께서 불쌍히 여겨주셨으면 합니다."

그래서 노욱이 노파에게 음식을 먹으라고 했지만 노파는 거들떠보지도 않았다. 노욱이 노파에게 물었다.

"할머니는 왜 음식을 먹지 않소?"

노파가 말했다.

"쇤네는 몹시 배가 고프기는 하지만 곡식은 먹지 않습니다. 그 때문에 이렇게 장수하고 건강하지요."

노욱은 호기심이 많은 사람인지라 그 말을 듣고 매우 기뻐했으며, 노파가 도술을 지니고 있는 사람이라고 생각하여 물었다.

"할머니는 곡식을 먹지 않는다면 어떻게 배를 채우시오? 혹시 선약(仙藥)을 늘 복용하시오?"

노파가 말했다.

"쇤네가 화음에서 살 때 선친께서 신선술(神仙術)을 좋아하여 태화산

(太華山: 華陰縣 남쪽에 있는 산으로 華山이라고도 함)에서 지내셨습니다. 그래서 쇤네도 일찍이 태화산 속에 은거하면서 도사로부터 장생법(長生法)을 배웠는데, 도사가 쇤네에게 불을 삼키는 도술을 가르쳐주어 그때부터 곡기를 끊게 되었습니다. 지금 쇤네는 이미 90살이 되었지만 아직 단 하루라도 추위나 더위로 인한 병에 걸린 적이 없었습니다."

노욱이 또 물었다.

"나는 오래 전에 지인(至人)을 만나 흡기술(吸氣術)을 배운 적이 있었는데, 스스로 그것이 참 오묘하다고 생각했소. 그러나 그 후로는 명리(名利)에 분주하여 주군(州郡)의 추천으로 도성의 과거시험에 응시하느라 낮에는 종종걸음치다가 밤늦게나 쉬곤 했소. 오늘 저녁에 할머니를 만나 내 평생에 좋아하는 것을 얘기하게 될 줄은 생각지도 못했소이다. 하지만 불을 삼키는 것이 어떤 신선술의 종지(宗旨)인지 잘 모르겠소."

노파가 말했다.

"지인은 추위와 더위가 침노할 수 없는 사람이라는 말을 당신은 들어보지 못했습니까? 그래서 지인은 불에 들어가도 불이 그를 태울 수 없고 물에 들어가도 물이 그를 빠뜨릴 수 없는 것입니다. 그렇다면 불을 삼키는 것도 당연히 [신선술에] 마땅한 것입니다."

노욱이 말했다.

"할머니가 불을 삼키는 것을 구경하고 싶은데 되겠소?"

노파가 말했다.

"안될 게 뭐 있겠습니까?"

그리고는 손으로 화로 속의 불을 집어서 삼켰는데, 불을 다 삼킬 때까지 조금도 안색이 변하지 않았다. 노욱은 놀라고 기이해하면서 마침내 일어나 의대를 고쳐 매고 재배하며 감사의 말을 했다.

"이 비루한 시골 사람은 일찍이 신선의 일에 대해 들어본 적이 없습니다. 오늘 저녁에 선고(仙姑)를 만났는데, 불을 삼키는 기이한 도술은 실로 제 평생에 보지 못한 바입니다."

노파가 말했다.

"이것은 작을 기술일 뿐이니 어찌 귀하다 하겠습니까?"

노파가 말을 마친 뒤 작별을 고하고 떠나자 노욱은 계단을 내려가 그녀를 전송했다.

노파와 작별한 뒤 노욱은 침실로 돌아갔다. 밤이 깊어진 후에 종복이 노욱에게 알렸다.

"서쪽 행랑 아래에서 불이 났습니다!"

노욱이 놀라 일어나서 살펴보았더니 서쪽 행랑방이 이미 불타고 있었다. 그래서 마을 사람들이 모두 와서 다투어 물을 끼얹어 새벽녘에야 겨우 불을 껐다. 불이 난 근원을 조사하다가 서쪽 행랑 아래의 구덩이 속에서 돌로 된 연통 하나를 발견했는데, 그 안에 아주 많은 불씨가 들어 있었다. 그 전에 그 위에 썩은 풀을 쌓아놓았기 때문에 그것에 옮겨 붙어서 불이 났던 것이었다. 노욱은 그제야 노파가 바로 이 연통이라는 사실을 깨달았는데, 과연 성이 석씨이고 화산에서 살았다고 말한 대로였다. 그래서 노욱이 여어사에 대해 물어보았더니 내황군의 어떤 늙은 관리가 노욱에게 말했다.

"여어사는 위주(魏州)의 종사(從事)였는데 이 집에서 살았던 지가 지금까지 40년이 됩니다."

모든 것이 노파가 말한 대로였다.

또 청주(青州) 제남(濟南)의 평릉성(平陵城) 북쪽에 있던 호랑이 석상이 어느 날 밤에 스스로 성 동남쪽의 선석구(善石溝) 위로 옮겨갔는데, 이리와 여우 천여 마리가 그것을 따라가는 바람에 그 발자국으로 인해 길이 만들어졌다.(『선실이록기』)

進士盧郁者, 河朔人, 徙家長安. 嘗北遊燕趙, 遂客於內黃, 郡守館郁於廨舍. 先是其舍無居人, 及郁至, 見一姥, 髮盡白, 身庫而肥, 被素衣來, 謂郁曰:"妾僑居於此且久矣, 故相候謁." 已而告去.
是夕, 郁獨居堂之前, 夜潮寒, 有風雪. 其姥又至, 謂郁曰:"貴客獨處, 何以爲歡耶?"命坐語謂, 姥曰:"妾姓石氏, 家于華陰郡, 後隨呂御史者至此, 且四十年. 家苦貧, 幸貴客見哀." 於是郁命食, 而老姥卒不顧. 郁問之曰:"姑何爲不食?"姥曰:"妾甚飢, 然不食粟. 以故壽而安." 郁好奇, 聞之甚喜, 且以爲有道術者, 因問曰:"姑旣不食粟, 何飽其腹耶? 豈嘗餌仙藥乎?"姥曰:"妾家於華陰, 先人好神仙, 廬於太華. 妾亦常隱於山中, 從道士學長生法, 道士敎妾吞火, 自是絶粒. 今已年九十矣, 未審一日有寒暑之疾." 郁又問曰:"某早歲常遇至人, 敎吸氣之術, 自謂其妙. 後以奔走名利, 從都國之貢, 晝趨而夜息. 不意今夕遇姑, 語及平生之好. 然不知吞火豈神仙之旨乎." 姥曰:"子不聞至人, 寒暑不能侵者耶? 故入火, 火不能焚, 入水, 水不能溺. 如是則吞火固其宜也." 郁曰:"願觀姑吞火, 可乎?"姥曰:"有何不可哉?" 於是以手採爐中火而吞之, 火且盡, 其色不動. 郁且驚且異, 遂起束帶再拜, 謝曰:"鄙野之人, 未嘗聞神仙事. 今夕遇仙姑, 以吞火之異, 實平生所未聞者." 姥曰:"此小術爾, 何足貴哉?"言訖, 且告去, 郁因降階送之.
旣別, 郁遂歸於寢堂. 旣深, 有僕者告郁曰:"西廡下有火發!" 郁驚起而視之, 其西廡舍已焚. 於是里中人俱至, 競以水沃之, 迨旦方絶. 及窮火發之跡, 於廡下坎中, 得一石火通, 中有火甚多. 先是有敗草積其上, 故延而至燒. 郁方悟老姥乃此火通耳, 果所謂姓石氏, 居于華山者也. 郁因質問呂御史, 有郡中老吏, 謂郁曰: "呂御史, 魏之從事也, 居此宅, 迨今四十年矣." 咸如老姥言也.

又靑州濟南平陵城北石虎, 一夜自移城東南善石溝上, 有狼狐千餘迹隨之, 迹皆成路. (出『宣室異錄記』)

373 · 7(4786)
유 위(劉 威)

[唐나라 天祐 4년] 정묘년(丁卯年: 907)에 여주자사(廬州刺史) 유위는 전임되어 강서(江西)를 진수(鎭守)하게 되었는데, 그가 새 임지로 떠난 후에 여주의 군성(郡城)에서 큰불이 났다. 여주의 후리(候吏: 빈객의 영접과 전송을 관장하는 관리. 여기서는 신임 刺史의 영접을 맡은 관리를 말함)는 아주 다급하게 불난 곳을 순찰했는데, 종종 불을 들고 밤에 돌아다니는 사람이 있었지만 그를 체포하지는 못했다. 간혹 그 사람을 활로 쏘아 죽이기도 했지만, 다가가서 살펴보면 다름 아닌 널판자이거나 썩은 나무토막이거나 망가진 빗자루이곤 했다. 그래서 여주군 사람들은 더욱 두려워했다. 몇 달 뒤에 장종(張宗)이 여주자사에 제수되자 화재가 비로소 그쳤다. (『계신록』)

丁卯歲, 廬州刺史劉威移鎭江西, 旣去任而郡中大火. 廬候吏巡火甚急, 而往往有持火夜行者, 捕之不獲. 或射之殪, 就視之, 乃棺材板·腐木·敗帚之類. 郡人愈恐. 數月, 除張宗爲廬州刺史, 火災乃止. (出『稽神錄』)

토(土)

373 · 8(4787)
마희범(馬希範)

[五代十國의] 초왕(楚王) 마희범이 장사성(長沙城)을 축조하고 해자(垓字)를 다 파고 났을 때, 갑자기 길이가 10장도 넘는 어떤 물체가 나타났는데 그것은 머리와 꼬리와 손발이 없었으며 그 모습이 흙산과 같았다. 그것은 북쪽 강기슭에서 나와 강물 위를 헤엄치다가 한참 후에 남쪽 강기슭으로 들어가 사라졌는데, 출몰할 때 모두 아무런 종적이 없었다. 어떤 사람은 그것을 토룡(土龍)이라고 하기도 했다. 그 후 얼마 되지 않아서 마씨(馬氏: 馬希範)가 죽었다. (『계신록』)

楚王馬希範修長沙城, 開濠畢, 忽有一物, 長十丈餘, 無頭尾手足, 狀若土山. 自北岸出, 游泳水上, 久之, 入南岸而沒, 出入俱無蹤跡. 或謂之土龍. 無幾何而馬氏亡. (出『稽神錄』)

태평광기 권제 374

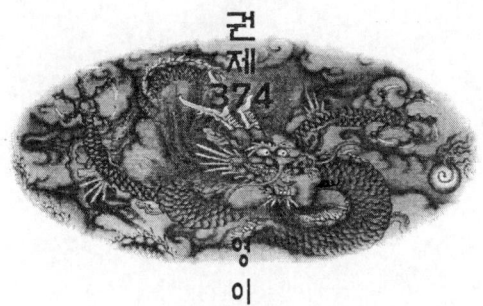

영이
(靈異)

1. 별 령(鼈 靈)
2. 옥량관(玉梁觀)
3. 상 혈(湘 穴)
4. 뇌양수(耒陽水)
5. 손견득장지(孫堅得葬地)
6. 섭 우(聶 友)
7. 팔진도(八陣圖)
8. 해반석귀(海畔石龜)
9. 조대석(釣臺石)
10. 분주녀자(汾州女子)
11. 파사왕녀(波斯王女)
12. 정 안(程 顏)
13. 문수현추석(文水縣墜石)
14. 현종성용(玄宗聖容)
15. 투주연화(渝州蓮花)
16. 옥 마(玉 馬)
17. 화산도려(華山道侶)
18. 정인본제(鄭仁本弟)
19. 초주승(楚州僧)
20. 호씨자(胡氏子)
21. 왕촉선주(王蜀先主)
22. 여산어자(廬山漁者)
23. 계종의(桂從義)
24. 금정산목학(金精山木鶴)
25. 매병왕로(賣餅王老)
26. 도림화(桃林禾)
27. 왕연정(王延政)
28. 홍주초인(洪州樵人)

374 · 1(4788)
별령(鼈靈)

별령은 초(楚) 땅에서 죽었는데, 그 시신이 상류로 거슬러 올라가 문산(汶山) 아래에 이르렀을 때 갑자기 다시 살아났다. 별령이 곧장 망제(望帝: 杜宇. 전설에 따르면 戰國시대 말년 杜宇는 蜀에서 稱帝했는데, 望帝라 불렸음)를 알현하자 망제는 즉시 그를 재상에 임명했다. 당시 무산(巫山) 옹강(甕江) 일대에 살던 촉국(蜀國)의 백성들이 자주 홍수의 피해를 입자 별령은 곧장 무산을 뚫어서 삼협(三峽)으로 들어가는 [물줄기의] 입구를 개통시켰는데, 그로 인해 촉강의 양쪽 해안에 육지가 드러나게 되었다. 후에 망제는 별령을 자사(刺史)에 임명하고 서주황제(西州皇帝)라 불렀다. 후에 별령의 치적이 높아지자 망제는 그에게 왕위를 선양했으며, [별령은 왕위에 올라] 개명씨(開明氏)라 불렸다. (『촉기』)

鼈靈於楚死, 屍乃泝流上, 至汶山下, 忽復更生. 乃見望帝, 望帝立以爲相. 時巫山甕江蜀民多遭洪水, 靈乃鑿巫山, 開三峽口, 蜀江陸處. 後令鼈靈爲刺史, 號曰西州皇帝. 以功高, 禪位與靈, 號開明氏. (出『蜀記』)

옥량관(玉梁觀)

　한(漢)나라 무제(武帝) 때 옥사산(玉笥山)에 사는 한 백성이 산중의 신령과 교감할 수 있었다. 간혹 가뭄이 들고 누리 떼가 날아들면 이 백성은 신령에게 기도를 올렸는데, 그때마다 응답을 받지 않은 적이 없었다. 그래서 사람들은 서로 이렇게 말했다.

　"신전을 세워 그 영험한 자취를 세상에 드러내세."

　신전을 다 지었을 때 대들보로 사용할 나무 하나가 부족했다. 마을 사람들은 장차 좋은 목재를 고르려고 했지만, 수십 일이 지나도록 찾지 못했다. 그러던 어느 날 밤 천둥이 치고 바람이 세게 불더니 동이 틀 무렵에야 날이 개었다. 그때 하늘에서 백옥(白玉)으로 된 대들보 하나가 떨어졌는데, 백옥 대들보는 신전의 대들보로 사용하기에 크기가 딱 맞았다. 그것을 신전 위에 단단히 얹자 광채가 눈부셔서 사람들은 그 신전을 옥량관이라 부르게 되었다.

　위(魏)나라 무제 때에 무제는 사신을 보내 백옥 대들보를 가져오게 했다. 사신이 신전으로부터 몇 리 떨어진 산 입구에 이르렀을 때였다. 그때는 정오 무렵이었는데, 갑자기 천둥소리가 크게 나더니 신전의 용마루가 갈라지면서 백옥 대들보가 흰 용으로 변했다. 흰 용은 연기와 안개를 가르고 날아가 신전의 동쪽 산 아래로 사라졌다.

　진(晉)나라 영가연간(永嘉年間: 307~313)에 대(戴) 아무개가 있었는데, 누구의 자손인지는 알 수 없었지만 늘 산골짜기를 돌아다니기를 좋아했다. 그는 우연히 욱목산(郁木山: 玉笥山의 남쪽에 위치한 산)에 들어갔다가 푸른 색 돌 두 개가 바위 아래서 백옥 대들보를 받치고 있는 것을 보았다. 대 아무개가 몸을 숙이고 가까이 다가가 살피면서 손으로 그 위를 문질러 보았더니 붉은 글씨 다섯 줄이 보였는데, 모두 천문(天文)을 기록한 운전(雲篆: 道家의 符籙)이었다. 시험 삼아 손도끼로 백옥 대들보를 두들겨 보았더니 종소리 같기도 하고 묵직한 천둥소리 같기도 한 소리가 나면서 용 비늘이 일어났다. 대 아무개는 깜짝 놀라 급히 달려가서 사람들에게 그 사실을 알려주었다. 사람들이 다시 백옥 대들보를 찾으러 갔을 때는 이미 어디로 갔는지 알 수 없었다.

당(唐)나라 대력연간(大曆年間: 766~780) 초에 무요(無瑤) 사람 황생(黃生)이 사냥을 나갔다가 역시 백옥 대들보를 보았다. 이후에 자주 사람들이 백옥 대들보를 보았지만, 모두 쉬쉬하면서 다른 사람에게 말해주지 않았다. 백옥 대들보가 날아간 뒤로 맹수와 독사의 위협 때문에 옥량관에는 사람이 살 수 없었다. (『옥사산록』)

漢武帝時, 玉笥山民, 感山之靈異. 或悆旱災蝗, 祈之無不應. 乃相謂曰: "可置一觀, 彰表靈跡." 旣搆殿, 闕中梁一條. 邑民將選奇材, 經數旬未獲. 忽一夜, 震雷風烈, 達曙乃晴. 天降白玉梁一條, 可以尺度, 嚴安其上. 光彩瑩目, 因號爲'玉梁觀'.

至魏武帝時, 遣使取之. 至其山門, 去觀數里. 亭午之際, 雷電大鎭, 裂殿脊, 化爲白龍, 擘煙霧而去, 沒觀之東山下.

晉永嘉中, 有戴氏, 不知其誰之子, 每好遊巖谷. 偶入郁木山下, 見兩座靑石, 搘一條白玉梁於巖下. 戴氏俯近看之, 以手捫摸其上, 見赤書五行, 皆天文雲篆. 試以手斧敲之, 聲如鍾, 又如隱雷之聲, 鱗甲張起. 戴氏驚異, 奔走告人. 再求尋之, 不知其所.

　　唐大曆初, 有無瑤黃生, 因獵亦見. 後數數有人見之, 皆隱而不聞於人. 自玉梁飛去後, 其處莫能居之, 皆爲猛獸毒蛇所逼. (出『玉笥山錄』)

374 · 3(4790)
상혈(湘穴)

　　상수(湘水) 동굴 속에는 검은 흙이 들어있었다. 어느 해 가뭄이 들자 사람들은 함께 물길을 막아서 그 동굴에 물을 가득 채워 넣었는데, 동굴에 물이 넘치자 그 즉시 큰비가 내렸다. (간보『수신기』)

　　湘穴中有黑土. 歲旱, 人則共壅水, 以塞此穴, 穴淹則大雨立至. (出干寶『搜神記』)

374 · 4(4791)
뇌양수(耒陽水)

　　뇌양현(耒陽縣)에 우뢰(雨瀨: 비가 내리면 급하게 흐르는 여울)가 있었다. 그 현에 가끔 가뭄이 들 때 백성들이 함께 우뢰를 막으면 단비가 두루 내렸다. 만일 한 마을에서 단독으로 막으면 역시 그 지역에만 비가 내렸다. 어디서 기도를 올리든 간에 비는 부절(符節)처럼 정확히 들어맞았다. (성홍지『형주기』)

 耒陽縣有雨瀨. 此縣時旱, 百姓共壅塞之, 則甘雨普降. 若一鄕獨壅, 雨亦徧應. 隨方所祈, 信若符刻. (出盛弘之『荊州記』)

374 · 5(4792)
손견득장지(孫堅得葬地)

 손견은 부친을 잃은 뒤에 [부친을 모실] 장지를 찾아다녔다. 그러던 어느 날 어떤 사람이 이렇게 말했다.
 "그대는 100세대 동안 제후(諸侯)가 되고 싶소? 아니면 4세대 동안 제왕이 되고 싶소?"
 손견이 대답했다.
 "제왕이 되고 싶습니다."
 그러자 그 사람은 한 곳을 가리키더니 기뻐하면서 사라졌다. 손견은 이상한 생각이 들어 그 사람의 말대로 그곳에다 장지를 썼다. [부친을 장지에 모시던] 그 날 부춘현(富春縣)의 한 곳에서 모래사장이 갑자기 위로 쏟아 올랐다. 손견이 감승(監丞)이 되었을 때 이웃 사람들은 함께 그곳까지 전송을 나왔는데, 한 노인이 말했다.
 "이 모래사장은 좁고 기니, 자네는 훗날 장차 장사(長沙)에서 일을 하게 될 것이네."
 과연 손견은 장사에게 의병(義兵)을 일으켰다. (『이원』)

孫堅喪父, 行葬地. 忽有一人曰:"君欲百世諸侯乎? 欲四世帝乎?"答曰:"欲帝."此人因指一處, 喜悅而沒. 堅異而從之. 時富春有沙漲暴出. 及堅爲監丞, 隣黨相送於上, 父老謂曰:"此沙狹而長, 子後將爲長沙矣."果起義兵於長沙. (出『異苑』)

374 · 6(4793)
섭 우(聶 友)

신감현(新淦縣)의 섭우는 젊었을 때 가난했다. 그는 일찍이 사냥을 나갔다가 흰 사슴 한 마리를 발견하고는 활을 쏘아 명중시켰는데, 그리고 난 뒤에 보았더니 화살이 가래나무에 박혀 있었다. ([『선실지』][『괴지』])

新淦聶友少時貧. 嘗獵, 見一白鹿, 射中後見箭著梓樹. (原闕出處. 明鈔本作 '出『宣室志』', 今見『說郛』二五『小說』引作『怪志』)

374 · 7(4794)
팔진도(八陣圖)

기주(夔州)의 서시(西市)는 아래로 강 언덕을 굽어보고 있고 모래자갈 밑에는 제갈량(諸葛亮)의 팔진도가 있다. 팔진도는 거위와 황새가 양쪽 날개를 펼치고 있는 것처럼 펼쳐져 있고 바둑판에 바둑알이 놓여 있는 것처럼 배치되어 있는데, 지금도 분명히 남아 있다. 삼촉(三蜀: 蜀郡・廣漢・犍爲) 지역의 눈이 녹을 때마다 협곡(峽谷)의 물이 넘실거리며 거세게 흐르는데, 그 모습이 가히 볼 만하다. 열 아름이나 되는 커다란 나무, 백 장(丈)이나 되는 마른 뗏목, 물에 패인 거대한 바위가 파도를 따라 강을 메우면서 아래로 흘러간다. 물이 강 언덕과 수위가 같아지면 사람들이 산으로 달아나니, 돌을 쌓아 만든 무더기는 [어떻게 될지] 가히 알만하다. 수위가 낮아지고 하천이 평평해지면 만물은 모두 옛 모습을 잃어버리는데, 단지 작은 돌을 쌓아 진형을 배치해놓은 제갈량의 팔진도만은 이전의 모습 그대로이다. 팔진도는 이미 600~700년 동안 해마다 거센 물결에 부딪쳐왔지만, 지금까지도 전혀 움직임이 없다. (『가화록』)

夔州西市, 俯臨江岸, 沙石下有諸葛亮八陣圖. 箕張翼舒, 鵝形鶴勢, 象石分布, 宛然尙存. 峽水大時, 三蜀雪消之際, 頒湧混潰, 可勝道哉. 大樹十圍, 枯槎百丈, 破磑巨石, 隨波塞川而下. 水與岸齊, 人奔山上, 則聚石爲堆者, 斷可知也. 及乎水落川平, 萬物皆失故態, 唯諸葛陣圖, 小石之堆, 標聚行列, 依然如是者. 僅已六七百年, 年年淘灑推激, 迨今不動. (出『嘉話錄』)

374 · 8(4795)
해반석귀(海畔石龜)

해변 가에 커다란 돌 거북 하나가 있었는데, 전해오는 말에 따르면 노반(魯班)이 만든 것이라고 한다. 돌 거북은 여름에는 바다로 들어갔다가 겨울이 되면 다시 나와 산 위에서 머물렀다. 육기(陸機)의 다음과 같은 시가 있다.

돌 거북도 늘 바다를 그리워하며 사는데,
내 어찌 고향을 잊으리오?

(『술이기』)

또 임읍현(臨邑縣) 북쪽에 연공(燕公)의 묘비가 있었는데, 얼마 지나지 않아 묘비는 사라지고 돌로 만든 거북 모양의 빗돌만이 남아 있었다.
석조(石趙: 後趙. 石勒이 건립했다고 해서 石趙라 함) 때 이 돌 거북은 밤이면 늘 묘비를 지고 물에 들어갔다가 날이 밝은 후에야 물 밖으로 나왔는데, 등위에 늘 개구리밥이 붙어 있었다. 한번은 이를 지켜보던 어떤 사람이 거북이가 정말 물에 들어가려는 것을 보고는 소리를 버럭 질렀는데, 그 소리에 놀란 거북이가 달아나는 바람에 거북이 등에 있던 묘비가 땅에 떨어져 부러졌다. (『유양잡조』)

海畔有大石龜, 俗云魯班所作. 夏則入海, 冬則復止於山上. 陸機詩云:"石龜常懷海, 我寧忘故鄕?"(出『述異記』)
又臨邑縣北, 有燕公墓碑, 碑尋失, 唯趺龜存焉.

石趙世. 此龜夜常負碑入水('水'字原闕, 據明鈔本補), 至曉方出, 其上常有萍藻. 有伺之者, 果見龜將入水, 因叫呼, 龜乃走, 墜折碑焉. (出『酉陽雜俎』)

374・9(4796)
조대석(釣臺石)

[隋나라] 대업(大業) 7년(七年: 611) 2월에 처음 조대(釣臺: 釣魚臺)를 지을 때 돌을 운반하는 인부들이 많았다. 배를 끌던 병정들은 과중한 노역에 지쳐 넘어졌고 한탄하는 소리가 길에까지 들렸다. 한번은 돌을 운반하던 사람이 배를 끌고 강의 동쪽 언덕에 있는 산 아래까지 가서 돌을 가져와 여러 번 조대의 기초를 쌓았다. 그런데 갑자기 소만한 커다란 돌 10여 개가 산꼭대기에서 날아 내려와 곧장 배 안으로 들어갔는데, 마치 사람이 가져다 놓은 것처럼 잘 쌓여져 있었고 배는 전혀 상한 데가 없었다. (『대업습유기』)

大業七年二月, 初造釣臺之時, 多運石者. 將船兵丁, 困弊於役, 嗟嘆之聲, 聞於道路. 時運石者, 將船至江東岸山下取石, 累構爲釣臺之基. 忽有大石如牛, 十餘, 自山頂飛下, 直入船內, 如人安置, 船無傷損. (出『大業拾遺記』)

374 · 10(4797)
분주여자(汾州女子)

수(隋)나라 말에 분주성(汾州城)을 쌓을 때 오직 서남쪽 모퉁이만은 쌓을 수 없었는데, 아침에 쌓으면 저녁에 무너져 내리는 일이 여러 번 있었다. 분주성 안에 12~13세 된 소녀가 있었는데, 소녀는 가족들에게 이렇게 말했다.

"성을 쌓는데 제 몸이 들어가지 않으면 성은 쌓을 수 없을 것입니다."

가족들은 그 말을 믿지 않았고 이웃에서도 소녀를 비웃었다. 그 후로도 성을 쌓으면 처음과 마찬가지로 성의 한쪽 모퉁이가 무너져 내렸다. 소녀가 말했다.

"오늘 제가 죽거든 저를 독 안에 담아 성을 쌓는 곳에 묻어주십시오."

소녀는 그렇게 말하고는 죽었다. 가족들은 그녀의 말대로 [독 안에 담아] 성을 쌓는 곳에 묻어주었다. 소녀를 묻고 난 뒤에 바로 성을 쌓자 성은 더 이상 무너지지 않았다. (『광고금오행기』)

隋末築汾州城, 惟西南隅不合, 朝成夕敗, 如此數四焉. 城中一童女, 年十二三, 告其家人云: "非吾入築, 城終無合理." 家人莫信, 隣里哂之. 此後築城, 敗如初. 童女曰: "吾今日死, 死後甕盛吾, 埋於築處." 言訖而終. 如其言瘞之. 瘞訖, 卽板築, 城不復毀. (出『廣古今五行記』)

374 · 11(4798)
파사왕녀(波斯王女)

　토화라국(吐火羅國: 고대 중앙아시아의 나라 이름)의 박저야성(縛底野城)은 고대 페르시아 왕 오슬다습(烏瑟多習)이 축조한 것이다. 처음에 왕이 성을 쌓았을 때 성이 바로 무너져 내리자 이렇게 탄식했다.
　"지금 내가 무도하여 하늘이 내게 이 성을 쌓지 못하게 하는구나!"
　페르시아 왕에게는 나식(那息)이라는 어린 딸이 있었는데, 딸은 부친이 걱정하는 것을 보고는 이렇게 물었다.
　"부왕을 적으로 여기는 이웃 나라가 있습니까?"
　왕이 말했다.
　"나는 페르시아 국왕으로 천 개가 넘는 나라를 다스리고 있다. 내가 지금 토화라국에 와서 성을 쌓고자 하는 것은 만대에까지 내 공을 드러내기 위해서이다. 그런데 마음먹은 바를 이루지 못할까 걱정이다."
　그러자 딸이 말했다.
　"부왕께서는 걱정 마시고 내일 아침 장인들에게 제가 밟고 지나간 발자국대로 성을 쌓으라고 하십시오. 그러면 바로 성을 쌓을 수 있을 것입니다."
　왕은 이를 몹시 이상하게 생각했다. 이튿날 딸은 서북쪽에서부터 걷기 시작하더니 스스로 오른쪽 새끼손가락을 잘라 피를 흘려 흔적을 남겼다. 장인들이 피를 따라 가며 성을 쌓았더니 성은 더 이상 무너져 내리지 않았다. 페르시아 왕의 딸은 마침내 해신(海神)으로 변했는데, 그 바다는 오늘에 이르기까지도 성의 보루 아래에 위치해 있다. 바닷물은 거울처럼 맑고 그 너비는 사방 500보(步) 남짓 된다. (『유양잡조』)

吐火羅國縛底野城, 古波斯王烏瑟多習之所築也. 王初築此城, 卽壞, 歎曰: "吾今無道, 天令築此城不成矣!" 有小女名那息, 見父憂恚, 問曰: "王有隣敵乎?" 王曰: "吾是波斯國王, 領千餘國. 今至吐火羅中, 欲築此城, 垂功萬代. 旣不遂心, 所以憂耳." 女曰: "願王無憂, 明旦令匠視我所履之跡築之. 卽立." 王異之. 至明, 女起步西北, 自截右手小指, 遺血成蹤. 匠隨血築之, 城不復壞. 女遂化爲海神, 其海至今猶在堡下. 水澄淸如鏡, 周五百餘步. (出『酉陽雜俎』)

374 · 12(4799)
정 안(程 顔)

정안은 신창리(新昌里)에서 세내어 살면서 관리 선발에 응시했다가 선발되지 못했는데, 마침 가난과 병이 함께 찾아왔다. 그때 한 노파가 정안에게 말했다.

"내 자네를 가난과 병에서 구해주고, 또 자네를 위해 부인을 얻어주겠네."

노파는 그렇게 말하고서 떠나갔다. 그 날 밤 삼경에 과연 어떤 사람이 찾아와서 이렇게 말했다.

"진상(陳尙)께서 제게 예물을 가지고 가라고 하셔서 이렇게 왔습니다."

정안이 그 이유도 모른 채 빗장을 열어주었더니 그 사람은 비단 수십

속(束: 5匹)을 정안에게 건네주었다. 정안이 진상이 누구냐고 묻자 심부름꾼이 말했다.

"의원입니다."

그리고는 약 한 알을 주면서 그것을 몸에 차고 있으면 모든 병이 치유될 것이라고 했다. 정안이 약을 몸에 차자 정말 병이 다 나았다.

며칠이 지난 뒤 어느 날 밤에 커다란 회오리바람이 정안의 거처로 불어 들어왔다. 순식간에 바람이 멎더니 한 여자를 실은 가마 세 대가 보였고 그 뒤로 하녀 세 명이 따르고 있었다. 정안이 여자에게 어찌된 일인지 묻자 여자가 대답했다.

"저는 월주(越州) 부여현(扶餘縣)에 사는 조명경(趙明經)의 딸인데, 부모님께서 전 부여현위(扶餘縣尉) 정안을 제 배필로 정해주셨습니다. 그런데 방금 큰바람에 날려 이리로 오게 되었습니다."

정안은 그녀를 돌려보낼 방법이 없어 일단 그녀를 아내로 맞아들였다. 얼마 뒤에 정안이 그 일에 대해서 알아보았더니 정말로 그런 일이 있었다. 그런데 월주에도 정안과 이름이 똑같은 사람이 있었다. (『문기록』)

程顔稅居新昌里, 調選不集, 貧而復病. 有老嫗謂曰: "君貧病, 吾能救之, 復能與君致妻." 言訖而去. 是夜三更, 果有人云: "陳尙令持禮來." 顔莫測其由, 開關, 乃送綾絹數十束. 顔問陳尙何人也, 使者曰: "醫也." 乃附藥一丸, 令帶之能愈一切疾. 顔帶之, 果疾愈.

數日後, 夕有大旋風入顔居. 須臾風定, 見擔輿三乘, 有一女, 三靑衣從之. 問其故, 曰: "越州扶餘縣趙明經之女, 父母配事前扶餘尉程顔. 適爲大風飄至此."

顔無所遣, 因納之. 旣而以其事驗之, 信然. 而越州自有人, 與顔姓名同. (出『聞奇錄』)

374 · 13(4800)
문수현추석(文水縣墜石)

당(唐)나라 정관(貞觀) 18년(644) 10월에 문수현의 하늘에서 큰 벼락이 치더니 구름 사이로 절굿공이만한 크기의 돌 하나가 아래로 떨어졌는데, 등 부분이 높고 배 부분이 평평했다. 문수현승(文水縣丞) 장효정(張孝靜)은 상소를 올려 이 일을 조정에 알렸다. 당시 서역(西域)의 마가타(摩伽陀) 보리사(菩提寺)의 노스님이 서경(西京: 長安)에 와 있었는데, 그는 아주 박식했다. 황제가 노스님에게 어찌된 일인지 물어보았더니 노스님이 대답했다.

"이것은 용의 먹이로, 용 두 마리가 서로 다투다가 땅에 떨어뜨렸을 뿐입니다."

(『법원주림』)

唐貞觀十八年十月, 文水縣天大雷震, 雲中落一石下, 大如碓觜, 脊高腹平. 縣丞張孝靜奏. 時有西域摩伽陀菩提寺長年師到西京, 頗推('推'原作'持', 據明鈔本改)博識. 敕問之: "是龍食, 二龍相爭, 故落下耳." (出『法苑珠林』)

374 · 14(4801)
현종성용(玄宗聖容)

현종황제(玄宗皇帝)의 어용(御容)은 모시로 짜서 만들었다. 그것은 본래 주질현(盩厔縣)의 수진관(修眞觀)에 모셔두었는데, 어느 날 갑자기 한 스님이 미친 사람처럼 그것을 등에 지고 달아나 무공현(武功縣)의 잠룡궁(潛龍宮)에 갖다 두었다. 그런데 잠룡궁은 다름 아닌 신요황제(神堯皇帝: 唐 高祖 李淵)의 옛 저택으로 지금은 불사로 사용하고 있는 곳이다. 어용은 단지 진홍색의 비단 옷을 걸치고 있었고 폭건(幅巾: 옛날 남자들이 쓰는 두건으로, 폭 전체를 비단으로 만들었음)을 쓰고 있을 뿐이었다. 잠룡궁의 스님들이 이렇게 말했다.

"장종(莊宗: 後唐 李存勖의 廟號)이 변주(汴州)로 들어갔을 때, 명종(明宗: 後唐의 제2대 황제 李嗣源)이 낙양(洛陽)으로 들어갔을 때, 청태(淸泰: 後唐의 마지막 황제 李從珂의 年號)가 동쪽으로 달아나 이수(伊水)와 전수(瀍水)로 가던 해에 현종 황제의 어용 위에서 땀이 흘렀습니다."

학사(學士) 장항(張沆)은 일찍이 그 이야기를 듣고도 그 사실을 믿지 않았는데, 무공현을 지나가는 길에 가서 자세히 살펴보았더니 정말 스님의 말 그대로였다. 장항은 혹시 빗물이 흘러내려서 그런 것이 아닌가 생각해보았지만, 폭건 위에는 젖은 흔적이라곤 없었다. 천복연간(天福 年間: 後晉 石敬瑭·石重貴 때의 年號. 936~944) 이후로 [현종황제의 어용에서 흐르던] 땀은 마침내 그쳤다.

또 고릉현(高陵縣)에 신요황제의 선대의 장원이 있는데, 오늘날 역시 사당으로 사용하고 있다. 사당 앞에 측백나무 한 그루가 있는데, 다음과 같은 이야기가 전해오고 있다.

고조(高祖)가 강보에 쌓였을 때 모친이 그를 측백나무 그늘아래에 놓아둔 채 밭으로 새참을 들고 나갔다. 새참을 주고 집으로 돌아왔을 때 해는 넘어갔지만 측백나무에 드리워진 그림자는 옮겨가지 않고 그대로 있었는데, 지금 사당 앞에 있는 측백나무가 바로 그것이다. 이 두 가지 사건은 사서에는 실려 있는 것이 아니고 노인들이 해준 이야기이다. (『옥당한화』)

玄宗皇帝御容, 夾紵作. 本在鏊座修眞('修眞'原作'縣貞', 據明鈔本改)觀中, 忽有僧如狂, 負之, 置於武功潛龍宮. 宮卽神堯故第也, 今爲佛宇. 御容唯衣絳紗衣幅巾而已. 寺僧云: "莊宗入汴, 明宗入洛, 洎淸泰東赴伊('伊'原作'依', 據明鈔本改)瀍之歲, 額上皆有汗流." 學士張沆, 嘗聞之而未之信, 及經武功, 乃細視之, 果如其說. 又意其雨漏所致, 而幅巾之上則無. 自天福之後, 其汗遂絶.

高陵縣又有神堯先世莊田, 今亦爲宮觀矣. 有栢樹焉, 相傳云: 高祖在襁褓之時, 母卽置放栢樹之陰, 而往餉田. 比餉廻, 日斜而樹影不移, 則今栢樹是也. 史傳不載, 而故老言之. (出『玉堂閒話』)

374 · 15(4802)
투주연화(渝州蓮花)

투주(渝州)에서 서쪽으로 100리(里) 떨어진 곳에 위치해 있는 상사사

(相思寺)의 북쪽에 돌산이 있는데, 그곳에 부처의 발자국 12개가 있다. 발자국은 모두 3척(尺) 남짓한 길이에 너비는 1척 1촌(寸) 정도이며 깊이는 9촌(寸) 정도인데, 중간에 물고기 문양이 있으며 불당에서 북쪽으로 십여 보 떨어진 곳에 위치해 있다.

[唐나라] 정관(貞觀) 20년(646) 10월에 상사사 옆에 위치해 있는 샘에서 갑자기 붉은 연꽃이 떠올랐는데, 너비가 3척이나 되었다. 이곳에 놀러왔다가 [연꽃을 보고] 돌아간 여행객들 가운데 놀라고 찬탄하지 않는 이가 없었다. 연꽃은 한 달이 지나도 사라지지 않았다.

옛날 북제(北齊) 때 형주성(荊州城) 동쪽에 천자정(天子井)이 있었는데, 그곳에서 비단이 나왔다. 당시의 남자와 여자들이 이 비단을 가져다 사용해 보았더니 일반 비단과 다를 바 없었다. 비단은 한달 뒤에야 더 이상 나오지 않았다. 이것은 역시 앞서 말한 것과 같은 이야기이다. (오균 『제춘추』)

渝州西百里相思寺北石山, 有佛跡十二. 皆長三尺許, 濶一尺一寸, 深九寸, 中有魚文, 在佛堂北十餘步.

貞觀二十年十月, 寺側泉內, 忽出紅蓮花, 面廣三尺. 遊旅往還, 無不歎訝. 經月不滅.

昔齊荊州城東天子井, 出錦. 于時士女取用, 與常錦不異. 經月乃歇. 亦此類也. (見吳均『齊春秋』)

옥 마(玉 馬)

심부사(沈傳師)가 선무절도사(宣武節度使)로 있을 때의 일이다. 하루는 당(堂) 앞에서 갑자기 말 울음소리가 들렸는데, 그 소리가 아주 가까이서 나는 것 같아 찾아보았지만 찾을 수가 없었다. 다른 날 말 울음소리가 매우 가까이서 들렸는데, 마치 당 아래에서 나는 것 같았다. 그래서 [심부사는 사람을 시켜] 그곳을 팠는데, 1장(丈) 남짓 파들어 갔을 때 작은 굴 하나가 나왔다. 그 사이에서 옥으로 만든 말 하나가 나왔는데, 크기는 2~3촌(寸) 정도 되었고 길이는 4~5촌 정도 밖에 되지 않았지만, 울음소리만은 오히려 건장한 말과 같았다. 말 앞에 금으로 만든 구유가 있었고, 그 안에 잘게 부수어진 붉은 모래가 쌓여 있었다. 말똥은 녹두처럼 생겼으며, 그 색깔은 금빛처럼 붉었다. 심공(沈公: 沈傳師)은 늘 붉은 모래를 옥으로 만든 말에게 먹였다. (『문기록』)

沈傳師爲宣武節度使. 堂前忽馬嘶, 其聲甚近, 求之不得. 他日, 嘶聲極近, 似在堂下. 掘之, 深丈餘, 遇小空洞. 其間得一玉馬, 高三二寸, 長四五寸, 嘶則如壯馬之聲. 其前致碎硃砂, 貯以金槽. 糞如綠豆, 而赤如金色. 沈公恒以硃砂餵之. (出『聞奇錄』)

374 · 17(4804)
화산도려(華山道侶)

처사(處士) 원고언(元固言)은 [당나라] 정원연간(貞元年間: 785~804) 초에 일찍이 도사 친구들과 화산(華山)을 유람한 적이 있었다. 그들은 골짜기에서 사람의 다리 하나를 발견했는데, 신고 있는 버선과 신은 아주 새것이었다. 잘려나간 곳은 마치 무릎 있는 곳 같았으며, 자른 흔적이라곤 전혀 찾아볼 수 없었다. (『유양잡조』)

處士元固言, 貞元初, 嘗與道侶遊華山. 谷中見一人股('股'原作'服', 據『酉陽雜俎』十改), 襪履甚新. 斷處如膝頭, 初無痕迹. (出『酉陽雜俎』)

374 · 18(4805)
정인본제(鄭仁本弟)

[당나라] 대화연간(大[太]和年間: 827~835)에 정인본의 사촌동생이 있었는데, 그 이름은 기억나지 않는다. 정인본의 사촌 동생이 한번은 왕수재(王秀才)와 숭산(嵩山)에 놀러갔는데, 넝쿨을 붙잡고 계곡을 넘어서 아주 먼 곳까지 갔다가 그만 돌아가는 길을 잃고 말았다. 날이 저물자 어디로 가야할지 몰라 배회하고 있던 그들은 갑자기 나무 덤불 사이에서 코고는 소리를 들었다. 그리하여 나무 덤불을 헤치고 보았더니 아주 깨끗한 흰 베옷을 입은 어떤 사람이 보따리 하나를 베고 아주 달게

자고 있었다. 정인본의 사촌동생은 그를 불러 깨우며 물었다.

"저희들은 우연히 이 길로 들어섰다가 길을 잃고 헤매고 있는데, 혹시 그대는 관도(官道: 대로)로 나가는 길이 있는지 알고 있습니까?"

그 사람은 머리를 들어 그들을 대충 훑어보고 나서는 아무 말도 않고 다시 잠을 잤다. 다시 여러 번 그를 불러 깨우자 그 사람은 그제야 일어나서 앉더니 그들을 돌아보며 말했다.

"이쪽으로 오시오."

그리하여 두 사람은 그 쪽으로 가서 그에게 어디서 왔냐고 물어보았다. 그러자 그 사람이 웃으면서 말했다.

"그대들은 달이 일곱 가지 보물로 이루어졌다는 사실을 알고 있으시오? 달의 모양은 탄환처럼 둥근데, 그 그림자진 부분은 대부분 태양이 달의 울퉁불퉁한 곳[원문에는 '亞處'로 되어 있지만, 『酉陽雜俎』 권1 「天咫」에 의거하여 '凸處'로 고쳐 번역함]을 녹일 때 생긴 것이오. 늘 8만 2천 호(戶)의 집에서 달을 수리하는데, 내가 바로 그 가운데 한 사람이오."

그리고는 보따리를 열고는 도끼로 무엇을 찧더니 옥가루로 만든 밥 두 덩어리를 두 사람에게 주며 말했다.

"이것을 나누어 드시오. 비록 장생은 할 수 없겠지만 병에는 걸리지 않을 것이오."

그리고는 일어서서 두 사람에게 한 지름길을 가리키며 말했다.

"이 길을 따라가기만 하면 자연히 큰길과 만나게 될 것이오."

그 사람은 말을 다하고는 사라졌다. (『유양잡조』)

唐大和中, 鄭仁本表弟, 不記姓名. 常與一王秀才遊嵩山, 捫蘿越澗, 境極幽復, 忽迷歸路. 將暮, 不知所之, 徙倚間, 忽覺叢中鼾聲. 披榛窺之, 見一人布衣, 衣甚潔白, 枕一襆物, 方眠熟. 卽呼之曰:"某偶入此徑, 迷路, 君知向官道無?" 其人擧首略視, 不應復寢. 又再三呼之, 乃起坐, 顧曰:"來此." 二人因就之, 且問其所自. 其人笑曰:"君知月七寶合成乎? 月勢如丸, 其影多爲日爍其亞處也. 常有八萬二千戶脩之, 子卽一數." 因開襆, 有斤鑿事, 玉屑飯兩裹, 授與二人曰:"分食此. 雖不足長生, 無疾耳." 乃起, 與二人指一歧徑, 曰:"但由此, 自合官道矣." 言已不見. (出『酉陽雜俎』)

374·19(4806)
초주승(楚州僧)

초주의 경계 지역에 작은 산이 하나 있는데, 산 위에 집은 있었지만 물이 없었다. 지(智) 스님이 우물 하나를 파기 시작해서 3장(丈) 남짓 파 들어 갔을 때 돌 하나가 나왔다. 돌에 구멍을 뚫자 다시 흙이 나왔기에 지 스님은 다시 흙을 파 들어갔는데, 50척(尺) 정도 팠을 때 옥 하나가 나왔다. 옥은 1척 2촌의 길이에 너비는 4촌 정도였고 석류꽃처럼 붉었으며, 각 면마다 거북 여섯 마리가 새겨져 있었는데, 거북은 자주색으로 아주 사랑스러웠다. 그리고 그 속은 마치 물을 담을 수 있을 것처럼 생겼다. 스님이 어쩌다가 한쪽 모서리를 쳤는데, 그리고 나서 보았더니 그곳에서 핏방울이 떨어지기 시작해 반달 뒤에야 겨우 멈췄다. (『유양잡조』)

楚州界有小山, 山上有室而無水. 僧智一掘井, 深三丈遇石. 鑿石穴及土, 又深五十尺, 得一玉. 長尺二, 濶四寸, 赤如榴花('榴花'二字原空闕, 據明鈔本補), 每面有六龜子. 紫色可('紫色可'三字原空闕, 據明鈔本補)愛. 中若可貯水狀. 僧偶擊一角視之, 遂瀝血, 半月日方止. (出『酉陽雜俎』)

374 · 20(4807)
호씨자(胡氏子)

홍주(洪州)의 한 호씨 집안에 아들이 있었는데, 그 이름은 잊어버렸다. 호씨 집안은 본래 아주 가난했다. 그 집에는 다섯 아들이 있었는데, 그 가운데서 막내가 기상과 모습이 매우 빼어났다. 이 아들이 태어난 뒤로 집안이 조금 넉넉해지기 시작해, 농사와 양잠도 잘 되고 집안 사정도 점점 풍족해졌기에 마을 사람들은 모두 이를 기이하게 생각했다.

한번은 그 집에서 이 아들에게 배를 맡겨 보리를 싣고 강줄기를 거슬러 올라가 주(州)의 저자거리에 가게 했다. 그런데 아직 도착하지 않았을 때 강 언덕이 험준해 배를 끌고 강을 건너갈 수가 없었다. 호씨의 아들은 하는 수 없이 강을 가로질러 지나갔는데, 그 순간 제지할 틈도 없이 배가 강 언덕에 부딪혀 모래언덕이 부서지고 강둑이 무너져 내렸다. 그때 굴 하나가 나타났는데 그 안에는 수백만 냥의 돈이 들어있었다. 그리하여 호씨의 아들은 보리를 버리고 대신 돈을 싣고 집으로 돌아왔다. 이때부터 호씨 집안은 더욱 부유해져 시장에서 하인과 말을 사들였고 옷차림새에도 많은 신경을 썼다. 그래서 마을 사람들은 모두들 이 아들이 복이 있다고 말했다.

호씨의 아들이 오랫동안 시골구석에서 지내려 하지 않자 집안에서는 그에게 성안을 왕래하면서 세상 일을 조금씩 알게 했다. 한번은 길 가던 도중에 타고 가던 말이 땅에 무릎을 꿇고 앉더니 길을 가지 않았다. 호씨의 아들은 하인을 돌아보며 말했다.

"배가 부딪친 곳에서 돈을 주웠으니 지금 말이 꿇어앉은 이곳에서도 무엇인가가 나올지도 모른다."

그리하여 호씨의 아들은 하인들을 시켜 그 부근을 괭이로 파게 했는데, 그 안에서 금 오백 냥이 나왔기에 그것을 싣고 집으로 돌아왔다.

다른 날 그는 성안으로 들어가다가 한 호인(胡人) 상인과 부딪쳤는데, 그 사람은 호씨의 아들 머리 안에 구슬이 있을 것을 알아챘다. 호인 상인은 사람을 시켜 그를 유인해오게 한 다음 친절하게 대해주면서 술을 마시게 하고는 그 구슬을 빼앗아 갔다. 원래 호씨 아들의 머리 위에 공 모양의 살이 약간 튀어나와 있었는데, 구슬을 빼앗긴 뒤로 그 살은 마침내 가라앉았다. 호씨의 아들이 집으로 돌아오자 친구와 가족들은 [그것을 보고] 모두 깜짝 놀라면서 안타까워했다. 이때부터 호씨의 아들은 정신이 쇠하더니 결국 병을 얻어 죽었으며 집안도 점점 기울어져갔다. (『녹이기』)

洪州胡氏子, 亡其名. 胡本家貧. 有子五人, 其最小者, 氣狀殊偉. 此子旣生, 家稍充給, 農桑營贍, 力漸豊足, 鄕里咸異之.

其家令此子主船載麥, 泝流詣州市. 未至間, 江岸險絶, 牽路不通. 截江而渡, 船勢抵岸, 力不制, 沙摧岸崩. 穴中得錢數百萬. 乃棄麥載錢而歸. 由是其家益富, 市置僕馬, 營飾服裝. 咸言此子有福.

不欲久居村落, 因令來往城市, 稍親狎人事. 行及中道, 所乘之馬跪地不進. 顧謂其僕曰:"船所抵處得錢, 今馬跪地, 亦恐有物." 因令左右钁之, 得金五百兩, 齎之還家.

他日復詣城市, 因有商胡遇之, 知其頭中有珠. 使人誘而狎之, 飲之以酒, 取其珠而去. 初額上有肉, 隱起如毬子形, 失珠之後, 其肉遂陷. 旣還家, 親友眷屬, 咸共嗟訝之. 自是此子精神減耗, 成疾而卒, 其家生計亦漸亡落焉. (出『錄異記』)

374 · 21(4808)
왕촉선주(王蜀先主)

당(唐)나라 희종황제(僖宗皇帝)가 한중(漢中)으로 파천(播遷)갔을 때 촉(蜀: 前蜀)의 선주(先主) 왕건(王建)은 금군도두(禁軍都頭: 唐나라 僖宗 때 설치한 神策軍의 軍官으로, 1都의 將軍)로 있었다. 한번은 그가 동료들과 함께 사원에서 주사위 던지기 놀이를 했는데, 6개의 주사위가 겹쳐져 1부터 6까지의 숫자가 모두 나왔다. 사람들은 그 광경을 보고 모두 깜짝 놀라했다.

훗날 왕건은 촉나라를 세우고 흥원부(興元府)에 행차했다가 옛날 그 사원을 찾아갔는데, 스님들이 여전히 그곳에 살아 있었다. 왕건이 예전의 일에 대해서 물었더니 그곳 스님들은 모두 주사위 놀이를 했던 당시의 상황을 이야기 했다. 선주는 몹시 기뻐하며 스님들에게 후한 상을 내렸다. (『북몽쇄언』)

唐僖宗皇帝, 播遷漢中, 蜀先主建爲禁軍都頭. 與其儕於僧院擲骰子, 六隻次第相重, 自么至六. 人共駭之.

他日霸蜀, 因幸興元, 訪當時僧院, 其僧尙在. 問以舊事, 此僧具以骰子爲對. 先主大悅, 厚賜之. (出『北夢瑣言』)

374 · 22(4809)
여산어자(廬山漁者)

여산에 '낙성담(落星潭)'이라 불리는 깊은 못이 하나 있었는데, 그곳에서 물고기를 잡거나 낚시하는 사람이 많았다. 후당(後唐) 장흥연간(長興年間: 930~933)에 어떤 어부가 한 물체를 낚았는데, 낚싯대를 거두어들이기가 자못 어려웠다. 어부가 낚싯대를 끌고 강 언덕까지 가서 보았더니 사람 모양을 한 물체가 철로 만든 관(冠)을 쓰고 있었는데, 몇 년 동안이나 쌓인 이끼가 끼어 있었다. 나무라고 생각하기에는 너무 무거웠고 돌이라고 생각하기에는 너무 가벼웠다. 어부는 그 물체를 못 곁에다 두었다. 며칠 뒤에 그 물체 위에 붙어 있던 진흙과 이끼가 바람과 햇볕에 떨어져 나가고 다시 비를 맞아 씻겨져 나가자 그 물체가 갑자기 두 눈을 떴는데, 다름 아닌 사람이었다. 그 사람은 갑자기 일어나서 못 가로 가더니 그 물로 손과 얼굴을 씻었다. 물고기를 잡던 많은 어부들은 깜짝 놀라서 모두 다가가 그 사람을 살펴보았다. 그 사람은 어부에게 여기가 어디이며 산과 내의 이름, 어느 조대의 몇 년 몇 월인지를 상세하게 묻고 나서는 도로 물 속으로 들어갔는데, 소리도 흔적도 없이 고요했다. 그리하여 결국 아무도 그 사람이 어디서 왔는지를 물어보지 못했다. 남방의 관리와 백성들은 그 일을 신기하다고 생각해서 그 사람을 위해 못 가에 사당을 세우고 제단을 쌓았다. (『옥당한화』)

廬山中有一深潭, 名'落星潭', 多漁釣者. 後唐長興中, 有釣者得一物, 頗覺難引. 迤邐至岸, 見一物如人狀, 戴鐵冠, 積歲莓苔裹之. 意其木則太重, 意其石則太輕. 漁者置之潭側. 後數日, 其物上有泥滓莓苔, 爲風日所剝落, 又經雨淋洗, 忽見兩目俱開, 則人也. 欻然而起, 就潭水盥手靧面. 衆漁者驚異, 共觀之. 其人卽詢諸('詢'原作'語', '諸'字原空闕, 據明鈔本改補)漁者, 本處土地山川之名, 及朝代年月甚詳審, 問訖, 却入水中, 寂無聲迹. 然竟無一人問彼所從來者. 南中吏民神異之, 爲建祠壇于潭上. (出『玉堂閒話』)

374・23(4810)
계종의(桂從義)

지양(池陽) 건덕현(建德縣)의 하급관리 계종의의 하인이 산에 땔나무를 하러 들어갔는데, 늘 다니던 산길에 갑자기 돌 하나가 무너져 내렸다. 하인이 다가가서 보았더니 그 안에 석실 하나가 있었다. 석실 안에는 금칠한 측백나무 평상 6개와 건초로 짠 자리, 그리고 짚으로 만든 자리가 있었는데, 하나같이 새것이었으며 황금과 비취가 가득 쌓여 있었다. 그 사람은 평상 위에 앉아 있다가 한참 뒤에 자리를 들고 아래를 보았는데, 거기에는 자루가 뿔로 된 작은 칼 하나가 있었다. 그리하여 그 사람은 작은칼을 품에 넣고 그곳을 나왔다. 그는 무너진 돌을 세워 석실 안을 막아놓고 다른 물건으로 표식을 해두었다. 하인은 집으로 돌아와서 집안사람들을 불러 함께 데리고 그곳에 가서 석실 안의 물건들을 가져오려고 했다. 그런데 그곳에 도착해서 보았더니 돌 벽은 원래 그대로였으며 아무 것도 보이지 않았다. (『계신록』)

池陽建德縣吏桂從義, 家人入山伐薪, 常所行山路, 忽有一石崩倒. 就視之, 有一室. 室有金漆栢牀六張, 茭薦芒簟皆新, 金翠積疊. 其人坐牀上, 良久, 因揭簟下, 見一角柄小刀. 取內懷中而出. 扶起崩石塞之, 以物爲記. 歸呼家人共取. 及至, 則石壁如故, 了無所見. (出『稽神錄』)

374 · 24(4811)
금정산목학(金精山木鶴)

건주(虔州) 건화현(虔化縣) 금정산은 옛날 장사왕(長沙王) 오예(吳芮) 때 선녀 장려영(張麗英)이 날아 승천했던 곳으로 [선녀가 修道했던] 도관(道館)이 지금도 남아 있다. 바위의 높이는 수백 척(尺)이나 되었고 그 위에는 선녀 두 명이 타고 다니는 나무로 만든 학 두 마리가 쇠사슬로 묶인 채 바위 아래에 매달려 있었다. 그곳은 잔도(棧道)도 닿지 않는 곳이었기 때문에 사람들은 나무 학이 도대체 어디서 날아왔는지 알 길이 없었다. 나무 학 두 마리는 늘 사계절을 따라 움직였으며 한번도 계절에 어긋난 적이 없었다. 순의도(順義道: 五代 때의 方鎭名)

의 백승군(百勝軍) 소장(小將) 진사찬(陳師粲)은 대자리를 말아 우물을 만들어서 그 안에 뛰어들었다 나왔다 할 수 있었다. 진사찬이 한번은 바위 아래서 마을의 한 여자를 만나 그녀에게 청혼했다. 그러자 여자가 말했다.

"당신이 만약 이 학의 눈을 명중시킬 수 있다면 결혼하겠습니다."

진사찬은 곧 바로 화살 한 발을 쏘아 나무 학을 명중시켰는데, 팔에 갑자기 힘이 빠지기 시작하더니 결국 집으로 돌아와서 몸져 눕고 말았다. 그는 비몽사몽간에 여도사 두 명이 평상을 빙빙 돌고 있는 것을 보았다. 여도사는 매번 그의 앞을 지나갈 때마다 번번이 손으로 진사찬의 눈을 비볐는데, 이렇게 여러 차례 하고 여도사가 떠나간 뒤에 진사찬은 결국 실명한 채 죽고 말았다. 화살에 맞은 학은 이 때부터 더 이상 돌지 않았고 나머지 한 학만이 예전처럼 계속 돌았다. 신유년(辛酉歲: 901)에 [진사찬이 바위 아래서 만났던] 그 여자는 여전히 살아 있었고 진사찬의 자손들도 역시 군사(軍士)가 되었다. (『계신록』)

虔州虔化縣金精山, 昔長沙王吳芮時, 仙('仙'字原闕, 據明鈔本補)女張麗英飛昇之所, 道館在焉. 巖高數百尺, 有二木鶴, 二女仙乘之, 鐵鎖懸於巖下. 非榜道所及, 不知其所從. 其二鶴, 恒隨四時而轉, 初不差忒. 順義道中, 百勝軍小將陳師粲者, 能卷簟爲井('井'原作'牛', 據明鈔本改), 躍而出入. 嘗與鄕里女子遇於巖下, 求娶焉. 女子曰: "君能射中此鶴目, 卽可." 師粲卽一發而中, 臂卽無力, 歸而病臥. 如夢非夢, 見二女道士, 繞牀而行. 每過, 輒以手拂師粲之目, 數四而去, 竟失明而卒. 所射之鶴, 自爾不復轉, 其一猶轉如故. 辛酉歲, 其女子猶在, 師粲之子孫, 亦爲軍士. (出『稽神錄』)

374 · 25(4812)
매병왕로(賣餠王老)

　광릉(廣陵)에 떡을 파는 왕씨(王氏) 노인이 있었는데, 그는 아내 없이 혼자 지내면서 딸과 함께 살았다. 왕씨 노인이 낮에 떡을 팔고 집으로 돌아와서 보았더니 딸이 다른 젊은이와 함께 북쪽 창문 아래에 누워 있었다. 왕씨 노인은 화가 나서 칼을 들고 젊은이를 쫓아갔으나, 젊은이는 뛰어 달아나 목숨을 구할 수 있었다. 왕씨 노인은 더욱 화가 나서 결국 자신의 딸을 죽여 버렸다. 그런데 젊은이는 달아나다 보니 갑자기 온몸에서 피가 흘렀다. 관리가 꾸짖으면서 어찌된 일이지 물어보았지만, 젊은이는 어떻게 대답해야 할지 몰랐다. 관리가 젊은이를 잡아 왕씨 노인이 사는 곳으로 돌아갔을 때, 마을사람들이 한창 그 사건을 조사하고 있었다. 왕씨 노인이 젊은이를 알아보고는 그가 범인이라 지목하여 젊은이는 마침내 벌을 받게 되었다. (『계신록』)

　廣陵有賣餠王老, 無妻, 獨與一女居. 王老晝日, 自賣餠所歸家, 見其女與他少年共寢於北戶下. 王老怒, 持刀逐之, 少年躍走得免. 王老怒甚, 遂殺其女. 而少年行至中路, 忽流血滿身. 吏呵問之, 不知所對. 拘之以還王老之居, 隣伍方案驗其事. 王老見而識之, 遂抵罪. (出『稽神錄』)

도림화(桃林禾)

　민(閩: 五代十國 중의 하나)나라 왕심지(王審知: 閩國의 建立者)가 처음에 천주자사(泉州刺史)로 있을 때였다. 천주에서 북쪽으로 수 십리 떨어진 곳에 도림이라 불리는 곳이 있었다. [唐나라 僖宗] 광계연간(光啓年間: 885~888) 초 어느 날 저녁에 마을에서 지진이 일어났는데, 그 소리가 마치 여러 개의 백면고(百面鼓: 소리가 엄청나게 큰 북. 百面雷라고도 함)가 울리는 것 같았다. 이튿날 날이 밝은 뒤에 가 보았더니 벼 이삭이 무성하게 자라 있었는데, 줄기는 전혀 없었다. 시험 삼아 땅을 파고 줄기를 찾아보았더니 줄기가 모두 땅 아래로 거꾸로 매달려 있었다. 그 해 왕심지는 진안현(晉安縣)을 쳐서 이기고 구(甌)와 민 지역을 모두 차지하게 된 뒤로 나라가 60년 동안 존속되었다.

　왕연희(王延羲: 閩나라 景宗)가 왕위에 올랐을 때 도림의 땅 속에서 다시 북소리가 났는데, 당시에는 벼를 모두 수확하고 단지 쭉정이만 밭에 남아 있었다. 이튿날 날이 밝은 뒤에 가 보았더니 역시 줄기라곤 보이지 않았다. 그래서 땅을 파고 줄기를 찾아보았더니 역시 땅 아래로 거꾸로 매달려 있었다. 그 해 왕연희는 좌우 신하들에게 피살되었고, 왕씨는 마침내 멸망했다. (『계신록』)

　閩王審知, 初爲泉州刺史. 州北數十里, 地名桃林. 光啓初, 一夕, 村中地震有聲, 如鳴數百面鼓. 及明視之, 禾稼方茂, 了無一莖. 試掘地求之, 則皆倒懸在土下. 其年, 審知尅晉安, 盡有甌閩之地, 傳國六十年.

至於延義立, 桃林地中復有鼓聲, 時禾已收, 惟餘梗在出. 及明視之, 亦無一莖. 掘地求之, 則亦倒懸土下. 其年, 延義爲左右所殺, 王氏遂滅. (出『稽神錄』)

374 · 27(4814)
왕연정(王延政)

왕연정[閩나라 天德帝]이 건주절도사(建州節度使)로 있을 때 연평촌(延平村)의 어떤 사람이 밤에 꿈을 꾸었는데, 어떤 사람이 그에게 이렇게 말했다.

"내 너를 부자로 만들어줄 테니 아침에 산에 가서 찾아보아라."

촌사람은 이튿날 산에 들어가서 무엇인가를 찾았지만 아무 것도 찾지 못했다. 그 날 저녁 촌사람은 전날과 똑같은 꿈을 꾸었다. 촌사람이 말했다.

"아침에 산에 들어가 보았으나, 아무 것도 찾지 못했습니다."

그 사람이 말했다.

"그저 찾기만 하면 되는데 어째서 찾지 못했을까?"

그리하여 촌사람은 이튿날 다시 산에 들어갔다. 그는 해질 무렵 커다란 나무 아래에서 쉬다가 사방 한 장(丈) 남짓한 땅이 유독 밝고 깨끗한 것을 보고 시험 삼아 그곳을 한번 파보았는데, 그 안에서 단사(丹砂)처럼 붉은 흙이 나왔다. 다른 물건도 없고 해서 그것을 등에 지고 집으로 돌아와서 담에 발랐더니 아주 환하게 빛나는 것이 매우 아름다웠다. 사람들은 그 소문을 듣고 다투어 좋은 값으로 그 사람에게 붉은 흙을 사가려고 했다. 이때부터 촌사람은 저자거리에 나가 그것을 살 사람을 찾았다. 왕연정은 그 소문을 듣고 사람을 시켜 그 흙을 가져다가 자신의 궁실(宮室)을 꾸몄고, 그 사람에게는 아문(牙門: 衙門)의 직책을 내렸다. 몇 년 뒤에 건주도 패망했다. (『계신록』)

王延政爲建州節度, 延平村人夜夢人, 告之曰: "與汝富, 且入山求之." 明日入山, 終無所得. 爾夕, 復夢如前. 村人曰: "旦已入山, 無所得也." 其人曰: "但求之, 何故不得?" 於是明日復入. 向暮, 息大樹下, 見方丈之地獨明淨, 試掘之, 得赤土如丹. 旣無他物, 則負之歸, 飾('飾'字原闕, 據明鈔本改)以牆壁, 煥然可愛. 人聞者, 競以善價, 從此人求市. 延政聞之, 取以飾其宮室, 署其人以牙門之職. 數年, 建州亦敗. (出『稽神錄』)

374 · 28(4815)
홍주초인(洪州樵人)

홍주의 어떤 나무꾼이 서산(西山)의 암석 아래에 들어갔다가 넝쿨이 아주 빽빽하게 우거진 곳에서 자색이 매우 빼어난 여도사 한 명을 보았다. 여도사는 눈을 감고 단정하게 앉아 있었는데, 입고 있는 옷과 어깨걸이가 하나같이 새것 같았다. 사람들은 여도사를 살펴보았지만 누구인지 알 길이 없었다. 어떤 사람이 여도사의 관(冠)과 머리를 정리해주었는데, 그 사람의 손길이 닿자마자 여도사는 썩어 부서졌다. 이 광경을 본 사람들은 모두 놀라서 흩어져 도망갔다. 나중에 다시 여도사를 찾아

보았지만 더 이상 찾을 수 없었다. (『계신록』)

洪州樵人, 入西山巖石之下, 藤蘿甚密, 中有一女冠, 姿色絶世. 閉目端坐, 衣帔皆如新. 衆觀之不能測. 或爲整其冠髻, 卽應手腐壞. 衆懼散去. 復尋之, 不能得. (出『稽神錄』)

태평광기 권제 375 재생(再生) 1

1. 사　　후(史　　姁)
2. 범명우노(范明友奴)
3. 진　　초(陳　　焦)
4. 최　　함(崔　　涵)
5. 유　　장(柳　　莄)
6. 유　　개(劉　　凱)
7. 석함중인(石函中人)
8. 두석가비(杜錫家婢)
9. 한 궁 인(漢 宮 人)
10. 이　　아(李　　俄)
11. 하간여자(河間女子)
12. 서현방녀(徐玄方女)
13. 채 지 처(蔡 支 妻)
14. 진 랑 비(陳 朗 婢)
15. 우보가노(於宝家奴)
16. 위풍녀노(韋諷女奴)
17. 업중부인(鄴中婦人)
18. 이중통비(李仲通婢)
19. 최 생 처(崔 生 妻)
20. 동래인녀(東萊人女)

사후(史姁)

한(漢)나라 때 진류(陳留) 고성(考城) 사람 사후는 자(字)가 위명(威明)이었다. 그는 일찍이 젊어서 병을 앓았는데, 죽을 때가 되자 자신의 모친에게 이렇게 말했다.

"저는 죽었다가 분명 다시 살아날 테니, 저를 묻은 다음 죽장(竹杖)을 무덤 위에 꽂아주십시오. 만일 죽장이 부러지거든 무덤을 파내 저를 꺼내 주십시오."

사후가 죽어 땅에 묻을 때에 모친은 사후의 말대로 죽장을 꽂아주었는데, 7일이 지난 뒤에 가서 보았더니 죽장이 과연 부러져 있었다. 이에 그의 모친이 무덤을 파고 그를 꺼내자 그는 다시 살아나 우물가로 걸어가 목욕을 하고는 예전처럼 회복되었다.

그 후 사후는 이웃사람과 함께 배를 타고 하비(下邳)로 가 호미를 팔았는데, 기일 내에 호미를 다 팔지 못하게 되자 집에 갔다 오겠다고 말했다. 사람들은 그의 말을 믿지 않으며 이렇게 말했다.

"천 리나 되는 길을 어떻게 잠깐 사이에 갔다 올 수 있단 말인가?"

그러자 사후가 대답했다.

"하룻밤이면 갔다 올 수 있습니다. 믿지 못하겠다면 편지를 써주십시오. 그 편지에 답장을 받아오는 것으로써 사실임을 증명해 보이도록 하지요."

사후는 하룻밤 만에 돌아왔는데, 과연 답장을 받아가지고 왔다.

고성현령(考城縣令)인 강하(江夏) 사람 담고화(鄲賈和)의 누이는 병이 들어 고향에 몸져 누워있었는데, 담고화는 급히 누이의 소식이 알고 싶어서 사후에게 가보고 와달라고 청했다. [고성에서 담고화의 누이가 있는 곳 까지는] 길이 3천 리나 되었지만 사후는 이틀 밤 만에 다녀와서 소식을 전했다. (『수신기』)

漢陳留考城史姁, 字威明. 年少時, 嘗病, 臨死謂母曰: "我死當復生, 埋我, 以竹杖柱於瘞上. 若杖折, 掘出我." 及死埋之, 柱如其言, 七日往視, 杖果折. 卽掘出之, 已活, 走至井上浴, 平復如故.

後與鄰船至下邳賣鋤, 不時售, 云欲歸. 人不信之, 曰: "何有千里暫得歸耶?" 答曰: "一宿便還. 卽不相信, 作書. 取報, 以爲驗實." 一宿便還, 果得報.

考城令江夏鄲(明鈔本'鄲'作'鄭')賈和姊('姊'字原空闕, 據明鈔本補)病在鄉('鄉'原作'鄰', 據明鈔本改)里, 欲急知消息, 請往省之. 路遙三千, 再宿還報. (出『搜神記』)

375·2(4817)
범명우노(范明友奴)

한(漢)나라 말년에 어떤 사람이 범명우의 무덤을 팠는데, 그때 범명우 집안의 한 노비가 죽었다가 다시 살아났다. 범명우는 곽광(霍光)의 사위였다. 그 노비는 곽광의 집안일이며 여러 황제들이 황위에 올랐다가 폐위되는 동안의 일 등에 대해 이야기했는데[霍光은 武帝의 깊은 신임을 얻었는데, 임종시에 武帝는 그에게 昭帝를 보좌해 줄 것을 부탁했음. 이에 霍光은 어린 昭帝를 대신해 섭정했는데, 후에 昭帝가 붕어하자 昌邑王 劉賀를 황위에 세웠음. 그러나 劉賀가 음란하다는 이유로 곧 그를 폐위시키고 다시 宣帝를 황위에 세우고 여전히 섭정했음], 대부분이 『한서(漢書)』에 실린 내용과 부합했다. 이 노비는 늘 민간을 떠돌아다녔을 뿐, 정해진 거처가 없었기 때문에 사람들은 결국 그가 어디로 갔는지 알지 못했다. (『박물지』)

漢末人發('發'字原闕, 據許本補)范明友塚('塚'字原闕, 據許本補), 家奴死而再('死而再'三字原作猶', 據明鈔本改)活. 明友是霍光女壻. 說光家事, 廢立之際, 多與『漢書』相應. 此奴常遊走民間, 無止住處, 竟不如所在. (出『博物志』)

375・3(4818)
진 초(陳 焦)

손휴(孫休: 魏・蜀・吳 三國時代 때 吳나라의 景帝) 영안(永安) 4년(261)에 오(吳)나라 사람 진초가 죽었는데, 땅에 묻은 지 6일 만에 다시 살아나 땅을 뚫고 밖으로 나왔다. (『오행기』)

孫休永安四年, 吳民陳焦死, 埋之六日更生, 穿土而出. (出『五行記』)

최 함(崔 涵)

후위(後魏: 北魏) 때 보리사(菩提寺)라는 절이 있었는데, 그 절은 서역 사람이 지은 것으로 [洛陽] 모의리(慕義里)에 있었다. 사문(沙門) 달다(達多)는 무덤을 파내고 벽돌을 얻으려다가 한 사람을 발견하고 궁궐에 바쳤다. 그때 태후(太后)와 효명제(孝明帝)는 화림당(華林堂)에 있었는데, [무덤에서 나왔다는 사람을] 요괴일 것이라 생각하고는 황문랑(黃門郞) 서흘(徐紇)에게 물었다.

"옛날부터 이런 일이 있어왔소?"

서흘이 말했다.

"옛날 위(魏)나라 때에 무덤을 파냈다가 곽광(霍光)의 사위인 범명우(范明友) 집안의 노비를 발견했는데, 그 노비가 말한 한(漢)나라 때 황제 옹립과 폐위에 관한 일들은 사서(史書)와 부합했습니다. 그러니 지금의 일은 그다지 이상하게 여길 것이 못됩니다."

태후가 서흘에게 시켜 무덤에서 나온 자에게 성과 이름은 무엇이며 죽은 지는 몇 년이 되었고 또 [그간 무덤 속에서] 무얼 먹고 마셨는지를 물어보게 하자 그 사람이 이렇게 대답했다.

"저는 성은 최(崔)이고 이름은 함(涵)이며, 자(字)는 자홍(子洪)으로 박릉(博陵) 안평(安平) 사람입니다. 제 아버님의 이름은 창(暢)이고, 어머님은 성이 위씨(魏氏)이며 집은 성의 서쪽에 있는 부재리(阜財里)에 있습니다. 저는 죽을 때 15살이었는데, 지금은 27살이 되었으니 무덤 속에서 12년 간 있었던 셈이지요. 저는 [무덤 속에서] 늘 마치 술에 취한 듯 누워있었을 뿐 먹은 것이라고는 없었습니다. 가끔은 여기저기 돌아다니기도 했는데, 그러다가 음식을 발견하면 먹고 마시기도 했으나 마치 꿈속인 듯 아득하여 제대로 기억할 수 없습니다."

황후는 즉시 문하록사(門下錄事) 장준(張雋)을 보내 부재리로 가 최함의 부모를 찾아보게 했다. [장준이 부재리에 가 보았더니] 과연 최창이라는 사람이 있었는데, 그 처의 성 또한 위씨였다. 장준이 최창에게 물었다.

"당신에게 죽은 아들이 한명 있지 않소?"

최창이 말했다.

"제게 함이라는 아들이 있었는데 15살에 죽었습니다."

장준이 말했다.

"어떤 사람이 당신 아들의 무덤을 파냈는데, 지금 다시 살아났소. 주상께서 화림원에 계시는데, 나를 보내 물어보라고 하셨소."

이 말을 들은 최창은 겁에 질려하며 이렇게 말했다.

"사실 제게 그런 아들은 없습니다. 아까 했던 말은 거짓말이었습니다."

장준이 돌아와 사실대로 고하자 태후는 최함을 집으로 돌려보냈다. 최창은 아들이 집으로 왔다는 이야기를 듣고는 문 앞에 불을 피우고 손에 칼을 든 채 서 있었고 그의 처 위씨는 복숭아나무로 만든 지팡이[桃杖: 귀신들은 복숭아나무를 두려워한다고 함]를 들고서 최함을 못 들어오게 막았다. 최창이 말했다.

"너는 이리로 오지 말라. 나는 네 아비가 아니고 너는 내 아들이 아니다. 속히 돌아가야 탈이 없을 것이다."

그래서 최함은 하는 수 없이 그곳을 떠나가 도성을 떠돌면서 늘 절문 아래서 기숙했다. 여남왕(汝南王)은 그에게 황의(黃衣) 한 벌을 하사했다.

최함은 해를 두려워해서 하늘을 올려다보지 못했다. 또 물과 불, 그리고 병기 같은 것도 두려워했다. 그는 길을 갈 때면 늘 뛰어다녔는데, 그러다가 지치면 멈추어서는 한이 있어도 천천히 걸어 다니는 법은 없어서 당시 사람들은 그를 여전히 귀신이라 여겼다. 낙양(洛陽)의 커다란 저자거리 북쪽에 봉종리(奉終里)가 있었다. 그 마을 사람들은 대부분 장례도구 및 관을 팔았는데, 최함은 그 마을 사람들에게 이렇게 말했다.

"측백나무 관은 절대 뽕나무로 안을 덧대지 마시오."

사람들이 그 이유를 묻자 최함이 대답했다.

"내가 지하에 있을 때 귀병(鬼兵)에 징집당해 가는 것을 보았는데, 한 귀신이 이렇게 말했소. '이것은 측백나무 관이니 나는 귀병이 되는 것을 면제받아야 합니다.' 그러자 관리가 말했소. '너의 관이 비록 측백나무 관이기는 하나 뽕나무로 안을 덧대었다.' 이렇게 해서 결국 귀병이 되는 것을 면치 못했다오."

도성에 이 소문이 퍼져 측백나무 값이 폭등했다. 사람들은 관 파는 사람이 최함을 매수해 고의로 이런 이야기를 만들어 낸 것이 아닐까 하고 의심했다. (『탑사』[『가람기』])

後魏菩提寺, 西域人所立也, 在慕義. 沙門達多, 發墓取塼, 得一人以送. 時太后與孝明帝在華林堂, 以爲妖異, 謂黃門郞徐紇曰: "上古以來, 頗有此事不?" 紇曰: "昔魏時發塚, 得霍光女壻范明友家奴, 說漢朝廢立, 於史書相符. 此不足爲異也." 后令紇問其姓名, 死來幾年, 何所飮食, 答曰: "臣姓崔名涵, 字子洪, 博陵 安平人. 父名暢, 母姓魏, 家在城西阜財里. 死時年十五, 今乃二十七, 在地下十 二年. 常似醉臥, 無所食. 時復遊行, 或遇飮食, 如夢中, 不甚辨了."

后卽遣門下錄事張雋, 詣阜財里, 訪涵父母. 果有崔暢, 其妻魏. 雋問暢曰: "卿 有兒死不?" 暢曰: "有息子涵, 年十五而亡." 雋曰: "爲人所發, 今日蘇活. 主上 在華林園, 遣我來問." 暢聞驚怖, 曰: "實無此兒. 向者謬言." 雋具以實聞, 后遣 送涵向家. 暢聞涵至, 門前起火, 手持刀, 魏氏把桃杖拒之. 曰: "汝不須來. 吾非 汝父, 汝非我子. 急速去, 可得無殃." 涵遂捨去, 遊於京師, 常宿寺門下. 汝南王 賜黃衣一通.

性畏日, 不仰視天. 又畏水火及兵刃之屬. 常走於路, 疲則止, 不徐行也, 時人 猶謂是鬼. 洛陽大市北有奉終里. 里內之人, 多賣送死之具及諸棺槨, 涵謂曰: "栢棺勿以桑木爲欀." 人問其故, 涵曰: "吾在地下, 見發鬼兵, 有一鬼稱: '是栢 棺, 應免兵.' 吏曰: '爾雖栢棺, 桑木爲欀.' 遂不免兵." 京師聞此, 栢木湧貴. 人疑 賣棺者貨('貨'原作'化', 據明鈔本改)涵, 故發此言. (出『塔寺』, 明鈔本'出『伽藍 記』')

375・5(4820)
유 장(柳 莊)

양(梁)나라 승성(承聖) 2년(553) 2월 10일에 사도부(司徒府) 주부(主 簿) 유장이 죽자 그의 아들 유보(柳褒)는 구강(九江)에다 부친의 시신을 묻어주었다. 그 후 3년이 지났을 때 큰 비에 무덤이 허물어지자 유보는 이장을 하려고 관을 바꾸었는데, 보았더니 관 속에 있던 부친은 눈을 뜨고 있었고 가슴에는 따뜻한 기운이 있었다. 한참 후에 유장은 유보에게 이렇게 말했다.

"나는 다시 살아난 지 이미 1년이나 되었으나 너에게 알릴 방도가 없었다. 구강신(九江神)께서 내가 비명에 간 것을 알고 지신(地神)을 보내 내게 젖을 먹여주시어 나는 죽지 않을 수 있었다. 지금 비를 내려 내 무덤이 허물어지게 한 것 역시 구강신이 하신 일이다."

유보는 부친을 부축해 관 속에서 꺼냈다. 그 후 유장은 30년을 더 산 후에 죽었다. (『궁신비원』)

梁承聖二年二月十日, 司徒府主簿柳萇卒, 子褒葬於九江. 三年, 因大雨塚壞, 移葬換棺, 見父棺中目開, 心有暖氣. 良久, 乃謂褒曰: "我生已一歲, 無因令汝知. 九江神知我橫死, 遣地神以乳飼我, 故不死. 今雨壞我塚, 亦江神之所爲也." 扶出. 更生三十年卒. (出『窮神祕苑』)

375 · 6(4821)
유 개(劉 凱)

당(唐)나라 정관(貞觀) 2년(628)에 진류현위(陳留縣尉) 유전소(劉全素)의 집은 송주(宋州)에 있었다. 그의 부친 유개는 일찍이 위현령(衛縣令)으로 있었는데, 관직에 있다가 죽자 위현 교외에 묻은 지 이미 30여 년이나 되었다. 유전소는 모친상을 당하자 모친의 관을 모시고 위현으로 돌아와 부친과 합장시켜드리려고 했다. 그런데 부친의 무덤에 도착해서 관을 열어보았더니 부친의 시신은 마치 살아있는 사람 같았으며 잠시 후에는 조금씩 살아나기 시작했다. 이에 유전소가 펄쩍 뛰며 부친을 부축해 일으키자 저녁 무렵이 되어서는 다음과 같은 말을 할 수 있게 되었다.

"헤어진 지 오래 되었는데 그간 잘 있었느냐?"

유전소가 울며 이야기를 하자 부친이 말했다.

"아무 말 말거라. 내 이미 다 알고 있으니."

그리고는 급히 명령을 내려 동쪽으로 흐르는 물을 가져와 목욕물을 준비해 달라고 했다. 물을 가져오자 부친은 목욕을 한 다음 옷을 갈아입었다. 또 죽과 미음을 마시고 기력을 회복한 다음 이런 이야기를 했다.

"나는 저승에서 북풍성주(北酆城主)를 30년간이나 맡아보며 여러 가지 풀리지 않는 사안(事案)을 살피고 다스렸는데, 그간 공을 세운 덕에 다시 살아날 수 있게 되었다. 네가 의심할까 걱정되어 대충 이야기해 두는 것이다."

부친은 유전소에게 다른 사람들에게는 이 사실을 알리지 말라며 신신당부했다. 그래서 유전소는 부친을 작은아버지라고 불렀다. 반년 후 부친은 촉(蜀) 땅으로 갔다가 돌아오지 않았는데, 어디서 죽었는지 알 길이 없었다. (『통유기』)

唐貞觀二年, 陳留縣尉劉全素, 家于宋州. 父凱, 曾任衛縣令, 卒於官, 葬于郊三十餘年. 全素丁母憂, 護喪歸衛, 將合葬. 旣至, 啓發, 其尸儼然如生, 稍稍而活. 其子踊躍擧扶, 將夕能言曰: "別久佳否?" 全素泣而叙事, 乃曰: "勿言. 吾盡知之." 速命東流水爲湯. 旣至, 沐浴易衣. 飮以糜粥('粥'字原空闕, 據明鈔本補), 神氣屬, 乃曰:"吾在幽途, 蒙署爲北酆主者三十年, 考治幽滯, 以功業得再生. 恐汝有疑, 故粗言之." 仍戒全素不得泄於人. 全素遂呼爲季父. 後半年, 之蜀不還, 不知所終. (出『通幽記』)

375 · 7(4822)
석함중인(石函中人)

[唐나라] 정원연간(貞元年間: 785~805)에 도성 무본방(務本坊)에 있는 한 인가에서 담을 헐고 땅을 파다가 석함 하나를 발견했다. 석함을 열고 보았더니 실 같이 생긴 물건이 함 안에 가득 들어 있었는데, 이내 밖으로 날아갔다. 사람들이 다시 석함 안을 보았더니 갑자기 한 사람이 석함 안에서 일어났는데, 1장(丈)도 넘는 길이의 머리카락을 풀어 헤치고 옷을 털며 일어나 문밖으로 나가더니 어느새 사라져버렸다. 그 집에는 아무 탈도 생기지 않았다. 이전의 기록에도 이런 일이 자주 언급되어 있곤 하는데, 태음(太陰: 달)이 형체를 단련할 적에 날이 찰 때쯤 되면 필히 사람의 형상으로 나타난다고 한다. (『유양잡조』)

上都務本坊, 貞元中, 有一人家, 因打牆掘地, 遇一石函. 發之, 見物如絲滿函, 飛出於外. 視之次, 忽有一人, 起於函中, 披髮長丈餘, 振衣而起, 出門失所在. 其家亦無他. 前記中多言此事, 蓋道太陰鍊形, 日將滿, 人必露之. (出『酉陽雜組』)

375 · 8(4823)
두석가비(杜錫家婢)
(此已下婦人再生)

한(漢)나라 때 두석(杜錫)의 집에서 장례를 치렀는데, 한 여종이 [무덤 안에 들어갔다가] 그만 밖으로 못 빠져나오고 말았다. 그 후 10여 년이 지났을 때 무덤을 열고 합장을 하려다가 보았더니 그 여종은 그때까지도 여전히 살아 있었는데, [어찌된 영문이지] 묻자 이렇게 대답했다.

"처음에는 그저 눈을 감은 듯 했을 뿐이어서 한 하루 이틀쯤 잤다고 생각했습니다."

처음 여종이 무덤에 묻혔을 때는 15~16살이었는데, 무덤을 열고나서 보았더니 용모가 예전과 다름없었다. 그녀는 15~16년을 더 살았는데, 그간 시집가서 아들도 낳았다. (『수신기』)

漢杜錫家葬, 而婢誤不得出. 後十餘年, 開塚祔葬, 而婢尙生, 問之, 曰: "其始如瞑目, 自謂當一再宿耳." 初婢埋時, 年十五六, 及開塚後, 資質如故. 更生十五六年, 嫁之有子. (出『搜神記』)

375 · 9(4824)
한궁인(漢宮人)

한(漢)나라 말에 관중(關中)이 크게 어지러웠을 때 어떤 사람이 전한

(前漢) 시대 궁녀(宮女)의 무덤을 파냈는데, 그 궁녀는 그때까지 살아있었다. 그래서 그 궁녀를 꺼내주었더니 곧 예전처럼 회복되었다. 위(魏)나라의 곽후(郭后)는 그 궁녀를 몹시 아껴서 궁궐 안에 머물게 하면서 늘 자기 옆에 있게 했다. 한나라 때 궁궐 안에서 벌어진 일에 대해 물어보면 그 궁녀는 매우 자세히 이야기해 주었는데, 하는 말마다 매우 조리 있었다. 곽후가 죽자 지나치게 애도해 하다가 그 궁녀 역시 죽고 말았다. (『박물기』)

漢末, 關中大亂, 有發前漢時宮人冢者, 人猶活. 旣出, 平復如舊. 魏郭后愛念之, 錄置宮中, 常在左右. 問漢時宮內事, 說之了了, 皆有次敍. 郭崩, 哭泣過禮, 遂死. (出『博物記』)

375 · 10(4825)
이 아(李 娥)

한(漢)나라 말에 무릉(武陵)에 사는 부인 이아는 나이 60세에 병들어 죽어 성 밖에 묻힌 지 이미 반 달이나 되었다. 이아의 이웃에 채중(蔡仲)이라는 사람이 있었는데, 이아에게 돈이 많았다는 사실을 알고는 금을 얻으려고 무덤을 파냈다. 채중이 도끼로 관을 쪼개려는 순간 관 속에서 이아가 갑자기 이렇게 소리쳤다.

"채중! 내 머리 조심해라!"

채중은 질겁하여 달아났으나 현리(縣吏)에게 붙잡혀 기시형(棄市刑)

에 처해지게 되었다. 이아의 아들은 자신의 어머니가 살아났다는 말을 듣고 [무덤으로 가] 어머니를 꺼내 맞이해왔다.

태수(太守)가 이아를 불러 어찌된 상황인지 묻자 이아가 대답했다. "[저승의] 사명부(司命府)에서 실수로 저를 불러간 것이기 때문에 시간이 되자 저를 돌려보내 주었습니다. 문 밖을 나왔을 때 외사촌 오라버니인 유문백(劉文伯)과 마주쳤는데, 너무도 놀라 서로 마주보며 울다가 제가 말했지요. '저는 잘못 잡혀온 것이기 때문에 지금 풀려나 돌아갈 수 있게 되었습니다. 그렇지만 돌아가는 길도 모르고 혼자 갈 수도 없으니 저를 위해 동행할 사람 한 명만 찾아주십시오. 저는 이곳에서 열흘도 넘게 있었기 때문에 집안사람들은 이미 저를 묻어버렸습니다. 그러니 어떻게 혼자 돌아갈 수 있겠습니까?' 그러자 유문백은 즉시 문졸 한명을 보내 호조(戶曹)에게 가 이 사실을 알리게 했습니다. 그리고는 이렇게 답변을 해 주었지요. '지금 무릉 서쪽 경계에 살고 있던 이흑(李黑)이라는 남자도 풀려나 돌아가게 되었으니 그와 함께 가면 될 것이다.' 유문백은 또 이흑에게 명해 저의 이웃을 찾아가 채중이라는 자로 하여금 꺼내주도록 시켰습니다. 그리고 나서 유문백은 아들에게 주라며 편지 한 통을 써 주었습니다. 그래서 저는 이흑과 더불어 돌아왔습니다."

태수는 이 말을 듣고 채중을 풀어주었다. 또 마부를 보내 무릉 서쪽 경계로 가 이흑을 심문해보게 했더니 이흑의 말이 이아의 진술과 다르지 않았다. 유문백이 아들에게 보낸 편지를 보고 아들은 그 편지지를 알아보았는데, 그것은 바로 아버지가 돌아가셨을 때 상자 안에 넣어 관 속에 넣어드렸던 종이였다. (『궁신비원』)

漢末, 武陵婦人李俄, 年六十歲, 病卒, 埋於城外, 已半月. 俄鄰舍有蔡仲, 聞俄富, 乃發塚求金. 以斧剖棺, 俄忽棺中呼曰: "蔡仲! 護我頭!" 仲驚走('走'原作'便', 據明鈔本改), 爲縣吏所收, 當棄市. 俄兒聞母活, 來迎出之.

太守召俄問狀, 俄對曰: "誤爲司命所召, 到時得遣. 出門外, 見內兄劉文伯, 驚相對泣, 俄曰: '我誤爲所召, 今復得歸. 旣不知道, 又不能獨行, 爲我求一伴. 我在此已十餘日, 已爲家人所葬. 那得自歸也?' 文伯卽遣門卒與戶曹相聞. 答曰: '今武陵西界, 有男子李黑, 亦得還, 便可爲伴.' 兼敕黑過俄鄰舍, 令蔡仲發出. 於是文伯作書與兒, 俄遂與黑同歸."

太守聞之, 卽赦蔡仲. 仍遣馬吏, 於西界推問李黑, 如俄所述. 文伯所寄書與子, 子識其紙, 是父亡時所送箱中之書矣. (出『窮神祕苑』)

375 · 11(4826)
하간여자(河間女子)

진(晉)나라 무제(武帝) 때 하간에 사는 남녀가 서로 사랑을 해 혼인하기로 약속을 했다. 그러나 남자가 종군(從軍)한 후 몇 년이 지나도록 돌아오지 않자 여자의 집에서는 여자를 다른 데로 시집보냈다. 여자는 시집가려하지 않았지만 부모가 강요하는 바람에 어쩔 수 없이 시집갔다가 얼마 후 곧 병들어 죽고 말았다.

변방에서 돌아온 남자가 여자 있는 곳을 묻자 여자의 집에서 사실대로 말해 주었다. 남자는 여자의 무덤으로 가 통곡하며 슬픔을 터뜨리려다가 슬픈 마음을 억제하지 못하고 무덤을 파내 관을 열었는데, 그 순간 여자가 다시 살아났다. 이에 남자가 여자를 업고 집으로 돌아와 잘 보살피자 여자는 원래상태로 회복되었다. 후에 여자의 본 남편이 이 사실을 알고 관가에 찾아가 고소하자 쌍방간에 싸움이 일어났는데, 군현(郡縣)에서는 도무지 판결할 수 없어서 정위(廷尉: 九卿의 하나로 獄事를 장관함)에게 이 안을 넘겼다. 정위는 '지극정성이 하늘을 감동시켜 죽은 자가 다시 살아난 것이니 이는 보통 일이 아니므로 일반적인 이치로 판단해서는 안된다'며 여자를 관을 연 남자에게로 돌려주어야 한다고 주청(奏請)했다. (『수신기』)

  晉武帝時, 河間有男女相悅, 許相配適. 而男從軍, 積年不歸, 女家更以適人. 女不願行, 父母逼之而去, 尋病死.
  其夫戍還, 問女所在, 其家具說之. 乃至冢, 欲哭之敍哀, 而不勝情, 遂發冢開棺, 女卽蘇活. 因負還家, 將養平復. 後夫聞, 乃詣官爭之, 郡縣不能決, 以讞廷尉. 奏以'精誠之至, 感於天地, 故死而更生, 是非常事, 不得以常理斷', 請還開棺者. (出『搜神記』)

375·12(4827)
서현방녀(徐玄方女)

  진(晉)나라 때 동평(東平) 사람 풍효장(馮孝將)은 광주태수(廣州太守)로 있었다. 그에게는 풍마자(馮馬子)라는 아들이 있었는데 나이는 20살이 조금 넘었다. 어느 날 풍마자는 혼자 마구간에 누워 있다가 밤에 꿈에서 18~19세 가량 되어 보이는 한 여자를 보았는데, 여자가 이렇게 말했다.

"저는 북해태수(北海太守) 서현방의 딸로 불행히도 요절하여 죽은 지 벌써 4년쯤 되었습니다. 저는 귀신에게 억울한 죽임을 당했는데, 생명부(生名簿)에 의하면 80살 넘게까지 살게 되어있습니다. 그러나 저를 환생하게 하려면 제 몸이 깃들 곳이 있어야만 살아날 수 있습니다. 또 저는 당신의 아내가 될 운명입니다. 당신께서는 제 부탁을 들어주시어 저를 구해주실 수 있으시겠는지요?"

풍마자가 대답했다.

"그렇게 하겠소."

그녀는 풍마자에게 자신이 무덤 밖으로 나갈 시간을 알려주었다.

약속한 날이 되었을 때 풍마자는 평상 앞에 머리카락이 있는 것을 보았는데, 그 머리카락은 땅바닥과 같은 높이에 있었다. 그가 사람을 시켜 머리카락을 쓸어버리게 했으나 머리카락이 갈수록 더 분명해지자 그제야 꿈에 나타났던 그 여자임을 깨닫고 좌우 사람들을 물렸다. 그러자 차츰 이마와 얼굴이 나타나더니 다음으로 머리와 몸체가 다 나왔다. 풍마자가 그녀에게 맞은 편 평상 위에 앉으라 하자 그녀는 여러 가지 이야기를 했는데, 말 하는 것이 매우 기묘했다. 풍마자는 결국 그녀와 함께 잠을 잤는데, 그녀는 매번 풍마자에게 이렇게 주의 줬다.

"저는 아직 허약합니다."

풍마자가 언제 나올 수 있느냐고 물으면 그녀는 이렇게 대답했다.

"제가 밖으로 나가려면 이번 생(生)의 태어나는 날까지 기다려야 하는데, 그 날이 아직 오지 않았습니다."

사람들이 가서 마구간 안을 보았는데, 여자의 말소리를 사람들 모두 들을 수 있었다.

여자는 자신이 다시 태어날 날이 다가오자 풍마자에게 자신을 보양(保養)하는 방법을 일일이 가르쳐 주고는 말을 마치자 절을 하고 떠나갔다. 풍마자는 그녀가 가르쳐 준대로 그 날이 오자 붉은 수탉 한 마리, 기장밥 한 그릇, 청주(淸酒) 한 되를 마구간에서 10여 보 떨어져있는 관 앞에 차려놓고 제사지냈다. 제사를 마친 다음 관을 꺼내고 관 뚜껑을 열어 보았더니 여자의 몸은 완전히 생전처럼 회복되어 있었다. 풍마자는 여자를 천천히 안아 꺼내고는 융단 휘장 안에 뉘였는데, 오직 심장 아래에만 따뜻한 기운이 있었고 입으로 숨을 쉬고 있을 뿐이었다. 풍마자는 하녀들에게 명해 주위에서 잘 모시고 지키게 했다. 풍마자가 자주 푸른 양의 젖을 그녀의 두 눈에 떨구어 주자 그녀는 입을 열기 시작해 죽을 조금 마실 수 있게 되었으며 점차 말도 할 수 있게 되었다. 200일이 지나자 그녀는 지팡이를 짚고 일어나 걸었으며 1년이 지난 뒤에는 안색이며 피부[본문에는 '飢膚'로 되어있으나 문맥상 '肌膚'가 맞으므로 고쳐 번역함], 기력이 모두 정상으로 돌아왔다. 이에 풍마자가 사람을 보내 서씨(徐氏: 徐玄方)에게 이 사실을 고하자 서씨집안의 모든 사람들이 다 몰려왔으며, 둘은 길일을 택해 예를 올리고 부부가 되었다. 그들은 아들 둘을 낳았는데, 장남은 자(字)가 원경(元慶)이고 영가연간(永嘉年間: 307~313)초에 비서랑(秘書郞)을 지냈으며, 작은 아들 경도(敬度)는 태부연(太傅掾)을 지냈다. 딸은 제남(濟南)의 유자언(劉子彦)에게 시집갔는데, 유자언은 징사(徵士: 학문과 덕행이 높아 조정의 부름을 받았으나 나아가 벼슬하지 않은 隱士) 유연세(劉延世)의 자손이었다. (『법원주림』)

晉時東平('時'字'平'字原闕, 據『法苑珠林』七五補)馮孝將, 廣州太守. 兒名馬子, 年二十歲餘. 獨臥廐中, 夜夢見女子, 年十八九, 言:"我是太守北海徐玄方女, 不幸早亡, 亡來出入四年. 爲鬼所枉殺, 案生錄, 當年八十餘. 聽我更生, 要當有依憑, 乃得活. 又應爲君妻. 能從所委見救活不?" 馬子答曰:"可爾." 與馬子尅期當出.

至期日, 牀前有頭髮, 正與地平. 令人掃去, 愈分明, 始悟所夢者, 遂屛左右. 便漸額面出, 次頭形體頓('頓'原作'額', 據明鈔本改)出. 馬子便令坐對榻上, 陳說語言, 奇妙非常. 遂與馬子寢息, 每戒云:"我尙虛." 借問何時得出, 答曰:"出當待, 本生生日, 尙未至." 遂往廐中, 言語聲音, 人皆聞之.

女計生至, 具敎馬子出己養之方法, 語畢拜去. 馬子從其言, 至日, 以丹雄鷄一隻, 黍飯一盤, 淸酒一升, 醊其喪前, 去廐十餘步. 祭訖, 掘棺出, 開視, 女身體完全如故. 徐徐抱出, 着氈帳中, 唯心下微暖, 口有氣. 令婢四守養護之. 常以靑羊乳汁瀝其兩眼, 始開口, 能咽粥, 積漸能語. 二百日持杖起行, 一朞之後, 顔色飢膚氣力悉復常. 乃遣報徐氏, 上下盡來, 選吉日下禮, 聘爲夫婦. 生二男, 長男字元慶, 永嘉(原無'永'字, '嘉'下空闕一字, 據『法苑珠林』七五改)初, 爲秘書郞, 小男敬度, 作太傅掾. 女適濟南劉子彦, 徵士延世之孫. (出『法苑珠林』)

375・13(4828)
채지처(蔡支妻)

임치(臨淄) 사람 채지는 현의 관리로 있었다. 그는 일찍이 문서를 받들고 태수(太守)를 찾아가고 있었는데, 갑자기 길을 잃어 대종산(岱宗山: 泰山) 아래까지 가게 되었다. 그는 성곽같이 생긴 곳이 있는 것을 보고 그리로 들어가 문서를 전달했다. 그곳에서 채지는 한 관리를 보았는데, 의장(儀仗)과 시위(侍衛)가 매우 위엄 있는 것이 마치 태수처럼 보였다. 그 관리는 성대하게 주연을 베풀어 준 다음 편지 한 통을 써 채지에게 주면서 이렇게 말했다.

"아전은 나 내신 이 편지를 나의 외손에게 전해주게."

채지가 대답했다.

"명부(明府)의 외손이 누구입니까?"

관리가 대답했다.

"나는 태산신(太山神)이고 내 외손은 천제(天帝)라네."

채지는 그제야 깜짝 놀라며 자신이 인간세상이 아닌 다른 곳에 왔음을 깨달았다. 채지는 문을 나선 다음 말을 타고 어디론가 갔는데, 잠시 후 홀연 천제좌(天帝座: 별자리 이름) 태미궁전(太微宮殿)에 도착해 있었다. 그곳에 있는 좌우 신하들은 마치 천자(天子)의 신하들 같았다. 채지가 편지를 전달하자 천제는 그에게 앉으라고 하면서 술과 음식을 대접했다. 또 그를 위로하며 이렇게 말했다.

"아전은 식구가 몇인가?"

채지가 부모와 처는 이미 죽었고 아직 재혼하지 않았다고 대답하자 천제가 말했다.

"그대의 처는 죽은 지 몇 년이나 되었는가?"

채지가 대답했다.

"3년 입니다."

천제가 말했다.

"그대는 처를 만나보고 싶은가?"

채지가 말했다

"천제께서 은혜를 베풀어 주십시오."

천제는 즉시 호조상서(戶曹尙書)를 시켜 사명부(司命府)에 명해 채지 처의 이름을 생명부(生命簿)에다 옮겨 적으라고 한 다음 채지를 따라 이승으로 돌아가게 해 주었다. 채지는 잠에서 깨어나 집으로 돌아온 다음 처의 무덤을 파 보았는데, 아내의 몸에 과연 소생하는 듯한 기미가 보이더니 잠시 후 일어나 앉아 생전과 마찬가지로 이야기했다. (『열이전』)

臨淄蔡支者, 爲縣吏. 曾奉書謁太守, 忽迷路, 至岱宗山下. 見如城郭, 遂入致書. 見一官, 儀衛甚嚴, 具如太守. 乃盛設酒殽, 畢付一書, 謂曰: "掾爲我致此書與外孫也." 吏答曰: "明府外孫爲誰?" 答曰: "吾太山神也, 外孫天帝也." 吏方驚, 乃知所至非人間耳. 掾出門, 乘馬所之, 有頃, 忽達天帝座太微宮殿. 左右侍臣, 具如天子. 支致書訖, 帝命坐, 賜酒食. 仍勞問之曰: "掾家屬幾人?" 對父母妻皆已物故, 尙未再娶. 帝曰: "君妻卒經幾年矣?" 支曰: "三年." 帝曰: "君欲見之否?" 支曰: "恩唯天帝." 帝卽命戶曹尙書, 勑司命輟蔡支婦籍於生錄中, 遂命與支相隨而去. 乃蘇歸家, 因發妻塚, 視其形骸, 果有生驗, 須臾起坐, 語遂如舊. (出『列異傳』)

375·14(4829)
진랑비(陳朗婢)

[東晉] 의희(義熙) 4년(408)에 낭야(琅邪) 사람 진랑은 여종이 죽자 장례를 치러주었다. 어떤 부사(府史)가 여름휴가를 마치고 돌아오는 길에 무덤 앞을 지나게 되었는데, 땅 속에서 사람의 말소리가 나는 것을 듣고는 이상하게 여겨 [소리 나는 쪽으로 가서] 보았더니 여종의 말소리가 들려왔다.

"제가 지금 다시 살아났으니 저 대신 저의 집에 이 사실을 알려 주십시오."

그때는 이미 날이 저물었기 때문에 아침이 되기를 기다렸다가 땅을 파고 여종을 꺼냈는데, 여종은 여전히 건강했다. (『오행기』)

義熙四年, 琅邪人陳朗婢死, 已葬. 府史夏假歸, 行塚前, 聞土中有人聲, 怪視之, 婢曰: "我今更活, 爲我報家." 其日已暮, 旦方開土取之, 彊健如常. (出『五行記』)

375·15(4830)
우보가노(于寶家奴)

우보(于寶: 干寶의 誤記. 이하 마찬가지임)는 자(字)가 영승(令升)이다. 그의 부친 우형(于瑩)은 단양현승(丹陽縣丞)으로 있었는데, 한 여종을 총애했다. 우보의 모친은 그 여종을 몹시 질투하여 우형이 죽어 장례를 치를 적에 그 여종을 산 채로 무덤 안으로 떠밀어버렸다. 그때 우보 형제들은 아직 어려 그 사실을 잘 몰랐다. 10년 뒤에 모친이 죽자 [부친과 합장하려고] 무덤을 열었는데, 그 여종은 마치 살아있는 듯 관에 엎드려 있었다. 사람들이 그녀를 싣고 돌아오자 며칠 만에 다시 살아나 말하기를, 우형의 은혜와 사랑이 살아있을 때와 다름없었기 때문에 땅 속에 있었지만 그다지 괴롭다는 생각은 들지 않았다고 했다. 그녀는 후에 시집가 아들까지 낳았다. (『오행기』)

干寶字令升. 父瑩, 爲丹陽丞, 有寵婢. 母甚妬之, 及瑩亡, 葬之, 遂生推('推'原作'持', 據明鈔本改)婢於墓. 干寶兄弟尙幼, 不之審也. 後十餘年, 母喪開墓, 而婢伏棺如生. 載還, 經日乃蘇, 言其父恩情如舊, 地中亦不覺爲惡. 旣而嫁之, 生子. (出『五行記』)

375 · 16(4831)
위풍여노(韋諷女奴)

당(唐)나라 위풍은 집이 여영(汝潁)에 있었다. 그는 늘 청렴하게 지냈으며 말수가 적고 친구를 사귀는 일에는 그다지 힘을 쏟지 않았다. 그는 시를 읊거나 학업에 힘쓰다가 가끔씩 한가할 때면 정원을 가꾸고 농사를 짓거나 나무를 심곤 했다. 하루는 가동(家僮)이 풀을 베고 호미질을 하다가 사람의 머리카락을 발견했는데, 호미질을 깊이 해 들어갈수록 머리카락 또한 점점 많아졌으나 마치 막 빗질을 한 듯 헝클어져있지 않앗다. 위풍이 이 일을 이상하게 여겨 1척도 넘게 깊이 파들어 가자 한 부인의 머리가 보였는데, 피부 빛깔과 용모가 마치 살아있는 사람 같았다. 위풍이 다시 가래와 삽을 가져다가 더 깊이 팠더니 온 몸과 등까지 온전하게 모두 나왔으나, 오직 옷만은 손이 가는대로 부셔져버렸다. 그 부인은 기운이 점차 생겨나더니 잠시 후에는 일어날 수 있었다. 그녀는 위풍 앞으로 와 재배를 올리더니 이렇게 말했다.

"저는 어르신 조상의 하녀로 이름은 여용(麗容)입니다. 처음에 제가 잘못을 저지른 적이 있었는데, 마님께서 질투가 많으신 분이라 어르신이 안 계신 틈을 타 저를 정원 안에다 생매장했습니다. 그리고는 다른 일로 도망가 버렸다고 둘러대서 결국 아무도 [제가 억울하게 죽게 된 사정을] 알지 못했습니다. 저는 처음 죽었을 때 검은 옷 입은 두 사람에게 끌려가 한 곳에 이르렀는데, 그 곳에는 커다란 궁궐과 넓은 대전이 있었으며 맹분(孟賁: 古代의 勇士)과 같은 용사들이 매우 위엄 있어 보였습니다. 제가 그곳의 왕께 절을 올리자 왕이 어떻게 된 사정인지 대략 물어보셨는데, 검은 옷 입은 사람들이 사건의 본말에 대해 자세히 이야기했으나 저는 감히 마님을 고소하지 못했습니다. 잠시 후에 저는 다시 한 관부로 끌려갔는데, 거기에는 집채만큼이나 문건이 쌓여있었고 관리들이 둘씩 혹은 다섯씩 짝을 지어 문건을 검사하고 찾고 하느라 매우 시끄러웠습니다. 처음에 한 관리가 저의 문건을 가지고 심의한 다음 안건을 검사해보더니, 저의 명을 보아서는 아직 죽을 때가 아닌데 마님의 질투로 인하여 어처구니없이 강제로 살해당했다며 마님의 11년 수명을 깎아 내 저에게 주겠다고 했습니다. 저는 다른 판관(判官)의 심문을 또 한번 받게 되어 사실은 더욱 명확해 졌습니다. 그러나 판관에게 곧 변고가 생겨 벌을 받고 쫓겨나게 된 바람에 저의 안건은 다시 쳐 박혀진 채 다시는 거론되지 않은 지 이미 90여 년이나 되어갔습니다. 그래서 서로 흩어진 채 각자의 길을 걷고 있었는데, 어저께 갑자기 한 천관(天官)이 와서는 저승의 안건 중에 해결되지 못한 채 남아있는 것들을 찾아내 처분을 내리기 시작한 덕에 제 안건 역시 처분을 받게 되었습니다. 저와 같은 처지에 있는 사람들이 매우 많은데, 이는 우리의 신분이 미천한 까닭에 저승 관리들이 서두르지 않는 탓이지요. 천관은 지금의 도사(道士)들과 비슷해서 진홍색 옷을 입고 붉은 관을 쓰고 있으며, 깃털 옷과 말, 수행하는 자들까지 다 갖추고 있습니다. 천관들이 저승에서 해결 안 된 채 있던 사건들을 이제야 처분해 주어서 저는 지금 다시 살아나게 되었고 11년의 수명 역시 잃지 않을 수 있게 되었습니다."

위풍이 물었다.

"혼백은 이미 다른 곳으로 갔는데, 형체는 왜 망가지지 않고 그대로인가?"

그 하녀가 대답했다.

"일이 아직 해결되지 않은 사람들에게는 저승에서 일을 주관하는 사람이 약을 붙여놓기 때문에 형체가 망가지지 않을 수 있는 것입니다."

위풍은 매우 놀라워하며 그 하녀에게 목욕하고 옷을 갈아입게 해 주었는데, 그리고 나서 보았더니 그 모습은 스무 살 남짓 되어 보였다. 그 후 그 하녀는 몰래 저승에서의 일에 대해 이야기해주기 시작했는데, 해 주지 않을 이야기가 없을 정도여서 위풍 역시 저승의 일을 훤히 알 수 있게 되었다. 위풍은 늘 이렇게 말했다.

"몸을 수양하고 덕을 쌓으면 하늘도 복을 내려 보답하는 법이다. 신선의 도 역시 부지런히 구해야 한다."

몇 년 뒤에 위풍과 그 하녀는 어디론가 사라졌다. 친척들은 그의 집에서 그가 남기고 간 글을 발견했는데, 거기에는 살아있을 때의 일에 대해 적혀 있었다. 그때는 무덕(武德) 2년 (619) 8월이었다. (『통유기』)

唐韋諷家于汝潁. 常虛默, 不務交朋. 誦習時暇, 緝園林, 親稼植. 小童薙草鋤地, 見人髮, 鋤漸深, 漸多而不亂, 若新梳理之狀. 諷異之, 卽掘深尺餘, 見婦人頭, 其肌膚容色, 儼然如生. 更加鍬鏵, 連身背全, 唯衣服隨手如粉. 其形氣漸盛, 頃能起. 便前再拜, 言: "是郎君祖之女奴也, 名麗容. 初有過, 娘子多妬, 郎不在, 便生埋於園中. 託以他事亡去, 更無外人知. 某初死, 被二黑衣人引去, 至一處, 大闕廣殿, 賁勇甚嚴. 拜其王, 略問事故, 黑衣人具述端倪, 某亦不敢訴娘子. 須臾, 引至一曹司, 見文案積屋, 吏人或二或五, 檢尋甚鬧. 某初一吏執案而問, 檢案, 言某命未合死, 以娘子因妬('因妬'爲'巨蠱', 據明鈔本改)非理强殺, 其斷減娘子十一年祿以與某. 又經一判官按問, 其事亦明('其事亦明'原作'亦見娘子', 據明鈔本改). 判官尋別有故, 被罰去職, 某案便被寢絶, 九十餘年矣. 彼此散行, 昨忽有天官來搜求幽繫冥司積滯者, 皆決遣, 某方得處分. 如某之流, 亦甚多數, 蓋以下賤之人, 冥官不急故也. 天官一如今之道士, 絳服朱冠, 羽騎隨從. 方決幽滯, 令某重生, 亦不失十一年祿."

諷問曰: "魂旣有所詣, 形何不壞?" 答曰: "凡事未了之人, 皆地界主者以藥傅之, 遂不至壞." 諷驚異之, 乃爲沐浴易衣, 貌如二十許來. 其後潛道幽冥中事, 無所不至, 諷亦洞曉之. 常曰: "修身累德, 天報以福. 神仙之道, 宜勤求之." 數年後, 失諷及婢所在. 親族於其家得遺文, 紀在生之事. 時武德二年八月也. (出『通幽記』)

375 · 17(4832)
업중부인(鄴中婦人)

두건덕(竇建德: 隋나라 말에 河北에서 농민봉기를 주도한 인물. 나중에 唐 太宗에게 진압되었음)이 한번은 업중에서 한 무덤을 파냈는데, 안에 별다른 물건이 없었다. 관을 열고 보았더니 한 부인이 있었는데, 얼굴빛이 마치 살아 있는 사람 같았고 용모가 매우 아름다웠으며 나이는 20살가량 되어 보였다. 그러나 옷이나 물건들의 모양새는 근세에 만들어진 것이 아니었다. 잠시 기다려 보았더니 부인이 마치 숨을 쉬는 것 같았기에 두건덕은 그녀를 데리고 군(軍)으로 돌아와 간호했다. 사흘 뒤에 그녀는 다시 살아나 말을 할 수 있게 되자 이렇게 말했다.

"저는 위(魏)나라 문제(文帝: 曹丕)의 궁녀로 견황후(甄皇后)를 따라 업 땅에서 살다 죽어 이곳에 묻혔습니다. 저는 다시 살아날 운명이었으나 저를 위해 신께 호소해 줄 가족이 없어서 저승에 갇혀 있게 되었던 것입니다. 지금이 어느 시대인지 모르겠군요."

그녀는 견황후가 피살당할 당시의 이야기를 매우 자세히 해주었다. 두건덕은 그녀를 몹시 총애했는데, 나중에 두건덕이 태종(太宗: 李世民)에게 멸망하자 태종은 그녀를 첩으로 들이려 했다. 그러자 그녀는 자신의 일에 대해 사실대로 고하고는 사양하며 이렇게 말했다.

"소첩은 저승에 갇힌 채 땅속에서 지내온 지 이미 300년이나 되었습니다. 두공(竇公: 竇建德)이 아니었던들 어찌 오늘이 있었겠습니까? 죽는 것만이 소첩이 마땅히 선택해야 할 길이지요."

그리고는 한을 삼킨 채 죽었다. 태종은 이를 몹시 슬퍼했다. (『신이록』)

竇建德, 常發鄴中一墓, 無他物. 開棺, 見婦人, 顔色如生, 姿容絶麗, 可年二十餘. 衣物形制, 非近世者. 候之, 似有氣息, 乃收還軍養之. 三日而生, 能言, 云: "我魏文帝宮人, 隨甄皇后在鄴, 死葬於此. 命當更生, 而我無家屬可以申訴, 遂至幽隔. 不知今乃何時也." 說甄后見害, 了了分明. 建德甚寵愛之, 其後建德爲太宗所滅, 帝將納之. 乃具以事白, 且辭曰: "妾幽閉黃壤, 已三百年. 非竇公何以得見今日? 死乃妾之分也." 遂飮恨而卒. 帝甚傷之. (出『神異錄』)

375·18(4833)
이중통비(李仲通婢)

개원연간(開元年間: 721~741)에 이중통이라는 사람이 언릉현령(鄢陵縣令)으로 있었는데, 여종이 죽자 언릉에 묻어주었다. 3년 뒤에 이중통은 촉군(蜀郡)의 비현령(郫縣令)으로 옮겨갔다. 그의 집안사람이 하루는 땅을 쓸다가 머리카락이 흙 위로 나와 있는 것을 발견했는데, 여러 번 쓸어도 없어지지 않았다. 그래서 손으로 머리카락을 뽑았더니 언릉현에 있을 때의 그 여종이 땅 위로 쑥 뽑혀 올라오는데, 마치 술에 취한 듯 정신이 멍해 보였다. 집안사람이 여종에서 어떻게 여기까지 왔느냐고 물었더니 이렇게 대답했다.

"잠깐 잠을 자다가 깬 것 같아요."

이중통은 귀신일 것이라 생각하고 복숭아나무를 끓인 물을 그 여종에게 들이붓고 부적을 써서 물리쳐 보았으나 그녀는 조금도 두려워하지 않았으며 예전처럼 웃으며 즐거워했다. 그녀를 별실에 가두고 전병을 먹여보았는데, 음식 먹는 것도 예전과 마찬가지였다. 한달도 더 지난 뒤에야 이중통은 그녀를 별실에서 꺼내고 예전처럼 몸종으로 부렸다. 또한 노비와 짝을 맺어주었는데, 1남 2녀를 낳고 17년을 더 산 뒤에 죽었다. (『경청록』)

開元中, 李仲通者, 任鄢陵縣令, 婢死, 埋於鄢陵. 經三年, 遷蜀郫縣宰. 家人掃地, 見髮出土中, 頻掃不去. 因以手拔之, 鄢陵婢隨手而出, 昏昏如醉. 家人問婢何以至此, 乃曰: "適如睡覺." 仲通以爲鬼, 乃以桃湯灌洗, 書符禦之, 婢殊不懼, 喜笑如故. 乃閉於別室, 以餠哺之, 餐啖如常. 經月餘出之, 驅使如舊. 便配與奴妻, 生一男二女, 更十七年而卒. (出『驚聽錄』)

375 · 19(4834)
최생처(崔生妻)

원화연간(元和年間: 806~820)에 최생이라는 사람이 살고 있었다. 그는 앞서 소씨(蕭氏)와 결혼했으나 아들 하나를 낳고 소씨가 죽자 나중에 다시 정씨(鄭氏)와 결혼했다. 소씨는 죽은 지 12년 만에 아들의 꿈에 나타나 이렇게 말했다.

"내가 이미 이 세상에 다시 태어났으니, 나를 위해 너의 어머니에게 이 사실을 알리어 내 무덤을 파내줄 수 있겠느냐?"

아들은 비록 그런 꿈을 꾸기는 했으나 말을 꺼낼 수가 없었다. 사흘 뒤에 아들은 또 똑같은 꿈을 꾸었으나 이번에도 끝내 말하지 못했다. 정씨는 현숙한 여자였기 때문에 소씨는 나이 많은 집안사람에게 이렇게 말했다.

"나를 위해 정부인(鄭夫人: 鄭氏)에게 말을 좀 전해주시오. 속히 나를 꺼내 주어야지, 이틀만 더 지나면 이미 때는 늦는다오."

그러자 나이 많은 집안사람이 소리 질렀다.

"마님이 다시 살아나셨습니다."

정부인이 점을 치자 점쟁이가 말했다.

"살아날 기미가 보이지 않습니다."

이 말을 듣고는 [무덤 파내려던 일을] 그만 두었다. 다음 날 집안사람이 또 말했다.

"마님이 다시 살아나셨습니다."

정부인이 다시 점을 치자 점쟁이가 말했다.

"살아나는 기미가 있습니다."

이에 즉시 무덤을 열어 보았더니 과연 소씨가 살아 움직이고 있어서 사람들은 소씨를 싣고 집으로 돌아왔다. 정부인이 죽을 떠 넣어주자 소씨의 몸에 기운이 통하더니 이내 말을 할 수 있게 되었다. 소씨는 자기가 비록 저승에 있었으나 [정씨가 자기 자식을] 길러준 어진 덕과 은혜는 잘 알고 있다고 했다. 또 이런 말도 했다.

"처음에 거북이 한 마리가 제 시체를 빙빙 돌다가 그냥 떠나갔는데, 며칠 후에 다시 나타나 빙빙 맴돌다가 떠나려다 말고 다시 돌아오더니 제 발가락을 깨물었어요."

사람들은 그제야 처음 점을 보았을 때 살아날 기미가 안 보인다고 했던 것은 거북이가 시체 주변을 맴돌기만 했기 때문이고, 후에 살아

날 기미가 있다고 했던 것은 거북이가 발가락을 물었기 때문이라는 것을 알게 되었다. 소씨와 정씨는 자매처럼 한 곳에 살았는데, 둘 사이의 정은 친 골육과도 같았다. 소씨는 10년을 더 산 뒤에 죽었다. (『지전록』)

元和間, 有崔生者. 前婚蕭氏, 育一兒卒, 後婚鄭氏. 蕭卒十二年, 託夢於子曰: "吾已得却生於陽間, 爲吾告汝母, 能發吾丘乎?" 子雖夢, 不能言('言'字原空闕, 據明鈔本補). 後三日, 又夢如此, 子終不能言. 鄭氏有賢德, 蕭乃下語於老家人云: "爲吾報鄭夫人. 速出吾, 更兩日, 卽不及矣." 老家人叫曰: "娘子却活也." 夫人卜之曰: "無生象." 卽罷. 來日家人又曰: "娘子却活也." 鄭夫人再占, 卜人曰: "有生象." 卽開墳, 果活動矣, 舁歸. 鄭夫人以粥飮之, 氣通能言. 其說幽途知撫育賢德之恩. 又說: "初有一龜, 環遶某遺骸而去, 數日, 又來環遶, 將去復來, 嚙某足指." 則知前卜無生象者, 龜止環遶遶而已, 後云有生象者, 是龜咬足指也. 蕭氏與鄭氏爲姊妹共居, 情若骨肉. 得十年而終. (出『芝田錄』)

375 · 20(4835)
동래인녀(東萊人女)

동래에 사는 어떤 사람은 딸이 죽자 땅에 묻어주었다. 딸은 저승 관부에 이르러 억울하게 잡혀왔다는 이유로 풀려나 다시 이승으로 돌아오게 되었다. 저승 관부에서 두 명의 저승 관리에게 명해 그녀를 데려다주게 했는데, 귀신이 무덤 안까지 데려다주고 보니 여자가 비록 다시 살아

나긴 했으나 밖으로 나갈 방도가 없었다. 귀신 역시 걱정스러워하며 여자에게 말했다.

"집안사람 중에 부모 빼고 누가 당신을 가장 아껴주었소?"

여자가 말했다.

"숙부님뿐이었습니다."

한 귀신이 말했다.

"내가 능히 당신의 숙부로 하여금 무덤을 도굴하게 할 수 있는데, 그러면 당신 숙부가 당신이 살아있는 것을 발견하게 될 테니 당신은 드디어 다시 살아날 수 있게 되는 거요."

여자가 말했다.

"숙부님은 인자한 분이시라 과오를 범한 일조차 없으신데, 어떻게 제 무덤을 파헤칠 수 있겠습니까?"

귀신이 말했다.

"내 그 사람의 마음을 바꾸어 버릴 것이오."

그리고는 한 귀신으로 하여금 남아서 여자를 지키게 하고 한 귀신은 떠나갔다.

잠시 후, 여자의 숙부가 여러 도적들과 더불어 여자의 무덤으로 오더니 관을 열려고 했는데, 그때 여자가 갑자기 관 속에서 벌떡 일어났다. 숙부가 깜짝 놀라 어찌된 영문이지 묻자 여자는 지금까지의 일을 상세히 숙부에게 이야기해 주었다. [여자의 이야기를 들은] 숙부는 매우 부끄러워하며 후회했다. 여러 도적들이 그녀를 죽이려고 했으나 숙부가 울부짖으며 살려달라고 애걸을 해 간신히 죽음을 면할 수 있었다. 숙부는 그녀를 업고 집으로 돌아왔다. (『광이기』)

東萊人有女死, 已葬. 女至冥司, 以枉見捕得還. 乃勅兩吏送之, 鬼送墓中, 雖活而無從出. 鬼亦患之, 乃問女曰:"家中父母之外, 誰最念汝?"女曰:"獨季父耳."一鬼曰:"吾能使來劫墓, 季父見汝活, 則遂生也."女曰:"季父仁惻, 未嘗有過, 豈能發吾冢耶?"鬼曰:"吾易其心也."留鬼守之, 一鬼去.
　俄而季父與諸劫賊, 發意開棺, 女忽從棺中起. 季父驚問之, 具以前白季父. 季父('季父'原作'母', 據明鈔本改)大加慙恨. 諸賊欲遂殺之, 而季父號泣哀求得免. 負之而歸. (出『廣異記』)

태평광기 15

Translation ⓒ 2004 by 김장환·이민숙 外
ⓒ HAKGOBANG Press Inc., 2004, Printed in Korea.

발행인/하운근
발행처/學古房
교정·편집/박분이

첫 번째 찍은 날/2004. 6. 5.
첫 번째 펴낸 날/2004. 6. 15.

등록번호/제8-134호
서울시 은평구 대조동 213-5 우편번호 122-030
대표(02)353-9907 편집부(02)356-9903 팩시밀리(02)386-8308

ISBN 89-87635-82-1 04820

http://www.hakgobang.co.kr
E-mail: hakgobang@chollian.net

값: 27,000원

파본은 교환해 드립니다.